Glücklich verheiratet?

JOHN GOTTMAN

Glücklich verheiratet?

Warum Ehen gelingen oder scheitern
Testen Sie
die Chancen Ihrer Partnerschaft

WILHELM HEYNE VERLAG
MÜNCHEN

Titel der amerikanischen Originalausgabe:
TWO-PART HARMONY. THE BREAKTHROUGH
RESEARCH ON WHY MARRIAGES SUCCEED OR FAIL

Ins Deutsche übertragen von Ilse Utz

Die Originalausgabe erschien im Verlag
Simon & Schuster, New York

Umschlaggestaltung: Wolfgang Lauter, München
Umschlagillustration: THE IMAGE BANK
Satz: Kort Satz GmbH, München
Druck und Bindung: Wiener Verlag, Himberg
Printed in Austria

ISBN 3-453-08688-0

Inhalt

Vorwort

1. Kapitel: Wie funktioniert eine Ehe? 11

2. Kapitel: Gute, schlechte und impulsive Formen der Ehe . . . 35

3. Kapitel: Die vier apokalyptischen Reiter: Warnsignale 81

4. Kapitel: Ihre unausgesprochenen
Gedanken werden zementiert 125

5. Kapitel: Die zwei Ehen – seine und ihre 171

6. Kapitel: Ihre Ehe – die Diagnose 203

7. Kapitel: Die vier Schlüssel zur Verbesserung Ihrer Ehe . . . 216

8. Kapitel: Die Grundlagen stärken 254

Danksagung 293

Dieses Buch widme ich
all der Liebe,
die ich mit meiner Frau Julie
und mit meiner Tochter Moriah
erfahren habe.

Zweie sind besser daran als nur einer;
Sie haben doch einen guten Lohn für ihre Mühe.
Denn fallen sie, so hilft der eine dem andern auf.
Doch wehe dem Einzelnen, wenn er fällt
Und kein anderer da ist, ihm aufzuhelfen!
Und liegen zwei beieinander, so haben sie warm;
Wie aber könnte einer allein warm werden?
Und mag einer auch den Einzelnen überwältigen,
So halten ihm doch die Zweie stand.

Prediger Salomo, Kapitel 4, Vers 9–12
(Übersetzung der Zürcher Bibel)

Vorwort

In meinem Privatleben war ich nicht gerade der Klügste, wenn es darum ging, Beziehungen zu verstehen. Ja, ich habe wahrscheinlich sogar die meisten Schattenseiten unbefriedigender Beziehungen kennengelernt. Schließlich aber hatte ich das Glück, meine Frau, Julie Schwartz, zu treffen, und mit ihr erlebe ich jetzt, wie eine glückliche Ehe funktionieren kann.

Dieses Buch handelt indessen nicht von mir, und es will auch nicht nur eine weitere Ansicht darüber verkünden, wie man zu einer guten Ehe kommt. Denn mein Metier ist die wissenschaftliche Beobachtung von Paaren. Und in den mehr als zwanzig Jahren, in denen ich Hunderte von Paaren wissenschaftlich beobachtet habe, mußte ich feststellen, daß viele meiner persönlichen Vorstellungen über das, was ein Paar zusammenhält, aber auch viele konventionelle Expertenmeinungen falsch waren. Der Vorteil der Forschung besteht nämlich darin, daß man weit über seine eigene begrenzte Intuition oder über die Lieblingsideen eines einsamen Therapeuten hinausgehen kann. Mit Hilfe von neutralen Beobachtungen und Statistiken können wir herausfinden, welche Wahrheit uns die Natur mitzuteilen hat. Und die Paare, die an meinen Untersuchungen teilgenommen haben und an deren Geschichte wir auf diesen Seiten teilhaben dürfen, haben die versteckten Naturgesetze von Beziehungen sichtbar gemacht.

Diese Paare, die Freud und Leid miteinander geteilt haben, zeigten mir die wunderbaren Möglichkeiten einer Beziehung – in dem Sinne, wie es der Prediger Salomo ausdrückt: »Zweie sind besser daran als nur einer.« Es ist, als würde jeder von uns ein

Solo in einem großen, geheimnisvollen Chor singen und als würden unsere Stimmen zum Himmel aufsteigen, wenn wir einen Partner gefunden haben, mit dem wir zweistimmig singen und eine harmonische Zweierbeziehung eingehen können.

1. Kapitel

Wie funktioniert eine Ehe?

Haben Sie und Ihr Ehepartner schon einmal einen großen romantischen Ausbruch aus dem Alltag geplant, nur um am Ende festzustellen, daß Sie, sobald Sie miteinander allein sind, wieder in die gleichen Streitereien zurückfallen, die Sie schon zigmal hatten? Vielleicht geht es um Zukunftspläne – ob man ein größeres Haus kauft, wann und ob man ein Kind möchte, wie man die Altersvorsorge regelt. Oder eine alte Wunde bricht auf – sein Verhalten in den Flitterwochen oder ihr Flirt mit einem Kollegen, der schon Jahre zurückliegt. Oder es kommt zu einer endlosen Diskussion über Hausarbeit, Kindererziehung, Ferienpläne oder darüber, wann und wie oft man miteinander schlafen sollte.

Ich kenne eine Frau, die mit ihrem Mann nach Neuseeland fuhr, wo es gleich am Abend ihrer Ankunft zu einem häßlichen Streit kam: Er wollte am nächsten Tag tiefseetauchen; sie wollte sich am Strand sonnen.

»Deine Ideen sind immer so rücksichtslos«, giftete sie ihn an. »Warum kannst du dich nicht einfach so verhalten, wie es sich für einen Mann mittleren Alters gehört?« Er konterte: »Du erstickst meinen Abenteuergeist«, und fügte mit milder Verachtung hinzu: »Ich finde dich sterbenslangweilig.«

Schon bald war sie in Tränen aufgelöst, und das Hickhack ging noch etwa eine Stunde weiter, bis sie schließlich einen Waffenstillstand schlossen. Und als sie sich von den gegenseitigen Beleidigungen erholt hatten, ging ihnen auf, daß da noch etwas viel Schlimmeres war: Sie hätten miteinander bis ans Ende der Welt fahren können und wären doch immer wieder in einen Krieg verstrickt gewesen, der fünfzehn Jahre zuvor begonnen hatte. Sie würden die immer gleichen Kämpfe auch dort ausfechten.

Klingt das vertraut? Oder haben Sie und Ihr Partner die Neigung, solche Zusammenstöße um jeden Preis zu vermeiden? Vielleicht gehören Sie zu jenen Paaren, die im Urlaub ständig auf die Wünsche des anderen eingehen, sorgfältig jede mögliche Meinungsverschiedenheit vermeiden, frühere Enttäuschungen begraben, jegliche Beschwerde unterdrücken, jede Andeutung eines Konflikts ignorieren? Wenn Sie und Ihr Partner so sind, spricht alles dafür, daß Sie nicht sagen, was Sie wirklich denken; auf diese Weise gibt es keine Reibereien, und niemand wird verletzt. Hier geht es immer friedlich zu – abgesehen von der gelegentlichen, unvorhersehbaren, leichten inneren Unruhe. Etwa, wenn er in einer bestimmten Weise sein Jackett über die Schulter wirft oder wenn sie mit dem Handrücken eine Haarsträhne von ihren Augen zurückstreicht. Es sind diese kleinen vertrauten Gesten, die Sie daran erinnern können: Hier war einmal mehr Leidenschaft im Spiel. Dann fragen Sie sich, was mit all dem Lachen und der Zuneigung geschehen ist. Wann wurde das gemeinsame Leben so flach und farblos?

Vielleicht aber ist Ihre Ehe auch wie die eines anderen Paares, das ich kenne. Sie gehen am Samstag zusammen in die Stadt. Sie möchte ein wenig in den Geschäften herumstöbern; er wird sichtlich ungeduldig. Sie fängt an zu schmollen und denkt: »Er will eigentlich gar nicht mit mir zusammen sein. Er ist so lieblos.« Währenddessen geht ihm durch den Kopf: »Sie gibt viel zuviel Geld aus – sie ist so egoistisch. Warum können wir nicht einfach einen Spaziergang machen?« Und für den Rest des Tages brüten beide vor sich hin und machen sich Gedanken über die Fehler des anderen.

Oder Sie und Ihr Partner sind vielleicht wie ein anderes Paar, das vieles gar nicht mehr miteinander macht. Am Sonntag hat sie eine Menge Dinge zu erledigen, hilft den Kindern bei den Schularbeiten, macht die Wäsche, bringt das Haus in Ordnung; er spielt Softball, werkelt am Auto herum, sieht sich im Fernsehen Fußball an oder pusselt herum. Wenn so etwas in Ihrer Beziehung häufig vorkommt, leben Sie zwar zusammen unter einem Dach, aber in verschiedenen Welten.

Und doch ist das der Mensch, den Sie sehr geliebt haben, als Sie ihn heirateten, der Mensch, mit dem Sie wirklich durch die Höhen und Tiefen des Lebens gehen wollten. Aber obwohl Sie sich das so sehr wünschten, gibt es Augenblicke, in denen das unmöglich ist. Es ist, als würde eine mächtige, unterirdische Strömung Sie beide erfassen und in einen Strudel negativen Denkens, destruktiver Gefühle, quälender Aktionen und Reaktionen hinabziehen, an dessen Ende Isolation und Einsamkeit stehen. Was ist das für eine geheimnisvolle Strömung? Heute, da wir das Scheitern so vieler Ehen erleben, wird es immer wichtiger, darauf eine Antwort zu finden. Und genau das war das Anliegen meiner zwanzigjährigen Forschungsarbeit. Durch die intensive und genaue Beobachtung von Hunderten von Paaren konnte ich jene unsichtbaren emotionalen Strömungen zwischen Eheleuten, jene untergründigen Gefühlsströme aufzeichnen, die an die Oberfläche durchbrechen können – als Quelle der Harmonie oder als Quelle der Unzufriedenheit.

Als ich der Frage nachging, was eine Ehe sprengt oder zusammenhält, habe ich herausgefunden, daß viele der konventionellen Expertenmeinungen – auch die von Ehetherapeuten – irreführend oder einfach grundfalsch sind. Einige Formen des ehelichen Zusammenlebens, die sogar von Experten häufig als problematisch angesehen werden, etwa intensive Auseinandersetzungen oder das völlige Vermeiden von Konflikten, haben sich mir als höchst erfolgreiche Anpassungsmuster erwiesen, die ein Paar zusammenhalten. Auseinandersetzungen können, wenn sich darin Kummer und Unzufriedenheit Luft machen, sogar eines der gesündesten Dinge sein, die ein Paar für seine Beziehung tun kann; die Art und Weise, *wie* diese Auseinandersetzung geführt wird, sagt dabei sehr viel über die Gesundheit einer Ehe aus. Warum viele konventionelle Annahmen in dieser Hinsicht völlig falsch sind, werden Sie klarer erkennen, wenn Sie meine

Erklärung für die – oft schwer verständliche – emotionale Dynamik von Ehen lesen, eine Dynamik, die ich in einem einfachen Modell dargestellt habe, das Ihnen dazu dienen kann, Ihre eigene Ehe mit neuen Augen zu sehen.

Erfreulicherweise sind diese scheinbar schwer zu verstehenden Kräfte, die in Ihrer eigenen Beziehung wirken, gar nicht mehr so geheimnisvoll, sind Sie selbst ihnen auch nicht mehr so stark ausgeliefert, wenn Sie sich erst einmal mit diesen Modellen vertraut gemacht haben, in denen deutlich wird, wodurch die emotionalen Ströme in einer Ehe in eine positive oder negative Richtung gelenkt werden. In meinem Buch zeige ich Ihnen, wie Sie diesen Kräften in Ihrer eigenen Beziehung nachspüren können, so daß Sie das verborgene emotionale Profil Ihrer Ehe wie mit Röntgenaugen sehen. Werden diese verborgenen Kräfte aber erst einmal sichtbar, dann werden Sie dadurch in die Lage versetzt, selbst zu bestimmen, wohin Ihre Ehereise gehen soll – Sie können Schluß machen mit destruktiven Streitereien, mit gegenseitiger Verletzung, mit der Spirale von Reaktionen, die Sie immer weiter nach unten zieht und eine Ehe zerstören kann. Statt dessen können Sie die Tür zu einer lebendigeren, befriedigenderen Beziehung öffnen.

Die Entmystifizierung der Ehekrise

Wenn Sie sich über die Zukunft Ihrer Ehe Sorgen machen, befinden Sie sich in bester Gesellschaft; denn zweifellos ist dies eine schwierige Zeit für amerikanische (aber auch für deutsche) Ehepaare. Über die Hälfte aller amerikanischen Erst-Ehen endet mit einer Scheidung. Bei den Zweit-Ehen sieht es sogar noch schlechter aus, denn von ihnen scheitern etwa 60 Prozent. Obwohl viele Sozialwissenschaftler glaubten, daß sich die Scheidungsrate in den achtziger Jahren unseres Jahrhunderts annähernd stabilisiert habe, deuten neue Daten auf das Gegenteil hin: Die Scheidungsrate steigt. Eine Auswertung amerikanischer Volkszählungsdaten durch Forscher der Universität von Wisconsin im Jahre 1989 ergab, daß der Anteil der Scheidungen von noch relativ jungen Ehen an den Scheidungen im Datenmaterial des Jahres 1985 schockierende 67 Prozent betrug. Mit anderen Worten, zwei von drei frischverheirateten Paaren gehen einer Scheidung entgegen – wenn sich nicht etwas ändert. Von diesem »etwas« handelt dieses Buch – wie man seine Ehe verändern kann, um sie zu retten.

Es ist keine Frage, daß die Statistiken besorgniserregend sind, vor allem, wenn Sie Angst haben, daß Ihre eigene Ehe in Gefahr sein könnte. Was die Zahlen noch bestürzender macht, ist die Tatsache, daß anscheinend niemand versteht, *warum* unsere Ehen so zerbrechlich geworden sind. Es ist, als wäre eine verborgene, böse Kraft am Werk, die die Ehen zerbrechen läßt. Aber der Grund, warum die Ehe und ihre Probleme so mysteriös erscheinen, ist letztlich recht einfach: Bis vor kurzem war diese komplexe Beziehung kein Gegenstand wissenschaftlicher Untersuchungen. Die allermeisten Ratgeber für Paare beruhten bestenfalls auf den Erkenntnissen, die Ehetherapeuten über jene Paare gewonnen hatten, mit denen sie es zufällig zu tun gehabt hatten, und schlechtestenfalls auf reinen Anekdoten und theoretischen Spekulationen.

Und die meisten wissenschaftlichen Untersuchungen über die Ehe waren meiner Ansicht nach mit einer Reihe von Fehlern behaftet, die von falschen Fragen bis zu nicht tragfähigen Schlußfolgerungen reichten. Die Lösung aber besteht darin, fundierte Experimente sowohl in stabilen als auch in problematischen Ehen durchzuführen und systematisch die emotionalen Ströme nachzuzeichnen, die dazu führen, daß das eine Paar auseinanderdriftet, während das andere gemeinsam durchs Leben geht. In den letzten zwei Jahrzehnten haben meine Forschungsteams genau das getan. Herausgekommen ist dabei eine Reihe überraschender, wissenschaftlich fundierter Resultate, die die bestehende Wissenslücke weitgehend füllen können. Ich habe dieses Buch geschrieben, um Ihnen unsere letzten Ergebnisse mitzuteilen und Ihnen nach bestem Wissen Ratschläge für die Stärkung Ihrer Ehe zu geben, wie sehr es in ihr auch kriseln mag.

Natürlich sollten nicht alle Paare um jeden Preis verheiratet bleiben. Aber ich halte es für beunruhigend, daß die meisten Menschen, die heute heiraten, es nicht schaffen werden, ihre kostbarste Beziehung zu pflegen und zu erhalten – um so beunruhigender, weil ich glaube, daß eine richtige Diagnose der Konfliktlinien in einer Ehe jedem Paar helfen kann, die eheliche Gemeinschaft zu stärken.

An Ihrem Hochzeitstag hofften Sie, eine glückliche, wunderbare Gemeinschaft zu erleben, und ich glaube, daß Sie sich diesen Traum trotz der steigenden Scheidungsrate erfüllen können – auch wenn sich in Ihrer Ehe die ersten Probleme andeuten. Obwohl unsere Forschungsarbeiten keineswegs abgeschlossen sind, bieten unsere derzeitigen Ergebnisse die beste Erklärung dafür, warum manche Ehen gelingen und andere scheitern – und sie zeigen, was Sie tun können, um Ihre Chancen zu vergrößern, am Ende zu den Gewinnern zu gehören.

Bob und Wendy: Die Pioniere

In meiner Anfangszeit als Psychologe kam ein junges Paar zu mir, das Hilfe für seine kränkelnde Ehe suchte. Bob und Wendy, wie ich sie hier nennen will, waren ein leidenschaftliches Liebespaar, das sich aufgrund seiner Gegensätzlichkeit angezogen hatte. Wendy war energiegeladen, spontan und künstlerisch begabt. Bob war konservativer, intellektueller, mit einem Hang zur Ordnung. Er liebte ihr starkes Temperament und fand sie aufregend – »ein bißchen zigeunerhaft«. Sie fühlte sich zu seiner Vernünftigkeit, Zuverlässigkeit und Ausgeglichenheit hingezogen.

Aber sobald sie verheiratet waren und ein Kind hatten, fing der Streß des Familienlebens an, auf ihnen zu lasten. Wendy hatte eine aufreibende Ganztagsarbeit im Medienbereich. Bob kämpfte sich durch die letzten Semester, während er sich um das Kind und den Haushalt kümmerte. Als ich ihnen begegnete, waren sie von den konträren Eigenschaften, die sie zusammengeführt hatten, nicht mehr hingerissen, sondern sie hatten begonnen, die Gewohnheiten des jeweils anderen zu verachten.

»Ich verstehe nicht, wie du so schludrig sein kannst«, giftete Bob. »Du weißt nicht einmal die Arbeit zu schätzen, die ich in deinen Haushalt stecke.«

»*Meinen* Haushalt?« konterte Wendy. »Wir leben beide hier; aber weil ich eine Frau bin, nimmst du automatisch an, daß *ich* für die Hausarbeit verantwortlich bin.«

»Das ist nicht wahr«, entgegnete er. »Aber *du* warst es doch, die hier alles eingerichtet hat. Mir sind diese ganzen Möbel und dieses ganze ... Zeug völlig egal! Ich gebe mir alle Mühe, um das Ganze in Ordnung zu halten.«

»Es ist also *meine* Schuld, daß du nicht zu schätzen weißt, daß du in einer wunderschönen Umgebung lebst? Weißt du, was dein Problem ist? Du hast immer Angst vor allem, was auch nur ein bißchen abenteuerlich oder neu ist!«

Und so ging es Tag für Tag. Trotz ihrer besten Absichten schienen ihre Gespräche jedesmal in eine endlose Spirale der Kritik auszuarten, die Hausarbeit, Kinderbetreuung und persönliche Gewohnheiten betraf. Und wenn sie auf diese Weise ihre Standpunkte eingenommen hatten, litten sie unter dem Gefühl, in der Falle zu sitzen, als gäbe es keine Möglichkeit mehr, aus ihrer Abwehrhaltung und ihrem Ärger auszubrechen. Eines Tages schlug ich vor, einfach Videoaufnahmen von ihren Diskussionen zu machen, damit ich die Dynamik ihrer Interaktion besser untersuchen könne.

Wir machten insgesamt drei Aufnahmen. Für die erste schlug ich vor, daß sie ein Spiel namens »Das Mondflugproblem der NASA« spielen sollten. Bei diesem Spiel müssen zwei Personen verschiedene Gegenstände in eine bestimmte Reihenfolge bringen, je nachdem, wie wichtig diese bei einem Flug zum Mond für das Überleben wären. Hier war das Paar in Hochform. Die beiden hatten eine lebendige, produktive Diskussion, bei der viel gelacht wurde. Sie bekamen wunderbare Bewertungen für Zusammenarbeit und Problemlösungen. Aber noch wichtiger war, daß ihre gegenseitige Zuneigung hier stark spürbar war. Dies war ganz eindeutig das Paar, das sich vor Jahren kennengelernt und ineinander verliebt hatte.

Bei der zweiten Aufnahme verflüchtigte sich die Harmonie jedoch. Ich forderte sie auf, ein wichtiges Problem in ihrer Ehe miteinander zu diskutieren, und schon bald fing das Gezänk und Gezerre wieder an, waren sie wieder eingeschnappt, verärgert und verbittert. Die dritte, zu Hause aufgenommene Sitzung war noch schlimmer. Sie hackten immer wieder auf den gleichen Problemen herum. Jedesmal, wenn sie sich irgendwie einer Lösung näherten, sabotierte einer von ihnen unweigerlich den Annäherungsprozeß. Als das Videoband schließlich zu Ende war, waren Bob und Wendy erschöpft und verzweifelt.

Ich sah und hörte mir diese Aufnahmen immer wieder an. Dann hörte ich sie mir gemeinsam mit Bob und Wendy an und bat die beiden, mir zu sagen, was sie bei manchen kritischen oder verblüffenden Augenblicken der Unterhaltung dachten und fühlten. Was ich hinter ihren scheinbar trivialen Streitereien entdeckte, war eine lange und schmerzhafte Geschichte von ungelösten Problemen, die mit seinem Bedürfnis nach Unabhängigkeit und ihrem Bedürfnis nach seiner Anerkennung zusammenhingen. Ich erfuhr, daß sich Bob und Wendy, wie die meisten Paare, mit denen ich gearbeitet habe, in Wirklichkeit zwei Dinge von ihrer Ehe wünschten – Liebe und Respekt. Aber wie bei so vielen unglücklichen Paaren hatte ihre Kommunikation eine verzerrte Struktur bekommen. Immer häufiger fanden sie sich in Interaktionsmuster gedrängt, wo jeder beim anderen nur noch Kritik und Verachtung hören konnte. Diese stets wiederkehrenden Episoden erschreckten beide. Obwohl keiner von ihnen die Scheidung wollte, hatten beide Angst, daß sie darauf zusteuerten.

Aber Bob und Wendy wollten ihre Ehe unbedingt retten und hatten durch unsere gemeinsame Arbeit Erkenntnisse über ihre Interaktionsformen gewonnen. Da sie entschlossen waren, bessere Möglichkeiten zu finden, ihre Bedürfnisse zu artikulieren, arbeiteten sie in der Therapie hart an sich. Als ich sie vor ungefähr zwanzig Jahren zum letztenmal traf, schienen sie auf dem Weg zu einer stabileren Beziehung zu sein. Und dank ihrer Bereitschaft, mir mit dieser Videoaufzeichnung zu helfen, befand auch ich mich auf einem neuen Weg. Ich war entschlossen, herauszufinden, warum manche Ehen zerbrechen, während andere sich hervorragend entwickeln. Ich hatte das Gefühl, daß ein besseres Verständnis der destruktiven Interaktionen, die zu einer Scheidung führen, helfen könnte, jene Paare zu retten, die sich in einer abwärts gerichteten Spirale der Feindschaft und Bitterkeit gefangen fühlen.

Die Vorhersage von Scheidungen

In den frühen siebziger Jahren, als die Scheidungsrate in die Höhe schnellte, war dies völliges Neuland. Es gab eine Unmenge psychologischer Theorien über die Möglichkeiten, kaputte Ehe zu reparieren. Das Problem war dabei nur, daß diese Theorien zumeist auf der Intuition der Psychologen und allein auf deren Erfahrungen mit ihren eigenen Patienten beruhten. Das soll nicht heißen, daß ihre Ideen schlecht waren. Aber die Verhütung einer Scheidung kann mit der Verhütung einer Herzkrankheit verglichen werden. Auch dort würde man sich nicht nur auf das Wissen eines einzigen Arztes verlassen, der ein Dutzend Herzkrankheiten behandelt hat; man würde sich die wissenschaftlichen Arbeiten vornehmen, die auf sorgfältigen Experimenten mit Hunderten von Menschen basieren – von denen einige herzkrank waren und andere nicht.

Gleiches könnte man auch von der Behandlung des Herzwehs sagen, das Folge einer gestörten Ehe ist. Aber nie waren solche fundierten, systematischen Forschungen bei geschiedenen und stabilen Paaren durchgeführt worden, um die Unterschiede zwischen ihnen herauszuarbeiten. Als ausgebildeter Mathematiker und Forschungspsychologe entschloß ich mich daraufhin zu dieser Vorgehensweise. Mit Hilfe wissenschaftlicher Methoden wollte ich die Gespräche zwischen Ehepaaren beobachten und aus den nebelhaften und verworrenen Empfindungen von Wut, Frustration und Isolation die Unterschiede herausdestillieren, die dazu führen, daß manche Paare verheiratet bleiben und andere sich scheiden lassen.

Zwei Jahrzehnte später hat sich diese Strategie als außerordentlich fruchtbar erwiesen. Zum ersten Mal können wir die feinen frühen Warnsignale einer gestörten Ehe genau benennen und Ihnen sagen, wie Sie diese Erkenntnisse nutzen können, um Ihre eigene Ehe in die richtigen Bahnen zu lenken.

Das Röntgenbild einer Ehe

In meinem Labor werden die intensivsten Untersuchungen an interagierenden Personen durchgeführt, die es jemals gegeben hat. Man könnte sie in etwa mit dem Röntgenbild oder dem Computertomogramm einer lebendigen Beziehung vergleichen. Meine Forschungsteams haben Mikrosekunde um Mikrosekunde verglichen, wie Paare miteinander sprechen. Wir haben ihren Gesichtsausdruck untersucht, haben kontrolliert, wie sehr sie herumzappeln und wie sie gestikulieren. Wir haben gefragt, was mit dem Herzschlag der Partner geschieht, wenn sie versuchen, ihre Konflikte zusammen zu lösen. Bringen instabile Paare in diesen Situationen mehr Sarkasmus oder Verachtung zum Ausdruck als stabile Paare? Atmen sie schwerer? Finden sie es schwieriger, zuzuhören? Wie gut verstehen sie wechselseitig ihre Gefühle? Und wie steht es mit der Unterschiedlichkeit der Wahrnehmungen, wenn Paare die Geschichte ihrer Beziehung beschreiben? Ist es wichtig, wenn er sich daran erinnert, daß sie Gelb trug, als er sie zum ersten Mal sah? Ist es wichtig, ob sie lachen, wenn sie sich an schwere Zeiten erinnern?

Wir haben herausgefunden, daß all dies wichtig ist. Mehr noch: Das Sammeln derartiger Informationen hat es uns erlaubt, die spezifischen Prozesse zu erkennen, die zur Auflösung einer Ehe führen beziehungsweise diese noch enger zusammenschweißen. Nochmals der Vergleich mit der Herzkrankheit: Die Verhütung von Herzinfarkten erfordert die Fähigkeit, die Ereignisse vorherzusagen, die zur Krise führen – Ablagerungen in den Arterien, Bluthochdruck, Schmerzen in der Brust, und so weiter. Die Verhütung einer Scheidung erfordert die gleiche Voraussicht. Aus diesem Grund habe ich meine Forschungsarbeiten auf die Frage konzentriert, welche Verhaltensweisen, Gedanken und physiologischen Reaktionen ein Paar in eine Scheidung treiben. Auf diese Weise konnten wir mit verblüffender Genauigkeit vorhersagen, welche Paare zusammenbleiben und welche sich trennen würden. In einer Untersuchung konnten wir beispielsweise mit einer erstaunlichen, 94prozentigen Sicherheit prognostizieren, welche Paare drei Jahre später geschieden sein würden, wobei wir uns lediglich auf die Ansichten der Paare über ihre Beziehungsgeschichte und ihre aktuellen Wahrnehmungen stützten. Das ist die genaueste Prognose, die jemals in einer wissenschaftlichen Untersuchung über die Ehe erreicht wurde!

Damit will ich nicht sagen, daß unsere Ergebnisse absolut sicher sind oder daß jedes Paar, das bestimmte Probleme hat, unweigerlich auf eine Scheidung zusteuert. Die Vorhersagen über den Ausgang einer Ehe kamen im Rahmen meiner Forschungsarbeiten zustande, nachdem jedes Paar etwa zwanzig Stunden lang im Labor beobachtet worden war; und selbst dann waren die Prognosen nicht perfekt. Viele Paare, die irgendwann in ihrer Ehe Schwierigkeiten haben, sind in der Lage, den Weg zu einer stabilen und befriedigenden Ehe zu finden.

Aber wenn Ihnen bewußt ist, daß bestimmte Verhaltens- und Interaktionsformen in Ihrer Ehe zu einem Prozeß gehören, der zur Scheidung führt – und wenn Sie wissen, wie man diese Verhaltensmuster umkehrt –, können Sie diesen gefährlichen Weg wieder verlassen. Um Ihnen dies zu ermöglichen, biete ich Ihnen Ratschläge für die Verbesserung Ihrer Ehe an. Ich tue dies mit einigem Zaudern, weil ich weiß, daß meine Forschungen noch nicht abgeschlossen sind; die Dynamik der Ehe ist komplex, und ich habe das Gefühl, daß es noch viel zu erforschen gibt. Aber wir haben sehr viel gelernt, als wir verglichen haben, wie Paare in geglückten und weniger geglückten Beziehungen miteinander umgehen. Ich hoffe, daß wir Ihnen helfen können, Ihre Ehe heute zu verbessern und sie lange zu erhalten, indem wir Ihnen unsere Erkenntnisse nahebringen.

Alte Mythen sind zählebig

Im Laufe der Jahre haben viele Theorien versucht, die Ursachen der steigenden Zahl von Scheidungen zu erklären. Lesen Sie die populäre und die psychologische Literatur, und Sie werden eine reiche Auswahl von Faktoren finden, die angeblich für die Misere verantwortlich sind. Für einige Sozialwissenschaftler ist der Kern des Problems, daß sich unsere Gesellschaft von einer Wirtschaft, die auf dem bäuerlichen Familienbetrieb basierte, zu einer Wirtschaft entwickelt hat, die durch Fabriken geprägt ist, wodurch die Bedeutung der Familie stark reduziert wurde. Andere haben rechtliche Veränderungen verantwortlich gemacht, welche die Scheidung erleichtern, oder aber die zunehmende finanzielle Unabhängigkeit der Frauen, die es ihnen ermöglicht, leichter aus einer schlechten Ehe auszusteigen. Einige Experten weisen auf die wachsende Gewalttätigkeit unserer Gesellschaft hin; die psychologische Kriegsführung in Form von Verachtung und Feindseligkeit, die einer Scheidung oft vorausgeht, kann als eine Form der Gewalt auf niedrigem Niveau betrachtet werden.

Zusammen verweisen alle diese Erklärungen auf eine Lockerung jener sozialen Bindungen, die Ehen intakt halten. Aber sie erklären nicht, warum manche Ehen solchen Belastungen standhalten und andere daran zerbrechen. Derartige allgemeine Spekulationen sind überdies für Sie persönlich nicht sehr hilfreich, wenn Sie versuchen, einen Ausweg aus Ihren eigenen Eheproblemen zu finden. Wenn Sie gegenwärtig verheiratet sind oder sich demnächst verheiraten wollen, möchten Sie vor allem wissen, wie Sie vermeiden können, daß auch Sie eines Tages zum traurigen Teil der Statistik gehören.

Da die Frage, warum Ehen auseinandergehen, noch nicht ernsthaft erforscht wurde, sind wir versucht, den alten, bequemen Ansichten Glauben zu schenken, die auf den ersten Blick ganz einleuchtend sind. Nehmen wir etwa den Mythos vom Geld. Einige Zahlen zeigen, daß die Wahrscheinlichkeit einer Scheidung doppelt so hoch ist, wenn man finanzielle Probleme hat. Aber viele Paare mit einem niedrigen Einkommen bleiben zusammen. Man kann 15 000 Dollar im Jahr verdienen und eine genauso stabile oder instabile Ehe haben wie Paare, die 150 000 Dollar im Jahr verdienen. In seinem Buch *Children of the Great Depression* gibt G. H. Elder jr. eine interessante Darstellung der Auswirkungen finanzieller Probleme auf Familien in den dreißiger Jahren. Diejenigen, die schon vor dem Zusammenbruch des Aktienmarktes eine starke Gemeinschaft gebildet hatten, wurden danach anscheinend noch stärker, da Frauen und Kinder mithalfen, die Familie zu ernähren. Auf der anderen Seite zerbrachen Familien, die bereits Probleme hatten, mit größerer Wahrscheinlichkeit an den durch die wirtschaftliche Lage bedingten Spannungen. Die Ehemänner in gestörten Familien rückten am Eßtisch in dem Maße von ihren Familien ab, wie die finanziellen Probleme größer wurden – ein konkreter Ausdruck der zunehmenden Distanz zwischen Ehemann und Ehefrau. Solche Untersuchungen zeigen also, daß die bestehenden Stärken oder Schwächen einer Ehe durch äußere Krisen wie Arbeitslosigkeit oder Geldprobleme vergrößert werden.

Ähnliche Schlußfolgerungen lassen sich hinsichtlich der Unstimmigkeiten im sexuellen Bereich ziehen, die ebenfalls weithin als Sprengstoff in einer Ehe gelten. Vor langer Zeit glaubten manche Psychologen, daß ein Paar um so glücklicher sei, je häufiger es Geschlechtsverkehr habe. Doch heute wissen wir, daß das nicht wahr ist. Worauf es wirklich ankommt, ist, daß man sich darüber einig ist, was akzeptabel ist. Erinnern Sie sich noch an die Szene in Woody Allens Film *Der Stadtneurotiker*? Als Annies Therapeut fragt, wie oft sie und Alvie miteinander schliefen, antwortet Annie: »Ständig. Dreimal die Woche.« Auch Alvies Therapeut stellt diesem die gleiche Frage, und Alvie antwortet: »Nie. Dreimal die Woche.« Die Frage ist nicht, wie oft man sich liebt – auch nicht, daß man sich einig ist, daß 1,43mal die Woche optimal ist. Die Frage ist, wie gut man mit den unvermeidlichen Diskrepanzen umgeht, die immer auftauchen, wenn zwei Menschen eine Partnerschaft eingehen.

In engem Zusammenhang damit steht ein weiterer Mythos, der besagt, daß die Einigkeit – sowohl im Bett als auch außerhalb des Bettes – entscheidend für das Funktionieren einer Ehe sei. Nehmen wir einmal an, Sie verbringen Ihre Freizeit gerne mit der Familie und mit Freunden, aber Ihr Partner würde lieber allein mit Ihnen zu Hause bleiben. Oder Sie glauben, Kreditkarten seien ein Geschenk Gottes, während Ihr Partner glaubt, daß alles sofort bezahlt werden müsse. Vielleicht halten Sie Kindertagesstätten für eine gute Sache, während Ihr Partner überzeugt ist, daß Kleinkinder zu Hause von ihren Müttern versorgt werden sollten.

Auf den ersten Blick erscheint die Annahme sinnvoll, daß die Einigkeit bei Ansichten und Einstellungen eine notwendige

Grundlage für eine erfolgreiche Ehe sei. Nehmen wir beispielsweise die Untersuchungen von David H. Olson, Professor für Familiensoziologie an der Universität von Minnesota. Er hat einen vorehelichen Test mit der Bezeichnung PREPARE entwickelt, der Differenzen zwischen den zukünftigen Eheleuten aufspürt. Es handelt sich um einen Fragebogen mit 125 Fragen, die sich auf elf Lebensbereiche des Paares beziehen, darunter Fragen zur Persönlichkeit, zu den Finanzen, zu Sexualität, Kindern und religiöser Ausrichtung. Dieser Fragebogen wird von Geistlichen bei vorehelichen Beratungsgesprächen benutzt – mit dem Ziel, Konfliktbereiche in einer Ehe vorauszusagen, um spätere Disharmonien und am Ende gar eine Scheidung zu vermeiden. Olsons Fragebogen ist durchaus geeignet, die potentiellen Konfliktpunkte auszumachen und Zufriedenheit in der Ehe zu prognostizieren. Als Olson seine Paare drei Jahre nach der Eheschließung noch einmal überprüfte, stellte er fest, daß die zufriedenen Paare bei dem PREPARE-Test vor ihrer Heirat tatsächlich bessere Bewertungen erzielt hatten als diejenigen, die nach drei Jahren unzufrieden oder sogar bereits geschieden waren.

Was seine Einschätzung allerdings *nicht* vorhersagen konnte, war, welches von den *unzufriedenen* Paaren zusammenbleiben und welches scheitern würde. Doch genau dies ist eine entscheidende Frage. Schließlich gibt es in vielen Ehen, die eigentlich stabil sind, gelegentlich Phasen der Unzufriedenheit. Sie kennen bestimmt Menschen, die ihre Ehe keineswegs ideal finden, aber trotzdem ein Leben lang zusammenbleiben, oder Paare, die sich wenig ähnlich sind, ihre Ehe aber sehr befriedigend finden. Und Sie kennen wahrscheinlich andere Paare, die in sehr konfliktreichen Ehen bleiben, weil sie finden, daß sich der Kampf lohnt.

Olson nahm an, daß die Ähnlichkeit der Auffassungen einen Schutz vor Scheidung darstelle. Das scheint indes nicht richtig zu sein. Denn im Laufe meiner Untersuchungen, bei denen ich beobachtete, wie Paare ihre Meinungsverschiedenheiten tatsächlich durchdiskutierten, und bei denen ich Jahre später überprüfte, wie stabil ihre Ehen waren, stellte ich fest, daß gerade jene Paare, die sich anfangs gegenseitig wegen ihrer Einstellung kritisiert hatten, mit der Zeit die stabilsten Ehen erreicht hatten. Meine

Forschungen zeigen, daß die Art und Weise, *wie* Paare mit ihren Differenzen umgehen, viel wichtiger ist als die Ähnlichkeit der Auffassungen. Man kann sogar sagen, daß eine gelegentliche Unzufriedenheit, vor allem in den ersten Ehejahren, der Partnerschaft auf lange Sicht gut zu tun scheint.

Natürlich sind Eheglück und perfekte Einigkeit nicht der einzige – und vielleicht nicht einmal der wichtigste – Leim, der Paare zusammenhält. Meine Forschungsteams sahen nun ihre Herausforderung darin, die wirklich entscheidenden Elemente einer guten Ehe zu entdecken. Und das ist eine ganz beachtliche Aufgabe. Denn wir mußten die Ehen über einen sehr langen Zeitraum beobachten. Es gibt einfach kein kürzeres Verfahren, als viele Jahre lang mit den gleichen Paaren in Kontakt zu bleiben, wenn man herausfinden will, welche Ehepartner ein glückliches und erfülltes gemeinsames Leben führen und welche sich schließlich trennen werden.

Im Ehe-Labor

Es ist Dienstag, 18 Uhr 30, als Phil und Diane Thompson (ihre Namen wurden hier geändert) auf dem Campus der Universität von Washington in Seattle ankommen. Nachdem sie einen schmucklosen Flur in dem Bürogebäude entlanggegangen sind, in dem unser Labor untergebracht ist, scheinen sie von dem Anblick überrascht zu sein, der sich ihnen jetzt bietet: eine komfortabel eingerichtete Studiowohnung mit einem ausklappbaren Bett, einer Küche und einem Blick auf den Kanal, der die Portage Bay mit dem Lake Washington verbindet. Hier drinnen deuten nur die ferngesteuerten Videokameras an der Decke darauf hin, daß die Thompsons sich nicht im Nordwesten der USA in einer heimeligen Umgebung ein paar schöne Tage machen wollen. Hier beobachten wir Paare, die dahinterkommen wollen, was an ihrer Ehe nicht stimmt.

Nach einer kurzen Sitzung, bei der sie mit den beiden Forschungsassistenten bekannt gemacht werden, füllen die Thompsons einen Fragebogen aus, auf dem sie beschreiben, wie groß ihre Unstimmigkeiten in jenen Bereichen sind, die Paaren häufig zu schaffen machen – Geld, Schwiegereltern, Sex und Religion. Das Paar ist mittlerweile an derartige Fragen gewöhnt; als freiwillige Teilnehmer an wissenschaftlichen Untersuchungen haben sie bereits mehrere Fragebögen ausgefüllt und Gespräche geführt, bei denen es um den Zustand ihrer Ehe ging. Wenn sie weiterhin an unserer Forschungsarbeit teilnehmen wollen, werden wir sie von Zeit zu Zeit anrufen und ihnen Fragebögen schicken, damit wir etwas über den Zustand ihrer Beziehung erfahren. So verfolgen wir im Laufe der Jahre die Entwicklung von Paaren.

Sobald die Thompsons den Fragebogen ausgefüllt haben, werden sie in ein angrenzendes Zimmer geführt, wo sie einander gegenüber gesetzt werden, umgeben von elektronischen Geräten, die speziell dazu dienen, physische und psychologische Informationen über die interagierenden Paare zu sammeln. Eine bewegliche Plattform unter jedem Stuhl mißt, wie stark sich jeder Partner während der Sitzung auf seinem Stuhl hin und her bewegt. Zwei weitere Videokameras sind über ihnen angebracht und nehmen jede sichtbare Bewegung von der Taille aufwärts auf.

»Dies ist wie ein elektrischer Stuhl«, scherzt Phil, als eine Forschungsassistentin einen Gurt um seinen Oberkörper schnallt, um zu messen, wie tief er atmet.

»Oder ein Lügendetektor«, sinniert Diane. Sie hat es genau erfaßt. Verschiedene elektronische Geräte werden messen, wie das Nervensystem auf alle Arten von psychologischen Reizen reagiert, so wie es ein Lügendetektor tun würde. Elektroden werden an beider Oberkörper befestigt, um den Herzschlag zu messen. Durch kleine Apparate an ihren Fingern wird kontrolliert, wie stark ihr Puls schlägt und wie sehr sie als Reaktion auf Streß schwitzen. Sensoren werden an ihren Ohrläppchen befestigt, um Auskunft darüber zu geben, wie schnell das Blut vom Herzen zu den Extremitäten fließt. Schließlich werden Mikrophone an ihrer Kleidung angebracht, um jede Äußerung von ihnen aufzunehmen.

Als alle Geräte angebracht sind, geht eine Forschungsassistentin mit Phil und Diane noch einmal den Fragebogen durch und hilft ihnen, das »strittige Gebiet« herauszusuchen, über das sie fünfzehn Minuten lang sprechen werden. (Manchmal fängt das Paar einfach damit an, über die Ereignisse des Tages zu sprechen, nachdem es mindestens acht Stunden getrennt war.) Aus Phils und Dianes Antworten geht hervor, daß Sex in ihrer Ehe ein Problem ist; es kommt zu Konflikten, weil Phil öfter mit Diane schlafen möchte, als sie es will. Beide sind der Meinung, daß dieses Thema unbedingt diskutiert werden sollte.

Als diese Entscheidung gefallen ist, ziehen sich die Mitglieder des Forschungsteams in einen Nebenraum zurück, der mit Computern und Videogeräten ausgestattet ist. Den Instruktionen entsprechend, sitzt das Paar fünf Minuten lang ruhig da, während die Forscher die Basisdaten sammeln. Dann blinkt auf einem Display ein Licht auf – das Zeichen für das Paar, mit dem Gespräch zu beginnen.

Zuerst sprechen sie über ihre Familien. Beide waren nicht gerade Musterbeispiele an Zuneigung, darin sind sich die beiden einig. Dann kommen sie auf die Zeit zu sprechen, als Diane von Phil umworben wurde. Sie erinnern sich daran, wie aufregend und schön die ersten Monate waren und wie der Zauber verschwand. Bald beklagt sich Diane über Phils Arbeit, die ihn aufzufressen scheint.

Sie sagt, daß sie vielleicht dem Sex mehr abgewinnen könnte, wenn er ihr außerhalb des Schlafzimmers mehr Zuneigung zeigen würde. Phil schweigt eine Weile und erwähnt dann ihr Kind. »Alles würde vielleicht besser laufen, wenn du Jason nicht erlauben würdest, jeden Abend bis elf aufzubleiben.« Diane gibt zu, daß Jason ein Hindernis ist. Dann schlägt sie vor, einige Bücher über Liebestechniken zu besorgen. Phil lächelt müde. »Das hatten wir alles schon«, seufzt er.

Als die fünfzehn Minuten um sind, geht das Licht auf dem Display aus, und eine Forschungsassistentin kommt herein. Sie stellt eine Trennwand zwischen die beiden, damit sie sich nicht sehen können. Sie zeigt ihnen einen Monitor, auf dem sie sich die Unterhaltung anschauen können, die gerade stattgefunden hat. Beide Dialogpartner sind auf dem Monitor gemeinsam zu sehen, obwohl die Aufnahmen einzeln gemacht wurden. Während Phil und Diane eine Wählscheibe betätigen, die sich um 180 Grad drehen läßt und von »positiv« über »neutral« bis »negativ« reicht, schauen sie sich die Aufnahme zweimal an. Das erste Mal bewerten sie ihre eigenen Gefühle während des Gesprächs – wie gut oder schlecht sie sich in jedem Augenblick gefühlt haben. Beim zweiten Mal betätigen sie die Wählscheibe, um zu raten, wie der Partner sich in jedem Augenblick gefühlt hat. Diese Übung zeigt, wie genau das Paar die Gefühle des anderen »lesen« kann.

Später werden sich Psychologen dieses Band ansehen, die besonders darin geschult sind, den emotionalen Gehalt von Worten, Gesichtsausdrücken und Gesten zu analysieren. Mit Hilfe einer Meßskala, die von »Widerwillen«, »Verachtung« und »Aggressivität« bis zu »Wertschätzung«, »Zuneigung« und »Freude« reicht, werden diese Forscher jeden Augenblick der Unterhaltung kodieren und jede Nuance gewissermaßen mit einem Etikett versehen.

Während ein Forscher sieht, wie Diane die Lippen zusammenpreßt, wenn Phil ihre Nachgiebigkeit gegenüber Jason erwähnt, registriert das Gerät ihren Ärger und seine Dauer. Als sie Phil sagt, sie möchte, daß er weniger arbeite, und Phil einen tiefen Seufzer ausstößt, zeigt das Gerät seine Traurigkeit. Und wenn einer von ihnen mauert und nicht mehr fähig oder bereit ist, auf das zu antworten, was der andere sagt, wird auch dieser Rückzug registriert.

Werden diese Kodes dann mit den Daten über die physiologischen Reaktionen des Paares sowie mit den Antworten des Paares auf verschiedenen Fragebögen und in verschiedenen Interviews korreliert, so sagen sie ungeheuer viel über die Interaktion eines Paares aus. Zusammen mit den vielen Daten, die wir in den letzten zwei Jahrzehnten von Hunderten anderer Paare gesammelt haben, vermittelt uns das einfache Gespräch zwischen Phil und Diane tiefe Einblicke in die versteckte emotionale Dynamik einer Ehe. Aus dieser Fülle von Daten habe ich ein wissenschaftliches Modell der oft unsichtbaren Kräfte entwickelt, die eine Ehe zusammenhalten oder sprengen – ein Modell, das ich Ihnen vorstellen möchte, damit Sie diese Kräfte in Ihrer eigenen Ehe erkennen und interpretieren können.

Die Untersuchungen

Die Methoden, die der Messung von Phils und Dianes Interaktion zugrunde liegen, wurden von mir zuerst 1980 an der Indiana-Universität verfeinert, als meine Zusammenarbeit mit Robert W. Levenson begann, einem Wissenschaftler mit großer Kompetenz auf dem Gebiet des Messens von physiologischen Reaktionen in bestimmten sozialen Situationen. Nachdem wir die Interaktionen von dreißig Ehepaaren untersucht hatten, bewiesen Levenson und ich zum ersten Mal, daß die Zufriedenheit in der Ehe an physiologische Reaktionen der Eheleute aufeinander gebunden ist. Aber diese Experimente waren auch in anderer Hinsicht sehr wichtig. Sie zeigten uns nämlich, daß es tatsächlich möglich war, Paare dazu zu bringen, trotz Videokameras, Elektroden und Mikrophonen natürlich miteinander umzugehen. So erstaunlich es klingt, aber sobald die Paare in unserem Labor waren und von unseren Assistentinnen umsorgt wurden, schienen die Drähte, Umformer und Kameras in den Hintergrund zu treten, und ihre Interaktionen zeigten die ganze Bandbreite von echten Gefühlen, wie sie Ehepaare in ihren Gesprächen »im richtigen Leben« haben.

Im Vertrauen darauf, daß unsere Methoden funktionierten und daß unsere Erkenntnisse fundiert waren, begannen wir eine Langzeituntersuchung, um zu sehen, wie sich Ehen im Laufe der Zeit entwickeln. War es möglich, bestimmte Verhaltensweisen oder Prozesse zu entdecken, die zu einer Scheidung führen? Welche Faktoren sind das, und können wir sie, wenn wir sie erkannt haben, benutzen, um vorherzusagen, welche Paare verheiratet bleiben und welche Paare sich trennen werden? Neunundsiebzig Paare verschiedener Altersgruppen kamen 1983 in unser Labor, um uns zu helfen, diese Antworten zu finden. Als wir sie 1987 wieder aufsuchten, entdeckten wir Zusammenhänge zwischen den Informationen, die wir 1983 gesammelt hatten, und dem Zustand der Ehe dieser Paare vier Jahre später. Weitere Analysen ermöglichten es uns, die Prozesse sehr genau zu verstehen, die zur Auflösung einer Ehe führen. Zu den gleichen Ergebnissen kam ich bei einer ähnlichen Untersuchung, die ich ab 1986 mit sechsundfünfzig Paaren an der Universität von Illinois durchführte. Diese beiden Untersuchungen gehen weiter, da wir die Paare von Indiana und Illinois in regelmäßigen Abständen aufsuchen, um neueste Daten über den Stand ihrer Beziehung zu sammeln.

In der Zwischenzeit wurden zwei neue Untersuchungen in Angriff genommen. In einer beobachten wir 130 frischverheiratete Paare mindestens fünf Jahre lang, um herauszufinden, wie Kinder ihre Beziehung beeinflussen. Eine zweite neue Untersuchung, die gemeinsam mit Robert Levenson an der Universität von Kalifornien in Berkeley und mit Laura Carstensen an der Stanford-Universität durchgeführt wird, befaßt sich mit 160 Ehen von Menschen, die jetzt in den Vierzigern und Sechzigern sind und sich nie haben scheiden lassen. Diese Menschen sind durchschnittlich zwanzig beziehungsweise vierzig Jahre verheiratet. Unser Ziel ist, mehr darüber zu erfahren, wie es Menschen gelingt, über einen langen Zeitraum eine gute Beziehung aufrechtzuerhalten. Wir achten beispielsweise besonders auf ihre Fähigkeit, in einem Streit die Abwehrhaltung aufzugeben und ihr Gespräch wieder in produktivere Bahnen zu lenken.

Was hat nun dies alles mit Ihrer eigenen Ehe zu tun? Diese Forschungen, die immer umfangreicher werden, haben mir viele Erkenntnisse vermittelt, die auch Ihnen helfen können, Ihre Ehe zu verbessern. Um von diesen Erkenntnissen zu profitieren, brauchen Sie sich nicht an alle möglichen Drähte anschließen oder Ihre Streitigkeiten mit einem Videogerät aufzeichnen zu lassen, wie wir es mit den Paaren in unserem Labor getan haben. Vielmehr wird Ihnen dieses Buch die wichtigsten Einsichten nahebringen, die ich im Laufe der Jahre gewonnen habe, und Ihnen zeigen, wie Sie unsere Ergebnisse für Ihre eigene Beziehung nutzen können.

Konflikte: Ein Schlüssel zum Glück?

Wenn ich etwas aus meinen jahrelangen Forschungen gelernt habe, dann dies: *Eine dauerhafte Ehe ergibt sich aus der Fähigkeit eines Paares, die Konflikte zu lösen, die in jeder Beziehung un-*

vermeidbar sind. Viele Paare neigen dazu, das seltene Auftreten von Konflikten mit Glück gleichzusetzen, und glauben, daß die Aussage »wir streiten niemals« ein Zeichen für eine gesunde Ehe sei.

Aber ich glaube, daß wir in unseren Beziehungen wachsen, wenn wir gut mit unseren Differenzen umgehen. So werden wir liebesfähiger und kommen wirklich in den Genuß der Vorteile einer Ehe.

Aber es reicht bei weitem nicht aus, gut zu streiten. Nicht alle Paare lösen Konflikte auf die gleiche Art und Weise. Und nicht alle Paare verstehen das gleiche unter der »Lösung« eines Konflikts. Ich habe herausgefunden, daß es drei verschiedene Arten der Problemlösung gibt, zu denen gesunde Ehen neigen. In einer *konstruktiven Ehe* schließen die Paare häufig Kompromisse und lösen ihre Probleme ruhig und zur beiderseitigen Zufriedenheit. In einer *konfliktvermeidenden Ehe* akzeptieren die Paare ihre Meinungsverschiedenheiten und setzen sich ihnen selten direkt aus. In einer *impulsiven Ehe* brechen häufig Konflikte aus und führen zu leidenschaftlichen Auseinandersetzungen.

Früher haben viele Psychologen die konfliktvermeidende und die impulsive Ehe als pathologisch betrachtet. Aber unsere heutigen Forschungen deuten darauf hin, daß alle drei Formen gleichermaßen stabil und ein gutes Zeichen für die Zukunft einer Ehe sind. Im 2. Kapitel werde ich näher auf diese drei Formen eingehen und Ihnen helfen, herauszufinden, welche jener Ehe am nächsten kommt, die Sie zur Zeit führen oder die Sie *gerne hätten.*

Natürlich ist keine dieser drei Formen eine Gewähr für eine glückliche Ehe. Sie funktionieren nur so weit, daß sie Ihnen erlauben, das richtige Gleichgewicht zwischen positiven und negativen Interaktionen mit Ihrem Partner zu finden. Erstaunlicherweise haben wir entdeckt, daß sich alles auf eine einfache mathematische Formel reduzieren läßt: Welche Form Ihre Ehe auch haben mag, Sie müssen mindestens fünfmal so viel positive wie negative Augenblicke haben, wenn Ihre Ehe stabil sein soll.

Wenn Sie und Ihr Partner kein stabiles Gleichgewicht erreichen, wenn dieses Gleichgewicht oder diese »Eheökologie« gestört wird, werden Sie und Ihr Partner frustriert sein, aus dem

Hinterhalt angreifen oder in einer Sackgasse landen, und die Streitereien werden zunehmen. Darin aber zeigt sich das Unvermögen, eine stabile Eheform zu finden, die für beide Partner befriedigend ist.

In den Kapiteln 3 und 4 werde ich die abwärts gerichtete Spirale darstellen, die bei jenen Paaren beginnt, die nicht fähig sind, das Gleichgewicht eines stabilen Ehetyps zu finden. Und in Kapitel 5 werde ich zeigen, daß starke Unterschiede zwischen Männern und Frauen im Umgang mit Gefühlen diesen Prozeß fördern können. Die negative Einstellung wächst, und die Folgen richten immer mehr Schaden an. Es beginnt damit, daß das Lachen und die Wertschätzung verschwinden und Kritik und Kummer sich ausbreiten. Die Versuche, die verletzten Gefühle zu besänftigen und die Kommunikation wieder in Gang zu bringen, scheinen sinnlos zu sein. Die Partner verlieren sich in feindseligen und negativen Gedanken und Gefühlen, während ihre Körper auf den Streß reagieren und es immer schwerer wird, rational zu denken und ruhig zu antworten. Bald nehmen jene negativen Handlungen überhand, die ich »die vier apokalyptischen Reiter« nenne: Kritik, Verachtung, Abwehr und Rückzug. Wenn ein Paar an diesem Punkt nichts verändert, wird es wahrscheinlich hilflos auf das Ende der Ehe zusteuern. Im 6. Kapitel werde ich Ihnen helfen, die Ergebnisse der Analyse Ihrer eigenen Ehe einzuschätzen, um zu sehen, wie weit diese destruktiven Kräfte Ihre eigene Ehe schon ausgehöhlt haben.

Besteht die Lösung schlicht darin, daß Sie nett sind, wenn Ihr Partner das nächste Mal Ihre Schwester beleidigt, den Thermostaten neu einstellt, Ihr Lieblingshemd in der Wäsche einlaufen läßt oder irgend etwas anderes tut, was Sie verrückt macht? Kaum. Aber es gibt spezielle Schritte, die Sie machen *können*, um Konflikte konstruktiv zu lösen und die positiven Seiten Ihrer Ehe zu stärken. Und wenn Sie diese Schritte regelmäßig machen, sollte Ihre Beziehung eigentlich gegen jene Kräfte immun werden, die zur Scheidung führen können.

Diese Schritte – die im einzelnen in der zweiten Hälfte dieses Buches dargestellt werden – umfassen Kommunikationstechniken, die Ehen stabilisieren, wie sich bei den Untersuchungen herausgestellt hat, die ich in den späten siebziger Jahren an der Universität von Indiana durchgeführt habe. Mehrere Forscher, darunter Howard Markman, Psychologe an der Universität Denver, und Neil Jacobson von der Universität von Washington, haben meine frühen Ergebnisse bestätigt: Wenn man diese Strategien erlernt, kann man den destruktiven Taktiken entgegenwirken, die eine Ehe zerstören können. Paare, die diese wichtigen Techniken beherrschen – vor allem die Beilegung von Meinungsverschiedenheiten ohne das Hochschaukeln des Konflikts – können ihre Ehe stärken.

Meine Methode der Diagnostizierung von Konflikten in einer Ehe und die daraus resultierenden Ratschläge ergeben sich aus den wissenschaftlichen Daten, die ich von Hunderten von Paaren gesammelt habe; und diese Daten ermöglichen die bislang umfassendste Auskunft über die Art und Weise, wie Männer und Frauen in Ehen miteinander umgehen – in Ehen, die gelingen, und in Ehen, die scheitern.

Wenn Sie sich entschließen, die in diesem Buch beschriebenen Schritte zu unternehmen, sollte Ihnen klar sein, daß es nicht darum gehen kann, Konflikte oberflächlich zu kitten. Vielmehr erfordern diese Schritte Wachsamkeit und Engagement und führen vielleicht dazu, daß Sie sich selbst, Ihren Partner und Ihre Beziehung mit anderen Augen sehen. Vielleicht müssen Sie auch Ihrem Partner anders zuhören und anders auf ihn reagieren. Vor allem werden Sie daran arbeiten müssen, daß Ihnen diese neuen, produktiveren Gewohnheiten so vertraut werden, daß sie dann zu automatischen Reaktionen werden, wenn Sie sie am meisten brauchen: in den schwierigen, angespannten Situationen zwischen Ihnen und Ihrem Partner. Um dies zu tun, müssen Sie genau wissen, wo Ihre Beziehung heute steht. Darum enthält dieses Buch auch verschiedene Tests, die Ihnen helfen sollen, herauszufinden, welche Form der Ehe Sie am liebsten hätten, und einzuschätzen, wie Ihre jetzige Beziehung beschaffen ist. Diese Tests sollen keine Voraussage darüber liefern, ob Sie auf eine Scheidung zusteuern, aber sie können Ihnen helfen, die Konfliktpunkte in einer Weise zu entdecken, die deutlich macht, welche Gegenmittel Sie einsetzen sollten. In der zweiten Hälfte des Buches wird für jede

Schwierigkeit, die Sie in Ihrer Ehe diagnostiziert haben, eine bestimmte Lösung vorgeschlagen, eine Veränderung, die Sie vornehmen können, um Ihre Ehe zu verbessern.

Die Ehe ist eine äußerst vielschichtige Beziehung, und es gibt keinen Test, der ihr Weiterbestehen oder ihre Auflösung mit hundertprozentiger Sicherheit vorhersagen könnte. Sie und Ihr Partner sind die einzigen, die die Vor- und Nachteile Ihrer Ehe kennen, und Sie sind die einzigen, die über ihre Zukunft entscheiden können. Ich hoffe, daß dieses Buch Ihnen helfen kann, gut durchdachte Entscheidungen zu treffen und die emotionalen Strömungen zu erkennen und zu verändern, die eine Ehe untergraben können, wenn sie nicht aufgespürt werden.

2. Kapitel

Gute, schlechte und impulsive Formen der Ehe

Spätabends sitzen überall im Land noch unzählige Menschen vor ihrem Fernseher, um zuzusehen, wie in der Wiederholung der Serie *The Honeymooners* (Die Flitterwochen) bei Ralph und Alice die Fetzen fliegen. Seine gnadenlosen Attacken und ihre schlagfertigen Antworten haben bei Generationen von Amerikanern regelrechte Lachstürme ausgelöst. Die Ehekräche, die sich in diesem spärlich eingerichteten Wohnzimmer in Brooklyn entladen, haben etwas, das viele von uns liebenswert und unterhaltsam finden. Sie alle kennen wahrscheinlich mindestens ein Paar, das so ist wie die Cramdens. Diese lautstarken Pärchen unterhalten oft ihre unglückliche Nachbarschaft mit ohrenbetäubenden Diskussionen darüber, ob sie Thunfisch in großen Scheiben oder kleinen Stücken kaufen oder ob sie über ihrem Medikamentenschrank eine 60- oder 70-Watt-Birne anbringen sollen. Die meisten Psychologen würden solche häufigen verbalen Auseinandersetzungen wahrscheinlich dysfunktional, ja sogar pathologisch nennen. Jahrelang haben Eheberater versucht, Paare von einem solchen Gezänk abzubringen, da sie überzeugt waren, daß es eine Ehe vergifte.

Nun ist es sicherlich richtig, daß sich nur wenige Menschen eine so spannungs- und konfliktgeladene Beziehung wünschen – aber dies ist das Überraschende: Es gibt Paare, die ebenso ohrenbetäubende Auseinandersetzungen haben wie die Honeymooners und trotzdem eine lange, glückliche Ehe führen. Wenn man mir das gesagt hätte, bevor ich mit meinen Forschungen begann, dann hätte ich es unwahrscheinlich gefunden.

Aber nachdem ich alle möglichen Ehepaare über Jahre hinweg beobachtet habe, bin ich der Meinung, daß nicht eindeutig feststeht, warum eine Beziehung funktioniert oder auseinandergeht. Einige unserer herkömmlichen Vorstellungen könnten durchaus falsch sein. Um das selbst festzustellen, versuchen Sie einmal, vorauszusagen, welche der folgenden frischverheirateten Ehepaare, die ich untersucht habe, vier Jahre später noch glücklich verheiratet waren.

Paar Nummer eins

Bert und Betty Oliver, beide dreißig Jahre alt, lernten sich bei der Hochzeit eines Freundes kennen. Ein Jahr lang hatten sie eine Liebesbeziehung über eine große Entfernung hinweg, mit häufigen Flugreisen und astronomischen Telefonrechnungen. Schließlich zog Betty von Cincinnati nach Chicago, um mit Bert zusammenzusein, und sechs Monate später heirateten sie. Bert hat einen anstrengenden, langen Arbeitstag als Geschäftsführer einer Druckerei, was für ihre Ehe eine gewisse Belastung darstellt. Beide sagten, sie kämen aus Familien, in denen die Eltern nicht sonderlich kommunikativ waren und nur wenig Nähe zuließen. Bert und Betty waren entschlossen, aus den Fehlern ihrer Eltern zu lernen und der Kommunikation in ihrer Beziehung einen hohen Stellenwert zu geben. Obwohl sie sich gelegentlich kabbelten, legten sie ihre Differenzen gewöhnlich bei, bevor der Ärger überkochte. Anstatt sich gegenseitig niederzuschreien, behandelten sie ihre Meinungsverschiedenheiten in »Konferenzen«, in denen jeder seine Sichtweise darlegte. Sie versuchten, den Standpunkt des anderen zu verstehen, und schafften es gewöhnlich, einen Kompromiß zu finden.

Als sie nach zwei Ehejahren befragt wurden, drückte Betty ihre

Freude darüber aus, daß sie jenes seltene Wesen gefunden hatte, einen »wirklich netten Mann«. Bert war immer noch glücklich, daß sich ein so liebenswerter Mensch wie Betty für ihn interessierte.

Paar Nummer zwei

Max Connell, vierzig, und Anita Gallo, fünfundzwanzig, waren ebenfalls zwei Jahre verheiratet, als sie befragt wurde. Max, ein Tischler, lernte Anita bei seiner Arbeit kennen – er führte Reparaturen an dem Haus durch, in dem sie als Kindermädchen arbeitete. Anfangs hatte Max Angst, daß Anita ihn für zu alt halten würde, aber sie sagte, daß sein Alter zu den Dingen gehört hatte, die sie angezogen hatten. Max gefiel sofort, daß Anita sehr aus sich herausging – sie sagte ihm immer, was in ihr vorging. »Wenn ich versuche, zwei Tage etwas zurückzuhalten, das mir zu schaffen macht, gibt es eine größere Explosion«, erklärte Anita. »Ich muß es gleich loswerden.« Beide gaben zu, daß sie sich wesentlich mehr stritten als ein Durchschnittspaar. Ihre Beziehung war durch so viele Machtkämpfe gekennzeichnet, daß sie zweimal nahe daran waren, ihre Hochzeit abzusagen. Auch als sie verheiratet waren, hatten sie die Tendenz, sich gegenseitig zu unterbrechen und den eigenen Standpunkt zu verteidigen, anstatt sich anzuhören, was der Partner sagte. Aber irgendwie einigten sie sich dann doch immer. Trotz ihrer häufigen Spannungen schienen sie viel Freude aneinander zu haben. Sie lachten, scherzten und schmusten viel mehr, als sie sich stritten. Beide betrachteten Leidenschaft und Unabhängigkeit als entscheidende Faktoren in ihrem gemeinsamen Leben. Sie gaben zu, daß sie ihre Probleme hatten, aber wie Bert und Betty hielten sie sich für glücklich verheiratet.

Paar Nummer drei

Die Nelsons, Joe, neunundzwanzig, und Sheila, siebenundzwanzig, schienen so eng zusammenzugehören wie ein Paar Bücherstützen. Beide wuchsen in den Vorstädten von St. Louis auf, gingen auf Privatschulen, betrachteten den Besuch der Kirche als einen wichtigen Teil ihres Lebens und waren passionierte Reiter.

Sie sagten, daß sie über die meisten Dinge die gleichen Ansichten hätten und sich »sofort miteinander wohl gefühlt« hatten. Die Nelsons verbrachten relativ viel Zeit getrennt – er in seiner Werkstatt im Keller und sie in ihrem Nähzimmer, wo sie ihre vielen Kreuzsticharbeiten machte. Trotzdem waren sie gerne zusammen und hatten sehr selten Auseinandersetzungen. »Nicht, daß wir uns immer einig wären«, erklärte Sheila, »aber wir haben deswegen keine Konflikte.« Wenn Spannung aufkam, waren beide der Meinung, daß sich die Wogen besser glätten ließen, wenn sie um den Country Club herum joggten, als wenn sie die Dinge ausdiskutierten oder sich stritten. Nach den wichtigsten Konfliktfeldern gefragt, gaben sie eine kurze Liste von relativ unbedeutenden Problemen an, wie zum Beispiel Sheilas ständiges Zuspätkommen oder Joes mangelndes Interesse für häusliche Pflichten, wenn am Wochenende ein Baseballspiel seiner Lieblingsmannschaft im Fernsehen übertragen wurde. Sheila erwähnte auch nebenbei, daß Joe wesentlich häufiger Sex wollte als sie, eine Situation, für die sich keine Lösung abzeichnete. Alles in allem waren Joe und Sheila stolz darauf, daß sie so gut miteinander auskamen. Sie wußten, daß sich in manchen Ehen die Gegensätze anziehen: »Wir haben solche Freunde, und dort funktioniert es«, sagte Sheila. »Aber das ist nichts für uns«, fügte Joe hinzu.

Wenn Sie geraten haben, daß das Paar Nummer eins, Betty und Bert Oliver, vier Jahre später noch glücklich verheiratet war, haben Sie recht. Wenn Sie geraten haben, daß das gleiche für das Paar Nummer zwei, Anita und Max, sowie für das Paar Nummer drei, die Nelsons, gilt, haben Sie wieder recht. Wenn Sie gedacht haben, daß nur Bert und Betty die Glücklichen sein würden, dann sind Sie wahrscheinlich ein klinischer Psychologe, oder Sie haben schon viele Bücher und Artikel über das Funktionieren einer Ehe gelesen. Ehen wie die von Bert und Betty, die großen Wert auf Kommunikation und Kompromiß legen, wurden lange als ideal betrachtet. Aber nachdem ich jahrelang das Schicksal so vieler Paare verfolgt habe, mußte ich mich von der Vorstellung trennen, daß es nur einen Typ einer erfolgreichen Ehe gibt. Vielmehr glaube ich, daß sich Ehen im Laufe der Zeit auf einen von fünf Typen einpendeln. Während zwei dieser Typen zur Auflösung einer Ehe führen, gibt es drei sehr unterschiedliche Typen, die recht stabil sind. Bert und Betty, Anita und Max und Joe und Sheila waren Beispiele für diese drei erfolgreichen Formen der Ehe. Mit anderen Worten, jede dieser drei Ehen stellt eine spezifische Eheform dar, die unsere Forschungen mit langfristiger Stabilität und Glück verknüpft haben. Je näher eine Ehe einer dieser drei Formen kommt, um so besser scheinen die Aussichten auf eine dauerhafte Beziehung zu sein.

Ein wichtiger Anhaltspunkt dafür, was für eine Ehe ein Paar führt, ist für uns die Art und Weise, wie sich die Partner streiten. Obwohl es noch andere Dimensionen gibt, die etwas über eine Beziehung aussagen, scheint die Intensität eines Streites die wirklichen Farben einer Ehe sichtbar zu machen. Um eine Ehe einzuschätzen, untersuchen wir die Häufigkeit von Streitigkeiten, den Gesichtsausdruck und die physiologischen Reaktionen (wie Pulsschlag und Schwitzen) bei den Partnern während einer Auseinandersetzung, sowie das, was sie sich sagen, und wie sie es sagen. Auf der Grundlage dieser Beobachtungen haben wir die drei Typen von stabilen Ehen benannt, die auf einem bestimmten Stil der Auseinandersetzung basieren: die konstruktive, die impulsive und die konfliktvermeidende Ehe. Um herauszufinden, welcher Stil für Sie der beste wäre, machen Sie den Selbsttest auf Seite 59.

Betty und Bert: Die konstruktive Ehe

Es gibt gute Gründe, warum Bert und Betty dem Ideal eines Eheberaters so nahe kommen: Sie sind Meister der Kommunikation. Selbst wenn sie ein brenzliges Thema diskutieren, sind sie ruhig und gelassen. Vor allem haben sie eine ausgeprägte Fähigkeit, zuzuhören und den Standpunkt und die Gefühle des anderen zu verstehen. Darum nenne ich Paare wie Betty und Bert konstruktiv. Auch wenn sie sich nicht einig sind, geben sie dem Partner das Gefühl, daß sie seine Ansichten und Gefühle selbst dann respektieren, wenn sie diese nicht teilen. Folgendes passierte, als Betty Bert mit einem Problem konfrontierte:

BETTY: Da ist etwas, was mich ganz schön nervt. Am Wochenende unternehmen wir einfach nichts mehr. Es ist schon so lange her, daß wir mit Freunden zusammen waren oder ins Kino gegangen sind oder so etwas.

BERT: Du möchtest also, daß wir mehr ausgehen.

BETTY: Ja. Am Ende der Woche fällt mir manchmal die Decke auf den Kopf. Und dann möchte ich ausgehen und etwas Schönes erleben. Aber du kommst am Freitagabend müde nach Hause und möchtest nur noch fernsehen und dann ins Bett gehen.

BERT: Stimmt.

BETTY: Und am Samstag und Sonntag pusselst du dann die ganze Zeit herum und willst nicht ausgehen.

BERT: Weißt du, für mich... Ich bin jeden Tag in der Druckerei, viele Stunden lang. Und wenn ich nach Hause komme, will ich einfach zu Hause sein!

BETTY: Ja, endlich zu Hause!

BERT: Richtig. Ich will keine Forderungen, keinen Druck, einfach alles locker angehen.

BETTY: Ich verstehe.

Als Betty sich zum ersten Mal beschwerte und sagte, daß sie mehr ausgehen wolle, hätte Bert unterschiedlich reagieren können. Er hätte ihre Beschwerde geringschätzig abtun oder leugnen können, daß es ein Problem gab; er hätte wütend werden oder ihr sofort seine Meinung hinknallen können. Statt dessen hörte er sich ihren Standpunkt an und gab ihr sogar eine Rückmeldung von dem, was er von ihr gehört hatte. Wenn konstruktive Paare über ihre Differenzen sprechen, hört man eine Menge »hm-hm« und »ich verstehe«. Oft spiegelt sich in der Miene des Zuhörenden auch der besorgte und traurige Gesichtsausdruck des Sprechenden wider. Aber diese gegenseitige Wertschätzung bedeutet nicht unbedingt, daß sich die Partner einig sind; derjenige, der zuhört, sagt vielmehr: »Gut, rede weiter. Ich bin interessiert und höre mir an, welche Gefühle du hast. Ich habe in dieser Sache meinen eigenen Standpunkt, aber ich möchte deinen hören.« Betty ist Bert gegenüber genauso höflich. Nachdem sie ihre Meinung dargelegt hat, unterstützt sie ihn, als er seinen Standpunkt darstellt – daß er einfach zu müde ist, um auszugehen.

Dieser gegenseitige Respekt begrenzt die Zahl der Streitigkeiten, die Paare haben müssen. Konstruktive Paare, das haben wir herausgefunden, überlegen sorgfältig, ob sich ein Streit lohnt. Die Auseinandersetzungen, die wirklich stattfinden, klingen mehr wie eine Problemlösungsdiskussion denn wie eine feindselige Kampfansage.

Obwohl nicht jeder konstruktive Streit nach dem gleichen Schema abläuft, zeigt sich bei den Konflikten dieser Paare ein bestimmtes Muster, unabhängig davon, um welches Thema es geht. Dieses Muster ist eines der Merkmale, an denen man ein konstruktives Paar erkennt. Gewöhnlich hören sie sich erst einmal an, was der andere vorzubringen hat, so wie es Betty und Bert getan haben. Wenn sie das Gefühl haben, daß sie ihre Meinung umfassend dargelegt haben, gehen sie zur zweiten Phase über: Sie versuchen, sich gegenseitig von der Richtigkeit ihres Standpunktes zu überzeugen.

BETTY: Aber wäre es für dich nicht auch entspannend, schön essen zu gehen, nur wir beide? Oder einen Film anzusehen? Das hast du jedenfalls mal geglaubt.

BERT: Ich habe dazu einfach keine Lust mehr. Vielleicht, weil ich so sehr unter Druck stehe, am meisten entspannt es mich, weißt du …

BETTY: Wenn du dich einfach entspannst.

BERT: Ja. Findest du das nicht auch?

BETTY: (Lacht) Nein, überhaupt nicht!

Obwohl sie immer noch nicht einer Meinung sind, sind ihre Versuche, sich gegenseitig zu überzeugen, freundlich. Es wird kein Druck ausgeübt, und niemand pocht darauf, daß nur seine Sichtweise richtig sei. In der dritten Phase handeln sie schließlich einen Kompromiß aus, den beide gut finden oder mit dem sie zumindest leben können.

BERT: Gut, was schlägst du also vor?

BETTY: Ich denke, wir sollten ab und zu ausgehen. Aber es könnte so sein, daß ich mich nicht gut fühle, wenn ich dich frage und du so müde aussiehst. Und wenn ich dann etwas sage, wirst du verärgert sein.

BERT: Ja. Weißt du, ich habe Angst, daß du ständig etwas von mir willst. Daß du denkst, wenn ich freudestrahlend zur Tür hereinkomme, hätte ich Lust, auf eine Party zu gehen, und wir würden jeden Abend ausgehen.

BETTY: Du denkst also, wenn du dir deine Müdigkeit nicht wirklich anmerken läßt, würde ich dich ständig drängen, mit mir auszugehen?

BERT: Ja, ich glaube schon.

BETTY: Aber ich muß nicht jedes Wochenende ausgehen. Es ist nur so, daß wir gar nicht mehr ausgehen!

BERT: Gut. Wärst du denn damit einverstanden, daß wir nicht mehr als viermal im Monat ausgehen?

BETTY: Vorerst ja.

BERT: Gut.

BETTY: Und wir gehen dann auch wirklich viermal aus?

BERT: Ja, solange du es möchtest.

BETTY: Abgemacht.

Zu einer für beide befriedigenden Lösung des Problems gehörte, daß Bert und Betty der eigentlichen Ursache des Konflikts auf den Grund gingen: Bert fürchtete, daß sie viel mehr ausgehen würden, als ihm lieb war, wenn er Bettys Forderungen nicht von vornherein dadurch abwehrte, daß er seine Müdigkeit hervorkehrte. Folglich gab er sich so erschöpft, daß sie überhaupt nicht mehr ausgingen. Obwohl eine derartige psychologische Einsicht nicht immer ein Teil der Konfliktlösung ist, ist sie bei konstruktiven Paaren gang und gäbe.

Bei unseren Untersuchungen über konstruktive Paare haben wir herausgefunden, daß sie noch andere Merkmale aufweisen, als daß sie ihre Auseinandersetzungen nach dem Muster *gegenseitiger Respekt/Überzeugung/Kompromiß* führen. Die Forschungen von Mary Anne Fitzpatrick an der Universität von Wisconsin über Paare, die der konstruktiven Variante sehr nahe kommen, haben ergeben, daß es in diesen Ehen ziemlich ausgeprägte Geschlechterrollen gibt. Mit anderen Worten, jeder Partner hat eine andere Einflußsphäre. Die Ehefrau kümmert sich gewöhnlich um Hausarbeit und Kindererziehung. Der Ehemann ist gewöhnlich derjenige, der die Entscheidungen trifft. Während er sich meistens als analytisch, dominant und durchsetzungsfähig betrachtet, sieht sie sich als fürsorglich, warmherzig und mitteilsam. Konstruktive Paare scheinen gute Freunde zu sein, die in ihrer Ehe das »Wir« über ihre eigenen Ziele und Werte stellen. Nicht selten führt der eine Partner Sätze des anderen zu Ende. Zu den Eigenschaften, die sie in ihrer Beziehung hoch bewerten, gehören Kommunikation, verbale Offenheit, Liebe, die Äußerung von Zuneigung, gemeinsame Beschäftigungen und Interessen. Diese Paare neigen zu der Einstellung »was mein ist, ist auch dein«. In ihren Wohnungen haben sie selten getrennte Bereiche oder ein starkes Bedürfnis nach Rückzugsmöglichkeiten.

Natürlich führen konstruktive Paare nicht unbedingt eine ideale Ehe. Auch glückliche Beziehungen haben ihre Probleme. Ich glaube, daß die Gefahr bei konstruktiven Paaren darin besteht, daß sie ihre Ehe zu einem leidenschaftslosen Arrangement machen, bei dem Romantik und Eigenständigkeit der Freundschaft und dem Miteinander geopfert werden. In einem solchen Szenario kann es vorkommen, daß sie schließlich auf ihre persönliche Entwicklung verzichten, um ihren starken Zusammenhalt aufrechtzuerhalten. Ich habe festgestellt, daß es bei Auseinandersetzungen zwischen solchen Paaren oft darum geht, ein Gleichgewicht zwischen den persönlichen Wünschen und den von beiden Partnern anerkannten Erfordernissen der Ehe zu finden. Ein Ehemann wollte beispielsweise mehr Zeit mit Malen und Theaterspielen verbringen, aber seine Frau hatte Angst, daß seine kreativen Beschäftigungen einen zu großen Teil der Zeit beanspruchen könnten, die er sonst mit ihr und den Kindern verbringen würde. Bei einem anderen Paar hatte die Frau ein schlechtes Gewissen, wenn sie bei einer Freundin übernachtete, die ihr Mann nicht mochte. Obwohl er ihr versicherte, daß es ihm nichts ausmache, blieb sie unsicher.

Dennoch scheint eine konstruktive Ehe eine stabile Ehe zu sein. Und das sollte auch nicht verwunderlich sein. Denn wenn beide Partner das Gefühl haben, daß ihre Probleme mit Sympathie zur Kenntnis genommen werden, ist ein Kompromiß wesentlich leichter zu erreichen.

Max und Anita: Die impulsive Ehe

ANITA: Ich glaube, daß wir bei allem, was wir sagen, bei praktisch jedem Aspekt unserer Beziehung miteinander konkurrieren. Wenn ich sage, daß ich einen schweren Tag gehabt habe, sagst du, daß deiner noch schlimmer war.

MAX: Nein, das tue ich nicht.

ANITA: Doch. Das tust du bei allem. Wenn ich sage, daß mein Bein weh tut, sagst du, daß dein Knie und dein Ellbogen weh tun.

MAX: Ich will damit sagen, daß ich deine Schmerzen nachvollziehen kann, weil ich selbst gerade Schmerzen habe.

ANITA: Du sagst das nicht, um mich zu übertrumpfen?

MAX: Nein.

ANITA: Wenn ich nämlich sage: »Oh, ich hatte einen wirklich schweren Tag«, sagst du: »Du solltest erst mal meinen Job haben. Den würdest du nie Tag für Tag bewältigen.« Das halte ich nicht unbedingt für mitfühlend.

MAX: Das sage ich doch gar nicht, wenn du sagst, daß du einen schweren Tag gehabt hast.

ANITA: Doch, das sagst du.

Anita und Max streiten sich ganz anders als Bert und Betty. Wenn Sie eine Fliege an der Wand ihres Hauses wären, würden Sie eine Menge Coke-versus-Pepsi-Gezänk hören: Wer kocht besser? Dauert die Fahrt von New York nach Boston vier oder fünf Stunden? Wessen Mutter schnüffelt mehr herum? Es geht bei ihren Auseinandersetzungen um so nichtige Dinge, daß man sich schwer vorstellen kann, daß Bert und Betty damit ihre Zeit vergeuden würden. Wie können Menschen wie Max und Anita, die ständig Reibereien haben, trotzdem glücklich zusammenleben? Die Wahrheit ist, daß nicht jedes Paar, das sich so häufig streitet, eine stabile Ehe hat. Aber diejenigen, die eine solche haben, nennen wir impulsiv. Solche Paare streiten sich häufig und intensiv und finden die Versöhnung wunderbar. In einer impulsiven Ehe gibt es keinen distanzierten oder zurückgenommenen Partner. Diese Beziehungen sind dadurch gekennzeichnet, daß die Konflikte sehr engagiert ausgetragen werden.

Wie man an dem oben dargestellten Dialog sehen kann, haben impulsive Paare wie Max und Anita wenig Interesse, in der Hitze des Gefechts den Standpunkt des anderen zur Kenntnis zu nehmen – und wenn ich Hitze sage, meine ich das wirklich! Impulsive Paare lassen bei der Auseinandersetzung über ein brisantes Thema einfach die erste Phase aus, die für ein konstruktives Paar kennzeichnend ist: Sie versuchen nicht, ihren Partner zu verstehen und sich in ihn hineinzuversetzen. Statt dessen sind sie sofort in der zweiten Phase: Sie wollen überzeugen. Während konstruktive Paare dazu neigen, wenig Zeit mit Überzeugungsarbeit zu verbringen, geht es bei impulsiven Paaren einzig und allein um das Gewinnen. Darum ist in der Diskussion zwischen Anita und Max anstatt »hm-hm« und »ich verstehe« ständig »doch, das tust du« und »nein, das tue ich nicht« zu hören.

Ein anderes impulsives Paar »diskutierte« seine Meinungsverschiedenheiten über finanzielle Dinge folgendermaßen:

REBECCA: Ich befürchte, daß wir nicht genug sparen. Wir leben irgendwie von der Hand in den Mund.

JOHN: Das finde ich nicht. Wir haben keine finanziellen Probleme. Du irrst dich.

REBECCA: Nein, *du* irrst dich. Ich würde mich sicherer fühlen, wenn wir ein paar Ersparnisse hätten.

Um den Gegensatz zu verdeutlichen, möchte ich jetzt darstellen, wie ein konstruktives Paar das gleiche Thema diskutieren würde:

EHEFRAU: Ich befürchte, daß wir nicht genug sparen. Wir leben irgendwie von der Hand in den Mund.

EHEMANN: So. Du würdest also gerne mehr sparen. Nun, ich glaube, daß wir keine finanziellen Probleme haben.

EHEFRAU: Verstehe.

EHEMANN: Ich denke, daß du dich irrst, was unsere Finanzen betrifft.

EHEFRAU: Hm. Ich würde mich einfach sicherer fühlen, wenn wir ein paar Ersparnisse hätten.

EHEMANN: Verstehe.

Und ich bin sicher, daß *Sie* den Unterschied auch sehen. Während Auseinandersetzungen à la John und Rebecca oder Max und Anita als ein sicherer Weg in die Ehekatastrophe erscheinen mögen, haben meine Forschungen zu einem anderen Ergebnis geführt. Es zeigt sich, daß die explosiven Auseinandersetzungen dieser Paare nur ein kleiner Teil einer ansonsten warmherzigen und liebevollen Ehe sind. Die Leidenschaftlichkeit des Streits und die Lust am Streiten scheinen ihre positiven Interaktionen noch zu beflügeln. Sie drücken nicht nur mehr Ärger aus, sondern lachen auch mehr und gehen zärtlicher miteinander um als das durchschnittliche konstruktive Paar. Sie drücken mehr positive *und* mehr negative Gefühle aus. Diesen Paaren fällt es nicht schwer, sich wieder zu versöhnen – darin sind sie wahre Meister. So intensiv ihre Streitereien auch sein mögen, ihre guten Zeiten sind dafür um so schöner.

Trotz aller Bissigkeiten sind impulsive Paare durchaus fähig, die dritte Phase zu erreichen: ihre Differenzen beizulegen. Max und Anita waren beispielsweise in der Lage, den entscheidenden Streitpunkt in ihrer Ehe aus der Welt zu schaffen – ihre Überzeugung, daß er immer versuche, ihre Klagen noch zu übertrumpfen, anstatt mitfühlend zu sein. Max sagt, daß Anita seine Bemerkungen mißverstehe – daß er sie unterstütze, sie das aber gar nicht wahrnehme. Sie entgegnet, er müsse sich schon so ausdrücken, daß sie ihn verstehe. Er aber weist das Ansinnen zurück, daß nur er dafür verantwortlich sei:

> MAX: Ich glaube nicht, daß allein ich die Verantwortung dafür habe, ob wir miteinander auskommen oder nicht.
>
> ANITA: Wie soll es denn sonst funktionieren?
>
> MAX: Wenn dich irgend etwas stört, was ich sage, solltest du zu mir sagen: »Meinst du das wirklich?«, bevor du emotional reagierst.
>
> ANITA: Aber ich reagiere automatisch emotional auf das, was du sagst!
>
> MAX: (Lacht) Aber meistens regst du dich über etwas auf, was ich *nicht* gesagt habe. Manchmal interpretierst du das, *was* ich sage, so, als würde es dir dein Vater sagen. Also kommt von dir automatisch eine Reaktion, die nicht dem entspricht, was *ich wirklich gesagt habe.*
>
> ANITA: Du glaubst also, daß ich noch einmal aufgreifen sollte, was du gesagt hast.

Max: Nicht immer. Aber wenn du es wiederholst und ich dir sage, daß ich das *nicht* gemeint habe, dann möchte ich, daß du mir glaubst.

Anita: Gut.

Max: Das wünsche ich mir.

Anita: Gut.

Max: Ich glaube, daß das meistens ein Problem für mich ist.

Anita: Daß ich dir nicht glaube?

Max: Na ja, du bleibst einfach bei deiner voreingenommenen Reaktion, die darauf beruht, daß du mich mißverstehst.

Anita: Gut.

So wie konstruktive Paare gewisse gemeinsame Merkmale haben, sind bei eher impulsiven Paaren ebenfalls bestimmte psychologische Charakteristika anzutreffen. Mehr als die anderen Typen von Ehepaaren betrachten sie sich als ebenbürtige Partner. Sie sind unabhängige Menschen, die glauben, daß die Ehe die Individualität des einzelnen betonen und stärken sollte. Während konstruktive Paare dazu neigen, die Sätze des Partners zu Endc zu führen, haben die impulsiven mehr die Tendenz, einander durch Fragen zu unterbrechen. In ihren Wohnungen haben sie häufig getrennte Räume und respektieren den persönlichen Bereich des anderen. Beide halten sich für analytisch. Er sieht sich auch als fürsorglich; sie sich als mitteilsam. Sie sind zueinander sehr offen, was ihre Gefühle betrifft – sowohl die positiven als auch die negativen. Daß sie ihre innersten Gedanken und Gefühle leicht offenbaren, führt dazu, daß sowohl ihre Zusammenstöße als auch die romantische Seite ihrer Beziehung sehr intensiv ausgelebt werden. Diese Ehen sind leidenschaftlich und aufregend, so als wäre dem Punsch der Ehe hier ein Schuß Gefahr beigemischt.

In einer impulsiven Ehe gibt es möglicherweise mehr Probleme als in einer Ehe des konstruktiven Typs. Wenn das Paar das Gefühl dafür verliert, wo die Grenzen sind, kann es von der Stabilität einer impulsiven Ehe in einen Ehestil hineinschlittern, der das Band zwischen den Partnern weitaus leichter zerreißen könnte. Es besteht insgesamt die Gefahr, daß das ständige Gezänk die Ehe zerstört und ihre glücklichen Zeiten völlig überschattet. Wenn dies geschieht, kann es in Extremfällen sogar zu Gewalttätigkeiten kommen. An diesem Punkt würden wir allerdings nicht mehr von einer impulsiven, sondern von einer höchst instabilen Ehe sprechen.

Impulsive Paare scheinen es zu genießen, sich auf spielerische Weise gegenseitig zu hänseln, aber diese Art Humor ist ebenfalls riskant. Manchmal kann das spielerische Necken einen wunden Punkt berühren und unbeabsichtigt Gefühle verletzen.

Da impulsive Paare stark zu der Überzeugung neigen, daß Ehrlichkeit in allen Fragen für eine Ehe sehr wichtig sei, zensieren sie nur sehr wenige Gedanken. Ihr ständiges Pochen auf Ehrlichkeit um jeden Preis kann belebend und mutig sein, kann aber auch erschreckend sein, weil der Finger auf jede Wunde gelegt wird. Es gehört nicht viel dazu, sich vorzustellen, wie Verletzungen entstehen können, die schwer zu heilen sind und daher die vielen positiven Dinge gefährden, die diese Ehe aufrechterhalten. Ein Gespräch eines impulsiven Paares, Tom und Judy, das wir aufgezeichnet haben, zeigte, wie dieser Hang zur Offenheit und Selbstoffenbarung ein Paar dem Abgrund gefährlich nahe bringen kann. Als sie über ihre sexuelle Beziehung sprachen, gestand Judy plötzlich: »Manchmal glaube ich, ich könnte Sex mit einem wildfremden Mann haben ... ohne irgendeine feste Bindung. Das würde Spaß machen. Denn bei uns gibt es viele Dinge, die zwischen uns stehen, wenn ich wegen irgend etwas sauer auf dich bin.«

Das führte dazu, daß sich Tom, ein Professor, an frühere Zeiten in ihrer Ehe erinnerte, als er an Frauen, die auf dem Campus an ihm vorübergingen, »den Sitz der Jeans bewunderte«. Er sagt zu Judy: »Ich erinnere mich, daß es Zeiten gab, in denen ich solche Empfindungen hatte, und wir stritten uns und einer von uns sagte so etwas wie: ›Wenn du so bist, werden wir uns trennen müssen‹ oder so etwas Ähnliches.«

Durch die Geständnisse befindet sich das Paar plötzlich an dem Punkt, daß es von Trennung spricht. Tom sagt, daß er im Lichte des Geständnisses seiner Frau »die Möglichkeit noch einmal in Betracht ziehen würde«, beschließt dann aber: »Ich mag das Gefühl nicht.«

Judy stimmt ihm zu. »O ja, Freiheit klingt gut, aber da gibt es auch noch Aspekte, die einfach zu unangenehm sind.« Obwohl diese abschließenden Bemerkungen ihre Bindung aneinander bekräftigen, klingt diese Bestätigung ihrer Zusammengehörigkeit nicht ganz überzeugend – eine Folge zu weitgehender Geständnisse. Am Ende der Diskussion zeigt sich bei ihnen ein Unbehagen, das zu Beginn nicht vorhanden war.

Impulsive Paare wie Tom und Judy haben das Ziel, ständig in den luftigen Höhen ihrer Leidenschaft zu bleiben. Dies kann ein schwieriger Balanceakt sein, wenn man an die häufigen Stürme denkt, die diese Paare selbst heraufbeschwören. Aber solange sie diesen Stürmen trotzen, erleben sie meiner Ansicht nach viele Jahre der Freude und der positiven Intensität.

Joe und Sheila: Die konfliktvermeidende Ehe

Wendet man sich vom impulsiven Stil einer Ehe einem konfliktvermeidenden zu, dann ist das so, als ließe man das Brausen eines Hurrikans hinter sich und käme an einem Sommertag an einen ruhigen See. In einer solchen Ehe scheint zwischen den Eheleuten nicht viel zu passieren. Man könnte sagen, daß diese Paare *Konflikte herunterspielen,* denn sie beleuchten ihre Differenzen, anstatt eine Lösung zu suchen. Wie Joe und Sheila werden diese Paare sagen, daß sie Meinungsverschiedenheiten haben, aber wenn man wirklich nachfragt, was sie unter einem *Konflikt* verstehen, erkennt man, daß sie sich darin einig sind, abzuwiegeln und einen Rückzieher zu machen. Wir haben gesehen, daß konstruktive Paare erst den Standpunkt des anderen zur Kenntnis nehmen, bevor sie versuchen, ihn zu überzeugen, während impulsive Paare ohne Umschweife sofort die eigene Meinung verteidigen. Aber wenn konfliktvermeidende Paare ihre Differenzen zur Sprache bringen, wird sehr wenig gelöst. Wenn man mit diesen Paaren über ihre Ehe spricht, kann man häufig die Formulierung hören, daß sie ihre Reibereien beendet hätten, indem sie sich »einig über ihre Uneinigkeit« waren. Aber das bedeutet gewöhnlich, daß sie Diskussionen vermeiden, von denen sie wissen, daß sie in eine Sackgasse führen.

Nehmen wir Sheila und Joe. Meiner Ansicht nach kommt ihr Hauptkonflikt häufig in einer Ehe vor – und ist für diese potentiell gefährlich. Er wollte wesentlich häufiger Sex als sie. Sie hatte nicht viel Freude am Sex mit ihm, weil Joe, wie sie sagte, im sonstigen Leben nicht so zärtlich war, wie sie es gerne gehabt hätte. Er gab zu, daß das ein Problem war, und führte es auf seinen Arbeitsstreß zurück. Mit der Zeit reagierte Sheila nun so, daß sie innerlich unbeteiligt blieb, wenn die beiden sich liebten. Man kann sich leicht vorstellen, daß ein Konflikt dieser Größenordnung ernsthafte Folgen für eine Ehe hat. Aber aus ihrem Gespräch ging klar hervor, daß Sheila und Joe das Problem für »gelöst« hielten:

FRAGE: Wie fühlen Sie sich? Geht es Ihnen gut? Sind Sie frustriert?

JOE: Nein, es ist in mancher Hinsicht mehr ein ideologischer Streit, als daß es emotional oder körperlich frustrierend wäre.

SHEILA: Ich glaube, ich habe irgendwie resigniert. Ich bin mir ziemlich sicher, daß das eine Sache ist, bei der sich für uns nicht viel ändern würde ... Manchmal denke ich, daß wir nicht über die Dinge sprechen, über die wir sprechen sollten, oder daß es besser wäre, wenn wir über sie sprechen würden.

JOE: Wissen Sie, keiner von uns kommt aus einer Familie, in der es viel Körperkontakt gab.

SHEILA: Wir als Kinder hatten ihn aber mit meiner Mutter.

JOE: Wir nie.

SHEILA: Ich weiß nicht. Für mich ist das kein Problem. Ich meine, die Leute machen so viel Aufhebens um Sex, sexuelle Harmonie und so weiter, aber ich glaube, daß es auf lange Sicht wichtiger ist, daß wir auf anderen Gebieten gut zueinander passen.

JOE: Ja.

SHEILA: Wenn wir ein wunderbares Liebesleben, aber in allen anderen Dingen Meinungsverschiedenheiten hätten, dann würden wir wahrscheinlich an Scheidung denken.

Obwohl klar ist, daß Joe und Sheila unterschiedliche Vorstellungen davon hatten, wieviel körperlicher Kontakt gut für sie war, versuchte keiner, den anderen zu überzeugen. Sie erreichten auch keinen Kompromiß. Sie kamen einfach beide zu dem Schluß, daß der Konflikt nicht groß genug war, um ihn richtig durchzuarbeiten. Jeder stellte seinen Standpunkt dar, und das war es dann. Sie hatten das Gefühl, daß ihre Gemeinsamkeiten viel größer waren als ihre Differenzen, wodurch der Konflikt unerheblich wurde.

Gespräche wie die zwischen Joe und Sheila sind in gewisser Weise Distanzierungen. Die Partner verständigen sich darüber, daß sie nicht einer Meinung sind, gehen aber nicht der Frage nach, wie ihre Differenzen emotional einzustufen sind. In diesen Beziehungen bedeutet die Lösung eines Problems gewöhnlich, daß die Differenz ignoriert wird, daß ein Partner sich bereit erklärt, sich dem anderen stärker anzupassen (wenn es zum Beispiel eine Meinungsverschiedenheit über die Kindererziehung gibt), oder – meistens –, daß man den Dingen ihren Lauf läßt. Aber wenn man diese Paare fragt, ob sie sich jemals streiten, werden viele dies bereitwillig bejahen. Und in einem gewissen Sinne ist ihre Antwort auch richtig: Sie bringen ihre Konflikte tatsächlich zur Sprache, aber sie machen nur minimale Versuche, den anderen vom eigenen Standpunkt zu überzeugen. Sie lösen ihre Probleme, indem sie ihnen aus dem Weg gehen oder sie herunterspielen.

Anstatt Konflikte zu lösen, berufen sich konfliktvermeidende

Paare gern auf ihre gemeinsame Ehephilosophie. Sie bekräftigen, was sie an ihrer Ehe mögen und schätzen, betonen das Positive und akzeptieren den Rest. Auf diese Weise beenden sie häufig eine ergebnislose Diskussion, ohne daß sich an den positiven Gefühlen, die sie füreinander haben, irgendetwas ändert.

Dieser Typ einer erfolgreichen Verbindung paßt so gar nicht zur konventionellen Expertenmeinung, daß die Stabilität einer Ehe vom »Ausdiskutieren« der Probleme abhänge. Es scheint, daß eine Ehe funktionieren *kann,* auch wenn ein Paar seine Meinungsverschiedenheiten nicht löst. Im Gegensatz zum konstruktiven Ehestil führt ein konfliktvermeidender Stil zu einem anderen »Wir-Gefühl«: Es ist so, als wüßten die Partner, daß das Band zwischen ihnen so stark ist, daß sie Meinungsverschiedenheiten ignorieren können. Aber in einer solchen Ehe ist die Partnerschaft nicht sehr stark, und es werden nicht viele Dinge miteinander geteilt. Diese Paare schätzen es, ihre eigenen Bereiche zu haben und legen Wert auf eine gewisse räumliche Trennung. Sie leben ein ruhiges, angenehmes Leben. Zwar haben sie wenig von der starken Leidenschaftlichkeit eines impulsiven Paares an sich, zwar zeigen sie sogar noch weniger Leidenschaft als ein konstruktives Paar, doch sie gehen dafür auch kaum das Risiko ein, wie die beiden anderen Typen ihre Ehe einer Zerreißprobe auszusetzen.

Potentiell problematisch an einem solchen konfliktvermeidenden Ehestil ist jedoch, daß die Eheleute nicht gelernt haben, einen Konflikt auszutragen, wenn sie eines Tages dazu gezwungen sein sollten. Wenn sich ein Problem entwickelt, das zu schwerwiegend ist, um nach dem Grundsatz »wir sind uns einig, daß wir uns nicht einig sind« behandelt zu werden, könnte ihre Ehe so enden wie ein Fisch, der an Land gespült wird und hilflos zappelt, weil er nicht in seinem Element ist. Das Ergebnis könnte sein, daß die negativen Aspekte im Zusammenspiel des Paares überhandnehmen und daß die Ehe zerbricht. Eine andere Gefahr bei diesem Ehetyp liegt im Entstehen von Einsamkeit. Denn solche Ehen sind durch ein geringes Maß an Selbstbeobachtung oder differenziertem psychologischem Verständnis gekennzeichnet. Der Ehemann und/oder die Ehefrau könnte irgendwann das Gefühl haben, daß der andere ihn/sie nicht wirklich kennt oder versteht. Dies kann geschehen, wenn sich die Partner nicht der wirklichen emotionalen Grundlagen ihrer Meinungsverschiedenheiten bewußt sind. Letztlich lassen sie sich nicht richtig aufeinander ein. Wenn dies extreme Formen annimmt, kann eine konfliktvermeidende Ehe aus der Bahn geworfen werden.

Ein Paar, das wir untersucht haben, Bill und Jane, ist ein Musterbeispiel für diesen Mangel an Selbstbeobachtung bei einem Streit, obwohl die beiden glücklich verheiratet bleiben. Das Hauptproblem in ihrer Ehe waren die Auseinandersetzungen wegen des Hauses, das sie gerade bauten. Janes Vater bezahlte das Projekt – und bestand darauf, selbst die kleinsten Details zu kontrollieren. Er war regelmäßig auf der Baustelle und sagte den Handwerkern, daß er ein Licht über der Küchentheke nicht für nötig halte, und so weiter. Für einen außenstehenden Beobachter war ziemlich klar, daß die Spannungen zwischen Jane und Bill ihre Hauptursache darin hatten, daß Bill die übermäßige Einmischung von Janes Vater nicht leiden konnte und daß Jane in einem Loyalitätskonflikt war. Aber in ihren Auseinandersetzungen sprachen weder Bill noch Jane diese Probleme jemals an! In ihren Gesprächen war nicht einmal eine Äußerung zu hören wie »Ich bin zwischen dir und meinem Vater hin- und hergerissen« oder »Ich wünschte, dein Vater würde uns einfach in Ruhe lassen«. Statt dessen suchten sie sich kleinere, »sicherere« Streitpunkte aus, wie beispielsweise die Frage, ob ein Geschäft am Ort in der Zeitung günstige Farben angeboten hätte oder ob Bill an einem bestimmten Tag mit einem Handwerker gesprochen hätte. Diese Konflikte waren schnell gelöst, und das Paar hatte wieder ein neues Gefühl von Einheit, obwohl es das tiefer liegende Problem nie ansprach.

Eine konfliktvermeidende Ehe hat ebenso ihre Nachteile wie eine impulsive oder eine konstruktive. Es könnte durchaus sein, daß diese verschiedenen Typen von Paaren viel voneinander lernen könnten – das impulsive Paar könnte beispielsweise lernen, manche Konflikte zu ignorieren, und das konfliktvermeidende Paar könnte lernen, wie man Kompromisse schließt. Wie gut

Eheleute auch zueinander passen mögen, sie müssen vielleicht immer an ihrer Beziehung arbeiten, um das Gleichgewicht aufrechtzuerhalten und die Liebe lebendig zu halten. (Spezielle Ratschläge für eine Verbesserung dieser drei Ehestile finden sich in Kapitel 7.) Aber die Prognose für alle drei genannten Formen der Ehe ist ziemlich positiv. Ich glaube tatsächlich, daß fast jede erfolgreiche Ehe eine dieser drei Formen annimmt – daß also alle drei Formen gesunde Lösungen für das intime Zusammenleben mit einem anderen Menschen sind.

Diese drei Typen von stabilen Paaren werden sagen, daß sie in ihrer Ehe ausführlich über ihre Gefühle diskutieren und Probleme lösen. Aber ihre Vorstellungen von ausführlichen Diskussionen und von einer befriedigenden Problemlösung gehen weit auseinander. Weitaus wichtiger als die Lösung eines Problems ist, daß die Interaktion selbst ein gutes Gefühl hinterläßt, und das schafft jedes Paar auf seine Art. Hier ein Beispiel, wie ein jedes dieser Paare mit dem gleichen Problem umgehen könnte. Zuerst das konstruktive Paar:

EHEMANN: Du bist noch nie mit mir in die Kirche gegangen. Ich wünschte, du würdest einmal mitkommen.

EHEFRAU: Du weißt doch, daß ich nicht an die organisierte Religion glaube.

EHEMANN: Ich fordere ja gar nicht von dir, daß du glaubst.

EHEFRAU: Was dann?

EHEMANN: Ich fühle mich einsam ohne dich.

EHEFRAU: Willst du damit sagen, daß ich dir fehle?

EHEMANN: Ja.

EHEFRAU: Und du versuchst nicht, mich zu bekehren?

EHEMANN: Vielleicht ein bißchen, aber nein. Ich wünsche mir nur, daß wir als Familie zusammen sind.

EHEFRAU: Irgendwie fehlst du mir am Sonntagmorgen auch.

EHEMANN: Ich denke, daß es auch für die Kinder gut wäre.

EHEFRAU: Da hast du recht.

EHEMANN: Wie ist es, kommst du mal mit?

EHEFRAU: Aber ganz ohne Druck?

EHEMANN: Ohne Druck.

EHEFRAU: Ich werde darüber nachdenken.

EHEMANN: Na gut.

Und so könnte sich ein Gespräch über die Kirche bei einem impulsiven Paar anhören:

EHEMANN: Du bist noch nie mit mir in die Kirche gegangen. Ich wünschte, du würdest einmal mitkommen.

EHEFRAU: Du weißt doch, daß ich nicht an die organisierte Religion glaube.

EHEMANN: Ich möchte, daß Jason getauft wird.

EHEFRAU (erhebt die Stimme): Warum? Damit er nicht wegen der Erbsünde ins Fegefeuer muß, wenn er stirbt?

EHEMANN: Weil ich meine, daß darin zum Ausdruck kommt, daß er auch ein geistiges Leben hat, daß er zu einer religiösen Gemeinschaft gehört.

EHEFRAU: Das hast du bestimmt von deinem Priester.

EHEMANN: Nun, er hat es gut ausgedrückt.

EHEFRAU (sarkastisch): Du bist Rechtsanwalt und kannst es nicht mit deinen eigenen Worten ausdrücken?

EHEMANN: Gott hat zu gute Argumente.

EHEFRAU (lacht): Ja, und mit Gott wollen wir es nicht aufnehmen.

EHEMANN (lacht): Warum tust du nicht, was ich möchte, wo du doch ohnehin an nichts glaubst?

Und so könnte das Gespräch bei einem konfliktvermeidenden Paar geklungen haben:

EHEMANN: Du bist noch nie mit mir in die Kirche gegangen.

EHEFRAU: Hm, das stimmt.

EHEMANN: Ich wünschte, du würdest einmal mitkommen.

EHEFRAU: Ich verbringe die Zeit lieber allein.

EHEMANN: Nun, gut. So wichtig ist es mir auch wieder nicht.

EHEFRAU: Wir haben doch so viele andere Dinge gemeinsam.

EHEMANN: Oh, ich glaube, daß wir eine tolle Ehe führen. Meine Schwester und Jeff gehen immer in die Kirche, und sie sind wie Hund und Katze. Die Religion hilft ihnen also nicht sehr. Ich wollte ja nur mal gefragt haben.

EHEFRAU: Ich bin froh, daß du davon gesprochen hast. Aber weißt du, ich könnte die Zeit gut für unseren Umbau brauchen. Bald fangen wir mit den Plänen an.

EHEMANN: Das ist wohl wirklich wichtiger, als mit mir zur Kirche zu gehen. Mach nur.

EHEFRAU: Du bist mir also nicht böse?

EHEMANN: Nein. Das ist keine große Sache. Das ist kein Problem.

EHEFRAU: Ich werde zum Gemeindepicknick kommen.

EHEMANN: Schön. Das wäre schön.

EHEFRAU: Du bist wirklich nicht böse?

EHEMANN: Nein, wirklich nicht.

EHEFRAU: Gut.

Auf der Suche nach einem stabilen Ehetyp

Jedes Paar fängt wahrscheinlich zu einem frühen Zeitpunkt an, seinen geeigneten Ehestil zu suchen. Partner sind häufig verschieden, was die ihnen zuträgliche emotionale Intensität und ihren Umgang mit emotionalen Unstimmigkeiten betrifft. Es ist unwahrscheinlich, daß jemand, der sich in einer konfliktvermeidenden Ehe am wohlsten fühlt, jemanden wählt, der in einer spannungsreichen Ehe aufblüht, aber ich habe auch das schon erlebt. Gegensätze ziehen sich an, zumindest manchmal. Ich kenne zum Beispiel einen emotional sehr kontrollierten Mann, der eine sehr temperamentvolle Frau heiratete. Sie liebte seine Beständigkeit, und er liebte ihr Temperament. Aber nach einer Weile wünschte er sich, daß sie weniger explosiv, dafür rationaler und emotional kontrollierter wäre, und sie wünschte sich, daß er spontaner, gefühlsbetonter und mitteilsamer wäre. Er wollte mehr innere und äußere Freiräume und mehr Unabhängigkeit, als ihr lieb war. Und so hatten sie Mühe, sich auf einen Ehestil zu verständigen, mit dem beide leben konnten.

Diese Verständigung ist eine schwere, aber wichtige Aufgabe, wenn man Stabilität finden will. Ich meine, daß es möglich ist, von jedem Ehestil zu lernen und eine praktikable Mischform zu schaffen. Es kann Ihnen helfen, Ihr eigenes Gleichgewicht zu finden, wenn Sie wissen, welche Stile Ihnen zur Verfügung stehen. Aber solange Sie und Ihr Partner verschiedene Ehestile bevorzugen, wird die Gefahr bestehen, daß in Ihrer Ehe »Die vier Reiter der Apokalypse« erscheinen. Und darum geht es im nächsten Kapitel.

Selbsttest: Ihr Ehetyp

Aufgrund meiner Forschungen teile ich stabile Paare in drei Kategorien ein, wobei das Unterscheidungskriterium ihr Verhalten zueinander ist: Wie stark zeigen sie Gefühle und wie sehr und zu welchem Zeitpunkt versuchen sie, sich bei einem Konflikt gegenseitig zu überzeugen? Aber Paare, die zu einem der drei stabilen Ehetypen gehören, unterscheiden sich nicht nur in ihrem Verhalten, sondern auch in den Gedanken und Einstellungen, mit denen sie sich wohl fühlen. Der folgende Fragebogen hilft Ihnen, diese weniger greifbare Dimension Ihrer Ehe zu erkunden. Er fragt zum einen danach, wie Ihre Ehe jetzt ist, und zum anderen, wie sie Ihrer Meinung nach sein sollte.

Wie der jetzige Stand Ihrer Ehe auch sein mag, er kann Ihnen helfen, ein Gefühl dafür zu bekommen, welcher Beziehungstyp im Idealfall für Sie der beste wäre. Nehmen Sie diese Fragen bitte nur als allgemeine Richtlinie. Das Ergebnis kann zeigen, daß die optimale Ehe für Sie eher eine Mischform als eine der drei Grundformen wäre. Das ist völlig in Ordnung. Fassen Sie diesen Test am besten so auf, daß er Ihnen sagt, welche Aspekte dieser drei Typen Ihnen zusagen. Betrachten Sie sie als Grundfarben, die Sie benutzen können, um Ihre eigene Farbpalette zusammenzustellen.

Bitte unterziehen Sie sich jetzt dem folgenden Test und bewegen Sie auch Ihren Partner dazu, ihn zu machen. Wenn Ihr Partner dazu nicht fähig oder nicht bereit ist, machen Sie ihn zweimal – antworten Sie erst für sich selbst und stellen Sie sich dann vor, wie Ihr Partner antworten würde. Wenn Sie die Ergebnisse vergleichen, zeigen sich die Unterschiede und Ähnlichkeiten in der Wahrnehmung Ihrer Ehe beziehungsweise in der Wunschvorstellung von Ihrer Ehe. Und auf dieser Basis können Sie über die Veränderungen diskutieren, die Sie vornehmen könnten, um den für Sie angenehmsten Umgang mit Konflikten zu finden (mehr Ideen dazu finden sich in Kapitel 8).

Antworten Sie auf jede Aussage mit »ja« oder »nein«, je nachdem, ob Sie ihr generell zustimmen oder nicht.

Teil I
Ist der konfliktvermeidende Ehestil für Sie der richtige?

1. Ich verstecke meine Gefühle häufig, um meinen Partner nicht zu verletzen.
   Sie: Ja Nein   Ihr Partner: Ja Nein

2. Wenn wir Meinungsverschiedenheiten haben, glaube ich

nicht, daß es viel Sinn hat, unsere Gefühle und Beweggründe zu analysieren.
Sie: Ja Nein Ihr Partner: Ja Nein

3. Wenn wir Meinungsverschiedenheiten haben, lösen wir das Problem häufig dadurch, daß wir uns auf unsere grundlegenden Überzeugungen von den verschiedenen Rollen von Mann und Frau in der Ehe besinnen.
Sie: Ja Nein Ihr Partner: Ja Nein

4. Jeder von uns hat viele eigene Freunde.
Sie: Ja Nein Ihr Partner: Ja Nein

5. Es ist wichtig, regelmäßig in die Kirche zu gehen.
Sie: Ja Nein Ihr Partner: Ja Nein

6. Viele Ehekonflikte lösen sich einfach im Laufe der Zeit.
Sie: Ja Nein Ihr Partner: Ja Nein

7. Es gibt viele Dinge, die jeder von uns allein tut.
Sie: Ja Nein Ihr Partner: Ja Nein

8. Bei einem Ehekonflikt bringt es nicht viel, herauszufinden, was sich auf der psychologischen Ebene tut.
Sie: Ja Nein Ihr Partner: Ja Nein

9. Durch unsere religiösen Werte ist uns der Sinn des Lebens klar vorgegeben.
Sie: Ja Nein Ihr Partner: Ja Nein

10. Wenn ich schlecht gelaunt bin, möchte ich lieber in Ruhe gelassen werden, bis es vorüber ist.
Sie: Ja Nein Ihr Partner: Ja Nein

11. Ich fühle mich nicht wohl, wenn in meiner Ehe zu starke negative Gefühle gezeigt werden.
Sie: Ja Nein Ihr Partner: Ja Nein

12. Wenn wir Konflikte lösen, orientieren wir uns an unseren religiösen oder kulturellen Grundwerten.
Sie: Ja Nein Ihr Partner: Ja Nein

13. Die meisten Dinge in meiner Ehe, die ich nicht ändern kann, nehme ich einfach hin.
Sie: Ja Nein Ihr Partner: Ja Nein

14. Wir sind uns oft einig, nicht über Dinge zu sprechen, über die wir uns nicht einig sind.
Sie: Ja Nein Ihr Partner: Ja Nein

15. In unserer Ehe gibt es eine ziemlich klare Trennung zwischen der Rolle des Mannes und der Rolle der Frau.
Sie: Ja Nein Ihr Partner: Ja Nein

16. Wir haben anscheinend nicht viele Meinungsverschiedenheiten.
Sie: Ja Nein Ihr Partner: Ja Nein

17. Wenn wir eine Meinungsverschiedenheit haben, lassen wir das Thema oft einfach fallen.
Sie: Ja Nein Ihr Partner: Ja Nein

18. Wir haben kaum Anlaß für einen Streit.
Sie: Ja Nein Ihr Partner: Ja Nein

19. Das häufige Reden über Meinungsverschiedenheiten macht die Dinge oft schlimmer.
Sie: Ja Nein Ihr Partner: Ja Nein

20. Es gibt einige persönliche Bereiche in meinem Leben, über die ich mit meinem Partner nicht sprechen möchte.
Sie: Ja Nein Ihr Partner: Ja Nein

21. Es ist nicht sehr sinnvoll, meinen Partner von meinem Standpunkt überzeugen zu wollen.
Sie: Ja Nein Ihr Partner: Ja Nein

22. Es bringt nicht viel, meinem Partner meinen Ärger offen zu zeigen.
Sie: Ja Nein Ihr Partner: Ja Nein

23. Positives Denken löst eine Menge Eheprobleme
Sie: Ja Nein Ihr Partner: Ja Nein

24. In einer Ehe ist es gewöhnlich am besten, sich an die traditionellen Werte in bezug auf Männer und Frauen zu halten.
Sie: Ja Nein Ihr Partner: Ja Nein

25. Ich werde mit meinen negativen Gefühlen lieber allein fertig.
Sie: Ja Nein Ihr Partner: Ja Nein

26. Das Durchdiskutieren von vielen negativen Gefühlen in einer ehelichen Auseinandersetzung macht die Dinge gewöhnlich schlimmer.
Sie: Ja Nein Ihr Partner: Ja Nein

27. Wenn man an Probleme locker herangeht, lösen sie sich irgendwie von selbst.
Sie: Ja Nein Ihr Partner: Ja Nein

28. Wenn wir über unsere Probleme sprechen, stellen wir fest, daß sie im Gesamtbild unserer Ehe gar keine große Rolle spielen.
Sie: Ja Nein Ihr Partner: Ja Nein

29. Männer und Frauen sollten in einer Ehe getrennte Rollen haben.
Sie: Ja Nein Ihr Partner: Ja Nein

Auswertung: Zählen Sie die Fragen zusammen, die Sie mit »Ja« beantwortet haben. Wenn die Zahl größer als acht ist, fühlen Sie sich wahrscheinlich mit einer konfliktvermeidenden Ehephilosophie wohl.

Ist eine Konfliktvermeidungsphilosophie für Sie der richtige Weg?

(Nur zu beantworten, wenn Sie bei acht oder mehr Fragen »Ja« angekreuzt haben.)

Sie: Ja Nein Ihr Partner: Ja Nein

Teil II

Fühlen Sie sich mit einem impulsiven oder mit einem konstruktiven Ehestil wohl?

1. Ich halte es für gut, wenn mein Partner und ich viele eigene Freunde haben.
   Sie: Ja Nein Ihr Partner: Ja Nein

2. Ich glaube an ehrliche Auseinandersetzungen, wie sie auch ausgehen mögen.
   Sie: Ja Nein Ihr Partner: Ja Nein

3. Wir tun Dinge oft getrennt.
   Sie: Ja Nein Ihr Partner: Ja Nein

4. Das Zusammengehörigkeitsgefühl ist für unsere Ehe sehr wichtig.
   Sie: Ja Nein Ihr Partner: Ja Nein

5. Ehepartner sollten direkt und ehrlich sein, egal, was dabei herauskommt.
   Sie: Ja Nein Ihr Partner: Ja Nein

6. Ich fühle mich ziemlich wohl, wenn negative Gefühle stark zum Ausdruck gebracht werden.
   Sie: Ja Nein Ihr Partner: Ja Nein

7. Manchmal gefällt mir eine gute Auseinandersetzung mit meinem Partner.
   Sie: Ja Nein Ihr Partner: Ja Nein

8. Der wichtigste Aspekt einer Ehe ist die Partnerschaft.
   Sie: Ja Nein Ihr Partner: Ja Nein

9. Eifersucht ist in unserer Ehe manchmal ein Problem.
Sie: Ja Nein   Ihr Partner: Ja Nein

10. Es ist wichtig, in einer Ehe ein eigenständiges Individuum zu sein.
Sie: Ja Nein   Ihr Partner: Ja Nein

11. Ich meine, wir sollten streiten, aber nur über wichtige Dinge.
Sie: Ja Nein   Ihr Partner: Ja Nein

12. Wir essen oft getrennt.
Sie: Ja Nein   Ihr Partner: Ja Nein

13. Unsere Ehe beruht darauf, daß wir die besten Freunde sind.
Sie: Ja Nein   Ihr Partner: Ja Nein

14. Ich überzeuge meinen Partner gerne, wenn wir eine Meinungsverschiedenheit haben.
Sie: Ja Nein   Ihr Partner: Ja Nein

15. Die religiösen und anderen Überzeugungen, die wir teilen, sind wesentlich für unsere Ehe.
Sie: Ja Nein   Ihr Partner: Ja Nein

16. Ich halte es für gut, wenn unsere Ehe sehr romantisch bleibt.
Sie: Ja Nein   Ihr Partner: Ja Nein

17. Wir sehen uns oft zusammen unsere Photoalben an.
Sie: Ja Nein   Ihr Partner: Ja Nein

18. Wir kultivieren in unserer Ehe ein Wir-Gefühl.
Sie: Ja Nein   Ihr Partner: Ja Nein

19. Wir teilen in unserer Ehe alle persönlichen und emotionalen Dinge.
Sie: Ja Nein   Ihr Partner: Ja Nein

20. Alle Räume in unserer Wohnung werden gemeinsam benutzt.
Sie: Ja Nein Ihr Partner: Ja Nein

21. Ich würde nie ohne meinen Partner Urlaub machen.
Sie: Ja Nein Ihr Partner: Ja Nein

22. Manchmal drücke ich gerne meinen Ärger aus.
Sie: Ja Nein Ihr Partner: Ja Nein

23. Ich halte es für wichtig, sich auch wegen Kleinigkeiten zu streiten.
Sie: Ja Nein Ihr Partner: Ja Nein

24. Es gefällt mir, durch fundierte Argumente unsere Werte herauszuarbeiten.
Sie: Ja Nein Ihr Partner: Ja Nein

25. Es gibt nichts Persönliches, das ich nicht mit meinem Partner teile.
Sie: Ja Nein Ihr Partner: Ja Nein

26. Ich fühle mich nur bei maßvollen Gefühlsäußerungen wohl.
Sie: Ja Nein Ihr Partner: Ja Nein

27. Es ist wichtig, in einer Ehe ein starkes Zusammengehörigkeitsgefühl zu haben.
Sie: Ja Nein Ihr Partner: Ja Nein

28. Ein gewisses Maß an Distanz in einer Ehe ist gut für die Romantik.
Sie: Ja Nein Ihr Partner: Ja Nein

29. Ein starker Sinn für traditionelle Werte ist gut für eine Ehe.
Sie: Ja Nein Ihr Partner: Ja Nein

30. Es gibt nur wenige Probleme, für die es sich in einer Ehe zu streiten lohnt.
Sie: Ja Nein Ihr Partner: Ja Nein

Auswertung: Machen Sie in den folgenden Spalten ›Impulsiv‹ und ›Konstruktiv‹ neben der Nummer jeder Frage, die Sie mit »Ja« beantwortet haben, ein Kreuzchen. Zählen Sie dann die Kreuzchen in jeder Spalte zusammen und teilen Sie beide Summen jeweils durch 15. Das Ergebnis zeigt, mit 100 multipliziert, in Prozent an, wie wohl Sie sich mit dem jeweiligen Stil fühlen. Sie kommen dann beispielsweise auf 53 Prozent in der Spalte ›Impulsiv‹ und auf 80 Prozent in der Spalte ›Konstruktiv‹. Das deutet darauf hin, daß die konstruktive Ehephilosophie die beste für Sie ist, wenngleich es auch bei dem impulsiven Typ Elemente gibt, die Ihnen durchaus entsprechen.

Impulsiv	Konstruktiv
1	4
2	8
3	11
5	13
6	15
7	17
9	18
10	19
12	20
14	21
16	25
22	26
23	27
24	29
28	30

Gesamtzahl der Kreuzchen in der Spalte ›Impulsiv‹ durch 15 mal 100 = Impulsiv in Prozent

Gesamtzahl der Kreuzchen in der Spalte ›Konstruktiv‹ durch 15 mal 100 = Konstruktiv in Prozent

Beispiel: 8 Ja-Kreuzchen bei ›Impulsiv‹ durch 15 = 0,53 mal 100 = 53 Prozent

4 Ja-Kreuzchen bei ›Konstruktiv‹ durch 15 = 0,27 mal 100 = 27 Prozent.

	Impulsiv		Konstruktiv	
	Ja	Nein	Ja	Nein
Sie:				
Ihr Partner:				

Das magische Verhältnis: Verstärken Sie das Positive, ohne das Negative unter den Teppich zu kehren.

Mittlerweile fragen Sie sich vielleicht, wie diese drei sehr unterschiedlichen Ehetypen alle gleichermaßen erfolgreich sein können oder wie Paare mit so offenkundigen Schwierigkeiten, Unterschieden und Unzulänglichkeiten zusammenbleiben und glücklich sein können. Darauf ist zu antworten, daß das Glück nicht nur in einem einzigen bestimmten Stil des Streitens oder Versöhnens gefunden werden kann. Unsere Forschungen deuten vielmehr darauf hin, daß, was zufriedene Paare von zutiefst unglücklichen Paaren unterscheidet, ein gesundes Gleichgewicht zwischen ihren positiven und negativen Gefühlen und Handlungen ist. Ich erwähnte zum Beispiel, daß impulsive Paare dadurch zusammengehalten werden, daß sie ihre häufigen Streitereien durch viel Liebe und Leidenschaft *ausgleichen.* Aber unter Ausgleich verstehe ich kein Fünfzig-zu-Fünfzig-Gleichgewicht. Im Rahmen unserer Forschungen haben wir sorgfältig registriert, wieviel Zeit die Paare mit Streiten und wieviel Zeit sie mit positiven Interaktionen verbracht haben – mit Berühren, Lächeln, Komplimenten, Lachen und so weiter. Dabei haben wir durchgängig festgestellt, daß in einer stabilen Ehe ein sehr spezielles Verhältnis zwischen Positivem und Negativem besteht, unabhängig davon, ob diese Ehe zum konstruktiven, impulsiven oder konfliktvermeidenden Typ gehört.

Dieses magische Verhältnis beträgt fünf zu eins. Mit anderen Worten, solange es zwischen Ehemann und Ehefrau fünfmal so viel positive Gefühle und Interaktionen gab wie negative, stellten wir fest, daß die Ehe stabil war. Auf der Basis dieses Verhältnisses konnten wir vorhersagen, ob bei Paaren die Wahrscheinlichkeit einer Scheidung bestand: Bei sehr unglücklichen Paaren bestand die Tendenz, daß es mehr negative als positive Interaktion gab.

Man kann sich ein stabiles Ehepaar als ein Stereosystem vorstellen, bei dem der positive Lautsprecher fünfmal so laut eingestellt ist wie der negative. Auf welche Lautstärke ein Paar insgesamt auch eingestellt sein mag, das Verhältnis zwischen seinen positiven und negativen Lautsprechern ist stets in etwa gleich. Lautstarke, impulsive Paare mögen viel zetern und schreien, aber sie verbringen in ihrer Ehe fünfmal so viel Zeit damit, sich zu versöhnen und sich ihre Liebe zu zeigen wie mit dem Gegenteil. Bei konstruktiven Paaren gibt es verhältnismäßig wenig Spannung und unverhältnismäßig viel Spaß, Liebe und Wärme. Ruhigere, konfliktvermeidende Paare erleben vielleicht nicht so viel Leidenschaft wie die anderen, äußern dafür aber auch weitaus weniger Kritik und Verachtung – das Verhältnis beträgt immer noch fünf zu eins.

Die drei erfolgreichen Ehestile sind gleichermaßen erfolgreiche Anpassungen, die es sehr unterschiedlichen Typen von Paaren erlauben, dieses entscheidende Verhältnis über einen langen Zeitraum aufrechtzuerhalten. Mit anderen Worten, alle drei Stile sind vielleicht generell geeignet, dieses wichtige Gleichgewicht (bzw. Ungleichgewicht zugunsten der positiven Elemente) zu bewahren. Ob sich ein Paar in einer konstruktiven, impulsiven oder konfliktvermeidenden Ehe einrichtet, hängt von Temperament, familiärem Hintergrund und Persönlichkeit der Partner ab.

Man kann sich das 5-zu-1-Verhältnis wie den pH-Wert des Bodens vorstellen, also das Verhältnis zwischen dem Säure- und dem Laugengehalt, der für die Fruchtbarkeit ausschlaggebend ist. Ihre Ehe braucht viel mehr Positives als Negatives, damit Ihre Liebe Nahrung erhält. Ohne dies läuft Ihre Beziehung Gefahr, zu verkümmern und zu sterben, so wie ein empfindlicher Weinstock, der auf einen zu sauren, zu sandigen oder zu trockenen Boden gepflanzt wird. Bei diesem 5-zu-1-Verhältnis fungiert das Positive als Nährstoff, der Zuneigung und Freude gedeihen läßt, die sehr wichtig sind, wenn Ihre Liebe schwere Zeiten gut überstehen soll.

Während ich feststellte, daß dieses magische 5-zu-1-Verhältnis für alle drei stabilen Typen galt, sah das Bild bei Paaren, bei denen ein Bruch bevorstand, ganz anders aus: Hier gab es etwas mehr negative als positive Handlungen. Dieser Unterschied in den beiden Verhältnissen bedeutete, daß die Eheleute in den drei stabilen Eheformen ihre negativen Elemente durch ein gewaltiges Maß an positiven Elementen ausglichen, während die Paare, die einer Scheidung entgegengingen, viel zu wenig auf der positiven Seite taten, um die zunehmenden negativen Elemente wettzumachen. Die Menschen, die in leisen, konfliktvermeidenden Ehen leben, brauchen weniger Positives, weil weniger Negatives ausgedrückt wird. Aber bei Menschen, die in leidenschaftlichen, sehr wechselhaften Beziehungen leben, ist ein sehr hohes Maß an Positivem erforderlich, damit ein Gegengewicht zu all dem Negativen hergestellt wird, das in der Luft liegt.

Um welche negativen Emotionen geht es denn? Darüber werden Sie alles in diesem Buch lesen, insbesondere über Kritik und Verachtung, Abwehr und Rückzug, Einsamkeit und Isolation. Aber diese Liste enthält nicht den Ärger! Als ich mit meiner Forschungsarbeit anfing, nahm ich wie die meisten Forscher und Kliniker an, daß Ärger im Übermaß etwas Destruktives sei. Aber als ich nach Anhaltspunkten für Scheidung oder Trennung suchte, stellte ich fest, daß Verärgerung in einer Ehe nur dann negative Auswirkungen hat, wenn sie zusammen mit Kritik oder Verachtung ausgedrückt wird oder wenn sie mit Abwehr verbunden ist.

Und wie gingen die stabilen Paare miteinander um, um ein positives Gegengewicht zu ihren negativen Emotionen aufrechtzuerhalten? Zum einen waren sie – und das gilt selbst für die impulsiven Paare – insgesamt viel weniger negativ eingestellt als die Paare, die sich schließlich trennten. Wenn sie ihre Meinungsverschiedenheiten zur Sprache brachten, drückten sie Gefühle wie Ärger oder Enttäuschung nicht so kraß aus. Sie beschwerten sich zwar und wurden wütend, aber sie übten weniger Kritik an ihrem Partner, waren weniger abwehrend, weniger verächtlich und sie waren interessierte Zuhörer – die nicht nur Mißbilligung zeigten. Selbst die Männer in konfliktvermeidenden Ehen, die keine sonderlich interessierten Zuhörer waren, verhielten sich sehr positiv, wenn sie selbst sprachen; ihr Rückzug als Zuhörer geschah nicht auf die verdrossene und mürrische Art, die dazu führt, daß man auch als Sprecher abweisend wird.

Noch auffallender war, daß stabile Paare ihre positive Einstellung zueinander auf vielerlei Weise zeigten. Daraus läßt sich eine nützliche Liste zusammenstellen, die Ihnen zeigt, wie Sie in Ihrer Ehe die positive Seite der Gleichung verstärken können.

Zeigen Sie Interesse. Seien Sie wirklich an dem interessiert, was Ihr Partner sagt. Ihre Frau beklagt sich zum Beispiel über einen Angestellten, dessen verantwortungsloses Verhalten dazu führte, daß sie wieder einmal ihren Bus verpaßte. Sie sagen mitfühlend und bestimmt: »Ist das wirklich wahr? Ich kann einfach nicht glauben, daß er wieder zu spät gekommen ist und du dafür bleiben mußtest und deinen Bus verpaßt hast!« Aber Interesse kann auch subtiler gezeigt werden, indem man einfach zeigt, daß man wirklich zuhört und interessiert ist – sagen Sie zum richtigen Zeitpunkt »aha«, nicken Sie und sehen Sie Ihrer Frau in die Augen, während sie spricht.

Seien Sie zärtlich. Sie können Zuneigung auf eine leise, subtile Weise, einfach durch stille Zärtlichkeiten zeigen: indem Sie sich ab und zu berühren oder sich an der Hand halten, wenn Sie fernsehen, Ihre Füße ineinander schlingen, wenn Sie zusammen die Sonntagszeitung lesen. Eine solche körperliche Zuwendung hat etwas Zufriedenes und Verträumtes, es ist, als säße man vor dem Feuer und würde zusammen die Wärme genießen. Es muß nichts gesagt werden. Man kann natürlich auch aktiver sein. Sie können durch kleine Dinge, die Sie sagen oder tun, Ihren Partner an Ihre Zuneigung erinnern: Sie erinnern an eine glückliche Zeit, bekunden Solidarität (»dies ist unser Problem und nicht nur deins; das stehen wir zusammen durch«), tun etwas Wohlüberlegtes – oder bieten einfach an, es zu tun. Zuneigung ist immer dann im Spiel, wenn Sie sich zusammen wirklich wohl fühlen. Und dann gibt es natürlich noch die deutlichsten Ausdrucksformen von Zuneigung, nämlich die verbale Äußerung von Liebe oder Leidenschaft.

Zeigen Sie, daß Sie an den anderen denken. Kleine, wohlüberlegte

Handlungen sind ein wirksames Mittel, um das Positive in Ihrer Ehe zu verstärken. Einige Beispiele: Sie gehen einkaufen und kommen an einem Blumengeschäft vorbei; Sie kaufen für Ihre Frau die Blumen, die sie mag. Oder Sie gehen in ein Lebensmittelgeschäft und denken daran, Ihrem Mann sein Lieblingseis mitzubringen. Oder Sie nehmen sich während Ihres arbeitsreichen Tages einige Minuten Zeit und denken daran, was Ihr Partner heute tut; zum Beispiel: »Jetzt leitet sie bald die Sitzung, bei der es um Konflikte in der Belegschaft geht, und sie macht sich wirklich Sorgen wegen dieser Person, die die Kollegen tyrannisiert«. Und dann rufen Sie sie an, wünschen Ihr alles Gute und erkundigen sich, wie es läuft.

Schätzen Sie das, was Sie haben. Sie führen Ihrer Ehe einfach dadurch positive Energie zu, daß Sie sie zu schätzen wissen – daß Sie sich an positive Augenblicke aus der Vergangenheit erinnern, daß Sie mit Stolz an Ihren Partner denken, und so weiter. Diese positiven Erinnerungen und Gedanken sind ein Gegengewicht zu den Augenblicken, in denen Sie vielleicht nur noch das Negative sehen und es Ihnen schwer fällt, an Ihrer Ehe irgend etwas Gutes zu finden. Zustimmung zu den Ideen, Vorschlägen oder Lösungen Ihres Partners ist eine andere Form der Wertschätzung. Und jedes Mal, wenn Sie Ihren Partner merken lassen, daß Ihnen bewußt ist, daß Sie es gut getroffen haben – indem Sie Ihrem Partner ein Kompliment machen oder Ihren Stolz auf ihn zum Ausdruck bringen –, stärken Sie das Band, das zwischen Ihnen besteht.

Zeigen Sie Anteilnahme. Drücken Sie Ihre Besorgtheit aus, wenn Ihr Partner Ihnen etwas Trauriges oder Belastendes erzählt. Seien Sie unterstützend, wenn Ihr Partner niedergeschlagen oder beunruhigt ist: »Deine Arbeit macht dich wirklich fertig und ich mache mir deswegen Sorgen. Laß uns darüber reden.« Entschuldigungen sind ebenfalls hilfreich. Nehmen wir einmal an, daß Ihr Partner über etwas aufgebracht war, das Sie gesagt haben, und daß er Sie gekränkt und verärgert angefahren hat – dann macht es einen großen Unterschied, ob Sie fähig sind, zu sagen: »Es tut mir wirklich leid, daß das, was ich gesagt habe, deine Gefühle verletzt hat«, anstatt abwehrend zu reagieren oder zu versuchen, die eigene Bemerkung zu rechtfertigen.

Seien Sie mitfühlend. Mitgefühl, also die Bekundung einer emotionalen Resonanz Ihrem Partner gegenüber, ist eine starke Form der Zuneigung. Sie können zeigen, daß Sie wirklich verstehen und nachempfinden können, was Ihr Partner fühlt, indem Sie einen Gesichtsausdruck annehmen, der dem Ihres Partners entspricht. Aber Mitgefühl kann nicht vorgetäuscht werden. Wenn Sie sagen: »Ich weiß, wie du dich fühlst«, ohne daß es wirklich stimmt, wird Ihr Partner merken, daß hier ein falscher Ton angeschlagen wird. Das Mitgefühl wird deutlicher, wenn man etwas sagt, das auf wirkliches Verständnis schließen läßt, etwa: »Was sie da gesagt hat, war wirklich verletzend, nicht wahr?«

Akzeptieren Sie Ihren Partner. Auch wenn Ihr Partner etwas sagt, mit dem Sie nicht einverstanden sind, geben Sie ihm zu verstehen, daß das Gesagte einen Sinn hat und wichtig ist – daß Sie es respektieren. Diese Akzeptanz bedarf nicht vieler Worte, es reicht, wenn Sie ein zustimmendes »Ja« äußern, während Ihr Partner spricht, was zeigt, daß Sie zuhören, mehr hören möchten und daß das, was er sagt, einleuchtend ist; es zeigt auch, daß Sie die geäußerten Gefühle akzeptieren. Wenn Sie bei einem Streit den Standpunkt Ihres Partners zusammenfassen, so ist das eine weitere Form der Akzeptanz, auch wenn Sie immer noch anderer Meinung sind.

Scherzen Sie miteinander. Spielerisches Necken, Witzeln, Herumalbern und gemeinsamer Übermut sind besonders aufbauend. Wenn Sie, wie die meisten Paare, Witze haben, die nur Sie und Ihr Partner verstehen, so macht das nicht nur Spaß, sondern zeigt auch, daß zwischen Ihnen eine intime und ausschließliche Beziehung besteht. Aber wenn Ihr Partner Ihre neckischen, feindseligen oder sarkastischen Scherze nicht komisch findet, müssen Sie auf der Hut sein; dann handelt es sich um einen Angriff und keinen Scherz.

Teilen Sie Ihre Freude. Wenn Sie sich freuen, aufgeregt sind oder sich einfach wohl fühlen, lassen Sie es Ihren Partner wissen.

Sicherlich tun Sie vieles davon oder gar das meiste ganz spontan. Aber es kann hilfreich sein, wenn Sie daran denken, daß Sie Ihre Ehe dadurch auf dem positiven Stand des 5-zu-1-Verhältnisses halten. Und während dies alles natürlich ist, wenn es zwischen Ihnen und Ihrem Partner gut läuft, kann ein bewußtes Bemühen Ihnen in schwierigen Zeiten helfen, wieder zu einem positiveren Verhältnis zu finden.

Was im Zweiten Gesetz der Thermodynamik ausgedrückt ist, nämlich daß in geschlossenen Energiesystemen eine Tendenz zur Unordnung und Regellosigkeit herrscht, scheint auch für geschlossene Beziehungen wie Ehen zu gelten. Ich schätze, daß die Ehe die Tendenz hat, mit der Zeit schlechter zu werden, wenn man zwar nichts Falsches tut, aber auch nichts, um sie zu verbessern. Will man die emotionale Ökologie im Gleichgewicht halten, muß man etwas unternehmen: Denken Sie während des Tages an Ihren Partner, überlegen Sie sich, wie Sie etwas Gutes noch verbessern können, und handeln Sie entsprechend.

Davon lebt die Ehe vor allem: Liebe und Respekt

Für unsere Untersuchung langjähriger Ehen wählten wir Paare aus sehr unterschiedlichen Verhältnissen aus, die zwanzig bis vierzig Jahre mit demselben Partner verheiratet waren. Trotz der großen Unterschiede in bezug auf Beruf, Lebensstil und Einzelheiten des alltäglichen Lebens fällt mir eine bemerkenswerte Ähnlichkeit im Ton ihres Gesprächs auf. Welchen Ehestil sie auch entwickelt haben, ihre Gespräche werden meistens von einer starken Unterströmung getragen, die aus zwei wesentlichen Dingen besteht: Liebe und Respekt.

Diese sind das direkte Gegenteil von – und Gegenmittel zu – Verachtung, die vielleicht der größte Feind einer Ehe ist. Alle Formen, in denen die Partner sich ihre Liebe und ihren Respekt zeigen, sorgen auch dafür, daß sich das Verhältnis zwischen positiven und negativen Elementen stark zugunsten der positiven verschiebt.

Bei jenen langjährigen Ehen zeigt sich überall ein großes Maß an Liebe und Respekt. Wenn ich mir unsere Aufzeichnungen ansehe, stelle ich fest, daß viel Zuneigung durch Gesten, Augenkontakt und Gesichtsausdruck ausgedrückt wird. Während der »Erholungspausen« zwischen den Gesprächen von Mike und Dorothy sehen wir zum Beispiel, daß Dorothy Mikes Blick sucht und mit ihm anscheinend in einer Art geheimer Zeichensprache flirtet. Später lobt er gegenüber dem Interviewer hemmungslos Dorothys handwerkliche und gärtnerische Fähigkeiten. Das kommt bei so langjährigen Ehepartnern oft vor. Viele sind begierig, dem Interviewer etwas über die Fähigkeiten und Leistungen ihres Partners zu erzählen. Sie drücken auch ein echtes Interesse am Leben des anderen aus. Wenn Konflikte auftreten, berücksichtigt jeder den Standpunkt des anderen.

Ein Paar, das sich in den sechziger Jahren durch die Friedensbewegung in Berkeley kennenlernte, scheint zum Beispiel viel Spaß an seinen hitzigen Diskussionen über Redefreiheit, Zensur und Bürgerrechte zu haben. Seit mehr als zwanzig Jahren diskutieren sie über die gleichen Fragen, und ihre gegenseitige Wertschätzung nimmt in dem Maße zu, wie ihre Argumente schärfer werden. Später denkt dasselbe Paar laut darüber nach, wie stolz es auf seine Kinder ist und wie schön es ist, die Zehen des anderen unter der Bettdecke zu spüren.

Solche Meister der ehelichen Harmonie drücken viel Empathie und Sympathie füreinander aus. Wenn ein Partner krank ist, wird er von dem anderen gerade im richtigen Maße umsorgt und unterstützt. Sie sind einander auch Zuflucht vor der Monotonie und den Widrigkeiten des Alltags. Sie sagen sich Dinge wie: »Es tut mir wirklich leid, daß der Computer deinen Verkaufsbericht ...« oder »Dein Chef unterschätzt offensichtlich dein verborgenes Talent«.

Wie steht es mit Ihrer Ehe? Zeigen Sie und Ihr Partner sich regelmäßig Ihre Liebe und Ihren Respekt? Wie werden diese Gefühle in Ihrer Beziehung ausgedrückt? Hier ist ein kurzer Test, der Ihnen hilft, Ihre Stärken und Schwächen zu erkennen.

Teil III
Selbsttest:
Gibt es in Ihrer Ehe genug Liebe und Respekt?

Beantworten Sie jede der folgenden Aussagen mit »ja« oder »nein«, je nachdem ob Sie ihr generell zustimmen oder nicht. Wie zuvor, machen Sie den Test nötigenfalls auch für Ihren Partner.

1. Mein Partner legt Wert darauf, meine Ansichten zu kennen.
   Sie: Ja Nein Ihr Partner: Ja Nein

2. Meinem Partner sind meine Gefühle wichtig.
   Sie: Ja Nein Ihr Partner: Ja Nein

3. Ich habe nicht das Gefühl, daß ich sehr oft übergangen werde.
   Sie: Ja Nein Ihr Partner: Ja Nein

4. Wir fassen uns oft an.
   Sie: Ja Nein Ihr Partner: Ja Nein

5. Wir hören einander zu.
   Sie: Ja Nein Ihr Partner: Ja Nein

6. Wir respektieren die Vorstellungen des anderen.
   Sie: Ja Nein Ihr Partner: Ja Nein

7. Wir sind zärtlich zueinander.
   Sie: Ja Nein Ihr Partner: Ja Nein

8. Ich finde, daß mein Partner gut mit mir umgeht.
   Sie: Ja Nein Ihr Partner: Ja Nein

9. Was ich sage, zählt.
   Sie: Ja Nein Ihr Partner: Ja Nein

10. Ich habe bei unseren Entscheidungen ein wichtiges Wort mitzureden.
    Sie: Ja Nein Ihr Partner: Ja Nein

11. In unserer Ehe gibt es viel Liebe.
Sie: Ja Nein Ihr Partner: Ja Nein

12. Wir sind wirklich aneinander interessiert.
Sie: Ja Nein Ihr Partner: Ja Nein

13. Ich verbringe meine Zeit sehr gerne mit meinem Partner.
Sie: Ja Nein Ihr Partner: Ja Nein

14. Wir sind sehr gute Freunde.
Sie: Ja Nein Ihr Partner: Ja Nein

15. Auch in schweren Zeiten sind wir mitfühlend.
Sie: Ja Nein Ihr Partner: Ja Nein

16. Mein Partner berücksichtigt meinen Standpunkt.
Sie: Ja Nein Ihr Partner: Ja Nein

17. Mein Partner findet mich körperlich attraktiv.
Sie: Ja Nein Ihr Partner: Ja Nein

18. Mein Partner ist mir gegenüber warmherzig.
Sie: Ja Nein Ihr Partner: Ja Nein

19. Ich habe das Gefühl, daß ich zum Leben meines Partners gehöre.
Sie: Ja Nein Ihr Partner: Ja Nein

20. Mein Partner bewundert mich.
Sie: Ja Nein Ihr Partner: Ja Nein

Auswertung. Wenn Sie weniger als sieben Fragen mit »ja« beantwortet haben, fühlen Sie sich in Ihrer Ehe wahrscheinlich nicht ausreichend geliebt und respektiert. Sie müssen viel aktiver und kreativer sein, um Ihre Beziehung liebevoller zu gestalten.

Die Ehe-Ökologie

Das Gleichgewicht zwischen negativen und positiven Elementen scheint in der emotionalen Ökologie einer jeden Ehe die entscheidende Größe zu sein. Wie die Atmosphäre oder die Ozeane ist auch die Gesundheit einer intimen Beziehung gewissermaßen ein Ökosystem, in dem die verschiedenen Formen des emotionalen Austausches im richtigen Verhältnis zueinander stehen müssen. Wenn sie im Gleichgewicht sind, blüht und gedeiht die Liebe; wenn sie zu stark aus dem Gleichgewicht geraten, kann die Liebe verkümmern und sterben wie eine gefährdete Spezies, die ihre Hauptnahrungsquelle verliert.

In guten Ehen scheint es eine Art Thermostat zu geben, der das Gleichgewicht zwischen positiven und negativen Elementen reguliert und eine gesunde emotionale Ökologie aufrechterhält. Wenn Partner in einer stabilen Ehe zum Beispiel Verachtung äußern, korrigieren sie dies durch viele positive Reaktionen – nicht unbedingt sofort, aber bald.

Zu diesem Gleichgewicht gehört auch etwas Merkwürdiges, was Ihnen bestimmt genauso unwahrscheinlich vorkommt, wie mir: daß bestimmte Formen von *Negativität* in Ehen tatsächlich *positive* Funktionen haben können. Ein gewisses Maß an Negativität kann zur Aufrechterhaltung der sexuellen Leidenschaft in einer Ehe beitragen. Viele Paare haben die erotisch anregende Wirkung eines guten Streites erlebt – wenn es ans Versöhnen geht. Für solche Paare wirken bestimmte Formen von Negativität wie ein Brennstoff, der das Verlangen wieder anheizt. In einer gesunden Ehe kann ihre Rolle darin bestehen, einen Kreislauf von Nähe und Distanz in Gang zu halten, der der Liebe und Zuneigung wieder neue Impulse geben kann. »Schlechte« Zeiten geben den Paaren die Möglichkeit, in regelmäßigen Abständen erneut aufeinander zuzugehen und ihre Liebe zu intensivieren. Zuviel davon kann eine Ehe natürlich für immer zerstören.

Ein Freund erzählte mir einmal eine Geschichte von einem Streit, den er mit seiner Frau hatte und bei dem es darum ging, daß sie das Gefühl hatte, von ihm vernachlässigt worden zu sein, als sie Gäste hatten. Sie war sehr aufgebracht, wollte aber nicht über ihre Gefühle sprechen. Zum ersten Mal weigerte sie sich, mit ihm zu sprechen. Er war darüber sehr bekümmert, akzeptierte es aber mit der Zeit, und dann schwiegen sich beide an, waren böse aufeinander, vorwurfsvoll und mürrisch. Obwohl sie distanziert-höflich blieben, entfernten sie sich immer mehr voneinander. Sie schliefen noch im selben Bett, vermieden es aber, sich zu berühren.

Eines Tages sah er, wie seine Frau sich anzog, weil sie in ein besonderes Konzert gehen wollten. Der Abend war schon Monate vorher geplant worden, die Karten waren sehr teuer, und keiner von ihnen hatte die Absicht, nicht zu gehen. Als er zusah, wie seine Frau sich für den Abend anzog und ihre langen Haare bürstete, war er plötzlich von ihrer Schönheit in einer Art und Weise beeindruckt wie schon seit Jahren nicht mehr. Er war von ihren glänzenden Haaren hypnotisiert und verliebte sich in die Aura von Stolz und Würde, die sie in ihrer Unnahbarkeit ausstrahlte.

Im Verlauf des Abends stellten sie fest, daß sie das Konzert sehr genossen und sich selbst ein wenig vergaßen. Ihre Hände trafen sich, und die Berührung war so elektrisierend wie in ihrer ersten verliebten Zeit. Sie sahen sich tief in die Augen und küßten sich. In der Nacht liebten sie sich leidenschaftlich. Danach hielten sie sich in den Armen, und am nächsten Morgen war alles wieder gut. Es war besser als gut – irgendwie war etwas Neues da. Mein Freund und ich fragten uns, ob es für den Streit wirklich einen richtigen Grund gegeben hatte oder ob er zu einem Nähe-Distanz-Spiel gehörte, das in einer Ehe in gewisser Weise dazu dient, das Bemühen umeinander oder zumindest die gegenseitige Attraktivität wieder zu steigern.

Eines der ersten Dinge, die in einer Ehe verlorengehen, ist die Höflichkeit. Teilweise kommt darin einfach zum Ausdruck, daß man sich zunehmend wohler fühlt. Aber es führt auch dazu, daß man füreinander zu einer Selbstverständlichkeit wird, und die Folge kann Grobheit sein. Wenn Eheleute sich mit Fremden unterhalten, sind sie zueinander in der Regel viel weniger höflich als zu den Fremden. Im Gespräch mit einem fremden Menschen akzeptierten selbst Jungverheiratete bereitwilliger die Ansichten des anderen, äußerten weniger Widerspruch und waren zu ihm höflicher als zu ihrem eigenen Partner. In einer Ehe entstehen sehr komplizierte Gleichgewichte, und negative Gefühle und Konflikte können mitunter positive Funktionen der Erneuerung haben.

Eine irritierende Frage ist, warum negative Elemente für das Überleben einer Ehe überhaupt wichtig sind. Warum haben stabile Ehen nicht ein Positiv-negativ-Verhältnis, das 100 zu 1 ist? Würden Ehen nicht am besten funktionieren, wenn es *keine* Meinungsverschiedenheiten gäbe? Unsere Forschungen zeigen, daß dies kurzfristig richtig sein kann. Aber damit eine Ehe wirklich Bestand hat, müssen die Paare ihre Differenzen äußern, wie sie sie hinterher auch lösen mögen – entsprechend ihrem impulsiven, konstruktiven oder konfliktminimierenden Ehestil. Wir stellten zum Beispiel fest, daß Paare, die sich stritten, mit ihrer Ehe weniger zufrieden waren als Paare, die ihre Interaktionen als friedlich beschrieben. Aber als wir diese Paare drei Jahre später noch einmal befragten, entdeckten wir, daß sich die Situation umgekehrt hatte. Bei denjenigen, die sich früher nicht gestritten hatten, war die Wahrscheinlichkeit, daß sie noch eine stabile Ehe hatten, geringer als bei denen, die mehr die Konfrontation gesucht hatten. Die ursprünglich »glücklichen« Paare gingen eher einer Scheidung entgegen – oder waren schon geschieden – als die anderen. Mit anderen Worten, was in einer Ehe vorübergehend zu Unzufriedenheit führen kann – Meinungsverschiedenheiten und Zorn –, kann auf lange Sicht gut für eine Ehe sein. Gelegentlicher Zorn muß nicht destruktiv sein, sondern kann dazu beitragen, die Ehe im Laufe der Zeit zu verbessern.

Solche Ergebnisse haben bei mir die Überzeugung entstehen lassen, daß in der Ehe-Ökologie ein gewisses Maß an Negativität nötig ist, damit sich die Beziehung gut entwickelt. In der Natur ist es die Regel, daß eine Art einen Feind hat, der ihre Population in Grenzen hält und für das Überleben nur der Stärksten sorgt. Antilopen sind beispielsweise die natürliche Beute von Löwen. Wenn es zu viele Löwen gibt, geht die Antilopenpopulation gefährlich zurück. Gibt es nicht genug Löwen, wird die Antilopenpopulation zu groß, was dazu führt, daß sie aus Nahrungsmangel zugrunde geht. Feinde haben auch die Funktion, für eine Auslese zu sorgen, indem sie die schwächsten Mitglieder einer Population vernichten, so daß aller Wahrscheinlichkeit nach die Stärksten überleben, die am ehesten gesunde Nachkommen hervorbringen.

Ich glaube, daß im ehelichen Ökosystem die Negativität die Rolle eines Beutejägers spielt. Sie ist in gewissem Sinne der Löwe, der die positive Interaktion zwischen Mann und Frau bedroht. Nimmt die Negativität überhand, ist die Ehe zum Scheitern verurteilt. Gibt es zuwenig davon, so kann dies ebenfalls destruktiv sein. In der Ehe-Ökologie sorgt ein gewisses Maß an Negativität dafür, daß die Beziehung stark bleibt. Ein bestimmtes Maß an Konflikten ist notwendig, damit die Paare jene Handlungen und Interaktionsformen ausschalten können, die die Ehe auf lange Sicht gefährden können. Selbst konfliktvermeidende Paare bringen ihre Differenzen zur Sprache – sie haben eben nur eine konziliante Art, sie zu lösen. Ich glaube nicht, daß ihre Ehen stabil wären, wenn sie gar nicht über das reden würden, was ihnen nicht paßt.

Es ist wichtig, sich vor Augen zu halten, daß die Negativität viele verschiedene Formen annimmt. Eine Ehe kann durch ein Zuviel an Negativität oder durch gewisse Formen von Negativität gefährdet sein. Wenn die negative Energie mit großer Sturheit, Verachtung, Abwehr oder Rückzug verbunden ist, können die Folgen für die Ehe verheerend sein. Und wenn ein Paar nicht das Gleichgewicht eines stabilen Ehetyps findet, besteht die Gefahr, daß diese zersetzenden, negativen Kräfte seine Ehe zerstören. Die nächsten Kapitel werden Ihnen helfen, genau einzuschätzen, welche dieser destruktiven Strukturen sich Ihrer Ehe schon bemächtigt haben; die letzten Kapitel werden Ihnen dann sagen, was Sie dagegen unternehmen können, – damit Ihre Ehe gesund bleibt.

3. Kapitel

Die vier apokalyptischen Reiter: Warnsignale

Obwohl ich bei meiner Arbeit vielen impulsiven Paaren wie Anita und Max begegnet bin, deren leidenschaftliches Verhalten ihrer Ehe überwiegend Freude bescherte, habe ich auch viele andere getroffen, deren hitziger Umgang miteinander nicht durch Humor und Zuneigung ausgeglichen wurde. Wenn man solchen Paaren zuhört, klingen sie zuerst nicht viel anders als ein impulsives Paar. Aber im Gegensatz zu impulsiven Paaren verbringen sie nicht wesentlich mehr Zeit damit, zu lachen und zu scherzen, sich zu berühren, sich zu streicheln und *liebevoll* zueinander zu sein, als damit, aufeinander loszugehen. Was indes noch schlimmer ist, ihre häufigen Streitereien sind durch vergiftende Formen von Negativität wie Verachtung und Abwehr gekennzeichnet.

Dies sind Paare, die es nicht geschafft haben, ein Gleichgewicht in einem der stabilen Ehetypen zu finden. Ihre emotionale Ökologie ist gestört, und ihre Ehe gerät allmählich außer Kontrolle. Solche Paare sind in einer der beiden typischen negativen Beziehungsformen gefangen, die ich bei meinen Forschungen entdeckt habe. Ihre Ehen zeigen Anzeichen eines fortschreitenden Zerfallsprozesses.

Solche Beziehungen enden mit großer Wahrscheinlichkeit im Laufe der Jahre mit einer Scheidung. Sie können uns jedoch Wichtiges lehren, wenn wir die Prozesse frühzeitig erkennen wollen, mit denen in aller Stille die Zersetzung einer Ehe beginnt, auch Ihrer eigenen Ehe. Diese hochgradig gestörten Ehen führen uns kraß vor Augen, auf welche Weise sogar ein zufriedenes Paar auseinanderdriften kann. Jede Ehe erfordert das Bemühen, sie in der richtigen Bahn zu halten; in der emotionalen Ökologie eines jeden Paares herrscht eine ständige Spannung zwischen jenen Kräften, welche die Partner zusammenhalten, und jenen, die sie auseinandertreiben können. Selbst wenn Sie und Ihr Partner ein stabiles Beziehungsmuster erreicht haben, sollten Sie auf frühe Warnsignale achten, die Ihnen sagen, ob Sie dabei sind, in eine Sackgasse zu steuern. Dieses und die beiden folgenden Kapitel werden Ihnen helfen, Ihre eigene Ehe einzuschätzen und etwaige Warnsignale zu erkennen. Der letzte Teil des Buches wird Ihnen dann sagen, was Sie tun können, um Ihre Ehe gesund und stark zu erhalten.

Zwei Darstellungen eines ehelichen Zerfallsprozesses

Die erste Form der Ehe, die sich im freien Fall auf ihre Zerstörung zubewegt, bezeichne ich als *feindselig-engagierten* Ehetyp. Solche Paare streiten häufig und hitzig; Beleidigungen, Schimpfworte, Demütigungen und Sarkasmus gehören zu ihrem Repertoire. Ein typisches Gespräch in einer solchen Ehe könnte etwa so aussehen:

> FRED: Hast du meine Sachen aus der Reinigung geholt?
>
> INGRID (spöttisch): »Hast du meine Sachen aus der Reinigung geholt?« Hol deine dämlichen Sachen doch selbst ab. Was bin ich eigentlich, dein Dienstmädchen?
>
> FRED: Wohl kaum. Wenn du ein Dienstmädchen wärst, könntest du wenigstens putzen.

Manchmal bietet sich, wenn eine Ehe aus dem Gleichgewicht

gerät, aber auch ein anderes Bild. Dann beschimpfen sich die Eheleute zwar häufig und lautstark, doch keiner hört mehr wirklich zu, was der andere sagt, und beide Partner schauen sich dabei auch nicht mehr oft an. Solche Paare sind distanziert und emotional unbeteiligt, wenn sie sich auch vorübergehend streiten und attackieren. Sie sind dann nicht mehr feindselig-engagiert, sondern *feindselig-distanziert.* Diese Form der Interaktion zeigt sich bei dem unglücklich verheirateten Paar Molly und Dick:

MOLLY: Findest du nicht, daß wir ein bißchen besser miteinander auskommen?

DICK: Ja ... aber ich bin es leid, ständig zu hören, wie heiß es ist.

MOLLY: Darüber reden die Leute aber alle. Tut mir leid.

DICK: Es ist nicht nur das Wetter. Ich möchte nur Erfreuliches hören. Wenn es etwas Unerfreuliches ist, will ich nicht darüber reden.

MOLLY: Wenn du nicht auf deine Kosten kommst, willst du einfach nicht reden.

DICK: So ist es. Wenn es nicht erfreulich ist. Ich will nicht über etwas reden, was nicht erfreulich ist.

MOLLY: So? Ich habe aber nur dich, verdammt noch mal, und wenn ich alle meine Probleme für mich behalten soll, kann ich genauso gut alleine leben.

Wie sind Fred und Ingrid, wie sind Molly und Dick so geworden? Aus irgendeinem Grund waren sie nicht in der Lage, eine der drei stabilisierenden Anpassungen an das Eheleben zu entwickeln. Unsere Forschungen deuten darauf hin, daß man um so eher auf den Weg gedrängt wird, der vom Eheglück in die Ehekatastrophe führen kann, je weiter man von einem dieser drei stabilen Typen entfernt ist. Möglicherweise entstehen diese unglücklichen Ehen, wenn die Eheleute hinsichtlich des von Ihnen gewünschten Ehestils nicht zueinander passen. Eine Ehefrau mit der natürlichen Tendenz, sich konstruktiv zu verhalten, wird sich genau überlegen, wann und weswegen sie sich mit ihrem Partner anlegt. Sie kann sich von einem impulsiven Ehemann überfahren fühlen, der schnell bereit ist, sich über ein nasses Spültuch in der Spüle aufzuregen. Mit der Zeit kann sich ihre glückliche Ehe verschlechtern und zu einer feindseligen oder gar feindselig-distanzierten werden. Eine konfliktvermeidende Ehefrau könnte aber auch das Gefühl haben, daß ihre Ehe jedesmal auf dem Spiel steht, wenn ihr konstruktiv eingestellter Ehemann darauf besteht, daß sich die beiden einem Konflikt stellen und ihn lösen, anstatt ihn unter den Teppich zu kehren. Das ökologische Gleichgewicht einer solchen Ehe kann dann letztlich gestört werden. Die Negativität, der Hauptfeind einer Ehe, kann überhand nehmen und schließlich die positiven Dinge zunichte machen, die die Eheleute einmal miteinander verbunden haben.

Erfreulicherweise muß es aber nicht so weit kommen. Wenn Sie den Selbsttest auf Seite 59 ff. gemacht haben und zu dem Schluß gekommen sind, daß Ihre Ehe sich nicht eindeutig einer der drei erfolgreichen Anpassungsformen zuordnen läßt, verzweifeln Sie nicht. Sie können immer noch zu einer befriedigenden, glücklichen Beziehung kommen. Allerdings besteht bei einer solchen Ehe eine größere Gefahr, daß sie instabil ist, es sei denn, *Sie verstehen* bei heraufziehendem Unheil, *was falsch läuft und warum es falsch läuft.* Ich glaube, daß es möglich ist, diese Art von Einsicht zu entwickeln. Ein Großteil unserer Forschungen hat sich darauf konzentriert, genau nachzuzeichnen, wie sich Ehen vom Guten zum Schlechten und zum Schlimmeren entwickeln. Wir konnten bestimmte Abfolgen von Reaktionen und negativen Emotionen feststellen, die zunehmend destruktiver werden und in dem Maße an Gewicht und Bedeutung gewinnen, wie eine Ehe immer mehr auf die falsche Bahn gerät. Wenn Sie wissen, wie diese Kaskaden sich ankündigen und welche Gefahren mit ihnen verbunden sind, haben Sie weitaus bessere Chancen, sie zu vermeiden oder das Steuer herumzureißen, als wenn die Talfahrt schon begonnen hat. Wenn Sie das tun, glaube ich, daß Ihre Ehe schließlich einem der drei befriedigenden Typen ähneln wird, die sich mit einem langandauernden Glück in Verbindung bringen lassen.

Von den Stromschnellen der Ehe in die Tiefe gerissen

»Alle glücklichen Familien ähneln sich, aber eine unglückliche Familie hat ihre ganz eigene Art, unglücklich zu sein.« So lautet der erste Satz von Leo Tolstois *Anna Karenina*. Wenngleich häufig zitiert, ist Tolstois Ansicht grundfalsch. Zwar kann es, wenn man in einer gestörten Ehe lebt, so scheinen, als wäre die eigene Problematik nicht nur einzigartig, sondern fast unlösbar. Aber in Wirklichkeit gleichen sich unglückliche Ehen in wichtigen Punkten. Zwar hat jede ihr eigenes Profil und ihre eigenen Besonderheiten, doch haben sie alle eine entscheidende Ähnlichkeit: Sie folgen der gleichen, *spezifischen,* abwärts gerichteten Spirale, bevor sie an ihr trauriges Ende kommen. Diese Spirale besteht aus einer Kaskade von Interaktionen, Emotionen und Einstellungen, die diese Paare Schritt für Schritt in die Nähe einer Trennung oder Scheidung bringen oder aber sie zu einem unglücklichen, einsamen Leben zu zweit verurteilen. Anstatt sich in einem der drei stabilen Ehestile einzurichten, liefern solche Paare ihre Beziehungen zerstörerischen negativen Elementen aus. Als mein Forschungsteam diesen Weg in die Auflösung einer Ehe erst einmal erkannt und analysiert hatte, konnte es mit bemerkenswerter Genauigkeit voraussagen, welche Ehen wahrscheinlich glücklich bleiben und welche scheitern werden.

Um die Chancen einer Ehe zu verbessern, ist es wichtig, voraussagen zu können, welche Emotionen und Reaktionen dazu führen, daß ein Paar in eine schwierige Lage gerät. Erinnern Sie sich an den Vergleich mit der Herzkrankheit? Wenn man bestimmen kann, welche Risikofaktoren zu einem Herzinfarkt führen, ist das der erste Schritt zur Verhütung eines Infarktes. Wenn man weiß, daß ein Patient Schmerzen in der Brust, einen hohen Cholesterinspiegel oder Arterienverkalkung hat, kann man jede Wette eingehen, daß er direkt auf eine schwere Krankheit zusteuert, wenn sich nichts ändert. Ebenso kann man sagen, wie die tragische Reise einer unglücklichen Ehe verlaufen wird, und genau feststellen, wo und warum das Paar den falschen Weg eingeschlagen hat. Aufgrund unserer Beschreibung, wie sich Ehen destabilisieren, können Paare meiner Ansicht nach wieder zu dem Glück finden, das sie zu Beginn ihres Eheabenteuers erlebten.

Die erste Kaskade, auf die ein Paar trifft, wenn es von den Stromschnellen der Ehe mitgerissen wird, besteht aus den »vier apokalyptischen Reitern«, wie ich die vier verhängnisvollen Interaktionsformen nenne, welche die Versuche sabotieren, mit dem Partner zu kommunizieren: In der Reihenfolge ihrer Gefährlichkeit sind dies *Kritik, Verachtung, Abwehr* und *Abblocken.* Je mehr sich diese Verhaltensweisen festsetzen, desto mehr konzentrieren sich die Eheleute auf das sich steigernde Gefühl, daß ihre Ehe von Negativität und Spannung beherrscht wird. Schließlich kann es so weit kommen, daß sie sich den Bemühungen des anderen um ein friedliches Miteinander verschließen. Jeder Reiter ebnet den Weg für den nächsten. So können die Reiter langsam und heimtückisch eine Ehe zerstören.

Der erste Reiter: Kritik

Als Eric und Pamela direkt nach dem College heirateten, gingen sie mit Feuereifer daran, ihre gemeinsame Zukunft zu planen. Sie wußten, daß magere Jahre des Knauserns und Sparens vor ihnen liegen würden, bevor sie sich ein Haus würden leisten können, so daß sie sich versprachen, in der ersten Zeit sehr sparsam zu leben. Aber schon bald zeigte sich, daß sie verschiedene Vorstellungen von einem sparsamen Leben hatten. Eric hatte das Gefühl, daß er ihre Abmachung einhielt, indem er sich bereit erklärte, eine kleinere Wohnung zu mieten, als er gerne gehabt hätte, und größere Anschaffungen wie ein neues Auto aufzuschieben. Für Pamela bedeutete Sparen, Coupons auszuschneiden und auch billige Artikel nur im Schlußverkauf zu kaufen. Eines Nachmittags kam Eric mit Hühnerbrüsten ohne Knochen aus dem Supermarkt, und Pamela beschwerte sich: »Du hast wieder mal viel Geld im Supermarkt ausgegeben! Weißt du denn nicht, daß Hühnerbrüste ohne Knochen doppelt so viel kosten wie die normalen? Ich bin frustriert, wenn wir mehr Geld als nötig ausgeben.« Eric sagte, es tue ihm leid, daß sie so aufgebracht sei, aber er meine, daß sie zu viel Aufhebens um einen Geldbetrag mache, der im Verhältnis zum gesamten Haushaltsgeld relativ klein sei. Pamela ließ sich indes nicht davon abbringen, daß Eric Geld verschwendet habe. Der Streit fand ein jähes Ende, als Eric beleidigt aus der Küche stapfte.

Im nächsten Jahr erlebte das Paar oft glückliche Zeiten, die jedoch von gelegentlichen Streitereien unterbrochen wurden. Fast immer ging es dabei um Geld. Pamela beklagte sich immer wieder darüber, wie Eric mit Geld umging: Er machte nicht immer das Licht aus, wenn er ein Zimmer verließ; er rief einmal seinen Bruder vor elf Uhr abends an, als der Nachttarif für Ferngespräche noch nicht galt; er kaufte sich ein Paar neue Lederhandschuhe, obwohl seine alten noch ganz gut waren. Eric hielt die Beschwerden seiner Frau nicht für gerechtfertigt – schließlich waren dies nur kleine Beträge. Sie hatten schon viel mehr gespart, als sie gehofft hatten. Natürlich müßten sie aufpassen, aber sie seien ja wohl kaum pleite.

Als Pamela im Laufe der Zeit feststellte, daß ihre Bemerkungen Eric nicht veranlaßten, sein Verhalten in puncto Geldausgeben zu ändern, trat etwas ein, was gefährlich für ihre Ehe war: Anstatt sich über seine *Handlungen* zu beschweren, fing sie an, *ihn* zu kritisieren. Für Pamela wurde Erics Art, mit Geld umzugehen, mehr als etwas, bei dem ihre Meinungen auseinandergingen. Wenn sie entdeckte, daß er ein neues Paar Hanteln gekauft hatte, sagte sie jetzt: »Warum kaufst du dir diese Hanteln, wo du doch genau weißt, daß ich mir den ganzen Winter hindurch keinen neuen Schal gegönnt habe? Du tust immer solche Dinge – du denkst nur an dich, an *deine* Bedürfnisse. Ich muß mir immer etwas verkneifen, weil du so viel ausgibst! Du bist rücksichtslos.«

Der erste apokalyptische Reiter – persönliche Kritik – hatte soeben Einzug in ihr Schlafzimmer gehalten.

Oberflächlich betrachtet, scheint kein großer Unterschied zwischen Beschwerde und Kritik zu bestehen. Aber Kritik bedeutet hier, *daß man nicht eine konkrete Verhaltensweise, sondern die Persönlichkeit oder den Charakter des Partners angreift und ihm deswegen Vorhaltungen macht.* Als Pamela sagte: »Du tust immer solche Dinge – du denkst nur an dich und deine Bedürfnisse«, griff sie Eric, und nicht nur seine konkrete Handlung an; sie warf ihm vor, selbstsüchtig zu sein und ihre Opfer nicht zu würdigen. Jetzt fing auch Eric an, Pamela zu kritisieren. Warum sie so negativ eingestellt sei? Warum sie ihn so oft wegen kleinerer Käufe tadeln müsse, anstatt ihn für seine allgemeine Sparsamkeit zu loben? Er sagte ihr, sie sei ein Mensch, der nie etwas Positives sage und der ihm einfach das Leben schwer machen wolle.

Da es nur wenige Paare vermeiden können, sich hin und wieder zu kritisieren, kann sich der erste Reiter sogar in relativ gesunden Ehen für eine lange Zeit einrichten. Ein Grund dafür ist der, daß es von der Beschwerde zur Kritik nur ein kleiner Schritt ist, wobei die Beschwerde zu den *gesünderen* Dingen gehört, die in einer Ehe vorkommen können. Ärger und Widerspruch auszudrücken – also eine Beschwerde zu äußern –, ist zwar selten angenehm, macht eine Ehe auf die Dauer aber stärker als das Unterdrücken der Beschwerde.

Das Problem beginnt, wenn Sie das Gefühl haben, daß Ihre Beschwerden auf taube Ohren stoßen (oder wenn Sie sie nie klar ausdrücken), und Ihr Partner einfach die Verhaltensweisen fortsetzt, an denen Sie Anstoß nehmen. Dann wächst die Wahrscheinlichkeit, daß Ihre Beschwerden im Laufe der Zeit heftiger werden, daß Sie Ihre ganzen früheren, ungelösten Probleme in jede weitere Beschwerde hineinpacken. Schließlich fangen Sie an, Ihrem Partner Vorwürfe zu machen und nicht eine bestimmte Tat, sondern seine Persönlichkeit zu kritisieren. Oder Sie haben Ihre Beschwerden unterdrückt, und eines Tages entladen sie sich in einem wahren Sperrfeuer von Kritik.

Vielleicht finden Sie es zuerst schwierig, zwischen Beschwerde und Kritik zu unterscheiden. Persönliche Kritik, wie sie hier gemeint ist, beinhaltet in der Regel einen Vorwurf, einen persönlichen Angriff oder eine Beschuldigung, während eine Beschwerde ein negativer Kommentar zu etwas ist, das Sie gerne anders hätten. Sehr vereinfachend könnte man sagen, daß Beschwerden oft mit dem Wort *ich* anfangen, Kritik mit dem Wort *du*. »Ich wünschte, die Wäsche wäre schon fertig, damit ich noch vor Ladenschluß ins Einkaufszentrum komme« – so lautet zum Beispiel eine Beschwerde. »Du hättest längst mit der Wäsche fertig sein können. Du weißt doch, daß ich heute noch ins Einkaufszentrum will« – so lautet eine Kritik. Der Unterschied mag haarspalterisch erscheinen, aber es fällt einem wirklich viel schwerer, Kritik einzustecken, als sich eine Beschwerde anzuhören. Eine Kritik ist auch mehr dazu angetan, bei Ihrem Partner eine Abwehrreaktion hervorzurufen.

Bei einer Kritik kann der Angriff auf den Charakter des Partners viele verschiedene Formen annehmen: »Du bist rücksichtslos.« »Du kommst immer an erster Stelle.« »Du bist ein Mensch, der immer nörgelt.« Eine häufige Form der Kritik ist die direkte Beurteilung des Partners: »Du solltest wirklich klug genug sein, um das Licht auf der Veranda nicht die ganze Nacht brennen zu lassen.« »Du solltest Kaffeesatz *nie* in den Müllschlucker werfen.« »Du solltest dich für das, was du ihm gesagt hast, schämen.« Das Wort *solltest* vermittelt eine starke Botschaft ; man sieht dabei fast den erhobenen Zeigefinger vor dem Gesicht Ihres Partners.

Eine häufige Form der Kritik besteht darin, eine lange Liste mit Beschwerden vorzubringen. Ich nenne dies den »großen Aufwasch«, weil man alles nur erdenkliche Negative zur Sprache bringt, was einem einfällt. Zum Beispiel: »Ich habe das Gefühl, daß du mir gar nicht zuhörst, und du faßt mich auch nicht sehr oft an. Ich habe dich gebeten, einige Dinge zu erledigen, aber du hast es nicht getan. So macht mir das Leben einfach keinen Spaß.« Eine solche lange Liste von Beschwerden hat die gleiche Wirkung wie eine Kritik an der Persönlichkeit Ihres Partners, weil sie so beherrschend und überwältigend erscheint.

Eine andere Form der Kritik besteht darin, Ihrem Partner vorzuwerfen, daß er Sie verrate oder betrüge, daß er nicht vertrauenswürdig sei. »Ich habe dir unsere Finanzen anvertraut und du hast mich enttäuscht. Wie konntest du mir das antun? Deine ständige Rücksichtslosigkeit ist schon erstaunlich!« Beschwerden nageln den Partner dagegen nicht unbedingt als den Schuldigen fest; sie sind eher ein direkter Ausdruck für die eigene Unzufriedenheit mit einer bestimmten Situation.

Eine meiner Klientinnen, Alice, konnte es einfach nicht lassen, ihrem Ehemann Verrat vorzuwerfen, wenn sie versuchte, mit ihm über Eheprobleme zu sprechen. Es fiel ihr besonders schwer, über ihre Unzufriedenheit mit ihrem Liebesleben zu sprechen, weil sie Angst hatte, daß er verbal ausfallend werden würde, wenn sie das Thema zur Sprache brächte. Und er reagierte wirklich meistens so. Aber er wurde teilweise deswegen wütend, weil sie von der Beschwerde schnell dazu überging, ihm mangelnde Vertrauenswürdigkeit vorzuwerfen, was eine besonders häßliche Form der Kritik ist:

> Alice: Vor einigen Monaten habe ich dir gesagt, wie ich mich [in bezug auf Sex] gefühlt habe, und du verhältst dich so, als hättest du alles wieder vergessen. Wahrscheinlich habe ich dir davor schon ähnliche Dinge gesagt, aber alles, was du tust, ist, sie zu vergessen. Das war natürlich, als du getrunken hast. Da hast du alles vergessen.

In Wirklichkeit sagt Alice, daß sie sich verraten fühlt: Sie hat ihrem Mann ihren Kummer in bezug auf Sex anvertraut, und er hat ihn ignoriert. Anstatt sich jetzt also über bestimmte Dinge zu beklagen, kritisiert sie ihn, indem sie ihm vorwirft, sie zu verraten (und hält ihm obendrein sein früheres Trinken vor). Durch dieses Verhalten hat sie das Problem aufgebauscht: Ihre Unzufriedenheit über ihr Liebesleben wurde in einen Charakterfehler ihres Partners, in seine mangelnde Vertrauenswürdigkeit umgemünzt.

Im Gegensatz zur Beschwerde neigt die Kritik auch zu Verallgemeinerungen. Ein verräterisches Zeichen dafür, daß Sie von der Beschwerde zur Kritik übergegangen sind, ist dann gegeben, wenn das Gespräch mit Ihrem Partner mit so globalen Ausdrücken wie »nie« und »immer« beginnt.

Kritik oder Beschwerde

Was ist der Unterschied zwischen Beschwerde und Kritik? Eine *Beschwerde* ist eine spezifische Äußerung von Ärger, Unbehagen, Kummer oder anderen negativen Empfindungen. Zum Beispiel: »Es stört mich, daß du mich nicht gefragt hast, wie es mir heute ergangen ist, sondern beim Essen nur über dich geredet hast.«

Kritik ist viel weniger spezifisch; sie ist globaler und kann einen grundsätzlichen Vorwurf enthalten. Zum Beispiel: »Du interessierst dich nie für mich oder meine Arbeit. Du machst dir einfach nichts aus mir.«

Hier sind einige typische Sätze, die Ihnen helfen können, zwischen Beschwerde und Kritik zu unterscheiden. Denken Sie daran: Wenn Sie sich beschweren, greifen Sie eine bestimmte Handlung (oder fehlende Handlung) an. Wenn Sie kritisieren, greifen Sie die Person an.

Beschwerde: Wir gehen nicht so viel aus, wie ich gerne möchte.

Kritik: Du gehst nie mit mir aus.

Beschwerde: Es hat mich gestört, daß schmutziges Geschirr in der Spüle stand, als ich nach Hause kam. Denn heute morgen haben wir doch abgemacht, daß du abwaschen wolltest.

Kritik: Du hast *wieder* überall in der Küche schmutziges Geschirr herumstehen lassen. Und du hast mir doch versprochen, das nicht mehr zu tun. Ich kann mich einfach nicht auf dich verlassen, oder?

Beschwerde: Ich habe damit gerechnet daß du gleich nach der Arbeit nach Hause kommst. Doch als du nicht gekommen bist, hatte ich das Gefühl, daß du lieber mit deinen Freunden ausgehst, als deine Zeit mit mir zu verbringen.

Kritik: Ich finde es schlimm, daß du zu den Leuten gehörst, die nie daran denken, anzurufen und zu sagen, daß sie später nach Hause kommen. Du läßt mich immer warten. Dir liegt mehr an deinen Freunden als an unserer Ehe.

Wenn diese Beschreibungen von Kritik Sie an Ihre eigenen Wortwechsel mit Ihrem Ehepartner erinnern, stehen Sie damit kaum allein da. Das langsame Übergehen von der Beschwerde zur Kritik ist sehr häufig. Wenn Sie sich noch einmal die Gespräche zwischen glücklich verheirateten impulsiven Paaren im 2. Kapitel anschauen, werden Sie auch dort Beispiele für Kritik finden. Für manche Menschen ist Kritik etwas so Natürliches, daß sie sich erst gar nicht beschweren, sondern direkt zu diesen persönlichen, allgemeinen Angriffen übergehen. Sie sind der Boß, wenn Sie sagen: »Sie konzentrieren sich nicht genug auf

Ihre Arbeit« anstatt: »Ihr Memo ist nicht detailliert genug«; das gleiche gilt für den Ehepartner, der sagt: »Du kannst einfach nicht das Badezimmer sauber halten« anstatt »Könntest du bitte die Zahnpastatube zumachen?«

Kritisch zu sein, ist nicht schlimm; es kann ganz harmlos anfangen und drückt oft aufgestauten Ärger über ungelöste Probleme aus. Kritik kann einer jener natürlichen, selbstzerstörerischen Mechanismen sein, die allen persönlichen Beziehungen innewohnen. Probleme treten erst dann auf, wenn die Kritik so beherrschend wird – oder ein Partner so empfindlich darauf reagiert –, daß sie die Ehe zerfrißt. Wenn dies geschieht, kündigt sie die Ankunft des nächsten, noch unheilvolleren Reiters an, der Ihre Ehe in Schwierigkeiten bringen kann.

Um ein Gefühl dafür zu bekommen, ob Sie oder Ihr Partner übermäßig kritisch sind, versuchen Sie, nach einem Streit die folgenden Fragen zu beantworten.

Selbsttest: Gehören Sie zu den Kritikern?

Dieser Test fragt danach, wie Sie über die Dinge reden, die Ihnen zusetzen. Wenn möglich, machen Sie diesen Test gleich nach einer Diskussion oder einem Streit mit Ihrem Partner, damit Sie Ihre Handlungen und Gefühle noch frisch im Gedächtnis haben. Oder denken Sie an Ihren letzten Streit zurück. Versuchen Sie, sich an so viele Einzelheiten wie möglich zu erinnern.

Wodurch wurde die Auseinandersetzung ausgelöst? Was hat jeder von Ihnen gesagt? Wie haben Sie sich danach gefühlt? Dann beantworten Sie die folgenden Fragen, als hätten Sie diese Auseinandersetzung gerade beendet. Auch jetzt sollten Sie und Ihr Partner diesen Test machen oder Sie sollten ihn ein zweites Mal machen und sich vorstellen, wie Ihr Partner ihn beantworten würde.

1. Meiner Ansicht nach war es sehr wichtig, festzustellen, wer im Unrecht war.
   Sie: Ja Nein   Ihr Partner: Ja Nein

2. Ich fühlte mich verpflichtet, alle meine Beschwerden vorzubringen.
Sie: Ja Nein Ihr Partner: Ja Nein

3. Ich habe versucht, Verhaltensmuster zu erkennen und die Persönlichkeit meines Partners zu analysieren.
Sie: Ja Nein Ihr Partner: Ja Nein

4. Ich habe mich erst beschwert, als ich mich sehr verletzt fühlte.
Sie: Ja Nein Ihr Partner: Ja Nein

5. Ich habe versucht, die Dinge allgemein auf den Punkt zu bringen, anstatt über eine spezielle Handlung oder Situation zu reden.
Sie: Ja Nein Ihr Partner: Ja Nein

6. Ich habe nicht nur über konkrete Handlungen geredet, die mich gestört haben, sondern habe auch die Persönlichkeit meines Partners analysiert.
Sie: Ja Nein Ihr Partner: Ja Nein

7. Die Dinge haben sich lange in mir aufgestaut, bevor ich mich beschwert habe.
Sie: Ja Nein Ihr Partner: Ja Nein

8. Ich habe meine Beschwerden überhaupt nicht zensiert. Mein Partner hat sie wirklich mit voller Wucht abbekommen.
Sie: Ja Nein Ihr Partner: Ja Nein

9. Als ich mich beschwert habe, war ich sehr erregt.
Sie: Ja Nein Ihr Partner: Ja Nein

10. Ich habe mich teilweise deswegen beschwert, weil ich alles loswerden wollte.
Sie: Ja Nein Ihr Partner: Ja Nein

11. Ich habe meine Beschwerden nicht auf neutrale Weise vorgebracht.
Sie: Ja Nein Ihr Partner: Ja Nein

12. Ich habe nicht versucht, sehr rational zu sein, als ich gesagt habe, was mir nicht paßte.
Sie: Ja Nein Ihr Partner: Ja Nein

13. Als ich mich beschwert habe, kochte es in mir.
Sie: Ja Nein Ihr Partner: Ja Nein

14. Als ich mich beschwert habe, habe ich die Fehler meines Partners aufgezählt.
Sie: Ja Nein Ihr Partner: Ja Nein

15. Wenn ich erst einmal angefangen habe, gibt es für mich kein Halten mehr.
Sie: Ja Nein Ihr Partner: Ja Nein

16. Es widerstrebte mir, diese Dinge überhaupt zur Sprache zu bringen.
Sie: Ja Nein Ihr Partner: Ja Nein

17. Ich bedauere meine taktlose Wortwahl, mit der ich mich beschwert habe.
Sie: Ja Nein Ihr Partner: Ja Nein

18. Wenn ich ein Problem anspreche, weiß ich, daß ich im Recht bin.
Sie: Ja Nein Ihr Partner: Ja Nein

19. Wenn ich ein Problem anspreche, will ich meinen Partner dazu bringen, daß er einsieht, daß ich recht habe.
Sie: Ja Nein Ihr Partner: Ja Nein

20. Ich wollte meinen Partner dazu bringen, eine gewisse Verantwortung für das Problem zu übernehmen.
Sie: Ja Nein Ihr Partner: Ja Nein

21. Als ich mich beschwert habe, habe ich Ausdrücke wie »immer« und »nie« gebraucht.
Sie: Ja Nein Ihr Partner: Ja Nein

Auswertung: Wenn Sie mehr als sieben Fragen mit »ja«beantwortet haben, haben Sie gute Chancen, zu den Kritikern zu gehören. Denken Sie daran: Kritik selbst ist nichts Schlimmes – es ist leicht, von der Beschwerde zur Kritik überzugehen. Spezifische Ratschläge, wie Kritik so formuliert werden kann, daß eine Beschwerde daraus wird, finden sich im 7. Kapitel.

Der Kritiker

	Ja	Nein		Ja	Nein
Sie:			Ihr Partner:		

Der zweite Reiter: Verachtung

Bis zu ihrem ersten Hochzeitstag hatten Eric und Pamela ihre finanziellen Meinungsverschiedenheiten immer noch nicht gelöst. Leider wurden ihre Auseinandersetzungen häufiger und persönlicher. Pamela war über Eric empört. In einem besonders häßlichen Streit schrie sie: »Warum bist du immer so verantwortungslos? Du achtest nie darauf, wieviel du ausgibst. Du bist so egoistisch!« Angewidert und beleidigt erwiderte Eric scharf: »Ach, halt doch die Klappe. Du bist nur ein schäbiger Geizkragen, der nicht zu leben versteht. Ich verstehe sowieso nicht, warum ich ausgerechnet an dir hängengeblieben bin.« Der zweite Reiter – die Verachtung – war auf der Bildfläche erschienen.

Was *Verachtung* von Kritik unterscheidet, ist die Absicht, den Partner *zu beleidigen und psychisch zu verletzen.* Mit Ihren Worten und Ihrer Körpersprache schleudern Sie Ihre Beleidigungen direkt gegen das Selbstgefühl Ihres Partners. Gespeist werden diese verächtlichen Verhaltensweisen durch negative Gedanken über Ihren Partner – er ist dumm, widerwärtig, unfähig, ein Narr. Auf direkte oder subtile Weise wird diese Botschaft zusammen mit der Kritik vermittelt. Pamela war selbst erstaunt, wie leicht Eric sie bei ihren Auseinandersetzungen in Rage bringen konnte, und danach empfand sie oft eine Mischung aus Selbstgerechtigkeit und Scham über ihren Widerwillen gegen ihn.

Der Hauptkonflikt dieses Paares hatte sich an ihrem Umgang mit Geld entzündet. Aber da dieses Problem nicht gelöst wurde und eskalierte, begann der Zorn darüber auch andere Bereiche ihres Zusammenlebens zu durchdringen. Wenn dies geschah, waren sie oft nicht mehr fähig, Bewunderung füreinander zu empfinden oder sich daran zu erinnern, warum sie sich überhaupt ineinander verliebt hatten.

Eine Folge davon war, daß sie sich nur noch selten Komplimente machten oder ihre gegenseitige Bewunderung oder Attraktivität zum Ausdruck brachten. Das Hauptmerkmal ihrer Beziehung wurde die gegenseitige Verletzung. Die Verachtung überwucherte die positiven Aspekte ihrer Beziehung und destabilisierte ihre Ehe.

Was Pamela und Eric erlebten, ist nichts Ungewöhnliches. Wenn die Verachtung von Ihrer Beziehung Besitz ergreift, haben Sie die Tendenz, die positiven Eigenschaften Ihres Partners völlig zu vergessen, zumindest solange Sie sich über ihn aufregen. Sie können sich an keine einzige positive Eigenschaft oder Handlung erinnern. *Dieses sofortige Verschwinden der Bewunderung* ist ein wichtiger Grund dafür, daß Verachtung aus dem Leben der Ehepartner verbannt werden sollte. Zum Beispiel:

ERIC: Nun, Pam, was liegt denn jetzt wieder an?

PAMELA: Immer das gleiche, daß du mir nämlich nie zuhörst. Wir brauchen dringend Geld. Wir brauchen einen Urlaub. Unbedingt. Aber auf dem Ohr bist du ja immer taub.

ERIC: Vielleicht würde ich dir eher zuhören, meine Liebe, wenn du etwas vorsichtiger mit unseren Finanzen umgehen würdest.

PAMELA: Ich gehe vorsichtig mit unseren Finanzen um. Wenn du etwas mehr Geld beisteuern würdest, wäre die Vorsicht, die du forderst, nicht so nötig.

ERIC: Ich habe ja gar nicht gewußt, daß ich eine Prinzessin geheiratet habe.

PAMELA: Und ich habe nicht gewußt, daß ich eine Niete geheiratet habe.

Es ist ziemlich leicht, zu erkennen, wann Sie oder Ihr Partner Verachtung ausdrücken. Zu den häufigsten Zeichen gehören:

Beleidigungen und Schimpfworte. Diese Grobheiten sind schwer zu überhören: blöde Ziege, Scheißkerl, Trottel, Waschlappen, fett, dumm, häßlich. Manche Paare sind derber, andere kreativer. Das Resultat aber ist das gleiche. In einer Ehe sind solche Worte gefährliche Angriffswaffen, die geächtet sein sollten.

Feindseliger Humor. Hier verbirgt sich die Verachtung unter dem dünnen Schleier der Komik. Edward Albees meisterhafte schwarze Komödie über eine stürmische Ehe *Wer hat Angst vor Virginia Woolf?* ist voll von solchen gegenseitigen Angriffen. Das Drama findet an einem Abend im Haus von George, einem Geschichtsprofessor, und seiner Frau Martha statt, der Tochter des College-Präsidenten. Irgendwann demütigt Martha George vor den Gästen, indem sie darauf hinweist, daß er es trotz seiner langen Dienstzeit und der Stellung ihres Vaters noch immer nicht zum Direktor des Historischen Seminars gebracht hat. Hämisch erzählt sie den Gästen: »George ist als Geschichtsprofessor so auf den Hund gekommen ... – tiefer geht's nicht mehr! Er steckt bis zum Hals im Mist ... Sie haben ihn zu ihrem Handlanger degradiert.« Dann nennt sie ihn ihren »Mist-Handlanger«. Aus Rache sagt er zu ihr: »Ich wünschte mir, du wärst eingemauert, Martha, einzementiert ... bis zum Hals ... nein, bis unter die Nasenspitze ... damit du endlich Ruhe gibst.«

Spott. Dies ist die Kunst der subtilen Demütigung. Die Worte oder Handlungen des Partners werden verhöhnt und ins Lächerliche gezogen, um zu zeigen, daß er nicht respektiert wird oder daß man ihm nicht traut. Nachdem ein Ehemann seiner Frau beispielsweise gesagt hat: »Mir liegt wirklich etwas an dir«, anwortet sie sarkastisch: »Aber *sicher* liegt dir wirklich etwas an mir.«

Körpersprache. In ihrer subtilsten Form wird Verachtung durch eine schnelle Veränderung der Gesichtsmuskeln ausgedrückt. Zu den Zeichen von Verachtung oder Widerwillen gehören ein spöttisches Lächeln, das Verdrehen der Augen, das Kräuseln der Oberlippe. Bei unseren Forschungen war der Gesichtsausdruck mitunter der deutlichste Hinweis darauf, daß zwischen einem Paar etwas nicht stimmte. Eine Frau sitzt zum Beispiel ganz ruhig da und sagt gelegentlich zu ihrem Mann: »Sprich nur weiter, ich höre«, während er sich seinen Kummer von der Seele redet. Aber gleichzeitig zupft sie Flusen von ihrem Rock ab und verdreht die Augen. Ihr wahres Empfinden – Verachtung – drückt sich in der Körpersprache aus.

Um festzustellen, ob Sie oder Ihr Partner von der Kritik zur Verachtung übergegangen sind, machen Sie nach einem Streit den folgenden Selbsttest. Wenn Ihr Partner den Test nicht macht, können Sie ihn wieder zweimal machen. Es mag schwer sein, sich selbst schonungslos zu sehen, aber es zahlt sich langfristig durch eine bessere Beziehung aus.

Selbsttest: Kein Respekt

Beantworten Sie jede Aussage mit »ja« oder »nein,« je nachdem, ob Sie ihr generell zustimmen oder nicht.

1. Als wir über ein Problem in unserer Ehe sprachen, fiel mir nicht mehr viel ein, was ich an meinem Partner bewunderte.
   Sie: Ja Nein Ihr Partner: Ja Nein

2. Als ich aufgebracht war, sah ich vor allem die Fehler in der Persönlichkeit meines Partners.
   Sie: Ja Nein Ihr Partner: Ja Nein

3. Ich respektiere einige Dinge, die mein Partner tut, einfach nicht.
   Sie: Ja Nein Ihr Partner: Ja Nein

4. Ich versuchte, die Unzulänglichkeit meines Partners in einer bestimmten Situation aufzuzeigen.
   Sie: Ja Nein Ihr Partner: Ja Nein

5. Es fiel mir schwer, stolz auf die Eigenschaften meines Partners zu sein.
   Sie: Ja Nein Ihr Partner: Ja Nein

6. Während der Auseinandersetzung habe ich meinen Partner gedemütigt.
Sie: Ja Nein Ihr Partner: Ja Nein

7. An der Art, wie mein Partner an Dinge herangeht, gibt es nicht viel zu bewundern.
Sie: Ja Nein Ihr Partner: Ja Nein

8. Mein Partner kann manchmal ganz schön arrogant sein.
Sie: Ja Nein Ihr Partner: Ja Nein

9. Als mein Partner sich so negativ äußerte, dachte ich daran, ihm einige beleidigende Worte um die Ohren zu hauen.
Sie: Ja Nein Ihr Partner: Ja Nein

10. Mein Partner kann manchmal ganz schön selbstgefällig sein.
Sie: Ja Nein Ihr Partner: Ja Nein

11. Mein Partner war zu stur, um mit mir einen Kompromiß zu schließen.
Sie: Ja Nein Ihr Partner: Ja Nein

12. Als mein Partner aufgebracht war, wollte ich den Spieß umkehren und einen Gegenangriff starten.
Sie: Ja Nein Ihr Partner: Ja Nein

13. Ich kann mich des Gefühls nicht erwehren, daß sich mein Partner ausgesprochen unsinnig verhält.
Sie: Ja Nein Ihr Partner: Ja Nein

14. Es fällt mir schwer, den Standpunkt meines Partners zu verstehen, wenn ich anderer Meinung bin.
Sie: Ja Nein Ihr Partner: Ja Nein

15. Wenn wir über ein Problem diskutieren, habe ich oft keinen Respekt vor meinem Partner.
Sie: Ja Nein Ihr Partner: Ja Nein

16. Ich habe diese ganzen negativen Geschichten einfach satt.
Sie: Ja Nein Ihr Partner: Ja Nein

17. Ich fand die Ansichten meines Partners unerträglich.
Sie: Ja Nein Ihr Partner: Ja Nein

18. Mein Partner kann manchmal ein ziemlicher Dummkopf sein.
Sie: Ja Nein Ihr Partner: Ja Nein

19. Ich mißbillige das Verhalten meines Partners.
Sie: Ja Nein Ihr Partner: Ja Nein

20. Mein Partner kann manchmal ziemlich begriffsstutzig sein.
Sie: Ja Nein Ihr Partner: Ja Nein

21. Es fiel mir schwer, meinen Partner zu respektieren, als er sich so unfähig zeigte.
Sie: Ja Nein Ihr Partner: Ja Nein

22. Wenn mein Partner böse auf mich ist, denke ich an all die Enttäuschungen, die ich in dieser Ehe erlebt habe.
Sie: Ja Nein Ihr Partner: Ja Nein

23. Mein Partner kann sehr egoistisch sein.
Sie: Ja Nein Ihr Partner: Ja Nein

24. Ich empfinde oft eine gerechte Empörung, wenn mein Partner negative Dinge äußert.
Sie: Ja Nein Ihr Partner: Ja Nein

25. Wenn ich eins ausgewischt bekomme, überlege ich mir, wie ich es heimzahlen kann.
Sie: Ja Nein Ihr Partner: Ja Nein

26. Wenn mir an meinem Partner ein Fehler stark auffällt, kann ich mich nicht mehr an seine positiven Qualitäten erinnern.
Sie: Ja Nein Ihr Partner: Ja Nein

Auswertung: Wenn Sie mehr als sieben Fragen mit»ja« beantwortet haben, empfinden Sie wahrscheinlich Verachtung.

	Verachtung				
	Ja	Nein		Ja	Nein
Sie:			Ihr Partner:		

Denken Sie daran, daß es – sogar in der besten Beziehung – leicht ist, manchmal überkritisch zu sein, und daß es menschlich ist, Kritik ab und zu in verächtlicher Form zu äußern. Wenn Ihr Resultat darauf hindeutet, daß Verachtung ein Problem für Sie ist, dann lesen Sie im nächsten Kapitel auf jeden Fall den Abschnitt über innere Drehbücher.

Das wird Ihnen helfen, zu verstehen, warum Sie oft mit Verachtung auf Ihren Partner reagieren, und es wird Ihnen den Weg zur Veränderung zeigen.

Kurzum, die beste Art und Weise, Ihre Verachtung zu neutralisieren, besteht darin, Auseinandersetzungen mit Ihrem Partner nicht mehr als eine Möglichkeit zu betrachten, Vergeltung zu üben oder Ihren überlegenen moralischen Standpunkt zu demonstrieren. Ihre Beziehung wird sich vielmehr verbessern, wenn Sie sich bei Ihrem Partner über ganz bestimmte Dinge beklagen (anstatt seinen Charakter anzugreifen) und eine gesunde Dosis von Bewunderung – das Gegenteil von Verachtung – ausdrücken. Wie dieser Ratschlag im einzelnen in die Praxis umzusetzen ist, zeigt das 7. Kapitel.

Der dritte Reiter: Abwehr

Nachdem die Verachtung bei Eric und Pamela Einzug gehalten hatte, ging es mit ihrer Ehe weiter bergab, vor allem, weil der dritte Reiter – die Abwehr – den anderen auf dem Fuße folgte. Wenn sich einer von ihnen verächtlich benahm, reagierte der andere abwehrend, was die Dinge noch schlimmer machte. Jetzt fühlten sich beide als Opfer des anderen – und keiner von ihnen nahm es auf sich, die Dinge wieder zurechtzurücken. Beide beteuerten ständig ihre Unschuld:

PAMELA: So, du hast also wieder mal das Kreditkartenkonto nicht rechtzeitig ausgeglichen, so daß wir jetzt eine Strafgebühr bezahlen müssen. Ich weiß nicht, wieso ich an einem so verantwortungslosen Mann hängengeblieben bin.

ERIC: Es war deine Aufgabe, diesen Monat die Rechnungen zu bezahlen, nicht meine.

PAMELA: Jetzt willst du dich also herauslügen?

ERIC: Du lügst! Letzten Monat haben wir vereinbart, daß du dich diesen Monat um die Rechnungen kümmerst.

PAMELA: Nur, weil du so verantwortungslos bist, daß man sie dir nicht anvertrauen kann. Aber ich sollte erst *nächsten* Monat anfangen, sie zu bezahlen.

ERIC: Das ist nicht wahr.

PAMELA: Du bist ja so verlogen!

Was sich in dieser Diskussion zwischen Pamela und Eric abspielte, ist ein klassisches Beispiel für Verachtung, die zu Abwehrverhalten führt. Man erkennt leicht, warum dies passiert. Wenn man mit Beleidigungen bombardiert wird, hat man die natürliche Neigung, den Angriff abzuwehren: »Laß mich in Ruhe. Warum hackst du auf mir herum? Ich habe nichts Unrechtes getan. Es ist nicht meine Schuld.« Es ist zu einem Reflex geworden, so wie man mit den Augen blinzelt, wenn ein Insekt vor einem herumschwirrt oder die Arme vorstreckt, wenn einen jemand schlagen will.

Daß Abwehr eine verständliche Reaktion ist, wenn man sich attackiert fühlt, ist ein Grund dafür, daß sie so destruktiv ist – das »Opfer« findet nichts dabei, wenn es sich wehrt. Aber abwehrende Sätze und die Einstellung, die in ihnen zum Ausdruck kommt, führen eher zu einer Steigerung als zu einer Lösung des Konflikts. Wenn Sie abwehrend sind (auch wenn Sie sich völlig im Recht fühlen), vergrößern Sie Ihre Eheprobleme.

Manchmal ist den Menschen gar nicht bewußt, wie abwehrend

sie sind, wenn ihr Partner versucht, mit ihnen zu kommunizieren. Das unschuldige Opfer zu spielen, kann viele Formen annehmen, von denen einige subtiler sind als andere. Obwohl ein Abwehrverhalten besonders häufig eine Reaktion auf Verachtung ist, gibt es Menschen, die so auch auf Kritik oder selbst auf neutrale Beschwerden reagieren. Wenn Sie oder Ihr Partner häufig einige der folgenden abwehrenden Verhaltensweisen an den Tag legen, hat sich der dritte Reiter in Ihrer Beziehung eingenistet. Denken Sie daran: Wie die Abwehr auch geäußert werden mag, sie ist letztlich ein Versuch, sich selbst zu schützen und einen Angriff zurückzuschlagen. Das bedeutet nicht, daß Sie und Ihr Partner schlechte Menschen sind oder bewußt Ihre Beziehung sabotieren. Wenn Sie sich mit den folgenden Zeichen von Abwehr vertraut machen, werden Sie diese besser erkennen können, sobald sie in Ihren Diskussionen auftreten.

Verantwortung leugnen. Was immer Ihr Partner Ihnen vorwirft, Sie bestehen ganz klar darauf, daß Sie keine Schuld trifft. Wenn Ihr Partner sich beklagt, daß das Haus immer schmutzig sei, antworten Sie, das sei nicht Ihre Schuld, weil Sie nicht alles tun könnten. Wenn Ihr Mann Ihnen lautstark vorwirft, daß Sie seine Sachen nicht waschen, kontern Sie, daß Sie ihm das auch nie versprochen haben. Wenn Ihnen Ihre Frau sagt, Sie hätten auf der Party mit einigen Bemerkungen ihre Gefühle verletzt, dann erwidern Sie, Sie hätten doch gar nichts Schlimmes gesagt.

Rechtfertigungen anführen. Bei diesem Abwehrmanöver behaupten Sie, äußere Umstände, die sich Ihrer Kontrolle entziehen, hätten Sie gezwungen, in einer bestimmten Weise zu handeln. Ihr Mann wirft Ihnen vor, verantwortungslos zu sein und immer zu spät zu kommen. Ihre Antwort: »Ich konnte nicht pünktlich nach Hause kommen, weil die Autobahn total verstopft war.« (Aber warum sind Sie keine andere Strecke gefahren oder haben vorsichtshalber mehr Zeit für die Fahrt eingeplant?) Ihre Frau nennt Sie einen Lügner, weil Sie ihr nicht erzählt haben, daß Sie im Betrieb eine Prämie bekommen haben. Ihre Antwort: »Wenn ich's dir erzählt hätte, dann hättest du alles ausgegeben.«

Negatives Gedankenlesen abweisen. Manchmal stellt Ihr Partner Vermutungen über Ihre Gefühle, Verhaltensweisen oder Motive an. Wird dieses »Gedankenlesen« auf eine negative Art und Weise vorgebracht, kann es bei Ihnen Abwehrreaktionen auslösen. Im folgenden Gespräch vermutet Bruce, daß seine Frau es nicht gerne sieht, wenn er so viel Zeit mit seinem Hobby, dem Verfassen von Science-Fiction-Geschichten, verbringt. Sie wird in dem Maße abwehrender, wie er ihren Standpunkt verzerrt wiedergibt.

> BRUCE: Nun, was hältst du davon? Du magst es nicht. Ich weiß, daß du's nicht magst! [Negatives Gedankenlesen.]
>
> NAOMI: Nein, ich habe nichts dagegen. Ich finde es nur nicht gut, wenn dein künstlerisches Talent verkümmert.
>
> BRUCE: Aber du denkst, daß es jetzt in der Science-Fiction verkümmert. [Negatives Gedankenlesen.]
>
> NAOMI: Nein, das tue ich nicht. Ich weiß, daß du das gerne tust.
>
> BRUCE: Und du denkst nicht, daß es eine Vergeudung ist?
>
> NAOMI: Nein.

Gegenseitige Beschuldigungen. Sie reagieren auf eine Beschwerde (oder Kritik) Ihres Partners, indem Sie sofort mit einer eigenen Beschwerde kommen und völlig ignorieren, was Ihr Partner gesagt hat. Zum Beispiel:

> SUE: Wir laden überhaupt keine Leute mehr zum Essen ein. Du bist so ungesellig.
>
> BOB: Nein, aber du hältst die Wohnung nicht so sauber, daß wir Leute einladen könnten.

> JASON: Ich mag es nicht, daß deine Schwester jeden Samstag kommt.
>
> AMANDA: Und ich mag es nicht, daß du jeden zweiten Abend zum Sport gehst.

Lauren und Steve gerieten in die Falle der gegenseitigen Beschuldigungen, als sie darüber sprachen, daß er sich gerade ein Gewehr gekauft hatte, ohne es ihr zu sagen. Er hatte gewußt, daß Gewehre ihr Angst machen. Verschlimmert wurde die Sache noch dadurch, daß er das Gewehr – und die Zahlungen dafür – mehrere Monate lang geheim gehalten hatte.

LAUREN: Es macht mich wirklich verrückt, daß du so lange ein Geheimnis vor mir haben kannst. Ich dachte, wir hätten keine Geheimnisse.

STEVE: Und wie war das, als du damals den Autositz gekauft hast? Du hast ihn vor mir versteckt, weil du dachtest, daß ich keine Ruhe hätte, bis er wirklich bezahlt wäre.

Gummi-Mann/Gummi-Frau. Erinnern Sie sich an den alten Kinderspruch: »Ich bin das Gummi, du bist der Leim. Was du auch sagst, prallt ab von mir und klebt an dir«? Sie schaffen es, in einem Atemzug nicht nur einen Angriff abzuwehren, sondern Ihrem Partner gleichzeitig einen Vorwurf zu machen. Wenn also Ihr Partner sagt, daß er Ihr Verhalten auf der Party unhöflich fand, kontern Sie sofort: »*Ich bin* unhöflich? Du bist derjenige, der nicht einmal daran denkt, meiner Mutter zum Geburtstag eine Karte zu schicken.«

In ihrer deutlichsten Form klingt diese Abwehr so:

BOB: Du bist vielleicht faul! Du hilfst mir nie beim Geschirrspülen.

SUE: Das stimmt nicht, du bist derjenige, der nie hilft.

Manchmal ist die Botschaft subtiler. Der Gummi-Mann Carl und seine Frau Sara sprechen zum Beispiel über sein Alkoholproblem.

SARA: Wenn du zuviel trinkst, bist du einfach nicht mehr umgänglich; dann habe ich das Gefühl, daß ich dich nicht mehr erreiche. Das macht mir Angst.

CARL: Wie ist es denn, wenn du einen Wutanfall bekommst? Ist das anders?

SARA: Warum fragst du das?

CARL: Weil ich wissen will, wie du dich fühlst, wenn es um dich geht und nicht um mich.

Carl wehrt den Angriff ab, indem er den Spieß umdreht – *sie* ist diejenige, die nicht umgänglich ist.

Ja-Aber. Ein Ja-Aber ist eine Äußerung, die mit Zustimmung beginnt und mit Widerspruch endet. Nehmen Sie beispielsweise einmal an, Sie glauben, daß Sie etwas getan haben, was Sie nicht hätten tun sollen, daß Sie aber einen moralisch vertretbaren Grund haben, der weitaus mehr ins Gewicht fällt, als die Verfehlung selbst.

SAM: Du hast gesagt, daß du tanken würdest, und du hast es nicht getan!

ELLEN: Ja, weil ich nach Hause mußte, um das Essen für deine Eltern zu machen.

MELINDA: Du hast mich wieder enttäuscht. Du solltest letzte Woche die Telefonrechnung bezahlen.

ANTHONY: Ja, aber ich habe darauf gewartet, daß du mir sagen würdest, daß du Geld auf das Konto eingezahlt hast.

Den eigenen Standpunkt wiederholen. Anstatt zu versuchen, den Standpunkt des Partners zu verstehen, wiederholen Paare, die sich auf diese Technik spezialisiert haben, einfach unentwegt ihre eigene Position. Beide glauben, daß sie im Recht sind und daß es Zeitverschwendung ist, zu versuchen, die Sichtweise des anderen zu verstehen. Hier wird Jonathans und Marias Versuch beschrieben, darüber zu reden, ob er zu oft Golf spielt. Sie sagt immer wieder, daß es zu oft sei; er sagt immer wieder, daß es nicht zu oft sei. Sie treten auf der Stelle.

MARIA: Ich glaube, daß es in Ordnung ist, einmal in der Woche zu spielen. Aber drei oder vier Abende sind zu viel.

JONATHAN: Das ist nicht zu viel. Das ist ein Minimum.

MARIA: Aber nicht, wenn man zwei Söhne hat, die am Abendbrottisch einen Vater brauchen.

JONATHAN: Ich wäre gerne immer zum Essen zu Hause; aber wenn man Golf spielt, muß man regelmäßig spielen.

MARIA: Aber du brauchst nicht drei- oder viermal in der Woche und dann noch am Wochenende zu spielen. Das ist zu viel, wenn man eine junge Familie hat.

JONATHAN: Ich muß oft spielen; sonst braucht man überhaupt nicht zu spielen, und ich möchte Golf nicht aufgeben.

Beide formulieren nur immer wieder ihren Standpunkt, *ohne* dem, was der andere sagt, auch nur die geringste Aufmerksamkeit zu schenken. Sie hoffen, daß ihr Partner die Klugheit der eigenen Position erkennen und akzeptieren wird, wenn sie ihre Meinung nur oft genug – und laut genug – zum Ausdruck bringen.

Jammern. Hier geht es weniger um das, was Sie sagen, als darum, *wie* Sie es sagen – kindisch, in einem hohen, näselnden Ton und mit Betonung einer Silbe oder eines Wortes am Satzende. »Du gehst nie mit mir *aus«.* »Ich habe dir gesagt, du sollst zum *Arzt* gehen«. »Warum hörst du mir nicht *zu?«* Die Botschaft ist: »Das ist nicht fair. Warum hackst du auf mir herum? Ich habe nichts Unrechtes getan. Ich bin völlig unschuldig.«

Karen entsprach genau diesem Muster, als sie mit ihrem Mann Bill über das Geld sprach, das Karens Mutter ihnen jeden Monat schickte. Es war nur ein kleiner Betrag, aber Bill hatte etwas dagegen, zum Teil deswegen, weil seine Eltern ihnen überhaupt nicht halfen.

BILL: Ich will nur sagen, daß ich das Geld nicht will. Ist das klar? Und wenn du sie anrufst, dann redest du einfach nicht über Rechnungen und dergleichen.

KAREN: *Tue* ich doch gar nicht immer. *Nein.*

Körpersprache. Zu den körperlichen Zeichen der Abwehr gehören ein falsches Lächeln (die Mundwinkel werden hochgezogen, aber die Augen verändern sich nicht), das Hin- und Herbewegen des Körpers (als würde man einem Schlag ausweichen) und das Verschränken der Arme vor der Brust. Manchmal spielen Frauen, die auf Abwehr eingestellt sind, an ihrem Hals herum, als würden sie eine Kette tragen.

Die Formen der Abwehr

Das Wesen der Abwehr ist Selbstschutz, eine natürliche Reaktion auf einen Angriff.

Kategorie	Beispiel
Verantwortung leugnen	»Es war nicht meine Schuld.« »Es war deine Schuld.«
Rechtfertigungen anführen	»Der Hund hat meinen Einkaufszettel gefressen.« »Ich mußte ja zu spät kommen. Hättest du das Auto wie versprochen reparieren lassen, dann hätte ich mich auch nicht verspätet.«
Negatives Gedankenlesen abwehren	Ihr Partner: »Du wirst immer gereizt, wenn es um meine Mutter geht.« Ihre abwehrenden Antworten: »Stimmt gar nicht.« »Wenn du

	für mich eintreten würdest, wenn sie mich kritisiert, wäre ich auch nicht so gereizt.«
Gegenseitige Beschuldigungen	Ihr Partner beklagt sich: »Wir gehen gar nicht mehr aus.« Ihre Retourkutsche: »Du willst nie mit mir schlafen.«
Gummi-Mann/ Gummi-Frau	Ihr Partner: »Du hörst mir nicht zu.« Sie: »Du hörst *mir* nicht zu.«
Ja-Aber.	»Ja, wir könnten es versuchen, aber das wäre sehr unpraktisch.«
Wiederholungssyndrom	»Ich wollte damit sagen, Pamela, daß wir mehr Geld sparen und weniger reisen sollten.«
Jammern	Wir kennen alle den Jammerton, aber es ist auch möglich, ohne diesen Ton zu jammern, indem man sich selbst leid tut und sich wie ein unschuldiges Opfer verhält. Jammern vermittelt die Botschaft: »Warum hackst du auf mir herum?«
Körpersprache	Arme in die Seiten gestemmt oder vor der Brust verschränkt. Hände berühren den Hals.

Das Hauptproblem bei der Abwehr ist natürlich, daß sie die Kommunikation blockiert. Anstatt die Sichtweise des anderen zu verstehen, ist man in seinen Auseinandersetzungen nur damit beschäftigt, sich selbst zu verteidigen.

Nichts wird gelöst, so daß der Konflikt weiterhin eskaliert und noch mehr Auseinandersetzungen stattfinden, die durch Angriff und Verteidigung gekennzeichnet sind. Um zu sehen, ob Sie oder Ihr Partner übermäßig abwehrend sind, machen Sie den folgenden Selbsttest, am besten gleich nach einer Auseinandersetzung.

Selbsttest: Wie abwehrend sind Sie?

Dieser Test fragt danach, ob Sie abwehrend reagieren, wenn Ihr Partner ein Problem zur Sprache bringt. Versuchen Sie, sich an Ihr Verhalten, Ihre Gefühle und Gedanken nach einer Auseinandersetzung zu erinnern. Es ist sehr wichtig, daß Sie ehrlich mit sich selbst sind. Beantworten Sie jede Aussage mit »ja« oder »nein«, je nachdem ob Sie ihr generell zustimmen oder nicht. Wenn Ihr Partner den Test nicht macht, sollten Sie ihn wieder zweimal machen.

1. Als mein Partner sich beschwerte, fühlte ich mich zu Unrecht kritisiert.
   Sie: Ja Nein Ihr Partner: Ja Nein

2. Ich fühlte mich mißverstanden.
   Sie: Ja Nein Ihr Partner: Ja Nein

3. Ich habe nicht das Gefühl, daß die vielen positiven Dinge gewürdigt werden, die ich tue.
   Sie: Ja Nein Ihr Partner: Ja Nein

4. Es war nicht meine Schuld, daß etwas schiefgegangen ist.
   Sie: Ja Nein Ihr Partner: Ja Nein

5. Um einen Vorwurf zu vermeiden, mußte ich erklären, warum und wie das Problem entstanden ist.
   Sie: Ja Nein Ihr Partner: Ja Nein

6. Ich fühlte mich zu Unrecht angegriffen, als mein Partner sich negativ äußerte.
Sie: Ja Nein Ihr Partner: Ja Nein

7. Als mein Partner sich beschwerte, bemerkte ich, daß ich auch einige Dinge loswerden mußte.
Sie: Ja Nein Ihr Partner: Ja Nein

8. Mein Partner sah alles zu negativ; es war zuviel und unverhältnismäßig.
Sie: Ja Nein Ihr Partner: Ja Nein

9. Mein Partner war zu empfindlich, zu schnell in seinen Gefühlen verletzt.
Sie: Ja Nein Ihr Partner: Ja Nein

10. An den Beschwerden meines Partners war etwas Wahres, aber es war nicht die ganze Wahrheit.
Sie: Ja Nein Ihr Partner: Ja Nein

11. Als mein Partner sich beschwerte, dachte ich: »Ich habe diese Vorwürfe nicht verdient.«
Sie: Ja Nein Ihr Partner: Ja Nein

12. Als mein Partner sich beschwerte, hatte ich das Gefühl, daß ich diese Angriffe »abwehren« müßte.
Sie: Ja Nein Ihr Partner: Ja Nein

13. Ich fühlte mich verpflichtet, die Vorwürfe gegen mich zurückzuweisen, die nicht richtig waren.
Sie: Ja Nein Ihr Partner: Ja Nein

14. Als ich mir die Beschwerden meines Partners anhörte, dachte ich an meine eigenen, die kein Gehör fanden.
Sie: Ja Nein Ihr Partner: Ja Nein

15. Mein Partner sah das Problem zu selbstbezogen.
Sie: Ja Nein Ihr Partner: Ja Nein

16. Ich dachte: »Was du sagst, prallt einfach von mir ab.«
Sie: Ja Nein Ihr Partner: Ja Nein

17. Als mein Partner sich beschwerte, überlegte ich mir, wie ich mich verteidigen könnte.
Sie: Ja Nein Ihr Partner: Ja Nein

18. Als mein Partner sich beschwerte, überlegte ich mir, wie ich ihm noch einmal meine Position erklären könnte.
Sie: Ja Nein Ihr Partner: Ja Nein

19. Als mein Partner sich beklagte, dachte ich, daß wir diese ganzen Probleme nicht hätten, wenn er meinen Standpunkt richtig verstanden hätte.
Sie: Ja Nein Ihr Partner: Ja Nein

20. Es scheint, daß mein Partner nichts weiter kann, als Fehler bei mir zu finden.
Sie: Ja Nein Ihr Partner: Ja Nein

21. Manchmal ist es so, als ginge mein Partner mit einem Baseballschläger auf mich los.
Sie: Ja Nein Ihr Partner: Ja Nein

22. Bei einem heftigen Streit überlege ich mir ständig, wie ich zurückschlagen könnte.
Sie: Ja Nein Ihr Partner: Ja Nein

Auswertung: Wenn Sie sieben oder mehr Fragen mit »ja« beantwortet haben, ist es gut möglich, daß Sie abwehrend sind. Selbst in der besten Beziehung ist es leicht, sich manchmal zu Unrecht angegriffen zu fühlen. Menschen, die eine starke Abwehrhaltung einnehmen, folgen oft einem inneren Drehbuch, das ihr Unglück aufrechterhält. Dies wird im folgenden Kapitel ausführlicher erörtert. Generell kann man sagen, daß sich der abwehrende Mensch als unschuldiges Opfer fühlt: ins Unrecht gesetzt, mißverstanden, ungerecht behandelt und nicht geschätzt.

Abwehrverhalten

	Ja	Nein		Ja	Nein
Sie:			Ihr Partner:		

Der erste Schritt zur Uberwindung des Abwehrverhaltens besteht darin, daß Sie die Worte Ihres Partners nicht mehr als einen Angriff, sondern als eine Information verstehen, die sehr nachdrücklich formuliert wird. Versuchen Sie, Ihren Partner zu verstehen und sich in ihn hineinzuversetzen. Das ist zugegebenermaßen schwer, wenn man sich attackiert fühlt, aber es ist möglich und hat wunderbare Wirkungen. Die Forschung zeigt, daß Ihr Partner Sie wahrscheinlich weniger kritisiert oder bei aufkommenden Unstimmigkeiten weniger verächtlich reagiert, wenn Sie entgegen der Erwartung Ihres Partners, der mit Ihrer Abwehrreaktion rechnet, wirklich offen und zugänglich sind.

Natürlich tritt diese Veränderung nicht über Nacht ein. Ein Partner, der an eine Abwehrreaktion gewöhnt ist, ist zuerst vielleicht überrascht und mißtrauisch. Er mag sich sogar noch mehr beschweren, um Sie zu testen. Aber wenn Sie ihn dann nicht abwehren, wird die frohe Botschaft schließlich bei ihm ankommen. Mehr Einzelheiten darüber, wie man seine Abwehrhaltung überwinden kann, finden sich im 7. Kapitel.

Der vierte Reiter: Abblocken

Eric und Pamela waren fast auf dem Nullpunkt. Von Pamelas Angriffen erschöpft und zermürbt, reagierte Eric auf ihre Beschuldigungen schließlich gar nicht mehr, auch nicht abwehrend. War ihre Ehe vorher durch eine schlechte Kommunikation beeinträchtigt, wurde sie jetzt durch die fehlende Kommunikation praktisch zerstört. Als Eric aufhörte, Pamela zuzuhören, war ihre Ehe außerordentlich schwer zu reparieren.

Anstatt sich über bestimmte Fragen zu streiten, artete jeder Zusammenprall dahingehend aus, daß Pamela Eric anschrie und ihm vorwarf, daß er sie auflaufen lasse. »Du sagst nie etwas. Du sitzt einfach da. Es ist so, als redete man gegen eine Wand.«

Manchmal reagierte Eric überhaupt nicht. Bei anderen Gelegenheiten zuckte er nur die Achseln oder schüttelte den Kopf und sagte: »Es führt zu nichts, wenn ich mit dir rede. Du hast immer recht.« Nach dieser Feststellung verließ er gewöhnlich das Zimmer. Erics Rückzug kündigte die Ankunft des vierten Reiters an – Abblocken.

Eines Abends kam Eric sehr müde nach Hause. Er hatte viel über Pamela nachgedacht und hatte beschlossen, ihr Blumen zu kaufen. Aber nachdem er zu lange gearbeitet hatte, beeilte er sich, nach Hause zu kommen, blieb im Verkehr stecken und kam sehr spät zum Essen. Er hatte Angst, daß Pamela wütend sein würde, weil sie großen Wert darauf legte, daß sie pünktlich aßen. Ihm blieb nur die Hoffnung, daß ihm ein heftiger Streit erspart bleiben würde. Unglücklicherweise hatte Pamela aber einen sehr harten Tag gehabt. Sie hatte sich erboten, auf Naomi, die sechsjährige Tochter ihrer Schwester, aufzupassen, die sich als echte Plage erwies. Nicht nur, daß Naomi Pamela absolut nicht gehorchte – im Einkaufszentrum versuchte sie sogar, wegzulaufen –, sondern später hatte Naomi auch noch einen Asthmaanfall, und Pamela mußte sie zum Notarzt bringen. Sie hatte keine Zeit gehabt, ein Abendessen zu machen, und jetzt kam Eric auch noch zu spät und hatte es wieder nicht für nötig gehalten, anzurufen und ihr zu sagen, daß er sich verspäten würde. Die Frustrationen, die Pamela den ganzen Tag über angesammelt hatte, entluden sich, als Eric zur Tür hereinkam.

PAMELA: Du kommst ja schon wieder viel zu spät!

ERIC: Bin im Verkehr steckengeblieben. Entschuldigung. Was gibt's denn zu essen?

PAMELA: Ich konnte heute vor lauter Streß und Frustrationen kaum aus den Augen gucken. Es war ein schrecklicher Tag. Findest du nicht, daß du wenigstens hättest anrufen können, um mir zu sagen, daß du zu spät kommst? Das haben wir schon hundertmal gehabt.

ERIC: Ich konnte dich nicht anrufen. (Er nimmt die Zeitung und fängt an zu lesen.)

PAMELA: Du hast wieder lange gearbeitet, nicht wahr? Es lag gar nicht am Verkehr.

ERIC (nach einer langen Pause, in der er versuchte, seine Fassung zu bewahren): Ja, ich habe lange gearbeitet, und ja, ich bin rücksichtslos; aber ich bin auch müde und hungrig. Was gibt's denn zum Essen?

PAMELA: Ich habe eine Neuigkeit für dich. Wir gehen aus, mein Herr. Ich habe um acht bei Arnie Plätze reservieren lassen. (Pamela reißt Eric die Zeitung aus der Hand und knüllt sie zusammen.)

ERIC: Und ich habe auch eine Neuigkeit für dich. Ich lasse mir das nicht bieten. Ich brauche etwas zu trinken. Tschüs. (Eric stürmt aus dem Haus, um in eine nahegelegene Kneipe zu gehen.)

Das Abblocken geschieht häufig, wenn ein Paar miteinander redet. Derjenige, der abblockt, klinkt sich dadurch aus, daß er gewissermaßen versteinert. Normalerweise reagiert der Zuhörer auf das, was der Sprecher sagt, indem er ihn ansieht und so etwas wie »aha« oder »hmm« sagt, um dem anderen zu verstehen zu geben, daß er seinen Worten folgt. Aber wenn ein Mensch abblockt, sendet er keine solchen Botschaften aus, sondern ersetzt sie durch hartnäckiges Schweigen.

Wenn wir solche Menschen befragen, behaupten sie oft, sie versuchten, »neutral« zu sein und die Dinge nicht noch schlimmer zu machen. Sie scheinen nicht zu erkennen, daß das Abblocken selbst eine starke Wirkung hat: Es vermittelt Mißbilligung, eisige Distanz und Selbstgefälligkeit. Es ist sehr unangenehm, mit einem Zuhörer zu sprechen, der dicht macht. Dies gilt vor allem dann, wenn ein Mann eine Frau auflaufen läßt, und weniger, wenn eine Frau einen Mann auflaufen läßt. Die meisten Männer zeigen keine starken physiologischen Reaktionen, wenn ihre Frauen sie auflaufen lassen, aber der Herzschlag der Frauen erhöht sich dramatisch, wenn ihre Männer sie auflaufen lassen. Außerdem sind die meisten Menschen, die sich so verhalten, Männer (etwa 85

Prozent)! Es handelt sich also hauptsächlich um ein Problem, das Frauen mit ihren Männern haben.

Manche Menschen, die zum Abblocken übergegangen sind, reagieren überhaupt nicht, wenn ihr Partner sich über sie aufregt. Andere äußern sich nur einsilbig oder wechseln schnell das Thema. Manchmal weichen sie, wie Eric, auch physisch einer Konfrontation aus. Aber welchen Stil der einzelne auch immer haben mag, die Botschaft an den Partner ist stets die gleiche: Ich ziehe mich zurück, kündige jede sinnvolle Interaktion mit dir auf. Wenn ein Partner bei einem aufkommenden Konflikt die Kommunikation verweigert, kann es sehr schwer sein, eine Ehe noch zu reparieren.

Das Erscheinen des vierten Reiters bedeutet noch nicht unbedingt das Ende einer Beziehung. Aber wenn sich Ihre Interaktionen bis zu diesem Grad verschlechtert haben, besteht die große Gefahr, daß es mit Ihrer Ehe weiter bergab geht – daß Sie von den negativen Dingen in Ihrer Beziehung so überwältigt werden, daß Sie sich schließlich scheiden lassen, sich trennen oder ein einsames Leben führen, zu zweit im selben Haus. Wenn sich der vierte Reiter bei Ihnen erst einmal häuslich eingerichtet hat, sind viel harte Arbeit und Selbstprüfung erforderlich, um die Ehe noch zu retten.

Unsere Forschungen haben gezeigt, daß Männer mehr zum Mauern neigen als Frauen. Der Grund dafür könnte meiner Ansicht nach ein biologischer sein. Männer haben die Tendenz, physiologisch stärker auf Spannungen in der Ehe zu reagieren als Frauen – bei einem Streit steigen Pulsschlag und Blutdruck beim Mann eher als bei der Frau. Daher haben Männer möglicherweise ein größeres, vielleicht instinktives, Bedürfnis, vor einem starken Konflikt mit ihrer Frau zu fliehen, um ihre Gesundheit zu schützen. (Kapitel 5 sagt mehr darüber, wie die geschlechtlichen Unterschiede die Eheprobleme beeinflussen.) Aber sobald *ein* Partner dazu übergeht, regelmäßig zu mauern, ist die Ehe stark gefährdet.

Denken Sie daran, daß bei einem heftigen Ehestreit jeder einmal mauern kann. Die Betonung liegt aber auf *regelmäßigem* Abblocken. Um zu sehen, ob Sie oder Ihr Partner zu sehr die Tendenz zum Abblocken haben, sollten Sie den folgenden Selbsttest kurz nach einer Auseinandersetzung machen.

Selbsttest: Abblocken

Dieser kurze Test wird Ihnen helfen, festzustellen, ob Sie bei einem Ehekonflikt fähig sind, die Kommunikation zu verweigern. Kreisen Sie bei jeder Aussage »ja« oder »nein« ein, je nachdem ob Sie ihr generell zustimmen oder nicht. Machen Sie den Test zweimal, wenn Ihr Partner ihn nicht macht.

1. Als sich mein Partner beschwerte, hatte ich das Gefühl, daß ich mit diesem ganzen Kram einfach nichts zu tun haben wollte.
   Sie: Ja Nein Ihr Partner: Ja Nein

2. Ich mußte sehr an mich halten, um nicht zu sagen, was ich wirklich fühlte.
   Sie: Ja Nein Ihr Partner: Ja Nein

3. Ich dachte: »Am besten ziehe ich mich zurück, um einen Riesenkrach zu vermeiden.«
   Sie: Ja Nein Ihr Partner: Ja Nein

4. Ich habe mich zurückgezogen, um mich zu beruhigen.
   Sie: Ja Nein Ihr Partner: Ja Nein

5. Wenn wir einen großen Streit haben, möchte ich einfach weg.
   Sie: Ja Nein Ihr Partner: Ja Nein

6. Wenn mein Partner sehr negativ eingestellt ist, denke ich manchmal, daß es am besten ist, gar nicht zu reagieren.
   Sie: Ja Nein Ihr Partner: Ja Nein

7. Ich ziehe mich lieber zurück, als mich verletzen zu lassen.
   Sie: Ja Nein Ihr Partner: Ja Nein

8. Ich glaube, daß ein Rückzug manchmal die beste Lösung ist.
   Sie: Ja Nein Ihr Partner: Ja Nein

9. Ich habe mich gefragt, warum kleine Probleme plötzlich so groß wurden.
   Sie: Ja Nein Ihr Partner: Ja Nein

10. Ich habe mich zurückgezogen, als die Gefühle mit meinem Partner durchgingen.
    Sie: Ja Nein Ihr Partner: Ja Nein

11. Ich dachte: »Ich muß mir diese Behandlung nicht bieten lassen.«
    Sie: Ja Nein Ihr Partner: Ja Nein

12. Ich wollte kein Öl ins Feuer gießen, also habe ich einfach abgewartet.
    Sie: Ja Nein Ihr Partner: Ja Nein

13. Ich hasse es, wenn es bei unseren Auseinandersetzungen nicht mehr rational zugeht.
    Sie: Ja Nein Ihr Partner: Ja Nein

Auswertung: Wenn Sie bei vier oder mehr Punkten »ja« angegeben haben, haben Sie gute Chancen, jemand zu sein, der abblockt.

Abblocken

	Ja	Nein		Ja	Nein
Sie:			Ihr Partner:		

Es kann leicht passieren, daß einem Konflikte manchmal zuviel werden und daß man am liebsten weglaufen möchte oder keine Lust hat, zu reagieren, weil man Angst hat, die Spannung noch zu vergrößern. Ein Partner, der ausweicht, hat nicht das Gefühl, daß er sich entzieht oder seine Mißbilligung ausdrückt, sondern daß er schlicht neutral ist. Es ist wichtig zu erkennen, daß Rückzug bei einem Streit eine sehr mächtige Waffe sein kann. Wenn von Ihnen keine Rückmeldung kommt (indem Sie sich verbal äußern oder auch nur mit dem Kopf nicken), ist das für den Sprecher ziemlich entnervend. Er reagiert oft damit, daß er noch aufgebrachter wird. Es ist viel besser, am Ball zu bleiben und beispielsweise zu sagen, daß Sie am liebsten weglaufen würden, als diesem Impuls wirklich zu folgen. Wie dieses Verhalten bekämpft werden kann, wird im 7. Kapitel näher beschrieben.

Der Kreislauf der Negativität

Die vier Reiter sind nicht deswegen tödlich für eine Ehe, weil sie sehr unangenehm sind, sondern weil sie die Kommunikation eines Paares nachhaltig stören. Sie schaffen einen ständigen Kreislauf von Unstimmigkeit und Negativität, der schwer zu durchbrechen ist, wenn man nicht versteht, was da passiert. Eric und Pamela sind dafür ein klassisches Beispiel. Auf ihre glückliche Ehe fielen die ersten Schatten, als sie sich nicht mehr über bestimmte Handlungen des anderen beklagten, sondern sich gegenseitig *kritisierten.* Von da bis zur Empfindung und *Artikulation von Verachtung* war es nur ein langsamer, aber einfacher Prozeß. Es nimmt kaum wunder, daß diese gegenseitigen psychischen Verletzungen es ihnen noch schwerer machten, sich den Standpunkt des anderen konzentriert anzuhören. Statt dessen reagierten sie auf bösartige Angriffe, indem sie sich *verteidigten.* Jeder sah sich als unschuldiges Opfer und den Partner als böse und rücksichtslos. Wer will die Sichtweise eines anderen Menschen verstehen, wenn er sich selbst attackiert fühlt? Eric war vom Streß und von den Spannungen schließlich so entnervt, daß er aufhörte, sich mit seiner Frau überhaupt noch auseinanderzusetzen. Er fing an zu *mauern.* Als die schlechte Kommunikation zwischen Eric und Pamela durch den weitgehenden Abbruch der Kommunikation ersetzt wurde, rückte das Ende ihrer Beziehung ein weiteres Stück näher.

Schließlich waren Eric und Pamela so verletzt und auf Abwehr eingestellt, daß sie in den Worten des anderen nur noch das Negative hörten. Über einen langen Zeitraum rief eine negative Reaktion nur eine weitere negative Reaktion hervor. Aus dieser Falle schien es keinen Ausweg mehr zu geben. Was war mit ihnen geschehen?

In jeder Ehe verlaufen bestimmte Interaktionen nicht sehr gut. Glücklicherweise gibt es in den meisten Beziehungen Mittel und Wege, die Dinge wieder in Ordnung zu bringen: *Reparaturmechanismen*. Oft handelt es sich dabei um Kommentare zum Kommunikationsprozeß selbst, wie »Laß mich bitte ausreden« oder »Wir kommen vom Thema ab« oder »Das hat meine Gefühle verletzt«.

Diese Reparaturverfahren werden häufig dann am nötigsten gebraucht, wenn Menschen bereits wütend und enttäuscht sind, so daß sie oft in gereiztem oder gekränktem Ton geäußert werden oder sogar von Beleidigungen oder Drohungen begleitet sind. Es handelt sich aber trotzdem um Reparaturmechanismen. In gut funktionierenden Ehen werden die negativen Elemente dieser Botschaften ignoriert, so daß der Reparaturversuch gelingt. Aber in Ehen, die im Kreislauf der Negativität gefangen sind, scheinen die Partner unfähig zu sein, die negativen Aspekte zu ignorieren (vielleicht sind sie sogar das einzige, was überhaupt wahrgenommen wird). Und so reagiert man mit weiteren negativen Äußerungen, und der Reparaturversuch scheitert. In einer befriedigenden Ehe wird auf die gereizte Äußerung: »Wir sind vom Thema abgekommen« geantwortet: »Entschuldigung, wir wollen wieder zur Sache kommen«. In einer gestörten Ehe wird auf die gereizte Äußerung: »Wir sind vom Thema abgekommen« geantwortet: »Laß mich doch bloß mit deinem blöden Thema in Ruhe! Was ich sagen wollte, ist …«.

Glücklicherweise muß die Geschichte nach dem Auftauchen der vier Reiter noch nicht zu Ende sein. Selbst in dieser quälenden Situation besteht noch die Möglichkeit, eine Ehe zu retten.

Das komplizierte Räderwerk ehelicher Konflikte

Schon auf den ersten Blick erkennt der gesunde Menschenverstand, *daß* Verachtung oder Abwehr die Kommunikation zwischen Eheleuten zerstören können. Aber aufgrund unserer Forschungen verstehen wir inzwischen genau, *wie* dies geschieht – und die Antwort liegt keineswegs auf der Hand. Als wir Streitigkeiten zwischen Paaren in stabilen Ehen mit denjenigen in gestörten Ehen verglichen, gab es einen herausragenden Unterschied. Die glücklich Verheirateten verhinderten bei einem Streit durch bestimmte Sätze und Handlungen, daß die negativen Elemente außer Kontrolle gerieten. Diese versöhnlichen Gesten, diese Reparaturmechanismen wirken in der Tat wie ein Kitt, der eine Ehe in schwierigen, spannungsreichen Zeiten zusammenhält. Der Hauptschaden hingegen, den die vier Reiter in einer Ehe anrichten, besteht darin, daß sie die Fähigkeit eines Paares blockieren, diese Hilfsmittel zu benutzen.

Verschiedene Paare verfügen über unterschiedliche Reparaturmechanismen. Aber in der Regel wirken sich diese dahingehend aus, daß die stattfindende Interaktion kommentiert oder der Partner daran erinnert wird, daß man ihn trotz des Konfliktes bewundert und sich gut in ihn hineinversetzen kann. Zu den typischen Reparaturmechanismen gehören Sätze wie »Ja, ich verstehe«, »Aha«, »Rede weiter« – all die kleinen Streicheleinheiten, die stabile Paare meisterhaft beherrschen. Aber auch impulsive Paare benutzen sie, während konfliktvermeidende Paare sie nicht so sehr brauchen, da sie die Spannung nicht sehr oft derartig ansteigen lassen.

Zu den Reparaturmechanismen gehören auch Sätze wie »Unterbrich mich nicht« oder »Das gehört nicht zum Thema; wir sprachen darüber, wie das Haus sauber gehalten werden kann, und nicht darüber, ob wir uns einen Urlaub leisten können« oder »Es hat wirklich meine Gefühle verletzt, als du gesagt hast, ich sähe dicker aus«. Die vielen verschiedenen Arten von Reparaturmechanismen, die stabile Paare bei einem Streit benutzen, werden in Kapitel 8 näher beschrieben. An dieser Stelle ist es nur wichtig zu wissen, daß solche Mechanismen dem Abwehrverhalten entgegenwirken und Spannung abbauen. Ohne sie kann die Ehe zu einer starken Heizung mit einem kaputten Thermostaten werden. Wenn die innere Kontrolle oder Regulierung fehlt, besteht die Gefahr einer Explosion.

Ein wichtiger Grund dafür, daß Paare aus dem Gleichgewicht

geraten, ist der, daß sie vor lauter Zorn und Angst die Versuche des anderen nicht mehr wahrnehmen können, den Riß wieder zu kitten. Reparaturversuche werden oft nicht in einem Ton vorgebracht, der genau den Regeln des guten Benehmens entspricht. Bei unseren Forschungen habe ich nämlich zu meiner Überraschung festgestellt, wie oft auch glücklich verheiratete Paare grob zueinander sein können. Obwohl Eheberater vielleicht einen feineren Umgang miteinander empfehlen, etwa Sprüche wie: »Schatz, bitte laß mich doch an deinen Gefühlen teilhaben«, werden die Reparaturversuche im realen Leben von Murren, Jammern und Beschwerden begleitet. Anstatt zu sagen: »Bitte hör' mir zu«, kann eine Ehefrau fordern »Hörst du gefälligst auf, mich zu unterbrechen?« Der Ehemann schreit zurück: »Ja, nun rede schon!« Glücklicherweise müssen Reparaturmechanismen nicht immer sehr freundlich oder höflich angeboten werden, um ihre Wirkung zu tun.

Ein Grund, weshalb Menschen stabile Ehen haben, kann schlicht und einfach darin liegen, daß sie es verstehen, aus der Stimme des Partners die positive oder zumindest widerstrebend-versöhnliche Botschaft herauszuhören. Sie reagieren auf den positiven Kern, also den Reparaturversuch, und nicht auf die rauhe, kratzige Schale. In instabilen Ehen kann es durchaus sein, daß ein Paar sich sehr bemüht, herauszufinden, was in der Beziehung nicht stimmt, daß beide Partner jedoch durch die negativen Botschaften des anderen abgelenkt werden. Sie versuchen vielleicht, die Interaktionen wieder ins rechte Lot zu bringen, aber die negativen Aspekte sind ihnen dabei im Weg. Wie bei einem Auto, das im Schlamm steckt, lassen sie die Räder wie wild arbeiten, ohne daß sich etwas bewegt. Dies ist deswegen besonders tragisch, weil beide Partner wahrscheinlich gut Probleme lösen können, wenn sie auf eine Schwierigkeit stoßen, die nichts mit ihrer Ehe zu tun hat. Dann können sie ihre Reparaturmechanismen leicht anwenden.

Ein Resultat einer solchen festgefahrenen Situation kann sein, daß man sich ausgeklügeltere und kompliziertere Hypothesen über das Nicht-Funktionieren der Ehe zusammenbastelt. Dies ist besonders dann der Fall, wenn man analytisch veranlagt oder psychologisch geschult ist. Dann steckt man irgendwann in einem komplizierten Räderwerk – die Beziehungsprobleme scheinen so vielschichtig und verworren zu sein, daß man die Hoffnung aufgibt, aus der Misere wieder herauszufinden. Sehen wir uns das Beispiel von David und Laura an, die vier turbulente Ehejahre hinter sich haben. Mit der Zeit legte sich Laura eine Erklärung dafür zurecht, warum sie und ihr Mann sich so oft stritten. Sie kam zu dem Schluß, daß er versuche, sie zu beherrschen. Sie schaute sich seine Familie an und fand schnell eine Bestätigung für diese Theorie. Schließlich beherrschte auch sein Vater seine Mutter. Kein Wunder, daß David auch sie beherrschen wollte. Bald warf sie ihm bei einem Streit ihre Theorie an den Kopf:

DAVID: Du solltest dir nicht immer Vorwürfe machen, wenn Bobby sich schlecht benimmt.

LAURA: Sag mir nicht, wie ich mich fühlen soll. Hör lieber auf, mich beherrschen zu wollen!

DAVID: Halt den Mund! Ich versuche nicht, dich zu beherrschen.

LAURA: Da sieht man's wieder! Du bist genau wie dein Vater. Sag mir nicht, daß ich den Mund halten soll!

Laura hört aus Davids Gereiztheit und Frustration nicht den Reparaturversuch heraus – sie hört nicht, daß er ausdrücklich sagt, er versuche nicht, sie zu beherrschen. Sie hört nur das Negative: »Halt den Mund!« Und was sie hört, nimmt sie als eine weitere Bestätigung ihrer Analyse dessen, was mit ihm nicht stimmt. Ergebnis: eine Sackgasse. Man stelle sich vor, wie anders ihr Streit geendet hätte, wenn er so begonnen hätte:

DAVID: Du solltest dir nicht immer Vorwürfe machen, wenn Bobby sich schlecht benimmt.

LAURA: Sag mir nicht, wie ich mich fühlen soll. Hör lieber auf, mich beherrschen zu wollen!

DAVID: Halt den Mund! Ich versuche nicht, dich zu beherrschen.

LAURA: Nein?

DAVID: Nein.

LAURA: Aber wenn du mir sagst, daß ich bestimmte Gefühle nicht haben sollte, klingt das so, als wolltest du mein Leben kontrollieren.

DAVID: Das tue ich nicht. Ich will dir nur helfen.

David könnte sich zum Schluß sogar dafür entschuldigen, daß er »Halt den Mund!« gesagt hat, und erklären, daß es ihn furchtbar verletze, wenn sie ihn zu Unrecht beschuldige.

Es kann sein, daß manche Paare in dieses Räderwerk geraten, weil sie unrealistische Vorstellungen davon haben, wie sich ein Ehepartner verhalten sollte. Wenn der geliebte Partner in einer hitzigen Auseinandersetzung oder nach einem harten Arbeitstag etwas Häßliches sagt, lesen sie mehr darin, als wirklich gemeint ist.

Die »vier apokalyptischen Reiter« sind für die Ehe so gefährlich, weil sie Ihre Versuche sabotieren, die negativen Aspekte in Ihrer Beziehung nicht überhandnehmen zu lassen. Indem sie die gesunde Ökologie einer Ehe – das 5-zu-1-Verhältnis zugunsten der positiven Interaktion – aus dem Gleichgewicht bringen, können die vier Reiter ein glückliches Paar in einen verhängnisvollen Strudel ziehen.

Aber diese vier Reiter sind nur die erste der beiden Kaskaden, die eine Ehe in den Untergang treiben können. Sie sind noch nicht das Ende. Die letzte Gefahr tritt erst auf, wenn sie eine Beziehung bereits gründlich vergiftet haben: In den Partnern setzen sich dann Gedanken und Überzeugungen über den anderen fest, die ihre negative Einstellung zementieren. Erst wenn diese Gedanken nicht mehr in Frage gestellt werden, wird das Paar von der letzten Kaskade in die Tiefe gerissen, die zu Distanz und Isolation führt. Wenn Sie jedoch erkennen können, was mit Ihrer einstmals glücklichen Ehe geschieht, können Sie immer noch Mittel und Wege finden, sie wieder in den Griff zu bekommen.

4. Kapitel

Ihre unausgesprochenen Gedanken werden zementiert

In einer denkwürdigen Szene aus Woody Allens Film *Der Stadtneurotiker* sitzen Annie und Alvie, die sich gerade bei einem Tennisdoppel kennengelernt haben, bei einem Drink auf der Dachterrasse von Annies Apartmenthaus. Nach außen hin dreht sich ihre Unterhaltung um eine Kritik an der Kunst der Photographie, aber in Wirklichkeit überlegen sie sich, ob sie eine Liebesaffäre miteinander anfangen sollen. Während sie über ästhetische Richtlinien plaudern, läuft in ihren Köpfen eine weitaus wichtigere Unterhaltung ab. Kurze Untertitel zeigen ihre unausgesprochenen Gedanken: »Ich frage mich, wie sie nackt aussieht«, sinniert Alvie. »Ich hoffe, er ist nicht so beknackt wie die anderen«, sagt sich Annie. Diese unausgesprochenen Gedanken entscheiden darüber, was zwischen ihnen geschieht. Sie zeigen ihre Befangenheit und Unsicherheit – und die Anziehungskraft, die sie auf einander ausüben. Am Ende der Unterhaltung wird klar, daß sie miteinander gehen werden.

Es ist kaum überraschend, daß das, was man über jemanden

denkt, oft darüber entscheidet, wie man ihn behandelt. Aber wenn es um die Ehe geht, hat diese einfache Wahrheit gewaltige Konsequenzen. Ihre Annahmen über Ihren Partner und Ihre Beziehung können den Zustand Ihrer Ehe bestimmen. Eheprobleme entstehen leicht, wenn Ihre Gedanken und Gefühle verzerrt sind – wenn Ihre »Untertitel« eine negative Auffassung von Ihrem Partner und Ihrer Ehe verstärken. Je mehr sich die vier Reiter in Ihrer Beziehung eingenistet haben, desto wahrscheinlicher ist es, daß Ihr inneres Drehbuch auf einen negativen Ton eingestimmt ist. Sollte dies der Fall sein, besteht die große Gefahr, daß Sie von den negativen Aspekten dermaßen überwältigt werden, daß Sie die letzte Stufe der ehelichen Stromschnellen erreichen, die ich die »Distanz- und Isolationskaskade« nenne.

Da wir meistens unseren Gefühlen und Intuitionen vertrauen, erkennen wir nicht ohne weiteres, wann unser inneres Drehbuch verzerrt ist. Betrachten wir die folgenden beiden Szenarien. Im ersten kommt Bill übellaunig nach Hause und fängt an, herumzuschreien, weil alles so unordentlich ist. Seine Frau Betty denkt: »Junge, Junge, ist der schlecht gelaunt. Das regt mich wirklich auf. Ich hoffe, das legt sich, wenn er sich entspannt hat. Was wohl bei der Arbeit wieder los war, daß er so angespannt ist.«

Im zweiten Szenario kommt Bob übellaunig nach Hause und fängt an, herumzuschreien, weil alles so unordentlich ist. Seine Frau Jane denkt: »Dieses Geschrei geht mir wirklich auf die Nerven. Er ist immer so mürrisch. Außerdem, seit wann bin nur *ich* für das Putzen verantwortlich? Er ist so ein sexistisches Schwein. Ich kann nicht glauben, daß ich mir das bieten lassen muß!«

Obwohl Ehemänner in beiden Szenarien genau das gleiche Verhalten an den Tag legten, besteht ganz offensichtlich ein Unterschied zwischen Bettys und Janes unausgesprochenen Gedanken. Beide Frauen fühlen sich durch den Ausbruch ihres Mannes verständlicherweise gestreßt. Aber der entscheidende Unterschied besteht darin, wie sie diesen Streß kanalisieren. Während des unangenehmen Vorfalls sind Bettys Gedanken einlenkend und wirken dadurch auch auf sie selbst *beruhigend.* Sie denkt daran, daß ihr Mann Bill nicht immer so ist, daß das Problem wahrscheinlich seine anstrengende Arbeitssituation ist. Janes Gedanken sind dagegen geeignet, den *Konflikt aufrechtzuerhalten.* Ihre negativen Gedanken über Bob bringen sie mehr auf, als durch seinen Wutausbruch gerechtfertigt wäre.

Da die Menschen gewöhnlich entsprechend ihren Gedanken und Gefühlen handeln, reagieren Betty und Jane in der gleichen Situation wahrscheinlich äußerst unterschiedlich. Da Bettys Gedanken sie eher beruhigt als aufgebracht haben, wird sie sich Bill wohl liebevoll nähern – und versuchen, ihn zu beruhigen. Sie gibt ihm vielleicht ganz ruhig zu verstehen, daß sie nachvollziehen kann, wie sehr er sich über die Unordnung aufregt, sie deutet vielleicht an, wie ungewöhnlich gestreßt er zu sein scheint, und macht möglicherweise sogar einen Scherz. Das bestmögliche Ergebnis wäre, daß ihm ihre verständnisvolle Art hilft, seine Erregung über die Unordnung mit der eigentlichen Ursache seiner Verärgerung in Zusammenhang zu bringen – mit seinem schrecklichen Arbeitstag. Aber auch wenn Bill diesen Zusammenhang nicht herstellt, wird die Reaktion seiner Frau verhindern, daß sein Ausbruch einen destruktiven Streit auslöst.

Bei Jane ist die Wahrscheinlichkeit allerdings größer, daß sie abwehrend reagiert, vielleicht zum Gegenangriff übergeht oder mauert. Anstatt das, was zwischen ihr und Bob passiert, wieder zurechtzurücken, wird jede ihrer Reaktionen den Konflikt verschärfen und ihre negative Auffassung von ihm verstärken. Dieses Paar wird die ehelichen Stromschnellen weiter hinabstürzen.

Ich wollte, ich könnte sagen, es komme oft vor, daß Menschen in Zeiten ehelicher Konflikte so beruhigende Gedanken haben wie Betty. Aber wie Sie wahrscheinlich aus eigener Erfahrung wissen, sind die meisten von uns eher wie Jane. Wir neigen zu unguten Gedanken, wenn wir wütend oder gekränkt sind oder uns mißverstanden fühlen – vor allem, wenn sich die vier Reiter in unserer Ehe eingenistet haben.

Die von mir untersuchten Paare waren da keine Ausnahme. In einem Experiment forderten wir beispielsweise jungverheiratete Paare auf, sich Videoaufzeichnungen von ihren Gesprächen anzusehen und sich zu erinnern, was sie wirklich dachten, als sie sich bei irgendwelchen Vorfällen in ihrer Ehe feindselig oder abwehrend verhielten oder sich zurückzogen. Die allermeisten hatten sehr unangenehme Gedanken. Als wir uns diese Gedanken näher anschauten, stellten wir fest, daß sie sich erstaunlicherweise in nur zwei große Kategorien einteilen ließen: Man fühlte sich als *unschuldiges Opfer* oder empfand eine *selbstgerechte Empörung.* Manche Menschen drückten beides gleichzeitig aus.

Das unschuldige Opfer

Wenn der dritte Reiter, die Abwehr, einen starken Einfluß auf Sie hat, denken Sie bei Streitigkeiten mit Ihrem Partner wahrscheinlich, daß Sie ein unschuldiges Opfer sind. Die Hauptempfindung ist dann Angst, und Sie sehen Ihren Partner als ein angriffswütiges Monstrum, sich selbst als ausgenutzt, zu Unrecht beschuldigt, schlecht behandelt und nicht geschätzt. Wenn Sie sich die im 3. Kapitel beschriebenen Zeichen von Abwehr noch einmal anschauen (Jammern, Ja-Aber, Gummi-Mann/Frau, Wiederholungssyndrom), ist leicht zu erkennen, daß Gedanken, mit denen man sich zum unschuldigen Opfer stilisiert, diese Reaktionen hervorrufen können. Ein Mensch, der mauert, fühlt sich wahrscheinlich auch als unschuldiges Opfer – er hat so viel Angst und wird von Konflikten derart überwältigt, daß er nicht einmal mehr Abwehr ausdrücken kann.

Um Ihnen eine deutliche Vorstellung davon zu geben, wie es ist, wenn sich jemand als unschuldiges Opfer fühlt, haben wir einige Beispiele von Jungverheirateten ausgesucht, die uns bei unserer Untersuchung sagten, was sie in besonders konfliktreichen Augenblicken dachten oder fühlten.

»Er warf mir vor, daß ich uns zu viele Verpflichtungen aufladen würde, die wir dann wahrnehmen müßten, als wäre es ein Fehler, wenn ich mich um die gesellschaftlichen Ereignisse kümmere. Ich habe das Gefühl, daß ich ihm nichts recht machen kann. Ich verstehe nicht, was er will. Ich wünschte, er würde verstehen, was ich alles für uns tue, und es zu schätzen wissen, daß ich plane, an welchen gesellschaftlichen Ereignissen wir teilnehmen. Er tut so, als wäre alles richtig, was er macht, und als wäre ich die einzige, die alles falsch macht.«

»Ich wollte die Party verlassen, aber sie hat sich so gut amüsiert, daß sie sich über mich und meine Gefühle einfach hinweggesetzt hat. Sie sagte mir, daß ich mich bei Parties immer so verhalte, daß ich ungesellig bin, daß sie es leid ist und sich einfach amüsieren will. Ich fühlte mich verletzt und war enttäuscht. Ich tue viel dafür, daß wir uns auf Parties amüsieren, und nichts davon wird anerkannt.«

»Wir sind eine Nähmaschine kaufen gegangen, und schließlich blieben zwei zur Auswahl, und er sagte mir, ich sollte entscheiden, welche ich haben wolle, und ich nahm die teurere. Dann verzog er das Gesicht, und ich brachte beide zurück. Es war mir peinlich, und ich fühlte mich kritisiert. Ich warf ihm vor, daß er wollte, daß ich die billigere kaufte, daß er aber so tat, als könnte ich entscheiden. Aber es war nicht wirklich meine Entscheidung.«

»Wenn sie einen Streit anfängt, lasse ich das Thema einfach fallen und entschuldige mich. Es ist gewöhnlich ziemlich unangenehm. Ich glaube, daß ich ihr eigentlich nicht vertraue. Wenn ich sage, was ich wirklich denke, gibt es einen Riesenkrach, und es ist einfacher, nachzugeben und das Thema fallenzulassen. Ich habe mich für Dinge entschuldigt, für die ich kein Verständnis habe. Wenn ich weiter darüber rede, wird es immer schlimmer. Von einem solchen Gespräch möchte ich so schnell wie möglich wegkommen.«

Wenn man sich selbst für ein unschuldiges Opfer hält, so hat das gewisse Vorteile (wenn dem nicht so wäre, würden es nicht so viele Menschen tun!). Indem Sie sich innerlich von jeder Verantwortung für den Konflikt freisprechen, brauchen Sie nichts zu tun, um die Ehe zu retten. Aber genau das ist an dieser Denkweise problematisch. Natürlich fühlen Sie sich völlig im Recht, wenn Sie sich als Opfer sehen (zweifellos denken Sie, daß Ihr Partner sich ziemlich schäbig verhalten hat.) Aber solange Sie eine Entschuldigung dafür haben, daß Sie die Beziehung nicht reparieren, wird es kaum eine Verbesserung Ihrer Eheprobleme geben.

Selbstgerechte Empörung

Das innere Drehbuch der selbstgerechten Empörung ähnelt dem des unschuldigen Opfers, enthält aber außerdem Feindseligkeit und Verachtung gegenüber Ihrem Partner, weil dieser versucht, Sie zu einem Opfer zu machen. Menschen, auf die der zweite Reiter, die Verachtung, einen starken Einfluß hat, haben häufig ein inneres Drehbuch, das viel selbstgerechte Empörung enthält. Sie sind verletzt und wütend und wollen Vergeltung. Auch hier ist es so, daß Menschen, die mauern, ebenfalls solche Gedanken haben und daß diese ihrem wütenden Schweigen Nahrung geben. Hier sind einige solcher Gedanken, die von jungverheirateten Frauen im Laufe unserer Untersuchung geäußert wurden.

»Er wehrte meine Kommentare zu seinem Fahrstil ganz stark ab. Er nahm das, was ich sagte, überhaupt nicht ernst. Er fuhr wirklich schnell; ich habe inzwischen Angst um mein Leben und schreie, daß er langsamer fahren soll. Wenn ich also etwas sage, bin ich eine Hexe und er ist ein armer Teufel, der von dieser bösen Hexe schikaniert wird. Kann er nicht einfach meine Gefühle akzeptieren und langsamer fahren?«

»Ich fühle mich von ihm manipuliert und möchte das abschütteln und zurückschlagen. Ich bin verwirrt und habe das Gefühl, in der Falle zu sitzen. Aber meistens denke ich daran, wie ich es ihm heimzahlen kann.«

»Er denkt, ich müßte mehr Rücksicht auf seine Bedürfnisse nehmen, aber warum immer ich?«

»Was will er also, mich bei einer Lüge ertappen? Er ist eifersüchtig, aber soll das *mein* Problem sein und nicht seins, soll ich ihm mehr Sicherheit geben? Ich denke gar nicht dran. Vielleicht sollte ich mehr versuchen, es aus seiner Perspektive zu sehen, aber ich will nicht. Es ist lächerlich.«

Offensichtlich sind solche Gedanken kaum dazu angetan, einen Riß in der Ehe zu kitten. Man braucht viel Mut und Selbsterkenntnis, wenn man nicht in eine dieser Fallen geraten will: daß man sich einer selbstgerechten Empörung überläßt oder die Rolle des unschuldigen Opfers spielt. Der erste Schritt zur Veränderung des inneren Drehbuches besteht darin, daß man die beiden Arten von Gedanken erkennt, dic dic Spannung aufrechterhalten. Machen Sie den folgenden Selbsttest gleich nach einem Streit.

Selbsttest: Spannungserhaltende Gedanken

Während unserer letzten Auseinandersetzung:

1. Fühlte ich mich verletzt.
   Ja Nein

2. Fühlte ich mich mißverstanden.
   Ja Nein

3. Dachte ich: »Das muß ich mir nicht bieten lassen.«
   Ja Nein

4. Hatte ich das Gefühl, für dieses Problem nicht verantwortlich zu sein.
   Ja Nein

5. Dachte ich bei mir: »Steh einfach auf und geh.«
   Ja Nein

6. Hatte ich Angst.
   Ja Nein

7. War ich wütend.
Ja Nein

8. War ich besorgt.
Ja Nein

9. War ich enttäuscht.
Ja Nein

10. Wollte ich, daß meine Gefühle mehr beachtet würden.
Ja Nein

11. Fühlte ich mich zu Unrecht beschuldigt.
Ja Nein

12. Dachte ich: »Mein Partner hat nicht das Recht, solche Dinge zu sagen.«
Ja Nein

13. Fühlte ich mich im Stich gelassen.
Ja Nein

14. War ich traurig.
Ja Nein

15. War ich frustriert.
Ja Nein

16. Fühlte ich mich persönlich angegriffen.
Ja Nein

17. Wollte ich zurückschlagen.
Ja Nein

18. Hatte ich das Gefühl, ich müßte ein Trommelfeuer abwehren.
Ja Nein

19. Hatte ich Lust, zurückzuschlagen.
Ja Nein

20. Wollte ich mich schützen.
Ja Nein

21. Wußte ich, daß ich recht hatte.
Ja Nein

22. Hatte ich von der Persönlichkeit meines Partners eine ziemlich niedrige Meinung.
Ja Nein

Auswertung:

1. Zählen Sie die »Ja-Antworten« zusammen, die Sie auf die Aussagen 1, 2, 4, 5, 6, 8, 11, 13, 14, 16, 18 und 20 gegeben haben. Haben Sie 4 oder mehr Punkte, neigen Sie dazu, in schwierigen Zeiten als unschuldiges Opfer zu reagieren.
2. Zählen Sie die »Ja-Antworten« zusammen, die Sie auf die Aussagen 1, 2, 3, 7, 9, 10, 12, 15, 17, 19, 21, 22 gegeben haben. Haben Sie 4 oder mehr Punkte, neigen Sie dazu, in schwierigen Zeiten mit selbstgerechter Empörung zu reagieren.

Wenn Sie in einer Kategorie (oder in beiden) eine hohe Punktzahl erreichen, haben Sie bei einem Konflikt mit Ihrem Partner negative Gedanken. Die unausgesprochenen Gedanken Ihres Partners können Sie nicht ändern, aber Sie können daran arbeiten, Ihre eigenen zu ändern und auf sich selbst und den Partner beruhigend einzuwirken.

Dies wird dazu führen, daß Sie sich weniger als Opfer fühlen und/oder weniger wütend reagieren. Die Ersetzung Ihres verzerrten negativen Drehbuches durch ein realistischeres wird nicht über Nacht geschehen. Aber viele Paare haben Vergleichbares mit Erfolg getan und erlebt, daß sich ihre Ehe daraufhin ganz entscheidend verbessert hat. Nähere Einzelheiten dazu finden sich im 7. Kapitel.

Das Gefühl der Überforderung

Die schlimmste Folge eines negativen inneren Drehbuches ist die, daß es zu einer völligen Überwältigung führen kann. Wenn dies geschieht, fühlen Sie sich durch die negativen Verhaltensweisen Ihres Partners und durch Ihre eigenen Reaktionen so überfordert, daß Ihr inneres System »überladen«, das heißt von Verletzungen und Ressentiments gewissermaßen überflutet wird. Es kann sein, daß Sie ein sehr feindseliges Abwehrverhalten entwickeln oder sich ganz zurückziehen. Sobald dieser Prozeß außer Kontrolle gerät, ist ein konstruktiver Dialog unmöglich.

Bei jedem intensiven Austausch mit einem Partner ist es normal, daß negative Gedanken und Gefühle entstehen. Solange sie nicht ausarten, können die meisten Menschen mit ihnen umgehen. Wir alle haben eine Art eingebauten Zähler, der mißt, wieviel Negativität sich bei solchen Interaktionen ansammelt. Steigt der Pegel zu hoch, leuchtet eine Warnlampe auf, und dann ist das Maß mehr als voll. Wie schnell das geht, ist eine individuelle Frage. Nur sehr wenige von uns haben eine sehr hohe Schwelle und können sich stundenlang die verächtlichen Äußerungen ihres Partners anhören, ohne sich davon überwältigt zu fühlen. Das kommt besonders häufig bei impulsiven Paaren vor. Anderen ist schon die bloße Andeutung einer Beschwerde zuviel, was besonders häufig bei konfliktvermeidenden Paaren der Fall ist. Wie schnell man sich überfordert fühlt, hängt auch davon ab, wieviel Streß man außerhalb der Ehe hat – je mehr man unter Druck steht, desto leichter fühlt man sich überwältigt.

Zwischen diesen beiden Extremen scheint es eine Frage der Geschlechtszugehörigkeit zu sein, wie schnell Menschen sich völlig in die Enge getrieben fühlen. Es mag Sie überraschen, aber wir stellen immer wieder fest, daß Männer eine Situation schneller unerträglich finden als Frauen. Das erklärt, warum Männer eher abblocken. Ihr Rückzug ist der letzte Versuch, sich vor dem Gefühl zu schützen, daß sie den Boden unter den Füßen verlieren. (Mehr zu diesem Unterschied zwischen den Geschlechtern im 5. Kapitel.)

Aber auch Frauen sind gegen solche Gefühle nicht immun.

Man kann zum Beispiel verfolgen, wie Yvonne bei einem Gespräch mit ihrem Mann, das wir in unserem Labor auf Videoband aufgezeichnet haben, schließlich ganz außer sich geriet. Es ging um die Eifersucht, die sie gegenüber den früheren Freundinnen ihres Mannes empfindet. Es ist klar, daß dies für sie kein leichtes Thema ist. Obwohl sie zwischen positiven und negativen Gefühlen hin- und herschwankt, fühlt sie sich erst dann von negativen Gefühlen überwältigt, als ihr Mann ihr ein für sie bestürzendes Geständnis macht. Jetzt setzt die Überladung des Systems ein.

NICHOLAS: Es geht also um deine Eifersucht.

YVONNE (ruhig): Die in der letzten Zeit etwas nachgelassen hat.

NICHOLAS: Ja, das stimmt. Seit ich mich ausdrücklich zu meiner Familie bekannt habe, ist es etwas besser geworden. Wenn du jetzt tagsüber eine Frau in meinem Auto sehen würdest, wärst du wahrscheinlich nicht mehr eifersüchtig.

YVONNE (leicht alarmiert): Wieso? Sitzt denn eine Frau in deinem Auto?

NICHOLAS: Nein.

YVONNE (erleichtert): Gut.

NICHOLAS: Sara und ich werden übrigens zusammen zu einem Workshop fahren.

YVONNE (neutral): Einem Workshop? Worüber?

NICHOLAS: Immobilien. Eine rein geschäftliche Angelegenheit.

YVONNE (ziemlich ruhig): Ach so. Nein, darauf wäre ich nicht eifersüchtig.

NICHOLAS: Aber mir macht da was zu schaffen. Nehmen wir einmal ganz hypothetisch an, daß ich Jeannie wiedersehen wollte, zum Beispiel mit ihr essen gehen wollte.

YVONNE (leicht alarmiert): Nein, mit Jeannie, das ist was anderes. Ihr wart ein Liebespaar.

NICHOLAS: Aber das war lange, bevor ich dich traf. Und du weißt, daß ich mich zu unserer Familie bekannt habe. Das ist gar kein Thema. Es ist so, als würde ich mich mit einem alten Kumpel treffen.

YVONNE (entspannter – sie versteht dies als eine hypothetische Diskussion): Ist ja auch egal. Aber das ist eine ganz andere Art von Beziehung. Sie hat in unserem Leben einfach nichts zu suchen. Sie ist kein Kumpel. Sie ist eine Frau.

NICHOLAS: Und hier liegst du meiner Ansicht nach falsch. Sie ist ein Mensch, den ich einmal sehr gemocht habe, und es ist schade, wenn ich den Kontakt zu ihr verliere. Als einer Freundin. Als einer guten Bekannten.

YVONNE (sichtlich alarmiert): Warum sollte sie in unser Leben treten, zu uns nach Hause kommen? Warum sollten meine Kinder sie kennenlernen?

NICHOLAS: Sie ist sehr interessant. Ihr seid auf dasselbe College gegangen. Ihr habt viele Gemeinsamkeiten.

YVONNE (ängstlich): Moment mal! Willst du dich mit ihr treffen? Willst du das sagen?

NICHOLAS: Ja, würde ich gerne. Warum nicht? Ich würde gerne wissen, was sie so macht, mal wieder mit ihr reden. Ja.

YVONNE (fassungslos): Dann haben wir wohl doch ein ernsthaftes Problem. Wir brauchen eine Beratung.

NICHOLAS: Ja, vielleicht.

Yvonne versinkt in Schweigen. Sie ist vorübergehend so bestürzt, daß sie das Gespräch nicht fortsetzen kann. Obwohl sie während des ganzen Gesprächs zwischen positiven und negativen Gefühlen hin- und herschwankte, wurde das Negative gegen Ende so überwältigend, daß sie sich nicht mehr zu helfen wußte. Ihr inneres Drehbuch lieferte so viele angsteinflößende Informationen, daß sie nicht mehr ruhig reagieren konnte.

Was ist das für ein Gefühl, wenn man sich von einer Situation überwältigt fühlt? Man fühlt sich ungerechterweise angegriffen, mißverstanden, ins Unrecht gesetzt oder empfindet eine selbstgerechte Empörung. Wenn Ihnen alles zuviel wird, haben Sie das Gefühl, daß die Dinge zu emotional geworden sind, daß Sie einfach wollen, daß es ein Ende hat, daß Sie ihre Erregung abbauen müssen oder daß Sie weglaufen wollen. Oder Sie haben den Wunsch, zurückzuschlagen und es dem Partner heimzuzahlen. Sie haben vielleicht das Gefühl, daß Sie Ihre Gedanken nicht ordnen können oder daß dieser Ausbruch Ihres Partners ohne sichtbaren Grund und aus heiterem Himmel gekommen ist. In dieser Situation sind Gedanken typisch wie: »Es lief eigentlich alles ganz gut, als plötzlich dieser Schlamassel kam« oder »Mein Partner wird zu einem Ungeheuer, das mich verschlingen will«.

Der Körper eines Menschen, der sich überfordert fühlt, sendet verschiedene Signale aus. Das Atmen kann einem schwer fallen. Manche Menschen halten ungewollt den Atem an. Es kommt zu einer bleibenden Anspannung der Muskeln. Das Herz schlägt schneller und scheint auch härter zu schlagen. Der überforderte Mensch hat das Bedürfnis, dieser Situation zu entrinnen und wieder zur Ruhe zu kommen.

Man kann sehen, wie George immer stärker unter Druck gerät, als er mit seiner Frau Vera ein Eheproblem diskutiert:

> VERA: Unser Problem ist, daß wir zur Zeit nur ein Auto haben und du eine Stunde früher aufstehen und mich zur Arbeit fahren mußt. Und du haßt es, morgens aufzustehen.
>
> GEORGE: Ja, ich bin ein Nachtmensch. [George ist sich des Problems bewußt. Seiner Ansicht nach ist er ein Nachtmensch und Vera ein Morgenmensch, aber das hat für ihn nicht viel zu bedeuten.]
>
> VERA: Du bist träge.
>
> GEORGE: Ich war noch nie träge. [George fühlt sich, als hätte

er gerade eine Ohrfeige bekommen. Seiner Meinung nach ist er alles andere als träge. Seine Gefühle sind verletzt.]

VERA: George, du würdest jeden Tag zu spät zur Arbeit kommen, wenn ich dich nicht aus dem Bett holen würde.

GEORGE (schmollend): Ich mag es nicht, wenn du mich weckst.

VERA: Du würdest lieber einen Wecker stellen ...

GEORGE: Das wäre mir lieber als ...

VERA: Meine Stimme, nicht wahr?

GEORGE: Sie erinnert mich irgendwie an die Stimme meiner Mutter, die mir morgens immer zugesetzt hat ...

VERA: Und du magst meine Stimme morgens nicht.

GEORGE: Das ist es nicht. Wie soll ich es erklären, deine Stimme, siehst du, äh ... [George merkt, daß er sich in die Nesseln gesetzt hat. Seine Frau regt sich wieder auf. Er sucht nach einem Ausweg. Er denkt, wenn er ihr nur klarmachen könnte, wie schrill ihre Stimme morgens sein kann. Vielleicht kann er das Gespräch beenden. Es läuft nicht so, wie er wollte.]

VERA (aufs äußerste empört): Ich stehe auf, bringe das Haus in Ordnung, mache dir dein Lunchpaket und du kannst meine Stimme nicht hören. Wie soll ich mich dabei eigentlich fühlen, George?

GEORGE: Ziemlich schlecht, denke ich. Nimm es nicht so tragisch, Vera. Reg dich doch nicht so auf. [Er fühlt sich wie ein mit einer Nadel aufgespießter Schmetterling, er weiß, daß es kein Entrinnen gibt. Sein Herz schlägt schnell. Er möchte einen Rückzieher machen.]

VERA: Du hast mir nicht zu sagen, welche Gefühle ich haben soll, George. Ich bin verletzt, wenn ich es sein will. Und du hast mich verletzt.

GEORGE: Ich weiß, daß es dir wichtig ist, daß man rechtzeitig zur Arbeit kommt. Und ich werde wirklich versuchen, aufzustehen. [George möchte am liebsten aus dem Haus laufen.]

Um ein Gefühl dafür zu bekommen, ob Sie die Tendenz haben, sich bei ehelichen Konflikten überfordert zu fühlen, machen Sie den folgenden Test:

Selbsttest: Überforderung

1. Wenn mein Partner wütend wird, bin ich manchmal verwirrt.
   Ja Nein

2. Unsere Diskussionen werden viel zu hitzig.
   Ja Nein

3. Es fällt mir sehr schwer, mich zu beruhigen, wenn wir über Meinungsverschiedenheiten reden.
   Ja Nein

4. Ich habe Angst, daß einer von uns etwas sagt, das wir bereuen werden.
   Ja Nein

5. Mein Partner regt sich viel mehr als nötig auf.
   Ja Nein

6. Nach einem Streit möchte ich eine Weile allein sein.
   Ja Nein

7. Man braucht nicht so laut zu werden, wie mein Partner es bei einem Streit wird.
   Ja Nein

8. Wenn wir einen Streit haben, ist es wirklich so, als würde alles über mir zusammenbrechen.
Ja Nein

9. Ich kann nicht klar denken, wenn sich mein Partner so negativ äußert.
Ja Nein

10. Ich denke: »Warum können wir nicht vernünftig über die Dinge reden?«
Ja Nein

11. Die schlechte Stimmung meines Partners kommt aus heiterem Himmel.
Ja Nein

12. Wenn mein Partner so richtig in Fahrt kommt, ist er nicht mehr zu bremsen.
Ja Nein

13. Nach einem Streit fühle ich mich kalt und leer.
Ja Nein

14. Wenn alles so negativ gesehen wird, habe ich Schwierigkeiten, meine Gedanken zu sammeln.
Ja Nein

15. Aus kleinen Problemen werden ohne erkennbaren Grund plötzlich große.
Ja Nein

16. Nach einem Streit kann ich mich irgendwie nicht beruhigen.
Ja Nein

17. Manchmal glaube ich, daß mein Partner verrückt spielt.
Ja Nein

18. Bei unseren Diskussionen geraten die Dinge schnell außer Kontrolle.
Ja Nein

19. Die Gefühle meines Partners sind sehr leicht zu verletzen.
Ja Nein

20. Wenn man versucht, meinen Partner zu stoppen, wenn er alles negativ sieht, dann ist das so, als wollte man einen fahrenden Lastwagen stoppen.
Ja Nein

21. Diese ganze Negativität zieht mich herunter.
Ja Nein

22. Diese ganzen negativen Gefühle bringen mich völlig durcheinander.
Ja Nein

23. Ich kann nie sagen, wann es zu einem Streit kommen wird.
Ja Nein

24. Wenn wir uns streiten, dauert es sehr lange, bis ich mich wieder wohl fühle.
Ja Nein

Auswertung: Wenn Sie mehr als acht Aussagen mit »ja« beantwortet haben, ist dies ein starkes Indiz dafür, daß Sie dazu neigen, sich bei einem Konflikt mit Ihrem Ehepartner überfordert zu fühlen. Da dieser Zustand für Ihre Ehe schädlich sein kann, ist es wichtig, daß Sie Ihrem Partner mitteilen, wie Sie sich fühlen. Die Gegenstrategie besteht darin, daß Sie beruhigend auf sich selbst und Ihren Partner einwirken. Das wird Ihnen helfen, die negativen Reaktionen Ihres Partners anders zu sehen. Anstatt sich von dem verärgerten Ton oder den wütenden Worten Ihres Partners überwältigt zu fühlen, sollten Sie versuchen, darin einfach einen Verstärker zu sehen – eine Möglichkeit für Ihren Partner, etwas zu betonen, das er empfindet – und nicht einen persönlichen Angriff. Spezielle Ratschläge, wie man Verstärker erkennt und es lernt, die Wogen zu glätten, finden sich im 6. Kapitel.

Der Körper spricht

Eine unserer aufregendsten Entdeckungen war der Nachweis eines starken Zusammenhangs zwischen unseren seelischen und körperlichen Reaktionen bei ehelichen Konflikten. Bei den meisten Untersuchungen haben wir nicht nur analysiert, was Paare sagen und wie sie es sagen, sondern wir haben auch ihren Herzschlag und andere Anzeichen für Streß gemessen, beispielsweise wie stark sie schwitzen und wie hoch ihr Adrenalinspiegel ist. Dies hat uns überzeugende Beweise dafür geliefert, wie und wann es in einem ehelichen Konflikt zu Überforderungen kommt und welche Folgen solche Überforderungen für die Ehe haben.

Über Streß ist so viel geschrieben worden, daß die meisten von uns wissen, daß er eine starke körperliche Komponente hat. Unter Druck setzen wir übermäßig viele Streßhormone (etwa Adrenalin) frei, was dazu führt, daß das Herz schneller schlägt, daß die Schweißdrüsen stark arbeiten und die Atmung schneller wird. Es besteht eine Rückkoppelung zwischen diesen körperlichen Streßsymptomen und den angstauslösenden Gedanken und Gefühlen. Wir stehen zum Beispiel unter Druck, weil wir eine Frist für eine Arbeit haben; unser Herz fängt an zu rasen, was unsere Angst vergrößert, wir denken noch mehr an die Frist, und dies treibt unseren Puls noch weiter in die Höhe.

Genau dieser Prozeß scheint ebenfalls abzulaufen, wenn Sie sich bei einem Ehekonflikt überfordert und in die Enge getrieben fühlen. In gewissem Sinne verstärken sich Ihre negativen Gedanken und Ihr gereiztes Nervensystem wechselseitig, wodurch es immer schwerer wird, den Kreislauf der Negativität zu durchbrechen. Wenn Ihre körperliche Aufregung ein bestimmtes Maß erreicht hat, wird es praktisch unmöglich, ruhig und vernünftig zu denken oder den Standpunkt Ihres Partners anzuerkennen.

Um zu sehen, wie die Überforderung bei einer negativen Interaktion beginnen und dann weitere negative Reaktionen fördern kann, schauen wir uns an, wie es Bradley und Eloise bei dem folgenden Gespräch erging. Bradley und Eloise necken sich oft. Sie mögen diese Art des Umgangs miteinander, der recht typisch für eine impulsive Ehe, aber nicht unbedingt auf diesen Typ beschränkt ist. Sie hat ihn damit aufgezogen, daß er nicht gut einparken könne, und er hat sich mit der Stichelei revanchiert, daß sie nicht besonders gut im Bett sei. Nun ist sie verletzt, und er versucht, sie davon zu überzeugen, daß alles überhaupt nicht so gemeint war.

Als die beiden miteinander redeten, maßen wir den Herzschlag des Paares. Unter normalen Bedingungen schlägt der Puls eines Mannes durchschnittlich 72mal pro Minute, der einer Frau ungefähr 82mal. Aus meinen Daten geht hervor, daß der Überforderungsprozeß einsetzt, wenn der Puls bei einem Mann auf 80 Schläge, bei einer Frau auf 90 Schläge pro Minute ansteigt. Dann ist die physiologische Erregung so stark, daß die Konzentration auf das vom anderen Gesagte schwerfällt, was zu einer gesteigerten Abwehrhaltung und Feindseligkeit führt. Schnellt der Puls auf 100 Schläge pro Minute hoch, wird Adrenalin in so großen Mengen ausgeschüttet, daß die Streßreaktion »Kampf oder Flucht« ausgelöst wird, begleitet von starker Angst.

Achten Sie auf Bradleys Herzschlag, wenn Sie das folgende Gesprächsprotokoll lesen. Vor Beginn der Unterhaltung war sein Herzschlag normal. Er und seine Frau Eloise sind ein impulsives Paar, das sich oft aufzieht. Aber diesmal geriet die Stichelei außer Kontrolle, als sie einfach nicht locker ließ und ihm immer wieder seine Unfähigkeit, glatt einzuparken, vorhielt. Er konterte schließlich mit der Bemerkung, daß sie im Bett nicht gut sei. Jetzt versucht er, alles zurückzunehmen.

BRADLEY: Es tut mir leid wegen heute morgen.

ELOISE: Nun, ich denke, wir sollten darüber reden. Seit neulich abends machst du dich über das, was ich gesagt habe, lustig.

BRADLEY: Das ist schrecklich gemein von mir, und es tut mir leid. Und ich glaube nicht, daß ich das nochmal tun werde. Ich habe mich einfach mies gefühlt, weil du gesagt hast, daß ich nicht einparken kann. Und ich mußte es dir irgendwie heimzahlen. Und was ich dann gesagt habe, war noch gemeiner als das, was du gesagt hast.

ELOISE: Aber da muß doch was Wahres dran sein.

BRADLEY: Nein, nein. Da ist gar nichts dran.

ELOISE: Aber es ist ja auch was Wahres daran, daß du nicht einparken kannst. Das hast du selbst gesagt. Ich wollte nur sagen, wenn man etwas nicht kann und sich etwas Zeit zum Üben nimmt oder es sich von jemand zeigen läßt, daß man es dann besser kann.

BRADLEY: Kannst du den Lastwagen einparken?

ELOISE: Ja, Bradley, das kann ich. Im Zentrum von St. Louis. Fast jeden Tag.

BRADLEY (atmet aus): Das kann ich nie im Leben.

ELOISE: Doch, das kannst du. Siehst du, wenn du sagst: »Das kann ich nicht«, dann bedeutet das: »Ich will's gar nicht erst versuchen.« Und ich wollte dir nur klarmachen, daß du – wenn du sagst: »Ich will's gar nicht erst versuchen«,– es natürlich auch nicht kannst.

BRADLEY: Richtig. [Sein Puls: 80 Schläge pro Minute; dies ist schon ein erhöhter Wert.]

ELOISE: Aber wenn du dich anstrengst, kannst du es.

BRADLEY: Richtig.

ELOISE: Aber der Punkt ist der, daß du dann eine sehr negative Äußerung über meine sexuellen Fähigkeiten gemacht hast.

BRADLEY (lacht): Aber das habe ich doch nicht so gemeint. Das hast du in den falschen Hals gekriegt. [Sein Puls: 96,3

Schläge pro Minute. Von einem Herzschlag auf den anderen ist eine Steigerung von 16 Schlägen eingetreten! Dies entspricht einer äußerst starken Erregung, bei der große Mengen von Adrenalin ausgeschüttet werden.]

ELOISE: Aber wie kann ich das wissen?

BRADLEY: Ich sage es dir, wir wollten ehrlich zueinander sein, und ich bin es.

ELOISE (seufzt): Aber weißt du, Sex gehört wahrscheinlich zu unseren Standardproblemen. Offenbar bin ich da wirklich empfindlich, sonst hätten mich deine Sticheleien nicht so aus der Fassung gebracht.

BRADLEY: Nun ... wahrscheinlich liegt es teilweise an unserer unterschiedlichen Erziehung. Und wir haben verschiedene ... weißt du, Standpunkte dazu. [Sein Herz schlägt über 100mal pro Minute.]

ELOISE: Wieso?

BRADLEY: Mir hat man immer beigebracht, daß man darüber nicht redet.

ELOISE: Glaubst du etwa, meine Familie wäre in dieser Beziehung offener gewesen?

BRADLEY: Wohl nicht. [Sein Puls ist auf 82,4 heruntergegangen, ist also noch hoch, hat sich aber doch deutlich beruhigt.]

Was ist bei diesem Gespräch geschehen? Für Eloise ist Sex ein so brisantes Thema, daß die Kritik ihres Mannes sie sehr aus der Fassung gebracht hat. Seine Versuche, einen Rückzieher zu machen und auszubügeln, was er als Stichelei gesagt hat, führen dazu, daß er sich äußerst unbehaglich und unter Druck fühlt. In diesem Zustand wird es schwer für ihn sein, eine produktive Diskussion mit seiner Frau zu führen.

Die Gefahr einer chronischen Überforderung

Es ist sicherlich nicht ungewöhnlich, daß man sich bei einem hitzigen Streit oder einem unbequemen Gespräch der Situation nicht mehr gewachsen fühlt. Aber wenn dies oft genug geschieht, verändert sich Ihre Auffassung von Ihrem Partner und Ihrer Ehe in katastrophaler Weise. Sie fangen an, auf alles, was Ihr Partner sagt oder tut, mit Angst zu reagieren – »Was kommt jetzt wieder«? Sie hören ständig das Gras wachsen, sind immer auf der Hut vor einem Angriff und kommen nicht mehr von Ihren negativen Gedanken los, die die Spannung aufrechterhalten. Ihre Frau sagt: »Wir müssen etwas besprechen«, und Sie denken automatisch: »Jetzt gibt's wieder Zoff«, und Ihr Körper wird von Unbehagen durchflutet – während sie nur darüber reden will, daß der Babysitter etwas früher kommen soll.

Kurz gesagt, Sie fangen an, auf Ihren Partner wie ein Tier zu reagieren, das darauf konditioniert ist, Angst vor einem Schock zu bekommen, wenn es die Farbe Rot sieht. Wenn Sie wie ein Tier auf diese Panik konditioniert sind und Ihr Partner dann in einem bestimmten Ton spricht oder einen bestimmten Gesichtsausdruck hat, reagieren Sie, als hätte man sie schon angegriffen. An diesem Punkt werden die verzerrten und unangenehmen Gedanken zur Regel und nicht zur Ausnahme.

Ihr negatives inneres Drehbuch und Ihr aufgeregter Körper bewirken, daß Ihr Zähler endgültig in den negativen Bereich ausschlägt. Wenn Ihr Zähler allerdings nicht repariert wird, werden Sie in die letzte Kaskade geschleudert, die direkt zum Zusammenbruch Ihrer Ehe führt.

Hat sich diese negative Einstellung ungehindert ausgebreitet, dann denken Sie die meiste Zeit das Schlimmste über Ihren Partner. Bei unseren Forschungen haben wir festgestellt, daß Paare ihren täglichen Umgang miteinander grundsätzlich unterschiedlich wahrnehmen, je nachdem, ob sie häufig von ihren negativen Gedanken und Gefühlen überwältigt werden oder nicht. In einer stabilen Ehe, in der dies kein Problem ist, neigen die Partner dazu, sich gegenseitig durch die »rosarote« Brille zu sehen. Sie gehen davon aus, daß die positiven, bewundernswerten Merkmale des anderen ein Teil seiner Persönlichkeit und nicht gelegentlicher Glücksfälle sind. Mit anderen Worten, wenn ein Ehemann seine Frau mit einem Blumenstrauß überrascht, wird sie dies als eine weitere Bestätigung seines liebevollen und großzügigen Wesens sehen. Sie nimmt an, daß diese Vorzüge zu seinem Gesamtcharakter gehören und sieht den Beweis dafür in vielen Lebensbereichen, die sie mit ihm teilt. Wenn ihr Mann dagegen mürrisch ist oder sich selbstsüchtig verhält, schreibt sie seine negativen Handlungen einem vorübergehenden, einzelnen Vorfall zu – so wie Betty annahm, daß Bills schlechte Stimmung durch Probleme am Arbeitsplatz verursacht worden war. Jetzt ist er zwar übellaunig, denkt sie, aber er ist kein übellauniger Mensch. Auch wenn ihr seine schlechte Stimmung zusetzt, wird sie dazu neigen, sich das nicht anmerken zu lassen. Glücklich verheiratete Eheleute sehen ihre Ehe in dem gleichen positiven Licht, in dem sie sich gegenseitig sehen. Die guten Dinge in ihrer Beziehung werden als stabil und weitreichend empfunden, während die schlechten Momente oder die Bereiche, in denen es Spannungen gibt, als vorübergehend und situationsgebunden betrachtet werden.

Wie anders sieht dagegen eine Ehe aus, in der mindestens ein Partner ständig negativ gestimmt ist! Solche Paare scheinen gegenüber den offenkundig guten Dingen in der Ehe blind zu sein und nur die schlechten zu sehen. Negative Erwartungen und Annahmen in bezug auf den Partner und die Beziehung werden zur Norm. Alles Positive wird übersehen oder mit Argwohn betrachtet. So denkt ein Ehemann etwa: »Oh ja, sie ist nett, weil sie diese Woche bei ihrer Arbeit erfolgreich war. Aber das wird nicht lange anhalten und bedeutet nicht viel.« Er geht davon aus, daß das positive Verhalten seiner Frau vorübergehend und durch äußere Faktoren bedingt sei.

Mit der Zeit achten solche Paare dann mehr auf jene Handlungen des Partners, die ihre negativen Annahmen bestätigen, als auf diejenigen, die solche Annahmen widerlegen könnten. Joe war beispielsweise zu dem Schluß gekommen, daß seine Frau unglaubwürdig und egoistisch sei. Obwohl sie ihm eine Woche lang fast jeden Abend etwas kochte, registrierte er nur den einen Abend, an dem sie mit Freunden essen ging. In dieser Situation werden Bewunderung und Stolz auf den Partner zwangsläufig von Verachtung überwuchert. Das entscheidende 5-zu-1-Verhältnis zwischen positiven und negativen Faktoren, das für eine stabile Ehe notwendig ist, wird leicht zerstört.

Wie kommt es zu einer so schlimmen Situation? Erinnern Sie sich? Wenn Ihr inneres Drehbuch von Gedanken beherrscht wird, die Ihre negativen Gefühle verschärfen, anstatt sie zu mildern, werden Sie durch das Abwehrverhalten, den Zorn, das Abblocken Ihres Partners wahrscheinlich psychisch stark unter Druck gesetzt. Diese negativen Gefühle haben körperliche Symptome, wie einen erhöhten Pulsschlag und eine gesteigerte Freisetzung von Adrenalin zur Folge, und je mehr Sie körperlich unter Druck geraten, desto weniger sind Sie in der Lage, sich zu beruhigen und die Situation einigermaßen sachlich zu beurteilen. Statt dessen tragen Ihre Gedanken und Gefühle noch mehr dazu bei, daß Sie sich attackiert und in die Enge getrieben fühlen. Mit der Zeit werden Sie darauf ***konditioniert,*** nach den negativen Dingen an Ihrem Partner und Ihrer Ehe zu suchen und darauf zu reagieren. Diese Suche führt dann unweigerlich zu den erwarteten Ergebnissen: Je mehr negative Dinge Sie erwarten und suchen, desto größer ist die Wahrscheinlichkeit, daß Sie diese auch finden und deren Bedeutung überschätzen.

Die Distanz- und Isolationskaskade

Wenn sich dieses negative Wahrnehmungsmuster ungehindert ausbreitet, hat dies für eine Ehe verheerende Folgen. Es treibt die Menschen in das letzte Stadium einer Ehekrise, in die Distanz- und Isolationskaskade. Dieses Stadium besteht aus vier Phasen, die Menschen anscheinend durchleben, wenn sie sich von einer Ehe zurückziehen.

Erste Phase: Sie betrachten Ihre Eheprobleme als schwerwiegend.

Die meisten Menschen geben zu, daß ihre Beziehung alles andere als perfekt ist, aber wenn Sie Ihre Probleme als praktisch unlösbar ansehen, haben Sie ein gefährliches Terrain betreten. Hat Ihre Ehe diesen unglücklichen Punkt bereits erreicht?

Selbsttest: Wie schwerwiegend ist das Problem?

Dieser Selbsttest ist offen und direkt, um Ihnen zu helfen, herauszufinden, für wie schwerwiegend Sie Ihre Probleme halten. Beantworten Sie die folgenden Aussagen mit »ja« oder »nein«.

1. Mein Partner und ich haben sehr schwerwiegende Kommunikationsprobleme.
   Ja Nein

2. Ich habe sehr wenig Hoffnung, daß wir unsere Probleme werden lösen können.
   Ja Nein

3. Die Probleme, die wir haben, sitzen sehr tief.
   Ja Nein

4. Die Dinge sind inzwischen so verwickelt, daß ich nicht sicher bin, daß es noch eine Lösung gibt.
   Ja Nein

5. Jedes unserer Probleme hat uns bereits sehr viel Kummer bereitet.
   Ja Nein

6. Ich bezweifle, daß wir unsere Meinungsverschiedenheiten jemals beilegen können.
   Ja Nein

7. Es wird sehr schwer für uns sein, uns jemals die Kränkung zu verzeihen, die wir erlitten haben.
   Ja Nein

8. Unsere Probleme sind sehr schwerwiegend.
   Ja   Nein

9. Es besteht sehr wenig Aussicht, daß es uns jemals wirklich gut miteinander gehen wird.
   Ja   Nein

10. In unserer Beziehung gibt es sehr wenig Respekt.
   Ja   Nein

11. Ich bin mir nicht sicher, daß wir uns lieben.
   Ja   Nein

12. Unsere Probleme sind total verzwickt – sie sind so schwer zu lösen.
   Ja   Nein

13. Ich habe keine Hoffnung in bezug auf unsere gemeinsame Zukunft.
   Ja   Nein

14. Manchmal bin ich erbittert darüber, daß sich die Dinge zwischen uns so entwickelt haben.
   Ja   Nein

15. Wenn ich ehrlich bin, bin ich mir nicht sicher, ob ich noch viel Hoffnung habe.
   Ja   Nein

Auswertung: Wenn Sie mehr als fünf Fragen mit »ja« beantwortet haben, haben Sie eine sehr negative Auffassung von Ihren Eheproblemen. Die meisten Menschen mit dieser Punktzahl leben in instabilen Ehen, die entweder *feindselig-engagiert* zu nennen sind (dann gibt es zwar sehr viel Negatives, aber auch noch Interaktion) oder aber *feindselig-distanziert* (dann hat die Feindseligkeit ein solches Ausmaß erreicht, daß man sich soviel wie möglich aus dem Weg geht). Solange Sie Ihre

Probleme als schwerwiegend betrachten, sind Sie vielleicht nicht in der Lage, ernsthafte Versuche zu ihrer Lösung zu machen.

Zweite Phase: Es scheint sinnlos zu sein, die Dinge mit Ihrem Partner zu besprechen.
Sie betrachten Ihre Ehe nicht nur als sehr gestört, sondern haben auch die Hoffnung aufgegeben, sie durch Gespräche mit Ihrem Partner zu retten.

Statt dessen suchen Sie nach eigenen Lösungen (»Ich werde versuchen, netter zu ihm zu sein«; »Ich werde ihre Beleidigungen überhören«). Sie können zum Beispiel beschließen, gewisse Interaktionen mit Ihrem Partner zu unterlassen, oder sich selbst davon zu überzeugen versuchen, Sie seien über bestimmte Handlungen Ihres Partners nicht aufgebracht, obwohl Sie es in Wirklichkeit sind. Der folgende Selbsttest wird Ihnen helfen, herauszufinden, ob Ihre Ehe dieses Stadium bereits erreicht hat.

Selbsttest: Können Sie zusammen Lösungen finden?

Antworten Sie »ja« oder »nein«.

1. Wenn ich mit meinem Partner Probleme bespreche, scheinen sie nur noch schlimmer zu werden.
   Ja Nein

2. Ich behalte vieles lieber für mich.
   Ja Nein

3. In Gefühlsdingen bin ich sehr zurückhaltend.
   Ja Nein

4. Wenn ich schlecht gelaunt bin, würde ich lieber weggehen und allein sein.
   Ja Nein

5. Ich sehe nicht viel Sinn darin, meine Probleme mit meinem Partner zu besprechen.
   Ja Nein

6. Wenn wir über unsere Probleme sprechen, werden sie noch verzwickter.
   Ja Nein

7. Es gibt Menschen, mit denen man einfach nicht reden kann; dazu gehört auch mein Partner.
   Ja Nein

8. Ich möchte unsere Eheprobleme lieber allein lösen.
   Ja Nein

9. Unsere Gespräche über unsere Probleme bringen anscheinend nichts.
   Ja Nein

10. Ich verspreche mir nicht viel davon, meine Probleme mit meinem Partner zu besprechen.
    Ja Nein

11. Ich habe es aufgegeben, Probleme durchzudiskutieren.
    Ja Nein

12. Ich glaube nicht, daß es etwas bringt, Probleme mit meinem Partner zu besprechen.
    Ja Nein

Auswertung: Wenn Sie vier oder mehr Aussagen mit »ja« beantwortet haben, haben Sie es aufgegeben, Probleme mit Ihrem Partner zu lösen. Diese Haltung führt unausweichlich zum nächsten Schritt in der Distanz- und Isolationskaskade.

Dritte Phase: Sie fangen an, nebeneinander her zu leben.
Wir alle kennen mindestens ein solches Paar – sie wohnen

im selben Haus, aber nicht im selben Universum. Denken Sie an Prinz Charles und Prinzessin Diana, bevor sie sich offiziell trennten. Solche Ehen scheinen mehr eine geschäftliche Abmachung als eine intime Beziehung zu sein. Obwohl das Paar zusammenlebt, teilen die Partner nur wenige Dinge miteinander.

Selbsttest: Leben Sie und Ihr Partner nebeneinander her?

Antworten Sie »ja« oder »nein«.

1. Wir essen nicht mehr so oft zusammen wie früher.
   Ja Nein

2. Manchmal scheint es, daß wir kein Ehepaar, sondern Zimmergenossen sind.
   Ja Nein

3. Wir haben weniger gemeinsame Freunde als früher.
   Ja Nein

4. Wir scheinen mehr Dinge getrennt zu tun.
   Ja Nein

5. Es scheint, daß wir immer weniger gemeinsame Interessen haben.
   Ja Nein

6. Manchmal reden wir eine ganze Weile überhaupt nicht über das Leben, das jeder führt.
   Ja Nein

7. Wir leben mehr nebeneinander als miteinander.
   Ja Nein

8. Wir sprechen oft nicht darüber, wie jeder seinen Tag verbracht hat.
   Ja   Nein

9. Wir verbringen nicht mehr viel Zeit miteinander.
   Ja   Nein

10. Wir verbringen viel Zeit getrennt.
    Ja   Nein

11. Wir nehmen uns nicht viel Zeit zum Reden.
    Ja   Nein

12. Ich glaube nicht, daß wir uns noch sehr gut kennen.
    Ja   Nein

13. Wir essen abends nicht mehr oft zusammen.
    Ja   Nein

14. Wir gehen selten gemeinsam aus.
    Ja   Nein

15. Wir verbringen viel Freizeit mit anderen Menschen.
    Ja   Nein

16. Wir scheinen uns aus dem Weg zu gehen.
    Ja   Nein

17. Wir sind wie zwei Schiffe, die aneinander vorbeifahren und ihre eigene Route haben.
    Ja   Nein

Auswertung: Wenn Sie fünf oder mehr Aussagen mit »ja« beantwortet haben, ist es sehr gut möglich, daß Sie und Ihr Partner nebeneinander her leben. Die Erkenntnis, daß sich die Situation dermaßen verschlechtert hat, ist der erste Schritt zu einem neuen Sich-Entdecken.

Vierte Phase: Einsamkeit
Offiziell sind Sie noch verheiratet. Aber Sie fühlen sich so isoliert, daß es nur einen geringen Unterschied zwischen Verheiratetsein und Alleinleben gibt. Einsamkeit ist eine der schmerzlichsten menschlichen Erfahrungen. Es liegt eine tragische Ironie darin, wenn man sich in einer Ehe einsam fühlt, die einem eigentlich Liebe und Partnerschaft geben sollte. Menschen, die diesen Punkt erreichen, lassen sich nicht unbedingt scheiden. Aber wenn sie nicht herausfinden, was in dem anderen vor sich geht, und professionelle Hilfe in Anspruch nehmen, ist die Ehe praktisch am Ende. Auch hier scheinen die Fragen wieder sehr direkt zu sein, aber dieser Test kann Ihnen helfen, sich klarzumachen, wie einsam Sie sind.

Selbsttest: Wie einsam sind Sie in Ihrer Ehe?

Antworten Sie »ja« oder »nein«.

1. In einer Ehe ist man viel einsamer als ich dachte.
   Ja Nein

2. Wir sind uns nicht so nahe, wie ich es mir wünsche.
   Ja Nein

3. Ich empfinde in dieser Ehe eine Leere.
   Ja Nein

4. Ich langweile mich oft, wenn wir Dinge zusammen tun.
   Ja Nein

5. Auch wenn wir zusammen sind, bin ich sehr unruhig und traurig.
   Ja Nein

6. Oft weiß ich nicht, was ich mit mir anfangen soll.
   Ja Nein

7. In dieser Ehe habe ich manchmal ein Gefühl von Unruhe und Langeweile.
   Ja Nein

8. Ich sehne mich nach jemanden, dem ich nahe sein kann.
   Ja Nein

9. Ich fühle mich so einsam, daß es weh tut.
   Ja Nein

10. Irgendetwas fehlt in meiner Ehe.
    Ja Nein

11. Ich wünschte, man würde mich öfter anrufen.
    Ja Nein

12. Ich wünsche mir oft, daß ich jemanden hätte, dem ich nahe sein könnte.
    Ja Nein

13. Ich habe nicht das Gefühl, daß ich ein wichtiger Teil des Lebens eines anderen bin.
    Ja Nein

14. Ich habe nicht das Gefühl, daß ich zu jemandem gehöre.
    Ja Nein

15. Ich fühle mich oft emotional isoliert.
    Ja Nein

16. Ich fühle mich in dieser Ehe alleingelassen.
    Ja Nein

17. Es gibt niemanden, der für mich da ist.
    Ja Nein

18. Ich fühle mich oft ausgeschlossen.
    Ja Nein

19. Niemand kennt mich.
Ja Nein

20. Niemand versteht mich.
Ja Nein

21. Es gibt niemanden, mit dem ich sprechen kann.
Ja Nein

22. Ich habe oft ein großes Bedürfnis nach einem richtigen Partner.
Ja Nein

23. Ich habe mich in dieser Ehe innerlich sehr zurückgezogen.
Ja Nein

24. Ich fühle mich isoliert.
Ja Nein

Wenn Sie acht oder mehr Aussagen mit »ja« beantwortet haben, haben Sie wahrscheinlich das Ende der Distanz- und Isolationskaskade erreicht. Wenn Sie sich in der Ehe einsam fühlen, sind sie anfällig für eine Affäre, wenn Sie nicht bereits eine haben. Die Forschungen zeigen, daß auch eine größere Wahrscheinlichkeit besteht, daß Sie krank werden, vor allem, wenn Sie ein Mann sind.

Wenn Sie sich selbst wiederfinden wollen, besteht der erste Schritt darin, daß Sie Ihrem Partner gestehen, wie Sie sich fühlen. Einfache Geständnisse wie »Du fehlst mir«, »Mir fehlt die ganze Zeit etwas« oder »Dies ist eine gefährliche Situation für unsere Ehe und meine Gesundheit« können der Beginn einer Umkehr sein. In den Kapiteln 7 und 8 werden Sie detaillierte Informationen darüber finden, wie der Schaden repariert werden kann, der durch die Distanz- und Isolationskaskade angerichtet wurde.

Die Geschichte neu schreiben

Selbst wenn Sie bis hierher gelesen haben, ist Ihnen vielleicht immer noch nicht klar, ob Ihre Ehe am Rande des Abgrunds steht. Doch es gibt noch einen weiteren wichtigen Anhaltspunkt, der Ihnen helfen kann, einzuschätzen, wo Sie stehen. Durch meine Untersuchungen von Paaren habe ich nämlich herausgefunden, daß nichts so sehr eine Voraussage über die Zukunft einer Ehe erlaubt wie die Art und Weise, wie ein Paar über seine Vergangenheit spricht. Der entscheidende Faktor ist nicht unbedingt die *Realität* der ersten Zeit einer Ehe, sondern die Art und Weise, wie Eheleute ihre gemeinsame Geschichte sehen.

Warum sagt die Geschichte einer Ehe so oft etwas über ihre Zukunft aus? Wir haben festgestellt, daß Eheleute ihre früheren gemeinsamen Zeiten in einem negativen Licht sehen, wenn ihre Ehe in Auflösung begriffen ist. Ihre Erinnerungen an vergangene Enttäuschungen und Kränkungen werden dramatisch übersteigert. Während sie früher vielleicht stolz an ihren ersten gemeinsamen Tanz oder an den Kauf der Eheringe zurückgedacht haben, konzentrieren sie sich jetzt auf die dissonanten Töne, die anscheinend Vorboten der jetzigen Unzufriedenheit waren: Ihr Verlobter kam einmal mit einem Schwips zu ihr oder die beiden haben sich spätabends über den Text der Einladung zur Hochzeit gestritten. Der entscheidende Punkt ist dabei, daß die negative Wendung, die Sie Ihrer Vergangenheit geben, ein frühes Warnsignal dafür ist, daß in Ihrer Ehe etwas nicht stimmt. Sie können anfangen, Ihre Geschichte neu zu schreiben, *bevor Ihnen bewußt wird, daß Ihre Ehe ernsthaft gefährdet ist.* Darum ist es so hilfreich, wenn Sie sich bewußt machen, wie Sie die Geschichte Ihrer Ehe sehen.

Wie wertvoll dieses Wissen ist, wurde mir klar, als mein Team eine Langzeituntersuchung über 56 Paare abgeschlossen hatte. Wir hatten diesen Paaren eine Reihe von Fragen bezüglich ihrer Ehegeschichte gestellt. Wie sie sich kennengelernt, sich den Hof gemacht und geheiratet hatten, welche schweren Zeiten sie durchgemacht hatten und wie sie damit fertiggeworden waren, welche guten Zeiten sie gehabt hatten (und hatten). Als sie zum ersten Mal befragt wurden, hatte keines der Paare die Absicht, sich zu trennen. Aber drei Jahre später stellten wir fest, daß sieben der 47 Paare, die wir hatten ausfindig machen können, geschieden worden waren. Und mit 100prozentiger Sicherheit hatten wir vorhersagen können, um welche Paare es sich dabei handelte, und zwar allein aufgrund der Art und Weise, wie sie drei Jahre zuvor unsere Fragen nach der Geschichte ihrer Ehe beantwortet hatten! Auch mit Bezug auf die vierzig Paare, die zusammenblieben, hatten wir dieses positive Ergebnis bei 37 Paaren, also mit 93prozentiger Sicherheit, vorausgesagt. Insgesamt konnten wir mit 94prozentiger Sicherheit voraussagen, wie sich die betreffenden Ehen weiterentwickeln würden.

Dabei ist allerdings zu bedenken, daß es sich um eine vorläufige Untersuchung handelte. Aber diese interessanten Ergebnisse deuten stark darauf hin, daß es einen engen Zusammenhang zwischen der wahrscheinlichen Zukunft Ihrer Ehe und der Art und Weise gibt, wie Sie die Geschichte Ihrer Ehe sehen. Zunächst könnten Sie natürlich denken, daß es für unsere Ergebnisse eine naheliegende und einfache Erklärung gibt: Manche Paare haben negative Erinnerungen, weil ihre ersten Jahre wirklich nicht sehr schön waren – ein Zeichen dafür, daß sie von Anfang an nicht zueinander paßten. Wenn das so ist, warum sollte es dann eine bemerkenswerte Entdeckung sein, daß sie sich schließlich getrennt haben? Für einige der untersuchten Ehen könnte diese Erklärung sogar zutreffen, doch die Gesamtzahl derjenigen, die ihre Vergangenheit durch die negative Brille sahen, lag wesentlich höher, als daß diese Erklärung hinreichend wäre. Schließlich sehen die meisten Menschen das Verliebtsein ineinander, das Werben und Heiraten als eine schöne Zeit an, selbst wenn sie vielleicht anstrengend war.

Obwohl die derzeitige Scheidungsrate bei Erst-Ehen mit 50 bis 67 Prozent angegeben wird, ging sicherlich weit mehr als die Hälfte unserer Paare voller Optimismus und Hoffnung zum Altar. Erst später, als sie mit anscheinend unlösbaren Konflikten konfrontiert waren, fingen die Paare an, die Vergangenheit in so dunklen Farben zu malen. Menschen, die sich unglücklich fühlen, erinnern sich leichter an negative Episoden aus der Vergangenheit – ihre aktuelle negative Stimmungslage löst also negative Erinnerungen aus, die wiederum die aktuellen Gefühle verstärken. Aus diesem Grund ist die Neubewertung der Vergangenheit ein so verläßliches Warnsignal dafür, daß auf eine Ehe große Probleme zukommen.

Ich glaube, daß es im Zusammenhang mit der Erinnerung von Paaren an ihre Vergangenheit ein paar spezifische Faktoren gibt, die Voraussagen über ihre Zukunft erlauben, wenn sie gehäuft auftreten. Die wichtigsten Faktoren sind:

Chaos oder das Gefühl, die Dinge selbst steuern zu können. Paare, die sich später scheiden ließen, hatten die Tendenz, auf ihre Anfangszeit als auf eine Zeit großer Konfusion, Unsicherheit und Angst zurückzublicken. Wie auch immer die Realität war, sie sahen ihr Zueinanderfinden als ein stressiges, fast zufälliges, und nicht als ein freudiges Ereignis, dem eine enge Verbundenheit zugrunde lag.

Schauen Sie sich an, wie gegensätzlich die Erinnerungen von Dexter und Midge, einem immer noch glücklich verheirateten Paar, und die von Jewel und Anthony sind, die sich scheiden ließen.

> FRAGE: Erinnern Sie sich noch an Ihren Entschluß zu heiraten?
>
> DEXTER: Wir haben damit viel länger gewartet, als ich wollte. Wir haben uns darauf gefreut.
>
> MIDGE: Wir kamen an den Punkt, wo wir einfach wußten, daß es richtig war. Es war keine Frage – wir wollten nicht mehr getrennt leben.
>
> JEWEL: Er schrie mich an und fragte mich, ob ich ihn heiraten wollte, und ich sagte ja ... wir haben uns gestritten. Ich denke, daß wir so lange miteinander gegangen sind, daß die Ehe etwas Natürliches war, der nächste Schritt.
>
> ANTHONY: Ich habe nicht bewußt beschlossen, zu heiraten. Nach der Hochzeit war ich irgendwie in blinder Panik.

Paare, die ihre Anfangszeit als chaotisch sehen, sagen oft, äußere Ereignisse hätten ihr Leben gesteuert. Manche Paare erinnern sich zum Beispiel daran, daß sie aus finanziellen Gründen oder wegen einer Schwangerschaft geheiratet haben.

Enttäuschung oder Glorifizierung der Kämpfe. Alle Ehen machen schwere Zeiten durch. Aber manche Paare blicken mit Stolz auf die früheren Schwierigkeiten zurück, weil sie fähig waren, diese Hürden gemeinsam zu überwinden. Andere werden durch die Krisen anscheinend heruntergezogen und haben das Gefühl, daß ihre erste Zeit eine Zeit der Desillusionierung war. Dwayne und Rita, zwei, die sich ebenfalls später scheiden ließen, drückten dies perfekt aus:

> DWAYNE: Als wir heiraten wollten, sagten die Leute zu uns: »Euer erstes Jahr wird hart sein«. Und wir sagten: »Oh nein, wir lieben uns«. Wir dachten, daß alles einfach toll und prima sein würde.
>
> RITA: Ja, wir dachten: »Wir lieben uns; wir werden diese Konflikte nicht haben. Die Liebe siegt über alles«. Nun, sie tut es nicht. Zu heiraten war wie »Willkommen in der Realität«. Wir waren wirklich überrascht. Die ersten Monate waren wirklich hart; das hatten wir nicht erwartet.
>
> DWAYNE: Die Ehe war nichts so Besonderes, wie ich gedacht hatte. Ich hatte gedacht, es wäre umwerfender.
>
> RITA: Ja, ich dachte, es wäre aufregender.

Es überrascht nicht, daß Jewel und Anthony ähnliche Gefühle ausdrückten:

> JEWEL: Es gab viele Tiefpunkte.
>
> ANTHONY: Vieles lief falsch, aber ich weiß nicht mehr, was es war.
>
> JEWEL: Das ganze Jahr war eine einzige Farce.

> Anthony: Wir haben anscheinend unsere ganze Zeit damit verbracht, die Scherben aufzulesen.

Dexter und Midge erinnerten sich dagegen mit viel Stolz, Humor und sogar einem gewissen Triumphgefühl an ihre früheren Schwierigkeiten:

> Midge: Haben Sie jemals das Bild »Odd Couple« (Seltsames Paar) gesehen? So haben wir uns in jenem ersten Jahr gegenseitig verrückt gemacht.
>
> Dexter: Midge war sehr unorganisiert und unordentlich, und ich war das Gegenteil.
>
> Midge: Absolute Gegensätze!
>
> Dexter: Ich würde sagen, daß wir jetzt einen Mittelweg gefunden haben.
>
> Midge: Zuerst war es schwer, aber wir hatten beide wirklich das Gefühl, daß wir für immer zusammengehörten. Wir wußten, daß es funktionieren würde; wir haben bewiesen, daß wir auch die harten Zeiten überstehen konnten.

Wenn die ersten beiden Paare nicht gerade von den Stromschnellen der Ehe in die Tiefe gerissen würden, könnten auch ihre Erinnerungen durchaus die gleiche Färbung haben wie die von Midge und Dexter. Entscheidend ist nicht, wie schwer ihre ersten Ehejahre nach objektiven Kriterien waren, sondern welche Haltung sie dieser Zeit gegenüber einnehmen.

Die anderen drei Faktoren, die wichtige Anhaltspunkte für eine zukünftige Scheidung liefern, betreffen mehr den Ehemann als die Ehefrau. Dies mag daran liegen, daß Männer im allgemeinen dazu neigen, früher und intensiver als Frauen zu erkennen zu geben, daß sie in ihrer Ehe nicht glücklich sind. Daher ist ihnen vielleicht mehr daran gelegen, die Geschichte neu zu schreiben.

Verbundenheit oder Distanz. Je mehr der Ehemann die Geschichte seiner Ehe als ein gemeinsames Unterfangen darstellte, desto wahrscheinlicher war es, daß das Paar in Zukunft glücklich verheiratet bleiben würde. Als Dexter zum Beispiel gefragt wurde, welche Veränderungen mit seiner Heirat verbunden waren, wurde deutlich, wie sehr er sich mit seiner Frau verbunden fühlte:

> DEXTER: Als wir einzogen, hielten wir das Haus zusammen in Ordnung, verwalteten das Geld zusammen, alles. Wir kochten und putzten gemeinsam.
>
> MIDGE: Es gab nie eine Zeit, in der ich ein Problem hatte und dachte: »Das ist allein mein Problem, darum muß ich mich kümmern.« Wir haben immer alles geteilt.

Anthony dagegen drückte dieses Gefühl von Verbundenheit nicht aus, als er seiner Vergangenheit mit Jewel nachging. Statt dessen erinnerte er sich daran, wieviel Distanz zwischen ihnen war.

> ANTHONY: Wir versuchten, gemeinsame Interessen zu finden, aber es funktionierte nie. *(An Jewel gewandt:)* Warum, zum Teufel, haben wir eigentlich geheiratet?

Mitteilsamkeit. Es war auch ein gutes Zeichen, wenn der Ehemann sich im einzelnen daran erinnerte, was er gegenüber seiner zukünftigen Frau empfand und wie er die Zeit ihrer ersten Liebe sah. Tat er dies nicht, dann war es ein schlechtes Zeichen. Vergleichen Sie, wie Dexter und Anthony die Frage beantworteten: »Wie sind Sie zu dem Schluß gekommen, daß dies der Mensch war, den Sie heiraten wollten?«

> DEXTER: Midge hatte die Eigenschaften, die ich suchte. Sie hatte ein gutes Auftreten und sie war attraktiv. Ich habe genau das und nichts anderes gesucht. Das habe ich gesucht und das habe ich gefunden, also war die Sache klar.
>
> ANTHONY: Die Größe war richtig, das Gewicht war richtig. Ich mag große Frauen.

FRAGE: Ist Ihnen an ihr sonst nichts aufgefallen?

ANTHONY: Nein, ich achte nicht sehr auf meine Umgebung.

Während Dexter wahrscheinlich noch lange über seine Gefühle für Midge hätte reden können, fällt es Anthony ausgesprochen schwer, sich überhaupt an irgendwelche Einzelheiten zu erinnern, die Jewel betreffen. Obwohl er behauptet, einfach unaufmerksam zu sein, sind seine dürftigen Antworten ein deutliches Zeichen dafür, daß er sich von seiner Ehe distanziert hat und seine Auffassung von der Vergangenheit so umgemodelt hat, daß sie zu seiner aktuellen Einstellung paßt.

Zuneigung. In stabilen Ehen hatten die Ehemänner die Tendenz, liebevoll von ihren Frauen zu sprechen und stolz auf sie zu sein. In Ehen, die später scheiterten, drückten die Ehemänner nicht solche positiven Gefühle aus.

FRAGE: Erinnern Sie sich an Ihre Hochzeit?

DEXTER: Oh ja, es war wunderbar. Ich hatte noch nie in meinem Leben so viel Spaß. Es war super. Midge war nie so schön wie damals, als sie in ihrem weißen Kleid zum Altar ging.

FRAGE: Was dachten Sie zuerst über Ihre Frau?

ANTHONY: Mir fiel auf, daß sie nicht viel gesunden Menschenverstand hatte. Ich weiß nicht, ich weiß nicht. Wenn ich zurückdenke, weiß ich es wirklich nicht.

Man braucht nicht gerade ein erfahrener Eheberater zu sein, um aus diesen Erinnerungen zu schließen, daß Anthonys und Jewels Ehe in ernsthaften Schwierigkeiten steckte, als sie befragt wurden, während Dexter und Midge eine sehr stabile Ehe hatten. Aber es kann schwerer sein, die eigene Ehe so klar zu sehen. Wenn Sie herauszufinden versuchen, wie Sie heute die Vergangenheit und Gegenwart Ihrer Ehe sehen, kann Ihnen der folgende zweiteilige Test helfen.

Selbsttest: Sie erzählen Ihre Geschichte

Antworten Sie auf alle Fragen in Teil A und Teil B mit »ja« oder »nein«.

Teil A

1. Ich bin wirklich stolz auf meinen Partner.
   Ja Nein

2. Ich kann leicht von den guten Zeiten in unserer Ehe sprechen.
   Ja Nein

3. Ich kann mich leicht an die romantischen, besonderen Zeiten in unserer Ehe erinnern.
   Ja Nein

4. Ich finde meinen Partner körperlich attraktiv.
   Ja Nein

5. Mein Partner hat einige besondere Eigenschaften, die mich mit Stolz erfüllen.
   Ja Nein

6. Ich habe in dieser Ehe ein echtes »Wir«-Gefühl und kein »Ich«-Gefühl.
   Ja Nein

7. Wir haben die gleichen allgemeinen Überzeugungen und Wertvorstellungen.
   Ja Nein

8. Mein Partner ist mein bester Freund.
   Ja Nein

9. Ich bekomme in meiner Ehe viel Unterstützung.
   Ja Nein

10. Mein Zuhause ist der Ort, wo ich Unterstützung bekomme und Streß abbaue.
Ja Nein

11. Ich kann mich leicht an unsere erste Begegnung, den Heiratsantrag und unsere Hochzeit erinnern.
Ja Nein

12. Wir teilen die Hausarbeit gerecht auf.
Ja Nein

13. Wir haben viele Dinge genau geplant und hatten das Gefühl, unser gemeinsames Leben selbst zu bestimmen.
Ja Nein

14. Ich bin auf diese Ehe stolz.
Ja Nein

15. Es gibt Dinge, die ich an meinem Partner nicht mag, aber ich kann mit ihnen leben.
Ja Nein

16. Die Ehe ist ein Kampf, aber es hat sich gelohnt.
Ja Nein

A. Gesamtzahl der Aussagen, die Sie mit »ja« beantwortet haben:

Teil B

1. Ich habe zynische Gefühle in bezug auf meine Ehe.
Ja Nein

2. Wenn ich an meine eigene Ehe denke, fallen mir viele sarkastische Dinge ein, die ich über die Institution der Ehe sagen könnte.
Ja Nein

3. Ich habe an meinem Partner viel zu kritisieren.
Ja Nein

4. Jeder lebt sein eigenes Leben.
Ja Nein

5. Unsere Überzeugungen und Wertvorstellungen sind sehr unterschiedlich.
Ja Nein

6. Ich empfinde diese Ehe nicht als ein »wir«.
Ja Nein

7. Ich habe eigentlich kein Vertrauen zu meinem Partner.
Ja Nein

8. Der Streß, den ich üblicherweise habe, wird zu Hause nur vergrößert.
Ja Nein

9. Ich habe nur vage Erinnerungen an unsere erste Begegnung, den Heiratsantrag und die Hochzeit.
Ja Nein

10. Es sieht so aus, als wäre diese Ehe eine einzige Ansammlung von Problemen.
Ja Nein

11. Es scheint, daß wir unser Leben nur sehr wenig selbst bestimmt haben.
Ja Nein

12. Ich fühle mich in meiner Ehe desillusioniert und enttäuscht.
Ja Nein

13. Die Ehe ist nicht das, wofür ich sie gehalten habe.
Ja Nein

14. Die Fehler meines Partners sind für mich grundsätzlich inakzeptabel.
Ja Nein

15. In dieser Ehe sind die Dinge sehr ungleich verteilt.
Ja Nein

16. Wenn ich ehrlich bin, waren die Kämpfe in meiner Ehe ziemlich sinnlos.
Ja Nein

B. Gesamtzahl der Aussagen, die Sie mit »ja« beantwortet haben:

Auswertung: Ziehen Sie Ihre Gesamtpunktzahl für Teil B von Ihrer Gesamtpunktzahl für Teil A ab. Wenn die restliche Punktzahl dann sechs oder mehr beträgt, deutet dies darauf hin, daß sie eine vorwiegend positive Auffassung von Ihrer Ehegeschichte haben. Das ist ein hervorragendes Zeichen für die Aussichten Ihrer Beziehung. Kapitel 8 enthält Ratschläge, was Sie tun können, damit sich Ihre Ehe weiterhin gedeihlich entwickelt und damit auch in Zukunft Probleme vermieden werden können. Wenn Ihre Punktzahl weniger als sechs beträgt, ist klar, daß Ihre Gefühle der Bewunderung, Zuneigung und Solidarität mit Ihrem Partner gefährlich geschrumpft sind. Denken Sie daran, daß die Art und Weise, wie Sie Ihre gemeinsame Geschichte sehen, vielleicht der stärkste Indikator für die Zukunft Ihrer Ehe ist. Kapitel 7 enthält Ratschläge, wie Sie dies mit Ihrem Partner besprechen können. Wenn Sie zusammen an Ihre ersten positiven Gefühle füreinander zurückdenken, kann daraus die Hoffnung erwachsen, die Sie brauchen, um jetzt auf die Zurückgewinnung dieser Verbundenheit hinzuarbeiten.

Was nun?

Ein großer Teil meiner Forschungen war dem Versuch gewidmet, hinter das Geheimnis zu kommen, warum in einigen Ehen die positiven Elemente überwiegen, während andere von den negativen überwuchert werden. Wenn zwei Paare zu Anfang die gleiche Liebe und den gleichen Zukunftsoptimismus hatten, warum weichen ihre Wege dann irgendwann so dramatisch voneinander ab? Für das eine Paar verwandelt sich das Glücksversprechen in Verzweiflung, da die Ehe allmählich in Chaos, Einsamkeit, Mißtrauen und Hoffnungslosigkeit versinkt. Jeder fühlt sich vom anderen attackiert und hält ihn für seinen Feind. Die Partner interpretieren ihre Vergangenheit sogar so um, daß sie zu dieser neuen, traurigen Realität paßt. Das andere Paar stellt fest, daß das Interesse füreinander und die Bindung aneinander im Laufe der Jahre ebenso zunehmen wie die Zuneigung, Hoffnung, Bewunderung und das Zusammengehörigkeitsgefühl. Wenn dieses Paar auf seine Vergangenheit zurückblickt, glorifiziert es diese – selbst die Zeiten des Kampfes werden jetzt als Siege gesehen.

Der Schlüssel zum unterschiedlichen Schicksal dieser Paare liegt meiner Ansicht nach nicht darin, daß das eine Paar von Anfang an besser zueinander paßte als das andere. Das glückliche Paar hat es irgendwie gelernt, gut durch die schweren Zeiten zu kommen, die jede Ehe durchmacht. Aus diesem Grund wurde die Beziehung nie von den vier Reitern erobert, und die Eheleute konnten es vermeiden, von den Kaskaden fortgerissen zu werden. Folglich verloren sie nie das 5-zu-1-Verhältnis zugunsten der positiven Faktoren, das eine Beziehung stabil hält, unabhängig davon, ob sich das Paar einen impulsiven, konstruktiven oder konfliktvermeidenden Ehestil eingerichtet hatte.

All dies deutet darauf hin, daß es auch für solche Paare Hoffnung gibt, die über den Zustand ihrer Ehe verzweifelt sind. Wenn Sie verstehen, warum die Distanz zwischen Ihnen und Ihrem Partner größer geworden ist, können Sie beginnen, das Gute wiederzuentdecken, das es unter all den Schichten von Kränkungen, Mißverständnissen und Einsamkeit gibt. Das folgende Kapitel bietet Ihnen einige Ratschläge, wie Sie Ihre Ehe retten können. Der erste Schritt besteht darin, daß Sie die verschiedenen Geschichten und Bedürfnisse erkennen, die Männer und Frauen gewöhnlich in eine intime Beziehung einbringen. Der nächste Schritt ist, daß Sie auch in schlechten Zeiten liebevoll und verständnisvoll miteinander reden – und auch dann noch weiter zusammenarbeiten, wenn sich Ihre Ehe gebessert hat.

5. Kapitel

Die zwei Ehen – seine und ihre

In einer Szene aus dem Film *Sweet Dreams* ist die Country-Western-Sängerin Patsy Cline gerade von einer erfolgreichen Vorstellung nach Hause zurückgekehrt. Sie ist sehr gut drauf, hat durch die Begeisterung ihrer Fans einen richtigen Energieschub bekommen und möchte nun ihre Hochstimmung natürlich mit ihrem Mann Gerald teilen. Dieser hat den Abend zu Hause verbracht, an seinem Schiffsmodell gearbeitet und ist noch ganz in seiner eigenen Welt gefangen. Zweimal fragt er Patsy: »Wie ist es gelaufen?«, ohne sich ihre Antwort wirklich anzuhören. Schließlich spricht sie ihn direkt an und fragt ihn, ob er nun mit ihr reden wolle oder nicht. Als er aufblickt, starrt sie ihn wütend an. Aber Gerald hat nicht die leiseste Ahnung, warum Patsy so wütend ist.

Diese klassische Sackgasse kommt in Ehen nur allzu häufig vor – eine Frau sucht emotionalen Kontakt zu einem verschlossenen Ehemann. Kennen Sie dieses Muster aus Ihrer eigenen Ehe? Im Fall von Patsy und Gerald führt es zu einem quälenden Teufelskreis. Je mehr er sich zurückzieht, desto frustrierter wird Patsy. »Ich halte es einfach nicht mehr aus«, sagt sie zu ihrer Mutter. »Ich könnte schreien und mir das Gesicht zerkratzen.«

Inzwischen können Sie sich wahrscheinlich gut vorstellen, wie Ehen in ein so schlechtes Fahrwasser geraten können, daß am Schluß nur noch die Scheidung bleibt. Aber dahinter steht noch eine weitere wesentliche Kraft, die wir bisher außer acht gelassen haben: die dramatischen, fundamentalen Unterschiede zwischen Mann und Frau. Aus vielen komplizierten Gründen, die teils mit der Biologie und teils mit der Sozialisation zusammenhängen, neigen die Geschlechter dazu, die Welt der Beziehungen sehr unterschiedlich zu sehen. Wie Patsy und ihr Mann »verfehlen sich« Männer und Frauen häufig, was zur Folge hat, daß es zwei Ehen gibt: seine und ihre.

In der Ehe gibt es oft geschlechtsspezifische Verhaltensmuster, die allerdings nicht ausnahmslos und für jeden gelten. Verallgemeinerungen sind immer gefährlich, weil sie eben – zu allgemein sind. Denken Sie also daran, daß, was ich hier beschreibe, nicht auf alle Männer und Frauen zutrifft – und vielleicht auch nicht auf Sie und Ihren Partner. Dieses Kapitel wird deshalb für Sie auch nur in dem Maße hilfreich sein, wie Sie sich und Ihren Partner darin wiedererkennen.

Beginnen wir mit der weitverbreiteten Ansicht, daß sich Frauen in intimen Beziehungen wohler fühlen als Männer – daß sie mit Leichtigkeit in einem Ozean von intensiven Gefühlen schwimmen können, während sich Männer darin eher verloren vorkommen. Ich habe immer wieder festgestellt, daß diese Ansicht richtig ist.

Können Sie sich daran erinnern, wann Sie zum letzten Mal mit Ihrem Partner ein Beziehungsproblem diskutiert haben? Wer hat das brisante Thema aufs Tapet gebracht? Ich wette, daß es die Frau war. Obwohl Frauen traditionell dahingehend beschrieben werden, daß sie sich in der Welt weniger gut behaupten können, sind sie in der Ehe meistens die emotionalen Manager. Sie reagieren gewöhnlich feinfühliger als Männer auf das wechselnde emotionale Klima in ihrer Beziehung und sind stärker bereit, Probleme direkt anzugehen. Wie Patsy Cline ist es gewöhnlich die Frau, die darauf besteht, daß die Probleme besprochen werden, während der Mann dem Gespräch lieber ausweicht. Dieses ausweichende Verhaltensmuster sieht meistens so aus:

EHEFRAU (mit besorgter Stimme): Stimmt etwas nicht?

EHEMANN (mit distanzierter Stimme): Nein. Alles in Ordnung.

EHEFRAU: Ich weiß, daß du böse auf mich bist – ich sehe es an deinem Gesicht. Was ist los?

EHEMANN (klingt verärgert): Ich habe dir doch schon gesagt, daß alles in Ordnung ist. Würdest du mich bitte in Ruhe lassen? Ich brauche etwas Zeit für mich selbst.

EHEFRAU: Bist du böse, weil ich während des Abendbrots mit Margie telefoniert habe? Oder weil ich für Samstag eine Verabredung mit den Wilsons getroffen habe, ohne dich zuerst zu fragen? Ich war sicher, daß du nichts dagegen haben würdest.

EHEMANN (schaut weg): Ich habe dir schon gesagt, daß alles in Ordnung ist.

Männer sperren sich zumeist dagegen, emotionale Fragen direkt anzusprechen. Aber warum? Ein Großteil der Antwort scheint darin zu liegen, daß Männer und Frauen als Kinder lernen, sehr unterschiedlich mit Intimität umzugehen. Kurz gesagt, Jungen wird nicht die Fähigkeit beigebracht, sich in den emotionalen Höhen und Tiefen einer intimen Beziehung zurechtzufinden, während Mädchen auf diesem Gebiet eine intensive Schulung erhalten. Wie ein Mensch, der über Bord geworfen wird, ohne schwimmen zu können, hat der durchschnittliche Mann verständlicherweise Angst davor, in jenem Strudel von Emotionen unterzugehen, in dem sich eine Frau mit Leichtigkeit jeden Tag bewegt. Fügen wir dem noch den zwingenden Beweis hinzu, daß Männer auf gewisse Emotionen physiologisch stärker reagieren als Frauen, so wird leicht verständlich, warum die Welt der Gefühle im großen und ganzen nicht die Welt ist, in der sich Männer wohl fühlen.

Diese geschlechtsspezifischen Unterschiede machen klar, warum Männer viel stärker als Frauen die Tendenz haben, zu mauern, wenn ihre Frau sie direkt anspricht. Wie wir gesehen haben, ist das Mauern der destruktivste von den vier Reitern, die eine Ehe scheitern lassen können. Die grundsätzlichen emotionalen Unterschiede zwischen den Geschlechtern erklären auch, warum es in den meisten Ehen ganz bestimmte Konfliktbereiche gibt: insbesondere, wie oft ein Paar miteinander schläft und wer wieviel Hausarbeit und Kinderbetreuung übernimmt.

Aber die Erforschung dessen, was Männer und Frauen in ihre Ehen mitbringen, hat auch etwas Gutes zutage gefördert. In Ihrer Ehe können Sie ganz bestimmte Dinge tun, um zu erreichen, daß solche Unterschiede Ihre Beziehung bereichern und nicht schädlich beeinträchtigen. Der erste und wichtigste Schritt besteht darin, daß Sie verstehen, woher die Verschiedenheiten von Männern und Frauen kommen: Wie die meisten emotionalen Strukturen haben auch die ehelichen Unstimmigkeiten ihre Wurzeln in der Kindheit.

Jungen und Mädchen – getrennte Welten

Um eine erste Vorstellung davon zu gewinnen, warum sich die emotionale Beziehung zwischen Eheleuten oft so schwierig gestaltet, brauchen Sie sich nur an Ihre eigene Kindheit zu erinnern. Wenn Ihre Erinnerungen zu verschwommen sind, beobachten Sie einfach Kinder beim Spielen. Die Art und Weise, wie Sie mit Ihren Spielkameraden umgegangen sind, kann einen starken Einfluß darauf haben, wie Sie heute mit Ihrem Ehepartner kommunizieren. Der Grund: Das Spielverhalten von Jungen und Mädchen war immer und ist noch immer sehr unterschiedlich. Ja, unsere Erziehung könnte keine *schlechtere* Vorbereitung auf eine erfolgreiche Ehe sein.

Für zukünftige Ehen entsteht das erste Problem, wenn Jungen und Mädchen im Vorschulalter anfangen, getrennt zu spielen. Man kann oft hören, daß kleine Jungen zu Mädchen höhnisch sagen: »Geht weg. Dies ist ein *Jungenspiel.* Wir mögen keine Mädchen.« Und die Mädchen – selbst wenn sie mit Bauklötzen und nicht Vater und Mutter spielen – wollen nichts mit Jungen zu tun haben. »Laßt uns in Ruhe. Jungen sind grob«, protestieren sie entsetzt, wenn ein Junge versucht, ihr Spiel zu unterbrechen oder mitzuspielen. Die Trennung der Geschlechter ist weniger häufig, wenn die Kinder *sehr* klein sind, wird aber zur Regel, wenn sie etwas älter sind, und erreicht einen Höhepunkt im Alter von sieben. Bei einer persönlichen Befragung sagten 36 Prozent der Kinder im Kindergartenalter, daß zumindest einige ihrer Spielkameraden dem anderen Geschlecht angehörten. Im ersten Schuljahr waren es nur noch 23 Prozent. Und in der zweiten Klasse gab es solche Freundschaften praktisch gar nicht mehr. Auch wenn der Lehrer in der Grundschule Jungen und Mädchen zusammen an bestimmten Projekten arbeiten läßt, wird man in der Pause oder in der Cafeteria, also wenn sich die Kinder ihre eigenen Spielkameraden aussuchen, fast immer gleichgeschlechtliche Gruppen sehen. Aufgrund dieser Vorliebe wachsen Jungen und Mädchen in getrennten Welten mit unterschiedlichen emotionalen Regeln auf. Hier kann eine Ursache für die Probleme zwischen den Geschlechtern liegen.

Warum nehmen Kinder freiwillig diese Trennung vor? Die Tendenz kann teilweise biologisch bedingt sein. Jungen sind aggressiver. Sie lieben es, sich zu balgen, zu ringen, zu klettern, zu rennen, sich auszutoben; sie sind laut, mögen Spiele, bei denen sie in einen Wettstreit treten, und Verfolgungsjagden, die sich über große Entfernungen erstrecken und an denen viele Kinder teilnehmen. Mädchen bevorzugen dagegen ruhigere Spiele – Puppen, Verkleidungen, »Hinkekasten«, »Himmel und Hölle« oder Seilspringen –, die sie meistens in kleinen Gruppen und in der Nähe des Schulgebäudes spielen. Mädchen betrachten Jungen als laute Rüpel, während Jungen die Mädchenspiele als todlangweilig empfinden.

Daß man sich am liebsten mit Mitgliedern des gleichen Geschlechts zusammentut, hält bis in die Teenagerzeit an. Natürlich fühlen sich Jungen und Mädchen in dieser Zeit zueinander hingezogen. Viele haben Rendezvous, gehen fest miteinander und haben leidenschaftliche sexuelle Beziehungen. Und doch sind die beste Freundin eines Mädchens und der beste Kumpel eines Jungen gewöhnlich die Personen, zu denen in dieser Zeit die tiefsten, bedeutsamsten und dauerhaftesten Beziehungen bestehen.

Die Tatsache, daß die Geschlechter von den ersten Schuljahren bis zum Teenager-Alter eher getrennte Wege gehen, kann verheerende Folgen haben, wenn schließlich die Liebe erwacht. Denn wie kann man erwarten, daß ein Mann und eine Frau eine lebenslange Liebesbeziehung haben, wenn sie ihre Kindheit praktisch nach Geschlechtern getrennt verbracht haben? Das ist fast so unrealistisch wie die Erwartung, daß ein Marsbewohner wissen müßte, wie er eine intime Beziehung zu einem Erdbewohner aufnehmen soll.

Ich erinnere mich an mein erstes Rendezvous im Alter von 14 Jahren. Ich hatte irgendwo gelesen, daß der Zweck eines Rendezvous darin bestand, »das Mädchen zu unterhalten«. Also ging ich in die Bibliothek, besorgte mir ein Buch mit dem Titel *500 erfolgreiche Witze* und lernte bis Samstagabend so viele wie möglich auswendig. Als ich das Mädchen traf, legte ich sofort los: »Kennst du schon den Witz über ...?« Ich erzählte ihr einen Witz nach dem anderen. Das arme Mädchen! Ich wußte nicht, wie ich mich mit ihr richtig unterhalten sollte. Ich kam überhaupt nicht auf die Idee, daß ich mit einem Mädchen über dieselben Dinge sprechen könnte wie mit meinen Freunden. Es war wirklich so, als wären dieses Mädchen und ich von unterschiedlichen Planeten gekommen!

Aktivität oder Beziehung

Auch wenn Jungen und Mädchen als Kinder mehr miteinander spielen würden (so wie manche es tun), bliebe bis zum Teenager-Alter und darüber hinaus immer noch eine große Kluft zwischen ihnen. Das liegt daran, daß sie von klein auf sehr unterschiedliche emotionale Kommunikationsstile haben. Dieser Unterschied zeigt sich an dem, was Kinder für wichtig halten, wenn sie spielen. Normalerweise liegt den Jungen am meisten am *Spiel* selbst, den Mädchen dagegen am meisten an der *Beziehung* zwischen den Spielenden. Es gibt die Redensart: »Jungen betreiben Mannschaftssport, um zu konkurrieren, und Mädchen konkurrieren, um in einer Mannschaft zu sein.« Obwohl der sportliche Konkurrenzkampf in letzter Zeit auch für Mädchen an Bedeutung gewonnen hat, scheint dies immer noch zuzutreffen.

Ist Ihnen jemals aufgefallen, daß Jungen nicht zulassen, daß Streitereien das wahnsinnig wichtige Spiel ernsthaft stören? Es ist nicht so, daß sie nie aus der Haut fahren – Jungen kabbeln sich die ganze Zeit auf dem Spielfeld und streiten sich endlos über die Regeln –, aber sie scheinen ihren Streitereien nicht die gleiche Bedeutung beizumessen wie Mädchen. In den heftigsten Auseinandersetzungen bei Jungenspielen heißt das letzte Wort fast immer »weiterspielen«. Das Ziel ist buchstäblich, »am Ball zu bleiben« und sich nicht von Emotionen beherrschen zu lassen. Dies gilt von der untersten Amateurliga bis zur höchsten Profi-Ebene. Wenn ich mir im Fernsehen Sport ansehe, beobachte ich oft, daß sich erwachsene Spieler wie kleine Jungen aufführen – sie schreien sich an, streiten und beschimpfen sich. Aber ein paar Minuten später, nachdem sie vom Schiedsrichter eine Strafe bekommen haben, kehren sie zurück und setzen das Spiel fort, als wäre nichts geschehen. Sie lassen nicht zu, daß ungute Gefühle zum Abbruch des Spiels führen. Es gilt der Grundsatz, daß für die Männer das Spiel selbst zählt, mit seinem Teamgeist, seiner Konkurrenz und seiner Leistung – und nicht, wie sich die einzelnen Spieler zueinander verhalten oder wie sie sich fühlen.

Dieses Steuern und Kontrollieren der Gefühle hat gewiß eine positive Seite. Manchmal ist es sinnvoll, die Gefühle der Durchführung einer Aufgabe unterzuordnen. Aber in der Ehe wird die Tendenz des Mannes, unangenehme Gefühle für sich zu behalten, ganz entschieden zu einem Handicap.

Daß eine Frau mit Gefühlen ganz anders umgeht, liegt an den Spielen, die kleine Mädchen mögen. Im Gegensatz zu Jungen wird bei Mädchen ein Spiel beendet, wenn ein Streit ausbricht. Der Grund dafür ist der, daß bei einem Spiel wie »Himmel und Hölle« das Ziel für die meisten Mädchen nicht darin besteht, zu gewinnen, sondern miteinander zu spielen. Das Spiel ist sozusagen der Aufhänger dafür, daß man miteinander redet und Gefühle teilt. Wird ein Spiel unterbrochen, setzt es gewöhnlich Tränen, Drohungen wie »Ich bin nicht mehr deine Freundin« und Gegendrohungen, Schmollen, Diskussionen. Und wenn alles gut geht, gibt es am Ende eine Versöhnung.

Wie unterschiedlich die emotionalen Lernprozesse von Männern und Frauen in der Kindheit sind, zeigt sich am deutlichsten an der Reaktion der Eltern, wenn Jungen und Mädchen weinen. Obwohl Eltern heute eine andere Einstellung dazu haben als früher, werden Jungen immer noch aufgezogen, wenn sie beim Spielen Tränen vergießen. Selbst wenn die Eltern ihren Sohn in der frühen Kindheit ermutigt haben, seine Gefühle auszudrücken, ist für ihn die Reaktion der anderen Jungen am wichtigsten, sobald er zur Schule geht. Im Alter zwischen acht und zwölf wird von beiden Geschlechtern, besonders aber von Jungen, das Ausdrücken von Gefühlen als schrecklich »uncool« empfunden. Die Jungen lernen sehr schnell, ihre Gefühle hinter einer Maske scheinbarer Gleichgültigkeit zu verstecken, während die Mädchen hier einen viel größeren Spielraum haben. Wenn ein Mädchen bei einem Spiel verletzt wird und weint, wird es schnell zum Mittelpunkt einer besorgten und hilfsbereiten Gruppe von Mitspielerinnen. Wird dagegen ein Junge bei einem Spiel verletzt, so spannt er seine Gesichtsmuskeln und Fäuste so fest wie möglich an, um Tränen zu unterdrücken. Wenn er nicht cool bleibt, wird er wahrscheinlich von seinen Freunden gehänselt, es sei denn, die Verletzung ist wirklich schwer. Ein Junge, der weint, wird oft gnadenlos verachtet und verspottet. Da »Heulsuse« und »Waschlappen« die schlimmsten Etiketten sind, die man Jungen in der Kindheit anheften kann, erkennen diese bald, daß es letztlich nur eine Lösung gibt: überhaupt nicht emotional zu reagieren, *was auch immer geschieht.*

Diese Unterdrückung von Gefühlen kann durch den Erziehungsprozeß bis ins Teenager-Alter hinein verstärkt werden. Eine Szene aus dem Film *Der Club der toten Dichter* zeigt, wie ein Junge im Teenager-Alter, Neil, von seinem Vater dazu gebracht wird, alle normalen Gefühle zu unterdrücken. In einer männlichen Welt, in der Leistung und Konkurrenz die einzigen Ziele sind, sind Gefühle ein verbotenes Terrain. Neils Vater besteht darauf, daß sein Sohn nach Harvard geht und Arzt wird. Doch Neil argumentiert leidenschaftlich, daß er gar kein Arzt werden wolle, worauf sein Vater ihm entgegnet, er solle sich nicht so dramatisch in Szene setzen, und Neil, der unbedingt Schauspieler werden will, erwidert: »Ich muß dir sagen, was ich fühle.« Der Vater weigert sich, ihm zuzuhören, und sagt sarkastisch: »Mir sagen, was du fühlst! Was denn?« Neil, der verstört und verängstigt aussieht, bleibt stumm und murmelt schließlich: »Nichts«. Er tut in seiner Familie genau das Richtige – er versteckt seine Gefühle. Der Vater verläßt das Zimmer, zufrieden, daß Neil in dieser Situation das einzig Richtige gesagt hat – *nichts.*

Ein anderes gutes Beispiel dafür, wie auffallend unterschiedlich Jungen und Mädchen beim Spielen emotional reagieren, ist die Art und Weise, wie sie Gefahr in ihre Spiele einbauen. Ab dem Alter von vier Jahren handeln die »Jungengespräche« oft von Abenteuern und vom Bezwingen der sie umgebenden Welt. Wenn Jungen vor irgend etwas Angst haben, werden sie mit dieser Angst fertig, indem sie versuchen, sie in der Phantasie oder durch ein Spiel zu überwinden, oder indem sie einen Witz darüber machen. Wenn Mädchen dagegen Angst haben, trösten sie sich gegenseitig und sprechen über ihre Gefühle.

Kleine Jungen sagen selten: »Ich habe wirklich Angst«. Stattdessen entwickeln sie das Gefühl, daß sie die ziemlich unheimliche äußere Welt im Griff haben. Kleine Mädchen bewältigen die Angst ganz anders als Jungen. Sie ermutigen sich gegenseitig, ihre Angst direkt auszudrücken, und übernehmen dann eine elterliche, tröstende Rolle und beschwichtigen die Angst mit Worten, die Liebe, Loyalität und Zuneigung ausdrücken.

Von früher Kindheit an lernen Jungen, ihre Gefühle zu unterdrücken, Mädchen hingegen, die vollständige Skala ihrer Gefühle auszudrücken und richtig damit umzugehen. Es ist also kaum verwunderlich, daß sich Männer und Frauen in der Zeit, in der sie heranwachsen, sich begegnen und heiraten, hinsichtlich der Bedeutung, die sie dem Artikulieren von Gefühlen beimessen, so häufig an entgegengesetzten Enden des Spektrums finden. Ein Mann setzt Emotionalität eher mit Schwäche und Verletzbarkeit gleich, weil er dazu erzogen wurde, etwas zu *tun,* anstatt auszudrücken, was er fühlt. Dagegen haben Frauen schon in früher Kindheit gelernt, alle Arten von Gefühlen zu verbalisieren.

Im Idealfall lernen Männer und Frauen durch die Ehe, die Stärken des anderen zu schätzen – eine Frau kann ihrem Mann helfen, seine Gefühle zu akzeptieren und auszudrücken, während ein Mann seiner Frau helfen kann, die Vorteile des aktiven Handelns und des »Am-Ball-Bleibens« zu sehen, die in ihrer Erziehung möglicherweise zu kurz gekommen sind. Aber in der Ehe werden die Unterschiede zwischen Mann und Frau mitunter mehr zu einem Fluch als zu einem Segen. Wenn eine Frau mit ihrem Mann die gleiche Intimität anstrebt, die sie mit ihren Freundinnen erlebt hat, kann sie bitter enttäuscht werden. Ebenso kann sich ein Mann, der hofft, bei seiner Frau eine Neuauflage seiner »kumpelhaften« Beziehungen zu erleben, von ihrem Bedürfnis überfordert fühlen, über Gefühle zu sprechen oder eine emotionale Intimität herzustellen. Wenn er meint, daß sie mehr Intensität fordert, als er ihr geben kann, zieht er sich möglicherweise zurück. In einer glücklichen Ehe kann ein Paar diese Differenzen gewöhnlich irgendwie überbrücken. Aber in einer instabilen Ehe, in der die negativen Aspekte die Oberhand gewonnen haben, können diese beiden emotionalen Stile hart aufeinanderprallen und ein gefundenes Fressen für die vier Reiter sein.

Biologische Wurzeln

Die großen Unterschiede in den Kindheitserfahrungen von Männern und Frauen sind nicht der einzige Grund, aus dem die Geschlechter zu so unterschiedlichen emotionalen Stilen neigen. Ich glaube, daß ein Großteil der Verschiedenheit durch grundlegende biologische Unterschiede und durch die *Reaktion* der Gesellschaft auf diese Unterschiede bedingt ist. Mit anderen Worten, ich glaube, daß Ehekonflikte sowohl physiologische als auch psychologische Ursachen haben. Um wirklich zu verstehen, warum Eheleute ihre gegenseitigen Bedürfnisse oft so wenig befriedigen, müssen wir erkennen, daß die Geschlechter physisch darauf programmiert sind, auf emotionale Konflikte unterschiedlich zu reagieren – und dieser Prozeß beginnt in der Kindheit.

Wenn Sie zum Beispiel das nächste Mal in einem Supermarkt sind, achten Sie einmal darauf, welche Kleinkinder Wutanfälle bekommen. Es ist sehr wahrscheinlich, daß die strampelnden Fäuste und Füße eher zu einem Jungen als zu einem Mädchen gehören. Alle kleinen Kinder haben in unterschiedlichem Maße das Problem, daß sie Wutanfälle bekommen und ihre Gefühle kontrollieren müssen. Aber eine Untersuchung, bei der Eltern aufgefordert wurden, die Wutanfälle ihrer Kinder zu beobachten, ergab, daß kleine Jungen häufigere und längeranhaltende Wutanfälle hatten als Mädchen. Der Grund dafür ist anscheinend der, daß es Jungen schwerer fällt als Mädchen, sich von starken Gemütsbewegungen wie Traurigkeit oder Wut zu erholen. Und weil es für kleine Jungen schwerer ist, ihre natürlichen aggressiven Gefühle zu kontrollieren, wird ihnen viel häufiger als Mädchen die Botschaft vermittelt, daß es schlecht sei, den Gefühlen freien Lauf zu lassen.

Als dem dreijährigen Alex zum Beispiel gesagt wurde, daß er den Spielplatz verlassen und nach Hause müsse, ließ er sich kreischend und strampelnd auf den Boden fallen. Zehn Minuten später brachte ihn seine entnervte Mutter zum Auto. Er schlug so wild um sich, daß sie es kaum schaffte, ihn auf seinem Sitz anzuschnallen. Mit puterrotem Gesicht und einer vom Schreien heiseren Stimme strampelte und schrie er auch noch, als sie schon zu Hause waren; und dort wurde er fünf Minuten lang eingesperrt. Er schlug gegen die Tür seines Zimmers und schrie sich die Lunge aus dem Leib. Es klang so schrecklich, daß seine Mutter Angst hatte, die neuen Nachbarn würden annehmen, daß sie ihn verprügelte. Der Zimmerarrest wurde um fünf Minuten verlängert. Und erst als Alex schließlich ganz erschöpft war, beruhigte er sich so weit, daß der Tag normal weitergehen konnte. Was lernte Alex aus dieser Erfahrung? Weil es ihm äußerst schwer fiel, von seinen negativen Gefühlen abzulassen, wurde er von seiner Mutter stark diszipliniert, was ihm sagte, daß sie sein Verhalten mißbilligte.

Auch die dreijährige Anjali protestierte, als ihre Mutter ihr sagte, daß es an der Zeit sei, die Schaukel zu verlassen. Anjali weinte, schrie und stampfte mit den Füßen auf. Sie nannte ihre Mutter »eine blöde Mutter« und mußte wie Alex zum Auto getragen werden. Aber als das Auto den Parkplatz verlassen hatte, sang Anjali schon die *Peter-Pan*-Musik mit, die aus ihrem Kassettenrekorder ertönte. Glücklich sang sie: »Ich will nicht erwachsen werden.« Im Gegensatz zu Alex mußte sie zu Hause auch nicht eingesperrt werden – und erfuhr folglich von ihrer Mutter eine geringere Mißbilligung.

Dies ist der entscheidende emotionale Gegensatz zwischen Männern und Frauen: Männern fällt es schwerer, sich von einer starken Aufregung zu erholen. Ihnen wurde gesagt, daß sie Gefühle unterdrücken müßten, und sie lernten, Gefühle erst gar nicht hochkommen zu lassen. Frauen dagegen erholen sich schneller. Sie wurden ermutigt, das Ausdrücken von Gefühlen als etwas Positives zu sehen, und sie lernten, Gefühle zu artikulieren und zu ergründen.

Männer und ihre Überforderung

Wie im Fall des kleinen Alex auf dem Spielplatz, brennen bei Männern die Sicherungen schneller durch und ihre Ausbrüche dauern länger als bei Frauen, wodurch sie streßanfälliger sind. Wir haben dies in unserem eigenen Labor beobachtet: Bei schwierigen Diskussionen steigen der Blutdruck und der Herzschlag eines Mannes viel stärker als bei der Ehefrau und bleiben länger auf dem hohen Stand.

Daß Männer viel schneller unter Druck geraten als Frauen, zeigte sich am unterschiedlichen Herzschlag von Kirk und Agnes, als sie über einen ihrer Hauptkonflikte sprachen – Agnes' Neigung, die beiden kleinen Töchter mehr anzuschreien, als Kirk lieb ist. Bevor das Gespräch begann, hatten beide einen normalen Puls – er 75 Schläge, sie 62,3 Schläge pro Minute. Aber als Kirk begann, Agnes zu sagen, was ihm Sorge bereitete, beschleunigte sich sein Herzschlag in Erwartung ihrer Reaktion gewaltig.

> KIRK: Wenn du nicht willst, daß die Kinder wütend werden und die Beherrschung verlieren, dann kannst du das nicht dadurch korrigieren, daß du ihnen mit schlechtem Beispiel vorangehst und signalisierst, daß es in Ordnung ist, wenn du schreist und die Beherrschung verlierst und dergleichen. [Sein Puls: 95,7.]
>
> AGNES: Ich sage ja nicht, daß es in Ordnung ist, wenn ich ihnen dieses Beispiel gebe. Aber manchmal ist es so wie bei

den Lehrern – die Kinder treiben es zu weit, und dann schreien sie sie an, weil man keine Reaktion bekommt, wenn man nur mit ihnen redet. Manchmal muß man eben laut werden. Du weißt, am liebsten würde ich nicht so laut, wie ich am Ende geworden bin. Ich wollte, ich wäre mehr so wie du. [Ihr Puls: 62,3.]

KIRK: (seufzt) [Sein Puls: 95,7.]

AGNES: Aber ich glaube nicht, daß es an meinem Schreien liegt, wenn unsere Kinder Wutanfälle bekommen, weil ihnen die Farbe ihrer Socken nicht gefällt.

KIRK: Ich denke manchmal, du könntest ihnen klarmachen, daß du in der Sache hart bleibst, ohne daß du sie anschreist und alles zusammenbricht.

AGNES: Ich glaube nicht, daß unsere Kinder genug dazu angehalten werden, unsere Autorität anzuerkennen. Ich sehe, daß du endlos mit ihnen herumdiskutierst und sie zu überzeugen versuchst. Ich bin fest davon überzeugt, daß es bei einer Dreijährigen und einer Fünfjährigen richtig ist, zu sagen: »Wenn ich sage, so wird's gemacht, dann wird es so gemacht!« [Ihr Puls: 56,1.]

KIRK: (schluckt) [Sein Puls: 86,6].

Ein entscheidender Unterschied lag darin, daß sich Kirks Herzschlag sofort sehr stark beschleunigte und sich nur sehr langsam wieder beruhigte: Die physiologische Erregung machte es ihm sehr schwer, Agnes zuzuhören. Sein starker Herzschlag während ihres Gesprächs bedeutete auch, daß er wahrscheinlich viel Adrenalin ausschüttete, was dazu beitrug, daß er sich innerlich sehr zurückzog und schließlich ganz abblockte.

Für diese physiologischen Unterschiede zwischen den Geschlechtern gibt es hauptsächlich zwei Erklärungen. Erstens ist das vegetative Nervensystem des Mannes, das einen Großteil der Streßreaktionen des Körpers steuert, sensibler und braucht länger als das der durchschnittlichen Frau, um sich von einer starken emotionalen Erregung zu erholen. Damit will ich nicht sagen, daß Frauen »unempfindlich« gegen Ehestreß sind, sondern daß es eines stärkeren Konflikts bedarf, bevor Frauen seine schädlichen Auswirkungen spüren. Dies mag erklären, warum Frauen viel eher als Männer bereit sind, potentiell explosive Probleme direkt anzugehen.

Zweitens reagieren Männer deswegen stärker, weil sie, auch wenn sie sich bei einem Streit innerlich zurückziehen, mehr dazu neigen, die negativen Gedanken zu wiederholen, die ihren Ärger am Kochen halten. Wenn man in sie hineinhorchen könnte, könnte man Sätze hören wie: »Ich muß mir diesen Mist nicht bieten lassen« oder »Es ist alles ihre Schuld« oder »Das zahle ich ihr heim«. Solche inneren Drehbücher, sei es das der selbstgerechten Empörung oder das des unschuldigen Opfers, tragen eindeutig nichts zur Selbstberuhigung bei. Im Vergleich zu einer Frau scheint es einem Mann viel schwerer zu fallen, sich innerlich einen Ruck zu geben und zu sagen: »Schatz, laß uns mal darüber reden.«

Das verheerendste Resultat dieser physiologischen Unterschiede besteht für eine Ehe darin, daß Männer viel eher – und auf eine *destruktive* Weise – abblocken als Frauen, wenn sich eine Spannung aufbaut. Die Tendenz des Mannes zum Abblocken ist kaum überraschend. Wir haben wiederholt festgestellt, daß Männer bei einer heftigen Auseinandersetzung viel schneller unter Druck geraten als Frauen. Oft braucht nur der erste Reiter – die Kritik – auf der Bildfläche zu erscheinen, und schon fühlen sich Männer in die Enge getrieben. Bei Frauen muß gewöhnlich zumindest der zweite Reiter – die Verachtung – auf den Plan treten, um sie ernsthaft in Bedrängnis zu bringen. Da Männer biologisch stärker auf Streß reagieren, müssen sie sich eher durch einen Rückzug schützen. Nimmt man dazu, daß sie in der Kindheit immer wieder gelernt haben, ihre Aggressionen und Ängste zu unterdrücken, so ist es kein Wunder, daß 85 Prozent des Abblockens bei Männern vorkommt. Wenn dies auf Ihre Ehe zutrifft, so sind Sie nicht allein.

Obwohl das Abblocken einen Mann vor Streß schützen kann, *schafft* es andererseits einen enormen Streß bei seiner Frau, wie Sie vielleicht auch schon festgestellt haben. Kommen wir auf die

Meinungsverschiedenheit zwischen Kirk und Agnes wegen der Disziplinierung der Kinder zurück. Als Kirk fortfährt, sich über die Erziehungsmethoden von Agnes zu beklagen, fühlt sie sich von ihm angegriffen. Sie sagt ihm etwas, das ihn veranlaßt, ganz dicht zu machen. Jetzt bricht sie in Tränen aus.

> AGNES (weinend): Aber Schatz, ich sage doch schon die ganze Zeit, daß ich daran arbeiten muß, nicht immer so viel zu schreien. Aber ich verstehe nicht, warum *du* nie sagst: »Gut, auch ich will versuchen, es anders zu machen«. Immer ist es nur mein Fehler. Und immer sage ich zum Schluß, daß ich mir mehr Mühe geben will.
>
> KIRK (leckt sich die Lippen): Weitere Kommentare? [Eine lange Pause, in der er nichts sagt und Agnes ihn weinend ansieht.]
>
> AGNES: Nein, eigentlich nicht. [Während seines Schweigens war sein Puls 84,4, ihr Puls 90.]

Erst als Kirk jede weitere Diskussion abblockte, beschleunigte sich der Herzschlag von Agnes überdurchschnittlich. Das Abblocken eines Mannes ruft meistens bei ihm selbst wie bei seiner Frau eine Streßreaktion hervor, aber aus sehr unterschiedlichen Gründen. Die innere Erregung eines Mannes ist wahrscheinlich darauf zurückzuführen, daß in seinem Kopf das Band mit den spannungserhaltenden Gedanken abläuft, während er schweigend dasitzt. Aber dieses Abblocken ist schlimm für seine Frau, da sie es als Mißbilligung und Zurückweisung deutet. Da sie es vom Umgang mit ihren Freundinnen her gewohnt ist, emotionale Probleme durchzuarbeiten, empfindet sie den Rückzug ihres Mannes wahrscheinlich als verheerend, empörend und unerklärlich.

Erinnern Sie sich noch an diesen Satz aus einem Song der siebziger Jahre: »Menschen, die Menschen brauchen, sind die glücklichsten Menschen der Welt (People who need people are the luckiest people in the world)«? In Wahrheit aber haben Männer nicht annähernd so sehr wie Frauen das Bedürfnis, Kontakt zu anderen Menschen herzustellen. Männer vermeiden emotionale

Konflikte dadurch, daß sie sich auf irgendwelche Beschäftigungen zurückziehen; und solange dieser Rückzug nicht zu längeren Phasen von Einsamkeit führt, ist die Welt für sie normalerweise in Ordnung. Ob er in seinen Holzschuppen geht, Computerspiele spielt, joggt oder auch nur mit dem Auto herumfährt, das Hauptziel des Mannes besteht darin, dem emotionalen Auf und Ab zu entrinnen. Das ist Selbstschutz. Wenn man einen Mann, der der Auseinandersetzung ausweicht, bittet, seine Gemütsverfassung zu beschreiben, sagt er oft: »Ich versuche, nicht zu reagieren.« Er hat das Gefühl, daß er neutral ist und nichts tut, auch wenn seine Frau sein Schweigen als einen feindseligen Akt empfindet.

Sind Sie dagegen eine Frau, die abblockt (auch davon gibt es einige!), dann verursachen Sie Ihrem Mann wahrscheinlich nicht viel körperlichen Streß. Wie die meisten Männer ist auch der Ihrige wahrscheinlich eher erleichtert, wenn Sie sich bei emotionalen Auseinandersetzungen innerlich zurückziehen. Dann weiß er zumindest, daß er nicht angegriffen wird, und Rückzug und Ausweichen sind schließlich Reaktionen, die Männer sehr gut verstehen. Hinzu kommt, daß Sie sich beim Schweigen, wenn Sie in dieser Hinsicht wie die meisten Frauen sind, auf selbstberuhigende Gedanken konzentrieren: »Ich liebe ihn wirklich«, »Es tut mir leid, daß er sich jetzt so aufregt«, »Ich muß das nicht persönlich nehmen«, »Dies ist wirklich eine gute Ehe, er ist einfach wegen seiner Arbeit schlecht drauf« oder »Entspann dich einfach, es wird schon wieder werden«. In Anbetracht solch positiver Selbstgespräche überrascht es nicht, daß Frauen, die abblocken, nach einer Phase des Rückzugs viel eher als Männer in der Lage sind, dem Partner zu verzeihen – was die Sache für beide leichter macht. Aber von wem das Abblocken auch kommt, die anstehenden Probleme bleiben damit ungelöst. Denn man kann keine Eheprobleme lösen, wenn der Partner »nicht zu Hause ist«.

Das Schiff der Ehe auf Stabilitätskurs bringen

Aus biologischen Gründen ist es für Frauen generell wünschenswerter, Probleme anzusprechen und zu lösen, während Männer mehr darauf gepolt sind, ihnen aus dem Weg zu gehen. So können Sie wahrscheinlich feststellen, daß Sie und Ihr Partner grundsätzlich unterschiedlich mit Ihren Eheproblemen umgehen, auch wenn Sie fest in einer stabilen Ehe verankert sind. Selbst in guten Ehen gibt es immer einen gewissen Grad an Ungleichheit, wobei die Frau in der Regel den emotionalen Kurs bestimmt. Sie steht am Steuer des Beziehungsschiffes, hat ihre Augen ständig auf die emotionale Wetterkarte gerichtet und entscheidet, ob man direkt in einen Sturm hineinfährt oder die Route des Schiffes verändert. Wenn Sie diese Rolle spielen, entscheidet sich Ihr Ehemann wahrscheinlich dafür, die unvermeidlichen Stürme unter Deck zu überstehen und sich auf seinem Kurzwellenempfänger Fußballspiele anzuhören, während Sie die Konfrontation suchen. Ihr Mann ist eher rational und beschwichtigend und neigt dazu, die Probleme herunterzuspielen, auch wenn er sich nicht vor ihnen drückt. Und wenn Ihr Beziehungsschiff unter dem Druck einer unglücklichen Ehe zu sinken beginnt, verschärfen sich diese Unterschiede zwischen den Geschlechtern und machen die Dinge nur noch schlimmer.

Wir stellen bei unseren Untersuchungen fest, daß es in glücklichen Ehen im großen und ganzen keine Geschlechtsunterschiede im Artikulieren von Gefühlen gibt. In unglücklichen Ehen treten dagegen all die Unterschiede auf, von denen wir gesprochen haben: Die Männer sind abwehrender; sie versuchen im Gegensatz zu den Frauen, die Gefühle in einem neutralen Fahrwasser zu halten; sie sind die großen Abblocker, die sich vor den negativen Gefühlen ihrer Frau zurückziehen, weil sie schneller unter starken Druck geraten. Rückzug und Abwehrverhalten der Männer heizen indes die Frustration der Frauen noch weiter an.

Diese Unterschiede zwischen Mann und Frau können ein Paar auf verschiedene Weise in die ehelichen Stromschnellen treiben, von denen es dann fortgerissen wird. Es folgt eine Zusammenfassung der häufigsten geschlechtsbezogenen Eheprobleme, denen ich bei meinen Forschungen begegnet bin. Sie können diese Beschreibungen mit Ihrem Partner durchgehen und sehen, ob irgendeine zu Ihrer Partnerschaft paßt.

Wenn sich die Kaskaden in Bewegung setzen, sind es meistens un-

terschiedliche und sehr spezielle Dinge, die bei den Eheleuten Unzufriedenheit auslösen.

Die Ehemänner können es nicht ausstehen, wenn ihre Frauen sich beklagen, sie kritisieren und emotional werden. Sie sagen Dinge wie: »Meine Frau meckert immer« oder »Meine Frau fährt schnell aus der Haut«. Die Unzufriedenheit der Frauen betrifft hauptsächlich den emotionalen Rückzug ihres Mannes, und sie sagen: »Man kann nicht mit ihm reden« oder »Ich weiß einfach nicht, was in ihm vor sich geht«.

Männer sind eher »zu rational« und spielen Emotionen herunter. Sie erkennen möglicherweise nicht einmal, wenn ein Problem kein praktisches ist, sondern einen emotionalen Grund hat und eine emotionale Lösung braucht. In dem Film *Zeit der Zärtlichkeit* zeigt beispielsweise eine Szene zwischen Aurora und Garrett das gegenseitige Unbehagen, das dadurch erzeugt wird, daß Frauen den Wunsch haben, Gefühle auszudrücken, Männer dagegen die Tendenz, ihnen auszuweichen, auch wenn sie positiv sind. Aurora hat Garrett gerade gesagt, daß sie ihn liebt. Er hat nicht geantwortet, so daß sie ihn fragt, ob ihm zu ihrem Liebesgeständnis nichts eingefallen sei. Garrett merkt gar nicht, wie schwer es ihr wohl fällt, diese Frage zu stellen, und sagt scherzhaft: »Ich weiß nicht, was ich sagen soll, außer meiner Standardantwort.« Aurora fragt ihn, wie diese Antwort denn laute, und er antwortet: »Ich liebe dich auch, Kleines« – eine Antwort, die Aurora verletzt, weil sie eben eine »Standard«-Antwort ist und nicht seine wirklichen Gefühle für sie zum Ausdruck bringt.

Frauen haben mehr die Tendenz, sich über ihren Ehemann zu beklagen und ihn zu kritisieren. Gewöhnlich ist es die Frau, die den ersten Reiter, die Kritik, in die Ehe einführt (obwohl bei beiden Partnern die gleiche Wahrscheinlichkeit besteht, daß sie verächtlich oder abwehrend reagieren). Greg machte zum Beispiel für seine Familie das Abendbrot. Seine Frau Peggy war nicht in der Lage, ihm dabei völlig »freie Hand« zu lassen, sondern hatte das Gefühl, daß sie jede seiner Bewegungen überwachen müßte. Sie unterbrach ihn mehrere Male, gab ihm Anweisungen und sagte ihm, daß er irgend etwas falsch mache. Nachher erklärte Peggy ihr Verhalten so: »Ich habe nur versucht, ihm zu helfen. Alles, was ich gesagt habe, war: ›Du schneidest die Zwiebeln immer falsch‹, und da war er beleidigt und ging wortlos hinaus. Ich machte das Abendessen dann fertig und war wirklich verärgert.«

Von seinem Standpunkt aus, fühlte Greg sich angegriffen. »Wenn sie mich derartig anblafft, könnte sie mich genausogut schlagen«, erklärte er. Da Männer so schnell unter Druck geraten, kann die Kritik einer Ehefrau leicht dazu führen, daß sich der Mann zurückzieht. Die Frau interpretiert seine Reaktion dann als Zurückweisung, weil sie nicht erkennt, daß er psychisch stark unter Druck steht – sie kann sich nicht vorstellen, daß man es nötig hat, sich wegen einer so kleinen Kritik zurückzuziehen, auch wenn sie selbst durch die Kritik ein wenig verletzt wäre. Da sie die Intensität seiner Gefühle nicht versteht, kommt ihr seine Reaktion völlig unverständlich vor.

Viele Paare geraten in den Kreislauf Forderung/Rückzug: Die Ehefrau fordert mehr emotionale Konfrontation, was den Ehemann veranlaßt, sich noch mehr zurückzuziehen, was dazu führt, daß die Ehefrau noch mehr Forderungen stellt. Diana sprach beispielsweise mit Bill über ihre Gefühle und Gedanken in puncto Verbesserung der Kommunikation in ihrer Ehe. Anstatt auf die Gefühle seiner Frau einzugehen oder zu sagen, wie *er* dazu stand, waren Bills Antworten geeignet, jede Emotionalität zu ersticken, und waren selten auch nur auf die von ihr angesprochenen Probleme bezogen. Sie versuchte weiterhin, ihn dazu zu bringen, auf sie einzugehen:

> DIANA: Wir setzen uns erst hin und sprechen über etwas, wenn es einer von uns wirklich nicht mehr aushält. Weißt du, viele Familien haben das, was sie ein wöchentliches Treffen nennen ... dann setzen sich alle zusammen und reden über alles, was in der Woche passiert ist, was ihnen gefällt und was ihnen nicht gefällt.

> BILL: So etwas gab es bei uns zu Hause auch. [Er reagiert nicht auf ihre Sorge, daß sie nicht genug miteinander kommunizieren. Er sagt auch nicht, wie er es fände, wenn auch sie ein wöchentliches Treffen oder eine Zeit hätten, in der sie

miteinander reden könnten. Dies ist eine subtilere Form des Abblockens als das stumme Dasitzen, aber die Wirkung ist weitgehend die gleiche.]

DIANA: Weißt du, eigentlich sollte eine Familie oder ein Haushalt wie ein Betrieb geleitet werden. Einmal in der Woche findet eine Betriebsversammlung statt, in der jeder sagt und erfährt, was los ist.

BILL: Willst du wissen, welches Hauptproblem wir am Arbeitsplatz haben? [Wieder bezieht sich seine Antwort nicht auf das Problem ihrer Kommunikation oder darauf, ob er ein wöchentliches Treffen für eine gute Idee hält. Er gibt ihr keinerlei Rückmeldung.]

DIANA: Wie oft habe ich dich gefragt, was mit dir los ist, und du sagst nichts, und einen Monat oder eine Woche später sagst du dann, was los war, während ich es in einer Million Jahren nicht erraten hätte.

BILL: Ich weiß nicht, warum das so ist, aber du kannst bei der Arbeit fast jeden fragen, was ihn stört oder was ihm zu schaffen macht und äh ... Es ist immer die Kommunikation. Das ist das große Problem. [Wieder spricht er über etwas weniger Brisantes als über das Kommunikationsproblem in ihrer Ehe.]

DIANA: Weißt du, manchmal denke ich wirklich, daß du, so lange wir auch verheiratet sind, nicht viel über mich weißt.

BILL: Na, ich glaube, daß das für uns beide gilt ... vielleicht.

DIANA: Aber ich frage dich, ob etwas nicht stimmt, und du kannst es nicht ausstehen, wenn ich dich frage.

BILL: Nun, es ist schwer, äh (Pause), es ist schwer, äh, weißt du (Pause), es ist schwer, jetzt ein Beispiel zu finden, um dir zu antworten. [Mittlerweile windet sich Bill. Dieses Gespräch bereitet ihm allmählich großes Unbehagen, wie die Pausen und Wiederholungen zeigen. Im Grunde genommen sagt er seiner Frau: »Ich kann dir nicht antworten«.]

Solche Interaktionen können einen Teufelskreis schaffen, und zwar besonders in sehr konfliktreichen Ehen. Je mehr sich die Ehefrauen beklagen und ihre Männer kritisieren, desto mehr ziehen sich die Männer zurück und blocken ab; je mehr sich die Männer zurückziehen und abblocken, desto mehr beklagen sich die Frauen und kritisieren ihre Männer. Dieser Kreislauf muß durchbrochen werden, wenn konfliktträchtige Ehen ihre Auflösung vermeiden wollen.

Eine Ehefrau, die merkt, daß sich ihr Mann bei einem spannungsgeladenen Gespräch zurückzieht, hat oft das Gefühl, daß sie die Intensität der Interaktion steigern muß, um bei ihm Gehör zu finden. Sie denkt vielleicht: »Hmmm, er hört mir gar nicht richtig zu. Wenn ich ihm zeige, wie wütend ich wirklich bin, merkt er, daß dieses Problem wirklich wichtig für mich ist.« Aber leider ist es so, daß sich der Mann dann noch mehr zurückzieht, weil er noch stärker unter Druck gerät, wenn die Frau aggressiv und verächtlich reagiert.

Ein Paar aus meiner Untersuchung über frischverheiratete Paare ist ein gutes Beispiel für diese Form der Interaktion. In dem folgenden Gespräch mißdeutet Jenny Mikes ruhige Art beziehungsweise lehnt sie ab, weil sie das Gefühl hat, daß er ihr nie richtig zuhört. Mike fällt es schwer, auf ihre Probleme einzugehen; er nimmt sie ihrer Ansicht nach nicht ernst genug. Sie beginnt, einen aggressiven und spöttischen Ton anzuschlagen, und versucht offensichtlich auf diese Weise, ihn zu einer Reaktion zu bewegen:

> MIKE: Was willst du mir jetzt sagen?

> JENNY: Ich will sagen, daß du mir nie richtig zuhörst, wenn ich mit dir rede. Ich kann dir vier oder fünf... fünf Millionen Mal sagen, daß du den Tisch abräumen oder auch mal Geschirr spülen sollst. Es macht mir nichts aus, wenn du das Geschirr spülst und mir die Töpfe übrigläßt, aber du machst den Abwasch auch dann nicht, wenn ich dich darum bitte ... oder die Sache mit Dad an diesem Wochenende. Ich habe dir das Telefon gegeben, hatte aber keine Ahnung, was los war. Ich wußte nicht einmal, daß Dad in die Stadt kommen wollte.

MIKE: Und wo ist das Problem?

JENNY: Menschenskind. Du hörst einfach nicht zu. Du verstehst nichts. Du äußerst dich in keiner Richtung, wie: »Ja, ich habe es gehört« oder »Nein, ich habe es nicht gehört«. »Ja, das ist eine gute Idee« oder »Nein, das ist keine gute Idee«, weil du gar nicht gut genug zuhörst, um zu wissen, ob es überhaupt eine Idee ist oder ob ich es nur sage, um zu sehen, ob du mir folgst. [Jenny wird rot im Gesicht. Es ist offensichtlich, daß sie über die fehlende Ansprechbarkeit ihres Mannes sehr aufgebracht und frustriert ist.]

Wenn mit einer Ehefrau die Gefühle durchgehen, fängt sie oft an, dem Mann sein ganzes Sündenregister vorzuhalten – sie bringt alle vergangenen und gegenwärtigen Beschwerden vor und mischt sie mit Sarkasmus und Verachtung. Diese Taktik überfordert den Ehemann natürlich und führt zu einem weiteren Rückzug. Hier ist noch ein Ausschnitt aus der Auseinandersetzung zwischen Mike und Jenny:

JENNY (tief seufzend): Du gibst mir nie eine direkte Antwort.

MIKE: Es gab keine Frage. Du hast nur einen Kommentar abgegeben. Wie soll ich auf einen Kommentar antworten? Ich kann mich furchtbar aufregen, aber das ist ziemlich sinnlos.

JENNY: Du hältst alles für ziemlich sinnlos. Du hältst es für sinnlos, das Abendessen zu machen. Du hältst es für sinnlos, darüber zu sprechen, was wir tagsüber gemacht haben. [Sie ist so geladen, daß sie ihm diese negativen Gedanken unterstellt, aggressiv wird und zu einem Rundumschlag ausholt.]

MIKE: Das ist es auch, wenn wir genau das gleiche tun, was wir im ganzen letzten Jahr jeden Tag gemacht haben. [Er weicht dem von ihr angesprochenen Problem völlig aus. Statt dessen redet er über die Worte, die sie in dem Gespräch gebraucht hat und umgeht das unangenehmere Thema ihrer beider mangelnden Kommunikation.]

JENNY (ihr Gesicht ist rot; wieder ist sie kurz vor dem Weinen): Das bedeutet zumindest, daß wir über irgend etwas reden und nicht den ganzen Abend vor dem blöden Fernseher sitzen. Das ist das einzige, was du noch tust. [Sie macht ihm weitere Vorhaltungen.] Du kommst nach Hause und schmeißt dich als erstes auf die Couch, und du sagst nicht: »Wie war es heute bei dir? Hattest du irgendwelche aufregenden Kunden?« Nein! [Sie ahmt spöttisch ihren Mann nach] »Oh, du bist ja zu Hause. Schön.« Und dann siehst du wieder fern.

Jennys letzte Reaktion enthält viel Spott und Kritik – sie muß es lernen, solche Reaktionen zu vermeiden, wenn sie nicht will, daß sich ihr Mann völlig von ihren Gesprächen zurückzieht.

Eheliche Konfliktpunkte: Sex und Hausarbeit

Wenngleich die Unterschiede zwischen den Geschlechtern zu zahlreichen Problemen führen können, ergeben sich zwei Konflikte so häufig, daß sie besonders erwähnenswert sind: wie oft ein Paar miteinander schläft und wer mehr Hausarbeit verrichtet. Obwohl dies nur zwei von unzähligen Problemen sind, die Ehegewitter auslösen können, sind sie hinsichtlich der Unterschiede zwischen den Geschlechtern so wichtig – sowohl Männer als auch Frauen müssen die Auffassung des anderen verstehen –, daß ich mich verpflichtet fühle, hier einige Ratschläge zu geben.

Männer wollen gewöhnlich mehr Sex als Frauen. Da Jungen und Mädchen in der Kindheit so unterschiedlich sozialisiert werden, wird den Geschlechtern in puncto körperliche Liebe fast die gegenteilige Botschaft vermittelt. Jungen lernen es, Sex entweder als reines Vergnügen zu betrachten, das nichts mit emotionaler Bindung zu tun hat, oder als ein Mittel, um einem Mädchen nahe zu kommen. Für viele Männer und Jungen im Teenager-Alter gibt es keine emotionalen Voraussetzungen für ein sexuelles Erlebnis, weil Nähe das Ziel und nicht die Ursache eines Liebesaktes ist.

Frauen brauchen dagegen zumeist körperliche und emotionale

Nähe und Zärtlichkeit, bevor sie mit einem Mann schlafen wollen. Der Liebesakt *bestätigt* für die meisten Frauen die Intimität und stellt sie nicht her. Unzählige Male habe ich gehört, daß Frauen sich beklagt haben: »Er berührt mich nie und sagt mir nie etwas Schönes, außer wenn er Sex will, und ich brauche jeden Tag Zärtlichkeit, um Lust auf Sex zu haben«; oder: »Er geht sofort an meine erogenen Zonen. Ich will nicht, daß er zuerst meine Brüste oder meine Klitoris berührt. Obwohl ich ihm das gesagt habe, denkt er nie daran, daß ich erst überall gestreichelt, umarmt, geküßt, massiert und verzärtelt werden will. Sonst ist Sex nicht schön. Man fühlt sich genommen.« Was den Frauen außerdem häufig den Sex verleidet, ist die Tatsache, daß Männer auch dann Sex wollen, wenn sie distanziert, streitsüchtig oder schlecht gelaunt sind. Diese Unterschiede können dazu führen, daß Frauen in ihrer Ehe ganz auf sexuelle Betätigung verzichten, was zu ernsthaften Problemen führt.

Was kann man dagegen tun? Mein wichtigster Ratschlag richtet sich hier an die Männer. Lernen Sie, sich in die Voraussetzungen hineinzufühlen, die Ihre Frau für sexuelle Intimität braucht. Natürlich ist jede Frau anders, und Sie müssen lernen, sich zu erinnern und das zu tun, was Sie über die Vorlieben Ihrer Frau herausgefunden haben. Generell kann man aber sagen, daß Ihre Frau sich Ihnen sexuell näher fühlt, wenn Sie auch sonst zärtlich, rücksichtsvoll, aufmerksam und interessiert sind und ihr Respekt entgegenbringen. Das gleiche gilt für den Liebesakt selbst. Lernen Sie, sich Zeit zu nehmen und das lustvoll zu erleben, was Ihre Frau braucht und wünscht. Und auch als Frau müssen Sie die geschlechtsspezifischen Unterschiede in bezug auf das sexuelle Vergnügen verstehen und sich manchmal den Bedürfnissen und Wünschen Ihres Mannes anpassen.

Die Hausarbeit scheint im Vergleich zur Sexualität ein banales Problem zu sein, aber für Frauen ist sie ein großes Problem, das auch ihr Sexualleben sowie die gesamte Qualität ihrer Ehe beeinflußt. Ich habe einige frischverheiratete Männer befragt, die mir stolz sagten: »Ich werde nicht abwaschen, auf keinen Fall. Das ist Frauensache.« Zwei Jahre später fragten mich die gleichen Männer: »Warum haben meine Frau und ich keinen Sex mehr?« Sie begreifen einfach nicht, wie erniedrigend ihre Einstellung zur Hausarbeit für ihre Frauen ist. Wenn Sie Ihre Frau wie eine Dienstmagd behandeln, wird das unweigerlich auch Auswirkungen auf die intimeren, sensibleren Bereiche einer Beziehung haben. Wenn man die einzige Person in einer Ehe ist, die die Toilette saubermacht, ist das weiß Gott nicht erotisch stimulierend!

Wenn Sie ein Ehemann sind, der jetzt sagt: »Das ist bei mir nicht so. Ich übernehme meinen gerechten Anteil«, müssen Sie ehrlich prüfen, wieviel Sie wirklich im Haushalt tun. Die Angaben von Männern über ihren Anteil an der Hausarbeit und Erziehungsarbeit sind nicht unbedingt verläßlich – fast jeder Mann überschätzt seinen eigenen Beitrag zum Haushalt. Von fünfzig Männern, die sich selbst als »emanzipiert« beschrieben und sagten, daß ihnen die Karriere ihrer Frau genauso wichtig sei wie die eigene, hatte nicht einer jemals mit seiner Frau über die Aufteilung der häuslichen Aufgaben geredet. Auch in Familien, in denen beide Karriere machen, erledigen die Frauen fast immer den größeren Teil der Hausarbeit. Eine Untersuchung zeigte, daß Männer, die den Anspruch erheben, feministische Ideen zu unterstützen, täglich im Durchschnitt nur *vier Minuten* mehr Hausarbeit verrichten als traditionelle Männer, die sich offen zu ihrer »machohaften« Gesinnung bekennen. Es läuft darauf hinaus, daß sie einen Topf saubermachen oder einen Läufer absaugen.

Die Botschaft, die Sie Ihrer Frau vermitteln, wenn Sie so wenig im Haushalt tun, ist ein Mangel an Respekt ihr gegenüber. Nehmen wir das folgende Gespräch zwischen Lawrence, dem nichts daran liegt, das Haus besser in Ordnung zu halten, und Marsha, die meint, daß die Hausarbeit eine gemeinsame Aufgabe sein sollte – und daß sie bereits ihren Teil leistet. Er scheint überhaupt nicht zu begreifen, daß es einen Zusammenhang zwischen seinem geringen Beitrag zur Hausarbeit und ihren Gefühlen ihm gegenüber gibt:

> MARSHA: Ich will nicht in einem schmuddeligen, unordentlichen Haus leben ... du kannst nicht davon ausgehen, daß es *mein* Haus ist, in dem du mir gelegentlich *hilfst*.

LAWRENCE: Nimmst du's mir übel, daß ich die Hausarbeit nicht so mache, wie es deinen Maßstäben entspricht?

MARSHA: Ja, das tue ich.

LAWRENCE: Warum machst du dann nicht alles selbst?

MARSHA: Ich kann nicht alles machen. Das verstehst du nicht, oder? Du hast es nie verstanden und wirst es nie verstehen.

LAWRENCE: Nein. Ich habe nicht die Absicht, mein Leben damit zu verbringen, daß ich im Haus herumpussele.

MARSHA: Wenn du nicht die Absicht hast, die Hälfte der Arbeit zu machen, wer soll sie dann machen? An wen denkst du?

LAWRENCE (hustet): Keine Ahnung.

MARSHA: Willst du es noch mal versuchen?

LAWRENCE: Ja. Eine Putzfrau ...

MARSHA: Bis wir uns eine Putzfrau leisten können, möchte ich nicht, daß du mir bei *»meiner* Hausarbeit« hilfst, denn ich sage dir, daß die Rolle einer Frau ...

LAWRENCE: Deine Rolle ist mir piepegal ...

MARSHA: Wenn du saubermachst, wem hilfst du dann?

LAWRENCE: Ich helfe dir.

MARSHA: Nein. Du hilfst *uns.*

LAWRENCE: Uns?

MARSHA: Wir sind zwei Menschen, die zusammen leben. Wir sind ein »Uns«.

Später sagte mir Marsha, sie habe es »aufgegeben«, Lawrence dazu zu bringen, seinen Anteil zu übernehmen. Leider ist Marsha kein Einzelfall. Auch gebildete, kompetente, selbstbewußte Frauen akzeptieren ihre Rolle als »gute Ehefrau« und »gute Mutter« so sehr, daß es ihnen häufig widerstrebt, ihren Ehemann um mehr Hilfe zu bitten. Obwohl sie sich ausgenutzt fühlen, machen sie die Hausarbeit lieber selbst, anstatt endlose Diskussionen darüber zu führen.

Natürlich helfen auch viele Männer. Aber manchmal stellt sich die Ungleichheit in bezug auf Hausarbeit und Kinderbetreuung subtiler dar. Virginia, eine glücklich verheiratete Frau, Mutter von drei Kindern und Lehrerin mit einer ganzen Stelle, erzählte mir, daß sie und ihre Freundinnen sich ständig über ihre Ehemänner lustig machen. »Wir halten unsere Ehemänner – von denen viele angesehene Professoren, Künstler, Wissenschaftler und Kommunalpolitiker sind – für ein weiteres Kind in der Familie«, sagt sie lachend. »Was mich betrifft, so ist mein Mann besser als die meisten Männer, die ich kenne – er putzt, kauft ein, kümmert sich um die Kinder. Aber was mich wirklich auf die Palme bringt, ist, daß er immer fragt: ›Wo ist die Mayonnaise?‹ oder ›Was soll ich einkaufen?‹ Manchmal möchte ich ihn anschreien: ›Denk doch mal selbst nach. Du kannst die Zwiebeln genauso gut zählen wie ich‹, aber ich weiß, daß ich mich nicht ärgern sollte«, sagt sie mit einem verzweifelten Seufzer. Alte Angewohnheiten sind schwer auszurotten!

Was ist also die Lösung? Psychologen wie Claire Rabin und Pepper Schwartz haben herausgefunden, daß beide Ehepartner profitieren, wenn sie es schaffen, die häuslichen Aufgaben gerecht zu verteilen. Eine ungleiche Verteilung der Hausarbeit und Kinderbetreuung hat tiefgreifende Konsequenzen für die Zufriedenheit der Frauen mit ihrer Ehe, was auch für den Mann die Qualität der Ehe beeinflußt.

Um es einfach auszudrücken: Die Männer können dieses brisante Problem vermeiden, wenn sie akzeptieren, daß Hausarbeit und Kinderbetreuung nicht eine ausschließliche Domäne der Frau sind, sondern eine gemeinsame Aufgabe. Wenn Sie verheiratet sind, tun Sie Ihrer Frau keinen Gefallen, wenn Sie ihr bei der Hausarbeit »helfen« – vielmehr teilen Sie sich die notwendigen Arbeiten, um sich das Leben angenehmer zu machen. Versuchen Sie, die Hausarbeit als eine gute Übung zu sehen. Hüten Sie sich vor versteckten Gefühlen, die den Abfall schwerer oder den Geschirrberg höher erscheinen lassen, als er in Wirklichkeit ist.

Und denken Sie daran: Männer, die mehr Hausarbeit und Kinderbetreuung übernehmen, haben ein besseres Liebesleben und eine glücklichere Ehe als andere.

Hausarbeit kann auch gut für die Gesundheit eines Mannes sein. Das mag weithergeholt klingen, aber wir stellten eine direkte Korrelation zwischen dem Umfang der geleisteten Hausarbeit und der Wahrscheinlichkeit fest, daß ein Mann vier Jahre später körperlich gesünder ist! Vielleicht bedeutet die Lösung dieses wichtigen Problems, daß es zu Hause weniger Konflikte gibt, so daß der Mann im Laufe der Jahre weniger Streß hat.

Viele Frauen, die sonst durchsetzungsfähig sind, schrecken davor zurück, ihre Männer mit diesen Problemen zu konfrontieren, vor allem, wenn es um die Kinderbetreuung geht. Vielleicht haben sie ein zu großes Schuldgefühl, um mehr Hilfe zu fordern, weil sie glauben, daß die Kinderbetreuung in erster Linie ihre Aufgabe sei. Männer wären gut beraten, wenn sie ein wachsames Auge auf die ungleiche Verteilung der Kinderbetreuung und Hausarbeit hätten und ihre Frauen fragen würden, ob es da ein Problem gibt – die Frauen bringen es von sich aus nämlich erst zur Sprache, wenn ihre zunehmende Frustration zu einer Explosion führt. Und die Männer werden für ihre Aufmerksamkeit viele Punkte einheimsen.

Ratschläge für ihn und für sie

Männer und Frauen spielen in einer kranken Ehe eine unterschiedliche Rolle. Diese Unterschiede möchte ich im folgenden zusammenfassend darstellen.

Der bevorzugte Konfliktlösungsstil

Da es oft die Frauen sind, die in einer Ehe emotionale Nähe herstellen, sind sie es auch, die schließlich Probleme zur Sprache bringen. Frauen erinnern sich besser an soziale Ereignisse als Männer und werden durch starke negative Gefühle nicht so sehr aus der Fassung gebracht. Männer möchten lieber einen Konflikt vermeiden, wenn die negativen Gefühle stark werden. Sie versuchen, rational und beschwichtigend zu sein, und haben die Tendenz, allzu schnell einen rationalen Versuch zu machen, das Problem zu »lösen« (was gewöhnlich bedeutet, es vom Tisch zu bekommen), bevor sie die Gefühle ihrer Frau wirklich verstanden und nachempfunden haben.

Die vier Reiter
Ehemänner sind die großen Abblocker. Aber Ehefrauen neigen mehr zur Kritik, was ihre Männer stark unter Druck setzen kann (die meisten Frauen geraten erst dann unter Druck, wenn sie sich einer totalen Verachtung ausgesetzt sehen). Dies führt wiederum dazu, daß die Ehemänner jegliche Kommunikation verweigern.

Gedanken, die Spannungen aufrechterhalten
Männer neigen eher dazu, sich zermürbenden Gedanken hinzugeben, was erklären könnte, warum Männer länger als Frauen brauchen, um sich von einer physiologischen Erregung zu erholen. Frauen verstehen es besser, sich selbst zu beruhigen.

Die Geschichte der eigenen Ehe
Überrascht habe ich festgestellt, daß hinsichtlich der Geschichte einer Ehe die Erinnerungen des Ehemannes entscheidend sind. Werden Paare nach der Geschichte ihrer Ehe gefragt (wie sie sich kennengelernt haben, wie die Hochzeit war und so weiter), dann sagen die Zuneigung des Mannes zu seiner Frau, das Wir-Gefühl des Mannes, die Mitteilsamkeit des Mannes (wenn er ausführlich darüber spricht, wie sie sich kennenlernten, was ihn zuerst anzog) und die Enttäuschungen des Mannes über die Ehe wesentlich mehr darüber aus, ob das Paar zusammenbleiben wird, als die Antworten der Frau. Es kann für eine Ehe hilfreich sein, wenn Ehemänner größere Anstrengungen machen, Negatives in Positives zu verwandeln, indem sie an den Verlauf der Ehe zurückdenken und sich mehr an die guten Zeiten erinnern.

In den nächsten Kapiteln werde ich detaillierter darstellen, was Sie tun können, damit Ihre Konflikte nicht eine destruktive, sondern eine konstruktive Wendung nehmen, wie sehr Ihre Beziehung Ihrer Ansicht nach auch auf der falschen Schiene gelandet ist. Und so, wie es zwei Ehen gibt, seine und ihre, wenden sich manche Ratschläge mehr an die Männer als an die Frauen und umgekehrt. Behalten Sie also die folgenden allgemeinen Vorschläge im Hinterkopf, wenn Sie den Rest des Buches lesen.

Ein Ratschlag für die Männer:
Nehmen Sie den Ärger Ihrer Frau ernst

Der wichtigste Rat, den ich Männern geben kann, denen an einer funktionierenden Ehe liegt, ist der, daß sie versuchen sollten, Konflikte *nicht* zu vermeiden. Wenn man einem Problem ausweicht, beseitigt man es nicht – im Gegenteil, der ungelöste Konflikt wird Ihre Frau nur noch mehr aufbringen. Erkennen Sie, daß Ihre Frau über das sprechen muß, was ihr zu schaffen macht, damit die Beziehung weiterhin gut funktioniert. Die Situation mag für Sie vielleicht unangenehm sein, aber indem Ihre Frau ihren Gefühlen freien Lauf läßt, tut sie etwas für die Gesundheit Ihrer Ehe.

Versuchen Sie, daran zu denken, daß es nicht ihr Ziel ist, Sie persönlich anzugreifen, obwohl es manchmal so aussieht, wenn sie ihre Beschwerden vor lauter Verzweiflung in sarkastischer und verächtlicher Form zum Ausdruck bringt. Wenn Sie mit ihr diese unbehagliche Situation durchstehen und sich ihre Kritik anhören, anstatt zu behaupten, daß sie übertreibe oder wegen nichts und wieder nichts hysterisch werde, wird sie sich beruhigen. Wenn Sie abblocken und sich weigern, ihr zuzuhören, wird sie gereizt sein und den Konflikt hochschaukeln, was die Wahrscheinlichkeit erhöht, daß Sie sich schließlich in die Enge getrieben fühlen.

Ihre Frau sagt Ihnen zum Beispiel, wie der Geschirrspüler einzuräumen ist: »Ich habe dir schon hundertmal gesagt, daß die Gläser nach oben kommen. Wenn du es anders machst, werden sie nicht sauber.« Sie denken vielleicht: »Was ist denn das für ein Unterschied, wo ich die verflixten Gläser hinstelle? Wen stört es denn, wenn sie ein paar Streifen haben – schließlich bewirten wir ja nicht den Präsidenten.« Also versuchen Sie vielleicht, das Gespräch zu beenden, hinauszugehen oder ihr zu widersprechen.

Versuchen Sie statt dessen, sich selbst etwas Beruhigendes zu sagen wie: »Das ist für mich vielleicht nicht so wichtig, aber anscheinend für sie; also werde ich ihr zuhören. Ihr Ärger ist ihre Art, mir deutlich zu machen, wie wichtig das für sie ist. Sie will nur sichergehen, daß sie meine Aufmerksamkeit hat.« Und wenn Sie sich ihre Beschwerde angehört haben, warum versprechen Sie ihr dann nicht, es besser zu machen, wenn es ihr Freude macht? Oder Sie könnten auf freundliche, humorvolle Weise anbieten, ein wissenschaftliches Experiment durchzuführen, um festzustellen, welche Gläser sauberer sind – die unteren oder die oberen. Denn schließlich ist nicht die Sauberkeit der Gläser für Ihre Frau das Wichtigste; was wirklich zählt, ist, daß *Sie ihre Gefühle respektieren.*

Das bedeutet nicht, daß Sie jeder Kritik Ihrer Frau »nachgeben« müssen. Aber Sie sollten immer ihre Meinung respektieren und versuchen, das, was sie sagt, zu verstehen, anstatt wie ein Roboter zu reagieren. Sie können in jeder Situation entscheiden, wie Sie auf die Forderungen Ihrer Frau reagieren. Wenn Sie sich bewußt machen, daß Sie dazu neigen, sich abwehrend zu verhalten, wenn Ihre Frau Sie kritisiert, dann können Sie lernen, diese negative Reaktion zu vermeiden. Auf diese Weise kann eine Unstimmigkeit nur ein oder zwei Minuten dauern anstatt die übliche Stunde oder länger.

Denken Sie vor allem daran, daß Ihrer Frau wirklich viel an Ihrer Beziehung liegt. Darum stellt sie Sie zur Rede. Sie möchte, daß Sie beide Ihre Probleme gemeinsam lösen. Wenn Sie wollen, daß Ihre Ehe funktioniert, müssen Sie bereit sein, Ihre Frau so zu nehmen, wie sie ist – einschließlich dessen, was Ihnen vielleicht als kleinkarierte Kritik an Ihnen erscheint.

Ein Ratschlag für die Frauen:
Stellen Sie ihn freundlich zur Rede

Um den Teufelskreis Forderung/Rückzug zu durchbrechen, müssen Sie erkennen, daß Sie und Ihr Mann emotional von verschiedenen Planeten kommen. In unserer Kultur sind es in erster Linie immer noch die Frauen, die dafür zuständig sind, Probleme anzusprechen. Aber Sie müssen versuchen, dies auf eine ruhige und freundliche Art zu tun; sonst zieht Ihr Mann sich wahrscheinlich zurück. Nehmen Sie es nicht persönlich, wenn er versucht, ein wichtiges Gespräch vorzeitig abzubrechen, indem er zum Beispiel das Thema wechselt. Es ist wichtig, ihn dazu zu bringen, sich den Konflikten zwischen Ihnen beiden zu stellen, aber geben Sie ihm zu verstehen, daß Sie ihn nicht angreifen. Anstatt zu sagen: »Du räumst nie den Geschirrspüler ein«, versuchen Sie zu sagen: »Es stört mich, daß du nie den Geschirrspüler einräumst«. Oder: »Das ist für dich vielleicht nicht wichtig, aber für mich – und darum müssen wir darüber reden«.

Wenn Sie Ihren Mann kritisieren, denken Sie daran, ihm zu sagen, daß Sie ihn noch lieben und daß Sie einfach möchten, daß er ein gewisses Verhalten ablegt. Versuchen Sie unbedingt, nicht von der Beschwerde zur Kritik überzugehen und dann einen verächtlichen Ton anzuschlagen. Er wird schnell unter Druck geraten, und dann kann der Konflikt leicht eskalieren. Es wird ihm viel leichter fallen, sich nicht auszuklinken, wenn Sie ihm zu verstehen geben, daß das Reden über die Dinge, die Sie stören, ein Weg ist, die Liebe zwischen Ihnen lebendig zu halten.

Sehen Sie, Frauen verstehen es im allgemeinen besser als Männer, mit brisanten Themen umzugehen. Meine Frau kann einen dampfenden, heißen Topf mit Spaghetti mit bloßen Händen leeren. Ich muß bei dem gleichen Topf etliche Topflappen benutzen. Ich würde mir die Hände verbrennen, wenn ich es so machen würde wie sie. Und mit den Gefühlen ist es nicht viel anders.

Ein Ratschlag für beide: Gegenseitige Akzeptanz

Der beste Rat, den ich Ihnen beiden geben kann, ist der, daß Sie Ihre Unterschiede akzeptieren. Aus biologischen und kulturellen Gründen können Sie nie erwarten, daß der andersgeschlechtliche Partner vollständig begreift, wer Sie sind und was Sie wollen. Es gibt wirklich zwei Ehen: seine und ihre. Aber wenn Sie Ihre grundlegende Verschiedenheit respektieren und schätzen, können diese beiden Ehen in einer unterstützenden, harmonischen Gemeinschaft nebeneinander bestehen.

6. Kapitel

Ihre Ehe – die Diagnose

Inzwischen haben Sie die Tests gemacht, die Ihre Ehe in mehreren Schlüsselbereichen analysieren. Wenn Sie klar sehen, wo sich in Ihrer Beziehung die Konfliktlinien und die heiklen Punkte befinden, ist das der erste Schritt zu einer besseren Ehe. So wie die Ergebnisse eines Bluttests Ihnen eine Vorstellung davon vermitteln, welche Bereiche gesund sind und welche Sie im Auge behalten müssen, vermitteln Ihnen diese Tests eine Vorstellung von Ihrer Ehe. In den folgenden Kapiteln werde ich Gegenstrategien vorschlagen – von denen einige sehr speziell auf diese Diagnosen abgestimmt und andere so allgemein gehalten sind, daß jedes Paar von ihnen profitieren wird.

Ihre Ehe – eine diagnostische Checkliste

Fassen Sie die Diagnose Ihrer Ehe zusammen, indem Sie jeden Bereich angeben, in dem es ein Problem gibt.

Ehestil (Test auf Seite 59): Gibt es Differenzen zwischen Ihnen und Ihrem Partner in bezug auf den besten Konfliktlösungsstil? Konfliktvermeidend? Konstruktiv? Impulsiv?
Sie: Ja Nein Ihr Partner: Ja Nein

Liebe und Respekt (Test auf Seite 75): Gibt es davon in Ihrer Ehe genug?
Sie: Ja Nein Ihr Partner: Ja Nein

Die vier Reiter: Haben Sie oder Ihr Partner Probleme mit einem der vier Reiter?
Sie: Ja Nein Ihr Partner: Ja Nein

Kritik? (Test auf Seite 92)
Sie: Ja Nein Ihr Partner: Ja Nein

Verachtung? (Test auf Seite 98)
Sie: Ja Nein Ihr Partner: Ja Nein

Abwehr? (Test auf Seite 110)
Sie: Ja Nein Ihr Partner: Ja Nein

Abblocken? (Test auf Seite 117)
Sie: Ja Nein Ihr Partner: Ja Nein

Gedanken, die die Spannungen aufrechterhalten (Test auf Seite 131): Ist das Muster des »unschuldigen Opfers« für Ihre Gedanken kennzeichnend?
Sie: Ja Nein Ihr Partner: Ja Nein

Ist das Muster der »selbstgerechten Empörung« für Ihre Gedanken kennzeichnend? (Test auf Seite 131)
Sie: Ja Nein Ihr Partner: Ja Nein

Die Distanz- und Isolationskaskade: Wo stehen Sie? Fühlen Sie sich schon von negativen Gefühlen überwältigt? (Test auf Seite 149)
Sie: Ja Nein Ihr Partner: Ja Nein

Halten Sie Ihre Eheprobleme für schwerwiegend? (Test auf Seite 149)
Sie: Ja Nein Ihr Partner: Ja Nein

Glauben Sie, daß es sich lohnt, die Dinge mit Ihrem Partner zu besprechen? (Test auf Seite 151)
Sie: Ja Nein Ihr Partner: Ja Nein

Leben Sie schon nebeneinander her? (Test auf Seite 153)
Sie: Ja Nein Ihr Partner: Ja Nein

Sind Sie in Ihrer Ehe einsam? (Test auf Seite 155)
Sie: Ja Nein Ihr Partner: Ja Nein

Ihre Ehe-Geschichte (Test auf Seite 165): Was sagen Sie sich selbst über die Geschichte Ihrer Ehe? Haben Sie mehr negative als positive Gefühle in bezug auf Ihre Ehe?
Sie: Ja Nein Ihr Partner: Ja Nein

Die Diagnosen und die Therapien

Wir wollen diese Diagnosen – und die entsprechenden Therapiemöglichkeiten – jetzt nacheinander durchgehen.

Der Ehestil

Wenn es keine größeren Differenzen zwischen Ihnen und Ihrem Partner in bezug auf den bevorzugten Konfliktlösungsstil gibt, sollte diese Stabilität Ihre Ehe weniger anfällig für die vier Reiter machen. Aber auch wenn Sie eine stabile Form gefunden haben, können Sie immer noch feststellen, daß es spezielle Problembereiche gibt, die anfangen könnten, Ihre Ehe zu destabilisieren, wenn Sie sie einfach hinnehmen.

Wenn es große Unterschiede in bezug auf die Art der Ehe gibt, die Sie und Ihr Partner bevorzugen, dann werden Sie eine leichtere Beute für die Kräfte sein, die eine Beziehung destabilisieren können.

In vielen instabilen Ehen waren sich die Partner nie über den erstrebenswerten Ehetyp einig. Es kann zum Beispiel sein, daß ein Mensch, der in einer impulsiven Ehe glücklich wäre, unwissentlich einen Konfliktvermeider geheiratet hat und daß beide vergeblich versucht haben, sich den Präferenzen des anderen anzupassen.

Sehen Sie sich Ihre Antworten auf den Test im 2. Kapitel auf Seite 59 an. Wenn Sie gesagt haben, daß Sie beide Konfliktvermeider sind, haben Sie mit diesem Bereich Ihrer Ehe keine Probleme. Wenn Sie gesagt haben, daß Sie sich beide den Konflikten stellen, gehen Sie weiter zur Diagnose, die auf dem zweiten Teil dieses Testes basiert.

Haben Sie den ersten Teil wie folgt beantwortet?

1. *Sie: Konfliktvermeidend; Ihr Partner: Konfliktfreudig.* Wenn Sie sich mit dem konfliktvermeidenden Stil am wohlsten fühlen, Ihr Partner aber konfliktfreudig ist, fühlen Sie sich vom Kampfgeist Ihres Partners wahrscheinlich überwältigt und haben den Eindruck, daß Ihr Partner Dinge von Ihnen verlangt, die Sie nicht geben können.

2. *Sie: Konfliktfreudig; Ihr Partner: Konfliktvermeidend.* Wenn Sie sich mit einem konfliktfreudigen Stil am wohlsten fühlen, Ihr Partner aber konfliktvermeidend ist, hat Ihr Partner wahrscheinlich das Gefühl, daß Sie immer Konflikte in die Ehe bringen, daß das Ihr Problem sei und daß Sie zu emotional und zu fordernd seien. Sie sind frustriert, weil Sie mit Ihrem Partner nicht richtig über Ihre Gefühle sprechen können. Die Ehe erscheint Ihnen zu distanziert und unemotional und Sie sind unzufrieden, weil die Probleme offenbar nicht gelöst werden.

Schauen wir uns jetzt Ihre Antworten auf den zweiten Teil an. Wenn Sie gesagt haben, daß Sie beide impulsiv sind oder daß Sie beide konstruktiv sind, haben Sie in diesem Bereich Ihrer Ehe kein Problem. Aber haben Sie folgendermaßen geantwortet?

1. *Sie: Konstruktiv; Ihr Partner: Impulsiv.* Sie finden Ihren Partner wahrscheinlich zu streitsüchtig und provokativ, manchmal sogar aggressiv. Sie haben das Gefühl, daß Sie kaum eine Chance haben, Ihre Gefühle auszudrücken, weil Ihr Partner sofort versucht, Sie davon zu überzeugen, daß Ihre Gefühle

falsch sind. Sie haben nicht das Gefühl, daß Ihr Partner Ihnen allzu gut zuhört. Vielleicht finden Sie Ihren Partner auch ziemlich beherrschend und tyrannisch. Manchmal mißfällt Ihnen das starke Bedürfnis Ihres Partners nach Unabhängigkeit und Selbständigkeit und Sie wünschen sich, daß Sie beide mehr eine Einheit, ein »Wir« bilden.

2. *Sie: Impulsiv; Ihr Partner: Konstruktiv.* Sie ärgern sich über die emotionale Reserviertheit und scheinbare Unerschütterlichkeit Ihres Partners. Manchmal würden Sie alles tun, damit Ihr Partner sich auch einmal aufregt oder überhaupt reagiert. Sie haben das Gefühl, daß Ihre Bedürfnisse nach Unabhängigkeit und Selbständigkeit nicht verstanden werden. Manchmal fühlen Sie sich eingeengt und brauchen einen inneren Freiraum. Sie wünschen sich, daß Ihr Partner emotionaler wäre und daß er manchmal mehr Spaß an einer guten Auseinandersetzung oder einer guten Diskussion hätte. Ihre Diskussionen sind für Ihren Geschmack ein bißchen zu fade.

Die Therapie. Auch Paare, die sich auf den wünschenswerten Ehetyp geeinigt haben, können etwas dafür tun, daß die vier Reiter ihrem Haus fern bleiben. Denken Sie daran, daß es einiger Anstrengungen bedarf, um auch die glücklichste Ehe davor zu bewahren, von den ehelichen Stromschnellen fortgerissen zu werden. Der Schlüssel dazu ist ein guter Umgang mit Ihren Meinungsverschiedenheiten. Ratschläge für konstruktive Paare finden sich auf Seite 257, für impulsive Paare auf Seite 258 und für konfliktvermeidende Paare auf Seite 263.

Unvereinbarkeiten im Ehestil ebnen den Weg für die vier Reiter und andere Reaktionsmuster, die eine Ehe destabilisieren können. Wenn Sie und Ihr Partner sich nicht über den von Ihnen bevorzugten Ehestil einig sind, werden Sie gut daran tun, sich auf die speziellen Symptome zu konzentrieren, die darauf hindeuten, daß Ihre Ehe Gefahr läuft, ihre Stabilität zu verlieren. Gehen Sie jedes Problem, das durch die Tests diagnostiziert wurde, einzeln an und bemühen Sie sich um die Therapien und Gegenmittel, die in den folgenden Kapiteln detailliert geschildert werden. Es wird Ihnen und Ihrem Partner auch helfen, die Empfehlungen für den Umgang mit Meinungsverschiedenheiten zu lesen, die für jeden Ehestil typisch sind (Seite 257), und darüber zu sprechen, welche für Sie am ehesten in Frage kommen; so können Sie auch herausfinden, ob eine Verständigung darüber möglich ist, wie Sie mit Ihren Beschwerden und Kümmernissen umgehen wollen.

»Die vier apokalyptischen Reiter«

Haben Sie oder Ihr Partner Probleme mit einem der vier Reiter?

Kritik (Test auf Seite 92)
Wenn Sie oder Ihr Partner beim Thema Kritik eine hohe Punktzahl hatten, haben Sie ein gemeinsames Problem. Hat Ihr Partner eine hohe Punktzahl und Sie nicht, fühlen Sie sich wahrscheinlich oft zu Unrecht angegriffen. Haben Sie eine hohe Punktzahl und Ihr Partner nicht, dann haben Sie wahrscheinlich das Gefühl, Ihren Partner kritisieren zu müssen, weil es so schwer ist, bei ihm eine Veränderung zu erreichen. Sie sind über das ständige Fehlen von Problemlösungen frustriert und finden es nicht gut, daß Ihr Partner Sie zwingt, ständig zu nörgeln. Haben Sie beide eine hohe Punktzahl, dann hat sich bei Ihnen eine Struktur eingeschlichen, die für Ihre Ehe schließlich zerstörerisch sein wird. Wenn Sie kritisiert werden, können Sie leicht das Gefühl haben, daß mit Ihnen etwas nicht stimmt, und sich verletzt und nicht geschätzt fühlen. Und es ist schwer, auf Kritik positiv zu reagieren, wenn sie einen Angriff auf Ihre Persönlichkeit darstellt: Wenn Sie zustimmen, akzeptieren Sie den Angriff; wenn Sie nicht zustimmen, erscheinen Sie als abwehrend. Es ist wirklich sehr schwer, auf eine solche Kritik konstruktiv zu reagieren.

Die Therapie. Hier kann Abhilfe geschaffen werden, indem Sie lernen, Ihre Beschwerden und Kümmernisse in einer Art und Weise vorzubringen, die Ihr Partner nicht als einen persönlichen Angriff auffaßt. Sie müssen lernen, Ihre Kritik genauer zu äußern und sie so zu formulieren, daß Ihre Unzufriedenheit deutlich wird. Siehe Seite 90.

Verachtung (Test auf Seite 98)
Verachtung tötet die Liebe in einer Ehe. Es wäre viel besser, wenn Sie und Ihr Partner sich respektiert fühlten und möglichst nie verächtlich miteinander umgingen. Aber wie können Sie reagieren, wenn das nicht der Fall ist? Wenn Ihr Partner Ihnen Verachtung entgegenbringt, kann das dazu führen, daß Sie wütend werden oder sich wertlos fühlen. Es ist sehr schwer, mit jemandem zu leben, der einen beleidigt; Verachtung ist eine Form psychischer Gewalt.

Die Therapie. Der Partner, der dazu neigt, sich verächtlich zu äußern, muß diese Angewohnheit durch das Ausdrücken von echter Wertschätzung und Bewunderung ersetzen (siehe Seite 95). Darüber hinaus muß Ihre Ehe durch die bewußte Verbesserung des Positiv-Negativ-Verhältnisses aufgepäppelt werden.

Abwehr (Test auf Seite 110)
Wenn Sie gesagt haben, daß Sie nicht abwehrend sind, wohl aber Ihr Partner, dann waren Sie vielleicht nicht ganz ehrlich sich selbst gegenüber. Abwehr ist fast nie eine einseitige Angelegenheit. Oder Sie befinden sich vielleicht in einer ungewöhnlichen Situation, sind mit einem Menschen verheiratet, der sofort ein Abwehrverhalten an den Tag legt. In jedem Fall wird es Ihnen helfen, sich einmal genau zu überlegen, wie Sie Ihre Beschwerden äußern und Ihren Ärger ausdrücken. Es könnte sein, daß Ihr Partner durch die Art und Weise, wie Sie Ihre negativen Gefühle über die Beziehung äußern, emotional stark unter Druck gerät. Oder Ihr Partner reagiert vielleicht auf Sie, als wären Sie eine andere Person, die ihn in der Vergangenheit verbal angegriffen hat. Abwehr ist bestenfalls eine Form von Angst oder eine Reaktion auf einen realen oder vermeintlichen Angriff.

Die Therapie. Zuallererst müssen Sie sich beruhigen. Sind Sie abwehrend, dann sind Sie wahrscheinlich emotional überfordert, wenn sich Ihr Partner negativ äußert. In diesem Fall müssen Sie fähig sein, sich selbst zu beruhigen; die diesbezüglichen Methoden finden Sie auf Seite 219. Sie müssen auch genau prüfen, welche spannungserhaltenden Gedanken Sie haben; auf Seite 125 sind Strategien zur Veränderung dieser mentalen Gewohnheiten angegeben. Und Sie können das Problem direkt anpacken, indem Sie lernen, offen und ohne Abwehr zu sprechen und zuzuhören (siehe Seite 226).

Abblocken (Test auf Seite 117)
Wenn Ihnen jemand die Kommunikation verweigert, fühlen Sie sich wahrscheinlich verurteilt oder haben den Eindruck, daß Ihr Partner mißbilligend, distanziert, kalt, selbstgerecht oder überlegen sei. Sie haben das Gefühl, Ihr Partner reagiere nicht, weil ihm Ihre Gefühle egal sind. Es ist so, als würde Ihr Partner sich entziehen und Sie im Stich lassen, obwohl er doch körperlich anwesend ist.

Diejenigen, die abblocken, denken ihrerseits, daß sie sich »neutral« und nicht negativ verhalten. Sie möchten aus dem Clinch heraus, sich beruhigen, vielleicht auch einfach davonlaufen. Sie fühlen sich von all den negativen Gefühlen überwältigt und möchten sich zurückziehen, ohne die Dinge noch schlimmer zu machen.

Sie versuchen vielleicht, sich zu beruhigen, und denken sogar etwas Positives über ihren Partner, wie: »Ich liebe sie, obwohl ich jetzt sauer bin; ich sollte dies alles nicht zu persönlich nehmen. Reg dich einfach ab.« Oder aber sie fühlen sich verletzt und möchten entweder für eine gewisse Zeit weggehen oder es dem Partner heimzahlen.

Was ist mit Ehen, in denen beide Partner abblocken? Sie sind auf dem Weg zu einer feindselig-distanzierten Ehe, also zu einer der beiden Formen, die am ehesten in die Brüche gehen.

Die Therapie. Wie abwehrende Menschen, müssen auch Sie lernen, sich zu beruhigen (siehe Seite 219), ohne Abwehr zu sprechen und zuzuhören (siehe Seite 226) und Ihre spannungserhaltenden Gedanken durch hilfreichere zu ersetzen.

Andere Probleme

Der Kreislauf der Negativität (kein Test, aber auf den Seiten 119 ff. beschrieben)
Sind Ihnen die normalen Reparaturmechanismen zugänglich? Ist das Positiv-Negativ-Verhältnis mindestens 5 zu 1? Eine Störung zeigt sich daran, daß über einen langen Zeitraum negative Reaktionen vorherrschen, daß eine negative Reaktion eine negative Gegenreaktion auslöst. Aus dieser Falle scheint es kein Entrinnen zu geben. Jede Interaktion läuft schief.

Die Therapie. Dieser Kreislauf kann durch bestimmte Reparaturmechanismen durchbrochen werden (siehe Seite 120), die in den meisten stabilen Beziehungen funktionieren, wenn sie gewöhnlich auch in einem negativen emotionalen Ton geäußert werden. Der Satz »Hör' auf, mich zu unterbrechen!« wird zum Beispiel meistens gereizt gesagt. Aber in zufriedenstellenden Ehen funktioniert dieser Mechanismus trotzdem. Sie müssen auch das Positiv-Negativ-Verhältnis dahingehend verändern, daß das Positive überwiegt. Zu diesem Zweck müssen Sie positive Ereignisse und Momente der verschiedensten Art bewußt herbeiführen.

Spannungserhaltende Gedanken (Test auf Seite 131)
Wenn sich die spannungserhaltenden Gedanken über Ihren Partner und die Beziehung verfestigen, kann dies sehr destruktiv für Ihre Ehe sein. Ist es für Ihr Denken typisch, daß Sie sich als unschuldiges Opfer fühlen oder eine selbstgerechte Empörung empfinden? Wenn ja, dann tragen Sie selbst dazu bei, daß Sie emotional stark unter Druck geraten. Was Sie denken, beeinflußt Ihr Verhalten gegenüber Ihrem Partner sehr stark, auch wenn nur Sie selbst Ihre Gedanken kennen.

Die Therapie. Zuerst müssen Sie sich diese Denkmuster bewußt machen und merken, wann sie von Ihnen Besitz ergreifen. Dann müssen Sie erkennen, daß es möglich ist, diesen Gedanken keinen Glauben zu schenken – und sie statt dessen zu verändern (siehe Seite 125).

Die Distanz- und Isolationskaskade (Test auf Seite 149)
Wenn Sie sich überfordert fühlen (Test auf Seite 139), fangen Sie wahrscheinlich an, Ihrem Partner auszuweichen, ohne es zu merken. Wenn Sie Ihre Eheprobleme für schwerwiegend halten, haben Sie möglicherweise schon die Hoffnung verloren. Wenn Sie glauben, daß es sich nicht lohnt, die Probleme mit Ihrem Partner zu besprechen, glauben Sie allmählich nicht mehr daran, daß Sie jemals in der Lage sein werden, Ihre Ehekonflikte zu lösen – ein Zeichen dafür, daß Sie sich emotional von Ihrem Partner entfernt haben. Leben Sie schon nebeneinander her?

Dieser Prozeß vollzieht sich oft schleichend, ist aber eines der letzten Stadien vor dem endgültigen Bruch. Sind Sie in Ihrer Ehe einsam? Wenn Sie einsam sind, wächst die Möglichkeit, daß Sie Trost bei jemand anders suchen; zu außerehelichen Affären kommt es aus allen möglichen Gründen, aber Einsamkeit ist der häufigste.

Die Therapie. Der Hauptauslöser für diese Distanz- und Isolationskaskade ist ein Gefühl der Überforderung. Wenn Sie lernen, das Gefühl zurückzudrängen, daß Ihr Partner Sie in die Enge treibt, ist der Weg für eine Reparatur Ihrer Ehe frei. Um aus der Streßsituation herauszukommen, müssen Sie sich beruhigen (Seite 219), die spannungserhaltenden Gedanken verändern (Seite 125) und ohne Abwehr sprechen und zuhören (Seite 223).

Eine negative Ehe-Geschichte (Test auf Seite 165)
Wie sehen Sie und Ihr Partner Ihre gemeinsame Vergangenheit? Es deutet auf eine Störung hin, wenn Sie enttäuscht sind, es schwer finden, Zuneigung oder Bewunderung auszudrücken, sich nicht erinnern können, was Sie zuerst anziehend fanden; wenn Sie wenige Gemeinsamkeiten finden und Schwierigkeiten haben, die durchgestandenen Kämpfe positiv zu bewerten. Trifft dies auf Sie und Ihren Partner zu, dann besteht die reale Gefahr, daß einer (oder beide) schon den letzten Schritt getan und mit der Ehe nahezu abgeschlossen hat. Die Situation ist vielleicht nicht hoffnungslos, aber sie ist ernst, ja gefährlich.

Die Therapie. Das Gegenmittel zu einer so negativen Auffassung von Ihrer Ehe besteht darin, daß Sie Ihre spannungserhaltenden Gedanken verändern (siehe Seite 125) und mit der emotionalen Überforderung besser umgehen, indem Sie lernen, ruhiger und gelassener zu reagieren (Seite 134).

Seine und ihre Mißverständnisse

Die Besonderheiten von Männern und Frauen können zu Ihren Eheproblemen beitragen. Männer fühlen sich durch Kritik viel stärker überfordert als ihre Frauen, während Frauen dieses Gefühl erst dann haben, wenn ihnen Verachtung entgegengebracht wird. Männern fällt es gewöhnlich schwerer als ihren Frauen, sich physiologisch zu beruhigen, und bei ihnen hält die physiologische Erregung länger an. In diesem Zustand verarbeiten sie keine Informationen, hören nicht gut zu, entziehen sich der Kommunikation oder gehen zum Angriff über.

Bei Männern zeigt sich dieses Muster darin, daß ein Ehemann, der sich durch die Kritik seiner Frau in die Enge getrieben fühlt, Gesprächen über Meinungsverschiedenheiten ausweicht oder mauert. Wenn dies Ihr Verhaltensmuster ist, tun Sie die negativen Gefühle Ihrer Frau vielleicht zu schnell ab, weil Sie glauben, daß diese gefährlich sind oder das Urteilsvermögen trüben. Oder Sie weichen diesen Gefühlen aus, indem Sie sich in Ihre Arbeit oder Hobbies flüchten oder schnell zu einer Problemlösung kommen wollen, ohne die Gefühle des Partners verstanden zu haben.

Bei Frauen führen die geschlechtsspezifischen Unterschiede dazu, daß eine Frau ihre Beschwerden zu massiv äußert oder aufgebracht ist, weil der Ehemann so wenig ansprechbar ist. Das kann vorkommen, wenn Sie erwarten, daß Ihr Mann Ihre Gefühle in bezug auf Meinungsverschiedenheiten mit Ihnen nahestehenden Menschen versteht, daß Sie Unterstützung bekommen und daß das Problem erst dann gelöst wird, wenn die damit verbundenen Gefühle verstanden werden. Aber Sie erkennen möglicherweise nicht, daß Ihr Mann weniger Erfahrung im Umgang mit starken negativen Gefühlen hat, so daß Sie seinen Rückzug und sein Ausweichen fälschlicherweise als eine persönliche Zurückweisung interpretieren.

Die Therapie. Ehefrauen, die kritisieren, anstatt sich zu beschweren, setzen ihre Männer so sehr unter Druck, daß diese abblocken. Wenn dies in Ihrer Ehe vorkommt, sollten Sie die Kunst beherrschen, sich zu beschweren, ohne Ihren Partner zu kritisieren oder mit Verachtung zu behandeln (siehe Seite 237). Für Ehemänner, die sich durch die Beschwerden ihrer Frauen überfordert fühlen, wird es gut sein, wenn sie lernen, ohne Abwehr zuzuhören (Seite 226), den Standpunkt ihrer Frauen zu respektieren (Seite 200) und ihre Ruhe zu bewahren (siehe Seite 219).

Und das folgt aus Ihrer Ehe-Diagnose:

Wenn Sie Probleme haben mit:	Versuchen Sie diese Therapien:
Differenzen in bezug auf den Ehestil	Wählen Sie zusammen einen Stil (siehe Seite 59).
Kritik	Lernen Sie, Ihre Beschwerden genauer zu formulieren (Seite 90), und respektieren Sie Ihren Partner (Seite 95).
Verachtung	Versuchen Sie, das 5-zu-1-Verhältnis zumindest zu erreichen. Drükken Sie echte Wertschätzung und Bewunderung aus (Seite 95).
Abwehr oder Abblocken	Lernen Sie: Ihre Ruhe zu bewahren (Seite 219), ohne Abwehr zuzuhören und zu sprechen (Seite 226), mit spannungserhaltenden Gedanken umzugehen (Seite 125).
Spannungserhaltende Gedanken	Werden Sie sich spannungserhaltender Gedanken bewußt und polen Sie sie um (Seite 125).

Überforderung	Ruhe bewahren (Seite 219), Umgang mit spannungserhaltenden Gedanken (Seite 125), nicht-abwehrendes Zuhören und Sprechen (Seite 226).
Distanz- und-Isolationskaskade	Diese Kaskade wird durch Überforderung ausgelöst (siehe oben).
Ihrer Ehe-Geschichte	Sie können es vermeiden, die Geschichte Ihrer Ehe negativ umzuschreiben, wenn Sie besser mit der Überforderung (siehe oben) und den spannungserhaltenden Gedanken umgehen (Seite 125).
Seinen und ihren Mißverständnissen	Männer: Hören Sie ohne Abwehr zu (Seite 226), respektieren Sie Ihre Frau (Seite 95), und bewahren Sie Ihre Ruhe. Frauen: Beschweren Sie sich ohne Kritik oder Verachtung (Seite 237).

7. Kapitel

Die vier Schlüssel zur Verbesserung Ihrer Ehe

Im letzten Kapitel habe ich Sie gebeten, Ihr Eheprofil in den Bereichen zu skizzieren, in denen Paare am häufigsten Probleme haben. In diesem Kapitel geht es nun darum, wie Sie diese Probleme angehen können. Natürlich hängt vieles miteinander zusammen, und einige Probleme ergeben sich aus anderen. Auch gibt es für manche nur ganz spezielle Gegenmittel, während andere Lösungen für mehrere Probleme tauglich sind.

Vier einfache Dinge, die Sie tun können

Mittlerweile ist Ihnen wahrscheinlich klar geworden, daß ich der Ansicht bin, ein gewisses Maß an Konflikten und Meinungsverschiedenheiten sei für den langfristigen Erfolg einer Ehe wichtig. Die Idee, daß Konflikte gesund sein können, mag Ihnen wie ein grausamer Witz erscheinen, wenn Sie sich von den negativen Aspekten Ihrer Beziehung überwältigt fühlen. Aber in gewissem Sinne steht und fällt eine Ehe mit dem, was man locker ihre Reibereien nennen könnte; sie hängt davon ab, wie gut Meinungsverschiedenheiten und Beschwerden geäußert werden. Der entscheidende Punkt ist, *wie* Sie argumentieren – ob Ihr Stil die Spannung erhöht oder zu dem Gefühl führt, daß eine Lösung in Sicht ist.

Sie denken vielleicht, daß es eine schwierige, ja praktisch unmöglich zu lösende Aufgabe sei, einen gesunden Stil der Auseinandersetzung zu erlernen. Doch da bin ich anderer Meinung. Denn obgleich viele Ehehandbücher lange Listen von Kommunikationstechniken anbieten, glaube ich, daß die meisten Paare (auch die mit den schlechtesten Ehen) eigentlich kein kompliziertes Programm brauchen, das sie Schritt für Schritt in die Praxis umsetzen müßten. Denn die gleichen Ehepartner, die unfähig sind, zu Hause miteinander zu kommunizieren, können dies mit ihren Nachbarn oder am Arbeitsplatz mühelos. Manchmal wird eine fruchtlose eheliche Auseinandersetzung durch einen Telefonanruf unterbrochen, und es ist erstaunlich, wie gut derselbe Mensch dann mit jemand anderem kommunizieren kann. Nach dem Telefongespräch geht es dann zurück zu der gleichen zermürbenden Auseinandersetzung und zu den gleichen alten Reaktionen, die in der Ehe nicht funktionieren.

Offensichtlich ist das Problem nicht ein Mangel an Geschick. Es ist vielmehr so, daß die Kommunikationsfähigkeit durch negative Gedanken und Faktoren blockiert wird, die in dieser Ehe grassieren. Nur allzu leicht werden einfache Meinungsverschiedenheiten zu vernichtenden Dauerkämpfen, die bei einem oder beiden Partnern die Frage aufwerfen, ob diese Ehe noch zu retten sei. Das wirkliche Problem ist das Fehlen einer Strategie – mit anderen Worten, daß Sie nicht mehr wissen, wann und wie Sie die Fähigkeiten einsetzen können, die Sie bereits haben.

Ich glaube tatsächlich, daß es nur vier wirksame Strategien gibt, diesen Kreislauf der Negativität zu durchbrechen. Wenn Sie diese Strategien nutzen können, wird sich Ihre Ehe mit ziemlicher Sicherheit entscheidend verbessern – alle Ihre natürlichen Kommunikations- und Konfliktlösungsfähigkeiten werden voll zum Tragen kommen. Natürlich wird es nicht immer leicht sein, diese Grundregeln anzuwenden. Es wird Mut, Kraft und Vertrauen erfordern, sie dann anzuwenden, wenn Sie wütend sind, sich verletzt und schlecht behandelt fühlen. Entscheidend ist, daß Sie diese Strategien nicht nur intellektuell verstehen, sondern daß Sie sie so oft benutzen, bis sie Ihnen zur zweiten Natur geworden sind und Ihnen auch dann zur Verfügung stehen, *wenn Sie sehr aufgebracht sind* – also in jenen Augenblicken, da Sie sie am dringendsten brauchen. Ich nenne dies *verinnerlichen*, und es ist das einzige Prinzip, das Sie sich aneignen müssen, damit mein Programm überhaupt funktioniert.

Wenn Sie diese Grundregeln beherrschen, glaube ich, daß Sie zu mindestens 75 Prozent auf dem besten Weg sind, Ihr Eheglück zu maximieren. Wenn Sie dann bereit sind, detaillierte Ratschläge zum Thema Kommunikation anzunehmen, fahren Sie mit dem nächsten Kapitel fort, in dem ich Ihnen weitere Techniken vorschlage. Glauben Sie nicht, daß Sie und Ihr Partner jede einzelne dieser Techniken systematisch anwenden müssen. Suchen Sie sich einfach diejenigen aus, die Ihnen und Ihren Bedürfnissen am ehesten entsprechen.

Viele Ratschläge in diesem Kapitel betreffen die Frage, wie Sie bei einer Auseinandersetzung über Meinungsverschiedenheiten oder Probleme mit Ihrem Partner umgehen. Ich vermeide bewußt das Wort *Streit*, weil dieses Wort vielleicht auf Ihre Interaktionen gar nicht zutrifft. Manche Paare, insbesondere konfliktvermeidende, gehen Streitereien aus dem Weg, haben aber dennoch Meinungsverschiedenheiten, die sich sozusagen auf kleiner Flamme halten. Dieselben Ratschläge richten sich auch an solche Paare.

Es überrascht Sie wahrscheinlich, daß ich sage, Sie sollten sich nicht so sehr den Kopf darüber zerbrechen, wie Sie Ihre Eheprobleme lösen können, sondern vielmehr darüber, wie Sie mit den dadurch wachgerufenen Gefühlen umgehen. Denn was ein Paar mit einer stabilen Ehe unter der »Lösung« eines Problems versteht, wird ganz anders aussehen als das, was ein anderes darunter versteht.

Wenn aber nun die Problemlösung nicht das Hauptziel meiner Empfehlungen ist, was dann? Das Hauptziel besteht darin, den Kreislauf der Negativität zu durchbrechen und den natürlichen Reparaturmechanismen, die Sie bereits in Ihrem Repertoire haben, die Chance zum Funktionieren zu geben. Sie werden lernen, 1. *sich selbst zu beruhigen,* so daß der psychische Streß Ihre Kommunikation nicht blockiert; 2. *ohne Abwehr zuzuhören und zu sprechen,* so daß Ihre Auseinandersetzungen oder Meinungsverschiedenheiten produktiver werden; 3. *sich gegenseitig* und die eigene Beziehung *zu schätzen und zu respektieren,* auch wenn (oder besonders wenn) es einmal hoch hergeht; 4. *diese Prinzipien zu verinnerlichen,* so daß Ihre neuen Fähigkeiten fast zur zweiten Natur werden.

Wenn Sie weiterlesen, kommen Ihnen einige Strategien vielleicht ein wenig unnatürlich oder befremdlich vor. Keine Sorge, Sie müssen nicht alle auf einmal lernen. Wie bei jeder neuen Aufgabe, bedarf es der praktischen Übung. Ich schlage Ihnen viele Gelegenheiten vor, Ihre neuen Fähigkeiten auszuprobieren. Haben Sie Vertrauen – Sie werden es schaffen.

Vereinbaren Sie zunächst mit Ihrem Partner, Auseinandersetzungen über Meinungsverschiedenheiten auf fünfzehn Minuten zu beschränken. Stellen Sie die Küchenuhr. Wenn Sie beschließen, diese Zeit zu überschreiten, fügen Sie weitere fünfzehn Minuten hinzu.

Strategie Nr. 1: Beruhigen Sie sich

Zuerst müssen Sie lernen, sich zu beruhigen – denn so können Sie gleich mehrere Probleme lösen, die zumeist mit Überforderung zusammenhängen. Auf diese Weise wird das Bedürfnis nach Abwehr und Abblocken vermindert; so wird auch den physischen Reaktionen der Boden entzogen, auf dem spannungserhaltende Gedanken gedeihen; und so wird verhindert, daß das Gefühl der Überforderung übermächtig wird. Weil dieses wiederum die Distanz- und Isolationskaskade auslöst, ist das Sich-Beruhigen auch eine vorbeugende Maßnahme.

Da die gefühlsmäßige Überforderung für eine Beziehung so destruktiv ist, müssen Sie zuerst lernen, selbst zu erkennen, wann Sie sich psychisch gestreßt fühlen, und dann eine bewußte Anstrengung zu unternehmen, um sich zu beruhigen. Aus den in unserem Labor gesammelten Daten geht hervor, wie schnell Gespräche aus dem Ruder laufen können, wenn der Herzschlag eines Partners in die Höhe schnellt. Da die körperlichen Reaktionen ein guter Maßstab für Ihre Kommunikationsfähigkeit zu einem bestimmten Zeitpunkt sind, werden Ihre Gespräche auf dem richtigen Gleis bleiben, wenn Sie beobachten, welchen Pegel Ihre Erregung bei einem intensiven Gespräch erreicht. Wenn Sie lernen, sich zu beruhigen, können Sie unproduktiven Streitereien vorbeugen oder brauchen nicht mehr vor den Diskussionen davonzulaufen, die Sie eigentlich brauchen. Die Erkenntnis, daß Sie zunächst Ihre physischen Reaktionen kontrollieren und sich beruhigen sollten, stammt direkt aus meiner praktischen Arbeit mit Paaren, die sich um eine Lösung ihrer Eheprobleme bemühen.

Beruhigung ist das genaue physiologische Gegenteil einer Überforderung. Wenn Sie sich überfordert fühlen, sind Sie extrem aufgebracht und physiologisch erregt. Die Beruhigung ist ein direkter Schritt zur Umkehr dieser Streßsituation.

Beruhigung ist besonders für Männer wichtig, da diese, wie wir wissen, dazu neigen, sich bei einer heftigen ehelichen Auseinandersetzung schneller in die Enge getrieben zu fühlen als Frauen. Und bei Männern bedarf es einer weniger starken Negativität, um physiologisch unter Druck zu geraten. Auch haben Männer stärker die Neigung, sich destruktiven Gedanken zu überlassen, auf Rache zu sinnen oder sich als unschuldiges Opfer zu fühlen. Aber zu welchem Geschlecht Sie auch gehören, es ist praktisch unmöglich, klar zu denken, wenn Ihr Blut aus Wut in Wallung gerät und Ihr Herz rast. Aus diesem Grund fallen Sie wahrscheinlich in ein automatisches, tief eingeprägtes Verhalten zurück, sobald Sie sich überfordert fühlen. Das führt dazu, daß Sie Dinge sagen, die Sie später bereuen, daß Sie weglaufen, abblocken, alles hinschmeißen möchten – und darum ist es besser, tief durchzuatmen und sich einfach zu beruhigen.

Aus all diesen Gründen sollten Sie bei schwierigen Auseinandersetzungen mit Ihrem Partner ungefähr alle fünf Minuten Ihren Puls messen, um Ihre physiologischen Reaktionen, insbesondere Ihren Herzschlag, zu kontrollieren. Vielleicht halten Sie dieses Messen für unsinnig und unnötig, aber die meisten Menschen können ihren eigenen Herzschlag schlecht beurteilen. Ein schnelles Überprüfen Ihres Pulsschlags wird dafür sorgen, daß Sie wissen, wie erregt Sie wirklich sind. Das Messen ist recht einfach – Sie haben es vielleicht schon bei Aerobic-Übungen gelernt oder bei der Gesundheitsvorsorge in bezug auf Herzerkrankungen.

Drücken Sie Ihren rechten Zeigefinger und Mittelfinger gegen Ihre rechte Halsschlagader, die sich zwei bis drei Zentimeter unter Ihrem Ohrläppchen und Ihrer Kinnbacke befindet. So sollten Sie Ihren Puls fühlen können. Um Ihren Pulsschlag pro Minute zu messen, zählen Sie die Zahl der Pulsschläge, die Sie in fünfzehn Sekunden fühlen, und multiplizieren Sie sie mit vier. Um Ihren durchschnittlichen, normalen Pulsschlag zu ermitteln, messen Sie Ihren Puls dreimal, während Sie bequem sitzen. Obwohl der Ruhepuls individuell sehr unterschiedlich ist, haben die meisten Frauen zwischen 82 und 86, Männer dagegen durchschnittlich zwischen 72 und 76 Schläge pro Minute.

Wenn Sie Ihren normalen Pulsschlag kennen, ist es einfach, Ihren Erregungspegel bei Auseinandersetzungen festzustellen. Jedesmal, wenn Ihr Pulsschlag 10 Prozent über dem Normalwert liegt (8 bis 10 Schläge mehr pro Minute), wissen Sie, daß Sie übererregt sind und eine Pause einlegen müssen.

Diese kleine Tabelle kann Ihnen helfen, Ihren Pulsschlag zu berechnen:

Normaler Puls: ______________________
10prozentige Erhöhung: _______________
Summe: ____________________________

(Bei Auseinandersetzungen sollte Ihr Puls diesen Wert nicht überschreiten.)

Wenn Ihr normaler Puls beispielsweise bei 80 liegt, machen Sie am besten eine Pause, wenn er 88 erreicht. Es ist absolut wichtig, eine Pause zu machen, wenn Ihr Herzschlag bei über 100 Schlägen pro Minute liegt. Wenn Ihr Herz so schnell schlägt, setzt Ihr

Körper deutlich größere Mengen Adrenalin frei als gewöhnlich und löst damit eine panikhafte Kampf-oder-Flucht-Streßreaktion aus, die es praktisch unmöglich macht, aufzunehmen, was Ihr Partner sagt.

Zuerst mag es Ihnen gezwungen und künstlich vorkommen, um eine Unterbrechung zu bitten, wenn Ihr Partner sich gerade darüber aufregt, daß Sie beim Duschen immer das ganze Badezimmer unter Wasser setzen. Aber wenn Sie klarstellen, warum Sie eine Pause brauchen, und wenn Sie sich darauf einigen, diese Strategie zu benutzen, werden Sie sich mit der Zeit daran gewöhnen. Erklären Sie, daß Sie nicht versuchen, der Diskussion auszuweichen. Daß die Pause es Ihnen vielmehr ermöglicht, sich zu beruhigen, so daß Sie danach den Standpunkt Ihres Partners besser aufnehmen und verstehen können.

Kündigen Sie die Pause so an, wie es Ihnen am angenehmsten erscheint: Heben Sie beide Hände hoch oder sagen Sie Ihrem Partner einfach, daß es an der Zeit ist, erst einmal aufzuhören. Das ähnelt ein wenig dem Gong, der bei einem Boxkampf die beiden Boxer in ihre Ecke schickt – außer daß es Ihr Ziel ist, nachher besser zu kommunizieren und nicht mit den Fäusten aufeinander loszugehen.

Wie lange dauert es Ihrer Ansicht nach, bis Sie sich beruhigt haben? Viele Menschen schätzen, daß es etwa fünf Minuten sind. Tatsächlich brauchen die meisten Menschen aber ungefähr zwanzig Minuten, bis sich ihre physiologischen Reaktionen normalisiert haben. Wie bereits erwähnt, können viele Menschen ihren eigenen Herzschlag überraschend schlecht beurteilen. Sie glauben, daß sie sich völlig beruhigt haben, während ihr Pulsschlag immer noch gute 10 Prozent über dem Normalwert liegt. Es ist leicht zu *glauben,* daß man sich abgeregt hat, während man in Wirklichkeit noch aufgewühlt ist. Um also sicher zu sein, messen Sie noch einmal Ihren Puls, bevor Sie das Gespräch wieder aufnehmen.

Es gibt einen wichtigen Grund, weshalb Sie erst dann weiterreden sollten, wenn Sie wirklich ruhig sind: ein psychologisches Phänomen, das »Zillmannscher Erregungsübertragungseffekt« genannt wird. Wie Untersuchungen zeigen, besteht immer dann, wenn Sie glauben, sich beruhigt zu haben, tatsächlich aber physiologisch noch erregt sind und sich in diesem Zustand Ihrem Partner wieder zuwenden, eine große Wahrscheinlichkeit, daß sich jede von Ihrem Partner ausgedrückte Gefühlsäußerung auf Sie überträgt. Mit anderen Worten, Ihre noch vorhandene physiologische Erregung führt dazu, daß das jeweils vorherrschende Gefühl verdoppelt wird. Wenn Ihr Partner also noch wütend ist, wenn Sie das Gespräch wieder aufnehmen, wird der Ärger auf Sie überspringen und so dem Sinn und Zweck Ihrer Pause zuwiderlaufen.

Was sollten Sie während der Pause tun? Alles, was zu Ihrer Beruhigung beiträgt. Für manche Menschen bedeutet das einfach, das Zimmer zu verlassen. Andere finden es hilfreich, sich bei einer Autofahrt zu entspannen, ein Bad zu nehmen, Musik zu hören, einen Freund anzurufen, und anderes mehr. Aber was Sie auch tun, der echte Schlüssel zur Beruhigung ist das, was Sie sich selbst sagen.

Schreiben Sie Ihr inneres Drehbuch um

Allzu oft verbringen Menschen eine Pause damit, daß sie sich alle möglichen verletzenden oder rachsüchtigen Kommentare überlegen, die sie nach ihrer Rückkehr anbringen wollen. Sie neigen dazu, ständig spannungserhaltende Gedanken in ihrem Kopf zu wälzen – die inneren Drehbücher, die da heißen: selbstgerechte Empörung oder unschuldiges Opfer, und die ich in Kapitel 4 beschrieben habe. Hier einige typische Gedanken dieser Art:

»Das hat mich wirklich verletzt.«
»Ich werde nie verzeihen und vergessen, was er (sie) gesagt und getan hat.«
»Ich bin wütend und gekränkt, und das lasse ich mir nicht ausreden.«
»Diese Ehe kann mir gestohlen bleiben.«
»Ich werde es ihm (ihr) schon zeigen.«
»Ich werde es ihm (ihr) heimzahlen.«
»Das macht mich wahnsinnig.«
»Er (sie) ist ... [tragen Sie hier eine Beleidigung ein]«

»Ich schmeiße alles hin.«
»Das habe ich nicht verdient.«
»Was ich alles tue, und nichts wird anerkannt oder gewürdigt.«
»Ich werde gar nicht reagieren. Ich werde einfach eine steinerne Miene machen.«

Damit die Pause wirklich etwas bringt, müssen Sie einen bewußten Versuch machen, diese spannungserhaltenden Gedanken durch beruhigende und aufbauende zu ersetzen. Versuchen Sie es einmal mit den folgenden:

»Reg dich ab. Atme ein paarmal tief durch.«
»Du mußt es nicht persönlich nehmen.«
»Er (sie) ist jetzt wütend, aber das ist kein persönlicher Angriff.«
»Es geht eigentlich nicht gegen mich.«
»Dies ist ein schlechter Augenblick, aber es ist nicht immer so.«
»Sie (er) hat viele gute Eigenschaften.«
»Es gibt viele Dinge, die ich an ihm (ihr) bewundere.«
»Jetzt bin ich sauer, aber im Grunde genommen ist unsere Ehe gut.«

Wenn Menschen stark unter Druck stehen, verändern sie oft ihre gesunden Verhaltensweisen, halten den Atem an und atmen ganz flach. Manche Leute, die wir befragt haben, fanden es hilfreich, die Augen zuzumachen, tief und gleichmäßig zu atmen und sich vorzustellen, daß sie während der Pause woanders wären. Wenn Sie meinen, daß das für Sie eine gute Strategie ist, versuchen Sie es mit solchen Gedanken:

»Ich bin an einem Strand und kann die Wellen heranrauschen hören.«
»Ich bin in einem dichten, grünen Wald und kann die Vögel singen hören.«
»Ich habe schon lange kein Saxophon mehr gespielt, vielleicht sollte ich wieder Stunden nehmen.«

»Das beste Essen, das ich je gegessen habe, war der gegrillte Lachs in dem französischen Restaurant, in dem wir an unserem Hochzeitstag gegessen haben.«

Entspannungsmethoden
Während die Veränderung Ihrer negativen Gedanken ein möglicher Weg zur Beruhigung ist, besteht ein anderer darin, daß Sie sich einfach körperlich entspannen (eine Kombination von beiden kann besonders effektiv sein). Welche Entspannungstechnik für Sie in Frage kommt, ist eine sehr individuelle Frage. Hier sind einige, mit denen Sie experimentieren können:

- Sitzen Sie ruhig mit geschlossenen Augen da und achten Sie genau auf Ihren Atem. Wenn Sie ausatmen, denken Sie »aus«; wenn Sie einatmen, denken Sie »ein«. Wenn Ihre Gedanken abschweifen, zwingen Sie sich, wieder an Ihren Atem zu denken. Manche Leute finden es beruhigend, beim Ein- und Ausatmen ein Wort zu benutzen, das für sie eine bestimmte Bedeutung hat, wie »Frieden« oder »Jesus«. Versuchen Sie das ungefähr zehn Minuten lang.

- Versuchen Sie, Ihre Muskeln zu entspannen, indem Sie die wichtigsten Muskeln Ihres Körpers systematisch anspannen und lockern. Legen Sie sich hin und spannen Sie Ihre Gesichtsmuskeln an, halten Sie die Spannung und lösen Sie sie dann. Gehen Sie langsam Ihren ganzen Körper durch; halten und lösen Sie die Spannung in Nacken und Schultern, Armen und Händen, Brust und Bauch, Becken, Beinen und Füßen. Wenn Sie Ihrem Körper von oben nach unten nachspüren, sollten alle Muskeln entspannt sein.

- Für manche Leute ist eine Aerobic-Übung entspannend. Wenn Sie in Aerobic eine gewisse Routine haben, machen Sie die Übung ungefähr zehn Minuten, bis Sie ein wenig ins Schwitzen kommen. Solange Sie aktiv sind, wird sich Ihr Puls natürlich beschleunigen. Aber danach gibt es einen »Rebound«, so daß Ihr Puls danach langsamer schlägt als am Anfang.

Wenn Ihr Pulsschlag anzeigt, daß Sie sich physisch beruhigt haben, wenden Sie sich wieder Ihrem Partner zu und setzen Sie das Gespräch für weitere fünfzehn Minuten fort.

Wenn Sie die Technik einüben, immer dann eine Beruhigungspause einzulegen, wenn bei Ihnen die Gefahr besteht, daß Sie stark unter Druck geraten, sind Ihre Eheprobleme dadurch natürlich noch nicht gelöst. Aber dies ist ein wichtiger erster Schritt, der Sie für andere Strategien empfänglich macht, die Ihnen ganz entscheidend helfen können.

Strategie Nr. 2: Sprechen Sie ohne Abwehr

Ohne Abwehr zuzuhören oder zu sprechen, wirkt mehreren destruktiven Angewohnheiten entgegen. Vorbehaltloses *Zuhören* ist besonders geeignet, beim Partner die Abwehr zu verringern. Wenn Sie beim Zuhören keine Abwehrhaltung einnehmen, ist es weniger wahrscheinlich, daß der negative Kreislauf in Gang gesetzt wird. Und eine nicht abwehrende Haltung trägt – besonders bei Männern – auch dazu bei, die psychische Überforderung abzubauen und das Bedürfnis zu vermindern, ganz abzublocken. Aber Abwehr ist keine einseitige Angelegenheit; wenn Sie anfangen, ohne Abwehr zu *sprechen,* werden Sie dadurch auch das Bedürfnis Ihres Partners nach einer Abwehrreaktion verringern.

Und wenn Sie lernen, mit Ihrem Partner zu sprechen und ihm zuzuhören, ohne das Bedürfnis zu haben, alles, was er sagt, abzuwehren, und ohne bei ihm ein Abwehrverhalten auszulösen, wird das wahre Wunder wirken. Abwehr ist einer der gefährlichsten der vier Reiter und kann zu einer endlosen Spirale der Negativität führen. Wenn Sie den Mut aufbringen, nicht abwehrend zu sein (oder zumindest erkennen, wann Sie es sind, und es dann weitestgehend abstellen), wird sich Ihre Ehe mit großer Wahrscheinlichkeit verbessern.

Das wird zuerst ein hartes Stück Arbeit sein. Denn ohne Abwehrhaltung zuzuhören und zu sprechen, ist keine Strategie, die wir in der Schule oder sonstwo lernen. Aber Paare, die sich sehr bemühen, die Abwehr aus ihren Interaktionen zu verbannen, werden feststellen, daß sie sich in ihrer Ehe viel wohler fühlen werden als bis dahin.

Lob und Bewunderung: So können die vier Reiter aus dem Sattel geworfen werden

Die wichtigste Einzeltaktik zur Verhinderung einer abwehrenden Kommunikation besteht darin, positiv über den Partner zu denken und Lob und Bewunderung wieder Raum in der Beziehung zu geben. Wenn Ihre Argumente durch Abwehr geprägt sind, besteht die Wahrscheinlichkeit, daß Ihre Ehe von allen vier Reitern zerstört wird. Wenn die negativen Faktoren in Ihrer Beziehung zunehmen, gerät das Verhältnis zwischen positiven und negativen Gefühlen und Interaktionen aus dem Gleichgewicht. Je nach Ihrer persönlichen Eigenart und den äußeren Umständen wird diese Negativität dazu führen, daß Sie in erster Linie Kritik üben, Ihren Partner grob behandeln oder die Kommunikation verweigern. Aber eine positive Einstellung zu Ihrem Partner zu haben und auszudrücken, ist auf jeden Fall das wirksamste Gegenmittel.

Dies mag Ihnen zuerst übertrieben optimistisch erscheinen. Denn wenn es so einfach wäre, eine gute Meinung vom Ehepartner zu haben, müßten Sie dieses Kapitel erst gar nicht lesen! Ich sage ja auch gar nicht, daß es so einfach ist, aber ich meine, daß es sicherlich machbar ist, wenn Sie wirklich begriffen haben, wie wichtig Lob und Bewunderung sind, und wenn Sie einen Plan entwickeln, ihnen in Ihrer Ehe wieder Geltung zu verschaffen.

Schon wenn Sie zum richtigen Zeitpunkt ein bißchen ohne Abwehr zuhören und Anerkennung äußern, kann dies enorme Auswirkungen haben. Herbert ging oft mit seinen Freunden einen trinken, und seine Frau Janet beklagte sich darüber, daß sie deshalb oft allein und einsam wäre. Herbert wehrte ihre Vorhaltungen ab und sagte, er habe diese Zeit mit seinen Freunden verdient und sein Club vermittele ihm wertvolle geschäftliche Kontakte. Doch Janet regte sich immer mehr auf und zog sich im Laufe des Gesprächs innerlich immer mehr zurück, als Herbert plötzlich aus heiterem Himmel sagte: »Du hättest es also gerne, wenn ich dich vom Club aus anrufen und dich fragen würde, ob du nicht dazukommen willst.« Die Atmosphäre änderte sich schlagartig, und sie sagte: »Ja, genau.« Er sagte: »Ich denke, das läßt sich machen. Nicht immer, aber sicherlich meistens.« Nach einer Weile war die Zuneigung wieder so stark, daß Janet sagte: »Jetzt weiß ich, warum ich dich geheiratet habe.«

Selbst in stabilen Beziehungen konzentrieren sich die Menschen zu oft auf die negativen Aspekte, um etwas für die Verbesserung der Beziehung zu tun. Aber wenn Sie auf das starren, was in Ihrer Ehe nicht stimmt, verlieren Sie das Positive leicht aus den Augen. Hauptsächlich aus diesem Grund ist die Bewunderung oft das erste, was verschwindet. Sobald Sie sich die negativen Eigenschaften Ihres Partner bewußt machen, vergessen Sie unter Umständen all die Eigenschaften, die Sie lange bewundert und geschätzt haben.

Um Ihre Ehe zu verbessern oder zu retten, müssen Sie sich daran erinnern, daß die negativen Eigenschaften Ihres Partners nicht die positiven Eigenschaften zunichte machen dürfen, deretwegen Sie sich einmal in ihn verliebt haben. So wie schlechte Zeiten die guten Zeiten nicht auslöschen. Wenn Ihre Ehe eine schwierige Zeit durchmacht, ist es besonders wichtig, sich an die glücklichen Momente zu erinnern, die Sie mit Ihrem Partner erlebt haben. Zwingen Sie sich, eine Weile darüber nachzudenken. Sie könnten sich zum Beispiel im Photoalbum Bilder von den letzten Urlauben ansehen oder noch einmal alte Liebesbriefe lesen.

Der entscheidende Punkt ist, daß Sie zum Architekten Ihrer Gedanken werden. Sie selbst können entscheiden, wie Ihr inneres Drehbuch aussieht. Sie können ständig an Ihre Enttäuschungen und an das denken, was in Ihrer Beziehung *nicht* vorhanden ist, so daß Ihr ganzes Denken schließlich mit gereizten, gekränkten und verächtlichen Gedanken ausgefüllt ist. Sie können aber auch das Gegenteil tun. Sie können morgens in die Küche kommen und sich furchtbar darüber aufregen, daß Ihr Partner die Küchentheke nicht richtig saubergemacht hat und daß noch Geschirr in der Spüle steht. Sie können es aber auch von der positiven Seite sehen – das meiste Geschirr wurde gespült, und Sie wissen, daß Ihr Partner gestern abend sehr müde war. »Wir standen in letzter Zeit sehr unter Druck«, können Sie denken. »Erstaunlich, wie viele Dinge dabei doch noch erledigt werden.«

Dies läuft wirklich darauf hinaus, die Flasche nicht als halbleer, sondern halbvoll zu sehen – die klassische Wahl zwischen Optimismus und Pessimismus. Wenn Sie lernen, über das, was Ihren Partner gerade beschäftigt, verständnisvoll und nicht negativ nachzudenken, und wenn es Ihnen gelingt, sich Ihre Bewunderung für seine guten Eigenschaften zu erhalten, werden die spannungserhaltenden Gedanken, die ein Abwehrverhalten auslösen und Ihrer Ehe schaden, nicht übermächtig werden.

Wenn es Ihnen nicht gegeben ist, die Dinge von der positiven Seite zu sehen, fangen Sie mit kleinen Schritten an. Machen Sie sich eine Liste von den positiven Eigenschaften Ihres Partners – von den Dingen, die er zu Ihrem gemeinsamen Leben beiträgt. Prägen Sie sich diese Liste ein und denken Sie darüber nach, wieviel schwerer das Leben ohne diese Eigenschaften wäre. Wenn Sie merken, daß das Negative überwiegt, sobald Sie an Ihren Partner denken, greifen Sie sich einige Punkte der Liste heraus, um diese Art des Denkens zu *unterbrechen*. Machen Sie sich dies zur Gewohnheit, und es kann zu einer einschneidenden Veränderung kommen. Vielleicht möchten Sie Ihr eingefahrenes Denken auch zusammen mit Ihrem Partner verändern. Wenn Sie es zu zweit schaffen, können die Vorteile noch wesentlich größer sein.

Natürlich müssen die positiven Gefühle über das, was Ihr Partner zu der Beziehung beiträgt, eine reale Basis haben. In vielen Ehen gibt es diese Basis tatsächlich – dennoch ist es erstaunlich, wie leicht Partner sie aus den Augen verlieren. Man kann ganz schnell die Gewohnheit annehmen, kritisch über seine Ehe zu denken und sich auf das zu fixieren, was der Partner *nicht* richtig macht.

Sobald Sie beginnen, »neu« über Ihre Ehe nachzudenken, behalten Sie Ihre positiven Gedanken nicht für sich. Jeder, auch Ihr Partner, reagiert auf echtes Lob, auf Dank und einfache, ehrlich gemeinte Komplimente, wenn sie regelmäßig ausgesprochen werden. Zuerst müssen Sie sich vielleicht selbst immer wieder an Ihren neuen Vorsatz erinnern, Ihre positiven Gedanken zu äußern. Versuchen Sie, Ihrem Partner dieses Geschenk jeden Tag zu machen, vor allem, wenn Sie in der letzten Zeit häufig aneinandergeraten sind. Ich sage nicht, daß Sie sich über Ihre Gefühle gegenüber Ihrem Partner etwas vormachen sollen. Sie müssen ehrlich sein. Aber wenn Sie die Handlungen Ihres Partners objektiv betrachten, werden Sie sehr wahrscheinlich einige Dinge finden, die lobenswert sind. Hier einige einfache Tips, mit denen man viel erreichen kann:

> »Ich fand es wirklich gut, daß du heute das Abendessen gemacht hast.«
> »Mit dem Lieferanten bist du wirklich gut umgegangen.«
> »Vielen Dank, daß du die Versicherung angerufen hast.«
> »Ich sehe gerne zu, wenn du mit Jason spielst.«
> »Heute warst du ein sehr umsichtiger Vater.«
> »Ich weiß, daß du in letzter Zeit gestreßt warst, und ich bewundere, wie du mit allem fertig wirst.«
> »Ich mag an dir, daß du dich nicht kleinkriegen läßt. Du hast dich wirklich gut geschlagen, als sie dich runtergeputzt hat. Ich bewundere das.«
> »Heute abend warst du wirklich witzig. Ich mag deinen Humor.«

Seien Sie nicht überrascht, wenn Ihr Partner auf die ersten Komplimente etwas zynisch reagiert. Er ist vielleicht schon darauf konditioniert, von Ihnen etwas Negatives zu hören. Aber wenn Sie diesen Kurs weiterverfolgen, wird Ihr Partner schließlich doch glauben, daß sich Ihre Einstellung geändert hat, und wird als Reaktion darauf weniger abwehrend sein. Früher oder später werden Sie derjenige sein, der nun seinerseits Komplimente erhält.

Wie Therapeuten wissen, kommt eine Veränderung am ehesten in einem Klima zustande, in dem man sich akzeptiert fühlt. Eines der größten Paradoxa in der Therapie besteht darin, daß Menschen sich erst dann verändern, wenn sie sich so akzeptiert fühlen, wie sie sind. Was Menschen loben und bewundern, sagt etwas darüber aus, wie sie selbst gerne wären, was sie schätzen und respektieren. Wenn Sie sagen, was Sie an Ihrem Partner bewundern, wird das dazu führen, daß sich Ihr Partner akzeptiert fühlt. Bewunderung ist das Gegenteil von Verachtung, die möglicherweise der destruktivste der vier Reiter ist. Aber Bewunderung funktioniert nur, wenn sie ehrlich gemeint ist. Sie muß eine reale Basis haben – sie kann nicht nur aus leeren Worten bestehen, die gesagt werden, damit ein bestimmter Effekt erreicht wird. Wenn Sie echtes Lob und echte Bewunderung in Ihr Verhalten einfließen lassen, wird sich die Abwehrhaltung Ihres Partners deutlich abschwächen. Aber der dritte Reiter, die Abwehr, kann in der Hitze des Gefechts trotzdem schnell auf den Plan treten. Glücklicherweise gibt es Mittel und Wege, ihn in solchen wichtigen Augenblicken aus dem Sattel zu werfen.

Wenn Sie derjenige sind, der zuhört

Der Schlüssel zur Verminderung der Abwehrhaltung Ihres Partners besteht darin, daß Sie ein guter Zuhörer sind. Wenn Ihr Partner das Wort hat, ist es Ihre Aufgabe, die Gefühle, die hinter den Worten stehen, zu verstehen und nachzuempfinden. Ich gebe zu, daß dies äußerst schwer sein kann, vor allem, wenn Ihr Partner Sie kritisiert oder schreit. In dieser Situation kommt es darauf an, sich sehr darum zu bemühen, die Worte Ihres Partners nicht als einen persönlichen Angriff zu nehmen – der von Ihnen eine Verteidigung oder einen Gegenangriff verlangt –, auch wenn Sie viel Verachtung zu hören bekommen. Denken Sie daran, daß die starke Betonung des Negativen nur die Funktion hat, die Heftigkeit seiner oder ihrer Gefühle auszudrücken, damit Sie ihnen wirklich Aufmerksamkeit schenken.

Neulich rief mich ein völlig fremder Mann an und bat mich um einen Rat. Er erzählte mir, seine Frau habe gesagt, daß sie eine Scheidung in Betracht ziehen und sich Gedanken darüber machen sollten, was mit den Kindern geschehen solle. Seine Frage war nun, ob er seine Frau ernst nehmen solle. Ich erwiderte, daß ich seine Frau zwar nicht kennen, ihre Äußerung aber ernst nehmen würde. Er schien von meinem Rat überrascht zu sein, wahrscheinlich genauso überrascht, wie ich von seiner Frage. Dieser Mann hatte wahrscheinlich viele schwächere Signale überhört, die seine Frau ihm in der Zeit zuvor gegeben hatte. Erst als sie schließlich das letzte Geschütz auffuhr – mit dem sie ihr Anliegen unmißverständlich unterstrich –, nahm er ihre Gefühle zur Kenntnis.

Ich kann diesen Punkt gar nicht oft genug hervorheben. Wenn ein Problem eine lange Geschichte zermürbender Interaktionen hat, werden sich die negativen Gefühle mit der Zeit verstärken. Dies ist eine Folge von Frustration und Verzweiflung. Die negativen Gefühle Ihres Partners sollen deutlich machen, wie sehr ihn oder sie das Problem belastet. Auch wenn Sie die Worte, mit denen Ihr Partner diese Gefühle ausdrückt, sehr mißbilligen, betrachten Sie sie als eine Art und Weise, hervorzuheben, wie ihm oder ihr zumute ist – und Ihre Aufmerksamkeit zu bekommen.

Ohne Abwehr zuzuhören, bedeutet nicht, daß Sie mit Ihrem Partner übereinstimmen. Ihre Aufgabe besteht vielmehr darin, die Gefühle Ihres Partners zu verstehen – sie als legitim zu betrachten, auch wenn Sie sie nicht teilen. Wenn Sie die Botschaft aussenden: »Ich sehe es nicht so, aber ich kann verstehen, warum du es von deinem Standpunkt aus so siehst«, haben Sie schon viel dafür getan, den Schaden wiedergutzumachen, der durch frühere negative Äußerungen angerichtet wurde. Die größte Leistung des nicht abwehrenden Zuhörens besteht darin, daß Sie sich in die Gefühle und den Standpunkt Ihres Partners hineinversetzen. Das bedeutet, daß Sie sich in seine Lage hineindenken und seine Gefühle sozusagen von innen heraus verstehen.

Es gibt hier eine ganze Skala von Formen des Zuhörens, die von einem schwach abwehrenden bis zu einem deutlich nicht abwehrenden Zuhören reicht. Selbst die schwächste dieser Formen tut ihre Wirkung. Wenn Sie nur sagen: »Aha, rede weiter, ich höre zu« oder »Ich kann verstehen, warum du das so empfindest« oder »Es leuchtet mir ein, daß du das so empfindest« oder wenn Sie auch nur regelmäßig »ja« sagen, können Sie Ihrem Partner zu verstehen geben, daß Sie sich um Verständnis bemühen, auch wenn Sie nicht unbedingt den gleichen Standpunkt haben. Schon die Anerkennung von zwei verschiedenen Standpunkten, die gleichermaßen legitim sind, kann eine starke Form der Akzeptanz sein.

Die stärkste Form offenen Zuhörens besteht darin, daß man wirklich nachfühlt, was der Partner empfindet, und ihm diese verständnisvolle Reaktion irgendwie vermittelt. Auch hier gilt wieder, daß das Verständnis echt sein muß, damit es funktioniert. Sie können Verständnis nicht vortäuschen. Zwischen der schwächsten und der stärksten Form gibt es viele Abstufungen, die allesamt gut und wirksam sind.

Die folgenden Strategien können Ihnen helfen, Ihre Fähigkeit zu verbessern, ohne Abwehr zuzuhören:

Nehmen Sie den Ärger ernst. Wenn Menschen sich ereifern, geschieht dies häufig, weil sie glauben, daß dies der einzige Weg sei, sich Gehör zu verschaffen. Denken Sie daran, daß die Verärgerung oder Beleidigung wirklich dazu dient, etwas zu unterstreichen: daß sie ein »Paukenschlag« sein soll, um Sie dazu zu bringen, den Worten Ihres Partners Aufmerksamkeit zu schenken. Wenn Sie darauf abwehrend reagieren oder abblocken, um sich vor starken Empfindungen zu schützen, wird Ihr Partner eher mehr als weniger Emotionalität in seine Worte legen. So werden Abwehr und Rückzug jede Chance zerstören, wirklich zu verstehen, was Ihr Partner sagt.

Ein besonderer Rat für diejenigen, die gerne abblocken: Rückmeldung. Wenn Sie zum Abblocken neigen, versuchen Sie wahrscheinlich, sich davor zu schützen, daß Sie sich durch das, was Ihr Partner sagt, angegriffen fühlen. Ihr Rückzug und die ihn begleitenden Gedanken machen es Ihnen unmöglich, ein engagierter Zuhörer zu sein. Viele Menschen, die abblocken, präsentieren ihren Partnern ein ausdrucksloses Gesicht, von dem das Signal ausgeht, daß sie nicht zuhören – was ihren Partner dann nur noch mehr in Rage bringt. Beklagt sich Ihr Partner, wenn man mit Ihnen rede, dann sei das genauso, als würde man gegen eine Wand anreden, so sollten Sie den bewußten Versuch unternehmen, nicht abzublocken, und kleine Signale aussenden, die anzeigen, daß Sie zuhören. Psychologen nennen solche Signale Rückmeldung. Dazu gehört etwa, daß Sie gelegentlich mit dem Kopf nicken und kurze verbale Signale geben, die anzeigen, daß Sie verstehen, wie »aha«, »ja«, »oh, ich verstehe«, »hmmhm«. Rückmeldungen geben Ihrem Partner zu verstehen, daß Sie sich nicht ausgeklinkt haben.

Lesen Sie den Gesichtsausdruck. Sie können ebenso mit Ihren Augen wie mit Ihren Ohren zuhören. Es gibt erstaunlich viele Anhaltspunkte, die Ihnen etwas über die Gefühle Ihres Partners sagen, wenn Sie sein Gesicht sorgfältig betrachten.

Damit Sie Ihren Partner bei einer intensiven Auseinandersetzung richtig interpretieren können, müssen Sie sich vergewissern, wie sein Gesicht im entspannten Zustand aussieht. Sonst könnten Sie in die natürlichen Gesichtszüge Ihres Partners irgendwelche falschen Empfindungen hineindeuten. Bei manchen Menschen sind die Mundwinkel beispielsweise nach unten gerichtet. Dies ist erst dann ein Zeichen für negative Gefühle, wenn sich dieser Zug vertieft oder sich sonst irgendwie stärker ausprägt.

Um den Gesichtsausdruck Ihres Partners richtig einzuschätzen, müssen Sie ihm nicht forschend in die Augen sehen. Denn gewöhnlich ist es der Mund, der die meisten emotionalen Informationen vermittelt. Bei einem richtigen Lächeln gehen die Mundwinkel nach oben, um die Augen herum bilden sich kleine Fältchen und die Wangen schieben sich hoch. Aber bei einem unechten Lächeln – das Feindseligkeit verdecken kann – verändert sich nur der Mund, die Augen sind nicht beteiligt. Bei einem wütenden Mund sind die Lippen so fest aufeinandergepreßt, daß sie »verschwinden«, oder es verschwindet nur die Oberlippe.

Bei einem verächtlichen Mund sind die Lippen geschlossen, und ein Mundwinkel wird zur Seite gezogen, so daß sich ein Grübchen bildet. Und bei einem angewiderten Gesichtsausdruck wird nur die Oberlippe – entweder beidseitig oder zu einer Seite hin – hochgezogen, oder der Mund bewegt sich gar nicht, während die Nase in Höhe der Augenbrauen gekräuselt wird.

Die Augenbrauen und die Stirn sind ebenfalls sehr ausdrucksstarke Gesichtspartien, die Aufschluß über die innere Anspannung Ihres Partners geben. Bei einer besorgten Miene werden die Augenbrauen zur Nase hin zusammengezogen und lassen auf der Stirn eine vertikale Furche entstehen. Bei einer traurigen Miene heben sich die Augenbrauen in der Mitte wie ein umgekehrtes »V«. Die bekümmerte Miene ähnelt der traurigen, aber bei ihr werden die Augenbrauen zur Nasenwurzel hin zusammengezogen.

Hüten Sie sich vor Ihrer eigenen Körpersprache. Obwohl es nicht nötig ist, daß Sie mit dem übereinstimmen, was Ihr Partner sagt, sollten Sie beim Zuhören kein Zeichen von Mißbilligung zeigen. Vermeiden Sie um jeden Preis einen Gesichtsausdruck, der Spott oder Verachtung erkennen läßt. Verdrehen Sie nicht die Augen, kräuseln Sie nicht die Lippen und verziehen Sie sie nicht zu einem sarkastischen Lächeln.

Es gibt zwei weitere Gesichtsausdrücke, die sehr stark signalisieren, daß Sie sich überhaupt nicht in Ihren Partner hineinversetzen. Der Gesichtsausdruck des *herrischen Zuhörers* zeigt, daß Sie bereit sind, Ihrem Partner sofort über den Mund zu fahren, wenn dieser etwas sagt, mit dem Sie nicht einverstanden sind. Wenn Sie diese Haltung einnehmen, ist Ihr Kopf schräg nach vorn gebeugt und Ihre mißbilligend blickenden Augen sind fest auf Ihren Partner geheftet, als wollten Sie kontrollieren, was dieser denkt.

Ein *aggressiver* Gesichtsausdruck ist gleichfalls kontraproduktiv. Er ist ein Versuch, Ihren Partner zu provozieren. Wenn Sie diese Haltung einnehmen, halten Sie den Kopf sehr hoch, so daß Ihr Gesicht nicht Ihrem Partner zugewandt ist, und strecken Ihr Kinn herausfordernd vor. Dies zeigt, daß Sie auf Kampf eingestellt sind. Ihre Arme haben Sie möglicherweise über der Brust verschränkt, ein weiteres Zeichen dafür, daß Sie jede Information abblocken, die von Ihrem Partner ausgeht.

Diese Gesten und Gesichtsausdrücke machen Ihren Partner natürlich wütend oder schüchtern ihn ein. Auf jeden Fall blockieren sie die Kommunikation. Um ein guter Zuhörer zu sein, sorgen Sie dafür, daß Ihr Gesichtsausdruck und Ihre Körpersprache zeigen, daß Sie aufnehmen, was Ihr Partner sagt. Sie werden ihm zu verstehen geben, daß Sie wirklich zuhören und sich alle Mühe geben, ihn zu verstehen. Ihre Frau erzählt Ihnen zum Beispiel, daß der Bankangestellte angerufen und gedroht hat, die Hypothek zu kündigen, weil sie die letzten vier Monate vergessen hat, die Raten zu bezahlen. Anstatt aus der Haut zu fahren, aggressiv zu werden oder sie zur Schnecke zu machen, sollten Sie ihr zuhören und sich vorstellen, wie schlecht Sie sich fühlen würden, wenn Sie an ihrer Stelle wären – also etwas so Unangenehmes zu beichten hätten. Lassen Sie Ihr Verständnis auf Ihrem Gesicht sichtbar werden. Je mehr Sie Ihr Verständnis zeigen, indem Ihr Gesichtsausdruck die Gefühle Ihres Partners widerspiegelt – Sie sehen traurig aus, wenn Ihr Partner traurig ist –, desto mehr kann Ihr Partner darauf vertrauen, daß Sie wirklich zuhören.

Wenn Sie derjenige sind, der spricht

Es kommt in einer Beziehung immer wieder vor, daß man etwas, das der Partner gerade gesagt hat, nicht mag. Wenn die negativen Aspekte in Ihrer Ehe die Oberhand gewonnen haben, kann es sein, daß Sie automatisch Ihr Mißfallen ausdrücken, indem Sie Ihren Partner kritisieren oder ihn mit Verachtung strafen. Leider löst dies bei ihm aller Wahrscheinlichkeit nach eine Abwehrreaktion aus, die den Konflikt verschärft. Ihr Ziel sollte sein, sich einfach bei Ihrem Partner zu *beschweren,* anstatt ihn persönlich anzugreifen. Dies ist besonders wichtig, wenn Sie bei den Tests zu den Bereichen Kritik oder Verachtung eine hohe Punktzahl hatten.

Bevor Sie etwas sagen, denken Sie daran, daß Sie Ihre Worte wirklich wählen können. Ihre nächste Äußerung ist eine Art Weggabelung. Hier entscheidet sich, ob Sie beschließen, das Gespräch in vernünftigen Bahnen zu halten, indem Sie eine Beschwerde genau formulieren, oder sich auf ein gefährliches Gelände zu begeben, indem Sie Kritik oder Verachtung äußern. (Wenn Sie trotz der guten Vorsätze aus Versehen auf der gefährlichen Straße landen, können Sie noch einmal von vorn anfangen, indem Sie um eine Pause bitten.)

Lassen Sie mich hier nochmals die Unterschiede zwischen Beschwerde, Kritik und Verachtung deutlich machen.

- Eine Beschwerde ist *genau umrissen* und auf eine Situation beschränkt. Sie bringt zum Ausdruck, wie Sie sich fühlen. (»Ich bin sauer, weil du heute abend den Abfall nicht hinausgebracht hast.«)

- Eine persönliche Kritik ist umfassend und *schließt eine Schuldzuweisung an den Partner ein.* Bei einer Kritik findet man häufig die Worte *immer* oder *nie.* (»Du bringst nie den Abfall hinaus. Jetzt quillt er über, und das ist deine Schuld. Ich kann mich nie auf dich verlassen.«)

- Verachtung ist eine *Mischung aus Kritik und Beleidigung.* Sie stellt ein vernichtendes Urteil über den Charakter Ihres Partners dar, dem Sie Dummheit, Unfähigkeit und so weiter vorwerfen. (»Du Idiot, warum kannst du nie daran denken, den Abfall hinauszubringen?«)

Beschwerde, Kritik oder Verachtung?

Um sich noch einmal den sehr wichtigen Unterschied zwischen Beschwerde, Kritik und Verachtung zu verdeutlichen, machen Sie schnell diesen Wiederholungstest. Kreisen Sie unter jeder Aussage das Wort ein, das Ihrer Meinung nach die Aussage am treffendsten charakterisiert, ob es sich also um eine Beschwerde, eine Kritik oder um einen Ausdruck von Verachtung handelt.

1. Ich bin sauer, weil du die Gasrechnung nicht bezahlt hast.
   Beschwerde Kritik Verachtung

2. Wie kann ich dir jemals vertrauen?
   Beschwerde Kritik Verachtung

3. Du bist völlig verantwortungslos.
   Beschwerde Kritik Verachtung

4. Du dummes Stück!
   Beschwerde Kritik Verachtung

5. Ich hätte wissen müssen, daß du wieder so was anstellst.
   Beschwerde Kritik Verachtung

6. Du gehst mit den Kindern einfach schrecklich um.
Beschwerde Kritik Verachtung

7. Wenn wir nicht zusammen ausgehen, habe ich das Gefühl, daß du mich als etwas Selbstverständliches nimmst.
Beschwerde Kritik Verachtung

8. Ich wünschte, du würdest mich mehr anfassen und du wärest zärtlicher.
Beschwerde Kritik Verachtung

9. Unterbrich mich nicht!
Beschwerde Kritik Verachtung

10. Du nimmst nie auf meine Gefühle Rücksicht.
Beschwerde Kritik Verachtung

11. Wenn man dir die Urlaubsplanung überläßt, wird sowieso nichts daraus.
Beschwerde Kritik Verachtung

12. Wer ist denn sonst schuld?
Beschwerde Kritik Verachtung

13. Erzähl mir nicht, daß du es nicht besser gewußt hast.
Beschwerde Kritik Verachtung

14. Dein Verhalten hängt mir zum Hals raus.
Beschwerde Kritik Verachtung

15. Weißt du nicht, wie du dich jetzt verhalten sollst?
Beschwerde Kritik Verachtung

16. Wenn du mir nicht zuhörst, fühle ich mich wertlos.
Beschwerde Kritik Verachtung

17. Ich bin sauer, weil du gestern abend das Geschirr nicht gespült hast.
Beschwerde Kritik Verachtung

18. Du bist genau wie deine Mutter!
Beschwerde Kritik Verachtung

19. Wie kannst du mich nur so verletzen?
Beschwerde Kritik Verachtung

AUFLÖSUNG

1.	Beschwerde	11.	Verachtung
2.	Kritik	12.	Kritik
3.	Verachtung	13.	Kritik
4.	Verachtung	14.	Kritik
5.	Verachtung	15.	Kritik
6.	Kritik	16.	Beschwerde
7.	Beschwerde	17.	Beschwerde
8.	Beschwerde	18.	Verachtung
9.	Beschwerde	19.	Kritik
10.	Kritik		

Geben Sie sich für jede richtige Antwort einen Punkt. Wenn Sie weniger als 16 Punkte haben, sollten Sie vielleicht Kapitel 3 noch einmal lesen, um eine klarere Vorstellung von den Unterschieden zwischen Beschwerde, Kritik und Verachtung zu gewinnen.

Wenn Sie begriffen haben, wie sich eine Beschwerde von Kritik oder Verachtung unterscheidet, aber immer noch Mühe haben, bei einer Auseinandersetzung Ihre negativen Impulse zu zügeln, merken Sie sich folgende allgemeinen Richtlinien:

- Verzichten Sie bei Ihren Kommentaren auf eine Schuldzuweisung.

- Sagen Sie, wie *Sie* sich fühlen.

- Kritisieren Sie nicht die Persönlichkeit Ihres Partners.

- Werden Sie nicht beleidigend, höhnisch oder sarkastisch.

- Seien Sie direkt.

- Konzentrieren Sie sich auf eine Situation.

- Versuchen Sie nicht, die Persönlichkeit Ihres Partners zu analysieren.

- Lesen Sie keine Gedanken.

Versuchen Sie vor allem, Ihre Beschwerde so genau wie möglich zu formulieren. Je konkreter Ihr Anliegen ist, desto besser wird Ihr Partner verstehen, warum Sie aufgebracht sind. Betrachten Sie Ihre Beschwerde als eine Art Wegweiser. Wir alle wissen, wie leicht es ist, Anweisungen zu befolgen, die klar und eindeutig sind. Wenn jemand sagt: »Fahren Sie zwei Kilometer und biegen Sie dann rechts bei der Tankstelle mit dem großen Plastikdinosaurier ab«, wissen Sie genau, wohin Sie fahren müssen. Wenn derselbe Mensch aber einfach mit den Armen nach rechts deutet, nach links schaut und beruhigend sagt: »Es ist gleich da unten. Sie können es nicht verfehlen«, sind Sie ziemlich aufgeschmissen. Ebenso läßt eine genau formulierte Beschwerde Ihren Partner wissen, wo Sie stehen, während vage Beschwerden falsch gedeutet werden und in die Irre führen können.

Eine gute Möglichkeit, eine Beschwerde genau zu formulieren, besteht darin, sie in eine Form zu kleiden, die ich eine »XYZ«-Aussage nenne. Sie könnten darin eine Art Spiel sehen, bei dem man die leeren Stellen mit dem ausfüllt, was einem gegen den Strich geht: »Als du X in der Situation Y getan (oder nicht getan) hast, habe ich mich Z gefühlt».

Beispiel: »Als du mich nicht angerufen hast, um mir zu sagen, daß du zu spät (X) zu unserer Verabredung zum Essen (Y) kommen würdest, war ich enttäuscht (Z).« Diese XYZ-Formel wird Ihnen helfen, Beleidigungen und vernichtende Urteile über den Charakter Ihres Partners zu vermeiden. Sie ermöglicht es Ihnen, einfach zu sagen, welche Gefühle das Verhalten Ihres Partners bei Ihnen auslöst und wie Sie darauf reagieren.

Nehmen wir beispielsweise an, daß Sie mit dem Zustand der

häuslichen Finanzen unzufrieden sind. Es ist konstruktiver zu sagen: »Als du mehrere ungedeckte Schecks eingereicht hast (X) und die Bank angerufen hat (Y), war mir das peinlich und hat mich wütend gemacht (Z)«, anstatt zu sagen: »Es ist unglaublich verantwortungslos von dir, einen ungedeckten Scheck einzureichen. Ich muß ständig deine Fehler ausbügeln und das in Ordnung bringen, was du vermasselt hast.«

Ein anderes Beispiel für eine genau formulierte Beschwerde: »Ich habe mich so verlassen gefühlt, als du den ganzen Abend bei deiner Schwester verbracht hast«. (Sie können die Reihenfolge von X, Y und Z natürlich ändern, damit es so klingt, wie Sie normalerweise sprechen.) Das ist viel hilfreicher, als wenn Sie sagen: »Du bist abends nie zu Hause, ich habe nicht einmal mehr das Gefühl, daß wir verheiratet sind.« Obwohl Ihnen dieser Satz vielleicht zuerst in den Sinn kommt, wird durch ihn nur verbaler Nebel versprüht – und er ruft bei Ihrem Partner wahrscheinlich eine Abwehrreaktion hervor.

Wenn Paare über sexuelle Probleme sprechen, drücken sie sich besonders häufig vage aus. Diese Diskussion ist ihrem Wesen nach heikel und daher besonders geeignet, Abwehr zu wecken: »Ich bin sexuell einfach nicht zufrieden« oder »Du könntest ein besserer Liebhaber sein« ist eine ziemlich niederschmetternde Nachricht, und sie ist gleichzeitig verwirrend, da Ihr Partner nicht weiß, wo das Problem liegt und wie er reagieren soll – außer mit verletzten Gefühlen.

Vergleichen Sie das mit der Aussage: »Wenn du mich hier berührst, bevor wir eine Weile geschmust haben, fällt es mir schwer, mich zu entspannen« oder »Wenn du gleich mit mir schlafen willst, wenn ich von der Arbeit komme, fühle ich mich als Mensch entwürdigt«. (Nebenbei gesagt, läßt sich über Sex viel besser sprechen, wenn Sie hervorheben, was Sie mögen, anstatt zu betonen, was Sie nicht mögen: »Ich mag es sehr, wenn du mich hier berührst«, »Es macht solchen Spaß, wenn wir uns die Zeit nehmen, zusammen zu baden« usw.)

Es gibt zwei Arten zu sprechen, die bei Ihrem Partner eine Abwehrreaktion auslösen können: ein aggressiver und ein herrischer Stil. Mit einem herrischen Stil geben Sie Ihrem Partner zu verstehen, daß Sie nur solche Reaktionen wünschen. die Sie für richtig halten. (»Wenn ich deine Meinung hören will, sage ich dir Bescheid.«) Ob Ihr Ton drohend oder bevormundend ist, die Botschaft ist die gleiche: Sie haben das Wort und geben es nicht ab. Bestimmt nicht an Ihren Partner. Vielleicht wiederholen Sie sich, nur um Ihre »Rechte« zu wahren. Eine herrische Redeweise kann sehr langsam und wohlüberlegt sein und darauf hindeuten, daß Sie eisern an Ihrem Standpunkt festhalten und daß keine Macht der Welt daran etwas ändern wird. Oder Ihr Ton ist herablassend, womit angedeutet werden soll, daß Ihr Partner einfach ein Kind ist, dem man den richtigen Weg zeigen muß.

Eine aggressive Redeweise gibt Ihrem Partner zu verstehen, daß Sie wirklich auf Kampf eingestellt sind. Zumindest möchten Sie ihn aus der Reserve locken. Sätze wie: »Weißt du nicht, wie du dich verhalten sollst, oder was?«, »Was ist denn jetzt schon wieder?«, »Willst du es unbedingt darauf anlegen, mir auf die Nerven zu gehen?«, »Was hast du dazu zu sagen?«, »Was liegt an, sprich dich nur aus!« sind Zeichen für dieses schikanöse Verhalten.

Wenn Sie sich in der Beschreibung des aggressiven oder herrischen Sprechers erkennen (oder wenn Ihr Partner Sie erkennt), müssen Sie besonders hart daran arbeiten, bei Auseinandersetzungen *nicht* so zu reden. Welche Rechtfertigungen Sie selbst für diese Reaktionen auch zu haben glauben, es ist eine Tatsache, daß Sie niemals eine gute Kommunikation erreichen werden, wenn Sie Ihrem Partner mit offenen oder versteckten Drohungen kommen.

Wenn Sie es einüben, mit Ihrem Partner so zu sprechen, daß keine negative Reaktion ausgelöst wird, wird dessen Abwehrverhalten viel schwächer werden, was die Kommunikation zwischen Ihnen nur verbessern kann. Aber das ist nicht genug. Was tun Sie, wenn Sie sich von Ihrem Partner destruktive, negative Äußerungen oder Blicke gefallen lassen müssen? Die meisten Menschen reagieren automatisch abwehrend, um den Angriff abzuschmettern. Aber ich bin sicher, daß Sie mittlerweile wissen, daß die Sätze, die dann gesagt werden, gewöhnlich die gegenteilige Wirkung haben und Sie beide noch weiter in den Strudel von Beschuldigungen und verletzten Gefühlen hineinziehen.

Wenn Sie auf einen wenig geglückten Kommentar Ihres Partners reagieren, liegt es an Ihnen, Sie beide aus einer häßlichen, kontraproduktiven Situation zu befreien. Um das zu tun, sollten Sie die Abwehrreaktionen vermeiden, die wir im 3. Kapitel untersucht haben:

- Leugnen der Verantwortung für ein Problem
- Rechtfertigungen
- Sätze wie »Ja aber, ...«
- Jammern
- Reaktionen auf negatives Gedankenlesen
- Gegenbeschuldigungen
- Die Masche mit dem »Gummi-Mann« oder der »Gummi-Frau«
- Rückfälle in das Wiederholungssyndrom

Versuchen Sie statt dessen, so zu reagieren, daß Ihr Partner weiß, daß Sie sich mit seiner Sichtweise auseinandersetzen, auch wenn Sie diese nicht teilen.

Es folgen einige Dialoge, die stark von Abwehr geprägt sind und für die ich in Klammern produktivere Alternativen hinzugefügt habe. Ich hoffe, daß Ihnen so eine Vorstellung davon vermittelt wird, wie Sie Ihre eigenen Gespräche anders gestalten können. Vielleicht schauen Sie sich diese Beispiele zusammen mit Ihrem Partner an.

Beispiel Nr. 1:

EHEFRAU: Du hast mir nicht gesagt, daß dein Vater uns an diesem Wochenende besuchen wollte.

EHEMANN: Doch, das habe ich! (Alternative: »Ich dachte, ich

hätte es dir gesagt, aber vielleicht habe ich's doch nicht. Entschuldigung.«)

Ehefrau: Das hast du nicht! (Alternative: »Vielleicht hast du's gesagt und ich habe es nur nicht registriert.«)

Ehemann: Doch, das habe ich! (Alternative:»Das ist ja komisch. Wahrscheinlich habe ich es doch nicht gesagt. Ich war in letzter Zeit ziemlich gestreßt, so daß ich es möglicherweise vergessen habe.«)

Beispiel Nr. 2:

Ehefrau: Du gehst gar nicht mehr mit mir aus.

Ehemann: Quatsch. Ich gehe viel mit dir aus. (Alternative: »Schrecklich, wenn du dieses Gefühl hast. Laß uns etwas dagegen tun. Wollen wir diesen Samstag essen und ins Kino gehen?«)

Beispiel Nr. 3:

Ehefrau: Du gehst gar nicht mehr mit mir aus.

Ehemann: Vielleicht hast du recht, aber hast du nicht gesagt, daß du erst einen neuen Babysitter finden mußt? (Dieses Ja-Aber ist so, als würde man sagen: »Ja, du hast recht, aber du hast auch unrecht.« Alternative: »Wie wäre es, wenn du deine Schwester bitten würdest, am Samstag zu babysitten, dann können wir Essen und ins Kino gehen.«)

Beispiel Nr. 4:

Ehefrau: Du mußt einsehen, daß du oft zu spät dran bist. Da wir jetzt nur ein Auto haben und zusammen zur Arbeit fahren müssen, mußt du früher aufstehen. Ich mag nicht zu spät kommen und Jane hängenlassen.

Ehemann: Und du mußt einsehen, daß ich ein Nachtmensch bin. (Alternative: »Ja, ich weiß, daß du nicht gerne zu spät kommst, und ich weiß, daß es dir unangenehm war, Jane hängenzulassen. Es war nicht dein Fehler. Aber es ist hart für mich, um sechs Uhr schon aufzustehen, weil ich ein Nachtmensch bin.«)

Strategie Nr. 3: Bestätigung

Wenn Sie Ihren Partner in vielen kleinen Dingen merken lassen, daß Sie ihn verstehen, ist dies eines der wirksamsten Mittel zur Verbesserung Ihrer Beziehung. Damit können Sie gleich mehrere Reiter in die Flucht schlagen – Kritik, Verachtung und Abwehr. Anstatt den Standpunkt Ihres Partners zu ignorieren oder anzugreifen, versuchen Sie, das Problem aus der Perspektive Ihres Partners zu sehen. So zeigen Sie ihm, daß auch Sie diesem Standpunkt etwas abgewinnen können.

Bestätigung zu geben, ist besonders wichtig für Männer, die dazu neigen, auf die Unzufriedenheit ihrer Frauen mit übermäßiger Rationalität zu reagieren. Anstatt den emotionalen Gehalt der Worte ihrer Frauen zu erkennen, versuchen sie, für das beschriebene Problem eine praktische Lösung zu finden. Das kann sehr gut gemeint sein, geht aber oft am Kern der Sache vorbei. Wenn Ihre Frau sehr emotional ist, ist sie wahrscheinlich weniger an einem Rat interessiert. Vielmehr braucht sie vor allem die Bestätigung, daß Sie verstehen, was sie *fühlt*.

Bestätigung bedeutet, daß Sie sich in die Lage Ihres Partners versetzen und sich seinen emotionalen Zustand vorstellen. Dann ist es einfach, Ihrem Partner zu signalisieren, daß Sie diese Gefühle verstehen und für legitim halten, auch wenn Sie sie nicht teilen. Bestätigung ist eine erstaunlich wirksame Technik. Es ist so, als würden Sie die Tür öffnen und Ihren Partner willkommen heißen. Wenn Ihr Partner sich bestätigt fühlt, wird es ihm viel leichter fallen, Ihnen zu vertrauen, und er wird viel aufgeschlossener für Ihren Standpunkt sein als sonst. Bestätigung ist eine regelrechte Kunst, die viele Abstufungen hat. Ganz oben auf der Skala steht das echte Mitgefühl und Verständnis. Das bedeutet, daß Sie wirklich nachvollziehen, was in Ihrem Partner vor sich geht, und fähig sind, die Welt mit den Augen Ihres Partners zu sehen. Wenn Sie dieses tiefe Mitgefühl zum Ausdruck bringen, zeigt es Ihrem Partner, daß Sie nicht nur seine Weltsicht, sondern auch sein Selbstgefühl verstehen. Nur wenige Dinge geben einem Menschen so sehr das Gefühl, geliebt und geschätzt zu werden. Zu den Möglichkeiten, viel Bestätigung in Ihre Gespräche einfließen zu lassen, gehören die folgenden:

Übernehmen Sie die Verantwortung. Wenn Ihr Mann sagt, daß es ihn aufrege, wenn Sie ihn nicht anrufen und Bescheid sagen, daß Sie erst später von der Arbeit kommen, versuchen Sie zu antworten: »Oh je, jetzt habe ich dich aber verärgert, nicht wahr?« Sie erkennen an, daß Ihre Verhaltensweise die Reaktion Ihres Partners hervorgerufen haben könnte.

Entschuldigen Sie sich. Eine ehrliche Entschuldigung ist ebenfalls eine starke Form der Bestätigung, weil sie Ihren Partner wissen läßt, daß seine Beschwerden legitim sind und Respekt verdienen. Um sich zu entschuldigen, braucht man nicht immer zu sagen: »Es tut mir leid«. Man kann auch einfach sagen: »Ich verstehe, was du meinst; ich habe mich geirrt.« Jeder irrt sich manchmal. Aber wenn man dies in einer Auseinandersetzung zugibt, können die Ergebnisse sehr eindrucksvoll sein.

Machen Sie Komplimente. Wenn Sie Ihren Partner aufrichtig loben, weil er gut mit einer Situation fertiggeworden ist, werden Sie ebenfalls viel erreichen. Vor allem, wenn es Spannungen zwischen Ihnen gibt, wird es eine starke, positive Wirkung auf den Rest des Gespräches haben, wenn Sie Ihren Partner (und sich selbst) daran erinnern, daß Sie ihn wirklich bewundern.

Tun Sie wenigstens das Minimum. Anfangs sind Sie wahrscheinlich noch nicht so weit, die höhere Kunst der Bestätigung zu beherrschen. Doch zum Glück kann auch schon eine relativ schwache Form der Bestätigung Wunder wirken: wenn Sie nämlich Ihrem Partner zuhören und seinen Standpunkt anerkennen, auch wenn Sie ihn nicht teilen. Diese Art der Bestätigung kann darin bestehen, daß Sie freimütig sagen: »Ja, ich weiß, daß dich das aufregt«, wenn Ihr Mann sagt, daß er sich über die Noten der Kinder Sorgen macht. Achten Sie aber darauf, daß Sie den Satz nicht damit beenden, daß Sie darauf herumreiten, anderer Meinung zu sein. Wenn Sie das tun, ist es mit der Bestätigung wieder vorbei. In diesem Augenblick geht es für Sie nicht darum, für Ihren Standpunkt einzutreten, sondern Sie wollen Ihren Partner wissen lassen, daß Sie seinen Standpunkt verstehen.

Die folgende Diskussion zwischen Ward und Bridget zeigt, wieviel ein bißchen Bestätigung ausmachen kann. Beide sind unglücklich darüber, wie die Dinge zwischen ihnen laufen, wenn Ward nach einem harten Arbeitstag nach Hause kommt.

Bridget beklagt sich darüber, daß Ward nur am Abendessen interessiert sei. Sie ist erschöpft, nachdem sie sich den ganzen Tag über um die Kinder gekümmert hat, Besorgungen gemacht hat, und so weiter. Anstatt ihr nun noch mehr Arbeit zu machen, sollte er sich um *sie* kümmern, wenn er nach Hause kommt, sich mit ihr unterhalten, ihr vielleicht ab und zu Blumen mitbringen oder sich zumindest dafür interessieren, was sie denkt. Bridget möchte spüren, daß Ward sie attraktiv findet.

Aus Wards Perspektive stellt sich die Sache allerdings so dar, daß er am Ende des Tages erschöpft ist und einfach seine Ruhe haben will. Er will sich entspannen, etwas essen, sich erholen und von seiner Frau hören, daß sie glücklich sei, daß er da ist. Wenn er sein Abendessen bekommt, fühlt er sich umsorgt. Es zeigt ihm, daß Bridget ihn mag, sich freut, ihn zu sehen. Außerdem ist das Abendessen die einzige Zeit, die die ganze Familie zusammen verbringt. Nach einem aufreibenden Arbeitstag freut er sich darauf.

Wenn Bridget und Ward versuchen würden, über diesen Konflikt zu sprechen, ohne sich gegenseitig zu bestätigen, würde sich das Gespräch so anhören:

> BRIDGET: Du kommst nach Hause und willst sofort dein Abendessen.
>
> WARD: Am Ende eines Arbeitstages bin ich immer müde und möchte einfach abschalten.
>
> BRIDGET: Und ich war den ganzen Tag mit den Kindern zu

Hause und habe die Nase voll; den ganzen Tag Besorgungen, keine Zeit für mich, und ich freue mich darauf, daß du kommst, damit ich es dann ein bißchen leichter habe.

WARD: Ich möchte ein paar Minuten lang in Ruhe gelassen werden. Wenn ich zur Tür hereinkomme, hätte ich gerne etwas Ruhe und Frieden.

BRIDGET: Ich möchte, daß sich zur Abwechslung mal jemand um mich kümmert. Ich möchte mich mit einem Erwachsenen unterhalten.

WARD: Ich möchte ein wenig Zuwendung oder Zuneigung oder das Gefühl, daß du dich freust, mich zu sehen.

BRIDGET: Ich möchte das Gefühl haben, daß sich mein Mann für das interessiert, was ich denke, oder mich attraktiv findet oder etwas Besonderes für mich tut.

WARD: Ich komme nach Hause, nachdem ich den ganzen Tag angespannt war, und möchte mich entspannen. Zu Hause kann man sich erholen, und ich möchte, daß sich meine Frau für mich interessiert und mich fragt, wie mein Tag war.

BRIDGET: Ich hätte gerne etwas Romantik, daß du mir zum Beispiel Blumen mitbringst oder mir sagst, daß ich gut aussehe.

WARD: Das Essen ist für mich wirklich wichtig. Es gibt mir das Gefühl, daß ich umsorgt werde, und es ist die einzige Zeit, in der wir alle als Familie zusammen sind.

Bei der Lektüre dieses Dialogs konnten Sie wahrscheinlich regelrecht spüren, wie die Spannung in dem Maße stieg, wie Bridget und Ward drauflos redeten, ohne den Standpunkt und die Gefühle des anderen zur Kenntnis zu nehmen. Hier ist der gleiche Dialog, allerdings mit dem Unterschied, daß nunmehr jeder Partner dem anderen ein wenig Bestätigung gibt – also gerade das Minimum tut.

Bridget: Du kommst nach Hause und willst sofort dein Abendessen.

Ward: Ich kann mir vorstellen, daß das auf dich wie eine weitere Forderung in einer langen Liste wirkt, die du den ganzen Tag abgearbeitet hast. Aber ich bin am Ende eines Arbeitstages immer müde und möchte mich einfach erholen.

Bridget: Ich weiß, daß du einen harten Tag hattest, mit all der Anspannung. Und ich war den ganzen Tag mit den Kindern zu Hause und habe die Nase voll; den ganzen Tag Besorgungen, keine Zeit für mich, und ich freue mich darauf, daß du kommst, damit ich es dann ein bißchen leichter habe.

Ward: Ich habe mich auch auf dich gefreut. Aber um ehrlich zu sein, ich möchte erst ein paar Minuten in Ruhe gelassen werden. Wenn ich zur Tür hereinkomme, hätte ich gerne ein wenig Ruhe und Frieden.

Bridget: Wenn du kommst, brauchst du erst eine Verschnaufpause, um abzuschalten. Und ich glaube, ich möchte jemanden, der sich zur Abwechslung mal um *mich* kümmert, anstatt daß ich mich den ganzen Tag um andere kümmere, und ich möchte mich mit einem Erwachsenen unterhalten. Vielleicht kannst du das tun, wenn du eine kleine Verschnaufpause hattest, wenn du dich ein bißchen erholt hast.

Ward: Ja, das wäre toll. Ich kann verstehen, warum du möchtest, daß sich am Ende des Tages jemand um dich kümmert. Diese Kinder können ganz schön fordernd sein. Wir müssen uns das Leben gegenseitig erleichtern. Das kann ich, wenn ich mich ein paar Minuten entspannt habe. Aber ich möchte auch ein wenig Zuwendung und Zuneigung und möchte hören, daß du dich freust, mich zu sehen.

Bridget: Ich freue mich, dich zu sehen. Aber um ehrlich zu sein, es würde mich glücklich machen, wenn ich das Gefühl hätte, daß dich interessiert, was ich denke, oder wenn du mir sagen würdest, daß du mich attraktiv findest, oder wenn du etwas Besonderes für mich tun würdest.

WARD: Ja, ich verstehe. Ich könnte mal dran denken, dir Blumen mitzubringen. Ich habe wirklich daran gedacht. Aber dann bin ich wieder voll in meinen Problemen drin. Ich komme nach einem sehr angespannten Tag nach Hause und möchte mich entspannen. Zu Hause kann man abschalten, und ich möchte, daß sich meine Frau für mich interessiert und mich fragt, wie mein Tag war.

BRIDGET: Am Ende des Tages haben wir beide unsere Bedürfnisse.

WARD: Ja. Weißt du, das Essen ist wichtig für mich, weil es mir das Gefühl gibt, daß ich umsorgt werde, und es ist die Zeit, in der wir alle als Familie zusammen sind, und es bedeutet mir viel, daß das Essen fertig ist, wenn ich nach Hause komme.

Was die Wirkung dieser beiden Gespräch auf die Gefühle von Ward und Bridget betrifft, so liegen Welten zwischen ihnen. Dabei besteht der Unterschied lediglich in ein wenig Bestätigung.

Ist Ihre Beziehung stark von negativen Faktoren geprägt, dann ist es momentan vielleicht zuviel von Ihnen verlangt, daß Sie die Gefühle Ihres Partners verstehen. In diesem Fall finden Sie es möglicherweise ermutigend, daß selbst eine widerwillige Anerkennung des Standpunktes Ihres Partners eine Form der Bestätigung ist. Auch wenn Sie also keine Begeisterung in Ihre Stimme legen können, lohnt es sich, einmal zu versuchen, Ihrem Partner etwas Bestätigung zu geben.

Wenn Sie trotz aller Anstrengungen den Standpunkt Ihres Partners einfach nicht begreifen können, geben Sie ihm zu verstehen, daß Sie sich zumindest alle Mühe geben. Sie können einfach sagen: »Gut, ich höre mir an, was du sagst, und versuche, zu verstehen, was in dir vor sich geht.« Dies vermittelt zumindest den Eindruck, daß Sie sich nach Kräften bemühen. Erinnern Sie sich aber daran, daß Sie Bestätigung nicht vortäuschen können. Sie muß echt sein, um eine Wirkung zu haben.

Wenn Sie einen zusätzlichen Grund brauchen, um zu versuchen, sich in schwierigen Zeiten in Ihren Partner hineinzuversetzen, denken Sie daran, daß dieses ganze psychologische und emotionale Problembewußtsein gut für Ihre körperliche Gesundheit ist. Die Forschung hat ganz klar gezeigt, daß Sie dazu beitragen, Ihren Blutdruck niedrig zu halten und zu verhindern, daß Ihr Herzschlag hochschnellt, wenn Sie Ihrem Partner Bestätigung geben. Bei einer Untersuchung über jungverheiratete Paare fand ich heraus, daß sich das bei einem Gespräch ausgeschüttete Adrenalin geringer war, wenn ein Paar sich konstruktiv verhielt und die Partner eine positive Einstellung zueinander hatten. Dagegen hatten Paare, die nicht konstruktiv waren, die Tendenz, im Laufe ihres Gespräches immer mehr Adrenalin auszuschütten – wodurch die Spannung wuchs.

Strategie Nr. 4: Verinnerlichen – immer wieder ausprobieren

Wenn Sie nun mit Hilfe dieser Techniken einmal eine erfolgreiche Auseinandersetzung führen konnten, denken Sie vielleicht, daß Sie diese Strategien nunmehr beherrschen. Ich befürchte indes, daß noch mehr Arbeit vor Ihnen liegt. Denn das Schlechteste, was Sie tun können, ist, dieses Kapitel nur einmal zu lesen und dann nie wieder einen Blick hineinzuwerfen. Es reicht nicht, im Kopf zu haben, wie eine »faire Auseinandersetzung« aussehen sollte. Diese Lektionen müssen *oft* praktisch angewandt werden. So oft, daß sie fast zu automatischen Reaktionen werden.

Das gilt für jede neuerlernte Fähigkeit. Sie sind nicht einfach aus der Ausfahrt herausgefahren, als Sie Autofahren gelernt haben; Sie haben den Ball nicht richtig über das Netz geschlagen, als Sie zum ersten Mal Tennis gespielt haben; und Ihr erstes Schokoladensoufflé ist bestimmt nicht gleichmäßig aufgegangen.

Eine Kollegin erzählte mir die Geschichte von einem Paar, das sie eine gewisse Zeit in der Therapie hatte. Die Ehe war sehr gestört gewesen, aber in diesem Fall beschloß sie, dem Paar nur eines beizubringen: Sue, die Frau, sollte sich bewußt machen, daß Ihr Mann, Luke, das Bedürfnis hatte, vor ihren krassen negativen Äußerungen wegzulaufen; und Luke sollte lernen, nicht wegzulaufen, sondern dazubleiben und ohne Abwehr zuzuhören. Mehrere Monate nach dem Ende der Therapie besuchte sie das Paar zu Hause, um zu sehen, wie es den beiden gehe. Kurz bevor sie kam, hatten diese sich gestritten. Luke sagte, sie seien aneinandergeraten, als sie den Geschirrspüler einräumten, und er erzählte, er habe sich zwingen müssen, nicht aus der Küche zu laufen, was er für gewöhnlich automatisch tat. Zuerst habe er gedacht: »Warum muß Sue bloß das schöne Essen verderben, das wir gerade hatten, indem sie gerade jetzt mit irgendeiner blöden Kritik kommt?« Aber er habe sich beruhigt und sich gesagt: »Luke, alter Junge, bleib am Ball, sie ist gar nicht so verkehrt.« Und er sei geblieben und habe ihr ohne Abwehr zugehört. Auch Sue sagte, sie habe sich, da sie seine Verhaltensweisen ja kannte, zwingen müssen, ihren Zorn zu dämpfen. Mit jeder Auseinandersetzung wurde es für die beiden ein bißchen leichter, und schließlich berichteten sie, daß sie miteinander nun viel glücklicher wären.

Jedesmal, wenn Sie üben, nicht abwehrend, sondern konstruktiv zu sein, ist es etwas Neues und Anderes, und es ist wichtig, nicht aufzugeben, auch wenn Sie müde sind oder keine Lust haben. Diese Strategien werden schließlich zu automatischen Reaktionen werden. Die in diesem Kapitel beschriebenen Prinzipien lassen sich am besten verinnerlichen, wenn sie ständig wiederholt werden. Fangen Sie mit kleinen Dingen an. Versuchen Sie zum Beispiel, ohne Abwehr zu sprechen, wenn es um etwas so Harmloses wie Essen, Autowaschen oder das Ausleihen eines Videofilms geht.

Sie und Ihr Partner müssen diese Fähigkeiten auch dann einüben, wenn Sie nicht unbedingt Lust dazu haben. Das bedeutet, auch, wenn Sie müde, hungrig, zerstreut, glücklich oder traurig sind, wenn Sie autofahren, fernsehen, zusammen duschen – unter allen Umständen und Bedingungen, bis es zu einem natürlichen Teil Ihres Verhaltens wird, für den Sie keine Mühe mehr aufwenden müssen. Sie müssen sich diese Fähigkeit wirklich aneignen, ihr den Stempel Ihres Humors, Ihres Stils und Ihrer Persönlichkeit aufdrücken. Dann probieren Sie es immer wieder. Mehren Sie die Stunden, in denen Sie Ihre neuerworbene Fähigkeit anwenden.

Dahinter steht die Idee, daß eine immer wieder einstudierte Kommunikationsfähigkeit Ihnen auch und gerade dann zur Verfügung steht, wenn Sie sie am meisten brauchen – bei einem Streit oder einer heftigen Auseinandersetzung, also wenn Sie physiologisch erregt sind. Dann wird sich dieses hartnäckige Einprägen neuer Verhaltensweisen auszahlen.

Wenn Sie diese Fähigkeiten üben, üben, üben, haben Sie einen sehr großen Schritt in Richtung Verbesserung Ihrer Ehe getan. Ich weiß aus Erfahrung, daß diese vier Prinzipien – *sich beruhigen, ohne Abwehr kommunizieren, Bestätigung geben* und *die neuen Verhaltensweisen verinnerlichen* – das sind, was die meisten Ehen brauchen, um wieder ins Lot zu kommen. Ich glaube, daß dies auch für Ehen gilt, in denen die negativen Faktoren schon fast übermächtig geworden sind. Ich will damit nicht sagen, daß Sie über Nacht Veränderungen sehen werden oder daß die Verbesserung Ihrer Ehe leicht sein wird. Aber wenn Sie entschlossen sind, hart arbeiten und sich nicht von jedem Rückschlag entmutigen lassen, werden Sie mit der Zeit feststellen, daß Sie sich in Ihrer Ehe viel wohler fühlen.

8. Kapitel

Die Grundlagen stärken

Eine dauerhafte Ehe hat zwei Grundlagen: eine große Dosis positiver Gefühle und eine Form der Austragung von Meinungsverschiedenheiten, auf die sich beide Partner geeinigt haben und mit der beide leben können. Dieses Kapitel gibt Ihnen einige letzte Ratschläge in bezug auf diese wesentlichen Dinge.

Verständigung über Ihren Ehestil

Viele Paare, deren Ehe in Schwierigkeiten ist, waren von Anfang an nicht in der Lage, sich über ihren Weg zu einem der drei stabilen Ehetypen zu verständigen. Wenn dies auch in Ihrer Ehe der Fall ist, wenn Sie und Ihr Partner es nie geschafft haben, sich auf einen von Ihnen bevorzugten Ehestil zu einigen, dann wird jede Auseinandersetzung sozusagen einen versteckten Text haben. Dieser versteckte Text wird die Art und Weise betreffen, *wie* Sie streiten, *wie* Sie Gefühle ausdrücken und handhaben, *wie* Sie sich geliebt fühlen und Liebe zeigen – kurzum, was eine echte Bindung wirklich bedeutet. Ist dieser versteckte Text vorhanden, so bauen sich verletzte Gefühle, Ressentiments, Ablehnung und Bitterkeit auf. Der eine fühlt sich vielleicht in die Enge getrieben, der andere einsam; der eine angegriffen, der andere nicht beachtet.

Die Tests im 2. Kapitel können Ihnen helfen, ein klareres Bild von dem Ehetyp zu gewinnen, den Sie selbst bevorzugen, und zu erkennen, in welcher Art von Ehe Ihr Partner sich am wohlsten fühlt. Wenn Ihre Vorstellungen sehr stark auseinandergehen, wenn Sie sich also über den wünschenswerten Ehestil oder die Kombination von Stilen nicht einig sind, dann wird es Ihrer Ehe zugute kommen, wenn Sie darüber sprechen. Hier sind einige Richtlinien, die Ihnen bei der Entscheidung helfen können, welche Form der Konfliktlösung Ihnen beiden am besten entspricht:

- *Zweisamkeit oder Eigenständigkeit.* Wenn Sie das »Wir« mehr schätzen als Ihre Eigenständigkeit und Individualität, dann würden Sie wohl mit einem konstruktiven Stil am besten fahren. Wenn Sie dagegen das Gefühl haben, daß Ihnen Ihre Eigenständigkeit und Unabhängigkeit wichtiger sind, bevorzugen Sie vielleicht einen impulsiven oder konfliktvermeidenden Stil; Paare, die solche Ehen führen, haben in der Regel Räume, die nur von einem Partner allein benutzt werden, getrennte Freunde und so weiter.

- *Romantik und Kameradschaftlichkeit.* Wenn Sie großen Wert darauf legen, in Ihrer Beziehung Dynamik und Romantik zu erhalten, kann ein impulsiver Stil der richtige für Sie sein. Konstruktiven Paaren ist es am wichtigsten, gute Kameraden und dem anderen der beste Freund zu sein.

- *Ehrlichkeit.* Unbedingte Offenheit ist ein Kennzeichen impulsiver Paare, die im allgemeinen Wert darauf legen, völlig offen zueinander zu sein, und nichts davon halten, negative Gefühle oder Meinungsverschiedenheiten zu verstecken. Sie betrachten Ehrlichkeit als die Basis ihres Vertrauens. Konstruktive und konfliktvermeidende Paare überlegen sich dagegen gut, bei welchen Gelegenheiten sie völlig ehrlich sind, und spielen die von ihnen geäußerten negativen Gefühle häufig herunter.

- *Gegenseitiges Überzeugen.* Impulsive Paare haben das Gefühl, daß der Partner nicht wirklich engagiert ist, wenn es nicht ein engagiertes Geben und Nehmen und eine aktive Auseinandersetzung über Meinungsverschiedenheiten gibt. Konstruktive und konfliktvermeidende Paare schätzen diese Form des Engagements weitaus weniger.

- *Gefühlsäußerungen.* Wenn Sie emotional sehr aus sich herausgehen und dies auch bei Auseinandersetzungen über Ehekonflikte gut finden, dann entspricht Ihnen der impulsive Stil. Wenn Sie dies nur in Maßen schätzen, dann sind Sie mit dem konstruktiven Stil besser dran. Und wenn Ihnen das Ausdrücken von starken negativen Gefühlen nicht sehr behagt, dann würden Sie wahrscheinlich einem konfliktvermeidenden Stil den Vorzug geben.

- *Traditionelle Rollen.* Konstruktive und konfliktvermeidende Paare neigen dazu, die häuslichen Aufgaben und die Kinderbetreuung nach den traditionellen Geschlechterrollen zu verteilen.

- *Philosophie und Überzeugungen.* Konfliktvermeidende Paare legen mehr als andere Wert darauf, daß sie gemeinsame religiöse oder philosophische Überzeugungen haben, nach denen sie ihr Leben ausrichten.

Viele der folgenden Ratschläge können jedem Paar helfen. Aber manche Eheformen erfordern in bestimmten Bereichen mehr Anstrengungen als andere. Das liegt daran, daß die verschiedenen Formen von stabilen Ehen unterschiedlichen Risiken ausgesetzt sind. In Anbetracht dieser Tatsache habe ich für jeden der stabilen Ehestile ein eigenes Bündel von Strategien entwickelt. Denken Sie aber daran, daß Sie, je nach den Wechselfällen des Lebens, hin und wieder auch von den beiden anderen Eheformen etwas lernen können. (Wenn Ihre Ehe eine Mischform ist, werden Sie dieses Bedürfnis zwangsläufig haben.) Einem impulsiven Paar, das versucht, mit der Krankheit eines Partners fertigzuwerden, könnte es zum Beispiel helfen, wenn es sich zumindest eine Zeit lang wie ein konfliktvermeidendes Paar verhält. Nach dem

Ende der gesundheitlichen Krise wird es sich dann allerdings wohler fühlen, wenn es zu seinem natürlichen impulsiven Stil zurückkehrt.

Ratschläge für konstruktive Paare

Diese Form der Partnerschaft hat viele Stärken, auf die Sie unbedingt bauen sollten – vor allem Ihre sehr ausgeprägte Verhandlungs- und Kompromißfähigkeit. Sie und Ihr Partner ärgern sich auch manchmal übereinander, aber Sie lassen nicht zu, daß negative Gefühle in Ihrer Beziehung überhand nehmen. Sie beschreiben Ihren Partner oft als Ihren »besten Freund« und Sie betonen die Wärme und die vielen Gemeinsamkeiten in Ihrer Ehe. Daher sollten Sie bei Auseinandersetzungen einen Stil praktizieren, der diese Freundschaft respektiert und schützt. Hier sind einige Tips:

Überlegen Sie gut, wann Sie streiten. Ereifern Sie sich nicht über Kleinigkeiten, aber gehen Sie Problemen nicht aus dem Weg, deren Lösung eine gute Beziehung noch besser machen kann. Sie beschließen beispielsweise, einer gelegentlichen Meinungsverschiedenheit über das Fernsehprogramm, das Sie anschauen wollen, keine Bedeutung beizumessen. Aber wenn Sie das Gefühl haben, daß Sie ständig mit dem Fernsehen um die Aufmerksamkeit Ihres Partners konkurrieren, kann es ratsam sein, dieses Problem direkt anzusprechen.

Erkennen Sie den Standpunkt Ihres Partners an, bevor Sie Ihren eigenen zum Ausdruck bringen. Dies ist besonders wichtig, um produktive Voraussetzungen für den »programmatischen« Teil der Auseinandersetzung zu schaffen. Dies kann dadurch geschehen, daß Sie mit Ihren eigenen Worten ausdrücken, was Ihr Partner gerade gesagt hat, oder durch einfache, ermunternde Worte, Gesten und die entsprechende Mimik.

Zügeln Sie Ihre Emotionen. Versuchen Sie, innerlich im Gleichgewicht zu bleiben, vor allem, wenn es bei einer Auseinandersetzung um die Überzeugungsarbeit geht. Zuviel Ärger oder Traurigkeit kann die Grundlage Ihrer Freundschaft bedrohen.

Vertrauen Sie Ihrem Partner. Da Sie sich emotional gut verstehen, können Sie die »gedankenlesenden« Äußerungen Ihres Partners als wertvolle, hilfreiche Erkenntnisse über das akzeptieren, was in Ihnen vor sich geht. Sie tun auch gut daran, die Versuche Ihres Partners zu akzeptieren, die Kommunikation lebendig zu halten. Und wenn es darum geht, eine Lösung zu finden, seien Sie aufgeschlossen. Betrachten Sie den Menschen, der Ihnen am Tisch gegenübersitzt, weiterhin als Ihren Verbündeten, einen Gleichgesinnten, der nur Ihr Bestes will.

Tun Sie etwas für die Romantik. Hüten Sie sich vor einer Gefahr, die vielen konstruktiven Ehen ihre Vitalität nimmt: dem Verzicht auf Romantik. Das fortwährende Suchen nach gelungenen Kompromissen kann einer Ehe das Prickelnde nehmen, was dazu führt, daß Sie sich mehr als gute Kumpel denn als Liebespaar fühlen. Dies trifft besonders dann zu, wenn Paare in eine neue Lebensphase eintreten, beispielsweise Eltern werden. Suchen Sie gemeinsame Erlebnisse, die Ihre Leidenschaft füreinander wieder aufflammen lassen. (Wir werden in diesem Kapitel noch untersuchen, wie das geschehen kann.)

Ratschläge für impulsive Paare

Das fehlende Prickeln ist für Ihre Ehe kein Problem. Wenn Sie in einer impulsiven Beziehung leben, haben Sie eine starke romantische Bindung an Ihren Partner und werden mit intensiven Emotionen wie Eifersucht und Wut gut fertig. Solche Beziehungen sind reich an Romantik, Lachen und Zuneigung. Aber die ungezügelte Leidenschaft kann die Gefahr der Verachtung – oder sogar der Gewalt – in sich bergen, was potentiell zur Zerstörung Ihrer Ehe führen kann. Aus diesem Grund sollten impulsive Paare lernen, ihre Gedanken, Worte und Verhaltensweise gelegentlich sorgfältig zu überprüfen. Dahinter steht die Idee, daß man einer guten, gesunden Auseinandersetzung nicht ausweichen, aber mit dem Konflikt so umgehen sollte, daß man dem Gegner Respekt erweist. Sonst könnte der sehr hohe Anteil von positiven Interaktionen in Ihrer Beziehung verlorengehen. Daher sollten Sie die folgenden sieben »Tips zur höflichen Wendung Ihrer Gedanken« beachten.

Sagen Sie Ihrem Partner nicht, was Sie nicht *tun wollen oder können.* Betonen Sie statt dessen, was Sie tun *können* und *wollen.* Wenn Ihr Partner Sie zum Beispiel bittet, mit ihm einen Großeinkauf zu machen, könnte Ihr erster Gedanke sein: »Ich habe heute tausend andere Dinge zu tun. Ich kann unmöglich mehr als zwei Stunden für diesen Kram erübrigen.« Wenn Sie diesen Gedanken jedoch äußern, formulieren Sie ihn sorgfältig, so daß Sie den positiven Teil betonen: »Ich habe zum Einkaufen heute zwei Stunden Zeit, zwischen drei und fünf. Dann können wir gehen«. Das Ergebnis ist im wesentlichen das gleiche, aber die Kommunikation ist weitaus freundlicher.

Zeigen Sie Ihrem Partner aufrichtige Wertschätzung. Mit etwas Anstrengung und Einfühlungsvermögen können Sie gedankenlose Beschwerden und Kritik durch wohlüberlegte Gedanken ersetzen. Wenn Ihr Partner das morgendliche Omelette zu lange brät, sollten Sie lieber den frischgepreßten Orangensaft loben, als sich über das verbrutzelte Omelette aufzuregen. Wenn Sie sich auf das konzentrieren, was Ihr Partner Ihrer Ansicht nach in dieser Situation am meisten braucht und verdient, danken Sie ihm, anstatt ihn zu kritisieren. Wenn Ihnen in einer bestimmten Situation *gar nichts* Nettes einfällt, fragen Sie Ihren Partner, was er am liebsten hören würde. Ebenso können Sie Ihrem Partner helfen, Ihnen etwas Gutes zu tun, indem Sie ihm sagen, was Sie brauchen.

Ich rate impulsiven Paaren nicht etwa, Aussprachen über wichtige Konflikte zu vermeiden. Aber solche Aussprachen können produktiver sein, wenn sie in einer Atmosphäre von Wertschätzung und Respekt stattfinden.

Obwohl Meinungsverschiedenheiten für impulsive Paare wichtig sind, sind dies keine häßlichen Beziehungen – denken Sie daran, daß impulsive Paare gewöhnlich auch am liebevollsten und romantischsten sind. Liebevoll zu sein, sich ehrlich zu bedanken und Wertschätzung zu zeigen, ist charakteristischer für die glücklich verheirateten impulsiven Paare als für die weniger glücklichen. Es ist sehr leicht, kleine Zeichen von Wertschätzung in Ihre Interaktion einzustreuen, zum Beispiel:

»Ich bin froh, daß du dieses Problem angesprochen hast.«
»Ich respektiere deine Ehrlichkeit.«
»Vielen Dank, daß du Jason eine neue Steppdecke gekauft hast.«
»Die Blumen haben mir sehr gefallen.«
»Ich finde es gut, daß du Eva heute eine Gutenachtgeschichte erzählt hast.«
»Ich bin froh, daß ich heute abend zu diesem Kurs gehen konnte. Danke.«

Äußern Sie Interesse für Ihren Partner. Es kommt oft vor, daß Partner sehr stark mit ihren eigenen Gedanken und Interessen beschäftigt sind. Aber Sie können Ihr Verhältnis zueinander enger gestalten und Respekt vor Ihrem Partner zeigen, indem Sie ihn nach seiner Arbeit, seinen Hobbies, seinen Freunden und so weiter fragen. Registrieren Sie seine Antworten aufmerksam. Stellen Sie sich auf die Gedanken des anderen ein und vermeiden Sie unnötige Unterbrechungen.

Seien sie höflich, unabhängig davon, wie Ihr Partner sich verhält. Vor allem impulsive Paare laufen Gefahr, in die Falle einer wechselseitigen negativen Verstärkung zu geraten – das heißt, auf eine Kritik oder Beleidigung mit einer weiteren Kritik oder Beleidigung zu reagieren. Aber wenn einer von Ihnen höflich reagiert, gleichgültig wie sich der andere verhält, können Sie eine, die Stabilität der Ehe bedrohende negative Kettenreaktion vermeiden. Da Höflichkeit in einer Ehe – selbst bei glücklichen frischverheirateten Paaren – oft früh verschwindet, ist es für die Beziehung wirklich gut, wenn Sie Ihren Partner ebenso nett und rücksichtsvoll behandeln wie einen fremden Menschen.

Seien Sie direkt und ehrlich. Ehrlichkeit hat in einer impulsiven Ehe einen hohen Stellenwert, und so ist es wichtig, daß Sie beide wissen, daß Sie Ihren Gefühlen freien Lauf lassen können. Da dieser Ehestil auf dem Boden von Konflikten gedeiht, halten Sie sich also nicht zurück, wenn es darum geht, Ihren Partner zu überzeugen. Sie können Respekt gewinnen, wenn Sie mit den gleichen Waffen kämpfen. Gleichzeitig müssen Sie sich aber vor den vier Reitern hüten, die Sie schnell auf einen Weg bringen können, an dessen Ende die Scheidung steht. Suchen Sie die direkte Auseinandersetzung mit Ihrem Partner, seien Sie aber darauf vorbereitet, einen Rückzieher zu machen, wenn Sie spüren, daß Ihr Angriff zu schmerzhaft oder demütigend ist.

Neckereien und direkte Konfrontationen haben in einer impulsiven Ehe positive Wirkungen, aber sie können auch zu weit gehen. Hier ist ein Beispiel für einen rechtzeitigen Rückzieher:

EHEFRAU: Das sind meine Eltern, und ich möchte, daß du sie respektvoll behandelst.

EHEMANN: Aber ich habe keinen Respekt vor ihnen.

EHEFRAU: Deshalb tust du so, als wärest du nicht da, wenn wir sie besuchen.

EHEMANN: Ja, dann werde ich wenigstens nicht grob.

EHEFRAU: Doch, das wirst du.

EHEMANN: Nur beim Essen, wenn dein blöder Vater philosophisch wird.

EHEFRAU: Er ist nicht blöde. Er hat einen Haufen Kinder großgezogen und sein Leben lang hart gearbeitet. Er ist einfach nicht so gebildet.

EHEMANN: Er ist dumm, und du weißt das.

EHEFRAU (weinend): Du hast vor niemandem Respekt!

EHEMANN: Du hast recht. Ich bin zu selbstgefällig. Das funktioniert, wenn ich mit anderen Rechtsanwälten diskutiere, aber du hast recht, er verdient meinen Respekt, weil er für mich eine so wunderbare Frau großgezogen hat. Ich werde versuchen, beim Erntedankessen höflicher zu sein. [Er sieht, daß er zu weit gegangen ist, und macht einen Rückzieher.]

EHEFRAU: Danke.

EHEMANN: Aber erwarte nur nicht zuviel.

EHEFRAU: Das tue ich auch nicht, aber ich finde es gut, wenn du's versuchst.

Zuneigung. Schon wieder dieses Wort! Gehen Sie nicht davon aus, daß Ihr Partner weiß, daß Sie ihn lieben und bewundern. Zuneigung ist in der impulsiven Ehe besonders wichtig – sie ist der Schlüssel zum Eheglück. Im folgenden Gespräch zwischen zwei Menschen in einer impulsiven Ehe wird deutlich, daß viel Zuneigung im Spiel ist.

EHEFRAU: Ich werde diese Beförderung nie im Leben bekommen. Ich bin einfach nicht aggressiv genug.

EHEMANN: Auf mich wirkst du wie ein kleiner Barrakuda.

EHEFRAU: Das bin ich bei dir auch. Aber dieser Roger Priestly wird bestimmt das Rennen machen.

EHEMANN: Du wirst auf jeden Fall befördert werden. Du bist so unglaublich kompetent und schlau. Und du bist die einzige, der sie den Auftrag in San Francisco verdanken. Roger ist so eitel.

EHEFRAU: Das macht nichts. Niemand merkt, daß er ein Dummkopf ist, außer dir und mir. Fred hat diese Seiten von Roger noch nie mitgekriegt.

EHEMANN: Gut, laß uns einen Plan machen, mit dem wir Roger aus dem Weg schaffen können. Ich hab's. Du baust sein Ego jeden Tag ein bißchen auf und bringst ihn dazu, über sich selbst zu reden, und sagst ihm, daß Fred diese Geschichte faszinierend finden wird. Bald wird er seine ganze Zeit damit verbringen, sich vor Fred zu produzieren.

EHEFRAU: Und Freddie haßt das. Das könnte funktionieren. Neulich hat er sage und schreibe zwanzig Minuten über sich selbst geredet und nicht ein einziges Mal nach mir gefragt! Dieser Langweiler!

EHEMANN: Männer! Ich hasse Männer!

EHEFRAU: Alle, außer dir selbst.

EHEMANN (lachend): Darum bin ich ein emanzipierter Mann. Weil ich Frauen liebe. (Er lacht.)

EHEFRAU (lachend): Du bist ein Sexist, wie er im Buche steht.

Dosieren Sie Ihre Neckereien sorgfältig. Obwohl es spielerisch und ein Zeichen von Zuneigung sein kann, wenn man seinen Partner aufzieht, kann diese nette Fopperei zu einem schmerzhaften Knuff werden, wenn sich der Partner in die Enge getrieben fühlt. Neckereien sind dann schädlich, wenn sie feindselig und negativ sind.

Ratschläge für konfliktvermeidende Paare

Eine der größten Stärken einer konfliktvermeidenden Ehe ist die Fähigkeit, gelegentliche Turbulenzen auszuhalten, weil die Gewißheit besteht, daß die Beziehung auf einem felsenfesten Fundament gemeinsamer Werte und Überzeugungen basiert. Aber während Sie vielleicht den friedlichen Charakter Ihrer Beziehung über alles schätzen, könnte es sein, daß Sie zu viele negative Empfindungen unterdrücken und daß Ihre individuellen Bedürfnisse zu kurz kommen. Wenn dies der Fall ist, besteht die Gefahr, daß sich Feindseligkeit entwickelt und daß Sie sich voneinander entfernen. Manche Psychologen vertreten sogar die These, daß konfliktvermeidende Paare mehr körperliche Gebrechen haben als andere, weil sie mit ungelösten Problemen leben. Wenn Sie alle negativen Gefühle nach innen kehren, setzt sich bei Ihnen ein chronischer Streß fest, der Ihre Gesundheit und die Stabilität Ihrer Ehe untergräbt.

Bedeutet dies, daß konfliktvermeidende Paare ihre Ehe in eine Version der turbulenten Fernsehserie »The Lockhorns« verwandeln sollten? Wohl kaum. Es könnte sogar gefährlich sein, eine turbulente Ehe zu führen, bevor Sie ein gutes Konfliktmanagement entwickelt haben. Aber es gibt Maßnahmen, durch die Sie Ihre Fähigkeit verbessern können, mit den negativen Gefühlen umzugehen, die zwangsläufig in jeder Partnerschaft auftreten. So können Sie die Wahrscheinlichkeit vergrößern, daß Ihre Beziehung stabil bleibt.

Nehmen Sie Kontakt zu Ihren Gefühlen auf. Wenn in einer Beziehung Probleme gelöst werden sollen, ist es gewöhnlich erforderlich, daß die Partner über ihre negativen Gefühle sprechen. Aber das ist schwer, wenn Sie beide dazu neigen, Gefühle zu verstecken oder zu ignorieren. Manche Menschen haben Angst, daß es zu einer Katastrophe führen würde, daß sie den Respekt ihres Partners verlieren würden oder daß es sogar zu einer Scheidung kommen würde, wenn sie negative Gefühle wie Ärger, Wut, Eifersucht, Angst oder Kummer hinausließen. Da kann es für Sie hilfreich sein, sich klarzumachen, daß Sie nicht ständig das Wohlwollen Ihres Partners erringen müssen. Manchmal, besonders in einer Krise, ist es wichtiger, auszudrücken, was Sie fühlen. Wenn Sie sich zu Ihren Gefühlen bekennen, wird das *nicht* zur Folge haben, daß Sie die Kontrolle über sich selbst und Ihr Verhalten verlieren.

Wenn Sie nicht der Typ sind, der sich viel mit seinen Gefühlen beschäftigt hat, werden Sie vielleicht etwas üben müssen, um zu erkennen und auszusprechen, was Sie empfinden. Das fällt Ihnen leichter, wenn Sie die physischen Signale und die Gedankengänge kennen, die in der Regel bestimmte Gefühle begleiten. Schauen Sie sich die folgenden Wortlisten an, um zu erkennen, was Sie in einem bestimmten Augenblick empfinden. Gehen Sie

sie ab und zu durch und beobachten Sie, wie sich Ihre Reaktionen verändern.

Positive Gefühle
Ich fühle mich (ein wenig, irgendwie, sehr)

entspannt	zufrieden
ruhig	liebevoll
begeistert	lebendig
warm	friedlich
sexy	zuversichtlich
aufgeregt	interessiert
entschlossen	neugierig
sicher	ehrgeizig
stark	phantasievoll
glücklich	kreativ
aktiv	geborgen

Negative Gefühle
Ich fühle mich (ein wenig, irgendwie, sehr):

griesgrämig	schüchtern
traurig	verletzt
ängstlich	schuldig
müde	frustriert
nervös	verdrossen
bekümmert	unfähig
gelangweilt	rebellisch
einsam	verwirrt

leer	lustlos
gefangen	niedergeschlagen
klein	unruhig
dumm	hungrig

Wenn Sie Ihre Entscheidung getroffen haben, machen Sie sich klar, welche körperlichen Signale dieses Gefühl begleiten. Empfinden Sie eine Spannung in bestimmten Muskeln? In Ihrem Nacken? Ihren Händen? Ihrem Kiefer? Ihrem Bauch? Fällt Ihnen das Sprechen schwer? Haben Sie einen trockenen Mund? Schwitzen Sie? Halten Sie Ihre körperlichen Reaktionen in einem Tagebuch fest. Überlegen Sie sich gleichzeitig, welche Gedanken dieses Gefühl begleiten. Schreiben Sie auf, was Sie dachten, als Sie das jeweilige Gefühl hatten. Sehen Sie sich Ihre Aufzeichnungen dann von Zeit zu Zeit an. Sie können schließlich lernen, Ihre Emotionen leichter zu erkennen und auszudrücken.

Vergewissern Sie sich Ihrer grundlegenden Auffassungen über Ihre Beziehung. In schwierigen Zeiten finden viele konfliktvermeidende Paare Kraft darin, daß sie sich daran erinnern, wie ähnlich ihre Auffassungen von ihrer Beziehung sind. Damit Sie sich wieder auf Ihre Beziehung besinnen, stellen Sie sich Fragen wie: »Welche Auffassungen haben wir über die Stabilität unserer Ehe? Nach welchen Spielregeln lösen wir unsere Konflikte? Wie wollen wir in unserer Beziehung Entscheidungen treffen? Welche Rolle sollten unserer Meinung nach Männer und Frauen spielen? Wenn Sie diese Fragen zusammen beantworten, gibt Ihnen das vielleicht die Sicherheit, die Sie brauchen, wenn Ihre Beziehung stürmischen Zeiten entgegengeht. Carl und Beth gehören zum Beispiel zu einer religiösen Gemeinschaft, für die die Ehe sehr wichtig ist. Als das Paar kürzlich wegen der sexuellen Differenzen in einer Therapie war, konnten die Partner unangenehme Gefühle von Traurigkeit und Ärger ausdrücken, weil sie daran dachten, daß ihre Ehe, was auch immer geschehen würde, von Gott geheiligt war; ihr Glaube würde ihnen helfen, ihre Probleme zu lösen und zusammenzubleiben. Andere finden vielleicht einen ähnlichen Halt, wenn sie an die besonderen Auffassungen oder an die von ihnen unterstützten Anliegen denken, die sie zusammengeführt haben und jetzt zusammenhalten.

Lernen Sie es, wenn nötig, offen mit Ihrem Partner zu sprechen. Heikle Fragen anzupacken, kann erschreckend sein, wenn Sie in Ihrer Beziehung meistens vor Problemen zurückgeschreckt sind, anstatt sich ihnen zu stellen. Aber wenn es Ihnen um das langfristige Wohlergehen der Beziehung geht, finden Sie vielleicht den Mut, die Fragen anzusprechen, die am bedrohlichsten sind. Sie können lernen, auf liebevolle Weise ganz offen mit Ihrem Partner zu sprechen, indem Sie die zuvor beschriebenen Techniken des nicht abwehrenden Sprechens und Zuhörens erlernen. Denken Sie auch daran, daß Sie immer einen Geistlichen um Rat fragen oder die Hilfe eines professionellen Eheberaters in Anspruch nehmen können, wenn der Eindruck entsteht, daß Ihre Konflikte Ihnen über den Kopf wachsen.

Konfliktvermeider können offen sein, wenn sie sich gleichzeitig ihre Gefühle bestätigen. Sie spielen zwar immer noch den Ernst des Problems herunter, bringen das Problem aber zur Sprache und tun nicht so, als würde es bei Ihnen keine negativen Gefühle auslösen. Sie können dies tun, weil Sie sich auf das langfristige Bild konzentrieren und weil Sie das Problem auf eine schonende Art und Weise zur Sprache bringen. So werden Sie sich schließlich einer Lösung des Problems nähern. Sie können beispielsweise an jemand anders denken, der dieses Problem ebenfalls hatte, und daran, was er getan hat; oder Sie können sich überlegen, wie Ihr Partner das Problem gerne angehen würde (vielleicht gibt es einen religiösen Rat oder eine entsprechende Stelle in der Bibel). Konfliktvermeider stellen sich dem Problem in der Regel gemeinsam, Schulter an Schulter, und finden eine indirekte Form der Problemlösung. Hier ist ein Beispiel:

EHEMANN: Können wir uns wirklich keine Einbauleuchten leisten?

EHEFRAU: Vater mag sie nicht, und er bezahlt die Rechnungen für den Umbau.

EHEMANN: Ich wünschte, es gäbe einen Weg, um doch noch an die Einbauleuchten zu kommen.

EHEFRAU: Ich auch. Aber ansonsten ist der Umbau gut, nicht war?

EHEMANN: Ja, sicher. Dein Vater ist ein prima Kerl und sehr großzügig, aber ...

EHEFRAU: Du möchtest Einbau ...

EHEMANN: ... leuchten. Ja.

EHEFRAU: Wie wäre es, wenn wir es wie die Parkinsons machten?

EHEFMANN: Und das wäre?

EHEFRAU: Sie haben einen kleinen Überbrückungskredit aufgenommen.

EHEMANN: Würde dein Vater uns das nicht sehr übel nehmen?

EHEFRAU: Er muß es ja nicht erfahren.

EHEMANN: Ich könnte mit dem Lieferanten reden.

EHEFRAU: Laß es uns so machen.

EHEMANN: Es war ein toller Umbau.

EHEFRAU: Ja. Manche Leute sagen, daß es so schrecklich ist.

EHEMANN: Für uns nicht.

EHEFRAU: Stimmt.

Für ein impulsives Paar wäre dies eine sehr milde Form einer offenen Auseinandersetzung gewesen und hätte bei ihm nicht funktioniert. Aber in einer konfliktvermeidenden Ehe funktioniert sie sehr gut. Sie ist intensiv genug und enthält trotzdem ein großes Maß an gegenseitiger Bestätigung.

Legen Sie »Kummer-Kästen« an. Seit Jahren haben Geschäfte diese Einrichtung, damit ihre Kunden und Angestellten ihre Beschwerden loswerden können; sie könnte auch Ihnen helfen, offen zu Ihrem Partner zu sein. Nehmen Sie zwei Kästen – einen für sich und einen für Ihren Partner – und kleben Sie auf jeden das Schild »Kummer-Kasten«. Dann schreiben Sie die Dinge auf, die Ihnen zu schaffen machen, und legen den Zettel in den Kasten Ihres Partners. Es gibt zwei Regeln: Holen Sie nur dann einen Zettel aus dem Kasten, wenn Sie die innere Bereitschaft haben, zur Kenntnis zu nehmen, was Ihr Partner empfindet. Wählen Sie eine Zeit, in der Sie ohne Abwehr miteinander sprechen können. Es könnte hilfreich sein, nochmals die Richtlinien für eine nicht abwehrende Kommunikation zu lesen, bevor Sie Ihre Kümmernisse aufschreiben oder diskutieren.

Suchen Sie Hilfe bei anderen. Freunde und Verwandte, die nicht unmittelbar zur Familie gehören, können Ihnen helfen, negative Gefühle über Ihre Ehe auszudrücken und durchzuarbeiten. Suchen Sie sich einen Menschen oder eine Gruppe, dem/der Sie vertrauen und benutzen Sie diese als Resonanzboden, wenn Konflikte auftauchen.

Produktive Meinungsverschiedenheiten, die allen Ehen guttun

Abgesehen von diesen Tips für den Umgang mit Meinungsverschiedenheiten, die kennzeichnend für einen der drei stabilen Ehetypen sind, gibt es einige allgemeine Dinge, die für alle Paare gelten – vor allem für diejenigen, bei denen die Partner dazu neigen, sich psychisch überfordert zu fühlen oder sich abwehrend zu verhalten. Wenn dies in Ihrer Ehe der Fall ist, können eine bewußte Strukturierung des Gesprächsverlaufs und Methoden zur Entschärfung der Probleme Ihnen helfen, brenzlige Themen zu diskutieren. Dazu einige spezielle Ratschläge:

Planen Sie Ihre Diskussionen

Das Planen der Diskussionen ist besonders für jene Paare wichtig, die sich schon in einem Kreislauf der Negativität oder in der Distanz- und Isolationskaskade befinden. Damit haben Sie den Punkt erreicht, da Sie sich von den ungelösten Problemen überwältigt fühlen und verzweifelt und hoffnungslos sind. Wenn Sie wissen, daß eine Diskussion angesetzt ist, haben Sie zumindest die Gewißheit, daß Sie beide die Notwendigkeit eines Gesprächs anerkennen und für dieses Gespräch eine Zeit ausgemacht haben.

Abgesehen davon, fällt es Ihnen vielleicht leichter, konstruktiv zu argumentieren, wenn Sie für die Diskussion schwieriger Themen bestimmte Zeiten vereinbaren. Wenn Sie wissen, daß zu einem festgelegten Zeitpunkt ein Gespräch stattfinden soll, werden Sie darauf verzichten können, über einem Problem zu brüten oder sich so lange zurückzuhalten, bis Sie platzen. Wenn Sie für das Gespräch eine bestimmte Dauer vorsehen (zwanzig Minuten sind im allgemeinen ein guter Richtwert), brauchen Sie keine Angst zu haben, daß das Gespräch endlos sein wird. Sie können sogar planen, ins Kino zu gehen oder ein Essen zu kochen, sobald Sie fertig sind. Wählen sie die Zeit so, daß Sie beide ziemlich ausgeruht und entspannt sind und die Unterbrechungen auf ein Minimum beschränken können. Paare erzählen mir häufig, daß der Sonntagnachmittag eine gute Zeit für solche Gespräche ist.

Zu Beginn Ihrer – vielleicht wöchentlichen – Diskussion sollten Sie überlegen, worüber Sie reden wollen. Suchen Sie sich jeweils nur ein Thema aus, damit Sie nicht den großen »Rundumschlag« machen und vom Thema abkommen oder von zu vielen Problemen überwältigt werden. Wenn Sie mehr als ein Thema zu besprechen haben, planen Sie weitere Gesprächstermine ein.

Ich gebe zu, daß die Festsetzung einer Zeit und die Auswahl von Themen anscheinend mehr einer Geschäftsbeziehung als einer Ehe entsprechen. Ich wollte, ich könnte Ihnen irgendwelche Patentlösungen vorschlagen, um die Künstlichkeit dieses Arrangements zu vermeiden, aber es gibt keine. Ich kann Ihnen nur sagen, daß diese Methode bei den meisten Paaren gut funktioniert. Ich gebe zu, daß dies zuerst etwas befremdlich wirken kann, aber diese Strukturierung verhindert, daß die Gespräche »entgleisen«.

Seien Sie darauf vorbereitet, daß Sie und Ihr Partner gelegentlich den Plan nicht einhalten. Ein Streit über die Finanzierung des Hauses kann zum Beispiel vor dem vorgesehenen Gesprächstermin ausbrechen. Zwingen Sie sich dann, Ihre Diskussion doch noch bis zu diesem Termin aufzuschieben, oder nehmen Sie sich genug Zeit, wenn Sie sofort miteinander reden wollen. Versuchen Sie, eine wichtige Diskussion nicht auf die Schnelle zu führen. Das erfordert sehr viel Willenskraft, lohnt sich aber.

Je näher der Gesprächstermin rückt, desto weniger Lust haben Sie vielleicht, miteinander zu reden. Vor allem bei Männern entwickelt sich oft eine physiologische Erregung, wenn die gefürchtete Stunde naht. Dies ist durchaus verständlich. Versuchen Sie, daran zu denken, daß diese Gespräche den Zweck haben, Ihre Ehe gesund zu halten. Es ist wie ein Besuch beim Zahnarzt. Er ist kaum angenehm, aber die Vorteile machen ihn erträglich.

Strukturieren Sie Ihre Auseinandersetzungen

Ich habe schon erwähnt, daß Auseinandersetzungen in stabilen Ehen gewöhnlich drei Phasen durchlaufen. Wenn man sich auf ein Thema geeinigt hat, hören die Partner einander bis zum Ende zu und nehmen den Standpunkt des jeweils anderen zur Kenntnis. Als nächstes versucht jeder Partner, den anderen davon zu überzeugen, daß seine Sichtweise die bessere sei. Schließlich einigen sie sich auf eine Konfliktlösung. Unsere Forschungen zeigen, daß die meisten Paare alle drei Phasen einhalten, sich aber je nach Ehestil unterschiedlich lange bei jedem Stadium aufhalten. Konstruktive Paare verbringen viel Zeit damit, einander zuzuhören und sich in den anderen hineinzuversetzen. Impulsive Paare sind sehr schnell in der Überredungsphase, während konfliktvermeidende Paare versuchen, dieses Stadium zu überspringen und gleich nach einer Lösung zu suchen. Unabhängig von Ihrem Ehestil gibt es Techniken, mit deren Hilfe jedes Konfliktstadium so produktiv wie möglich gestaltet werden kann.

Phase eins: Thematische Schwerpunkte setzen. Hier besteht die Aufgabe darin, die Diskussion auf ein ganz spezielles Thema auszurichten. Auch wenn Sie am liebsten alles ansprechen würden, von den unbezahlten Rechnungen bis hin zur Persönlichkeit Ihrer Schwiegermutter, erzielen Sie bessere Ergebnisse, wenn Sie sich an ein Thema halten. Wenn man gleich mit einer Rundumkritik herausplatzt wie: »Mir hängt dieses ewig unordentliche Haus, unser langweiliges Liebesleben und dein ständiges Geldausgeben zum Hals raus«, stiftet man nur Verwirrung und zögert das notwendige Gespräch hinaus.

Sorgen Sie dafür, daß jeder von Ihnen die Chance hat, in diesem frühen Stadium des Gespräches seinen Standpunkt darzulegen. Das wird dazu beitragen, daß die Diskussion später ausgewogen bleibt. Die erste Phase ist auch eine hervorragende Gelegenheit, die Perspektive des anderen anzuerkennen. Erinnern Sie sich daran, daß Anerkennung nicht unbedingt bedeutet, daß Sie mit dem, was Ihr Partner sagt, einverstanden sind. Aber Sie können auf diese Weise zeigen, daß Sie die Gefühle Ihres Partners respektieren und verstehen können, wie er zu einer bestimmten Ansicht kommt.

Bestätigung kann schon dokumentiert werden, indem Sie Ihrem Partner mitteilen, daß sie ihm folgen, daß Sie ihm also zuhören und seinen Standpunkt zur Kenntnis nehmen. Aber diese Form des aktiven Zuhörens ist nicht leicht, wenn Sie aufgebracht sind und seinen Standpunkt nicht teilen. Sie können ganz bescheiden damit anfangen, daß Sie mit Ihren eigenen Worten wiedergeben, was Ihr Partner Ihrer Ansicht nach sagt, ohne eine Bewertung vorzunehmen; dann können Sie versuchen, zu einer Klärung zu kommen. Diese einfache Übung wird viel dazu beitragen, den Prozeß der Bestätigung in Gang zu setzen.

> EHEMANN: Ich bin es leid, unsere Wochenenden zu verplempern. Laß uns doch mal was planen, was Spaß macht.
>
> EHEFRAU: Du möchtest also, daß wir uns für das Wochenende etwas vornehmen?

EHEMANN: Ja, etwas Schönes machen, nicht nur irgendwelche Sachen erledigen.

EHEFRAU: Du willst dich also nicht immer nur abrackern. Du bist das leid und willst am Wochenende auch mal was Schönes erleben.

EHEMANN: Genau.

Das Ziel der Bestätigung ist letztlich ein echtes Mitfühlen. Mitfühlen bedeutet nicht nur, daß man sich *anhört,* was der Partner sagt, sondern auch dic dahinterstehenden *Gefühle* versteht.

Phase zwei: Überzeugen und argumentieren. Wenn Sie das Thema festgelegt und sich den Standpunkt des anderen angehört haben, besteht das nächste Stadium gewöhnlich darin, daß Sie versuchen, Ihren Partner davon zu überzeugen, daß Ihr Zugang zu dem Problem der bessere ist. Da sich in dieser Phase die Gemüter gerne erhitzen, sollten jetzt die Reparaturmechanismen (Humor, Zuneigung, Mitgefühl usw.) eingesetzt werden, über die Sie gleich noch mehr erfahren werden. Dies ist auch eine hervorragende Gelegenheit, die in Kapitel 7 beschriebenen nicht abwehrenden Kommunikationsfähigkeiten anzuwenden. Solange Sie sich gegenseitig aufmerksam zuhören, wird diese Phase nicht in ein unproduktives Hickhack ausarten. Sie sollte vielmehr zum nächsten Schritt überleiten: zum Erreichen eines Kompromisses.

Phase drei: Lösung. Nachdem Sie Ihre überzeugendsten Argumente vorgebracht haben, fangen Sie an, einen Friedensplan auszuarbeiten. Das Ziel ist eine Lösung, die für Sie beide befriedigend oder zumindest hinnehmbar ist.

Suchen Sie nach Kompromißmöglichkeiten. Es kann eine wirkliche Hilfe sein, wenn Sie sich auf die Werte und Überzeugungen besinnen, die Sie als Paar teilen. Ein Kompromiß kommt auch eher zustande, wenn Sie sich die Vorschläge Ihres Partners aufmerksam anhören und versuchen, darauf aufzubauen, damit die Bedürfnisse beider Partner in Einklang gebracht werden können.

Dave wollte beispielsweise in den Sommerferien angeln gehen, so daß er seiner Familie einen Campingurlaub an dem Ort vorschlug, an dem er am liebsten angelte. Aus der Stadt herauszukommen, fand auch Louise gut, aber sie wünschte sich mehr Komfort. Ihr Gegenvorschlag lautete, in der Nähe des Flusses eine Hütte zu mieten. Das erschien Dave als ein vernünftiger Kompromiß, aber er hatte Angst, daß die Hütte zu teuer sein würde. Nach einigem Hin und Her beschlossen sie, eine Zeit lang bei anderen Dingen kürzer zu treten, damit sie sich die Hütte leisten könnten.

Wenn Sie nach einer Lösung suchen, kann es hilfreich sein, die positiven Aspekte Ihrer Ehe zu betonen. Stellen Sie sich vor, welch ein Unterschied darin liegt, ob Louise sagt: »Das wird richtig gut, wenn wir irgendwohin fahren, wo wir uns *beide* entspannen können«, oder ob sie eine abwehrende Äußerung macht: »Du denkst nie dran, was *mir* im Urlaub wirklich Spaß machen würde.«

Sobald Sie sich einem Kompromiß nähern, vergewissern Sie sich, daß Sie beide damit zufrieden sind. Wenn Sie, um eine lästige oder unbequeme Diskussion zu beenden, nur so tun, als würden Sie ihn akzeptieren, geht das gewöhnlich ins Auge, weil das ungelöste Problem immer wieder auftauchen wird.

Kommunikation ohne Abwehr

Wenn das Abwehrverhalten ein Problem für Sie ist, helfen vielleicht die folgenden Tips. Für viele Paare genügen Strategien wie das Interpretieren der Körpersprache, das Bestätigen des Partners oder XYZ-Aussagen, um bei dem Bemühen um Lösungsversuche das Abwehrverhalten zu überwinden. Aber viele andere finden nicht aus den spezifischen verbalen Abwehrmechanismen heraus, die ich im 3. Kapitel beschrieben habe. Trifft das auf Sie oder Ihren Partner zu, dann probieren Sie doch die folgenden Ratschläge aus, die sich gegen besonders hartnäckige Abwehrmanöver richten.

Eine Lösung für das Leugnen von Verantwortung. Ringen Sie sich dazu durch, Verantwortung zu übernehmen. Versuchen Sie, zu sagen: »Mensch, ich glaube, ich habe mich hier geirrt« oder »Das hätte ich wirklich nicht tun sollen.« Vielleicht sogar: »Du hast recht, das ist ein gutes Argument.« Mit jeder dieser Äußerungen erkennen Sie an, daß Sie einen Fehler gemacht haben und versuchen werden, ihn nicht noch einmal zu machen.

Eine Lösung für gegenseitige Beschuldigungen. Denken Sie daran, daß Auseinandersetzungen dann am konstruktivsten sind, wenn Sie jedesmal nur ein Thema besprechen. Wenn Sie darauf verzichten können, auf jede Beschwerde Ihres Partners mit einer eigenen Beschwerde zu reagieren, werden Sie Ihre Differenzen viel schneller beilegen können. Es kommt Ihnen vielleicht unfair vor, daß Sie nicht sofort loswerden können, was Sie auf dem Herzen haben. Aber wenn Sie Ihrem Partner diese Höflichkeit erweisen, wird er sich schließlich ein Beispiel daran nehmen. Dies ist die beste Möglichkeit, aus der Sackgasse der gegenseitigen Beschuldigungen herauszukommen.

Eine Lösung für das Jammern. Zum Jammern gibt es keine kluge Alternative. Die Lösung ist trotzdem einfach: Verzichten Sie darauf. Zählen Sie bis zehn, bevor Sie anfangen zu sprechen, beißen Sie sich auf die Lippen oder atmen Sie tief durch. Anstatt zu jammern, sagen Sie dann geradeheraus, warum Sie das Gefühl haben, daß man ständig auf Ihnen herumhackt.

Eine Lösung für »Gummi-Mann/Gummi-Frau«. Anstatt die gegen Sie gerichteten Beschuldigungen Ihres Partners instinktiv zurückzugeben, versuchen Sie, zuzugeben, daß Sie nicht vollkommen sind und daß Ihr Partner vielleicht irgendwo recht hat. Sie werden möglicherweise erstaunt feststellen, daß Sie manches gemeinsam haben. Denn wenn Sie sich beide den gleichen »Fehler« vorwerfen, so gibt es dafür vielleicht einen Grund. Wenn Ihre Frau Ihnen also Verantwortungslosigkeit vorwirft, geben Sie es zu. »Ja, du hast recht. Manchmal möchte ich einfach nicht erwachsen sein.« Dies gibt ihr die Möglichkeit, zuzugeben, daß auch sie manchmal am liebsten ein Kind wäre. »Ich auch nicht. Manchmal möchte ich einfach alles hinschmeißen.« Plötzlich sind

Sie ein Team, das ein Problem zusammen angeht, und keine Gegner mehr, die versuchen, alles dem anderen in die Schuhe zu schieben.

Eine Lösung für das Wiederholungssyndrom. Wenn Sie bei einer Auseinandersetzung wie eine kaputte Schallplatte klingen, weil Sie einem scheinbar rücksichtslosen Partner immer wieder Ihre Argumente vorbeten, versuchen Sie einmal, kurz die Sichtweise Ihres Partners zusammenzufassen. Dies ist eine Form der Bestätigung, die diesen endlosen Kreislauf durchbrechen könnte. Sie könnten ebenso die Gesichtspunkte von Ihnen beiden zusammenfassen und dabei das betonen, was Ihrer beider Zustimmung hat: »Ich glaube, es regt uns beide auf, daß das Haus immer so unordentlich ist.« Oder: »Ich glaube, es stört uns beide, daß wir uns dieses Jahr keinen großen Urlaub leisten können.« Oder sogar: »Anscheinend mag es niemand von uns, wenn ich Jason bestrafe und er dann zu dir rennt, um getröstet zu werden.«

Dies vermittelt die Botschaft, daß Sie die Ehe als Teamarbeit sehen und daß Sie das Problem im Geiste des Mottos »Wir sitzen in einem Boot« angehen.

Wirken Sie beruhigend auf Ihren Partner ein: Reparaturmechanismen

Der vielleicht wirksamste Weg, die negativen Kreisläufe – Angriff und Rückzug oder Verachtung und Abblocken – zu durchbrechen, die eine vernünftige Konfliktlösung nicht zulassen, besteht darin, daß Sie beruhigend auf Ihren Partner einwirken. Wenn Sie die Zeichen erkennen, die darauf hindeuten, daß Ihr Partner sich aufregt, sich auf Abwehr und Kritik verlegt oder sich innerlich zurückzieht, dann können Sie das Problem ausschalten, bevor es Ihr Gespräch unmöglich macht. Dies ist besonders wichtig, wenn Ihr Partner sich schnell überfordert fühlt; es wirkt auch stark dem Kreislauf der Negativität entgegen, weil es die Wahrscheinlichkeit verringert, daß Sie oder Ihr Partner auf die negativen Reaktionen mit noch mehr Feindseligkeit reagieren.

Hier sind einige Reparaturmechanismen, die sich vielleicht als wirksame Mittel erweisen, wenn es darum geht, zu verhindern, daß die negativen Reaktionen außer Kontrolle geraten. Sie sind in einer Ehe zwar immer nützlich, bieten aber besondere Vorteile, wenn eine Auseinandersetzung zu hitzig geworden ist.

Unterbrechung des Gesprächs. Wenn sich zeigt, daß Ihr Partner kurz davor ist, übermäßig unter Druck zu geraten, ist es eine gute Strategie, die Unterbrechung des Gesprächs zu fordern. Im Gegensatz zu der früher erörterten Pause bedeutet eine Unterbrechung nicht unbedingt, daß das Gespräch gleich für ungefähr zwanzig Minuten ausgesetzt wird, in denen Sie sich wieder beruhigen. Der entscheidende Punkt ist der, daß das Gespräch abgebrochen wird, bevor jene intensivere Maßnahme notwendig wird. Sie können buchstäblich Ihre Hand hochheben und verkünden: »Stopp!« So teilen Sie Ihrem Partner mit, daß Sie der Meinung sind, daß einer von Ihnen (oder beide) Gefahr läuft, unter zu starken psychischen Druck zu geraten. Was Sie dann tun, hängt von Ihnen ab. Sie können beschließen, eine Pause einzulegen, oder statt dessen für eine schnelle Wiederaufnahme des Gesprächs plädieren. In manchen Fällen reicht es schon, einen Stopp anzukündigen, um das Gespräch wieder auf Kurs zu bringen. Stellen Sie sich das ganze so vor, als würden Sie an den Straßenrand fahren, um auf eine Karte zu schauen, wenn Sie glauben, sich verfahren zu haben. Wenn Sie beschließen, eine echte Pause einzulegen, denken Sie daran, daß Sie die Diskussion erst dann wieder aufnehmen, wenn sich Ihr Herzschlag normalisiert hat.

Eine Unterbrechung des Gesprächs kann eine Diskussion beenden, bevor sie so eskaliert, daß sich einer von Ihnen (oder beide) überfordert fühlt. Dahinter steht die Idee, daß es zur Regel werden sollte, daß einer von Ihnen eine Pause verkünden kann und daß das Gespräch dann sofort aufhört, um später wieder aufgenommen zu werden. Hier ist ein Beispiel:

> SUE: Ich habe den Eindruck, du meinst, daß ich allein für das Haus verantwortlich bin, daß es also meine Schuld ist, wenn es deinen Maßstäben nicht entspricht.

JOE: Dein Zeug liegt überall herum.

SUE: Ich gehe ins College und kümmere mich um unsere Tochter. Die meisten Leute finden es erstaunlich, daß ich so viel leiste. Von dir höre ich dagegen nur Beschwerden.

JOE: Und du wirst so lange Beschwerden hören, bis du tust, was du versprochen hast.

SUE: Vielleicht sollte ich das College aufgeben und nur noch putzen.

JOE: Vielleicht.

SUE: Die Genugtuung werde ich dir nicht geben ... Ich muß aufhören. Das ganze regt mich zu sehr auf.

JOE: Gut, laß uns eine Pause machen.

SUE: Ich denke, ich mache einen Spaziergang.

JOE: Okay.

Als Sue und Joe das Thema später wieder aufgriffen, hatte jeder von ihnen die Möglichkeit gehabt, sich zu beruhigen, so daß das Gespräch jetzt günstigere Voraussetzungen hatte:

JOE: Schatz, es tut mir leid, daß ich so fies war. Ich bin wirklich sehr dafür, daß du aufs College gehst und deinen Abschluß machst.

SUE: Das weiß ich. Mir tut es auch leid.

JOE: Was können wir tun, um die Dinge in Ordnung zu bringen?

SUE: Laß uns eine Putzfrau nehmen.

JOE: Eine hervorragende Idee. Wieviel würde das kosten?

SUE: Einmal die Woche? Vielleicht dreihundert im Monat.

JOE: Das ist zuviel.

SUE: Das wäre es nicht, wenn ich den Teilzeitjob in der Bibliothek annehmen würde.

JOE: Vielleicht ist das eine gute Idee.

Selektive Reaktion. Wenn Sie selektiv reagieren, reagieren Sie nur auf die konstruktiven Teile der Äußerungen Ihres Partners und ignorieren völlig den häßlichen Ton, die Beleidigung oder die Kritik, die sie begleiten. Das baut Spannung ab, so daß Sie sich mehr auf das Problem selbst als auf die Begleitmusik konzentrieren können.

Wenn Ihr Mann zum Beispiel sagt: »Wirst du wohl endlich aufhören, mich zu unterbrechen?«, hätten Sie vielleicht die natürliche Tendenz, ihm zu erwidern: »Ich müßte dich nicht unterbrechen, wenn du nicht zuviel reden würdest.« Aber wenn Sie selektiv reagieren, reagieren Sie nur auf den nützlichen Teil seiner Botschaft: Er möchte, daß Sie ihn weiterreden lassen. Eine ruhige Antwort wie: »Gut, ich lasse dich ausreden« wird viel Spannung abbauen und das Gespräch wieder in die richtigen Bahnen lenken.

Die selektive Reaktion besteht außerdem darin, daß Sie in Ihrer eigenen Reaktion das Negative weglassen. Sie möchten vielleicht am liebsten sagen: »Ja, ich weiß, daß es dich aufregt, daß Susie zu spät kommt, aber wenn du nicht so stur gewesen wärst und das Abendessen zu früh angesetzt hättest, wäre sie pünktlich.«

Wenn Sie selektiv reagieren, streichen Sie die zweite Hälfte dieses Gedankens. Ihr Partner hört nur: »Ja, ich weiß, daß es dich aufregt, daß Susie zu spät kommt.«

Den Weg abstecken. Hier geben Sie Ihrem Partner Signale, die den Gesprächsfluß in der richtigen Bahn halten. Dies kann dadurch geschehen, daß Sie Ihren Partner bitten, weiterzusprechen, genauer zu werden oder Ihnen zuzuhören. Sätze wie »Rede weiter«, »Erzähl mir die Hintergründe«, »Unterbrich mich nicht« und »Ich bin noch nicht fertig« sind Beispiele dafür, daß der Weg abgesteckt wird.

Den Kurs halten. Dies ist eine weitere Möglichkeit, das Gespräch in der richtigen Bahn zu halten. Sie machen Ihren Partner darauf aufmerksam, daß Sie nicht mehr folgen können, und holen ihn auf den rechten Weg zurück, indem Sie beispielsweise sagen: »Das gehört nicht zum Thema. Laß uns weiter über die Finanzen reden.«

Zuneigung. Sie können dieses Wort vielleicht schon nicht mehr hören, aber wenn Sie verständnisvoll, einfühlsam oder konstruktiv sind, ist das ein sehr wirksames Mittel zur Verbesserung der Kommunikation. Zum Beispiel: »Ich weiß, daß nicht nur du dieses Problem hast«, »Deine Idee gefällt mir«, »Ich liebe dich«, »Ich verstehe, wie du dich fühlst«.

Humor. Niemand kann Ihnen beibringen, witzig zu sein, aber wenn Sie die inneren Zügel ein wenig lockern, kann es durchaus sein, daß Sie die Absurditäten des Lebens und Ihre eigenen Absonderlichkeiten erheiternd finden. Humor beginnt damit, daß man über sich selbst lachen kann. Mit seiner Hilfe läßt sich eine angespannte Situation sehr gut auflockern.

Konfliktvermeidende Techniken. Auch wenn der konfliktvermeidende Ehetyp nicht der richtige für Sie ist, können Sie von diesem Stil viel lernen. Konfliktvermeider sind groß darin, bei einer Meinungsverschiedenheit sachlich zu bleiben. Sie spielen die Bedeutung des Problems herunter, indem sie es mit all den guten Dingen in ihrer Ehe vergleichen. Eine Möglichkeit, dies zu tun, besteht darin, daß man sich auf die der Ehe zugrunde liegende gemeinsame Philosophie besinnt. Zum Beispiel: »Dies ist nicht sehr wichtig für mich, verglichen mit all den Dingen, die in unserer Ehe toll laufen«, »Ich finde vieles an unserem Liebensleben sehr gut«, »Wir haben wirklich eine starke Familie hingekriegt«.

Gefühle sondieren. Fragen Sie Ihren Partner, wie er sich fühlt, und hören Sie ihm dann eine Weile ohne Abwehr zu. Bewerten Sie seine Gefühle nicht und drücken Sie keine Mißbilligung aus.

Metakommunikation. Dies ist ein komplizierter Begriff, der schlicht bedeutet, daß Sie darüber reden, wie Sie miteinander kommunizieren. Wenn das Gespräch »entgleist«, kann es für Sie beide gut sein, wenn Sie sich auf Ihr Zusammenspiel selbst konzentrieren, anstatt weiter über das betreffende Thema zu diskutieren. Zum Beispiel: »Wenn du das sagst, verletzt du meine Gefühle«. »Laß uns nicht mehr über das Haus reden, sondern darüber, wie uns in diesem Augenblick zumute ist.«

Überzeugungsversuche zurückfahren. Wenn Sie das Gefühl haben, daß Sie direkt auf eine Sackgasse zusteuern, versuchen Sie, Ihren Standpunkt ein wenig zurückzunehmen. Zum Beispiel: »Gut, vielleicht hast du in dem Punkt recht. Können wir einen Mittelweg finden?«

Machen Sie eine Bestandsaufnahme Ihrer Ehe

Natürlich gibt es in einer dauerhaften Ehe nicht nur Meinungsverschiedenheiten. Um stabile Ehen zu pflegen, müssen die Paare ständig die Bereiche hervorheben, in denen sie Gemeinsamkeiten haben, und dürfen sich nicht von ihren Differenzen herunterziehen lassen. Jede Ehe besteht aus zwei Individuen mit unterschiedlichen Bedürfnissen, Vorlieben und Interessen. Vielleicht wünschen Sie sich manchmal, daß Ihr Partner anders wäre – kontaktfreudiger oder weniger gesellig, intellektueller oder weniger büchervesessen, mehr dieses oder weniger jenes. Aber Sie bekommen Probleme, wenn Sie versuchen, sich gegenseitig umzumodeln, damit Sie Ihren jeweiligen Idealen entsprechen. Niemand möchte zu etwas gezwungen werden. Niemand möchte sich für das Glück des anderen total verantwortlich fühlen. Unsere Forschungen zeigen, daß die glücklichsten und stabilsten Paare diejenigen sind, die akzeptieren, daß alle Ehen – und alle Partner – ihre Grenzen haben.

Denken Sie an Ihre Kindheitsphantasien über die Ehe zurück. Vielleicht haben Sie davon geträumt, daß der Weg zum Altar Sie völlig verwandeln würde, daß Sie sich in der Ehe »als ganzer

Mensch« fühlen würden, daß Ihr Partner Ihr Leben mit ewiger Romantik, glücklicher Musik und immerwährendem Lachen erfüllen würde. Das Traurige ist, daß viele Menschen dieser Phantasie immer noch anhängen. Sie erwarten, daß Ihnen die Ehe die totale persönliche Erfüllung bringt, und sind enttäuscht, wenn dies nicht geschieht.

Wenn Ihre Ehe schwierige Zeiten durchmachte, haben Sie sich wahrscheinlich gefragt, welche Gründe es eigentlich gab, an dieser Ehe festzuhalten. Obgleich jedes Paar seine eigenen Antworten auf diese Frage finden muß, ergeben sich doch manche Antworten aus meiner Forschungsarbeit. Unsere Untersuchungen zeigen zumindest, wie der quantitative Umfang dieser Gründe aussehen muß. Erinnern Sie sich, daß die Stabilität einer Ehe darauf basiert, daß die guten und schlechten Zeiten in einem Verhältnis von fünf zu eins stehen? Glückliche, stabile Paare bereichern ihre Ehe durch viele positive Erlebnisse.

Das Erarbeiten von wirksamen Konfliktlösungen ist für die Aufrechterhaltung dieses Verhältnisses wichtig. Aber Paare brauchen auch ein angemessenes Maß von Spaß und Freude in ihrer Ehe. Sich schöne gemeinsame Erlebnisse zu verschaffen, ist besonders wichtig, wenn Sie glauben, daß Ihre Ehe »eigentlich gut«, aber langweilig sei. Paaren geht es dann gut, wenn sie das Gefühl haben, daß sie zusammen etwas schaffen – eine Familie gründen, ein Geschäft aufbauen oder ein Hobby teilen. Allzu häufig führen Familien ein anstrengendes, ja aufreibendes Leben, in dem sie die glücklichen Zeiten materialistischeren, flüchtigeren Zielen opfern. Abende vor dem Kamin werden durch Abende vor dem Fernseher ersetzt. Sonntage im Park werden durch Sonntage im Büro ersetzt. Aber wenn Sie Ihre Ehe lebendig halten wollen, müssen Sie die Erlebnisse wiederentdecken – oder sich vielleicht einfach Zeit dafür nehmen –, die Ihnen in bezug auf Ihren Partner und Ihre Ehe ein gutes Gefühl geben.

Nur Sie und Ihr Partner wissen, welche speziellen Gefühle und Erlebnisse dazu beitragen können, daß Ihre Ehe stark und lebendig bleibt. Aber ich kann zwei Ratschläge anbieten, die auf den Beobachtungen basieren, die ich bei stabilen Paaren gemacht habe: Der erste ist, daß man realistische Erwartungen an die Ehe stellt, der zweite, daß man seinen Partner mit Liebe und Respekt behandelt.

Der Stolz auf die Geschichte der eigenen Ehe

Ein sicheres Zeichen für eine starke Ehe ist die Neigung eines Paares, die gemeinsam durchgestandenen Kämpfe zu »glorifizieren«. Bei unseren Befragungen haben wir festgestellt, daß stabile Paare ihre Ehe als eine lohnende Reise beschreiben, als einen Roman, in dem ihnen auch harte Zeiten beschieden sind, durch die sie aber noch enger zusammengeschweißt werden. Sie erzählen detaillierte Geschichten über bestimmte traumatische Erlebnisse oder intensive Erfahrungen, die sie stark aneinander gebunden haben. Sie sagen, daß sie nach schwierigen Zeiten ein stärkeres Zusammengehörigkeitsgefühl hatten und ihre Ehe mit mehr Zuversicht betrachteten.

Es ist nicht so, daß die Paare, die ihre Ehe glorifizieren, tatsächlich mehr Probleme hatten als weniger stabile Paare. Aber ihre Schwierigkeiten scheinen für sie eine größere Bedeutung zu haben und sie mehr zu inspirieren.

Ein Paar blickt heute zum Beispiel stolz auf die Anfangszeit der Ehe zurück, in der Vicki, die Ehefrau, starke Zweifel an der Richtigkeit der Heirat hatte. Man kann sich vorstellen, daß diese Unsicherheit einer Ehe großen Schaden hätte zufügen können. Aber Vicki und ihr Mann Ben behaupten, daß die Krise ihre Ehe gestärkt habe. Die Bewältigung dieser Krise gab ihnen die Gewißheit, daß eine echte, tiefe Bindung zwischen ihnen vorhanden war.

> VICKI: Vor der Hochzeit war ich überhaupt nicht nervös. Ich war bereit. Dann, als wir verheiratet waren, dachte ich: »Moment mal!« Ich war ganz durcheinander bei dem Gedanken, daß ich vielleicht den Falschen geheiratet hatte. Das hat mir wirklich schwer zugesetzt. Bei der geringsten Kleinigkeit, über die ich mich geärgert habe, bin ich ausgerastet. Ich habe immer wieder gedroht, ihn zu verlassen.

Ben (lachend): Es waren völlig belanglose Dinge.

Vicki: Aber dann habe ich geweint und mich schlecht gefühlt, weil ich ihn verletzt hatte. Er saß immer in diesem großen alten, schwarzen Sessel. Und ich habe mich auf seinen Schoß gesetzt, und wir haben über alles gesprochen und eine Lösung gefunden.

Ben: Ja, wir haben immer eine Lösung gefunden.

Vicki: Nach einer Weile habe ich mich beruhigt und gesehen, daß er wirklich der nette Junge war, mit dem ich gegangen war. Bald war es wunderbar, daß wir immer zusammen waren. Ich habe mich sehr an ihn gewöhnt, und seitdem hat unsere Beziehung etwas Besonderes.

Ein anderes Paar, Blanche und Murray, erinnert sich mit Stolz an die mageren Jahre, als sie in einer Einzimmerwohnung von praktisch nichts als Bohnensuppe lebten.

Murray: Als ich noch alleine war, konnte ich mit einer Halbtagsarbeit gut leben. Ich habe das College und alles selbst bezahlt. Aber als wir geheiratet hatten, habe ich ganztags gearbeitet, weil Blanche noch auf dem College war. Aber selbst dann war es schwer, mit dem Geld auszukommen. Wir mußten sehr knapsen.

Blanche: Er fühlte sich wirklich für mich verantwortlich – er wollte nicht, daß ich mir Sorgen machte, woher das nächste Essen kommen sollte. Es war schwer, die Rechnungen zu bezahlen, aber wir haben es immer irgendwie geschafft.

Erschwert wurde das Ganze dadurch, daß Murray seine Arbeit überhaupt nicht mochte, aber wußte, daß er sie nicht aufgeben konnte. Anstatt jedoch daran zu denken, wie schlimm diese Zeit gewesen war, erinnerte er sich am meisten daran, wie sehr Blanche ihn unterstützt hatte.

MURRAY: Sie mußte Geduld mit mir haben, während ich mich nach einer anderen Arbeit umsah. Ich war mürrisch, wenn ich nach Hause kam, so daß sie versuchte, mich aufzuheitern. Es gab abwechslungsreicheres Essen als nur die üblichen Hot dogs. Sie versuchte, die Mahlzeiten etwas pfiffiger zu machen.

BLANCHE: Und ich schrieb ihm kleine Zettel.

MURRAY: Richtig. Kleine Worte der Ermutigung. Das half mir. Bald war ich in der Lage, meine Einstellung zu ändern. Ich machte mir klar, daß die Arbeit keine Dauerbeschäftigung sein würde, daß ich schließlich eine andere finden würde. Und es hat keinen Zweck, sich von etwas, was eigentlich nicht so wichtig ist, so sehr belasten zu lassen. Also nahm ich eine andere Haltung ein. Sie half mir dabei und ermutigte mich.

BLANCHE: Ich schreibe ihm immer noch Zettel.

MURRAY: Wir gehen immer noch bummeln. Neulich abends haben wir uns ein Eis in der Waffel geholt.

BLANCHE: Das hat Spaß gemacht. Wir machen viele kleine lustige Dinge.

Der springende Punkt ist der, daß stabile Ehen durch das Erzählen der Geschichte noch stärker werden. Die Ehegeschichten stabiler Paare stärken das Vertrauen der Partner zueinander und in ihre Beziehung.

Wie steht es mit Ihrer Ehe? Welche Bedeutung hat für Sie die Geschichte Ihrer Beziehung und welche Inspiration gibt sie Ihnen?

Übung: Erzählen Sie Ihre Geschichte

Diese Übung soll Ihnen und Ihrem Partner helfen, die schönen Seiten der Geschichte Ihrer Ehe zu entdecken. Die folgenden Fragen basieren auf der mündlichen Befragung, die wir bei unseren Forschungen durchführen. Ich habe allerdings einige Fragen umformuliert, um zu möglichst positiven Antworten anzuregen. Denn schließlich besteht das Ziel darin, die positiven Auffassungen und Gefühle über Ihre Ehe zu verstärken. Haben Sie also keine Angst, Ihren Antworten eine positive Note zu geben, also zu sagen, das Glas ist nicht halbleer, sondern halbvoll. (Wenn Sie aber den Eindruck haben, daß die Übung nur negative Gefühle hervorruft, verzweifeln Sie nicht. Nehmen Sie die Gelegenheit wahr, um über diese Gefühle zu sprechen, und versuchen Sie, herauszufinden, warum Sie über Ihre gemeinsame Vergangenheit nicht positiver denken können. Gab es Konflikte, die Sie hätten vermeiden können? Vorfälle, mit denen Sie hätten besser umgehen können? Wenn Sie die unbefriedigenden Aspekte Ihrer Beziehung ausgemacht haben, sprechen Sie darüber, was Sie verändern können, damit Sie in Zukunft mit ähnlichen Problemen besser fertigwerden.)

Nehmen Sie sich die Zeit, jede Frage zu lesen und sich ein paar Notizen dazu zu machen. Dann sprechen Sie über Ihre Antworten auf jede einzelne Frage. Die meisten Fragen sind offen, so daß die Befragten so detailliert antworten können, wie sie es möchten.

1. Wie war der erste Eindruck, den Sie von Ihrem Partner hatten? War an seiner Person etwas Besonderes?

2. Denken Sie an die Zeit, in der Sie miteinander gingen. Was waren die Glanzpunkte? Welche Spannungen gab es? Warum lohnte es sich, die Beziehung fortzusetzen?

3. Wie kam es zu dem Entschluß, zu heiraten? Gab es deutlich erkennbare Differenzen, von denen Sie wußten, daß Sie sie überwinden mußten? Wie haben Sie sie überwunden?

4. Was fällt Ihnen zum ersten Ehejahr ein? Mußten Sie sich in gewissen Dingen umstellen? Wie haben Sie das gemacht?

5. Wie war es, als Sie Kinder bekamen? Was waren die schwierigsten und befriedigendsten Aspekte dieses Lebensabschnitts?

6. Welche Augenblicke waren bisher die schwierigsten in Ihrer Ehe?

7. Warum sind Sie Ihrer Ansicht nach zusammen geblieben? Wie haben Sie diese schwierigen Zeiten gemeistert?

8. Wie unterscheidet sich Ihrer Meinung nach Ihre heutige Ehe von der der Anfangszeit?

Übung: Wie stehen wir im Vergleich zu anderen da?

Diese Übung gibt Ihnen Gelegenheit, die Stärken Ihrer Ehe zu erkennen, indem Sie sich selbst mit anderen Paaren vergleichen.

1. Jeder von Ihnen schreibt die Namen von vier verschiedenen Paaren auf, die Sie beide kennen. Zwei sollten Beispiele für eine »gute«, zwei für eine »schlechte« Ehe sein.

2. Schauen Sie sich jetzt die Namen zusammen an und erzählen Sie sich, warum die guten Ehen Ihrer Ansicht nach funktionieren und die schlechten nicht. Vielleicht bewundern Sie zum Beispiel, wie das eine Paar seine Kinder erzieht. Oder Sie mißbilligen, wie ein anderes Paar in Gegenwart anderer Leute miteinander umgeht.

3. Sprechen Sie unter Bezugnahme auf diese guten und schlechten Ehen über Ihre eigene Ehe. Vergleichen Sie die Art und Weise, wie Sie und Ihr Partner schwierige Zeiten meistern, mit den Problemlösungsstrategien dieser Paare. Können Sie Verhaltensweisen erkennen, die Sie vermeiden möchten? Gibt es Dinge, die Sie gerne nachahmen würden?

4. Sprechen Sie über Ihre eigene Fähigkeit, mit den Unbilden des Lebens fertigzuwerden. Gibt es bewegte Zeiten oder Vorfälle, auf die Sie besonders stolz sind? Wenn ja, was haben Sie getan?

Wenn Ihnen diese Übungen gefallen und wenn Sie sie hilfreich finden, dann können Sie sie regelmäßig wiederholen, vielleicht jedes Jahr um den Hochzeitstag herum. Das wird Ihnen Gelegenheit geben, sowohl über das vergangene Jahr als auch über Ihre Vergangenheit nachzudenken.

Ich kenne ein Paar, das ein Album hat, in dem es Photos und andere wichtige Erinnerungsstücke aufbewahrt. Dieses Album wird ebenso auf den neuesten Stand gebracht wie das Buch über ihre kleine Tochter, damit auch das gemeinsame Leben dokumentiert wird. Dazu gehören Schnappschüsse von besonders schönen Ferien und von Familienereignissen, Eintrittskarten, die die beiden während des Jahres benutzt haben, und kleine neckische Notizen, die sie füreinander geschrieben haben. Auf diese Weise können sie das ganze Jahr über Belege für das Funktionieren ihrer Ehe sammeln. Und ab und zu setzen sie sich zusammen und denken über die glücklichen Zeiten nach und versichern sich gegenseitig ihrer tiefen Bindung.

Ich finde es ausgezeichnet, wenn Paare so bewußte Anstrengungen machen, ihre Beziehung lebendig zu halten. Sie übernehmen die schwierige Aufgabe, ständig »Gründe für die Ehe« zu schaffen, und das macht ihr gemeinsames Leben reicher.

Man muß wissen, wann man Hilfe braucht oder aufgibt.

In diesem Kapitel habe ich drei einfache Ideen hervorgehoben: Liebe, Respekt und ein Gefühl für den Wert der gemeinsamen Geschichte. Wenn es Ihrer Ehe an diesen Dingen fehlt – wenn es Ihnen schwerfällt, an Ihrem Partner viel Bewundernswertes zu finden, oder wenn Sie sich nicht respektiert fühlen, wenn Sie es schwer finden, Zuneigung für Ihren Partner zu empfinden, wenn Sie sich nicht beachtet oder ungeliebt fühlen und wenn Ihnen bei einem Rückblick auf Ihre Ehe alles sinnlos und vergeblich erscheint – dann allerdings sollten Sie ernsthaft in Erwägung ziehen, Ihre Ehe zu beenden.

Sie haben die Wahl, trotz Ihrer negativen Gefühle an der Ehe festzuhalten, zu versuchen, sie zu ändern, oder sie zu beenden. Aber bevor Sie den letzten, verzweifelten Schritt tun und sie beenden, überlegen Sie gut, ob der Grund für Ihrc trostlose Zukunftsperspektive etwas ist, das geändert werden könnte. Dies kann durchaus der Fall sein, aber die Stromschnellen der Ehe haben Sie vielleicht schon so sehr in die Tiefe gerissen, daß Sie allein nicht mehr die Kraft dazu haben. Wenn Sie feststellen, daß Sie viel zu zermürbt sind, um die in diesem Buch beschriebenen Strategien zur Verbesserung der Ehe auszuprobieren, brauchen Sie möglicherweise professionelle Hilfe von einem Ehetherapeuten. Es ist gar nichts dabei, wenn man diese Hilfe in Anspruch nimmt. Schließlich sind Ihre Probleme nicht über Nacht entstanden, und es ist unsinnig, anzunehmen, daß Sie in kürzester Zeit Probleme lösen können, die eine lange Geschichte haben. Wenn Sie glauben, daß Sie völlig am Ende Ihres Lateins sind, ist es nur klug, wenn Sie Hilfe suchen. Ich möchte Sie ermutigen, professionelle Hilfe bei Problemen zu suchen, die Sie selbst nicht lösen können, und neben einer Ehetherapie dieses Buch zu benutzen.

Es kann leider auch sein, daß Ihre Ehe einfach nicht mehr zu reparieren ist. Das könnte sich darin zeigen, daß Sie oder Ihr Partner Ihre Gefühle von Bitterkeit, Verletztsein und Wut nicht mehr loswerden. Sie oder Ihr Partner halten vielleicht an der Bitterkeit fest, als wollten Sie sagen: »Was du mir angetan hast, ist so schlimm, daß ich es dir niemals verzeihen werde. Es gibt nichts, was mich trösten könnte.« Wenn es in Ihrer Ehe diese Bitterkeit gibt, ist es extrem schwer, die Dinge zu verändern. Eine Veränderung Ihrer Ehe kann nur dann gelingen, wenn Sie und Ihr Partner es auch wirklich wollen. Sonst ist diese Aufgabe unlösbar.

Es ist auch wichtig, zu wissen, wann eine Ehe am Ende ist. Nicht alle Paare sollten zusammenbleiben, und manchmal ist eine Trennung oder Scheidung diejenige Möglichkeit, die ständigen Konflikten, Depressionen, Einsamkeit und Verzweiflung vorzuziehen ist.

Wenn Sie beschließen, sich scheiden zu lassen, denken Sie daran, daß die meisten Menschen danach wieder heiraten. Ich hoffe, daß Sie bei einem Neubeginn die Erkenntnisse dieses Buches nutzen werden, um von Anfang an eine starke und gesunde emotionale Partnerschaft aufzubauen.

Schlußwort

Ich hoffe, daß Sie mittlerweile eine klare Vorstellung davon gewonnen haben, wie sich Ehen über viele Jahre gedeihlich entwickeln können und was Sie tun können, wenn Ihre Ehe zu kränkeln scheint. Jeder, der eine unglückliche Ehe erlebt hat, weiß, wie schmerzhaft und demoralisierend das sein kann. Aber denken Sie bitte daran, daß viele Ehen zu retten sind, auch wenn sie anscheinend ganz hoffnungslose Fälle sind.

Wenn Ihre Ehe gestört ist, gibt es viele Ehehandbücher oder Eheratgeber, bei denen Sie Hilfe finden können. Manche Ratschläge werden vernünftig, andere ziemlich wertlos sein. Die Informationen dieses Buches sind deswegen einzigartig, weil sie auf der aktuellen, intensiven wissenschaftlichen Untersuchung von Hunderten von Paaren basieren. Mein Ziel war es, Ihnen nahezubringen, was ich aus meinen Forschungen gelernt habe: warum manche Ehen scheitern und andere sich gedeihlich entwickeln. Außerdem wollte ich Ihnen zeigen, wie Sie unsere Erkenntnisse nutzen können, um Ihre eigene Beziehung zu retten oder zu verbessern.

Wenn es zwischen Ihnen und Ihrem Partner schwierig wird, wenn jedes Gespräch durch häßliche Argumente, gebetsmühlenartige Wiederholungen, gegenseitige Blockaden oder kaltes Schweigen zunichte gemacht wird, muß die Lösung nicht unbedingt auch schwierig sein. Viele Menschen in gestörten Ehen werden sagen: »Wir können einfach nicht miteinander kommunizieren« oder »Wir haben einfach nicht die gleiche Wellenlänge«. Aber fast alle Erwachsenen (auch Ihr Partner!) sind fähig, gut zu kommunizieren und Konflikte zu lösen, wie durch ihre Fähigkeit belegt wird, Freundschaften zu schließen, gut mit anderen zusammenzuarbeiten und zufriedenstellende Beziehungen mit den Nachbarn zu haben. Warum also wird die Kommunikation in der

Ehe so schwierig? Die Antwort ist: Je mehr Ihre Beziehung von negativen Gedanken überwältigt wird, desto weniger Zugang haben Sie oder Ihr Partner zu Ihrer natürlichen Fähigkeit, Differenzen beizulegen.

Ein gewisses Maß an Negativität ist für eine Ehe wichtig. Ohne sie wird sich eine Ehe mit der Zeit verschlechtern. Aber wenn die Negativität überhand nimmt, leidet die Ehe zwangsläufig darunter. Ich hoffe, Ihnen ist klar geworden, daß ein Übermaß an Negativität auch eine sehr glückliche Ehe langsam durchdringen und Blockaden zwischen sich liebenden Eheleuten schaffen kann, bevor diese erkennen, was da geschieht. Denken sie daran, daß es bewährte Gegenstrategien gibt, wenn die negativen Faktoren in Ihrer Beziehung die Oberhand gewinnen. Die erste besteht darin, die vier Reiter in Schach zu halten, indem man es vermeidet, den Partner zu kritisieren, ihn verächtlich zu behandeln, abwehrend zu sein oder bei Meinungsverschiedenheiten abzublocken. Seien Sie sich der unausgesprochenen negativen Gedanken bewußt, die sich zu einem fortlaufenden inneren Drehbuch verfestigen können, wenn sich die vier Reiter erst einmal häuslich niedergelassen haben. Erkennen Sie, wann Sie oder Ihr Partner stark unter Druck geraten, und geben Sie Ihrem Körper Zeit, sich zu beruhigen, bevor Sie eine schwierige Diskussion fortsetzen. Lernen Sie, ohne Abwehr zuzuhören und zu sprechen. Sorgen Sie dafür, daß Sie Ihrem Partner in Ihrem alltäglichen Leben reichlich Bestätigung geben und ihm Liebe und Respekt entgegenbringen. Arbeiten Sie vor allem hart daran, die von mir beschriebenen Fähigkeiten zu *verinnerlichen.* Bestätigung zu geben und ein gesundes Konfliktlösungsverhalten müssen Ihnen zur zweiten Natur werden, damit Sie auch darauf zurückkommen können, wenn Sie diese Fähigkeiten am nötigsten brauchen.

Ich glaube, daß so verhindert werden kann, daß Ihre Beziehung in einen Strudel hineingezogen wird, an dessen Ende der Zusammenbruch Ihrer Ehe steht. Statt dessen werden Sie sich in einem der drei stabilen Ehestile einrichten: dem impulsiven, dem konstruktiven oder dem konfliktvermeidenden. Sie werden fähig sein, mit Stolz auf die Geschichte Ihrer Ehe zurückzublicken, die Kämpfe zu glorifizieren, die Sie als Paar durchgestanden haben (einschließlich der schwierigen Zeiten, die Sie vielleicht zu diesem Buch haben greifen lassen!) und einer glücklichen Zukunft entgegenzusehen.

Wohin die Reise Ihrer Ehe Sie auch führen mag, ich wünsche Ihnen gemeinsame Jahre voller Spaß und Freude – mit gerade so viel Negativität gewürzt, daß Ihre Ehe stark bleibt.

Danksagung

Schon seit langem schreibe ich Bücher und wissenschaftliche Aufsätze über die Ehe, aber dies ist tatsächlich mein erster Versuch, die Ergebnisse einem breiteren Publikum mitzuteilen, wobei ich mich zunächst nicht sonderlich geschickt angestellt habe. Ohne die Hilfe und Anleitung von Daniel Goleman wäre es mir nicht gelungen daran etwas zu ändern. Dieses Buch wurde in Zusammenarbeit mit ihm und mehreren anderen verfaßt, namentlich Nan Silver, die aus dem Text das vorliegende Buch aus einem Guß gemacht hat, Joan De Claire, Peggy Gillespie und Carole Perkin. Holly Price Crowell aus meinem Labor hat einen wichtigen Beitrag zu unserer Arbeit geleistet, indem sie uns Transkripte und Daten zur Verfügung stellte.

Wie dieses Buch, waren auch meine Forschungsarbeiten der letzten einundzwanzig Jahre ein Gemeinschaftsunternehmen, an dem zuerst meine beiden hervorragenden Studenten Howard Markman und Cliff Notarius und später meine Studenten Lowell Krokoff, Lynn Fainsilber Katz, Regina Rushe und Joanne Wu Shortt mitgewirkt haben. In den ersten Jahren arbeitete ich nach einer Forschungsmethode, die ausführlich von meinem Doktorvater an der Universität von Wisconsin, Richard McFall, dargestellt worden ist. McFall war der Ansicht, daß auch klinische Forscher Verhaltensforscher wie der Bienenforscher Karl von Frisch sein und objektiv die Veränderlichkeit des natürlichen Verhaltens beobachten sollten. Der entscheidende Punkt war für McFall, daß zum einen die zu untersuchenden Situationen genau bestimmt und zum anderen zu den betreffenden klinischen Populationen »kompetente Populationen« als Vergleichsgruppen gefunden wurden. Diese Methode mußte größtenteils erst noch ausgearbeitet werden. Auf dem Gebiet des Eheverhaltens ergaben sich jedoch keine größeren Probleme, weil schon viele Untersuchungen an Ehepaaren durchgeführt worden waren, die mit ihrer Ehe zufrieden bzw. unzufrieden waren.

An dem Forschungsprojekt waren auch renommierte Wissenschaftler aus anderen Labors beteiligt: Jim Sackett, Roger Bakeman, Robert Weiss, Gayla Margolin, Marin Forgatch, Geral Patterson, Hyman Hops, Carolyn und Philip Cowan, John Vincent, David Reiss, Joy Schulterbrand, Ross Parke, Gary Birchler, Dirk Revenstorf, Kurt Hahlweg, Caas Schaap und später auch Laura Carstensen, die an unserer gemeinsamen Untersuchung über ältere, langjährige Ehen mitgearbeitet hat, und Neil Jacobson, der an unserer Untersuchung über gewalttätige Ehen beteiligt war. Harold Rausch und seine Arbeit haben insofern eine besondere Rolle gespielt, als sie uns Ideen und Anregungen geliefert haben. Ich möchte auch die Anregungen und die Unterstützung von Mavis Hetherington lobend erwähnen. Paul Ekman und Wallace Friesen haben mir bei meiner Untersuchung der Emotionen sehr geholfen.

Hervorheben möchte ich vor allem meinen Kollegen und besten Freund, Bob Levenson, mit dem ich in den vergangenen vierzehn Jahren eng zusammengearbeitet habe. Worte können nicht ausdrücken, wie wichtig dieses Zusammenspiel für mich ist.

Ich war in der glücklichen Lage, mich auf die Hilfe und die Kenntnisse von ausgezeichneten Kodierungsexperten stützen zu können, darunter Mary Lynn Fletcher, Gwendolyn Mettetal, Mary Verdier und in der letzten Zeit Kim McCoy, Carol Hooven, Christy Loberg, Sonny Ruckstahl, Jim Coan, Sherry Doggett, Coleen Conroy, Colleen Seto und David McIntyre. Kim Buehlman leistete einen wichtigen Beitrag zu dieser Forschungsarbeit, indem es das Oral History Coding System entwarf. Regina Rushe leistete einen wichtigen Beitrag mit Ihrer Methode, die bei Paaren angewandt wird, welche über die Augenblicke befragt werden, die sie am positivsten bzw. negativsten einschätzen.

Diskussionen mit meiner Frau, Julie Schwartz Gottman, die klinische Psychologin ist, haben mich stark beeinflußt; sie ist eine sehr verständnisvolle Psychologin und eine scharfe Beobachterin. Dieses Buch ist ihr gewidmet, und zwar nicht nur wegen ihres Verständnisses für eheliche Interaktion, sondern auch, weil es wunderbar ist, mit ihr verheiratet zu sein.

Danken möchte ich auch meiner kompetenten, loyalen und energischen Sekretärin Sharon Fentiman. Sie ist eine begabte Künstlerin und ein Organisationstalent, und es erstaunt mich immer wieder, daß sie sich entschlossen hat, mit mir zusammenzuarbeiten und meine organisatorischen Unzulänglichkeiten zu ertragen.

Dank gebührt der unfehlbaren Intuition meines Lektors bei Simon and Schuster, Gary Luke. Er scheint immer recht zu haben. Ich danke ihm für seine Anleitung und seine konstruktive Kritik.

Diese Arbeit wäre nicht möglich gewesen ohne die Forschungsgelder des National Institute of Mental Health, ohne die Fördermittel des Fonds für Research Career Development und ohne ein Research-Scientist-Stipendium, das ich seit 1979 hatte. Die MacArthur-Stiftung übernahm einen Teil der Baukosten für mein Versuchsapartment und für die Laborausstattung im CDMRC.

Schließlich möchte ich den Hunderten von Paaren aufrichtig danken, die an diesen Forschungen teilgenommen haben. Sie haben uns die intimsten Einzelheiten ihres Lebens anvertraut und dadurch tatsächlich den größten Beitrag zu diesem Projekt geleistet. Sie und nicht die Forscher sind die eigentlichen Ehe-Experten. Unsere Aufgabe war es, ihnen zuzuhören und zu versuchen, sie zu verstehen. Sie haben das, was sie erzählt haben, gelebt. Sie hatten die Leidenschaften, Belastungen, Einsichten, die uns den Weg gewiesen haben. Was sie liebenswürdigerweise zu dem Forschungsprojekt beigetragen haben, war der privateste und unantastbarste Teil ihres Lebens. Wenn diese Arbeit etwas Gutes bewirkt, wird ihr Beitrag als der mutigste und wichtigste anerkannt werden müssen.

John Mordechai Gottman
Seattle, Washington, 1993

Gruber | Neumann

Erfolg im Mathe-Abi

Niedersachsen

Übungsbuch Basiswissen
für das grundlegende und
das erhöhte Anforderungsniveau
mit Tipps und Lösungen

Freiburger Verlag

Gedruckt auf chlorfrei gebleichtem Papier

Erfolg von Anfang an

... ist das Geheimnis eines guten Abiturs. Dieses Übungsbuch ist speziell auf die Anforderungen des Mathematik-Abiturs für das grundlegende und das erhöhte Anforderungsniveau in Niedersachsen abgestimmt.

Auch wenn sich viele Aufgaben mit dem GTR oder dem CAS lösen lassen, ist es trotzdem wichtig, über ein solides Grundwissen zu verfügen. Das vorliegende Buch fördert dieses Grundwissen und die Grundkompetenzen in Mathematik. Das Übungsbuch ist eine Hilfe zum Selbstlernen (learning by doing) und bietet die Möglichkeit, sich intensiv auf die Prüfung vorzubereiten und gezielt Themen zu vertiefen. Hat man Erfolg bei den grundlegenden Aufgaben, machen Mathematik und Lernen mehr Spaß.

Der blaue Tippteil

Hat man keine Idee, wie man eine Aufgabe angehen soll, hilft der blaue Tippteil in der Mitte des Buches weiter: Zu jeder Aufgabe gibt es dort Tipps, die helfen, einen Ansatz zu finden, ohne die Lösung vorwegzunehmen.

Grafikfähige Taschenrechner richtig nutzen

Die im Abitur verwendeten grafikfähigen Taschenrechner (GTR oder CAS) können sehr viel mehr als nur die Grundrechenarten: Sie können z.B. lineare Gleichungssysteme und beliebige Gleichungen lösen, Integrale berechnen, Graphen zeichnen, Extrempunkte berechnen, Binomialverteilungen bestimmen, etc.

Daher befindet sich im Buch an den Stellen, wo es Sinn macht, die entsprechende Funktion des GTR zu nutzen, ein QR-Code und ein Direktlink auf das entsprechende Video, in dem diese Funktion des Tachenrechners kurz erklärt wird.* Der QR-Code kann mit einer entsprechenden App gescannt oder in den Browser eingegeben werden.

frv.tv/as

Wie arbeitet man mit diesem Buch?

Am Anfang jedes Kapitels befindet sich eine kurze Einführug in das jeweilige Thema.
Aufgaben, die das erhöhte Anforderungsniveau betreffen, sind mit **eA** gekennzeichnet.
Die einzelnen Kapitel bauen zwar aufeinander auf, doch ist es nicht zwingend notwendig, das Buch der Reihe nach durchzuarbeiten. Die Aufgaben sind in der Regel in ihrer Schwierigkeit gestaffelt. Von fast jeder Aufgabe gibt es mehrere Variationen zum Vertiefen. In der Mitte des Buches befindet sich der blaue Tippteil mit Denk- und Lösungshilfen. Die Lösungen mit ausführlichem Lösungsweg bilden den dritten Teil des Übungsbuchs. Hier findet man die notwendigen Formeln, Rechenverfahren und Denkschritte sowie alternative Lösungswege.

Allen Schülern, die sich auf das Abitur vorbereiten, wünschen wir viel Erfolg.

Helmut Gruber, Robert Neumann

Inhaltsverzeichnis

Analysis

1 Von der Gleichung zur Kurve 7
2 Aufstellen von Funktionen mit Randbedingungen 9
3 Von der Kurve zur Gleichung 11
4 Differenzieren 13
5 Gleichungslehre 15
6 Kurvendiskussion 17
7 Integralrechnung 23
8 Extremwertaufgaben 26
9 Wachstums- und Zerfallsprozesse 26

Analytische Geometrie / Lineare Algebra

10 Rechnen mit Vektoren 28
11 Geraden 31
12 Gegenseitige Lage von Geraden 32
13 Ebenen 33
14 Gegenseitige Lage von Geraden und Ebenen 37
15 eA: Gegenseitige Lage zweier Ebenen 39
16 Abstandsberechnungen 41
17 Winkelberechnungen 43
18 Spiegelungen 44

Stochastik

19 Wahrscheinlichkeitsrechnung 45
20 Binomialverteilung 53
21 Erwartungswert, Standardabweichung und σ-Regeln 57
22 Vertrauensintervalle 61
23 eA: Normalverteilung 63

Tipps 65

Lösungen 89

Stichwortverzeichnis 191

1 Von der Gleichung zur Kurve ☐

Tipps ab Seite 65, Lösungen ab Seite 89

In diesem Kapitel geht es um die Grundfunktionen und ihre Verschiebung, Streckung und Spiegelung. Dazu sollten Sie die Schaubilder der wichtigsten Grundfunktionen kennen. Es handelt sich um:

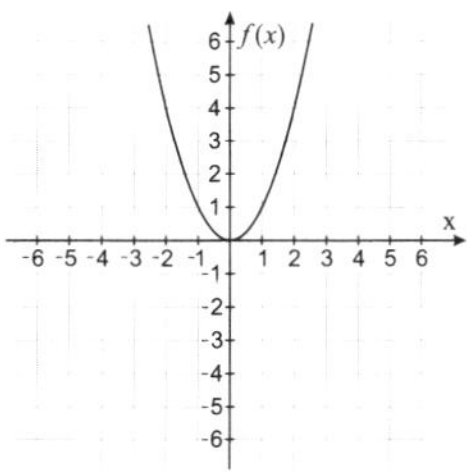

$f(x) = x^2$

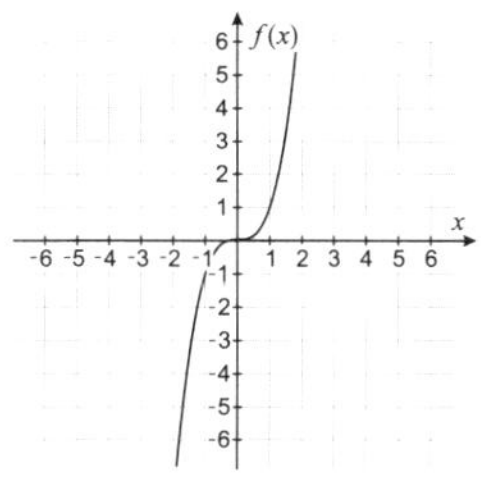

$f(x) = x^3$

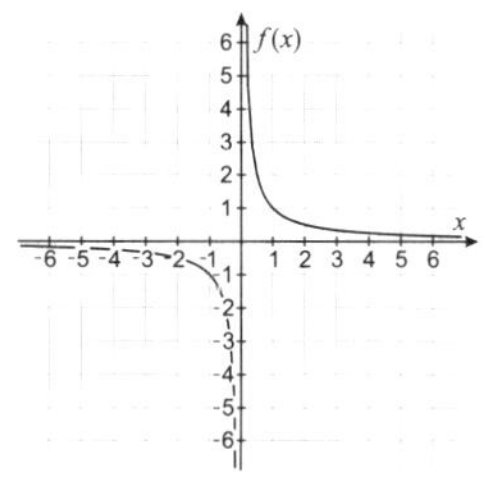

$f(x) = \frac{1}{x}$

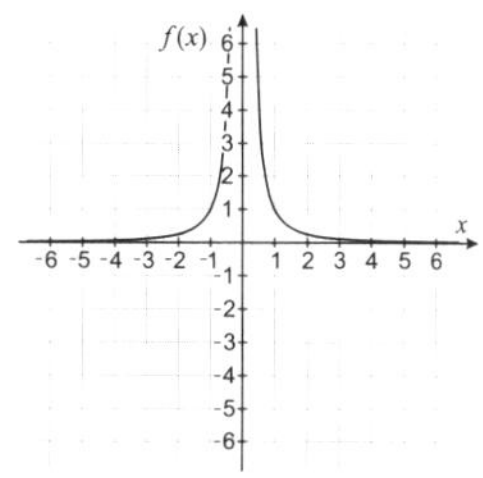

$f(x) = \frac{1}{x^2}$

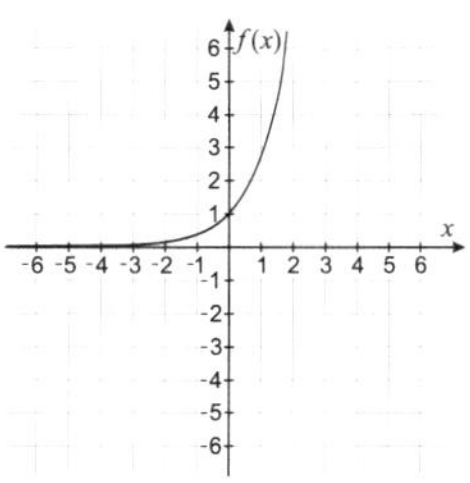

$f(x) = e^x$

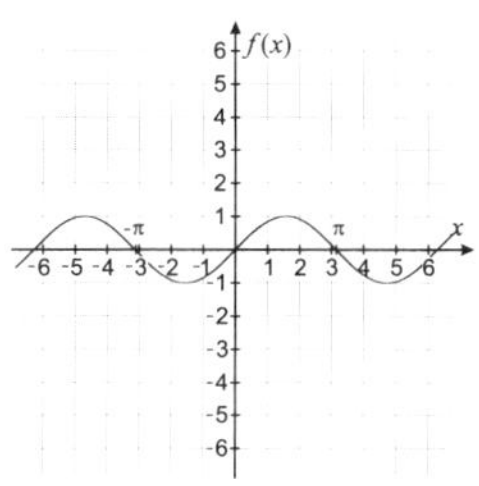

$f(x) = \sin x$

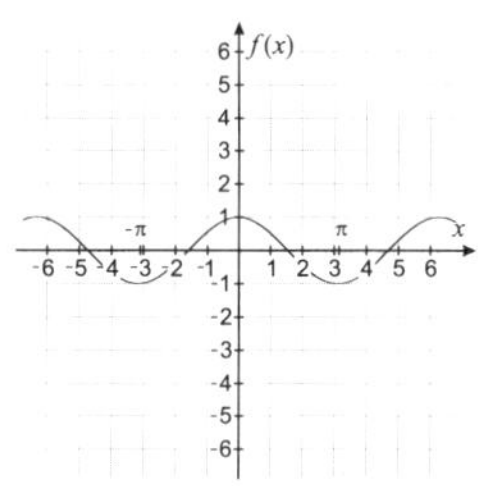

$f(x) = \cos x$

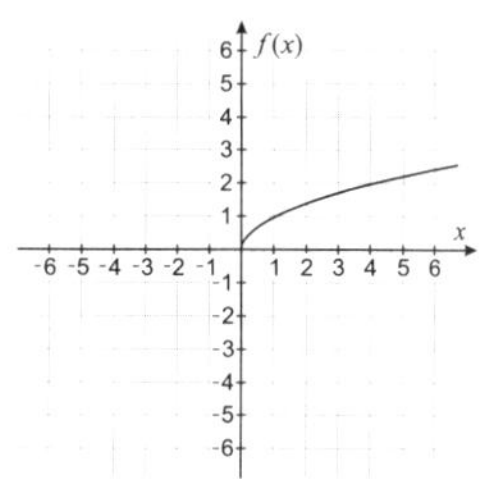

$f(x) = \sqrt{x}$

Diese Grundfunktionen lassen sich verschieben und strecken:

Beispiel: Die Parabel $f(x) = x^2$

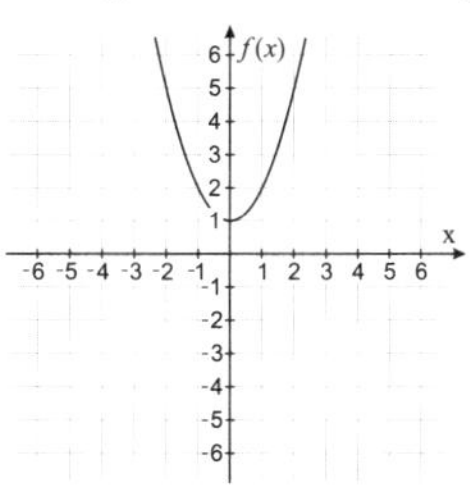

$f(x) = x^2 + 1$

Verschiebung um 1 LE in y-Richtung: das absolute Glied ist 1.

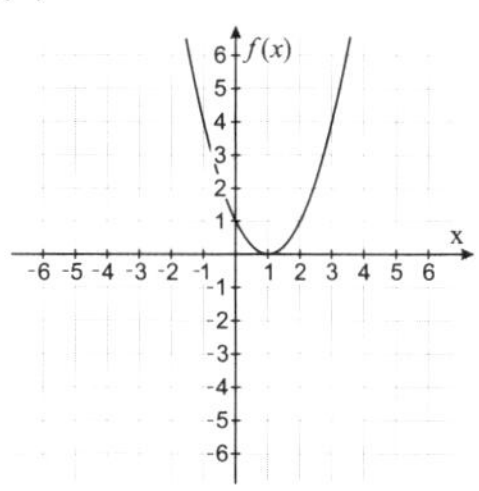

$f(x) = (x-1)^2$

Verschiebung um 1 LE in x-Richtung: x wird ersetzt durch $(x-1)$

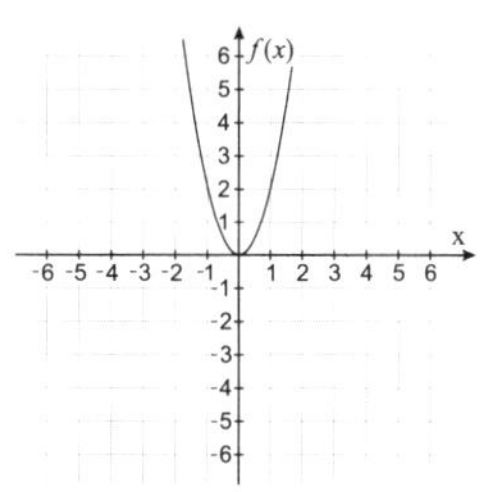

$f(x) = 2 \cdot x^2$

Streckung in y-Richtung um den Faktor 2. Die Funktionsgleichung wird mit 2 multipliziert.

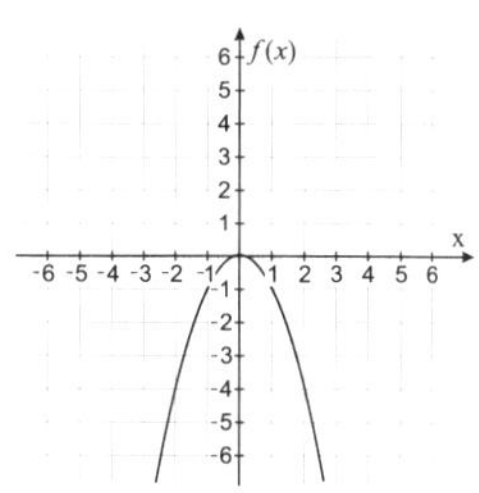

$f(x) = -x^2$

Spiegelung an der x-Achse: Die Funktionsgleichung wird mit -1 multipliziert.

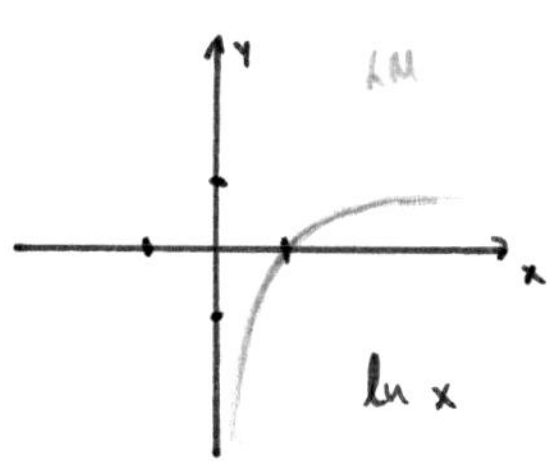

Weitere Variationen können sein:

- Spiegelung an der y-Achse: Hierzu wird x ersetzt durch $(-x)$
- Stauchen in x-Richtung: Hierzu wird x ersetzt durch $a \cdot x$. Das Schaubild wird bei einem Faktor, der größer als 1 ist, gestaucht, d.h. in x-Richtung «kürzer» und bei einem Faktor, der kleiner als 1 ist, gestreckt, d.h. in x-Richtung «länger».

Tipp: Skizzieren Sie zuerst das Schaubild der zugehörigen Grundfunktion und anschließend schrittweise eine eventuelle Spiegelung, Streckung/Stauchung sowie die Verschiebungen in x-bzw. y-Richtung.

1.1 Ganzrationale Funktionen ☐

Skizzieren Sie die Schaubilder folgender Funktionen und bestimmen Sie die Schnittpunkte mit den Koordinatenachsen.

a) $f(x) = \frac{1}{2}x + 1$ b) $f(x) = -\frac{3}{4}x$ c) $f(x) = -x + 1$

d) $f(x) = (x-1)^2 - 4$ e) $f(x) = -x^2 + 4$ f) $f(x) = -(x+1)^2 + 1$

g) $f(x) = (x-1)^3 + 1$ h) $f(x) = -(x+1)^3$ i) $f(x) = 2x^3 - 2$

1.2 Exponentialfunktionen ☐

Skizzieren Sie das Schaubild folgender Funktionen und bestimmen Sie jeweils die Asymptote.

a) $f(x) = e^{x-1} + 1$ b) $f(x) = -e^{x-1} + 1$ c) $f(x) = e^{-(x-1)} + 2$

$-(x-1)$

d) $f(x) = -e^{-x+1} + 1$

* $f(x) + 4 = (x-1)^2$

$S(1/-4)$ => Scheitelpunkt

2 Aufstellen von Funktionen mit Randbedingungen □

Tipps ab Seite 65, Lösungen ab Seite 93

Hier geht es darum, eine Funktion so aufzustellen, dass sie bestimmte vorgegebene Bedingungen erfüllt, eine sogenannte «Steckbriefaufgabe» Dazu wird die gesuchte Funktion zuerst in ihrer allgemeinen Form aufgeschrieben. Aus dieser können Sie die Anzahl der benötigten Parameter ablesen. Für jeden dieser Parameter brauchen Sie eine «Information» aus der Aufgabenstellung. Aus jeder «Information» ergibt sich eine Gleichung. Damit erhalten Sie eine Gleichungssystem, welches Sie mit dem Gaußschen Eliminationsverfahren lösen können.

Beispiel:

Gesucht ist die Gleichung einer Parabel mit Tiefpunkt $(1 \mid -4)$, die durch den Punkt $(0 \mid -3)$ geht.

Die allgemeine Parabelgleichung lautet: $f(x) = ax^2 + bx + c$, die Ableitung ist $f'(x) = 2ax + b$. Es sind also drei Parameter zu bestimmen. Folgende Bedingungen müssen gelten:
$f(1) = a \cdot 1^2 + b \cdot 1 + c = -4$,
$f'(1) = 2a \cdot 1 + b = 0$ (weil es sich um einen Tiefpunkt mit Steigung Null handelt) und
$f(0) = a \cdot 0^2 + b \cdot 0 + c = -3$.

Daraus ergibt sich ein Gleichungssystem, das «von Hand» oder mit dem GTR/CAS gelöst werden kann. Mit dem CAS ist es auch möglich, die Steckbriefaufgabe direkt zu lösen, dies ist bei den Lösungen auf Seite 93 beschrieben. Für das Gleichungssystem gilt:

frv.tv/ao

$$\begin{array}{lccccccc} \text{I} & a & + & b & + & c & = & -4 \\ \text{II} & 2a & + & b & & & = & 0 \\ \text{III} & & & & & c & = & -3 \end{array}$$

Aus Gleichung III liest man $c = -3$ ab. Damit erhält man:

$$\begin{array}{lcccccc} \text{Ia} & a & + & b & & = & -1 \\ \text{II} & 2a & + & b & & = & 0 \\ \text{III} & & & & c & = & -3 \end{array}$$

Subtrahiert man Gleichung Ia von Gleichung II, erhält man $a = 1$ und durch Einsetzen $b = -2$. Damit lautet die Gleichung der gesuchten Parabel $f(x) = x^2 - 2x - 3$.

Für andere Funktionenklassen (e-Funktionen, etc.) ist die Vorgehensweise analog: Immer müssen Sie zuerst die allgemeine Funktionsgleichung aufstellen, anschließend bestimmen Sie die Parameter. Zur konkreten Vorgehensweise können Sie im Tippteil nachsehen.

2.1 Ganzrationale Funktionen □

a) Eine Parabel geht durch $P_1(0 \mid 4)$, $P_2(1 \mid 0)$ und $P_3(2 \mid 18)$. Bestimmen Sie die Gleichung dieser Parabel.

b) Eine Parabel hat den Hochpunkt $M(1 \mid 3)$ und geht durch $Q(0 \mid 2)$. Bestimmen Sie die Gleichung der Parabel.

c) Eine zur y-Achse symmetrische Parabel hat in $P(1 \mid 6)$ die Steigung 2. Bestimmen Sie die Gleichung der Parabel.

d) Eine zur y-Achse symmetrische Parabel schneidet die x-Achse an der Stelle $x = \sqrt{3}$ und geht durch $T(0 \mid -3)$. Bestimmen Sie die Gleichung der dazugehörigen Funktion.

e) Das Schaubild einer ganzrationalen Funktion 3. Grades hat den Wendepunkt $W(0 \mid 0)$ und den Hochpunkt $H(2 \mid 2)$. Bestimmen Sie die Gleichung der Funktion.

f) Eine Parabel dritten Grades (kubische Parabel) hat im Punkt $P(0 \mid 1)$ die Steigung $m_P = -1$; ihr Wendepunkt ist $W(-1 \mid 4)$. Bestimmen Sie die Gleichung dieser Parabel.

g) Bestimmen Sie a und b so, dass das Schaubild der Funktion f mit $f(x) = ax^4 + bx^2$ den Wendepunkt $W(1 \mid -2{,}5)$ hat.

2.2 Exponentialfunktionen □

Die allgemeine e-Funktion für natürliches exponentielles Wachstum hat die folgende Gestalt: $f(x) = a \cdot e^{kx}$. Bestimmen Sie bei den folgenden Aufgaben jeweils die Parameter a und k.

a) Eine e-Funktion geht durch die Punkte $P(0 \mid 2)$ und $Q\left(4 \mid 2e^{12}\right)$.

b) Eine e-Funktion geht durch die Punkte $A(0 \mid 3)$ und $B\left(2 \mid 3e^{8}\right)$.

c) Bei einer e-Funktion ist $f'(0) = 6$ und $f(0) = 3$.

d) Bei einer e-Funktion ist $f'(0) = 4$ und $f(0) = 2$.

e) Eine e-Funktion hat den Anfangswert $f(0) = 5$ und für $x = 0$ die Steigung 10.

3 Von der Kurve zur Gleichung ☐

Tipps ab Seite 66, Lösungen ab Seite 97

Wenn das Schaubild einer Funktion gegeben ist und die Funktionsgleichung gesucht ist, gibt es zwei Möglichkeiten, diese aufzustellen:

1. Man erkennt, dass es sich um das Schaubild einer verschobene, gestreckte oder gespiegelte Grundfunktion handelt. Dann beginnen Sie mit einer Gleichung der Grundfunktion und verändern sie so, wie es im Kapitel 1 beschrieben ist, bis die abgebildete Funktion entsteht.
2. Der teilweise etwas aufwändigere Ansatz, der aber immer funktioniert, besteht darin, Punkte und deren Steigung am gegebenen Schaubild abzulesen und die Funktionsgleichung analog wie im Kapitel 2 beschrieben zu bestimmen.

3.1 Ganzrationale Funktionen ☐

Nachfolgend sind die Schaubilder einiger Funktionen angegeben. Bestimmen Sie einen möglichen Funktionsterm.

a)

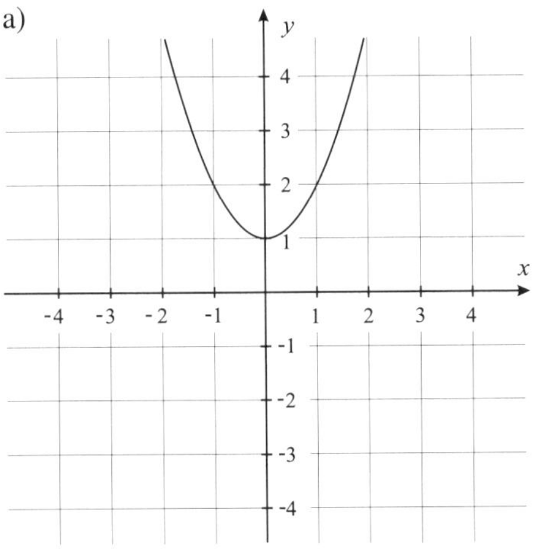

b)

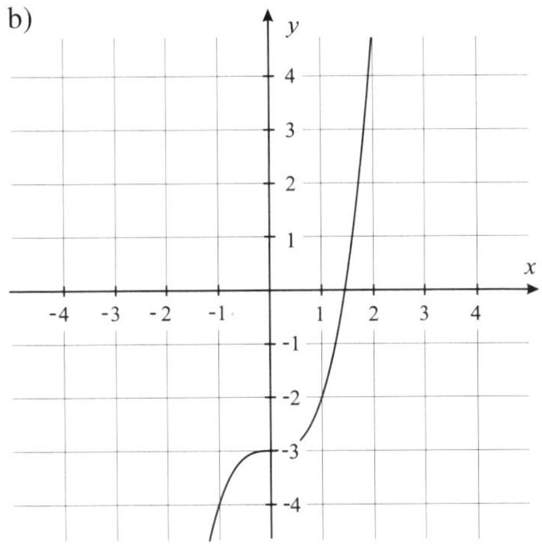

c)

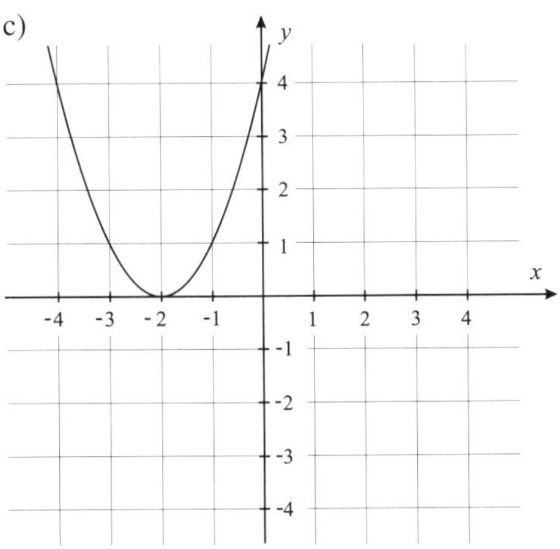

d)

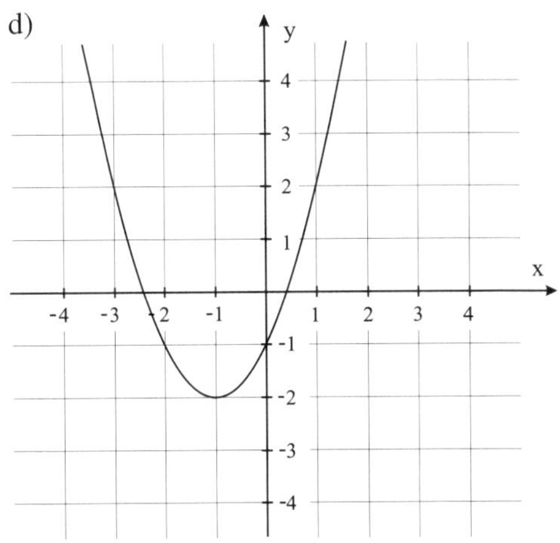

e)

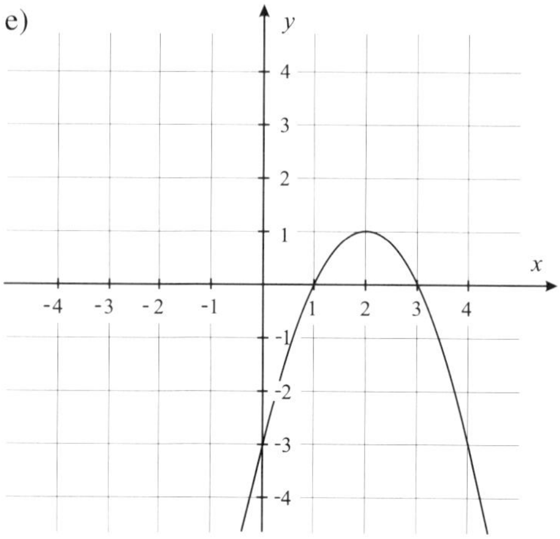

f)

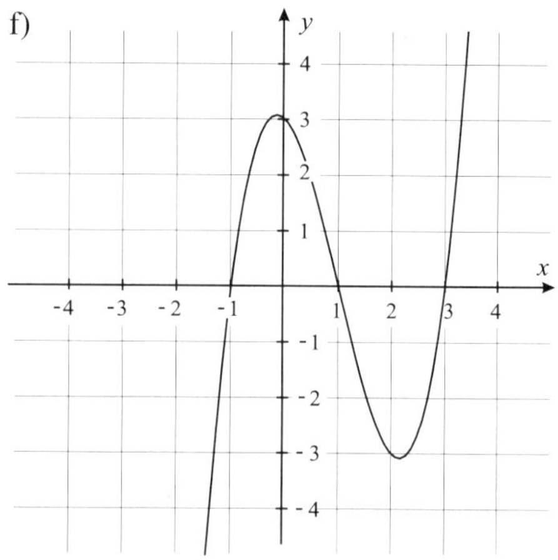

4 Differenzieren

Tipps ab Seite 67, Lösungen ab Seite 100

Auch wenn Sie ein CAS benutzen, ist es nach wie vor wichtig, dass Sie «von Hand» ableiten können, da teilweise in der Abiturprüfung verlangt wird, eine Ableitung ohne Rechnereinsatz durchzuführen.

Die wichtigsten Ableitungsregeln sind:

Name	$f(x)$	$f'(x)$	Bemerkungen
Potenzregel	$a \cdot x^n$	$n \cdot a \cdot x^{n-1}$	Die Potenzregel gilt auch für negative Exponenten
Kettenregel	$u(v(x))$	$u'(v(x)) \cdot v'(x)$	«äußere Ableitung mal innere Ableitung»
Produktregel	$u(x) \cdot v(x)$	$u'(x) \cdot v(x) + u(x) \cdot v'(x)$	«u-Strich mal v plus u mal v-Strich»
e-Funktion	e^x	e^x	Die Ableitung ist gleich der Funktion
verkettete e-Funktion	$a \cdot e^{k \cdot x + c}$	$a \cdot k \cdot e^{k \cdot x + c}$	Es gilt die Kettenregel
Sinusfunktion	$\sin x$	$\cos x$	
Kosinusfunktion	$\cos x$	$-\sin x$	

4.1 Ganzrationale Funktionen

Leiten Sie alle angegebenen Funktionen einmal ab:

a) $f(x) = 4x^5 - 2x^3$ b) $f(x) = 2x^3 - 6x^2$ c) $f(x) = x^4 - 3x^2 + 4$

d) $f(x) = (4x+1)^3$ e) $f(x) = 5 \cdot \left(2x^2+1\right)^4$

4.2 Potenzfunktionen mit negativen Exponenten

Leiten Sie alle angegebenen Funktionen einmal ab:

a) $f(x) = \frac{2}{x^2}$ b) $f(x) = 4 - \frac{2}{x}$ c) $f(x) = 2x + \frac{2}{x^3}$ d) $f(x) = \frac{2}{3x-4}$

e) $f(x) = \frac{2}{3x^2-4}$ f) $f(x) = \frac{4}{(2x+1)^2}$ g) $f(x) = 3x^2 - \frac{5}{(3x-1)^3}$

4.3 Potenzfunktionen mit gebrochenen Exponenten □

Leiten Sie alle angegebenen Funktionen einmal ab:

a) $f(x) = \sqrt{x^2+4}$ b) $f(x) = \sqrt{4x^2-2x}$ c) $f(x) = 6 \cdot \sqrt[3]{x}$

d) $f(x) = 2x \cdot \sqrt{x^2+1}$

Tipp: Schreiben Sie die Wurzeln als Ausdruck mit einem Bruch im Exponenten: $\sqrt{x^3+1} = \left(x^3+1\right)^{\frac{1}{2}}$

4.4 Exponentialfunktionen □

Kommentieren welche Regel zu

Leiten Sie alle angegebenen Funktionen einmal ab:

a) $f(x) = 4 \cdot e^{-2x}$ b) $f(x) = -3 \cdot e^{-x}$ c) $f(x) = 3x^2 \cdot e^{-4x}$

d) $f(x) = \frac{1}{2}x^3 \cdot e^{2x}$ e) $f(x) = (2x+5) \cdot e^{-x}$ f) $f(x) = (3x^2-4) \cdot e^{-2x}$

4.5 Trigonometrische Funktionen □

Leiten Sie alle angegebenen Funktionen einmal ab:

a) $f(x) = \frac{1}{6} \cdot \sin\left(3x^2\right)$ b) $f(x) = \frac{1}{2} \cdot \cos\left(2x^3\right)$ c) $f(x) = 2x \cdot \cos\left(\frac{1}{2}x^2+4\right)$

d) $f(x) = x^2 \cdot \sin(4x+3)$ e) $f(x) = x^2 \cdot \cos\left(\frac{1}{2}x-1\right)$

5 Gleichungslehre □

Tipps ab Seite 67, Lösungen ab Seite 102

Bei den meisten Gleichungsaufgaben geht es darum, die Gleichung nach einer Unbekannten aufzulösen. Je nach Gleichungstyp wird dabei unterschiedlich vorgegangen.
Auch wenn man ein CAS benutzt, sind die Fähigkeiten, eine Gleichung lösen zu können, nach wie vor für den hilfsmittelfreien Teil wichtig.

5.1 Quadratische und nichtlineare Gleichungen □

Bei Gleichungen, in denen x als Quadrat oder höhere Potenz vorliegt, sollten Sie zuerst versuchen, auszuklammern. Geht das nicht, z.B. weil ein absolutes Glied vorliegt, so hilft entweder die pq- oder die abc-Formel weiter. Sie sollten eine dieser beiden Formeln auswendig können.
Oft hilft der Satz vom Nullprodukt: «Ein Produkt ist genau dann gleich Null, wenn (mindestens) einer der Faktoren gleich Null ist.» Hierzu setzt man die einzelnen Faktoren gleich Null.

Beispiel:

Gesucht sind die Lösungen der Gleichung $x^3 - 5x^2 + 4x = 0$
Zuerst wird ausgeklammert: $x\left(x^2 - 5x + 4\right) = 0$. Also ist entweder $x_1 = 0$ oder $x^2 - 5x + 4 = 0$.
Die Gleichung lässt sich mit der pq- bzw. der abc-Formel lösen. Man erhält $x_2 = 1$ und $x_3 = 4$.
Die Lösungen der Ausgangsgleichung sind damit $x_1 = 0$, $x_2 = 1$ und $x_3 = 4$.
Lösen Sie die angegebenen Gleichungen:

a) $x^2 + 3x - 4 = 0$ b) $x^2 + x - 56 = 0$ c) $x^2 + \frac{2}{5}x - \frac{3}{5} = 0$

d) $(2x - 5) \cdot (2x + 5) + 1 = (x - 3)^2 + 2x \cdot (x - 1)$

e) $(x - 2) \cdot (x + 3) - 2(x - 1)^2 = 2 \cdot (2 - x)$

f) $(x - 1) \cdot (x - a)^2 = 0$ g) $x^2 \cdot (ax - 4a) = 0$ h) $2x^4 - 3x^3 = 0$

i) $x^4 - 3x^3 + 2x^2 = 0$ j) $x^3 - 4x = 0$ k) $x^4 - 2x^2 = 0$

l) $x^3 - 5x^2 + 6x = 0$

5.2 Exponentialgleichungen □

Beim Lösen von Exponentialgleichung gelten die gleichen Regeln, die oben schon erwähnt wurden. Zusätzlich ist zu beachten:

- Der Satz vom Nullprodukt hilft oft weiter, beachten Sie, dass $e^x \neq 0$ ist.
- Es gilt $e^{2x} = (e^x)^2$, sowie $e^0 = 1$ und $\ln 1 = 0$.

- Um e^x nach x aufzulösen, wird die Gleichung auf beiden Seiten «logarithmiert», da $\ln e^x = x$ ist.

  Beispiel:

$$e^{2x} = 3 \mid \ln$$
$$2x = \ln 3$$
$$x = \frac{\ln 3}{2}$$

löst man mit Hilfsfkt $h(x) = e^{2x}$
CTE [calx] 3

oder nach Null auflösen und Nullstellen bestimmen: $h(x) = e^{2x} - 3$ → dann Nullstellen berechnen

Lösen Sie die angegebenen Gleichungen:

a) $(2x-5)e^{-x} = 0$ b) $\left(x^2-4\right)e^{0,5x} = 0$ c) $xe^x = 0$

d) $(x-t)e^{-x} = 0$ e) $(2x-4k)e^{2kx} = 0$ f) $\left(kx^2-k\right)e^{-kx} = 0$

g) $e^{2x} - 6e^x + 5 = 0$ h) $e^{4x} - 5e^{2x} + 6 = 0$

5.3 Lineare Gleichungssysteme (LGS) □

Auch hier gilt, dass es hilfreich ist, lineare Gleichungssysteme ohne Rechnereinsatz lösen zu können, gerade wenn es mehr als eine Lösung gibt.

Tipp: Prüfen Sie zuerst, ob zwei Gleichungen ein Vielfaches voneinander sind. In diesem Fall wird eine der beiden Gleichungen gestrichen. Ein LGS mit drei Variablen und zwei Gleichungen besitzt unendlich viele Lösungen. Man setzt zuerst eine Variable als Parameter t fest und rechnet dann die anderen Variablen aus.

Geben Sie die Lösungsmengen der folgenden linearen Gleichungssysteme an:

a)
$$\begin{array}{rcrcrcr} x_1 & + & 2x_2 & - & x_3 & = & 8 \\ -x_1 & + & x_2 & + & 2x_3 & = & 0 \\ -x_1 & - & 5x_2 & - & 4x_3 & = & -12 \end{array}$$

b)
$$\begin{array}{rcrcrcr} x_1 & + & 2x_2 & - & 2x_3 & = & 7 \\ x_1 & - & x_2 & - & 4x_3 & = & -9 \\ x_1 & + & 4x_2 & + & 3x_3 & = & 25 \end{array}$$

c)
$$\begin{array}{rcrcrcr} x_1 & + & x_2 & + & 7x_3 & = & 2 \\ 2x_1 & - & x_2 & - & 3x_3 & = & -5 \\ 4x_1 & - & x_2 & + & 4x_3 & = & -7 \end{array}$$

d)
$$\begin{array}{rcrcrcr} x_1 & + & 2x_2 & - & x_3 & = & 4 \\ -x_1 & + & 2x_2 & - & 3x_3 & = & 6 \\ 2x_1 & + & 4x_2 & - & 2x_3 & = & 8 \end{array}$$

e)
$$\begin{array}{rcrcrcr} x & + & 2y & + & z & = & 4 \\ -x & - & 4y & + & z & = & 7 \\ 2x & + & 8y & - & 2z & = & 18 \end{array}$$

f)
$$\begin{array}{rcrcrcr} x & - & y & + & 2z & = & 6 \\ -2x & + & 2y & - & 4z & = & -12 \\ 2x & + & y & + & z & = & 3 \end{array}$$

6 Kurvendiskussion □

Tipps ab Seite 68, Lösungen ab Seite 108

In diesem Kapitel geht es um Aufgaben aus der Kurvendiskussion. Die «klassische» Kurvendiskussion wird als Ganzes im Abitur meist nicht mehr verlangt, doch die einzelnen Elemente sind oft Bestandteil anderer Aufgaben. Meist geht es dabei um das Bestimmen von Extrem- und Wendepunkten, um Symmetrieuntersuchungen, um Definitionslücken und Polstellen und um das Verhalten der Funktion, wenn x gegen $\pm\infty$ geht (waagerechte/ schiefe Asymptoten).

Elemente der Kurvendiskussion

Die wichtigsten Elemente einer Kurvendiskussion sind:

- Schnittpunkte mit der x-Achse: $f(x) = 0$
- Schnittpunkte mit der y-Achse: $x = 0$ in die Funktionsgleichung einsetzen
- (Lokales) Minimum: $f'(x) = 0$ und $f''(x) > 0$ oder $f'(x) = 0$ und Vorzeichenwechsel von $f'(x)$ von $-$ nach $+$
- (Lokales) Maximum: $f'(x) = 0$ und $f''(x) < 0$ oder $f'(x) = 0$ und Vorzeichenwechsel von $f'(x)$ von $+$ nach $-$
- Wendepunkt: $f''(x) = 0$ und $f'''(x) \neq 0$ oder $f''(x) = 0$ und Vorzeichenwechsel von $f''(x)$
- Bei gebrochenen Funktionen kann es noch Definitionslücken und Polstellen geben. Eine Definitionslücke tritt auf, wenn der Nenner gleich Null ist. Ist an dieser Stelle auch der Zähler gleich Null, handelt es sich um eine behebbare Lücke; ist der Zähler an dieser Stelle nicht gleich Null, handelt es sich um eine Polstelle.
- Bei der Untersuchung für $x \longrightarrow \pm\infty$ müssen Sie untersuchen, wie sich die Funktionswerte verhalten, wenn die Werte für x gegen $+\infty$ oder $-\infty$ gehen, bzw. ob Asymptoten existieren.

6.1 Elemente der Kurvendiskussion □

a) Zeigen Sie, dass das Schaubild von f mit $f(x) = x^2 \cdot e^x$; $x \in \mathbb{R}$ bei $x = 0$ einen Tiefpunkt besitzt.

b) Schneidet das Schaubild von f die x-Achse in $(x_0 \mid 0)$, wenn folgende Situation vorliegt: $f(x_0) = 0$, $f'(x_0) = 0$, $f''(x_0) < 0$?

c) Eine Funktion f hat die Nullstelle x_0. Welche Aussage können Sie über das Schaubild einer zugehörigen Stammfunktion F im Punkt $P(x_0 \mid F(x_0))$ machen?

d) Zeigen Sie, dass das Schaubild von $f(x) = 3x^3 + 4$; $x \in \mathbb{R}$ an der Stelle $x = 0$ einen Sattelpunkt besitzt.

e) Begründen Sie, dass das Schaubild von $f(x) = x^2e^{-x} + 1$; $x \in \mathbb{R}$ die Gerade $y = 1$ als Asymptote für $x \to +\infty$ besitzt.

f) Prüfen Sie, ob das Schaubild von $f(x) = \frac{1}{4}x^4 - x^3 + 4x - 2$; $x \in \mathbb{R}$ an der Stelle $x = 2$ einen Tiefpunkt hat.

g) Zeigen Sie, dass das Schaubild von $f(x) = \frac{x}{x-1}$; $x \in \mathbb{R} \setminus \{1\}$ bei $x = 1$ eine Polstelle hat.

h) Zeigen Sie, dass das Schaubild der Funktion f mit $f(x) = x^2e^{-x}$ zwei Punkte mit waagerechter Tangente hat. Bestimmen Sie die Gleichung der Geraden durch diese beiden Punkte.

i) Zeigen Sie, dass das Schaubild der Funktion f mit $f(x) = x \cdot e^{-x}$ genau einen Wendepunkt hat.

j) Es ist $g(x)$ die Funktionsgleichung einer ganzrationalen Funktion 2. Grades. Begründen Sie, dass das Schaubild der Funktion f mit $f(x) = g(x) \cdot e^{-x}$ maximal zwei Punkte mit waagerechter Tangente hat.

k) Gegeben ist eine Funktion f und ihre Ableitung $f'(x) = (x-2)^3$. Prüfen Sie, ob das Schaubild von f einen Tiefpunkt besitzt.

6.2 Funktionenscharen/ Funktionen mit Parameter □

Bei einer Funktionenschar enthält die Funktionsgleichung immer einen Parameter. Dieser wird in der Regel mit einem Buchstaben bezeichnet. Beispiel: $f_a(x) = a \cdot x^2 + a$. Der Parameter kann verschiedene Werte annehmen, dadurch entsteht die Funktionenschar. Zu jedem Wert des Parameters gehört dann eine Funktion: Für $a = 1$ ist $f_1(x) = x^2 + 1$, für $a = 2$ ist $f_2(x) = 2x^2 + 2$ usw. Beim Ableiten wird der Parameter wie eine Zahl behandelt: $f_a{}'(x) = 2 \cdot ax$.

a) Gegeben ist die Funktionenschar $f_t(x) = tx^2$ mit $t \in \mathbb{R}$.

   I) Skizzieren Sie die Graphen für einige Werte von t. Beschreiben Sie die Veränderung der Graphen bei der Variation von t.

   II) Für welche Werte des Parameters t geht der Graph von f_t durch $P_1(2 \mid 2)$ bzw. durch $P_2(-1 \mid -2)$?

b) Gegeben ist die Funktion $f(x) = x^2 - ax + 1$; $a > 0$. Wieviele Nullstellen besitzt die Funktion f in Abhängigkeit vom Parameter a?

c) Gegeben sind die Funktionen $f(x) = -x^2 + 2$ und $g_t(x) = tx^2 - 1$; $t \in \mathbb{R}$. Für welchen Wert von t stehen die Graphen der beiden Funktionen in ihrem Schnittpunkt senkrecht aufeinander?

d) Gegeben ist die Funktionenschar f_t mit $f_t(x) = (2x+t) \cdot e^{-x}$; $x \in \mathbb{R}$; $t \geqslant 0$. Ordnen Sie den abgebildeten Graphen von f_t den zugehörigen Parameter t zu.

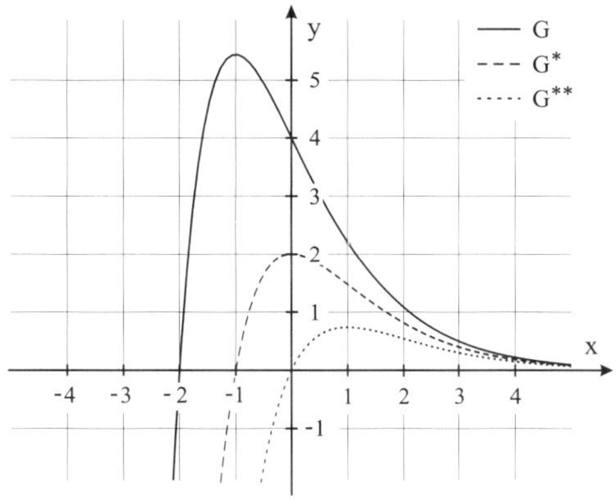

e) Bestimmen Sie t so, dass der Graph der Funktionenschar f_t mit $f_t(x) = x \cdot e^{tx}$; $x \in \mathbb{R}$; $t < 0$ an der Stelle $x = 2$ einen Extrempunkt hat.

6.3 Krümmungsverhalten von Kurven ☐

Eine Kurve kann links- oder rechtsgekrümmt sein. Eine Kurve ist linksgekrümmt, wenn die Steigung streng monoton zunehmend ist. D.h., dass die Ableitung der Steigung positiv sein muss: $\left(f'(x)\right)' > 0 \Rightarrow f''(x) > 0$. Entsprechend gilt: Eine Kurve ist rechtsgekrümmt, wenn die Steigung streng monoton abnehmend ist: $f''(x) < 0$.

Aufgaben:
Für welche Werte von x ist der Graph der Funktion f links- bzw. rechtsgekrümmt?

a) $f(x) = \frac{1}{3}x^3 - x$ b) $f(x) = (x-1)^5$ c) $f(x) = (2x-3) \cdot e^{-x}$
d) $f(x) = (x^2 - 8x + 17) \cdot e^x$

6.4 Monotonie ☐

Untersuchen Sie jeweils das Monotonieverhalten der Funktion f :
a) $f(x) = x^3 + x$ b) $f(x) = \frac{1}{3}x^3 - 4x$

6.5 Berührpunkte zweier Kurven ☐

Wenn sich zwei Kurven schneiden, dann müssen ihre Funktionswerte im Schnittpunkt gleich sein. Wenn sie sich berühren, dann müssen nicht nur die Funktionswerte im Berührpunkt gleich sein, sondern auch die Steigungen. Für einen Berührpunkt B $(x_B \mid y_B)$ muss also gelten:

1. B ist ein gemeinsamer Punkt beider Kurven: $f(x_B) = g(x_B)$.
2. Im Punkt B haben die Graphen eine gemeinsame Tangente, also die gleiche Tangentensteigung: $f'(x_B) = g'(x_B)$.

Aufgaben

a) Zeigen Sie, dass sich die Graphen der Funktion f mit $f(x) = \frac{1}{5}x^3 - 2x^2 + 5x + 3$ und der Funktion g mit $g(x) = -x^2 + 5x + 3$ im Punkt B $(0 \mid 3)$ berühren.

b) Berechnen Sie den Berührpunkt der Graphen der Funktion f mit $f(x) = \frac{1}{3}x^3 - 2x^2 + 3x + 4$ und der Funktion g mit $g(x) = -x^2 + 3x + 4$.

6.6 Symmetrie □

Schaubilder von Funktionen können achsen- oder punktsymmetrisch sein. Handelt es sich bei der Achse um die y-Achse, so spricht man von y-Achsensymmetrie; handelt es sich beim Punkt, zu dem die Funktion symmetrisch ist, um den Ursprung, spricht man von Ursprungssymmetrie.

- Für y-Achsensymmetrie gilt $f(-x) = f(x)$ alle Exponenten gerade
- Für Ursprungssymmetrie gilt $f(-x) = -f(x)$. alle Exponenten ungerade und der Absolutwert ist Null

Sie können die Symmetrie zeigen, indem Sie $(-x)$ für x einsetzen und dann umformen. Dabei ist zu beachten, dass gilt: $(-x)^2 = x^2$ und $(-x)^3 = -x^3$.

a) Begründen Sie, dass das Schaubild von $f(x) = \frac{1}{x^2} + 3; x \in \mathbb{R} \setminus \{0\}$ achsensymmetrisch zur y-Achse ist.

b) Begründen Sie, dass das Schaubild von $f(x) = 3x^5 - 7{,}2x^3 + x;\ x \in \mathbb{R}$ punktsymmetrisch zum Ursprung ist.

6.7 Tangenten und Normalen □

Um die Gleichung einer Tangente t an eine Kurve in einem Punkt $P_1(x_1 \mid f(x_1))$ zu bestimmen, benutzt man meist die Punkt-Steigungsform

$$y - y_1 = m \cdot (x - x_1)$$

Dabei gilt: $y_1 = f(x_1)$ und für die Steigung $m = f'(x_1)$, d.h. der Wert der Ableitung an der Stelle x_1. Die Normale steht senkrecht auf der Tangente; für die Steigungen gilt $m_n \cdot m_t = -1$ bzw. $m_n = \frac{1}{m_t}$ (negativer Kehrwert).

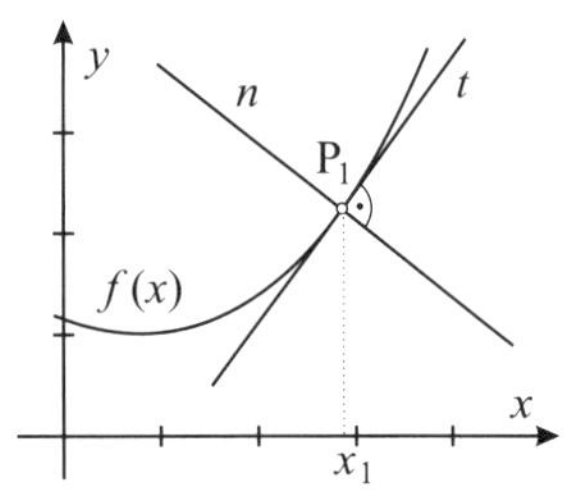

a) Bestimmen Sie die Gleichung der Tangente und der Normalen im Punkt $(1 \mid -1)$ an das Schaubild der Funktion f mit $f(x) = x^2 - 4x + 2$.

b) Bestimmen Sie die Gleichung der Tangente und der Normalen im Wendepunkt an das Schaubild der Funktion f mit $f(x) = x^3 + x + 1$.

c) Gegeben ist die Funktion f mit $f(x) = x^2 + 4x - 3$. Gesucht ist:

m $y = mx + b$ ← m und P einsetzen um b zu bestimmen

$m_1 \cdot m_2 = -1$

I) Die Gleichung der Tangente mit Steigung $m = -2$.

II) Die Gleichung der Tangente, welche orthogonal ist zur Geraden mit der Gleichung $y = -\frac{1}{3}x + 4$.

III) Die Gleichung der Tangente, welche parallel ist zur Geraden $y = 4x - \frac{7}{2}$.

d) **eA:** Gegeben ist die Funktion f mit $f(x) = x^2 - 2x + 3$. Ihr Schaubild sei K.

I) Vom Punkt $P(0 \mid -6)$, welcher nicht auf der Kurve liegt, werden Tangenten an K gelegt. Bestimmen Sie die Koordinaten der Berührpunkte sowie die Tangentengleichungen.

II) Wie lauten die Koordinaten der Berührpunkte, wenn von $Q(1 \mid -7)$ Tangenten an K gelegt werden?

6.8 Abschnittsweise bestimmte Funktionen ☐

Abschnittsweise definierte Funktionen setzen sich aus zwei oder mehr Teilen zusammen. Gesucht sind die Parameter so, dass die Funktionen an den «Übergangspunkten» bestimmte Eigenschaften besitzen.

a) Gegeben ist die Funktion $f(x) = \begin{cases} x^3 - 2x + 1 & \text{für } x \leqslant 1 \\ ax^2 + b & \text{für } x > 1 \end{cases}$

Bestimmen Sie die Parameter a und b so, dass die Funktion einen knickfreien Übergang an der Stelle $x = 1$ besitzt.

b) Gegeben sind die Funktionen $f(x) = e^{-2x} + 3$ und $g(x) = ax^2 + bx + c$. Die Funktion f soll an der Stelle $x = 2$ so durch die Funktion g fortgesetzt werden, dass der Übergang ohne «Krümmungsruck» erfolgt. Bestimmen Sie die Parameter a, b, und c.

Sprungfrei: $f(x_0) = g(x_0)$
knickfrei: $f'(x_0) = g'(x_0)$
ruckfrei: $f''(x_0) = g''(x_0)$

6.9 Ortslinien

Eine Ortslinie beschreibt den Verlauf eines speziellen Punktes einer Kurvenschar, z.B. des Hochpunktes oder des Wendepunktes.

Um eine Ortslinie zu bestimmen, gehen Sie wie folgt vor:

1. Zuerst wird der spezielle Punkt bestimmt, falls er nicht schon vorliegt, z.B. $H\left(\frac{4}{t} \mid t^2\right)$.
2. Der x-Wert des Punktes wird so umgeformt, dass der Parameter alleine steht: $x = \frac{4}{t} \Rightarrow t = \frac{4}{x}$.
3. Der Parameter (in Abhängigkeit von x) wird in den y-Wert des Punktes eingesetzt: $y = t^2 = \left(\frac{4}{x}\right)^2$. oder in Grundfkt wenn x-Wert vorhanden ist
4. Durch Ausrechnen erhalten Sie den y-Wert in Abhängigkeit von x: $y = \left(\frac{4}{x}\right)^2 = \frac{16}{x^2}$ und damit die Gleichung der Ortslinie.

Aufgaben:

a) Bei einer Kurvenschar haben die Extrempunkte die Koordinaten $E\left(\frac{2}{3}t \mid \frac{2}{9}t^3\right)$; $t \in \mathbb{R}$. Bestimmen Sie die Gleichung der Ortslinie, auf der alle Extrempunkte liegen.

b) Bei einer Kurvenschar haben die Hochpunkte die Koordinaten $H\left(\frac{2}{3}t \mid \frac{9}{2t}\right)$; $t \neq 0$. Bestimmen Sie die Gleichung der Ortslinie, auf der alle Hochpunkte liegen.

c) Bei einer Kurvenschar haben die Hochpunkte die Koordinaten $H\left(\frac{t}{2} \mid \frac{t^3}{4} - t\right)$; $t \in \mathbb{R}$. Bestimmen Sie die Gleichung der Ortslinie, auf der alle Hochpunkte liegen.

d) Bestimmen Sie die Gleichung der Ortslinie, auf der alle Tiefpunkte der Kurvenschar f_t mit $f_t(x) = x^3 - 3tx^2$; $t > 0$ liegen.

e) Bestimmen Sie die Gleichung der Ortslinie, auf der alle Wendepunkte der Kurvenschar f_a mit $f_a(x) = (x-a) \cdot e^x$; $a \in \mathbb{R}$ liegen.

7 Integralrechnung

Tipps ab Seite 71, Lösungen ab Seite 119

Für eine Stammfunktion F einer Funktion f gilt: $F'(x) = f(x)$.
Das Bilden einer Stammfunktion kann man daher als die Umkehrung des Ableitens bezeichnen. Die Stammfunktion ist immer nur bis auf einen konstanten Faktor c bestimmt, da dieser beim Ableiten wieder wegfällt. Auch für diese Aufgaben gilt: Mit dem CAS kann schnell integriert werden, doch sollten Sie auch ohne CAS integrieren können.

Folgende Regeln zum Bestimmen der Stammfunktion sollten Sie kennen:

$f(x)$	$F(x)$
$a \cdot x^n;\ n \geqslant 0, n \neq -1$	$\frac{1}{n+1} \cdot a \cdot x^{n+1} + c$
$\frac{1}{k \cdot x + b}$	$\frac{1}{k} \ln(k \cdot x + b) + c$
$a \cdot e^{k \cdot x + b}$	$\frac{a}{k} \cdot e^{k \cdot x + b} + c$
$a \cdot \sin(b \cdot x)$	$-\frac{a}{b} \cdot \cos(b \cdot x) + c$
$a \cdot \cos(b \cdot x)$	$\frac{a}{b} \cdot \sin(b \cdot x) + c$

7.1 Stammfunktionen

Geben Sie eine Stammfunktion für alle folgenden Funktionen an, es gilt $a, t, k \in \mathbb{R}$:

7.1.1 Ganzrationale Funktionen

a) $f(x) = 2x^3 - \frac{4}{3}x^2 + 2$ b) $f(x) = ax^4 + 2ax^3 - x$ c) $f(x) = t^2x^3 - tx^2$

d) $f(x) = 4x^4 - 2tx^2 + tx$ e) $f(x) = -12(2x-3)^2$ f) $f(x) = 6(3x-1)^3$

g) $f(x) = 5(ax-4)^4;\ a \neq 0$

7.1.2 Exponentialfunktionen

a) $f(x) = 3e^x$ b) $f(x) = 4e^{-x}$ c) $f(x) = t \cdot e^{-tx}$

d) $f(x) = a \cdot e^{3x+2}$ e) $f(x) = 2\left(x^2 - 6e^{3x}\right)$ f) $f(x) = a\left(x^2 - 4e^{4x}\right)$

7.1.3 Trigonometrische Funktionen

a) $f(x) = 3 \cdot \cos(2x+1)$ b) $f(x) = 4 \cdot \sin(-3x+2)$ c) $f(x) = \frac{2}{3} \cdot \cos(\pi x)$

d) $f(x) = t \cdot \cos(tx+t)$

7.2 Flächeninhalt zwischen zwei Kurven □

Um den Flächeninhalt zwischen zwei Kurven zu bestimmen, berechnet man das Integral der Differenz der Funktionen über dem Intervall der beiden Schnittstellen, dabei gilt «obere Kurve minus untere Kurve»

$$A = \int_{x_1}^{x_2} \left(f(x) - g(x)\right)\,\mathrm{d}x$$

Sind die Schnittstellen x_1 und x_2 nicht bekannt, müssen diese zuerst bestimmt werden.

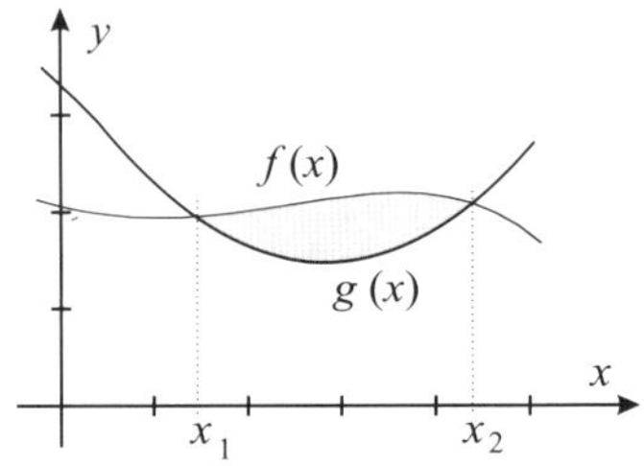

Berechnen Sie den Flächeninhalt zwischen den zwei Kurven:

a) $f(x) = -x + 2$, $g(x) = x^2$

b) $f(x) = 4 - x^2$, $g(x) = x^2 - 4$

c) $f(x) = x^2 + 1$, $g(x) = x + 1$

d) $f(x) = e^x - \frac{1}{2}x^2$, $g(x) = e^x - x$

e) $f(x) = 2 \cdot \sin x$, $g(x) = -\sin x;\quad x \in [0;\pi]$

Tipp: Machen Sie sich eine Skizze der beiden Schaubilder.

7.3 Angewandte Integrale □

Bei diesen Aufgaben kommt es darauf an, aus der Aufgabenstellung die Rechnung zu entwickeln.

a) Die Produktionskosten eines Werkstücks in Abhängigkeit von der produzierten Stückzahl werden durch die Funktion P mit $\mathrm{P}(x) = \frac{20}{(x+2)^2} + 4;\ x \geqslant 0$ beschrieben.
(x: Stückzahl, $\mathrm{P}(x)$: Herstellungskosten des x-ten Werkstücks in €).
Berechnen Sie die Gesamtkosten der Herstellung der 50 ersten Werkstücke sowie die durchschnittlichen Kosten pro Werkstück.

b) Die Niederschlagsrate während eines Monsunregens kann modellhaft beschrieben werden durch die Funktion r mit $r(t) = 23 - 0{,}02 \cdot e^t$ (t in Tagen seit dem Einsetzen des Regens und $r(t)$ in Liter pro Quadratmeter und Tag gemessen).

I) Wann hört der Regen auf?

II) Welche Wassermenge geht insgesamt auf jeden Quadratmeter Fläche des betroffenen Gebiets nieder?

III) Geben Sie die mittlere Regenmenge pro Quadratmeter an, die während des Regens gefallen ist.

Flächeninhaltsfkt: $A(x) = \int_a^x f(x)\,dx$

c) Der Zu- und Abfluss eines Wasserbeckens kann durch die Funktion f mit $f(t) = -0,5t + 3$ (t in Stunden $f(t)$ in Liter pro Stunde) beschrieben werden. Am Anfang ist das Becken mit 10 Litern gefüllt.
Wieviel Wasser enthält das Becken nach 9 Stunden?

7.4 eA: Uneigentliche Integrale ☐

a) Berechnen Sie die ins Unendliche reichende Fläche im 1. Quadranten zwischen der Kurve und den beiden Koordinatenachsen:

I) $f(x) = e^{-x}$ II) $f(x) = e^{-3x+1}$ III) $f(x) = 2e^{-4x-2}$

b) Gegeben sei die Funktion f durch $f(x) = e - e^x$ mit $x \in \mathbb{R}$, ihr Graph sei G.

I) Das Schaubild schließt mit der x- und der y-Achse eine Fläche ein. Berechnen Sie dessen Inhalt.

II) Bestimmen Sie die waagerechte Asymptote von G.

III) Die y-Achse, die waagerechte Asymptote und G schließen ein ins Unendliche reichendes Flächenstück ein. Berechnen Sie den Inhalt dieses Flächenstücks und prüfen Sie nach, ob dieses Flächenstück so groß ist wie das Flächenstück aus Aufgabe I.

7.5 eA: Rotationskörper ☐

Lässt man eine Kurve um die x-Achse rotieren, entsteht ein sog. «Rotationskörper». Die Formel zur Berechnung des Volumens V eines solchen Rotationskörpers ist

$$V_{rot} = \pi \cdot \int_{x_1}^{x_2} \left(f(x)\right)^2 \mathrm{d}x$$

muss als erstes quadriert werden!

a) Das Schaubild der Funktion f mit $f(x) = \frac{1}{4}e^{2x}$ über dem Intervall $[0;1]$ rotiert um die x-Achse. Berechnen Sie das Volumen des Rotationskörpers.

b) Das Schaubild der Funktion f mit $f(x) = x^2 + 1$ über dem Intervall $[0;2]$ rotiert um die x-Achse. Berechnen Sie das Volumen des Rotationskörpers.

c) Das Schaubild der Funktion f mit $f(x) = \frac{2}{x}$ über dem Intervall $[1;2]$ rotiert um die x-Achse. Berechnen Sie das Volumen des Rotationskörpers.

d) **eA:** Erläutern Sie die Grundidee zur Berechnung des Volumens eines Rotationskörpers, der entsteht, wenn ein Kurvenstück über dem Intervall $[a;b]$ um die x-Achse rotiert.

$(f(x))^2 = f^2(x)$

8 Extremwertaufgaben ☐

Tipps ab Seite 73, Lösungen ab Seite 124

Tipp: Für alle Anwendungsaufgaben ist es sehr hilfreich, eine Skizze der Aufgabenstellung anzufertigen.

Bei Extremwertaufgaben geht es darum, dass das Maximum oder Minimum einer Größe (meist eine Fläche oder ein Volumen) gesucht ist. Dabei muss in der Regel zuerst eine Funktion aufgestellt werden, die diese Größe beschreibt. Der Extremwert wird dann mit Hilfe der ersten und zweiten Ableitung dieser Funktion bestimmt.

a) Ein Draht der Länge 20 cm soll eine rechteckige Fläche mit maximalem Flächeninhalt umrahmen. Berechnen Sie die Länge der Rechteckseiten.

b) Gegeben sei eine Funktion f mit $f(x) = 6 - \frac{1}{4}x^2$; $x \in \mathbb{R}$. Zwischen Kurve und x-Achse ist im 1. und 2. Quadranten ein Rechteck einzuschreiben

   I) mit maximalem Umfang

   II) mit maximaler Fläche

   Berechnen Sie den maximalen Umfang bzw. die maximale Fläche.

9 Wachstums- und Zerfallsprozesse ☐

Wachstumsprozesse können in der Regel mit Exponentialfunktionen beschrieben werden. Je nach Wachstum unterscheidet man zwischen natürlichem exponentiellen Wachstum, das unbeschränkt ist und beschränktem exponentiellen Wachstum.
Die Gleichung für natürliches exponentielles Wachstum lautet: $\mathrm{B}(t) = a \cdot e^{k \cdot t}$; $k \in \mathbb{R}$.
a wird als Startwert bezeichnet, k als Wachstumskonstante.
Für das beschränkte Wachstum gilt: $\mathrm{B}(t) = \mathrm{S} - a \cdot e^{-k \cdot t}$. S ist die obere Schranke und k die Wachstumskonstante.

a) Eine Population besteht heute aus 30 000 Individuen. Vor zwei Jahren waren es noch 90 000. Man geht davon aus, dass ihr Bestand exponentiell nach folgendem Gesetz abnimmt:
   $\mathrm{B}(t) = \mathrm{B}_0 \cdot e^{k \cdot t}$; $k \in \mathbb{R}$, dabei gilt: ($\mathrm{B}(t)$ = Bestand der Population, t = Zeit in Jahren.)

   I) Bestimmen Sie das Zerfallsgesetz für $t = 0$ vor zwei Jahren.

   II) Wie viele Individuen gibt es in 10 Jahren?

   III) Bestimmen Sie den Zeitpunkt t_E, an dem vom Anfangsbestand nur noch 10 % übrig sind.

b) Eine Materialprobe wird in einem Labor erhitzt. Die Erwärmung wird durch die Funktion T mit $T(t) = 80 - 60e^{-0,1 \cdot t}$ (t in Minuten, $T(t)$ in Grad Celsius) beschrieben.

   I) Bestimmen Sie die Gleichung der Asymptote des Graphen der Funktion. Welche Bedeutung hat diese Asymptote für das Experiment bzw. die Erwärmung?

   II) Zu welchem Zeitpunkt ist die Geschwindigkeit, mit der sich die Probe erwärmt, am größten?

c) In einer Stadt verbreitet sich ein Gerücht. Die Zahl der Personen, die davon gehört haben, nimmt im Laufe einer Woche um 20 % zu. Anfangs kennen 1000 Einwohner das Gerücht.

   I) Bestimmen Sie eine Funktionsgleichung, die die Ausbreitung des Gerüchts beschreibt (t in Tagen).

   II) Wieviele Menschen kennen das Gerücht nach 10 Tagen?

   III) Wie lange dauert es, bis alle Freiburger (200 000 Einwohner) das Gerücht kennen?

d) Im Jahre 1975 gab es auf der Erde ca. 4,033 Milliarden Menschen. Das jährliche Wachstum wird auf 2 % geschätzt.

   I) Wie viele Menschen gibt es voraussichtlich im Jahr 2030?

   II) In welchen Zeiträumen verdoppelt sich die Weltbevölkerung?

Analytische Geometrie/Lineare Algebra

Wenn nicht anders angegeben gilt für alle Parameter: $r, s, t, \ldots \in \mathbb{R}$.

10 Rechnen mit Vektoren □

Tipps ab Seite 75, Lösungen ab Seite 128

In diesem Kapitel geht es darum, die Grundkenntnisse des Rechnens mit Vektoren zu wiederholen. Dazu gehören die Addition und Subtraktion von Vektoren. Neben diesen Rechenoperationen ist es wichtig, das Skalarprodukt zu kennen und zu wissen, dass es genau dann gleich Null ist, wenn zwei Vektoren senkrecht aufeinander stehen. Rechenregeln für das Rechnen mit Vektoren finden Sie bei den Tipps auf Seite *75*

10.1 Addition und Subtraktion von Vektoren □

Gegeben sind die Vektoren $\vec{a} = \begin{pmatrix} -1 \\ 2 \\ 4 \end{pmatrix}$ und $\vec{b} = \begin{pmatrix} 3 \\ 1 \\ 2 \end{pmatrix}$. Berechnen Sie:

a) $\vec{a} + \vec{b}$ b) $\vec{a} - \vec{b}$ c) $2 \cdot \vec{a}$ d) $-\vec{a}$ e) $2\vec{a} + 3\vec{b}$

f) $\vec{a} \cdot \vec{b}$ g) $|\vec{a}|$ h) $|\vec{b}|$ i) $|\vec{a} + \vec{b}|$

10.2 Orthogonalität von Vektoren □

Prüfen Sie, ob folgende Vektoren senkrecht (*orthogonal*) aufeinander stehen.

a) $\vec{a} = \begin{pmatrix} -1 \\ 0 \\ 1 \end{pmatrix}, \vec{b} = \begin{pmatrix} 2 \\ 2 \\ 0 \end{pmatrix}$ b) $\vec{r} = \begin{pmatrix} 5 \\ -1 \\ 3 \end{pmatrix}, \vec{n} = \begin{pmatrix} 2 \\ 1 \\ -3 \end{pmatrix}$

c) $\vec{z} = \begin{pmatrix} 2 \\ -2 \\ 4 \end{pmatrix}, \vec{w} = \begin{pmatrix} 1 \\ 3 \\ 1 \end{pmatrix}$

10.3 Orts- und Verbindungsvektoren □

Gegeben sind die Punkte $A(2 \mid 3 \mid 2)$, $B(7 \mid 4 \mid 3)$ und $C(1 \mid 5 \mid -2)$.

a) Bestimmen Sie die Ortsvektoren $\vec{a}$, $\vec{b}$, und $\vec{c}$.

b) Bestimmen Sie die Verbindungsvektoren $\overrightarrow{AB}$, $\overrightarrow{AC}$ und $\overrightarrow{BC}$.

c) Ist jeder Verbindungsvektor ein Ortsvektor? Begründen Sie Ihre Antwort.

10.4 Verschiedene Aufgaben □

Tipp: Fertigen Sie eine Skizze an und stellen Sie Vektorketten auf.

a) Prüfen Sie, ob das Dreieck ABC gleichschenklig ist:

I) $A(3 \mid 7 \mid 2)$, $B(-1 \mid 5 \mid 1)$, $C(2 \mid 3 \mid 0)$

II) $A(-5 \mid 2 \mid -1)$, $B(0 \mid 5 \mid -3)$, $C(-1 \mid 6 \mid -3)$

b) Prüfen Sie, ob das Dreieck ABC rechtwinklig ist:
$A(5 \mid 1 \mid 0)$, $B(1 \mid 5 \mid 2)$, $C(-1 \mid 1 \mid 6)$

c) Berechnen Sie die Koordinaten des Schwerpunkts des Dreiecks ABC:
$A(5 \mid 1 \mid -4)$, $B(1 \mid 5 \mid 5)$, $C(-3 \mid 3 \mid 5)$

d) I) Bestimmen Sie den Mittelpunkt M von $A(4 \mid 1 \mid 3)$ und $B(-2 \mid 5 \mid -5)$.

II) Bestimmen Sie die Koordinaten des Punktes P so, dass $B(4 \mid 2 \mid 5)$ der Mittelpunkt von $A(3 \mid -1 \mid -4)$ und P ist.

e) Gegeben sind die Punkte $A(4 \mid 2 \mid 3)$, $B(1 \mid 8 \mid 5)$ und $C(-2 \mid 1 \mid -3)$.

I) Bestimmen Sie den Punkt D so, dass das Viereck ABCD ein Parallelogramm ist.

II) Bestimmen Sie den Punkt D^* so, dass das Viereck ABD^*C ein Parallelogramm ist.

III) Bestimmen Sie den Punkt D' so, dass das Viereck $AD'BC$ ein Parallelogramm ist.

f) Von einem Spat (Körper mit jeweils 4 parallelen Kanten) sind die Punkte $A(3 \mid 1 \mid 4)$, $B(-2 \mid 1 \mid -3)$, $C(5 \mid -2 \mid 3)$ und $F(9 \mid 2 \mid 6)$ gegeben.

I) Bestimmen Sie die Koordinaten der übrigen Punkte des Spats.

II) Berechnen Sie die Länge der Raumdiagonalen AG.

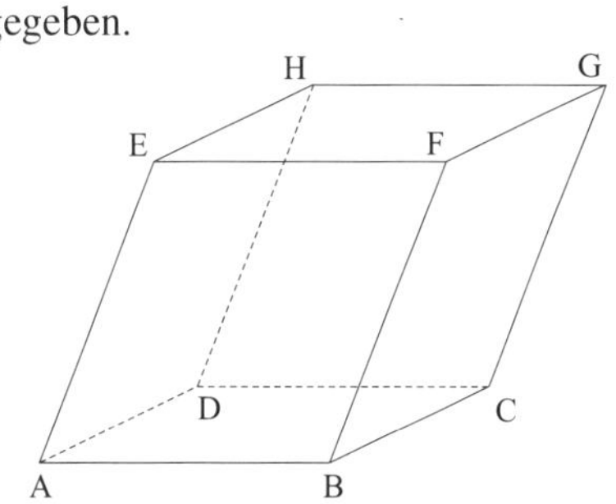

g) Ein schiefes Dreiecksprisma ist gegeben durch die Punkte $A(4 \mid 1 \mid -3)$, $B(5 \mid -2 \mid -1)$, $C(-1 \mid 3 \mid -2)$ und $D(7 \mid 4 \mid 2)$.
Bestimmen Sie die Koordinaten der Punkte E und F sowie die Länge der Kante EF.

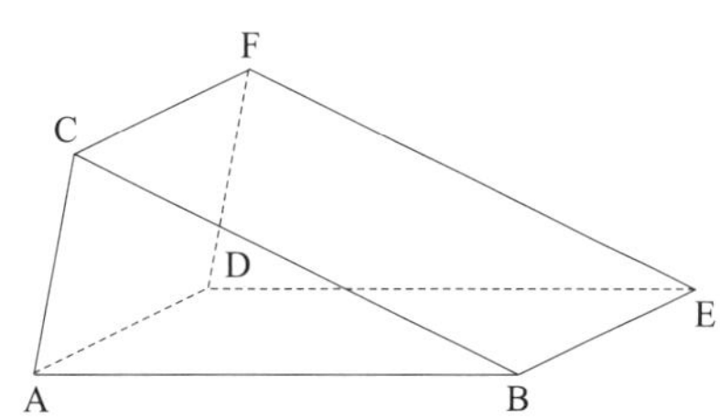

10.5 Lineare Abhängigkeit

kollinear (parallel) inkl. übereinander

Wenn zwei Vektoren $\vec{a}$ und $\vec{b}$ linear abhängig sind, bedeutet das, dass sie ein Vielfaches voneinander sind: $\vec{a} = k \cdot \vec{b}$ mit $k \in \mathbb{R}$, es muss also immer einen Faktor geben, mit dem man einen der beiden Vektoren multiplizieren kann, so dass sich der andere ergibt.

a) Prüfen Sie, ob die beiden Vektoren linear abhängig (kollinear) oder unabhängig sind:

I) $\vec{a} = \begin{pmatrix} 2 \\ 1 \\ -3 \end{pmatrix}, \vec{b} = \begin{pmatrix} -4 \\ -2 \\ 6 \end{pmatrix}$ II) $\vec{a} = \begin{pmatrix} 2 \\ 0 \\ 3 \end{pmatrix}, \vec{b} = \begin{pmatrix} -2 \\ 1 \\ -3 \end{pmatrix}$ n. koll.

III) $\vec{a} = \begin{pmatrix} 6 \\ 3 \\ -9 \end{pmatrix}, \vec{b} = \begin{pmatrix} 2 \\ 1 \\ -3 \end{pmatrix}$ IV) $\vec{a} = \begin{pmatrix} 4 \\ -2 \\ 3 \end{pmatrix}, \vec{b} = \begin{pmatrix} 5 \\ 1 \\ 9 \end{pmatrix}$ "

$k \cdot \vec{a} = \vec{b}$ „für k gilt ..."

$\vec{b} \cdot k = \vec{a}$

11 Geraden

Tipps ab Seite 76, Lösungen ab Seite 133

Die Parameterform der Geradengleichung in der vektoriellen Geometrie lautet

$$g: \vec{x} = \vec{a} + t \cdot \overrightarrow{r_g} \text{ mit } t \in \mathbb{R}$$

Dabei wird der Vektor $\vec{a}$ als Stützvektor bezeichnet, weil er die Gerade «stützt», der Vektor $\overrightarrow{r_g}$ ist der Richtungsvektor der Geraden, da er die Richtung der Geraden angibt. t ist der Parameter.

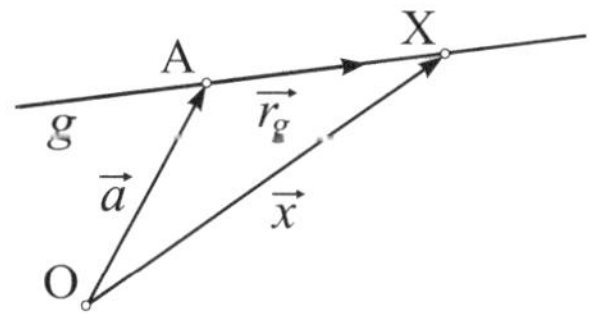

11.1 Aufstellen von Geradengleichungen

Stellen Sie die Gleichung der Gerade auf, die durch die beiden Punkte geht:

a) A(1 | 0 | 2), B(3 | 1 | 3) b) C(2 | 1 | −4), D(4 | 0 | 1) c) E(1 | 1 | 0), F(0 | 0 | 1)

11.2 Punktprobe

Liegen die gegebenen Punkte A, B, C auf der Geraden $g: \vec{x} = \begin{pmatrix} 1 \\ 3 \\ -2 \end{pmatrix} + r \cdot \begin{pmatrix} 1 \\ 4 \\ 2 \end{pmatrix}$?

a) A(2 | 7 | 0) b) B(3 | 11 | 3) c) C(−2 | −9 | −8)

11.3 Parallele Geraden

Zeigen Sie, dass folgende Geraden jeweils parallel zueinander sind:

zu prüfen ist die Kollinearität der Richtungsvektoren

$$g: \vec{x} = \begin{pmatrix} 2 \\ 1 \\ -3 \end{pmatrix} + r \cdot \begin{pmatrix} 2 \\ -1 \\ -3 \end{pmatrix} \quad h: \vec{x} = \begin{pmatrix} 4 \\ 0 \\ 7 \end{pmatrix} + s \cdot \begin{pmatrix} 4 \\ -2 \\ -6 \end{pmatrix}$$

$$i: \vec{x} = \begin{pmatrix} 3 \\ -2 \\ 9 \end{pmatrix} + t \cdot \begin{pmatrix} -6 \\ 3 \\ 9 \end{pmatrix}$$

12 Gegenseitige Lage von Geraden ☐

Tipps ab Seite 76, Lösungen ab Seite 135

Zwei Geraden können auf vier verschiedene Weise zueinander liegen: Sie können parallel liegen, identisch sein, sich schneiden oder windschief sein. Die genauen Rechenwege zur Bestimmung der gegenseitigen Lage sind in den Tipps auf Seite 76 beschrieben.

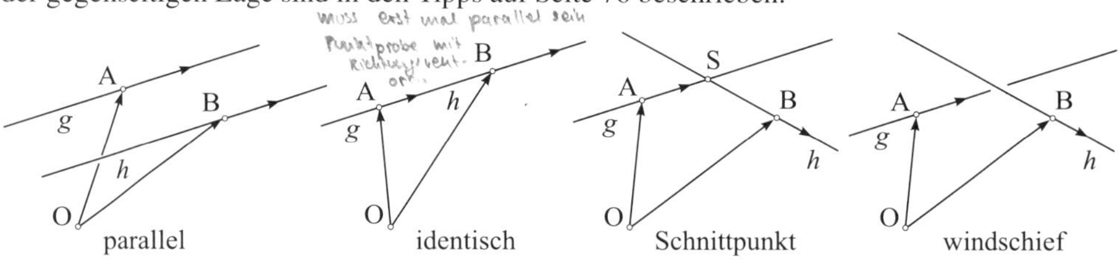

Bestimmen Sie die gegenseitige Lage der beiden gegebenen Geraden:

a) $g_1: \vec{x} = \begin{pmatrix} 4 \\ 2 \\ 5 \end{pmatrix} + t \cdot \begin{pmatrix} 1 \\ 1 \\ 2 \end{pmatrix}$ $g_2: \vec{x} = \begin{pmatrix} 0 \\ 0 \\ 0 \end{pmatrix} + r \cdot \begin{pmatrix} 2 \\ 0 \\ 1 \end{pmatrix}$

b) $g_1: \vec{x} = \begin{pmatrix} 2 \\ 0 \\ 0 \end{pmatrix} + r \cdot \begin{pmatrix} 1 \\ 1 \\ 1 \end{pmatrix}$ $g_2: \vec{x} = \begin{pmatrix} 3 \\ 2 \\ 3 \end{pmatrix} + t \cdot \begin{pmatrix} 3 \\ 4 \\ 5 \end{pmatrix}$

c) $g: \vec{x} = \begin{pmatrix} 1 \\ -3 \\ 5 \end{pmatrix} + s \cdot \begin{pmatrix} 2 \\ 1 \\ -3 \end{pmatrix}$ $h: \vec{x} = \begin{pmatrix} 5 \\ 1 \\ -3 \end{pmatrix} + t \cdot \begin{pmatrix} 4 \\ -5 \\ -1 \end{pmatrix}$

d) $g: \vec{x} = \begin{pmatrix} 1 \\ 2 \\ 1 \end{pmatrix} + t \cdot \begin{pmatrix} 2 \\ 0 \\ 1 \end{pmatrix}$ $h: \vec{x} = \begin{pmatrix} 2 \\ 3 \\ 4 \end{pmatrix} + r \cdot \begin{pmatrix} 0 \\ 1 \\ -1 \end{pmatrix}$

e) $g: \vec{x} = \begin{pmatrix} 4 \\ 0 \\ 1 \end{pmatrix} + s \cdot \begin{pmatrix} 2 \\ -1 \\ 3 \end{pmatrix}$ $h: \vec{x} = \begin{pmatrix} 6 \\ -1 \\ 4 \end{pmatrix} + t \cdot \begin{pmatrix} -2 \\ 1 \\ -3 \end{pmatrix}$

↑ Stützvektor

13 Ebenen

Tipps ab Seite 76, Lösungen ab Seite 137

Um eine Ebene zu beschreiben, gibt es verschiedene Gleichungen. Ähnlich wie für die Gerade gibt es eine *Parametergleichung*, diese lautet:

$$\text{E: } \vec{x} = \vec{a} + r \cdot \vec{v_1} + s \cdot \vec{v_2}$$

Der Vektor $\vec{a}$ ist auch hier der Stützvektor, die Vektoren $\vec{v_1}$ und $\vec{v_2}$ sind die Spannvektoren, da sie die Ebene «aufspannen».

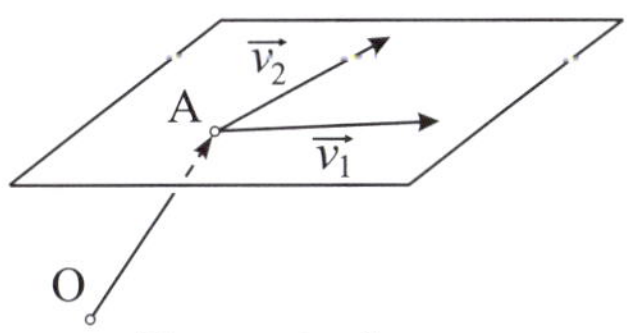

Parameterform

Bei der *Punkt-Normalenform* der Ebene wird die Ebene durch einen Stützpunkt und einen Normalenvektor beschrieben. Der Normalenvektor $\vec{n}$ steht immer senkrecht auf der Ebene. Die dazugehörige Gleichung ist

$$\text{E: } (\vec{x} - \vec{a}) \cdot \vec{n} = 0$$

Anschaulich gesprochen bedeutet die Gleichung, dass das Skalarprodukt zwischen dem Normalenvektor $\vec{n}$ und jedem Vektor in der Ebene immer Null sein muss.

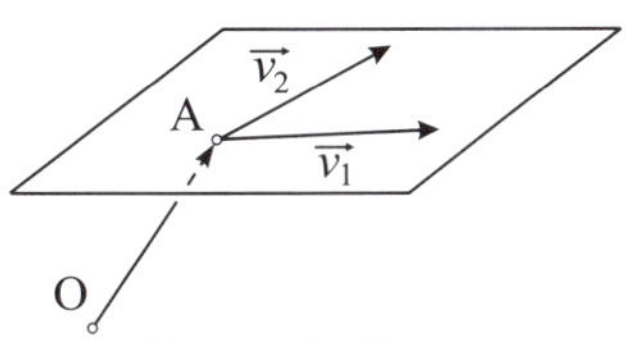

Parameterform

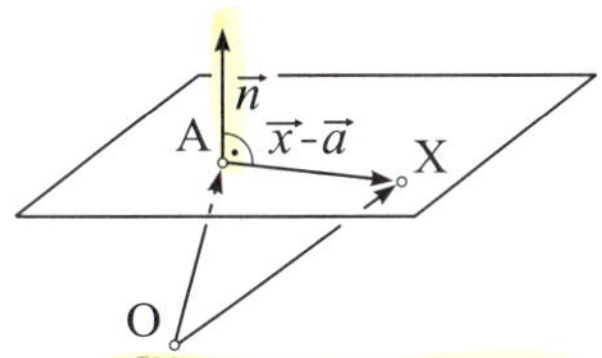

Punkt-Normalenform

Die Koordinatenform erhalten Sie durch Ausrechnen der Punkt-Normalenform. Sie lautet

$$\text{E: } a \cdot x_1 + b \cdot x_2 + c \cdot x_3 = d$$

Dabei sind a, b und c die Komponenten des Normalenvektors $\vec{n}$.

Ist eine Ebene in Parameterform gegeben und suchen Sie die Koordinatenform, so stellen Sie zuerst die Punkt-Normalenform auf und rechnen diese anschließend aus. Dazu ist ein Normalenvektor gesucht, der senkrecht auf den beiden Spannvektoren $\vec{v_1}$ und $\vec{v_2}$ stehen muss. Diesen können Sie mit Hilfe des Skalarprodukts berechnen, indem Sie benutzen, dass $\vec{n} \cdot \vec{v_1} = 0$ und $\vec{n} \cdot \vec{v_2} = 0$ sein muss. Sie erhalten so ein Gleichungssystem aus zwei Gleichungen mit dessen Hilfe Sie den Vektor $\vec{n}$ bestimmen können. Ein weiterer Weg führt über das Kreuzprodukt, siehe nächste Seite.

Tipp: Wenn man einen Vektor $\vec{n}$ sucht, der senkrecht auf zwei gegebenen Vektoren $\vec{a}$ und $\vec{b}$ steht, geschieht dies einfach und schnell mit dem **Kreuzprodukt**:

$$\vec{n} = \left(\vec{a} \times \vec{b}\right) = \begin{pmatrix} a_2 b_3 & - & a_3 b_2 \\ a_3 b_1 & - & a_1 b_3 \\ a_1 b_2 & - & a_2 b_1 \end{pmatrix}$$

Die Merkhilfe dazu:

1. Beide Vektoren werden je zweimal untereinander geschrieben, dann werden die erste und die letzte Zeile gestrichen.
2. Anschließend wird «über Kreuz» multipliziert. Dabei erhalten die abwärts gerichteten Pfeile ein positives und die aufwärts gerichteten Pfeile ein negatives Vorzeichen.
3. Die einzelnen Komponenten werden subtrahiert – fertig!

$$\begin{array}{cc} \cancel{a_1} & \cancel{b_1} \\ a_2 & b_2 \\ a_3 & b_3 \\ a_1 & b_1 \\ a_2 & b_2 \\ \cancel{a_3} & \cancel{b_3} \end{array} \Rightarrow \begin{array}{cc} a_2 & b_2 \\ a_3 & b_3 \\ a_1 & b_1 \\ a_2 & b_2 \end{array} \Rightarrow \begin{pmatrix} a_2 b_3 - a_3 b_2 \\ a_3 b_1 - a_1 b_3 \\ a_1 b_2 - a_2 b_1 \end{pmatrix}$$

Beispiel:

Sind $\vec{a} = \begin{pmatrix} 1 \\ 3 \\ 2 \end{pmatrix}$ und $\vec{b} = \begin{pmatrix} -1 \\ 4 \\ 0 \end{pmatrix}$, ergibt sich für den gesuchten Vektor:

$$\begin{array}{cc} \cancel{1} & \cancel{-1} \\ 3 & 4 \\ 2 & 0 \\ 1 & -1 \\ 3 & 4 \\ \cancel{2} & \cancel{0} \end{array} \Rightarrow \begin{array}{cc} 3 & 4 \\ 2 & 0 \\ 1 & -1 \\ 3 & 4 \end{array} \Rightarrow \begin{pmatrix} 3 \cdot 0 - 2 \cdot 4 \\ 2 \cdot (-1) - 1 \cdot 0 \\ 1 \cdot 4 - 3 \cdot (-1) \end{pmatrix} = \begin{pmatrix} -8 \\ -2 \\ 7 \end{pmatrix}$$

Anmerkung:
Mit Hilfe des Kreuzprodukts lässt sich die Fläche des Dreiecks ABC direkt ausrechnen. Es ist

$$A_\triangle = \frac{1}{2} \left| \overrightarrow{AB} \times \overrightarrow{AC} \right|$$

Flächeninhalt Parallelogramm: gleich nur ohne $\frac{1}{2}$

13.1 Parameterform der Ebenengleichung □

Im Folgenden sind jeweils drei Punkte bzw. eine Gerade und ein Punkt gegeben, die eine Ebene festlegen. Geben Sie zu diesen Ebenen jeweils eine Ebenengleichung in Parameterform an.

a) $A(1\,|\,4\,|\,3), B(2\,|\,7\,|\,-3), C(3\,|\,5\,|\,1)$

b) $P(3\,|\,1\,|\,2), Q(4\,|\,7\,|\,3), R(4\,|\,0\,|\,-1)$

c) $A(1\,|\,3\,|\,6),\ g\colon \vec{x} = \begin{pmatrix} -1 \\ 2 \\ 4 \end{pmatrix} + t \cdot \begin{pmatrix} 3 \\ 6 \\ -1 \end{pmatrix}$

d) $B(0\,|\,1\,|\,2),\ g\colon \vec{x} = \begin{pmatrix} 7 \\ 3 \\ 2 \end{pmatrix} + t \cdot \begin{pmatrix} 1 \\ 2 \\ 1 \end{pmatrix}$

13.2 Koordinatengleichung einer Ebene □

Bestimmen Sie eine Koordinatengleichung der Ebene E. Es sind entweder die Normalenform, drei Punkte, ein Punkt und eine Gerade oder zwei Geraden, die die Ebene aufspannen, gegeben.

a) $E: \left(\vec{x} - \begin{pmatrix} 3 \\ 1 \\ 2 \end{pmatrix}\right) \cdot \begin{pmatrix} 2 \\ 3 \\ 1 \end{pmatrix} = 0$

b) $E: \left(\vec{x} - \begin{pmatrix} -5 \\ 4 \\ -1 \end{pmatrix}\right) \cdot \begin{pmatrix} 2 \\ -1 \\ 3 \end{pmatrix} = 0$

c) $A(2\,|\,2\,|\,2), B(4\,|\,1\,|\,3), C(8\,|\,4\,|\,5)$

d) $P(1\,|\,3\,|\,5), Q(2\,|\,7\,|\,3), R(5\,|\,1\,|\,3)$

e) $A(4\,|\,1\,|\,2),\ g\colon \vec{x} = \begin{pmatrix} 3 \\ 5 \\ 7 \end{pmatrix} + t \cdot \begin{pmatrix} 1 \\ 1 \\ 1 \end{pmatrix}$

f) $C(4\,|\,3\,|\,4),\ g\colon \vec{x} = \begin{pmatrix} 7 \\ 2 \\ 3 \end{pmatrix} + t \cdot \begin{pmatrix} 1 \\ -3 \\ -3 \end{pmatrix}$

g) $g_1\colon \vec{x} = \begin{pmatrix} 1 \\ 2 \\ 3 \end{pmatrix} + t \cdot \begin{pmatrix} 1 \\ 3 \\ 4 \end{pmatrix}$ $\quad g_2\colon \vec{x} = \begin{pmatrix} 1 \\ 2 \\ 3 \end{pmatrix} + s \cdot \begin{pmatrix} 2 \\ -1 \\ 3 \end{pmatrix}$

h) $g_1\colon \vec{x} = \begin{pmatrix} 1 \\ 2 \\ 4 \end{pmatrix} + s \cdot \begin{pmatrix} 1 \\ 3 \\ 2 \end{pmatrix}$ $\quad g_2\colon \vec{x} = \begin{pmatrix} 3 \\ 3 \\ 7 \end{pmatrix} + t \cdot \begin{pmatrix} 2 \\ 1 \\ 3 \end{pmatrix}$

i) $g_1\colon \vec{x} = \begin{pmatrix} 3 \\ 1 \\ 6 \end{pmatrix} + s \cdot \begin{pmatrix} 2 \\ 1 \\ 4 \end{pmatrix}$ $\quad g_2\colon \vec{x} = \begin{pmatrix} -1 \\ -8 \\ 4 \end{pmatrix} + t \cdot \begin{pmatrix} 1 \\ 4 \\ -1 \end{pmatrix}$

j) $g_1\colon \vec{x} = \begin{pmatrix} 1 \\ 0 \\ 2 \end{pmatrix} + s \cdot \begin{pmatrix} 3 \\ 1 \\ 2 \end{pmatrix}$ $\quad g_2\colon \vec{x} = \begin{pmatrix} 4 \\ 1 \\ 1 \end{pmatrix} + t \cdot \begin{pmatrix} 6 \\ 2 \\ 4 \end{pmatrix}$ (linear abhängig!)

k) $g\colon \vec{x} = \begin{pmatrix} 0 \\ 1 \\ 0 \end{pmatrix} + s \cdot \begin{pmatrix} 2 \\ 1 \\ 2 \end{pmatrix}$ $\quad h\colon \vec{x} = \begin{pmatrix} 2 \\ 0 \\ 2 \end{pmatrix} + t \cdot \begin{pmatrix} -4 \\ -2 \\ -4 \end{pmatrix}$

l) Die Ebene E ist Spiegelebene zwischen $A(1\,|\,4\,|\,7)$ und $A^*(3\,|\,2\,|\,3)$.

m) Die Ebene E enthält die Gerade $g: \vec{x} = \begin{pmatrix} 3 \\ 1 \\ 2 \end{pmatrix} + t \cdot \begin{pmatrix} 2 \\ 0 \\ -1 \end{pmatrix}$ und ist orthogonal zur Ebene $F: -x_1 + x_2 + 2x_3 + 2 = 0$.

n) Prüfen Sie, ob die vier Punkte A (2 | 1 | 2), B (4 | 3 | 4), C (7 | 2 | 3) und D (8 | −1 | 0) in einer Ebene liegen.

13.3 Ebenen im Koordinatensystem □

Es sind verschiedene Ebenen angegeben. Zeichnen Sie diese mit Hilfe ihrer Spurpunkte in ein kartesisches Koordinatensystem ein:

Tipp: Spurpunkte sind die Punkte, in denen die Ebene die Koordinatenachsen schneidet.

a) $E: 3x_1 + 4x_2 + 3x_3 = 12$
b) $E: 4x_1 - 8x_2 + 4x_3 = 16$
c) $E: 3x_1 - 3x_2 - 3x_3 = 9$
d) $E: 2x_1 + 4x_2 = 8$
e) $E: x_1 + 2x_3 = 4$
f) $E: 3x_2 + x_3 = 3$
g) $E: x_2 = 3$
h) $E: x_1 - x_2 = 0$

13.4 Bestimmen von Geraden und Ebenen in einem Quader □

In der Abbildung ist ein Quader dargestellt, M und N seien die Mittelpunkte der beiden Kanten $\overline{BE}$ bzw. $\overline{CF}$.

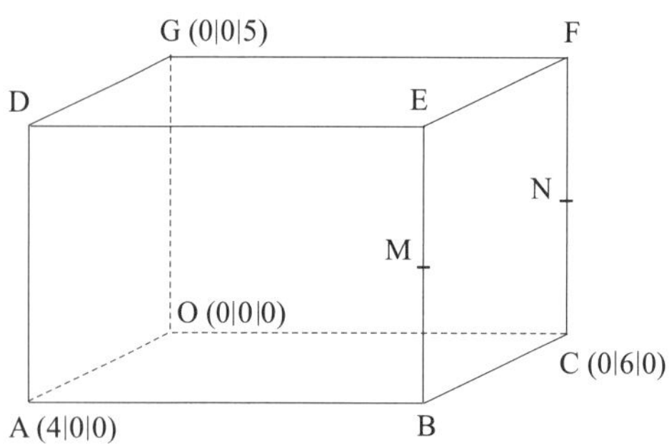

a) Bestimmen Sie die Koordinaten der übrigen Punkte.

b) Geben Sie eine Koordinatengleichung der Ebene durch B, E und F an.

c) Geben Sie je eine Geradengleichung der Geraden durch A und N sowie G und M an.

d) Bestimmen Sie die Koordinatengleichung der Ebene durch A, O, E und F.

14 Gegenseitige Lage von Geraden und Ebenen □

Tipps ab Seite 78, Lösungen ab Seite 145

Eine Gerade und eine Ebene können auf drei verschiedene Weisen zueinander liegen: Die Gerade kann die Ebene schneiden, sie kann parallel zu ihr liegen und sie kann in der Ebene liegen. Liegt die Ebene in der Parameterform vor, werden Geraden- und Ebenengleichung gleichgesetzt.

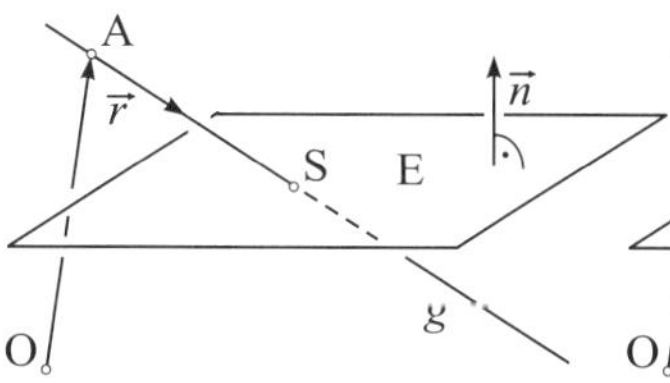

g schneidet E

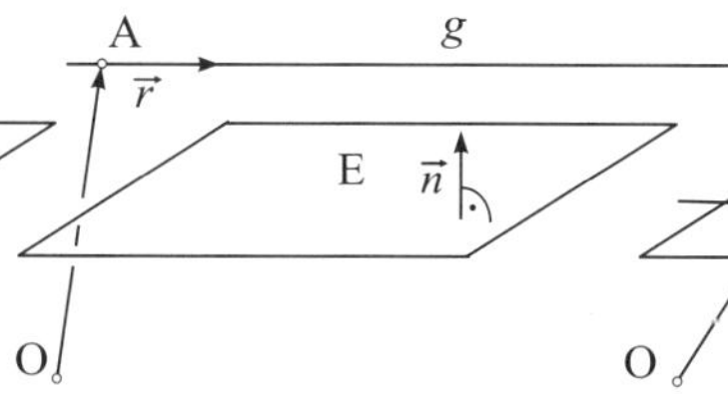

g ist parallel zu E

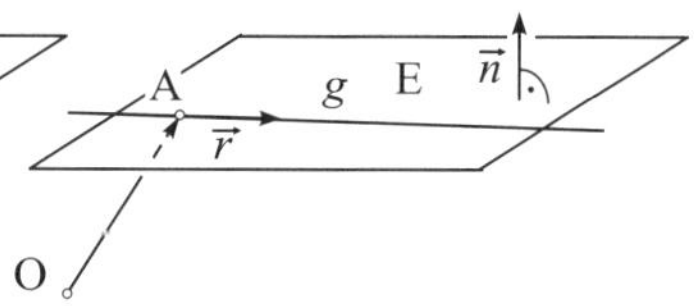

g liegt in E

14.1 Gegenseitige Lage □

Bestimmen Sie die gegenseitige Lage der Gerade und der Ebene:

a) $g: \vec{x} = \begin{pmatrix} 4 \\ 6 \\ 2 \end{pmatrix} + t \cdot \begin{pmatrix} 1 \\ 2 \\ 3 \end{pmatrix}$ $\quad$ $E: 2x_1 + 4x_2 + 6x_3 + 12 = 0$

b) $g: \vec{x} = \begin{pmatrix} 3 \\ 2 \\ 2 \end{pmatrix} + s \cdot \begin{pmatrix} 2 \\ 5 \\ 7 \end{pmatrix}$ $\quad$ $E: 2x_1 + x_2 - 3x_3 = 4$

c) $g: \vec{x} = \begin{pmatrix} 4 \\ 1 \\ 3 \end{pmatrix} + t \cdot \begin{pmatrix} 2 \\ -1 \\ 1 \end{pmatrix}$ $\quad$ $E: \vec{x} = \begin{pmatrix} 1 \\ -2 \\ -2 \end{pmatrix} + r \cdot \begin{pmatrix} 3 \\ 6 \\ -3 \end{pmatrix} + s \cdot \begin{pmatrix} 8 \\ -4 \\ 4 \end{pmatrix}$

d) $g: \vec{x} = \begin{pmatrix} 3 \\ 4 \\ 7 \end{pmatrix} + t \cdot \begin{pmatrix} 1 \\ 0 \\ 1 \end{pmatrix}$ $\quad$ $E: \vec{x} = \begin{pmatrix} 4 \\ 6 \\ 8 \end{pmatrix} + r \cdot \begin{pmatrix} 3 \\ 8 \\ 9 \end{pmatrix} + s \cdot \begin{pmatrix} 10 \\ 5 \\ 4 \end{pmatrix}$

e) $g: \vec{x} = \begin{pmatrix} 1 \\ -2 \\ 3 \end{pmatrix} + s \cdot \begin{pmatrix} 2 \\ 1 \\ 2 \end{pmatrix}$ $\quad$ $E: x_1 - x_3 = 0$

f) $g: \vec{x} = \begin{pmatrix} 1 \\ 2 \\ 3 \end{pmatrix} + t \cdot \begin{pmatrix} 1 \\ 3 \\ 4 \end{pmatrix}$ $\quad$ $E: 13x_1 + 5x_2 - 7x_3 - 2 = 0$

14.2 eA: Vermischte Aufgaben

☐

a) Gegeben ist die Ebene $E: 2x_1 + x_2 - 2x_3 = 12$. Bestimmen Sie die Gleichung einer Geraden, welche parallel zu E ist und durch den Punkt $P(4 \mid 9 \mid 7)$ verläuft.

b) Die Ebene E hat die Gleichung $E: 4x_1 - 3x_2 + 5x_3 = 17$. Bestimmen Sie die Gleichung der Geraden, die orthogonal zu E ist und durch den Punkt $Q(4 \mid -1 \mid 3)$ verläuft.

c) Zeigen Sie, dass die Gerade $g: \vec{x} = \begin{pmatrix} 4 \\ 6 \\ 8 \end{pmatrix} + t \cdot \begin{pmatrix} 1 \\ 2 \\ 2 \end{pmatrix}$ und die Ebene

$E: 4x_1 - 3x_2 + x_3 = 7$ keine gemeinsamen Punkte haben.

d) Zeigen Sie, dass die Ebene $E: 4x_1 - 2x_2 = 4$ die Gerade $g: \vec{x} = \begin{pmatrix} 4 \\ 6 \\ 8 \end{pmatrix} + t \cdot \begin{pmatrix} 1 \\ 2 \\ 3 \end{pmatrix}$

enthält.

15 eA: Gegenseitige Lage zweier Ebenen

Tipps ab Seite 79, Lösungen ab Seite 148

Zwei Ebenen können auf drei verschiedene Arten zueinander liegen: Die beiden Ebenen können sich schneiden, sie können identisch sein oder parallel zueinander liegen. Wenn sich die beiden Ebenen schneiden, entsteht eine Schnittgerade *s*.

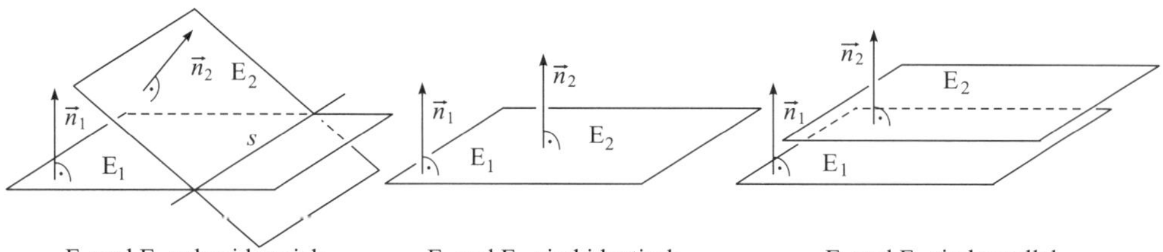

E_1 und E_2 schneiden sich — E_1 und E_2 sind identisch — E_1 und E_2 sind parallel

Liegen die Ebenen in Koordinatenform vor, so läßt sich die Aufgabe relativ einfach dadurch lösen, dass Sie die beiden Gleichungen als Gleichungssystem mit drei Unbekannten auffassen. Sie lösen dieses Gleichungssystem und können die Lösung als Geradengleichung schreiben, indem der Parameter der Lösung zum Geradenparameter wird. Liegen die Ebenen in Parametergleichung vor, setzen Sie diese gleich und benutzen das Gaußverfahren um nach einem Parameter aufzulösen. Sie erhalten so einen Ausdruck in Abhängigkeit vom anderen Parameter, setzen diesen in die Ebenengleichung ein und erhalten so die Schnittgerade.

15.1 Schnitt von zwei Ebenen

Bestimmen Sie eine Gleichung der Schnittgerade der beiden Ebenen.

a) $E_1: \; x_1+5x_3=8, \; E_2: \; x_1+x_2+x_3=1$

b) $E_1: \; x_1-x_2+2x_3=7, \; E_2: \; 6x_1+x_2-x_3+7=0$

c) $E_1: \; 4x_2=5, \; E_2: \; 6x_1+5x_3=0$

d) $E_1: \; \vec{x}=\begin{pmatrix}5\\6\\-4\end{pmatrix}+r\cdot\begin{pmatrix}0\\-4\\7\end{pmatrix}+s\cdot\begin{pmatrix}2\\-3\\4\end{pmatrix}, \; E_2: \; 2x_1-x_2+x_3=0$

e) $E_1: \; \vec{x}=\begin{pmatrix}2\\2\\2\end{pmatrix}+r\cdot\begin{pmatrix}-1\\2\\1\end{pmatrix}+s\cdot\begin{pmatrix}1\\-1\\2\end{pmatrix}, E_2: x_1+x_2-2x_3=-4$

f) $E_1: \vec{x}=\begin{pmatrix}-4\\1\\6\end{pmatrix}+r\cdot\begin{pmatrix}5\\-3\\-2\end{pmatrix}+s\cdot\begin{pmatrix}2\\2\\-1\end{pmatrix}, E_2: \vec{x}=\begin{pmatrix}4\\5\\-3\end{pmatrix}+t\cdot\begin{pmatrix}0\\-2\\1\end{pmatrix}+u\cdot\begin{pmatrix}-3\\1\\3\end{pmatrix}$

g) $E_1: \vec{x} = \begin{pmatrix} 4 \\ 5 \\ 7 \end{pmatrix} + r \cdot \begin{pmatrix} 1 \\ 1 \\ 2 \end{pmatrix} + s \cdot \begin{pmatrix} 2 \\ 3 \\ 6 \end{pmatrix}$, $E_2: \vec{x} = \begin{pmatrix} 3 \\ 2 \\ 11 \end{pmatrix} + t \cdot \begin{pmatrix} 1 \\ -1 \\ 2 \end{pmatrix} + u \cdot \begin{pmatrix} 2 \\ -5 \\ 8 \end{pmatrix}$

15.2 Parallele Ebenen □

Bestimmen Sie den Parameter t so, dass die beiden Ebenen parallel sind:

a) $E_t: \; tx_1 - 2tx_2 - 4x_3 = 6$
$F: \; -2x_1 + 4x_2 - 4x_3 = 7$

b) $E_t: \; 2tx_1 + x_2 + 3x_3 = 8$
$F: \; 8x_1 - 2x_2 - 6x_3 = 7$

15.3 Verschiedene Aufgaben □

a) Für welchen Wert von d ist $E_d: \; 2x_1 + x_2 - 3x_3 = d$ identisch mit der Ebene $F: \; -4x_1 - 2x_2 + 6x_3 = 9$?

b) Zeigen Sie, dass die Ebene $E: \; 3x_1 + 4x_2 - 2x_3 = 7$ orthogonal zur Ebene $F: \; 2x_1 + x_2 + 5x_3 = 9$ ist.

c) Für welchen Wert von t ist $E: \; 2x_1 - x_2 + 3x_3 = 7$ orthogonal zur Ebene $E_t: \; tx_1 - 2tx_2 - 4x_3 = 6$?

16 Abstandsberechnungen □

Tipps ab Seite 80, Lösungen ab Seite 153

Die verschiedenen Aufgaben der Abstandsberechnungen lassen sich oft auf die Berechnung des Abstands eines Punktes von einer Ebene oder des Abstands eines Punktes zu einem Punkt zurückführen. So können Sie den Abstand eines Punktes P zu einer Geraden g mit einer Hilfsebene E_H berechnen. Diese steht senkrecht auf g und enthält den Punkt P. Der Abstand ist dann die Länge des Vektors $\overrightarrow{LP}$. (Alternativ können Sie auch das Skalarprodukt benutzen.)

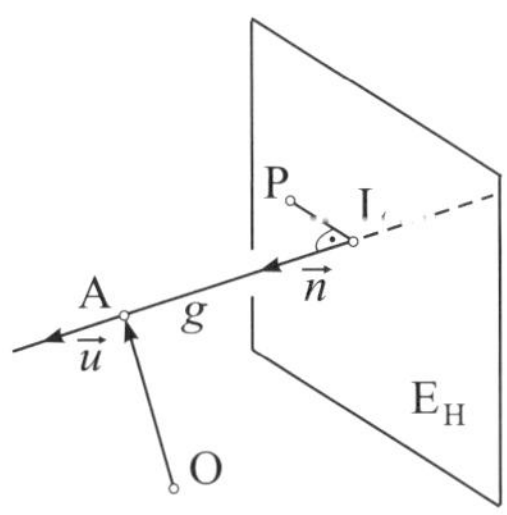

Den Abstand eines Punktes von einer Ebene berechnet man entweder mit einer Hilfsgeraden, mit der man den Lotfußpunkt bestimmt oder mit der Hesseschen Normalenform (HNF).

16.1 Abstand Punkt – Ebene □

Berechnen Sie den Abstand des Punktes von der Ebene:

a) $P(2\,|\,4\,|\,-1)$, $E: 2x_1 - x_2 + 2x_3 = 1$

b) $S(9\,|\,4\,|\,-3)$, $E: x_1 + 2x_2 + 2x_3 = -3$

c) $R(6\,|\,9\,|\,4)$, $E: \begin{pmatrix} 2 \\ 2 \\ 1 \end{pmatrix} \cdot \left(\vec{x} - \begin{pmatrix} 7 \\ 5 \\ 2 \end{pmatrix}\right) = 0$

16.2 Abstand Gerade – Ebene □

a) Zeigen Sie, dass $g: \vec{x} = \begin{pmatrix} 1 \\ 2 \\ 3 \end{pmatrix} + t \cdot \begin{pmatrix} 2 \\ -1 \\ 3 \end{pmatrix}$ parallel zu
$E: \; 4x_1 - x_2 - 3x_3 = 19$ ist und berechnen Sie den Abstand von g zu E.

b) Zeigen Sie, dass $g: \vec{x} = \begin{pmatrix} 1 \\ 8 \\ 1 \end{pmatrix} + t \cdot \begin{pmatrix} -2 \\ 1 \\ -1 \end{pmatrix}$ parallel zu
$E: \; 2x_1 + x_2 - 3x_3 = 14$ ist und berechnen Sie den Abstand von g zu E.

16.3 Abstand paralleler Ebenen □

a) Zeigen Sie, dass die Ebene $E_1: \; 2x_1 - 3x_2 + x_3 = 4$ parallel ist zu
$E_2: \; -2x_1 + 3x_2 - x_3 = -7$ und berechnen Sie den Abstand von E_1 zu E_2.

b) Zeigen Sie, dass die Ebene E : $-x_1 + x_2 + 2x_3 = 0$ parallel ist zu

F : $\left(\vec{x} - \begin{pmatrix} 5 \\ 2 \\ -1 \end{pmatrix}\right) \cdot \begin{pmatrix} 2 \\ -2 \\ -4 \end{pmatrix} = 0$ und berechnen Sie den Abstand von F zu E.

16.4 eA: Abstand Punkt – Gerade

□

Berechnen Sie den Abstand des Punktes von der Geraden:

a) $g\colon \vec{x} = \begin{pmatrix} 4 \\ 5 \\ 6 \end{pmatrix} + t \cdot \begin{pmatrix} -2 \\ 1 \\ 1 \end{pmatrix}$, T(6 | −6 | 9)

b)) $g\colon \vec{x} = \begin{pmatrix} -2 \\ -4 \\ 2 \end{pmatrix} + t \cdot \begin{pmatrix} 3 \\ 0 \\ -2 \end{pmatrix}$, P(−1 | 2 | −3)

16.5 eA: Abstand paralleler Geraden

□

Zeigen Sie, dass die beiden Geraden parallel sind, und berechnen Sie den Abstand der beiden Geraden:

a) $g\colon \vec{x} = \begin{pmatrix} 2 \\ 1 \\ 2 \end{pmatrix} + s \cdot \begin{pmatrix} 1 \\ 0 \\ 1 \end{pmatrix}$ $\quad h\colon \vec{x} = \begin{pmatrix} 2 \\ 3 \\ 4 \end{pmatrix} + t \cdot \begin{pmatrix} 3 \\ 0 \\ 3 \end{pmatrix}$

b) $g\colon \vec{x} = \begin{pmatrix} 5 \\ -1 \\ 3 \end{pmatrix} + s \cdot \begin{pmatrix} 1 \\ 3 \\ 4 \end{pmatrix}$ $\quad h\colon \vec{x} = \begin{pmatrix} 7 \\ -7 \\ 7 \end{pmatrix} + t \cdot \begin{pmatrix} -2 \\ -6 \\ -8 \end{pmatrix}$

16.6 eA: Abstand windschiefer Geraden

□

Berechnen Sie jeweils den Abstand der beiden windschiefen Geraden:

a) $g\colon \vec{x} = \begin{pmatrix} -1 \\ -3 \\ 5 \end{pmatrix} + s \cdot \begin{pmatrix} 4 \\ 1 \\ -1 \end{pmatrix}$ $\quad h\colon \vec{x} = \begin{pmatrix} 0 \\ -4 \\ 8 \end{pmatrix} + t \cdot \begin{pmatrix} 2 \\ 0 \\ -1 \end{pmatrix}$

b) $g\colon \vec{x} = \begin{pmatrix} 6 \\ 1 \\ 3 \end{pmatrix} + t \cdot \begin{pmatrix} 2 \\ 1 \\ -2 \end{pmatrix}$ $\quad h\colon \vec{x} = \begin{pmatrix} 4 \\ 5 \\ -3 \end{pmatrix} + s \cdot \begin{pmatrix} 0 \\ 1 \\ 2 \end{pmatrix}$

c) Erläutern Sie die wesentlichen Arbeitsschritte, wie man ohne Formel den Abstand zweier windschiefer Geraden g und h bestimmen kann.

Faustregel: Vektor/Vektor
Gerade/Gerade } companion = cos
Ebene/Ebene
Ebene/Gerade kein com. = sin

17 Winkelberechnungen

Tipps ab Seite 81, Lösungen ab Seite 157

Die verschiedenen Aufgaben der Winkelberechnungen lassen sich auf die Berechnung des Winkels α zwischen zwei Vektoren $\vec{a}$ und $\vec{b}$ zurückführen, den man mit Hilfe der Formel

$$\cos\alpha = \frac{\vec{a}\cdot\vec{b}}{|\vec{a}|\cdot|\vec{b}|}$$

bestimmen kann.

17.1 Winkel zwischen Vektoren bzw. Geraden

Tipp: Machen Sie eine Skizze. Überlegen Sie, welche Vektoren den Winkel einschließen.

a) Berechnen Sie die Innenwinkel des Dreiecks ABC: A$(6\mid -1\mid 1)$, B$(4\mid 3\mid -3)$, C$(0\mid 5\mid 1)$.

b) Berechnen Sie den Winkel zwischen den beiden Geraden:

I) $g:\ \vec{x} = \begin{pmatrix}2\\1\\-1\end{pmatrix} + s\cdot\begin{pmatrix}-1\\3\\5\end{pmatrix}$ $\qquad h:\ \vec{x} = \begin{pmatrix}2\\1\\-1\end{pmatrix} + t\cdot\begin{pmatrix}7\\-1\\2\end{pmatrix}$

II) $g:\ \vec{x} = \begin{pmatrix}4\\0\\1\end{pmatrix} + s\cdot\begin{pmatrix}2\\-6\\10\end{pmatrix}$ $\qquad h:\ \vec{x} = \begin{pmatrix}4\\0\\1\end{pmatrix} + t\cdot\begin{pmatrix}2\\3\\5\end{pmatrix}$

17.2 Winkel zwischen Ebenen

Berechnen Sie den Winkel zwischen den Ebenen:

a) $E_1:\ x_1 - x_2 + 2x_3 = 7$
$E_2:\ 6x_1 + x_2 - x_3 + 7 = 0$

b) $E_1:\ 4x_2 = 5$
$E_2:\ 6x_1 + 5x_3 = 0$

17.3 Winkel zwischen Gerade und Ebene

Berechnen Sie jeweils den Winkel zwischen der Gerade und der Ebene:

a) $g:\ \vec{x} = \begin{pmatrix}3\\7\\-4\end{pmatrix} + t\cdot\begin{pmatrix}1\\2\\-1\end{pmatrix}$ $\qquad E:\ 3x_1 + 5x_2 - 2x_3 - 7 = 0$

b) $g:\ x_2$-Achse $\qquad E:\ 6x_1 + 10x_2 - 4x_3 = 14$

c) $g:\ \vec{x} = \begin{pmatrix}4\\6\\2\end{pmatrix} + t\cdot\begin{pmatrix}1\\2\\3\end{pmatrix}$ $\qquad E:\ x_1$-x_2-Ebene

18 Spiegelungen

Tipps ab Seite 81, Lösungen ab Seite 159

Die Aufgaben der Spiegelungen lassen sich oft auf die Spiegelung eines Punktes an einem Punkt zurückführen. Hierzu stellt man eine geeignete Vektorkette mit Hilfe des Ursprungs auf.
Um einen Punkt an einer Ebene zu spiegeln, schneidet man die Lotgerade durch diesen Punkt mit der Ebene.
Um einen Punkt an einer Geraden zu spiegeln, stellt man eine orthogonale Hilfsebene durch diesen Punkt auf und schneidet sie mit der Geraden.

18.1 Punkt an Punkt

Spiegeln Sie den Punkt $P(3 \mid 4 \mid 5)$ jeweils an den angegebenen Punkten:

a) $Q(2 \mid 1 \mid 2)$ b) $R(0 \mid 3 \mid -2)$ c) $S(-3 \mid 1 \mid 4)$

18.2 eA: Punkt an Ebene

Spiegeln Sie den Punkt an der Ebene:

a) $A(1 \mid 4 \mid 7)$
$E: \; x_1 - x_2 - 2x_3 + 11 = 0$

b) $S(-1 \mid -4 \mid -9)$
$E: \; 2x_1 - 2x_2 + x_3 = 6$

c) $P(2 \mid 3 \mid 4)$
$E: \; 4x_1 + x_2 - x_3 = 3$

Tipp: Legen Sie eine Skizze an. Oft lässt sich ein neues Problem auf ein schon bekanntes zurückführen, wie die Spiegelung eines Punktes an einer Ebene auf die Spiegelung eines Punktes an einem Punkt.

18.3 eA: Punkt an Gerade

Spiegeln Sie den Punkt an der Geraden:

a) $P(2 \mid 3 \mid 4),\; g: \vec{x} = \begin{pmatrix} 2 \\ 1 \\ 2 \end{pmatrix} + t \cdot \begin{pmatrix} 1 \\ 0 \\ 1 \end{pmatrix}$ b) $B(5 \mid -2 \mid 1),\; g: \vec{x} = \begin{pmatrix} -1 \\ 6 \\ 5 \end{pmatrix} + t \cdot \begin{pmatrix} 4 \\ -1 \\ -1 \end{pmatrix}$

Stochastik

19 Wahrscheinlichkeitsrechnung □

19.1 Baumdiagramme und Pfadregeln □

Tipps ab Seite 82, Lösungen ab Seite 161

In diesem Kapitel geht es darum, mit Hilfe bereits bekannter Wahrscheinlichkeiten von einzelnen Ergebnissen die Wahrscheinlichkeiten weiterer, oft «komplizierterer» Ereignisse zu bestimmen. Ein wichtiges Hilfsmittel zur Veranschaulichung hierfür sind *Baumdiagramme*. Sie sind insbesondere bei mehrstufigen Zufallsexperimenten hilfreich. Eine Verzweigung entspricht dabei den möglichen Versuchausgängen der jeweiligen Stufe; längs der «Äste» werden die zugehörigen Wahrscheinlichkeiten notiert.

Bei mehrstufigen Zufallsexperimenten unterscheidet man *geordnete Stichproben* (d.h. Beachtung der Reihenfolge) von *ungeordneten Stichproben*; beide Stichprobenarten können *mit oder ohne Zurücklegen* durchgeführt werden. Bei der Erstellung des Baumdiagrammes muss man darauf achten, dass sich bei Stichproben ohne Zurücklegen die Wahrscheinlichkeiten bei jeder Stufe ändern.

Manchmal ist es auch geschickt oder hilfreich die Wahrscheinlichkeit eines Ereignisses A mit des Gegenereignisses $\bar{A}$ zu berechnen; dies ist vor allem (aber nicht immer) bei den Signalwörtern «mindestens» oder «höchstens» der Fall. Es gilt dann für die entsprechenden Wahrscheinlichkeiten:

$$P(A) = 1 - P(\bar{A})$$

1. Beispiel: Ziehen mit Zurücklegen

Ein Gefäß enthält 4 blaue und 6 rote Kugeln. Es werden 2 Kugeln mit Zurücklegen gezogen.

Da 4 blaue und 6 rote, also insgesamt 10 Kugeln in der Urne sind, beträgt die Wahrscheinlichkeit bei jedem Ziehen für die Ergebnisse blau (b): $\frac{4}{10}$ und für rot (r): $\frac{6}{10}$.

Damit erhält man folgendes Baumdiagramm:

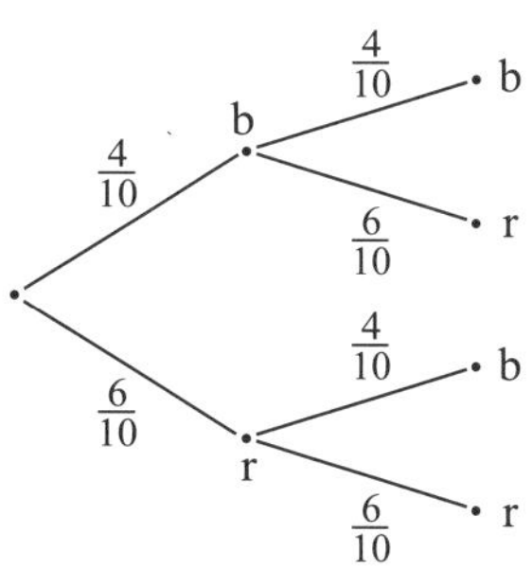

Wichtige Rechenregeln für Baumdiagramme sind die *1. Pfadregel* und die *2. Pfadregel*:

Die 1. Pfadregel (Produktregel) besagt, dass man die Wahrscheinlichkeit längs eines Pfades berechnet, indem man die Wahrscheinlichkeiten der zugehörigen Äste miteinander multipliziert.

Mit der 2. Pfadregel (Summenregel) kann man die Wahrscheinlichkeit eines Ereignisses berechnen, indem man die Wahrscheinlichkeiten aller zugehörigen Pfade addiert.

Will man beispielsweise die Wahrscheinlichkeit berechnen, dass beide Kugeln rot sind, so ergibt sich mit Hilfe der 1. Pfadregel:

$$P(\text{«beide Kugeln rot»}) = P(rr) = \frac{6}{10} \cdot \frac{6}{10} = \frac{36}{100} = 0{,}36$$

Will man die Wahrscheinlichkeit berechnen, dass beide Kugeln gleichfarbig sind, so ergibt sich mit Hilfe der 1. und 2. Pfadregel:

$$P(\text{«beide Kugeln gleichfarbig»}) = P(rr) + P(bb) = \frac{6}{10} \cdot \frac{6}{10} + \frac{4}{10} \cdot \frac{4}{10} = \frac{36}{100} + \frac{16}{100} = \frac{52}{100} = 0{,}52$$

2. Beispiel: Ziehen ohne Zurücklegen

Eine Urne enthält 2 rote und 9 schwarze Kugeln. Es werden 2 Kugeln gleichzeitig gezogen. Das gleichzeitige Ziehen entspricht dem Ziehen ohne Zurücklegen. Man erhält folgendes Baumdiagramm:

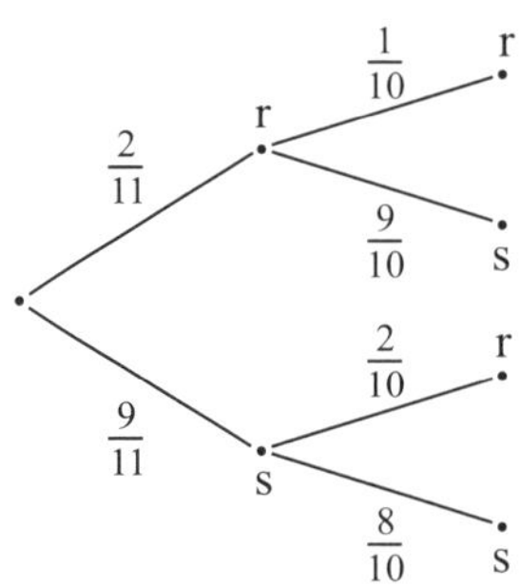

Da 2 rote und 9 schwarze, also insgesamt 11 Kugeln in der Urne sind, beträgt die Wahrscheinlichkeit beim 1. Ziehen für rot (r): $\frac{2}{11}$ und für schwarz (s): $\frac{9}{11}$.

Beim 2. Ziehen sind nur noch 10 Kugeln vorhanden und die Wahrscheinlichkeiten hängen davon ab, welche Farbe schon gezogen wurde.

Will man beispielsweise die Wahrscheinlichkeit berechnen, dass genau eine Kugel schwarz ist, ergibt sich mit Hilfe der 1. und 2. Pfadregel (Produkt- und Summenregel):

$$P(\text{«genau eine schwarze Kugel»}) = P(rs) + P(sr) = \frac{2}{11} \cdot \frac{9}{10} + \frac{9}{11} \cdot \frac{2}{10} = \frac{9}{55} + \frac{9}{55} = \frac{18}{55}$$

Will man die Wahrscheinlichkeit berechnen, dass mindestens eine der beiden Kugeln schwarz ist, erhält man mit Hilfe des Gegenereignisses:

$$\begin{aligned} P(\text{«mindestens eine schwarze Kugel»}) &= 1 - P(\text{«keine schwarze Kugel»}) \\ &= 1 - P(rr) \\ &= 1 - \frac{2}{11} \cdot \frac{1}{10} \\ &= 1 - \frac{1}{55} \\ &= \frac{54}{55} \end{aligned}$$

19.1.1 Ziehen mit Zurücklegen

a) Eine Urne enthält 4 rote, 3 weiße und 2 gelbe Kugeln. Es werden 2 Kugeln mit Zurücklegen gezogen.

   I) Mit welcher Wahrscheinlichkeit erhält man eine weiße und eine gelbe Kugel?

   II) Wie groß ist die Wahrscheinlichkeit, dass man keine weiße Kugel erhält ?

b) Ein Gefäß enthält 8 rote, 4 blaue und 2 weiße Kugeln. Es werden 2 Kugeln mit Zurücklegen gezogen.

   I) Mit welcher Wahrscheinlichkeit erhält man keine rote Kugel?

   II) Berechnen Sie die Wahrscheinlichkeit, dass man höchstens eine rote Kugel erhält.

c) In einem Behälter befinden sich 3 rote und 5 gelbe Kugeln. Es werden 2 Kugeln mit Zurücklegen gezogen.

   I) Berechnen Sie die Wahrscheinlichkeit, dass mindestens eine der beiden Kugeln gelb ist.

   II) Wie viele gelbe Kugeln hätten sich in dem Behälter befinden müssen, damit die Wahrscheinlichkeit, mindestens eine gelbe Kugel zu ziehen, 0,91 betragen hätte?

d) Eine Urne enthält 4 blaue und 6 rote Kugeln. Es werden 2 Kugeln mit Zurücklegen gezogen.

   I) Berechnen Sie die Wahrscheinlichkeit, dass höchstens eine Kugel blau ist.

   II) Wie viele blaue Kugeln hätten sich in der Urne befinden müssen, damit die Wahrscheinlichkeit, höchstens eine blaue Kugel zu ziehen, 0,64 betragen hätte?

e) In einem Hut befinden sich 4-mal der Buchstabe A und 8-mal der Buchstabe B. Es werden 2 Buchstaben mit Zurücklegen gezogen.

   I) Berechnen Sie die Wahrscheinlichkeit, dass mindestens einmal der Buchstabe B gezogen wird.

   II) Wie viele Buchstaben A müssten sich in dem Hut befinden, damit die Wahrscheinlichkeit, höchstens einmal den Buchstaben B zu ziehen, 0,96 beträgt?

19.1.2 Ziehen ohne Zurücklegen

a) In einer Urne befinden sich 2 grüne, 3 rote und 5 blaue Kugeln. Es werden 2 Kugeln ohne Zurücklegen gezogen.

I) Mit welcher Wahrscheinlichkeit wird eine grüne und eine rote Kugel gezogen?

II) Berechnen Sie die Wahrscheinlichkeit, dass keine blaue Kugel gezogen wird.

b) In einer Urne befinden sich rote und schwarze Kugeln. Es ergibt sich folgendes Baumdiagramm:

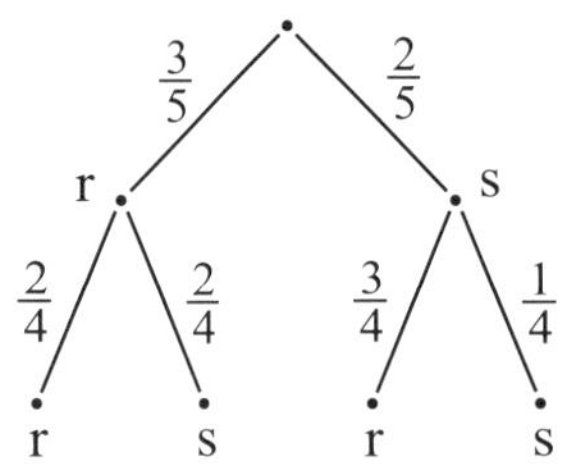

I) Beschreiben Sie eine Situation, die zu diesem Baumdiagramm passt.

II) Wie groß ist die Wahrscheinlichkeit, dass beide Kugeln gleichfarbig sind ?

c) In einer Urne sind 7 weiße, 5 schwarze und 3 rote Kugeln. Es werden 3 Kugeln gleichzeitig gezogen.

I) Wie groß ist die Wahrscheinlichkeit, dass eine Kugel weiß ist und zwei Kugeln schwarz sind?

II) Mit welcher Wahrscheinlichkeit ist mindestens eine Kugel weiß?

d) Eine Urne enthält 2 rote und 9 schwarze Kugeln.

I) Es werden 2 Kugeln gleichzeitig gezogen.
Wie groß ist die Wahrscheinlichkeit, dass höchstens eine der beiden Kugeln rot ist?

II) Es werden 3 Kugeln gleichzeitig gezogen.
Wie groß ist die Wahrscheinlichkeit, dass höchstens zwei Kugeln schwarz sind?

19.1.3 Verschiedene Aufgaben

a) In einer Urne befinden sich 2 grüne, 3 rote und 5 blaue Kugeln. Es werden nacheinander ohne Zurücklegen 2 Kugeln gezogen.

  I) Stellen sie ein Baumdiagramm auf.

  II) Bestimmen Sie die Wahrscheinlichkeiten der folgenden Ereignisse:
  A: Es werden die beiden grünen Kugeln gezogen.
  B: Es wird zuerst eine rote und dann eine blaue Kugel gezogen.
  C: Es werden eine rote und eine grüne Kugel gezogen.
  D: Es werden 2 gleichfarbige Kugeln gezogen.
  E: Es wird keine blaue Kugel gezogen.

b) Ein Würfel trägt auf einer Seite die Zahl 1, auf vier anderen Seiten die Zahl 2 und auf einer Seite die Zahl 3. Er wird zweimal nacheinander geworfen und das Ergebnis als zweistellige Zahl notiert.

  I) Stellen Sie ein Baumdiagramm auf.

  II) Bestimmen Sie die Wahrscheinlichkeiten der folgenden Ereignisse:
  A: Das Ergebnis ist 12.
  B: Das Ergebnis ist eine gerade Zahl.
  C: Das Ergebnis ist kleiner als 20.
  D: Die Quersumme des Ergebnisses ist 4.
  E: Das Ergebnis ist eine Primzahl.

c) Ein Fertigungsteil durchläuft mehrmals dieselbe Kontrolle, da mit einer Wahrscheinlichkeit von 20 % ein Fehler übersehen wird.

  I) Bestimmen Sie mit Hilfe eines Baumdiagramms die Wahrscheinlichkeit, dass ein vorhandener Fehler zweimal übersehen und beim 3. Mal erkannt wird.

  II) Wie groß ist die Wahrscheinlichkeit, dass ein vorhandener Fehler spätestens beim 3. Mal erkannt wird?

19.2 Unabhängigkeit und Vierfeldertafeln □

Zwei Ereignisse A und B heißen *(stochastisch) unabhängig* genau dann, wenn der *spezielle Multiplikationssatz* gilt:

$$P(A \cap B) = P(A) \cdot P(B)$$

$A \cap B$ bedeutet: A und B treten ein

$A \cup B$ bedeutet: entweder A oder B oder A und B tritt ein

Ein wichtiges Hilfsmittel zur Darstellung und Prüfung der Unabhängigkeit zweier Ereignisse sind *Vierfeldertafeln*.

1. Beispiel:

In einer Eisdiele wurde über längere Zeit das Kaufverhalten der Kunden beobachtet. Bei Kunden, die genau zwei Kugeln Eis bestellten, konnte folgende Regelmäßigkeit festgestellt werden: Die Wahrscheinlichkeit, dass die 1. der genannten Sorten Vanille ist, liegt bei $p = 0,4$. Für die Wahrscheinlichkeit, dass die 2. genannte Sorte Schokolade ist, gilt $p = 0,3$.

Mit A bezeichnet man das Ereignis «Die 1. bestellte Sorte ist Vanille», mit $\overline{A}$ entsprechend «Die 1. bestellte Sorte ist nicht Vanille». Mit B bezeichnet man das Ereignis « Die 2. Sorte ist Schokolade»: Zuerst werden die Werte in den Randspalten bzw. Zeilen eingetragen, also $P(A) = 0,4$ und $P(B) = 0,3$ sowie die Differenz zu 1. Da die Ereignisse A und B unabhänig sind, ergeben sich die Werte in der Mitte durch Multiplikation der Randwerte, z.B.
$P\left(A \cap \overline{B}\right) = P(A) \cdot P\left(\overline{B}\right) = 0,4 \cdot 0,7 = 0,28.$

	A	$\overline{A}$	
B	0,12	0,18	0,3
$\overline{B}$	0,28	0,42	0,7
	0,4	0,6	1

2. Beispiel:

Die Wahrscheinlichkeit, an einer bestimmten Infektion zu erkranken, beträgt 60 %. Die Wahrscheinlichkeit, einen Mann oder eine Frau anzutreffen, beträgt jeweils 50 %. Bezeichnet man mit M: Mann und mit K: Krank, so ist für die Wahrscheinlichkeit der Infizierung von Männern und Frauen folgende Vierfeldertafel gegeben:

	M	$\overline{M}$	
K	0,25	0,35	0,6
$\overline{K}$	0,25	0,15	0,4
	0,5	0,5	1

Anhand der Vierfeldertafel kann man beispielsweise ablesen, wie groß die Wahrscheinlichkeit ist, dass man eine gesunde Frau trifft:

$$P\left(\overline{K} \cap \overline{M}\right) = 0,15 = 15\%$$

Um zu prüfen, ob die beiden Ereignisse K und M unabhängig voneinander sind, verwendet man den Multiplikationssatz:

Es ist $P(K \cap M) = 0,25$ und $P(K) \cdot P(M) = 0,6 \cdot 0,5 = 0,3$.
Wegen $P(K \cap M) \neq P(K) \cdot P(M)$ sind die Ereignisse K und M nicht unabhängig voneinander.

Aufgaben

a) Vervollständigen Sie die folgenden Vierfeldertafeln unter der Bedingung, dass A und B unabhängige Ereignisse sind.

I)

	A	$\overline{A}$	
B			0,4
$\overline{B}$			
	0,8		

II)

	A	$\overline{A}$	
B	$\frac{3}{5}$		
$\overline{B}$			
		$\frac{1}{10}$	

III)

	A	$\overline{A}$	
B	$\frac{1}{20}$		
$\overline{B}$			
	$\frac{1}{5}$		

b) Ein Fragebogen enthält die Zeilen

männlich ☐ weiblich ☐

Raucher ☐ Nichtraucher ☐

Von 200 befragten Personen waren 90 männlich (m), 80 waren Raucher (R). Es gab 36 männliche Raucher. Ist auf Grund der Umfrage zu schließen, dass Geschlecht und Rauchverhalten der befragten Personen unabhängig voneinander sind?

c) Ergänzen Sie die folgenden Vierfeldertafeln und prüfen Sie, ob A und B unabhängig voneinander sind:

I)

	A	$\overline{A}$	
B	0,3		
$\overline{B}$		0,1	
	0,8		

II)

	A	$\overline{A}$	
B			
$\overline{B}$	$\frac{1}{4}$		$\frac{3}{8}$
		$\frac{5}{8}$	

d) In einer Schule begeistern sich 70 % der Schüler für Fußball, 60 % für Schwimmen, 10 % mögen keine der beiden Sportarten.
Stellen Sie eine Vierfeldertafel auf und bestimmen Sie daraus den Anteil der Schüler, die sich für beide Sportarten begeistern.

19.3 Bedingte Wahrscheinlichkeit

☐

Die *bedingte Wahrscheinlichkeit* $P_B(A)$ ist die Wahrscheinlichkeit dafür, dass das Ereignis A eintritt, unter der Bedingung, dass B bereits eingetreten ist. Dafür gilt:

$$P_B(A) = \frac{P(A \cap B)}{P(B)}$$

Beispiel:

Die Wahrscheinlichkeit, an einer gewissen Infektion zu erkranken, ist für Männer und Frauen unterschiedlich (die Merkmale «Geschlecht» und «Infektion positiv/negativ» sind also *nicht* unabhängig). Die Wahrscheinlichkeit, eine infizierte Person anzutreffen, liegt bei 2 %. Trifft man auf eine infizierte Person, so beträgt die Wahrscheinlichkeit, dass es sich dabei um einen Mann handelt, etwa 53 %. Bezeichne A die Merkmalsausprägung «Mann», und bezeichne «B» die Merkmalsausprägung «Infektion positiv». Es ist damit $P(B) = 0,02$ und $P_B(A) = 0,53$.

Die Wahrscheinlichkeit, eine infizierte männliche Person zu treffen, erhält man mit der bedingten Wahrscheinlichkeit:

$$P_B(A) = \frac{P(A \cap B)}{P(B)} \quad \Rightarrow \quad P(A \cap B) = P(B) \cdot P_B(A) = 0,02 \cdot 0,53 = 0,0106 = 1,06\,\%$$

Aufgaben:

a) Eine Frauenzeitschrift machte eine Umfrage unter 100 Frauen. 60 Frauen waren über 40 Jahre alt. Insgesamt gaben 40 Frauen an, die Zeitschrift zu lesen. Unter den Leserinnen waren 25 Frauen über 40 Jahre alt.

   I) Wie groß war der Anteil der Leserinnen unter den über 40-jährigen?

   II) Wie groß war der Anteil der Nicht-Leserinnen unter den jüngeren Befragten (bis 40 Jahre)?

b) In einer Stadt sind 20 % der Bevölkerung an Aids erkrankt. Von einem Aids-Test weiß man, dass er nicht ganz sicher ist. Es können zwei Fehler auftreten:

   1. Bei 95 % der Erkrankten fällt der Test positiv aus, beim Rest wird die Krankheit nicht erkannt.
   2. Bei 90 % der Gesunden fällt der Test negativ aus, beim Rest wird fälschlicherweise ein Aidsverdacht ausgesprochen.

   I) Wie groß ist die Wahrscheinlichkeit, dass eine Person, bei der der Test positiv ausfällt, wirklich an Aids erkrankt ist?

   II) Wie groß ist die Wahrscheinlichkeit, dass eine Person, bei der der Test negativ ausfällt, wirklich gesund ist?

c) In einem Stadtteil sind 30 % der Einwohner über 70 Jahre alt, davon sind 40 % Männer. Unter den jüngeren Einwohnern (bis 70 Jahre) beträgt der Anteil der Männer 50 %.

   I) Welcher Anteil der Männer ist höchstens 70 Jahre alt?

   II) Welcher Anteil der Frauen ist über 70 Jahre alt?

20 Binomialverteilung □

Tipps ab Seite 85, Lösungen ab Seite 175

Ein Zufallsexperiment, das genau zwei mögliche Ausgänge hat (z.B. Münzwurf mit Ausgängen «Kopf» und «Zahl», Wurf eines Würfels mit Ausgängen «Zahl gerade» und «Zahl ungerade» oder «1» und «Zahl größer als 1», Ziehen einer Kugel mit den Ausgängen «rot» und «nicht rot») heißt *Bernoulliexperiment.*

Bernoulliketten sind Versuchsreihen, bei denen das gleiche Bernoulliexperiment mehrmals durchgeführt wird. Bernoulliketten sind charakterisiert durch ihre *Länge* n («Anzahl der Versuche/ Beobachtungen») und durch die sogenannte *Trefferwahrscheinlichkeit* p.

Eine *Wahrscheinlichkeitsverteilung* gibt an, mit welchen Wahrscheinlichkeiten eine Zufallsvariable X die möglichen Werte annimmt. Immer dann, wenn das einer Zufallsvariable zugrunde liegende Zufallsexperiment eine *Bernoullikette* ist, liegt eine Binomialverteilung vor.

Ist X Zufallsvariable für die «Anzahl der Treffer» in insgesamt n Bernoulliversuchen, so wird die Wahrscheinlichkeit P eines Ereignisses mit genau k Treffern ($0 \leqslant k \leqslant n$) mit der Trefferwahrscheinlichkeit p und der Kettenlänge n (Anzahl der Durchführungen des Experiments) mit folgender Formel berechnet:

$$P(X = k) = \binom{n}{k} \cdot p^k \cdot (1-p)^{n-k}$$

Für den *Erwartungswert einer binomialverteilten Zufallsvariable* gilt:

$$E[X] = n \cdot p$$

Für die zu einer *binomialverteilten Zufallsvariable* gehörige *Varianz* gilt:

$$V(X) = n \cdot p \cdot (1-p)$$

Für die zu einer *binomialverteilten Zufallsvariable* gehörige *Standardabweichung* gilt:

$$\sigma = \sqrt{n \cdot p \cdot (1-p)}$$

Beispiel 1:

Eine verbeulte Münze mit P(«Zahl») $= \frac{1}{3}$ wird fünfmal geworfen. Um die Wahrscheinlichkeit, dass genau zweimal «Zahl» erscheint, zu berechnen, bestimmt man die Kettenlänge $n = 5$ und die Trefferwahrscheinlichkeit $p = \frac{1}{3}$. Damit gilt:

$$P(X = 2) = \binom{5}{2} \cdot \left(\frac{1}{3}\right)^2 \cdot \left(\frac{2}{3}\right)^3$$

Manchmal ist es auch geschickt oder hilfreich, mit dem Gegenereignis zu rechnen; dies ist vor allem (aber nicht immer) bei den Signalwörtern «mindestens» oder «höchstens» der Fall. Ist A ein Ereignis und $\bar{A}$ das zugehörige Gegenereignis, so gilt für die entsprechenden Wahrscheinlichkeiten:

$$P(A) = 1 - P(\bar{A})$$

Beispiel 2:
Eine verbeulte Münze mit P(«Zahl») = $\frac{1}{3}$ wird viermal geworfen. Um die Wahrscheinlichkeit, dass mindestens einmal «Zahl» erscheint, zu berechnen, bestimmt man die Kettenlänge $n = 4$ und die Trefferwahrscheinlichkeit $p = \frac{1}{3}$. Damit erhält man mit Hilfe des Gegenereignisses:

$$P(\text{«mindestens einmal Zahl»}) = 1 - P(\text{«keine Zahl»})$$
$$P(X \geqslant 1) = 1 - P(X = 0)$$
$$= 1 - \binom{4}{0} \cdot \left(\frac{1}{3}\right)^0 \cdot \left(\frac{2}{3}\right)^4$$

Oft ist auch von Interesse, mit welcher Wahrscheinlichkeit eine Zufallsvariable einen Wert kleiner oder größer als ein vorgegebenes k erzielt. Dafür müssen die einzelnen Wahrscheinlichkeiten addiert werden:

$$P(X \leqslant k) = P(X = 0) + P(X = 1) + P(X = 2) + \ldots + P(X = k)$$

bzw.

$$P(X > k) = 1 - P(X \leqslant k) = 1 - (P(X = 0) + P(X = 1) + P(X = 2) + \ldots + P(X = k))$$

Beispiel 3:
Eine verbeulte Münze mit P(«Zahl») = $\frac{2}{3}$ wird viermal geworfen. Um die Wahrscheinlichkeit, dass höchstens zweimal «Zahl» erscheint, zu berechnen, bestimmt man die Kettenlänge $n = 4$ und die Trefferwahrscheinlichkeit $p = \frac{2}{3}$. Damit gilt:

$$P(\text{«höchst. zweimal Zahl»}) = P(\text{«keine Zahl»}) + P(\text{«einmal Zahl»}) + P(\text{«zweimal Zahl»})$$
$$P(X \leqslant 2) = P(X = 0) + P(X = 1) + P(X = 2)$$
$$= \underbrace{\binom{4}{0} \cdot \left(\frac{2}{3}\right)^0 \cdot \left(\frac{1}{3}\right)^4}_{\text{keine Zahl}} + \underbrace{\binom{4}{1} \cdot \left(\frac{2}{3}\right)^1 \cdot \left(\frac{1}{3}\right)^3}_{\text{einmal Zahl}} + \underbrace{\binom{4}{2} \cdot \left(\frac{2}{3}\right)^2 \cdot \left(\frac{1}{3}\right)^2}_{\text{zweimal Zahl}}$$

Bernoulliketten

☐

a) Die Zufallsvariable X ist binomialverteilt mit $n = 10$ und $p = 0,4$.

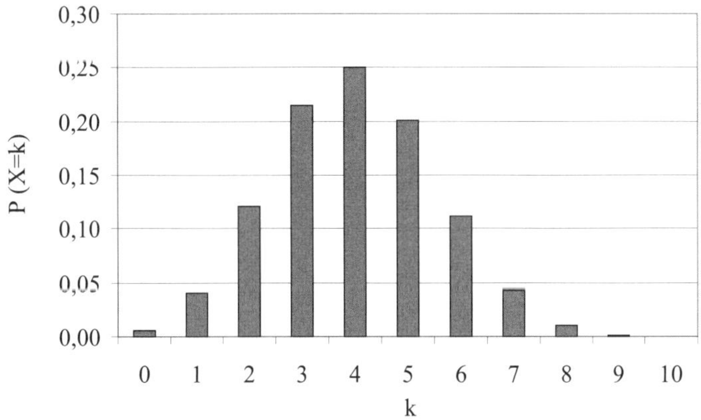

I) Berechnen Sie $P(X = 1)$.

II) Bestimmen Sie mit Hilfe der Abbildung näherungsweise $P(3 < X < 6)$ und $P(X > 6)$.

b) Von einer großen Ladung Apfelsinen sind 20% verdorben. Es wird eine Stichprobe von 5 Stück entnommen.

I) Wie groß ist die Wahrscheinlichkeit, dass in der Stichprobe genau eine Apfelsine verdorben ist?

II) Geben Sie ein Ereignis A und ein Ereignis B an, so dass gilt:
$P(A) = \binom{5}{3} \cdot 0,2^3 \cdot 0,8^2 \qquad P(B) = 1 - 0,2^5$

c) Die Zufallsvariable X ist binomialverteilt mit $n = 20$ und $p = 0,2$.

I) Berechnen Sie $P(X = 2)$.

II) Bestimmen Sie einen Rechenausdruck für $P(X < 2)$ und $P(X \neq 1)$.

d) Eine Blumenzwiebel keimt mit einer Wahrscheinlichkeit von 90%. Es werden 20 Zwiebeln gekauft.

I) Wie groß ist die Wahrscheinlichkeit, dass alle 20 Zwiebeln keimen?

II) Geben Sie ein Ereignis A und ein Ereignis B an, so dass gilt:
$P(A) = \binom{20}{18} \cdot 0,9^{18} \cdot 0,1^2 + \binom{20}{19} \cdot 0,9^{19} \cdot 0,1^1 + 0,9^{20} \qquad P(B) = 1 - 0,1^{20}$

e) Die Zufallsvariable X ist binomialverteilt mit $n = 10$ und $p = 0,6$ und hat folgende Verteilung:

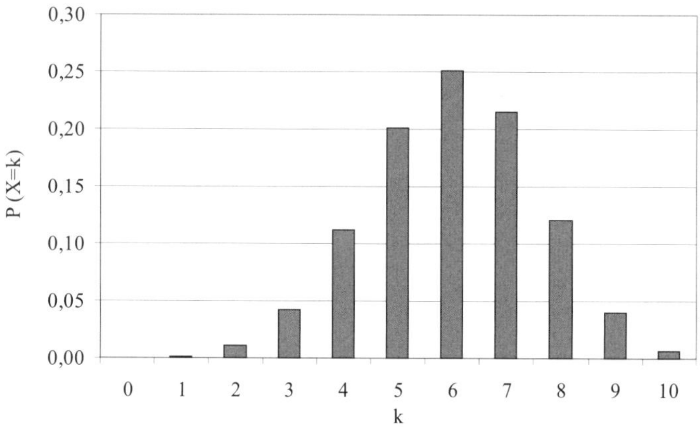

I) Berechnen Sie $P(X = 10)$.

II) Bestimmen Sie näherungsweise $P(X > 5)$ und $P(X \neq 4)$.

f) Eine Münze wird fünfmal geworfen. Wie groß ist die Wahrscheinlichkeit folgender Ereignisse?

A: Es tritt zweimal Zahl auf.

B: Es tritt nur Wappen auf.

C: Es tritt höchstens einmal Zahl auf.

D: Es tritt mindestens einmal Zahl auf.

g) Von einer großen Ladung Apfelsinen sind 20 % verdorben. Es werden 5 Stück entnommen. Wie groß ist die Wahrscheinlichkeit für folgende Ereignisse?
A: Eine Apfelsine ist verdorben.
B: Alle Apfelsinen sind in Ordnung.
C: Mindestens 2 Apfelsinen sind verdorben.

h) Ein Händler behauptet, dass höchstens 4 % der von ihm gelieferten Glühbirnen defekt sind. Wie viele defekte Glühbirnen kann man bei einer Entnahme von 150 Glühbirnen durchschnittlich erwarten?
Bestimmen Sie die zugehörige Standardabweichung.

i) Die Zufallsgröße X sei binomialverteilt. Bestimmen Sie jeweils den Erwartungswert und die Standardabweichung von X.

I) $n = 80,\ p = 0,3$
II) $n = 50,\ p = 0,4$
III) $n = 20,\ p = 0,6$

j) Von einer großen Ladung Tomaten sind 20 % verdorben. Wie viele verdorbene Tomaten kann man bei einer Entnahme von 30 kg erwarten? Bestimmen Sie die zugehörige Standardabweichung.

21 Erwartungswert, Standardabweichung und σ-Regeln □

Tipps ab Seite 86, Lösungen ab Seite 180

In diesem Kapitel geht es um den Erwartungswert und die Standardabweichung von *Zufallsvariablen*. Bei Zufallsvariablen handelt es sich nicht wirklich um Variablen, sondern um Funktionen. Eine Zufallsvariable ordnet den konkreten Beobachtungen eines Zufallsexperiments Werte zu.

Beispiel:

Bei der Ziehung von 4 Kugeln aus einer Urne mit 15 grünen und 5 gelben Kugeln kann man X definieren als Zufallsvariable für die Anzahl der gezogenen gelben Kugeln. Für den Versuchsausgang $\omega = \{\text{grün; gelb; gelb; gelb}\}$ gilt dann $X(\omega) = 3$, weil gelb drei Mal gezogen wurde. Eine weitere Zufallsvariable Y kann beispielsweise definiert werden für die Anzahl der gezogenen grünen Kugeln. Es ist dann $Y(\omega) = 1$.

Der *Erwartungswert* einer Zufallsvariablen wird häufig für die Gewinnerwartung eines Spiels oder für die Beurteilung der «Fairness» eines Spiels herangezogen. Anschaulich ergibt sich der Erwartungswert einer Zufallsvariable X bei genügend häufiger Wiederholung eines Zufallsexperiments als Mittelwert der Realisierungen von X.

Kann eine Zufallsvariable X bei jeder Durchführung des Zufallsexperiments k verschiedene Werte $x_1; x_2; \ldots; x_k$ annehmen und sind die zugehörigen Wahrscheinlichkeiten $P(x_1); P(x_2); \ldots; P(x_k)$, so ergibt sich als Erwartungswert von X:

$$E[X] = x_1 \cdot P(x_1) + x_2 \cdot P(x_2) + \ldots + x_k \cdot P(x_k)$$

Ist die Zufallsvariable X binomialverteilt mit Kettenlänge n und Trefferwahrscheinlichkeit p, so gilt:

$$\mu = E(X) = n \cdot p$$

Die *Standardabweichung* einer Zufallsvariablen ist ein Maß für die Streuung der Zufallsvariablen, das heißt, ein Maß für die mittlere quadratische Abweichung der Zufallsvariablen von ihrem Erwartungswert. Ist μ der Erwartungswert der Zufallsvariable X, so gilt für die zugehörige Standardabweichung:

$$\sigma = \sqrt{E\left[(X-\mu)^2\right]}$$

Für die zu einer *binomialverteilten Zufallsvariable* gehörigen *Standardabweichung* gilt:

$$\sigma = \sqrt{n \cdot p \cdot (1-p)}$$

1. Beispiel:

Bei einem Spiel mit einem fairen Würfel erhält der Spieler die von ihm erwürfelte Augenzahl in Euro ausgezahlt. Die Zufallsvariable X, die die Höhe des Gewinns beschreibt, kann also die

Werte 1 ; 2 ; ...;6 annehmen. Da die Wahrscheinlichkeit bei jedem Wurf $p = \frac{1}{6}$ ist, beträgt der zu erwartende Gewinn:

$$E[X] = 1 \cdot \frac{1}{6} + 2 \cdot \frac{1}{6} + 3 \cdot \frac{1}{6} + 4 \cdot \frac{1}{6} + 5 \cdot \frac{1}{6} + 6 \cdot \frac{1}{6} = \frac{1}{6} + \frac{2}{6} + \frac{3}{6} + \frac{4}{6} + \frac{5}{6} + \frac{6}{6} = \frac{21}{6} = \frac{7}{2}$$

Ein Spieler hat also mit einem durchschnittlichen Gewinn von 3,50 Euro zu rechnen. Soll das Spiel fair sein, so müsste der Einsatz des Spielers ebenfalls 3,50 Euro betragen. Zahlt er einen höheren Einsatz, so begünstigt das Spiel die Bank; zahlt er einen geringeren Einsatz, so wird der Spieler begünstigt.

2. Beispiel:

Bei einem Glücksspiel zieht ein Spieler eine von insgesamt 30 Kugeln (mit Zurücklegen) aus einer Urne. 18 dieser Kugeln sind mit dem Wert 1 , die übrigen 12 sind mit dem Wert -2 beschriftet. Im ersten Fall bekommt der Spieler einen Euro von der Bank, im zweiten Fall muss er zwei Euro an die Bank zahlen. Die Zufallsgröße X für den «Gewinn» des Spielers kann die Werte 1 und -2 annehmen. Es ist $P(X = 1) = \frac{18}{30} = \frac{3}{5}$ und $P(X = -2) = \frac{12}{30} = \frac{2}{5}$.
Der Erwartungswert von X ist:

$$E[X] = 1 \cdot \frac{3}{5} - 2 \cdot \frac{2}{5} = \frac{3}{5} - \frac{4}{5} = -\frac{1}{5}$$

Das Spiel ist also nicht fair; die Bank wird bevorzugt, da der Spieler durchschnittlich 0,20 Euro pro Spiel verliert.

3. Beispiel:

Ein Obsthändler behauptet, dass 10% seiner Äpfel verdorben sind.
Bei einer Stichprobe aus einer großen Kiste werden 50 Äpfel entnommen.
Da es nur die beiden Ausgänge «verdorben» oder «nicht verdorben» gibt, handelt es sich bei jeder Ziehung um ein Bernoulli-Experiment. Legt man X als Zufallsvariable für die Anzahl der verdorbenen Äpfel fest, so ist X binomialverteilt mit den Parametern $n = 50$ und $p = 0,1$.
Für den Erwartungswert von X gilt:

$$E(X) = \mu = n \cdot p = 50 \cdot 0,1 = 5$$

Für die Standardabweichung von X gilt:

$$\sigma = \sqrt{n \cdot p \cdot (1 - p)} = \sqrt{50 \cdot 0,1 \cdot 0,9} = \sqrt{4,5} \approx 2$$

Für die 1σ-Umgebung um den Erwartungswert μ gilt:

$$P(5 - 1 \cdot 2 \leqslant X \leqslant 5 + 1 \cdot 2) = P(3 \leqslant X \leqslant 7) \approx 0,68 = 68\%$$

Für die 2σ-Umgebung um den Erwartungswert μ gilt:

$$P(5 - 2 \cdot 2 \leqslant X \leqslant 5 + 2 \cdot 2) = P(1 \leqslant X \leqslant 9) \approx 0,955 = 95,5\%$$

Aufgaben:

a) Bei einem Glücksspiel sind in einer Urne 10 Kugeln: 1 weiße, 1 rote und 8 schwarze. Es wird eine Kugel gezogen. Der Einsatz beträgt 50 Cent. Bei «weiß» erhält man 4 Euro, bei «rot» 8 Euro und bei «schwarz» nichts.
Bestimmen Sie den Erwartungswert für den Gewinn.

b) Die Zufallsgröße X sei binomialverteilt.

I) Bestimmen Sie den Erwartungswert von X für $n = 80$ und $p = 0,3$ sowie die 2σ-Umgebung um den Erwartungswert.

II) Berechnen Sie die Trefferwahrscheinlichkeit p für $n = 50$ und den Erwartungswert $E(X) = 20$ sowie die 1σ-Umgebung um den Erwartungswert.

III) Bestimmen Sie die Kettenlänge n für $p = 0,6$ und den Erwartungswert $E(X) = 12$ sowie die 3σ-Umgebung um den Erwartungswert.

c) Bei einem Glücksspiel wird nebenstehendes Glücksrad verwendet.
Die Mittelpunktswinkel betragen 180°, 120° und 60°.
Als Einsatz bezahlt man zwei Euro. Das Glücksrad wird einmal gedreht.
Man erhält den Betrag ausbezahlt, in dessen Sektor der Zeiger zu stehen kommt.
Berechnen Sie den Erwartungswert für den Gewinn.

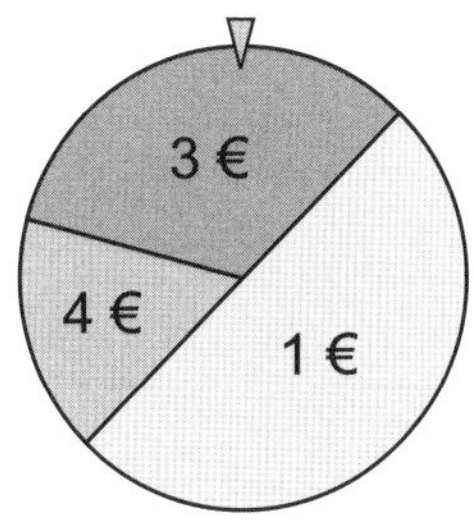

d) In einer Urne sind 10 Kugeln: 4 weiße, 4 rote und 2 schwarze. Es wird eine Kugel gezogen. Der Einsatz beträgt 1 Euro. Man erhält bei «weiß» 1 Euro, bei «rot» 2 Euro und bei «schwarz» nichts.
Bestimmen Sie den Erwartungswert für den Gewinn. Ist das Spiel fair?

e) Ein Glücksrad hat die Sektoren A, B und C mit folgender Wahrscheinlichkeitsverteilung:

Sektor	A	B	C
Wahrscheinlichkeit	0,3	0,5	0,2

Das Glücksrad wird für folgendes Glücksspiel verwendet:
Der Spieler zahlt einen Einsatz von 4 Euro. Dann wird das Glücksrad zweimal gedreht. Sind die zwei ermittelten Buchstaben gleich, erhält der Spieler 10 Euro. Sonst erhält er nichts. Ist das Spiel fair?

f) Die Zufallsvariable X hat folgende Wahrscheinlichkeitsverteilung:

x_i	-5	-1	0	3
$P(x_i)$	0,1	a	b	0,3

Der Erwartungswert von X beträgt 0,3.
Berechnen Sie a und b.

g) Die Zufallsgröße X kann die Werte 0, 1, 2 und 3 annehmen. Die Tabelle zeigt die Wahrscheinlichkeitsverteilung von X mit $p_1,\ p_2 \in [0;\ 1]$.

k	0	1	2	3
$P(X = k)$	p_1	$\frac{3}{10}$	$\frac{1}{5}$	p_2

Zeigen Sie, dass der Erwartungswert von X nicht größer als 2,2 sein kann.

h) Ein Händler behauptet, dass höchstens 5 % der von ihm gelieferten Glühbirnen defekt sind. Wie viele defekte Glühbirnen kann man bei einer Entnahme von 200 Glühbirnen durchschnittlich erwarten?
Bestimmen Sie die zugehörige Standardabweichung sowie die 3σ-Umgebung um den Erwartungswert.

i) Die Zufallsgröße X sei binomialverteilt. Bestimmen Sie jeweils den Erwartungswert und die Standardabweichung von X.

I) $n = 80,\ p = 0,3$
II) $n = 50,\ p = 0,4$
III) $n = 20,\ p = 0,6$

j) Von einer großen Ladung Tomaten sind 20 % verdorben. Wie viele verdorbene Tomaten kann man bei einer Entnahme von 100 kg erwarten? Bestimmen Sie die zugehörige Standardabweichung sowie die 2σ-Umgebung um den Erwartungswert.

22 Vertrauensintervalle

☐

Tipps ab Seite 87, Lösungen ab Seite 185

In diesem Kapitel geht es um das Schätzen von Trefferwahrscheinlichkeiten p. Hierzu wird anhand einer Stichprobe ein Vertrauensintervall näherungsweise bestimmt, d.h. ein Intervall, das den wahren Anteil enthält, mit der ein bestimmtes Merkmal mit einer vorgegebenen Wahrscheinlichkeit in der Grundgesamtheit vorhanden ist.

Das 90%-Vertrauensintervall erhält man durch $\left[h-1,64\cdot\sqrt{\frac{h\cdot(1-h)}{n}}\,;\,h+1,64\cdot\sqrt{\frac{h\cdot(1-h)}{n}}\right]$.

Das 95%-Vertrauensintervall erhält man durch $\left[h-1,96\cdot\sqrt{\frac{h\cdot(1-h)}{n}}\,;\,h+1,96\cdot\sqrt{\frac{h\cdot(1-h)}{n}}\right]$.

Das 99%-Vertrauensintervall erhält man durch $\left[h-2,58\cdot\sqrt{\frac{h\cdot(1-h)}{n}}\,;\,h+2,58\cdot\sqrt{\frac{h\cdot(1-h)}{n}}\right]$.

Das 99,9%-Vertrauensintervall erhält man durch $\left[h-3,29\cdot\sqrt{\frac{h\cdot(1-h)}{n}}\,;\,h+3,29\cdot\sqrt{\frac{h\cdot(1-h)}{n}}\right]$.

Dabei ist h die in einer Stichprobe (n) ermittelte relative Häufigkeit.

Beispiel:

Von 800 zufällig befragten Personen im Alter von 16 bis 20 Jahren gaben 550 Personen an, regelmäßig zu rauchen.

Um beispielsweise das 99%-Vertrauensintervall für den unbekannten Anteil der regelmäßigen Raucher in dieser Altersgruppe zu bestimmen, berechnet man zuerst die relative Häufigkeit h für den Anteil der regelmäßigen Raucher dieser Stichprobe:

$$h=\frac{550}{800}=\frac{11}{16}\approx 0,69$$

Damit gilt:

$$h-2,58\cdot\sqrt{\frac{h\cdot(1-h)}{n}}=\frac{11}{16}-2,58\cdot\sqrt{\frac{\frac{11}{16}\cdot(1-\frac{11}{16})}{800}}\approx 0,65$$

$$h+2,58\cdot\sqrt{\frac{h\cdot(1-h)}{n}}=\frac{11}{16}+2,58\cdot\sqrt{\frac{\frac{11}{16}\cdot(1-\frac{11}{16})}{800}}\approx 0,73$$

Die Wahrscheinlichkeit beträgt 99%, dass das Intervall $[0,65\,;\,0,73]$ den wahren Anteil der regelmäßigen Raucher im Alter von 16 bis 20 Jahren enthält.

Aufgaben:

a) In einem Altersheim mit 220 Bewohnern gibt es 150 Frauen.
Bestimmen Sie das 95%-Vertrauensintervall für den unbekannten Anteil der Frauen in Altersheimen.

b) Bei einer Umfrage des Allensbach-Instituts unter 1200 Personen gaben 680 Personen an, zur nächsten Landtagswahl zu gehen.

Bestimmen Sie das 90%-Vertrauensintervall für den unbekannten Anteil der Personen, die zur nächsten Landtagswahl gehen.

c) Beim Blutspenden in einer Stadt in Deutschland haben von 450 Blutspendern 50 Personen die Blutgruppe B.
Bestimmen Sie das 99%-Vertrauensintervall für den unbekannten Anteil der Personen, die in Deutschland Blutgruppe B haben.

d) In einer Studie mit 1200 Personen geben 870 Personen an, dass ein Medikament gegen Kopfschmerzen wirkt.
Die Pharma-Firma, die das Mittel entwickelt hat, möchte damit werben, dass das Medikament in mehr als 80% aller Fälle wirkt. Bestimmen Sie das 99%-Vertrauensintervall für den unbekannten Anteil, dass das Medikament wirkt und beurteilen Sie die Aussage der Pharma-Firma.

e) Aus einem Teich werden 220 Fische entnommen, 45 davon sind Karpfen. Insgesamt befinden sich etwa 10000 Fische im Teich.
Bestimmen Sie das 90%-Vertrauensintervall für den unbekannten Anteil der Karpfen in diesem Teich. Wie viele Karpfen gibt es schätzungsweise in diesem Teich?

23 eA: Normalverteilung

Tipps ab Seite 88, Lösungen ab Seite 188

In diesem Kapitel geht es um eine weitere Wahrscheinlichkeitsverteilung, die sogenannte *Normalverteilung*. Viele naturwissenschaftliche Vorgänge lassen sich in guter Näherung durch normalverteilte Zufallsvariablen beschreiben – der menschliche Kopfumfang ist beispielsweise in etwa normalverteilt. Die zur *Dichtefunktion* φ der Normalverteilung zugehörige Kurve ist sehr bekannt und wird oft als *Gaußsche Glockenkurve* bezeichnet.

Ist eine Zufallsvariable X normalverteilt mit $E[X] = \mu$ und $\sigma(X) > 0$, so gilt für die Wahrscheinlichkeit, dass X den Wert z annimmt, in guter Näherung:

$$P(X = z) = \varphi\left(\frac{z-\mu}{\sigma}\right)$$

Eine Approximation für die Wahrscheinlichkeit, dass X kleiner als ein gewisser Wert z ist, erhält man mit der zu φ gehörigen *Verteilungsfunktion* ϕ:

$$P(X \leqslant z) = \phi\left(\frac{z-\mu}{\sigma}\right)$$

Ebenso gilt für die Wahrscheinlichkeit, dass X größer als ein Wert z ist:

$$P(X > z) = 1 - \phi\left(\frac{z-\mu}{\sigma}\right)$$

Für die Wahrscheinlichkeit, dass X zwischen zwei Werten z_1 und z_2 liegt, gilt:

$$P(z_1 \leqslant X \leqslant z_2) = \phi\left(\frac{z_2-\mu}{\sigma}\right) - \phi\left(\frac{z_1-\mu}{\sigma}\right)$$

Die Werte zur Dichtefunktion φ der Normalverteilung sowie zur zugehörigen Verteilungsfunktion ϕ kann mit dem GTR/CAS bestimmt werden.

frv.tv/aw

23.1 Berechnung von Wahrscheinlichkeiten

a) Der Intelligenzquotient IQ ist näherungsweise normalverteilt mit dem Erwartungswert $\mu = 100$ und der Standardabweichung $\sigma = 15$.
Berechnen Sie folgende Wahrscheinlichkeiten:

I) Der IQ liegt zwischen 85 und 115. II) Der IQ ist kleiner als 90.

III) Der IQ ist größer als 120.

b) In einer Bäckerei läßt sich das Gewicht von Brezeln durch eine Normalverteilung mit dem Erwartungswert $\mu = 58\,\text{g}$ und der Standardabweichung $\sigma = 2\,\text{g}$ beschreiben.
Berechnen Sie folgende Wahrscheinlichkeiten:

I) Eine Brezel wiegt weniger als 54 g. II) Eine Brezel wiegt zwischen 55 g und 61 g.

III) Eine Brezel wiegt mehr als 60 g.

c) Das Gewicht einer Birnensorte ist aufgrund der EU-Verordnung normalverteilt mit dem Erwartungswert $\mu = 150\,\mathrm{g}$ und der Standardabweichung $\sigma = 5\,\mathrm{g}$.
Eine Packung (Leergewicht 50 g) enthält 6 Birnen.
Berechnen Sie folgende Wahrscheinlichkeiten:

I) Das Gesamtgewicht liegt zwischen 930 g und 960 g.

II) Das Gesamtgewicht beträgt weniger als 925 g.

III) Das Gesamtgewicht beträgt mehr als 980 g.

23.2 Annäherung der Binomialverteilung durch die Normalverteilung

Für sehr große Werte von n kann die Binomialverteilung gut durch die Normalverteilung angenähert werden – unter der Voraussetzung, dass die zugehörige Standardabweichung $\sigma \geqslant 3$ ist. Diese Voraussetzung wird als «*Laplace-Bedingung*» bezeichnet.
Ist X binomialverteilte Zufallsvariable mit Erwartungswert $E[X] = \mu$ und Standardabweichung $\sigma \geqslant 3$, so kann man die folgenden Wahrscheinlichkeiten mithilfe der Normalverteilung ϕ approximieren:

$$P(X = k) \approx \frac{1}{\sigma} \cdot \varphi\left(\frac{k-\mu}{\sigma}\right)$$

$$P(X \leqslant k) \approx \phi\left(\frac{k+0,5-\mu}{\sigma}\right)$$

$$P(k_1 \leqslant X \leqslant k_2) \approx \phi\left(\frac{k_2+0,5-\mu}{\sigma}\right) - \phi\left(\frac{k_1-0,5-\mu}{\sigma}\right)$$

a) Eine Firma stellt Mikrochips her. Der Anteil der fehlerhaften Chips beträgt 20 %. Wie groß ist die Wahrscheinlichkeit, dass von 100 Chips mindestens 75 in Ordnung sind?

I) Berechnen Sie die gesuchte Wahrscheinlichkeit mit Hilfe der Binomialverteilung.

II) Zeigen Sie, dass für das vorliegende Problem die Laplace-Bedingung erfüllt ist und berechnen Sie die Wahrscheinlichkeit mit Hilfe der Normalverteilung näherungsweise.

b) An einer Ortseinfahrt wird eine Geschwindigkeitsmessung durchgeführt. Aus langjähriger Erfahrung weiß man, dass die Wahrscheinlichkeit dafür, dass ein Auto die zulässige Höchstgeschwindigkeit nicht überschreitet, 90 % beträgt. Es wird bei 100 Autos eine Geschwindigkeitsmessung durchgeführt. Berechnen Sie die Wahrscheinlichkeit dafür, dass mindestens 88 der Autos «korrekt» fahren, sowohl mit Hilfe der Binomialverteilung als auch näherungsweise mit der Normalverteilung. Vergleichen Sie die Werte und erläutern Sie die Güte der Näherung.

1 Von der Gleichung zur Kurve

1.1 Ganzrationale Funktionen

Den Schnittpunkt mit der y-Achse erhalten Sie durch Einsetzen von $x = 0$ in $f(x)$, die Schnittpunkte mit der x-Achse erhalten Sie durch Lösen der Gleichung $f(x) = 0$.
Zuerst wird gespiegelt und gestreckt, anschließend verschoben (Reihenfolge beachten!).

a) - c) Die Schaubilder sind Geraden. Hat eine Gerade die Gleichung $y = mx + b$, so ist b der y-Achsenabschnitt und m die Steigung der Geraden.

d) - i) Die Schaubilder sind Variationen der Schaubilder der beiden Grundfunktionen $f(x) = x^2$ (Parabel) oder $g(x) = x^3$ (kubische Parabel).

1.2 Exponentialfunktionen

Zur Bestimmung der Asymptoten betrachten Sie $f(x)$ für $x \to \pm\infty$.
Die Schaubilder sind Variationen der Grundfunktionen $f(x) = e^x$ bzw. $g(x) = e^{-x}$.
Ist $f(x) = a \cdot e^{x-b} + c$ bzw. $g(x) = a \cdot e^{-(x-b)} + c$, so gibt es folgende Verwandlungen:
a: Streckfaktor in y-Richtung; $a < 0$: zusätzlich Spiegelung an der x-Achse.
$b > 0$ bzw. $b < 0$: Verschiebung nach rechts bzw. links.
$c > 0$ bzw. $c < 0$: Verschiebung nach oben bzw. unten.

2 Aufstellen von Funktionen mit Randbedingungen

2.1 Ganzrationale Funktionen

Für alle ganzrationalen Funktionen gilt:

- Parabel 2. Grades: $f(x) = ax^2 + bx + c$
- Zur y-Achse symmetrische Parabel 2. Grades: $f(x) = ax^2 + b$
- Parabel 3. Grades: $f(x) = ax^3 + bx^2 + cx + d$
- Zum Ursprung punktsymmetrische Parabel 3. Grades: $f(x) = ax^3 + bx$

Zum Aufstellen der Funktionen:

1. Bilden Sie die 1. und 2. Ableitung des jeweiligen Ansatzes (dies ist nicht nötig, falls es keine Angaben über die Steigung oder über die Extrempunkte gibt).

2. Verwenden Sie die Bedingungen der Kurvendiskussion:

    - Schnittpunkt mit der x-Achse: $f(x) = 0$
    - Schnittpunkt mit der y-Achse: $x = 0$
    - Extrempunkt: $f'(x) = 0$
    - Wendepunkt: $f''(x) = 0$

3. Sie brauchen so viele Gleichungen wie Unbekannte! Stellen Sie die Gleichungen auf und lösen Sie sie nach den Parametern (a, b, c, ...) auf.

Der Weg, die Funktion mit dem CAS direkt zu bestimmen, ist bei den Lösungen beschrieben.

2.2 Exponentialfunktionen

Stellen Sie zwei Gleichungen mit zwei Unbekannten auf, dazu müssen Sie eventuell noch ableiten. Mit dem CAS können Sie die Funktion direkt bestimmen, dies ist auf den Lösungsseiten dargestellt.

3 Von der Kurve zur Gleichung

3.1 Ganzrationale Funktionen

Allgemeine Tipps für ganzrationale Funktionen:

Es handelt sich bei allen Schaubildern um verschobene Funktionen 2. bis 4. Grades. Es gibt verschiedene Lösungswege:

1. Ansatz als allgemeine Funktion (ähnlich wie das Aufstellen von Funktionen mit Randbedingungen), z.B. $f(x) = ax^2 + bx + c$. Aus der Zeichnung werden drei Punkte bestimmt und drei Gleichungen aufgestellt, die man anschließend mit Hilfe des GTR oder CAS nach a, b und c auflöst. Dieser Weg kann langwierig sein, führt aber immer zum Ziel. Mit dem CAS kann man die Funktion als Steckbriefaufgabe direkt bestimmen.
2. Ansatz mit Hilfe der Linearfaktoren. Dieser Ansatz funktioniert nur dann, wenn die Funktion eindeutig ablesbare Nullstellen besitzt (z.B. bei den Aufgaben e), f), g) und h)). Der Hintergrund ist, dass sich eine Polynomfunktion (ein Funktionsterm der Gestalt: $f(x) = a_n x^n + a_{n-1}x^{n-1} + ... + a_2x^2 + a_1x + a_0$) auch als Produkt von Linearfaktoren schreiben lässt, z.B. $f(x) = x^2 - x - 2 = (x-2)\cdot(x+1)$. Die Nullstellen dieser Funktion sind $x_1 = 2$ und $x_2 = -1$.
   Da das Schaubild noch gestreckt oder gestaucht sein kann, muss im Ansatz noch ein zusätzlicher Faktor a vorhanden sein (z.B. $f(x) = a\cdot(x-2)\cdot(x+1)$, der mit Hilfe eines abgelesenen Punktes bestimmt werden kann.
3. Ansatz als verschobene Normalparabel: Wenn man eine Normalparabel $f(x) = x^2$ nach oben oder unten verschieben will, so addiert man eine Konstante c. Will man sie nach rechts oder links verschieben, so setzt man für eine Verschiebung nach rechts um eine Längeneinheit den Ausdruck $(x-1)$ statt x ein. Bei einer Verschiebung um 2 LE nach links entsprechend $(x+2)$ statt x.

Tipps für die Aufgaben:

a) $f(x) = x^2$, nach oben verschoben
b) $f(x) = x^3$, nach unten verschoben
c) $f(x) = x^2$, nach links verschoben
d) $f(x) = x^2$, nach links und unten verschoben
e) $f(x) = -x^2$, nach rechts und oben verschoben
f) Ansatz mit Hilfe der Nullstellen (Linearfaktorzerlegung)

4 Differenzieren

4.1 Ganzrationale Funktionen

a) - c) Verwenden Sie die Potenzregel $(a \cdot x^r)' = a \cdot r \cdot x^{r-1}$.

d) - e) Wenden Sie die Kettenregel an: $(u(v(x)))' = u'(v(x)) \cdot v'(x)$ (äußere Ableitung mal innere Ableitung).

4.2 Potenzfunktionen mit negativen Exponenten

a) - c) Schreiben Sie den Bruch als Potenz mit negativem Exponenten und verwenden Sie die Potenzregel.

d) - g) Schreiben Sie den Bruch als Potenz mit negativem Exponenten und verwenden Sie die Potenzregel sowie die Kettenregel.

4.3 Potenzfunktionen mit gebrochenen Exponenten

a) - b) Schreiben Sie die Wurzel als Potenz mit gebrochenen Exponenten und verwenden Sie die Potenzregel sowie die Kettenregel.

c) Verwenden Sie die Potenzregel.

d) Verwenden Sie die Produkt- und Kettenregel.

4.4 Exponentialfunktionen

a) - b) Verwenden Sie die Kettenregel.

c) - f) Verwenden Sie zuerst die Produktregel und dann die Kettenregel.

4.5 Trigonometrische Funktionen

a) - b) Verwenden Sie die Kettenregel.

c) - e) Verwenden Sie die Produktregel und teilweise die Kettenregel.

5 Gleichungslehre

5.1 Quadratische und nichtlineare Gleichungen

a) - c) pq- bzw. abc-Formel verwenden (Zahlen unter der Wurzel als Bruch schreiben).

d) - e) Beachten Sie die binomischen Formeln und Minuszeichen vor Klammern.

f) - g) Setzen Sie jeden einzelnen Faktor gleich Null.

h) Klammern Sie x^3 aus.

i) Klammern Sie x^2aus, lösen Sie dann die quadratische Gleichung mit der pq- oder abc-Formel.

j) - l) Klammern Sie x aus und bestimmen Sie damit die erste Lösung. Danach wiederholtes Ausklammern oder Lösen der Gleichung mit der pq- oder abc-Formel.

5.2 Exponentialgleichungen

a) - f) Setzen Sie jeden einzelnen Faktor gleich Null und überlegen Sie, ob Lösungen existieren.

g) - h) Substitution $e^x = v$ bzw. $e^{2x} = v$, dann Lösen der quadratischen Gleichung mit der pq- oder abc-Formel, Rücksubstitution und x berechnen (Zahlen unter der Wurzel als Bruch schreiben).

i) - k) Vereinfachen Sie die Gleichungen so, dass Sie beide Seiten «e-hoch» nehmen können.

5.3 Lineare Gleichungssysteme

a) - f) Anwenden des Gaußschen Eliminierungsverfahrens: Zuerst werden zwei Gleichungen so zusammengezählt, dass eine Unbekannte wegfällt (eventuell muss man dazu vorher eine Gleichung mit einem Faktor wie -1 oder -2 multiplizieren).
Im nächsten Schritt löst man die beiden Gleichungen, die nur noch zwei Unbekannte enthalten, nach einer Unbekannten auf.
Zum Schluss wird schrittweise eingesetzt und die Unbekannten werden bestimmt.

6 Kurvendiskussion

6.1 Elemente der Kurvendiskussion

1. Die Bedingungen für ein Minimum sind: $f'(x) = 0$ und Vorzeichenwechsel von f' von $-$ nach $+$ bzw. $f''(x) > 0$. Prüfen Sie, ob diese auf den Punkt zutreffen. Benutzen Sie zum Ableiten die Produktregel.
2. Was für ein Punkt ist $\mathrm{P}(x_0 \mid 0)$? Machen Sie eine Skizze, um sich die Situation zu veranschaulichen.
3. Was bedeutet es für eine Funktion, wenn ihre Ableitung an einer Stelle $x_0 = 0$ ist?
4. Die Bedingung für einen Sattelpunkt ist $f'(x_0) = 0$ und kein Vorzeichenwechsel von f' an der Stelle x_0.
5. Überlegen Sie, welche Terme für $x \to +\infty$ gegen Null gehen und welche übrigbleiben.
6. Die Bedingungen für ein Minimum sind $f'(x) = 0$ und Vorzeichenwechsel von f' von $-$ nach $+$. Prüfen Sie, ob diese auf den Punkt zutreffen.
7. Überlegen Sie, was passiert, wenn in einer gebrochenrationalen Funktion der Zähler bzw. der Nenner gleich Null ist.

8. Punkte mit waagerechter Tangente haben die Steigung Null, also wird die 1. Ableitung Null gesetzt. Für die Gleichung der Geraden durch die beiden Punkte ist zuerst die Steigung zu berechnen: $m = \frac{y_2 - y_1}{x_2 - x_1}$.
9. Wendepunkte bestimmen Sie mit Hilfe von $f''(x)$ und $f'''(x)$.
10. Überlegen Sie, welchen Grad $g'(x) - g(x)$ hat.
11. Überlegen Sie, an welcher Stelle x die 1. Ableitung Null ist und ob die 1. Ableitung das Vorzeichen von $-$ nach $+$ wechselt.

6.2 Funktionenscharen/ Funktionen mit Parameter

1. I) Setzen Sie für t Werte wie ± 1; ± 2 bzw. 0 ein und skizzieren Sie die Kurven.
   II) Setzen Sie die entsprechenden Punkte in die Funktionsgleichung ein und stellen Sie nach t um.

2. Setzen Sie die Funktion gleich Null und untersuchen Sie, wie die Lösungen der sich ergebenden quadratischen Gleichung von a abhängen.

3. Bestimmen Sie zuerst die Schnittstelle x_s. Für die Ableitungen im Schnittpunkt muss gelten: $f'(x_s) \cdot g'(x_s) = -1$. Setzen Sie die Ableitungen ein, setzen Sie dann den Ausdruck für x_s ein und lösen Sie nach t auf.

4. Berechnen Sie die Nullstelle des Graphen der Funktion f_t in Abhängigkeit von t und lesen Sie die Nullstellen der abgebildeten Graphen ab. Setzen Sie diese Terme gleich. Alternativ können Sie auch die Schnittpunkte der Graphen mit der y-Achse ablesen und den Schnittpunkt des Graphen von f_t mit der y-Achse in Abhängigkeit von t berechnen.

5. Bestimmen Sie mit Hilfe der Produkt- und Kettenregel die 1. und 2. Ableitung von f_t. Setzen Sie die 1. Ableitung gleich Null und berechnen Sie die Extremstelle von $f_t(x)$. Prüfen Sie mit Hilfe der 2. Ableitung, ob es sich wirklich um eine Extremstelle handelt. Setzen Sie $x = 2$ mit der Extremstelle gleich und lösen Sie die Gleichung nach t auf.

6.3 Krümmungsverhalten von Kurven

Bestimmen Sie mit Hilfe von Ketten- und Produktregel die 1. und 2. Ableitung.
Eine Kurve ist linksgekrümmt, wenn gilt: $f''(x) > 0$, sie ist rechtsgekrümmt, wenn $f''(x) < 0$.
Lösen Sie jeweils die entstandene Ungleichung.
Manchmal ist es hilfreich, die linke Seite der Ungleichung als weitere Kurve aufzufassen und sich zu überlegen, wann diese oberhalb bzw. unterhalb der x-Achse verläuft.

6.4 Monotonie

Bestimmen Sie die 1. Ableitung von f und überlegen Sie, für welche Werte von x die Ableitungsfunktion größer oder kleiner als Null ist. Eine Skizze ist beim Lösen dieser Ungleichung sehr hilfreich!
Ist $f'(x) > 0$, so ist f streng monoton zunehmend, ist $f'(x) < 0$, so ist f streng monoton abnehmend.

6.5 Berührpunkte zweier Kurven

Damit sich zwei Graphen in einem Punkt B $(x_B \mid y_B)$ berühren, müssen zwei Bedingungen erfüllt sein:

1. B ist ein gemeinsamer Punkt beider Kurven: $f(x_B) = g(x_B)$.
2. Im Punkt B haben die Graphen eine gemeinsame Tangente, also die gleiche Tangentensteigung $f'(x_B) = g'(x_B)$.

6.6 Symmetrie

1. Die Bedingung für y-Achsensymmetrie ist $f(-x) = f(x)$.
2. Die Bedingung für Ursprungssymmetrie ist $f(-x) = -f(x)$.

6.7 Tangenten und Normalen

Geradengleichungen kann man mit der Punkt-Steigungsform $y - y_1 = m \cdot (x - x_1)$ aufstellen.

1. Bestimmen Sie die Tangentensteigung mit Hilfe der 1. Ableitung. Benutzen Sie dann die Steigung und den Punkt, um die Geradengleichung aufzustellen. Für die Normalensteigung m_n gilt: $m_n = -\frac{1}{m_t}$ mit m_t = Steigung der Tangente.
2. Bestimmen Sie zuerst den Wendepunkt und dann die Steigung der Tangente bzw. der Normalen und stellen Sie die Geradengleichungen auf.
3. I) Da die Tangentensteigung schon bekannt ist, muss in dieser Aufgabe der Punkt P bestimmt werden, in dem das Schaubild von f die Steigung $m = -2$ besitzt. Also wird die erste Ableitung gleich -2 gesetzt und x_P bestimmt. Mit den Koordinaten des Punktes und der Steigung wird anschließend die Tangentengleichung aufgestellt.
   II) Man verfährt ähnlich wie bei I), nur muss die Steigung der Tangente erst aus der Steigung der angegebenen Geraden ermittelt werden. Für die Steigung zweier aufeinander senkrecht stehender Geraden m_1 und m_2 gilt: $m_2 = -\frac{1}{m_1}$.
   III) Man verfährt ähnlich wie bei I), die Steigung paralleler Geraden ist gleich: $m_t = m_g = 4$.
4. Wenn von einem Punkt P, der nicht auf einer Kurve liegt, eine Tangente an eine Kurve gelegt werden soll, kann man folgendermaßen vorgehen:

   I) Der Berührpunkt hat die Koordinaten B $(u \mid f(u))$.
   II) Mit Hilfe der 1. Ableitung und B bestimmt man die Tangentengleichung in Abhängigkeit von u.
   III) Da P auf der Tangente liegt, kann man diesen einsetzen und man erhält eine Gleichung, welche nach u aufgelöst wird.
   IV) In Punkt B bzw. in die Tangentengleichung wird u eingesetzt.

6.8 Abschnittsweise bestimmte Funktionen

1. Damit die Funktion keinen Knick an der Stelle $x = 1$ besitzt, müssen die beiden Teile der zusammengesetzten Funktion nicht nur in den Funktionswerten, sondern auch in der Ableitung übereinstimmen. Setzen Sie die entsprechenden Terme gleich und bestimmen Sie so die Parameter.

2. Damit der Übergang ohne Krümmungsruck erfolgt, müssen die Kurven an der Stelle $x = 2$ in den Funktionswerten sowie der ersten und zweiten Ableitung übereinstimmen. Setzen Sie die entsprechenden Terme gleich und bestimmen Sie so die Parameter.

6.9 Ortslinien

Die Gleichung der Ortslinie beschreibt den Zusammenhang zwischen dem gegebenen x-Wert und dem gegebenen y-Wert (jeweils in Abhängigkeit eines Parameters), d.h. man sucht die Gleichung, in die man den x-Wert einsetzen kann, um den y-Wert zu erhalten.
Gehen Sie folgendermaßen vor:

1. x-Wert so umformen, dass der Parameter alleine steht, z.B. $x = \frac{4}{t} \Rightarrow t = \frac{4}{x}$.
2. Parameter (in Abhängigkeit von x) in den y-Wert einsetzen, z.B. $y = t^2 = \left(\frac{4}{x}\right)^2$.
3. Durch Ausrechnen erhalten Sie den y-Wert in Abhängigkeit von x, z.B. $y = \frac{16}{x^2}$ und damit die Gleichung der Ortslinie.

Bei den Aufgaben d) und e) müssen Sie zunächst den gesuchten Punkt bestimmen. Hierbei gehen Sie wie bei einer «normalen» Funktion ohne Parameter vor. Beachten Sie: Die Parameter werden beim Ableiten wie Zahlen behandelt!

7 Integralrechnung

7.1 Stammfunktionen

7.1.1 Ganzrationale Funktionen

a) - d) Benutzen Sie die Integrationsregel für Potenzfunktionen: Besitzt f die Form $f(x) = a \cdot x^n$, dann ist $\mathrm{F}(x) = a \cdot \frac{1}{n+1} x^{n+1} + c$ falls $n \neq -1$ eine Stammfunktion.

e) - g) Für verkettete (verschachtelte) Funktionen mit innerem *linearem* Ausdruck gilt die Integrationsregel für lineare Substitution:
«Äußere Stammfunktion geteilt durch innere Ableitung»

7.1.2 Exponentialfunktionen

a) - d) Für verkettete (verschachtelte) Funktionen mit innerem *linearem* Ausdruck gilt die Integrationsregel für lineare Substitution:
«Äußere Stammfunktion geteilt durch innere Ableitung»
Bei e-Funktion mit $f(x) = a \cdot e^{k \cdot x + b}$ ist $e^{(\dots)}$ die äußere Funktion und $k \cdot x + b$ die innere Funktion. Der Parameter a verändert sich nicht beim Integrieren.

e) - f) Lösen Sie zunächst die Klammer auf und verwenden Sie die Regeln für die Potenzfunktionen (da in der Klammer *kein* linearer Ausdruck steht).

7.1.3 Trigonometrische Funktionen

a) - d) Beachten Sie, dass $\sin x$ eine Stammfunktion von $\cos x$ und $-\cos x$ eine Stammfunktion von $\sin x$ ist. Auch bei diesen Aufgaben gilt die Regel für verkettete Funktionen mit innerem *linearem* Ausdruck:
«Äußere Stammfunktion geteilt durch innere Ableitung»
Ist $f(x) = a \cdot \sin(bx + c)$, so ist $\sin(\ldots)$ die äußere Funktion und $bx + c$ die innere Funktion. Der Parameter a verändert sich nicht beim Integrieren.

7.2 Flächeninhalt zwischen zwei Kurven

a) - e) Bestimmen Sie jeweils die Integrationsgrenzen durch Gleichsetzen der Funktionsterme. Prüfen Sie, welche Kurve die obere Kurve ist. Wenden Sie den Hauptsatz der Differential- und Integralrechnung an: $\int_a^b f(x)dx = \mathrm{F}(b) - \mathrm{F}(a)$.

7.3 Angewandte Integrale

a) Die Gesamtkosten erhalten Sie durch Integration. Die durchschnittlichen Kosten erhalten Sie, indem Sie die Gesamtkosten durch die Anzahl der Werkstücke teilen.

b) I) Der Regen hört auf, wenn die Niederschlagsrate gleich Null ist; bestimmen Sie die Nullstelle der Funktion.

II) Die gesamte Wassermenge können Sie bestimmen, indem Sie die Niederschlagsrate vom Beginn des Regens bis zum Ende integrieren.

III) Die mittlere Regenmenge erhalten Sie, indem Sie die Gesamtmenge durch die Anzahl der Tage teilen.

c) Die gegebene Funktion f beschreibt die Änderungsrate. Um zu berechnen, wie viel Wasser das Becken nach 9 Stunden enthält, müssen Sie zuerst eine Stammfunktion F von f bestimmen. Die Integrationskonstante c bestimmen Sie mit Hilfe des Anfangswerts. Anschließend müssen Sie $t = 9$ in die Integralfunktion einsetzen.

7.4 Uneigentliche Integrale

a) Die Fläche wird anfänglich durch die vertikale Gerade $x = z$ mit $z > 0$ begrenzt. Setzen Sie z als obere Grenze ein und bestimmen Sie $\mathrm{A}(z)$. Lassen Sie dann $z \to \infty$ gehen.

b) I) Bestimmen Sie die Grenzen des Integrals und integrieren Sie die Funktion.

II) Betrachten Sie das Verhalten der Funktion für $x \to -\infty$. Welcher Term fällt weg?

III) Die Fläche zwischen zwei Kurven wird berechnet, indem man die Funktionsgleichung der unteren Kurve von der der oberen Kurve abzieht und dann integriert. Für die ins Unendliche reichende Fläche setzt man als untere Grenze z ein und bildet dann den Grenzwert $\lim\limits_{z\to-\infty} A(z)$.

7.5 Rotationskörper

Rotiert das Schaubild einer Funktion f über dem Intervall $[a;b]$ um die x-Achse, so verwenden Sie die Formel: $V_{rot} = \pi \cdot \int_a^b (f(x))^2\,dx$. Beachten Sie, dass Sie unter Umständen die Binomischen Formeln verwenden müssen, um den Ausdruck in der Klammer auszurechnen.

Um die Grundidee zu veranschaulichen, skizzieren Sie ein Kurvenstück im 1. Quadranten und ergänzen Sie dieses spiegelbildlich zur x-Achse. Der entstandene Rotationskörper wird in Teilzylinder zerlegt, deren Volumina aufsummiert werden.

8 Extremwertaufgaben

Allgemein können Sie beim Lösen von Extremwertaufgaben nach folgendem Schema vorgehen:

1. Schreiben Sie die Größe auf, die minimiert oder maximiert werden soll. Das kann z.B. $A = r \cdot h$ für eine Fläche in Abhängigkeit von r und h sein. In diesem Ausdruck dürfen verschiedene Variablen vorkommen.
2. Formulieren Sie die Nebenbedingungen. Im Beispiel von oben könnte dies z.B. $r + h = 100$ sein, wenn in der Aufgabe formuliert ist, dass r und h zusammen 100 ergeben müssen.
3. Lösen Sie nach einer Nebenbedingung auf, z.B. $r = 100 - h$, und setzen Sie diese in den Ausdruck von 1. ein. Dadurch ergibt sich, von welcher Variablen die sogenannte «Zielfunktion» abhängig ist. Löst man die Nebenbedingung nach r auf und setzt sie in die Gleichung unter 1. ein, ergibt sich im Beispiel: $A(h) = (100 - h) \cdot h$.
4. Nun können die Extremstellen der Zielfunktion bestimmt werden, z.B. wird die Flächenfunktion in Abhängigkeit von h durch Ableiten und Nullsetzen der Ableitung auf Extrema untersucht. Handelt es sich um ein lokales Extremum, muss man noch die Randwerte überprüfen, d.h. man setzt den kleinst- und größtmöglichen x-Wert in die Zielfunktion ein und vergleicht mit den Werten der Extremstelle. Ist die Zielfunktion eine quadratische Funktion, ist das lokale Extremum gleichzeitig das absolute Extremum, so dass die Randwerteüberprüfung entfällt.

Zu den Aufgaben:

a) Die gesuchte Größe ist die Fläche. Legen Sie die Nebenbedingung fest (Länge des Drahtes), lösen Sie nach einer Variablen auf und stellen Sie so die Zielfunktion auf. Anschließend bestimmen Sie das Maximum der Zielfunktion.

b) I) Die gesuchte Größe ist der Umfang des Rechtecks. Die Grundseite des Rechtecks wird als $2x$ gewählt. Nebenbedingung: Für die Höhe h gilt: $h = f(x)$. Stellen Sie die Zielfunktion für den Umfang auf, setzen Sie die Nebenbedingung ein und bestimmen Sie das Maximum.

II) Die gesuchte Größe ist die Fläche des Rechtecks. Die Grundseite des Rechtecks wird als $2x$ gewählt. Nebenbedingung: Für die Höhe h gilt: $h = f(x)$. Stellen Sie die Zielfunktion für die Fläche auf, setzen Sie die Nebenbedingung ein und bestimmen Sie das Maximum.

9 Wachstums- und Zerfallsprozesse

a) I) Bestimmen Sie zuerst den Startwert B_0. Anschließend setzt man diesen und den Funktionswert für $t = 2$ in die Funktion ein und bestimmt so k.

II) Überlegen Sie, wie t gewählt werden muss, wenn der Bestand in 10 Jahren ab heute gesucht ist. Setzen Sie diesen Wert in die Funktionsgleichung ein.

III) Für den Zeitpunkt, an dem von der Ausgangspopulation nur noch 10 % übrig sind, ist die Populationsgröße $\frac{1}{10} \cdot B_0$. Diesen Wert setzt man in die Funktion ein und löst dann nach t_E auf.

b) I) Bestimmen Sie die Gleichung der Asymptote, indem Sie das Verhalten der Funktion für $t \longrightarrow \infty$ betrachten. Welcher Term fällt weg?

II) Die Kurve gibt die jeweilige Temperatur der Probe an. Wie muss die Steigung der Kurve aussehen, wenn sich die Temperatur schnell ändert?

c) I) Da es sich um natürliches exponentielles Wachstum handelt, verwenden Sie den Ansatz: $G(t) = a \cdot e^{k \cdot t}$. Beachten Sie, dass t in Tagen gerechnet wird. Mit Hilfe der gegebenen Daten können Sie durch Aufstellen von zwei Gleichungen die beiden Unbekannten a und k bestimmen.

II) Setzen Sie $t = 10$ in $G(t)$ ein.

III) Setzen Sie $G(t) = 200\,000$ und lösen Sie die Gleichung nach t auf.

d) I) Stellen Sie mit Hilfe der gegebenen Daten eine Funktionsgleichung für das Wachstum der Bevölkerung auf.
Verwenden Sie den Ansatz $B(t) = a \cdot e^{k \cdot t}$, da es sich um natürliches exponentielles Wachstum handelt. Setzen Sie $t = 0$ im Jahre 1975. Stellen Sie zwei Gleichungen mit zwei Unbekannten auf und lösen Sie diese.
Überlegen Sie, welchen Wert t im Jahre 2030 hat.

II) Sie können die Verdoppelungszeit berechnen, indem Sie die Bevölkerung im Jahre 1975 verdoppeln und mit $B(t)$ gleichsetzen. Lösen Sie die Gleichung nach t auf.

Analytische Geometrie/Lineare Algebra

10 Rechnen mit Vektoren

10.1 Addition und Subtraktion von Vektoren

Für das Rechnen mit Vektoren gelten folgende Gesetze:

Addition: $\begin{pmatrix} a_1 \\ a_2 \\ a_3 \end{pmatrix} + \begin{pmatrix} b_1 \\ b_2 \\ b_3 \end{pmatrix} = \begin{pmatrix} a_1+b_1 \\ a_2+b_2 \\ a_3+b_3 \end{pmatrix}$ Subtraktion: $\begin{pmatrix} a_1 \\ a_2 \\ a_3 \end{pmatrix} - \begin{pmatrix} b_1 \\ b_2 \\ b_3 \end{pmatrix} = \begin{pmatrix} a_1-b_1 \\ a_2-b_2 \\ a_3-b_3 \end{pmatrix}$

Skalare Multiplikation: $s \cdot \begin{pmatrix} a_1 \\ a_2 \\ a_3 \end{pmatrix} = \begin{pmatrix} s \cdot a_1 \\ s \cdot a_2 \\ s \cdot a_3 \end{pmatrix}$ (Zahl · Vektor = Vektor), für $s \in \mathbb{R}$

Skalarprodukt: $\begin{pmatrix} a_1 \\ a_2 \\ a_3 \end{pmatrix} \cdot \begin{pmatrix} b_1 \\ b_2 \\ b_3 \end{pmatrix} = a_1 \cdot b_1 + a_2 \cdot b_2 + a_3 \cdot b_3$ (Vektor · Vektor = Zahl)

Betrag bzw. Länge: $\left| \begin{pmatrix} a_1 \\ a_2 \\ a_3 \end{pmatrix} \right| = \sqrt{a_1^2 + a_2^2 + a_3^2}$

10.2 Orthogonalität von Vektoren

Zwei Vektoren stehen genau dann senkrecht aufeinander, wenn das Skalarprodukt gleich Null ist. Ist das Skalarprodukt ungleich Null, dann sind die beiden Vektoren nicht orthogonal.

10.3 Orts- und Verbindungsvektoren

Ortsvektoren setzen am Ursprung $(0 \mid 0 \mid 0)$ an. Verbindungsvektoren zwischen zwei Punkten erhält man mit Hilfe der Ortsvektoren.

10.4 Verschiedene Aufgaben

a) Stellen Sie jeweils drei Verbindungsvektoren zwischen je zwei Punkten auf und berechnen Sie deren Länge.

b) Die Orthogonalität lässt sich mit dem Skalarprodukt überprüfen.

c) Die Koordinaten des Schwerpunkts des Dreiecks ABC erhalten Sie mit Hilfe der Formel $S\left(\frac{a_1+b_1+c_1}{3} \mid \frac{a_2+b_2+c_2}{3} \mid \frac{a_3+b_3+c_3}{3}\right)$.

10.5 Lineare Abhängigkeit

a) Wenn zwei Vektoren linear abhängig sind, dann ist der eine Vektor ein Vielfaches des anderen, d.h. sie müssen eine Zahl k finden, so dass gilt $k \cdot \vec{a} = \vec{b}$; $k \in \mathbb{R}$.

11 Geraden

11.1 Aufstellen von Geradengleichungen

Verwenden Sie den Ortsvektor des einen Punktes als Stützvektor. Bilden Sie den Richtungsvektor, indem Sie den Verbindungsvektor zwischen den beiden Punkten aufstellen.

11.2 Punktprobe

Setzen Sie den Ortsvektor des Punktes in die Geradengleichung ein und prüfen Sie, ob sich für alle drei Komponenten der gleiche Parameter ergibt.

11.3 Parallele Geraden

Überlegen Sie, wie die Richtungsvektoren der drei Geraden zueinander liegen müssen, damit die Geraden parallel sind. Die Geraden sollen echt parallel sein und nicht identisch. Wie kann man dies mit Hilfe der Eigenschaften der Stützvektoren ausschließen?

12 Gegenseitige Lage von Geraden

Für die gegenseitige Lage von zwei Geraden gibt es vier Möglichkeiten: Die Geraden können sich schneiden, parallel, identisch oder windschief sein.

Zur Bestimmung der gegenseitigen Lage prüft man zuerst die Richtungsvektoren auf lineare Abhängigkeit bzw. Unabhängigkeit:

1. Sind die Richtungsvektoren ein Vielfaches voneinander (linear abhängig), können die Geraden parallel oder identisch sein.
   Sie sind identisch, wenn ein Punkt der einen Geraden auf der anderen Geraden liegt (positive Punktprobe), sonst sind sie parallel (negative Punktprobe).

2. Sind die Richtungsvektoren kein Vielfaches voneinander (linear unabhängig), können die Geraden sich schneiden oder windschief sein.
   Durch Gleichsetzen erhält man den Schnittpunkt oder einen Widerspruch, welcher angibt, dass die Geraden windschief sind.

13 Ebenen

13.1 Parameterform der Ebenengleichung

a), b) Nehmen Sie einen der Punkte als «Stützpunkt». Die Verbindungsvektoren zwischen den Punkten ergeben die Spannvektoren.

c), d) Der Stützvektor der Geraden dient als Stützvektor der Ebene, der Richtungsvektor bildet den ersten Spannvektor. Den zweiten Spannvektor erhalten Sie, indem Sie den Verbindungsvektor zwischen dem Stützpunkt und dem angegebenen Punkt bilden.

13.2 Koordinatengleichung einer Ebene

Um eine Ebenengleichung aufzustellen, braucht man in der Regel entweder einen Punkt, der in der Ebene liegt, und zwei Spannvektoren oder einen Punkt A, der in der Ebene liegt, und einen Normalenvektor $\vec{n}$, welche man dann in die Punkt-Normalenform $(\vec{x}-\vec{a})\cdot\vec{n}=0$ einsetzt.

Ein Normalenvektor $\vec{n}$ errechnet sich mit Hilfe des Kreuzprodukts aus den beiden Spannvektoren (siehe Seite 34).

Zur Koordinatengleichung kommt man durch Ausmultiplizieren der Punkt-Normalenform.

a), b) Berechnen Sie das Skalarprodukt der gegebenen Punkt-Normalenform, um die Koordinatengleichung zu erhalten.

c), d) Wählen Sie einen der 3 Punkte als «Stützpunkt» und bestimmen Sie die Spannvektoren als Verbindungsvektoren zwischen dem ersten Punkt und den beiden anderen Punkten. Anschließend bestimmt man einen Normalenvektor wie oben beschrieben und rechnet über die Punkt-Normalenform die Koordinatenform aus.

e), f) Als Stützvektor bietet sich der Stützvektor der Geraden an. Als 1. Spannvektor benutzt man den Richtungsvektor der Geraden, als 2. Spannvektor nimmt man den Verbindungsvektor zwischen dem Punkt außerhalb der Geraden und dem «Stützpunkt» der Geraden.

g) - i) Bestimmen Sie zuerst den Stützvektor der Ebene. Bestimmen Sie dazu den Schnittpunkt der beiden Geraden. Der Ortsvektor des Schnittpunktes dient als Stützvektor, die beiden Richtungsvektoren der Geraden werden als Spannvektoren der Ebene genommen. (wichtig: Wenn man s und t mit Hilfe von zwei Gleichungen bestimmt hat, muss man s und t in der 3. Gleichung überprüfen).

j), k) Wenn das Gleichungssystem zu einem Widerspruch wie z.B. $3=0$ führt, besitzt es keine Lösung. Die Geraden schneiden sich dann nicht. Untersuchen Sie die beiden Richtungsvektoren. Sind diese linear abhängig, dann sind die Geraden parallel.

l) Um die Ebenengleichung aufzustellen, brauchen Sie einen Punkt der Ebene und einen Normalenvektor. Die Spiegelebene befindet sich genau in der Mitte zwischen A und A^*. Anhand einer Skizze kann man sich gut klarmachen, wie der Normalenvektor aussehen muss.

m) Wenn die Ebene E die Gerade g enthält, dann sind der Normalenvektor von E und der Richtungsvektor von g orthogonal. Damit ist das Skalarprodukt dieser beiden gleich Null. Gleiches gilt für den Normalenvektor von E und den Normalenvektor der bekannten Ebene F. Wenn man die beiden Skalarprodukte ausrechnet, erhält man zwei Gleichungen mit den 3 Unbekannten n_1, n_2 und n_3. Eine Unbekannte wird gesetzt, die anderen ausgerechnet. Auf diese Weise erhält man $\vec{n}$. Zum Schluss setzt man noch $\vec{n}$ und den «Stützpunkt» der Geraden in die Punkt-Normalenform ein und rechnet diese aus.

n) Drei der gegebenen Punkte benutzt man, um eine Ebene aufzustellen. Mit dem letzten macht man eine Punktprobe.

13.3 Ebenen im Koordinatensystem

Zuerst bestimmt man die Spurpunkte, dies sind die Schnittpunkte der Ebene mit den Koordinatenachsen. Überlegen Sie, welchen Wert die x_2- und die x_3-Koordinate für einen Schnittpunkt der Ebene mit der x_1-Achse besitzen. Man setzt ein und formt nach x_1 um. Ebenso verfährt man für die anderen Spurpunkte.

13.4 Bestimmen von Geraden und Ebenen in einem Quader

a) Der Punkt O des Quaders liegt im Ursprung des Koordinatensystems. Bestimmen Sie die übrigen Punkte, indem Sie die Ortsvektoren addieren.

b) Die Gleichung kann wie im vorherigen Kapitel rechnerisch bestimmt werden, oder durch Überlegung und Ablesen an der Zeichnung.

c) Um eine Geradengleichung aufzustellen, braucht man einen Stützvektor und einen Richtungsvektor.

d) Wählen Sie drei der angegebenen Punkte und stellen Sie die Ebenengleichung wie im vorangegangenen Kapitel auf.

14 Gegenseitige Lage von Geraden und Ebenen

14.1 Gegenseitige Lage

Eine Gerade und eine Ebene können auf drei verschiedene Arten zueinander liegen: g schneidet E, g ist parallel zu E oder g liegt in E.

Liegt die Ebene in Koordinatenform vor, wird die Gerade als «allgemeiner Punkt» geschrieben und in die Ebenengleichung eingesetzt. Anschließend wird der Parameter der Geraden bestimmt und gegebenenfalls in die Geradengleichung eingesetzt, um den Schnittpunkt zu bestimmen. Liegt die Ebene in der Parameterform vor, werden Ebenengleichung und Geradengleichung gleichgesetzt und zu einem Gleichungssystem mit 3 Unbekannten umgestellt.

Beim Lösen des Gleichungssystems bzw. der Gleichung können drei Fälle auftreten:

1. Es gibt eine eindeutige Lösung: Die Gerade schneidet die Ebene.
2. Es tritt ein Widerspruch auf (wie z.B. $3 = 0$): Die Gerade ist parallel zur Ebene.
3. Das Gleichungssystem bzw. die Gleichung hat unendlich viele Lösungen (beim Lösen ergibt sich z.B. $3 = 3$ oder $0 = 0$): Die Gerade liegt in der Ebene.

14.2 Vermischte Aufgaben

a) Wenn $g \parallel E$, so gilt: $\vec{r_g} \cdot \vec{n} = 0$. Für den Richtungsvektor $\vec{r_g}$ der Geraden gibt es unendlich viele Möglichkeiten.

b) Da $g \perp E$, so gilt: $\vec{r_g} = k \cdot \vec{n}$; $k \in \mathbb{R}$, d.h. der Richtungsvektor $\vec{r_g}$ ist linear abhängig zum Normalenvektor zu wählen.

c) Setzen Sie den allgemeinen Punkt von g in die Ebenengleichung ein; bei einem Widerspruch haben g und E keine gemeinsamen Punkte.

d) Setzen Sie den allgemeinen Punkt von g in die Ebenengleichung ein; bei einer wahren Aussage enthält E die Gerade g.

15 Gegenseitige Lage zweier Ebenen

Auch hier gibt es verschiedene Lösungswege, abhängig davon, welche Art von Ebenengleichung vorliegt. Da der Weg über die Koordinatengleichung oft am einfachsten zu rechnen ist, werden viele Aufgaben auf diese Weise gelöst. Gerade beim Schnitt von zwei Ebenen kann es sich lohnen, eine Gleichung in die Koordinatenform umzuformen.

Die beiden Ebenengleichungen in Koordinatenform bilden ein lineares Gleichungssystem mit zwei Gleichungen und drei Variablen.

Beim Lösen des Gleichungssystems bzw. der Gleichung können drei Fälle auftreten:

1. Es gibt eine Lösung, wenn man eine Variable als t einsetzt und nach den anderen Variablen auflöst: Die Ebenen schneiden sich in einer Schnittgeraden.
2. Es tritt ein Widerspruch auf (wie z.B. $3 = 0$): Die beiden Ebenen sind parallel.
3. Die eine Gleichung ist ein Vielfaches der anderen Gleichung: Die beiden Ebenen sind identisch.

15.1 Schnitt von zwei Ebenen

a) - c) Lösen Sie jeweils das zugehörige lineare Gleichungssystem.

d) - e) Schreiben Sie E_1 in drei Gleichungen für x_1, x_2 und x_3 um, setzen Sie diese in die Koordinatenebene E_2 ein und lösen Sie nach einem Parameter auf. Dieser wird dann wieder in E_1 eingesetzt, die Vektoren zusammengefasst und so die Gleichung der Schnittgeraden bestimmt.

f) - g) Gleichsetzen der beiden Ebenen führt zu einem Gleichungssystem mit 4 Unbekannten und 3 Gleichungen. Bringen Sie dieses mit Hilfe des Gauß-Verfahrens auf Stufenform, um eine Lösungsmatrix zu bestimmen. Sie erhalten einen Ausdruck wie z.B. $t = 2 - u$. Setzen Sie diesen Ausdruck für t in die Ebenengleichung ein und fassen Sie die Vektoren zusammen um die Gleichung der Schnittgeraden zu erhalten.

15.2 Parallele Ebenen

Beim Bestimmen von t muss man überlegen, wie die beiden Normalenvektoren zueinander stehen müssen, damit die Ebenen parallel sind.

15.3 Verschiedene Aufgaben

Überlegen Sie anhand einer Skizze, wie die beiden Normalenvektoren zueinander stehen müssen, wenn die Ebenen senkrecht aufeinander stehen. Nehmen Sie das Skalarprodukt zu Hilfe.

16 Abstandsberechnungen

16.1 Abstand Punkt – Ebene

Bei der Berechnung des Abstand d zwischen einem Punkt und einer Ebene rechnet man immer die Länge eines Lots von einem Punkt auf die Ebene aus. Man benutzt in der Regel die Abstandsformel, in die der Punkt eingesetzt wird. Für die Ebene E: $n_1x_1 + n_2x_2 + n_3x_3 + n_0 = 0$ mit dem Normalenvektor $\vec{n}$ und den Punkt $\mathrm{P}(p_1 \mid p_2 \mid p_3)$ gilt:

$$d = \frac{|n_1p_1 + n_2p_2 + n_3p_3 + n_0|}{\sqrt{n_1^2 + n_2^2 + n_3^2}}$$

16.2 Abstand Gerade – Ebene

a), b) Zuerst ist zu zeigen, dass die Gerade parallel zur Ebene ist. Dazu benötigt man das Skalarprodukt des Richtungsvektors der Geraden und des Normalenvektors der Ebene, welches Null sein muss. Anschließend setzt man einen Punkt der Geraden und die Ebene in die Abstandsformel ein und berechnet den Abstand.

16.3 Abstand paralleler Ebenen

a), b) Zeigen Sie, dass der Normalenvektor der einen Ebene ein Vielfaches des Normalenvektors der anderen Ebene ist. Dann bestimmen Sie einen Punkt in einer der Ebenen und setzen diesen und die andere Ebene in die Abstandsformel ein und berechnen so den Abstand.

16.4 Abstand Punkt – Gerade

Den Abstand eines Punktes P von einer Geraden g bestimmt man in drei Schritten:

1. Zuerst stellt man eine Hilfsebene $\mathrm{E_H}$ auf. Diese Hilfsebene enthält den Punkt P und ist orthogonal zu g, d.h. der Richtungsvektor von g dient als Normalenvektor der Ebene.
2. Die Hilfsebene wird mit g geschnitten, dies ergibt den Schnittpunkt L.
3. Der Verbindungsvektor $\overrightarrow{\mathrm{LP}}$ wird aufgestellt, sein Betrag ist der gesuchte Abstand.

16.5 Abstand paralleler Geraden

Zuerst muss bewiesen werden, dass die beiden Geraden echt parallel sind. Dies geschieht mit Hilfe der Richtungsvektoren und einer Punktprobe. Anschließend berechnet man den Abstand eines Punktes der Geraden h zur Geraden g wie in den vorangehenden Aufgaben.

16.6 Abstand windschiefer Geraden

a), b) Um den Abstand zweier windschiefen Geraden $g\colon \vec{x} = \vec{a} + s \cdot \vec{r}$ und $h\colon \vec{x} = \vec{b} + t \cdot \vec{v}$ zu berechnen, benötigen Sie einen Vektor $\vec{n}$, der auf den beiden Richtungsvektoren senkrecht steht. Für den Abstand d gilt dann

$$d(g;h) = \frac{\left|\left(\vec{a} - \vec{b}\right) \cdot \vec{n}\right|}{|\vec{n}|}$$

Den Vektor $\vec{n}$ bestimmen Sie mit Hilfe des Kreuzproduktes: $\vec{n} = \vec{r} \times \vec{v}$ oder mit Hilfe des Skalarproduktes und eines LGS.

c) Der Verbindungsvektor der beiden Punkte G bzw. H auf g bzw. h, welche den kleinsten Abstand voneinander haben, steht jeweils senkrecht auf den Richtungsvektoren $\vec{r_g}$ bzw. $\vec{r_h}$ der Geraden. Benutzen Sie das Skalarprodukt.

17 Winkelberechnungen

17.1 Winkel zwischen Vektoren bzw. Geraden

a) Überlegen Sie, zwischen welchen Vektoren man den Winkel berechnet (Orts- oder Verbindungsvektoren). Wenn zwei Kosinuswerte gleich sind, was gilt dann für die entsprechenden Winkel? Machen Sie sich eine Skizze.

b) Verwenden Sie zur Winkelberechnung die Richtungsvektoren der beiden Geraden.

17.2 Winkel zwischen Ebenen

Überlegen Sie, mit Hilfe welcher Vektoren man den Winkel zwischen den beiden Ebenen bestimmen könnte.

17.3 Winkel zwischen Gerade und Ebene

Welche Vektoren der Geraden und der Ebene kommen für die Winkelbestimmung in Betracht? Machen Sie eine Skizze. Verwenden Sie den Sinus des Winkels.

18 Spiegelungen

18.1 Punkt an Punkt

Machen Sie eine Skizze. Überlegen Sie, welche Vektoren man aneinanderhängen muss, um von P zum Spiegelpunkt P^* zu gelangen, wenn z.B. Q in der Mitte liegen soll.

18.2 Punkt an Ebene

Machen Sie eine Skizze. Der Punkt A wird an dem Punkt der Ebene, der A am nächsten ist, gespiegelt. Um diesen Punkt zu bestimmen, braucht man eine Hilfsgerade durch A, die senkrecht auf der Ebene steht.

18.3 Punkt an Gerade

Machen Sie auch hier eine Skizze. Der Punkt P wird an dem Punkt der Gerade gespiegelt, der den kleinsten Abstand zu P besitzt. Um diesen zu bestimmen, braucht man eine Hilfsebene. Diese geht durch P und steht senkrecht zur Geraden.

Stochastik

19 Wahrscheinlichkeitsrechnung

19.1 Baumdiagramme und Pfadregeln

19.1.1 Ziehen mit Zurücklegen

a) I) Zeichnen Sie ein Baumdiagramm mit den Ästen rot (r), weiß (w) und gelb (g). Beachten Sie, dass die Wahrscheinlichkeiten bei jedem Ziehen gleich bleiben. Überlegen Sie, welche Ergebnisse zum gesuchten Ereignis gehören und verwenden Sie die Pfadregeln.

II) Zeichnen Sie ein Baumdiagramm mit den Ästen weiß (w) und nicht weiß ($\bar{w}$). Beachten Sie, dass die Wahrscheinlichkeiten bei jedem Ziehen gleich bleiben. Überlegen Sie, welches Ergebnis zum gesuchten Ereignis gehört und verwenden Sie die 1. Pfadregel.

b) I) Zeichnen Sie ein Baumdiagramm mit den Ästen rot (r) und nicht rot ($\bar{r}$). Beachten Sie, dass die Wahrscheinlichkeiten bei jedem Ziehen gleich bleiben. Überlegen Sie, welches Ergebnis zum gesuchten Ereignis gehört und verwenden Sie die 1. Pfadregel.

II) Überlegen Sie, welche Ergebnisse zum gesuchten Ereignis gehören und verwenden Sie die Pfadregeln oder rechnen Sie alternativ mit dem Gegenereignis $\overline{A}$ und verwenden Sie $P(A) = 1 - P(\bar{A})$.

c) I) Zeichnen Sie ein Baumdiagramm mit den Ästen rot (r) und gelb (g). Beachten Sie, dass die Wahrscheinlichkeiten bei jedem Ziehen gleich bleiben. Überlegen Sie, welche Ergebnisse zum gesuchten Ereignis gehören und verwenden Sie die Pfadregeln oder rechnen Sie alternativ mit dem Gegenereignis $\overline{A}$ und verwenden Sie $P(A) = 1 - P(\bar{A})$.

II) Wählen Sie n als Anzahl der gelben Kugeln und zeichnen Sie ein Baumdiagramm. Bestimmen Sie die Wahrscheinlichkeit für das gesuchte Ereignis mit Hilfe des Gegenereignisses in Abhängigkeit von n; verwenden Sie $P(A) = 1 - P(\bar{A})$. Stellen Sie eine quadratische Gleichung auf und lösen Sie diese durch Wurzelziehen und Fallunterscheidung oder mit Hilfe des GTR/CAS. Beachten Sie, dass $n > 0$ sein muss.

d) I) Zeichnen Sie ein Baumdiagramm mit den Ästen rot (r) und blau (b). Beachten Sie, dass die Wahrscheinlichkeiten bei jedem Ziehen gleich bleiben. Überlegen Sie, welche Ergebnisse zum gesuchten Ereignis gehören und verwenden Sie die Pfadregeln oder rechnen Sie alternativ mit dem Gegenereignis $\overline{A}$ und verwenden Sie $P(A) = 1 - P(\bar{A})$.

II) Wählen Sie n als Anzahl der blauen Kugeln und zeichnen Sie ein Baumdiagramm. Bestimmen Sie die Wahrscheinlichkeit für das gesuchte Ereignis mit Hilfe des Gegenereignisses in Abhängigkeit von n; verwenden Sie $P(A) = 1 - P(\bar{A})$. Stellen Sie eine quadratische Gleichung auf und lösen Sie diese durch Wurzelziehen und Fallunterscheidung oder mit Hilfe des GTR/CAS. Beachten Sie, dass $n > 0$ sein muss.

e) I) Zeichnen Sie ein Baumdiagramm mit den Ästen A und B. Beachten Sie, dass die Wahrscheinlichkeiten bei jedem Ziehen gleich bleiben. Überlegen Sie, welche Ergebnisse zum gesuchten Ereignis gehören und verwenden Sie die Pfadregeln oder rechnen Sie alternativ mit dem Gegenereignis $\overline{A}$ und verwenden Sie $P(A) = 1 - P(\bar{A})$.

II) Wählen Sie n als Anzahl der Buchstaben A und zeichnen Sie ein Baumdiagramm. Bestimmen Sie die Wahrscheinlichkeit für das gesuchte Ereignis mit Hilfe des Gegenereignisses in Abhängigkeit von n; verwenden Sie $P(A) = 1 - P(\bar{A})$. Stellen Sie eine quadratische Gleichung auf und lösen Sie diese durch Wurzelziehen und Fallunterscheidung oder mit Hilfe des GTR/CAS. Beachten Sie, dass $n > 0$ sein muss.

19.1.2 Ziehen ohne Zurücklegen

a) I) Zeichnen Sie ein Baumdiagramm mit den Ästen rot (r), grün (g) und blau (b). Beachten Sie, dass sich die Wahrscheinlichkeiten bei jedem Ziehen ändern. Überlegen Sie, welche Ergebnisse zum gesuchten Ereignis gehören und verwenden Sie die Pfadregeln.

II) Zeichnen Sie ein Baumdiagramm mit den Ästen blau (b) und nicht blau ($\bar{b}$). Beachten Sie, dass sich die Wahrscheinlichkeiten bei jedem Ziehen ändern. Überlegen Sie, welches Ergebnis zum gesuchten Ereignis gehört und verwenden Sie die 1. Pfadregel.

b) I) Überlegen Sie, wie viele Kugeln insgesamt mindestens vorhanden sein müssen und beachten Sie, ob sich die Wahrscheinlichkeiten für rot oder schwarz bei jedem Ziehen ändern oder nicht.

II) Überlegen Sie, welche Ergebnisse zum gesuchten Ereignis gehören und verwenden Sie die Pfadregeln.

c) I) Beachten Sie, dass gleichzeitiges Ziehen einem Ziehen ohne Zurücklegen entspricht und dass sich die Wahrscheinlichkeiten bei jedem Ziehen ändern. Überlegen Sie, welche Ergebnisse zum gesuchten Ereignis gehören und verwenden Sie die Pfadregeln.

II) Zeichnen Sie ein Baumdiagramm mit den Ästen weiß (w) und nicht weiß ($\bar{w}$). Beachten Sie, dass sich die Wahrscheinlichkeiten bei jedem Ziehen ändern. Rechnen Sie mit dem Gegenereignis $\overline{A}$ und verwenden Sie $P(A) = 1 - P(\bar{A})$ sowie die 1. Pfadregel.

d) I) Zeichnen Sie ein Baumdiagramm mit den Ästen rot (r) und schwarz (s). Beachten Sie, dass sich die Wahrscheinlichkeiten bei jedem Ziehen ändern. Überlegen Sie, welche Ergebnisse zum gesuchten Ereignis gehören und verwenden Sie die Pfadregeln oder rechnen Sie alternativ mit dem Gegenereignis $\overline{A}$ und verwenden Sie $P(A) = 1 - P(\bar{A})$.

II) Zeichnen Sie ein Baumdiagramm mit den Ästen rot (r) und schwarz (s). Beachten Sie, dass sich die Wahrscheinlichkeiten bei jedem Ziehen ändern. Rechnen Sie mit dem Gegenereignis $\overline{A}$ und verwenden Sie $P(A) = 1 - P(\bar{A})$.

19.1.3 Verschiedene Aufgaben

a) Beachten Sie beim Baumdiagramm, wieviele Kugeln nach dem ersten Ziehen noch in der Urne sind. Benutzen Sie für II) die Pfadregeln; überlegen Sie zuerst, welche Pfade zu dem jeweiligen Ereignis gehören.

b) Nach der Erstellung des Baumdiagrammes schreiben Sie die Ereignisse zunächst als Mengen auf und benutzen Sie dann die Pfadregeln.

c) I) Die Pfade in diesem Baumdiagramm sind unterschiedlich lang, da die Kontrolle abgebrochen wird, wenn ein Fehler erkannt ist.

II) Sie können die Wahrscheinlichkeit aller möglichen Pfade addieren oder mit dem Gegenereignis arbeiten.

19.2 Unabhängigkeit und Vierfeldertafeln

a) Wenn A und B unabhängig sind, so sind auch A und $\overline{B}$, $\overline{A}$ und B bzw. $\overline{A}$ und $\overline{B}$ voneinander unabhängig und es gilt jeweils der spezielle Multiplikationssatz.

b) $P(R)$, $P(m)$ und $P(m \cap R)$ entsprechen den jeweiligen relativen Häufigkeiten. Prüfen Sie nach, ob dafür der spezielle Multiplikationssatz gilt.

c) Ergänzen Sie zunächst die Zeile oder Spalte, in der schon zwei Zahlen stehen. Beachten Sie, dass sich «rechts unten» 1 ergeben muss. Prüfen Sie Unabhängigkeit mit dem speziellen Multiplikationssatz: $P(A \cap B) = P(a) \cdot P(B)$.

d) Überlegen Sie, welche der angegebenen Zahlen bei der Vierfeldertafel innen und welche außen stehen.

19.3 Bedingte Wahrscheinlichkeit

Bei Fragen nach der bedingten Wahrscheinlichkeit sind Vierfeldertafeln und Baumdiagramme hilfreich, wenn Sie folgendes beachten:

	A	$\overline{A}$	
B	$P(A \cap B)$	$P(\overline{A} \cap B)$	$P(B)$
$\overline{B}$	$P(A \cap \overline{B})$	$P(\overline{A} \cap \overline{B})$	$P(\overline{B})$
	$P(A)$	$P(\overline{A})$	1

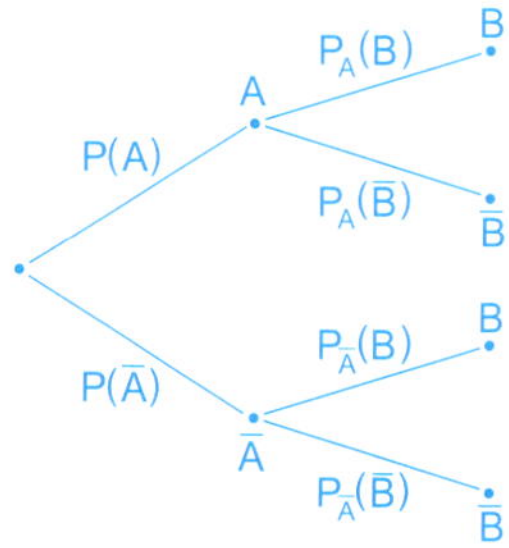

$P(A \cap B) = P(A) \cdot P_A(B) = P(B) \cdot P_B(A)$.

Damit kann man auch bei anspruchsvollen Aufgabenstellungen die Orientierung behalten.

a) Erstellen Sie eine Vierfeldertafel und verwenden Sie: a: über 40 Jahre, j: bis 40 Jahre, L: Leserin. Schreiben Sie zunächst alle Wahrscheinlichkeiten, die sich aus den Angaben errechnen lassen, als relative Häufigkeiten formal auf.

   I) Bestimmen Sie $P_a(L)$ mithilfe der Vierfeldertafel bedingter Wahrscheinlichkeit.

   II) Bestimmen Sie $P_j(\overline{L})$ mit Hilfe der Vierfeldertafel bedingter Wahrscheinlichkeit.

b) Verwenden Sie: k: krank, g $(=\overline{k})$: gesund, «+»: positiv getestet, «−»: negativ getestet. Aus der Aufgabenstellung lassen sich P(k), $P_k(+)$ und $P_g(-)$ ablesen. Erstellen Sie eine Vierfeldertafel und bestimmen Sie P(g), $P(k \cap +)$, $P(g \cap -)$.

   I) Bestimmen Sie mit Hilfe der Vierfeldertafel bedingter Wahrscheinlichkeit $P_+(k)$.

   II) Bestimmen Sie mit Hilfe der Vierfeldertafel bedingter Wahrscheinlichkeit $P_-(g)$.

c) Notieren Sie zunächst formal, welche Wahrscheinlichkeiten den verschiedenen %-Angaben entsprechen. Stellen Sie eine Vierfeldertafel auf (a: über 70 Jahre, j: bis 70 Jahre, m: männlich, w: weiblich).
Beachten Sie, dass gilt: $P(m \cap a) = P(a) \cdot P_a(m)$ und $P(m \cap j) = P(j) \cdot P_j(m)$.

   I) Bestimmen Sie mit Hilfe der Vierfeldertafel bedingter Wahrscheinlichkeit $P_m(j)$.

   II) Bestimmen Sie mit Hilfe der Vierfeldertafel bedingter Wahrscheinlichkeit $P_w(a)$.

20 Binomialverteilung

Bernoulliketten

a) I) Verwenden Sie die Formel $P(X = k) = \binom{n}{k} \cdot p^k \cdot (1-p)^{n-k}$ oder den GTR/CAS.

   II) Überlegen Sie, welche Wahrscheinlichkeiten addiert werden müssen.

b) I) Bestimmen Sie n, p und k und verwenden Sie die Formel
   $P(X = k) = \binom{n}{k} \cdot p^k \cdot (1-p)^{n-k}$ oder den GTR/CAS.

   II) Für ein Ereignis A beachten Sie den Zusammenhang zur Formel
   $P(X = k) = \binom{n}{k} \cdot p^k \cdot (1-p)^{n-k}$.
   Für ein Ereignis B formen Sie die gegebene Wahrscheinlichkeit so um, dass die obige Formel sichtbar wird; beachten Sie, dass für ein Gegenereignis gilt: $P(A) = 1 - P(\bar{A})$.

c) I) Verwenden Sie die Formel $P(X = k) = \binom{n}{k} \cdot p^k \cdot (1-p)^{n-k}$ oder den GTR/CAS.

   II) Überlegen Sie, welche Wahrscheinlichkeiten addiert werden müssen bzw. rechnen Sie mit dem Gegenereignis $\overline{A}$ und verwenden Sie $P(A) = 1 - P(\bar{A})$ sowie den GTR/CAS.

d) I) Bestimmen Sie n, p und k und verwenden Sie die Formel
   $P(X = k) = \binom{n}{k} \cdot p^k \cdot (1-p)^{n-k}$ oder den GTR/CAS.

   II) Für das Ereignis A beachten Sie, dass es aus drei Ergebnissen besteht; stellen Sie den Zusammenhang zur Formel $P(X = k) = \binom{n}{k} \cdot p^k \cdot (1-p)^{n-k}$ her.
   Für das Ereignis B formen Sie die gegebene Wahrscheinlichkeit so um, dass die obige Formel sichtbar wird; beachten Sie, dass für ein Gegenereignis gilt: $P(A) = 1 - P(\bar{A})$.

e) I) Verwenden Sie die Formel $P(X = k) = \binom{n}{k} \cdot p^k \cdot (1-p)^{n-k}$ oder den GTR/CAS.

II) Überlegen Sie, welche Wahrscheinlichkeiten addiert werden müssen bzw. rechnen Sie mit dem Gegenereignis $\overline{A}$ und verwenden Sie $P(A) = 1 - P(\bar{A})$ sowie den GTR/CAS.

f) Notieren Sie zunächst, welcher Ausfall des Bernoulli-Experiments als Treffer gelten soll und bestimmen Sie die Trefferwahrscheinlichkeit p sowie die Kettenlänge n.
Überlegen Sie, welche Trefferanzahlen zum fraglichen Ereignis gehören und berechnen Sie deren Wahrscheinlichkeiten mit der Formel $P(X = k) = \binom{n}{k} \cdot p^k \cdot (1-p)^{n-k}$ oder verwenden Sie den GTR/CAS. Prüfen sie, ob gegebenenfalls die Wahrscheinlichkeit des Gegenereignisses einfacher zu berechnen ist.

g) Bestimmen Sie p und n und verwenden Sie die Formel $P(X = k) = \binom{n}{k} \cdot p^k \cdot (1-p)^{n-k}$ oder den GTR/CAS.

h) Bestimmen Sie p und n. Verwenden Sie $E(X) = \mu = n \cdot p$ und $\sigma = \sqrt{n \cdot p \cdot (1-p)}$.

i) Verwenden Sie $E(X) = \mu = n \cdot p$ und $\sigma = \sqrt{n \cdot p \cdot (1-p)}$.

j) Bestimmen Sie p und n. Verwenden Sie $E(X) = \mu = n \cdot p$ und $\sigma = \sqrt{n \cdot p \cdot (1-p)}$.

21 Erwartungswert, Standardabweichung und σ-Regeln

a) Bestimmen Sie die Wahrscheinlichkeiten für die möglichen Ereignisse. Den Erwartungswert E von X (Zufallsvariable für die Höhe des Gewinns) erhalten Sie, indem Sie die möglichen Auszahlungsbeträge mit den zugehörigen Wahrscheinlichkeiten multiplizieren und den Einsatz subtrahieren.

b) Verwenden Sie jeweils die Formel: $E(X) = n \cdot p$. Bestimmen Sie die Standardabweichung σ mit Hilfe der Formel $\sigma = \sqrt{n \cdot p \cdot (1-p)}$ und damit die gesuchten σ-Umgebungen um den Erwartungswert, d.h. Sie subtrahieren bzw. addieren ein Vielfaches (je nach Aufgabe) von σ zu μ.

c) Bestimmen Sie die Wahrscheinlichkeiten für die möglichen Ereignisse. Den Erwartungswert E von X (Zufallsvariable für die Höhe des Gewinns) erhalten Sie, indem Sie die möglichen Auszahlungsbeträge mit den zugehörigen Wahrscheinlichkeiten multiplizieren und den Einsatz subtrahieren.

d) Bestimmen Sie die Wahrscheinlichkeiten für die möglichen Ereignisse. Den Erwartungswert E von X (Zufallsvariable für die Höhe des Gewinns) erhalten Sie, indem Sie die möglichen Auszahlungsbeträge mit den zugehörigen Wahrscheinlichkeiten multiplizieren und den Einsatz subtrahieren. Beachten Sie, dass ein Spiel fair ist, wenn der Erwartungswert für den Gewinn Null beträgt.

e) Bestimmen Sie zunächst mit Hilfe eines Baumdiagrammes und den Pfadregeln die Wahrscheinlichkeit für das gesuchte Ereignis. Den Erwartungswert E von X (Zufallsvariable für die Höhe der Auszahlung) erhalten Sie, indem Sie die möglichen Auszahlungsbeträge mit den zugehörigen Wahrscheinlichkeiten multiplizieren und den Einsatz subtrahieren. Beachten Sie, dass ein Spiel fair ist, wenn der Erwartungswert für den Gewinn Null beträgt.

f) Den Erwartungswert E(X) der Zufallsvariablen X erhalten Sie, indem Sie die möglichen Werte von x_i mit den zugehörigen Wahrscheinlichkeiten multiplizieren und die Ergebnisse addieren. Lösen Sie die Gleichung $E(X) = 0,3$ nach a auf. Beachten Sie, dass die Summe aller Wahrscheinlichkeiten 1 ergeben muss und bestimmen Sie damit b.

g) Bestimmen Sie den Erwartungswert von X, indem Sie die Werte von X mit der zugehörigen Wahrscheinlichkeit multiplizieren und die Ergebnisse addieren. Überlegen Sie, welchen Wert p_2 höchstens annehmen kann und bestimmen Sie damit den Maximalwert des Erwartungswerts.

h) Bestimmen Sie p und n und verwenden Sie die Formeln $E(X) = \mu = n \cdot p$ und $\sigma = \sqrt{n \cdot p \cdot (1-p)}$. Die 3σ-Umgebung um den Erwartungswert erhalten Sie, indem Sie vom Erwartungswert $3 \cdot \sigma$ subtrahieren bzw. addieren.

i) Verwenden Sie die Formeln $E(X) = \mu = n \cdot p$ und $\sigma = \sqrt{n \cdot p \cdot (1-p)}$.

j) Bestimmen Sie p und n und verwenden Sie die Formeln $E(X) = \mu = n \cdot p$ und $\sigma = \sqrt{n \cdot p \cdot (1-p)}$. Die 2σ-Umgebung um den Erwartungswert erhalten Sie, indem Sie vom Erwartungswert $2 \cdot \sigma$ subtrahieren bzw. addieren.

22 Vertrauensintervalle

a) Berechnen Sie zuerst die relative Häufigkeit h für den Anteil der Frauen der Stichprobe und verwenden Sie anschließend die Formel $\left[h - 1,96 \cdot \sqrt{\frac{h \cdot (1-h)}{n}} ; h + 1,96 \cdot \sqrt{\frac{h \cdot (1-h)}{n}}\right]$ für das 95%-Vertrauensintervall.

b) Berechnen Sie zuerst die relative Häufigkeit h für den Anteil der möglichen Wähler der Stichprobe, verwenden Sie dann die Formel $\left[h - 1,64 \cdot \sqrt{\frac{h \cdot (1-h)}{n}} ; h + 1,64 \cdot \sqrt{\frac{h \cdot (1-h)}{n}}\right]$ für das 90%-Vertrauensintervall.

c) Berechnen Sie die relative Häufigkeit h für den Anteil der Personen mit Blutgruppe B der Stichprobe, verwenden Sie dann die Formel $\left[h - 2,58 \cdot \sqrt{\frac{h \cdot (1-h)}{n}} ; h + 2,58 \cdot \sqrt{\frac{h \cdot (1-h)}{n}}\right]$ für das 99%-Vertrauensintervall.

d) Berechnen Sie zuerst die relative Häufigkeit h für den Anteil der Personen, bei denen das Medikament in dieser Stichprobe wirkt, und verwenden Sie anschließend die Formel $\left[h - 2,58 \cdot \sqrt{\frac{h \cdot (1-h)}{n}} ; h + 2,58 \cdot \sqrt{\frac{h \cdot (1-h)}{n}}\right]$ für das 99%-Vertrauensintervall. Überlegen Sie, ob die prozentuale Aussage der Pharma-Firma im Vertrauensintervall liegt. Falls nicht, sollte die Firma von einer Werbung absehen.

e) Berechnen Sie zuerst die relative Häufigkeit h für den Anteil der Karpfen der Stichprobe und verwenden Sie anschließend die Formel $\left[h - 1,64 \cdot \sqrt{\frac{h \cdot (1-h)}{n}} ; h + 1,64 \cdot \sqrt{\frac{h \cdot (1-h)}{n}}\right]$ für das 90%-Vertrauensintervall. Multiplizieren Sie die linke und die rechte Grenze des Vertrauensintervalls mit der Gesamtzahl der Fische, um abzuschätzen, wie viele Karpfen insgesamt vorhanden sind.

23 Normalverteilung

23.1 Berechnung von Wahrscheinlichkeiten

Ist ein Merkmal X normalverteilt mit Erwartungswert μ und Standardabweichung σ, so berechnen Sie die die Wahrscheinlichkeiten folgendermaßen:

$P(a < X < b) = P(a \leqslant X \leqslant b) = \Phi\left(\frac{b-\mu}{\sigma}\right) - \Phi\left(\frac{a-\mu}{\sigma}\right)$

$P(X < b) = P(X \leqslant b) = \Phi\left(\frac{b-\mu}{\sigma}\right)$

$P(X > b) = 1 - P(X \leqslant b) = 1 - \Phi\left(\frac{b-\mu}{\sigma}\right)$

Zur Berechnung der Werte für Φ verwenden Sie den GTR/CAS.

Für eine Summe von n Werten mit Erwartungswert μ und Standardabweichung σ gilt: $\mu^* = n \cdot \mu$ und $\sigma^* = \sqrt{n} \cdot \sigma$.

Beachten Sie bei Aufgabe c), dass das Gewicht der Verpackung gleich bleibt; rechnen Sie daher mit dem «Nettogewicht»: Nettogewicht = Gesamtgewicht – Leergewicht

23.2 Annäherung der Binomialverteilung durch die Normalverteilung

a) I) Verwenden Sie die Regel für binomialverteilte Zufallsgrößen:

$$P(k_1 \leqslant X \leqslant k_2) = P(X \leqslant k_2) - P(X \leqslant k_1 - 1).$$

II) Die Laplace-Bedingung $\sigma > 3$ lautet bei Stichprobengröße n und Trefferwahrscheinlichkeit p der Binomialverteilung: $\sqrt{n \cdot p \cdot (1-p)} > 3$.
Um die gesuchte Wahrscheinlichkeit näherungsweise zu berechnen, verwenden Sie die Näherungsformel von de Moivre-Laplace. Demnach gilt für eine binomialverteilte Zufallsvariable X mit Erwartungswert $\mu = n \cdot p$ und Standardabweichung $\sigma = \sqrt{n \cdot p \cdot (1-p)}$, falls die Laplace-Bedingung erfüllt ist:

$$P(k_1 \leqslant X \leqslant k_2) \approx \Phi\left(\frac{k_2 - \mu + 0{,}5}{\sigma}\right) - \Phi\left(\frac{k_1 - \mu - 0{,}5}{\sigma}\right)$$

b) Gehen Sie vor wie bei Aufgabenteil a). Überlegen Sie zusätzlich, was es bedeutet, wenn die Laplace-Bedingung nur knapp erfüllt ist.

Lösungen

1 Von der Gleichung zur Kurve

1.1 Ganzrationale Funktionen

a) $f(x) = \frac{1}{2}x + 1$. Schnittpunkt mit der y-Achse: $f(0) = \frac{1}{2} \cdot 0 + 1 = 1 \Rightarrow S(0 \mid 1)$
Schnittpunkt mit der x-Achse: $f(x) = 0$ bzw. $\frac{1}{2}x + 1 = 0$ führt zu $x = -2 \Rightarrow N(-2 \mid 0)$
Es handelt sich um eine Gerade mit y-Achsenabschnitt $b = 1$ und Steigung $m = \frac{1}{2}$.

b) $f(x) = -\frac{3}{4}x$. Schnittpunkt mit der y-Achse: $f(0) = -\frac{3}{4} \cdot 0 = 0 \Rightarrow S(0 \mid 0)$
Schnittpunkt mit der x-Achse: $f(x) = 0$ bzw. $-\frac{3}{4}x = 0$ führt zu $x = 0 \Rightarrow N(0 \mid 0)$.
Es handelt sich um eine Ursprungsgerade (Gerade durch den Koordinatenursprung) mit y-Achsenabschnitt $b = 0$ und Steigung $m = -\frac{3}{4}$.

c) $f(x) = -x + 1$. Schnittpunkt mit der y-Achse: $f(0) = -1 \cdot 0 + 1 = 1 \Rightarrow S(0 \mid 1)$
Schnittpunkt mit der x-Achse: $f(x) = 0$ bzw. $-x + 1 = 0$ führt zu $x = 1 \Rightarrow N(1 \mid 0)$
Es handelt sich um eine Gerade mit y-Achsenabschnitt $b = 1$ und Steigung $m = -1$.

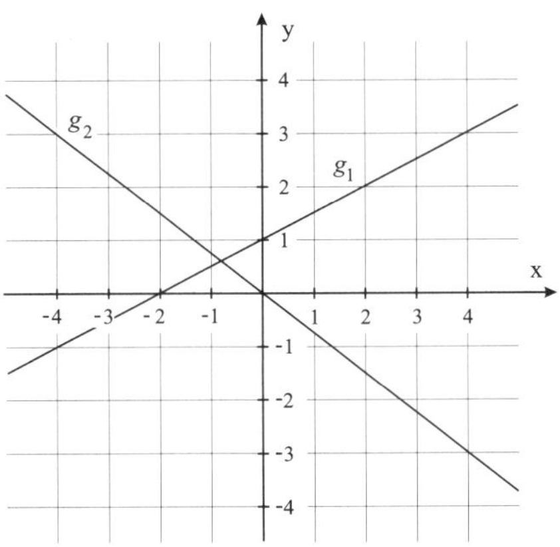

a) g_1: $f(x) = \frac{1}{2}x + 1$, b) g_2: $f(x) = -\frac{3}{4}x$

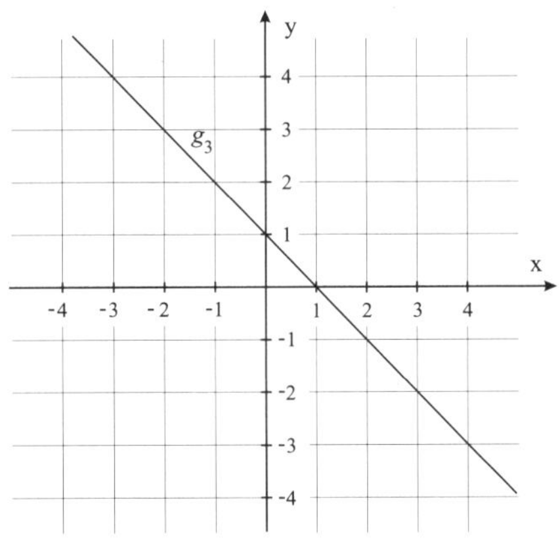

c) g_3: $f(x) = -x + 1$

d) $f(x) = (x-1)^2 - 4$. Schnittpunkt mit der y-Achse: $f(0) = (0-1)^2 - 4 = -3 \Rightarrow S(0 \mid -3)$
Schnittpunkt mit der x-Achse: $f(x) = 0$ bzw. $(x-1)^2 - 4 = 0$ führt zu $x_1 = 3$, $x_2 = -1 \Rightarrow N_1(3 \mid 0), N_2(-1 \mid 0)$. Es handelt sich um eine Normalparabel, die um eine LE nach rechts und 4 LE nach unten verschoben wurde, d.h. eine nach oben geöffnete Normalparabel mit Scheitel bei $(1 \mid -4)$.

e) $f(x) = -x^2 + 4$. Schnittpunkt mit der y-Achse: $f(0) = -0^2 + 4 = 4 \Rightarrow S(0 \mid 4)$
Schnittpunkt mit der x-Achse: $f(x) = 0$ bzw. $-x^2 + 4 = 0$ führt zu $x_1 = 2, x_2 = -2$ $\Rightarrow N_1(2 \mid 0), N_2(-2 \mid 0)$. Es handelt sich um eine Normalparabel, die an der x-Achse gespiegelt und dann um vier LE nach oben verschoben wurde, d.h. eine nach unten geöffnete Normalparabel mit Scheitel $(0 \mid 4)$.

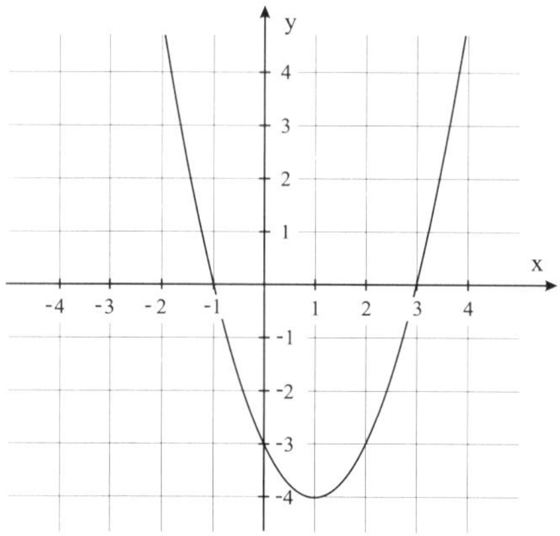

d) $f(x) = (x-1)^2 - 4$

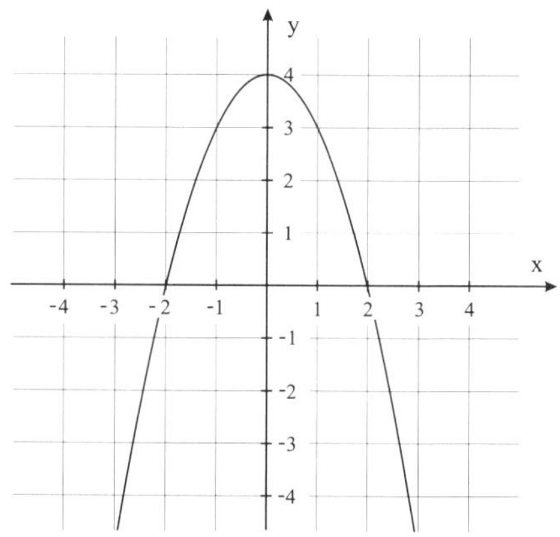

e) $f(x) = -x^2 + 4$

f) $f(x) = -(x+1)^2 + 1$
Schnittpunkt mit der y-Achse: $f(0) = -(0+1)^2 + 1 = 0 \Rightarrow S(0 \mid 0)$
Schnittpunkt mit der x-Achse: $f(x) = 0$ bzw. $f(x) = -(x+1)^2 + 1 = 0$ führt zu $x_1 = 0$, $x_2 = -2 \Rightarrow N_1(0 \mid 0)$, $N_2(-2 \mid 0)$.
Es handelt sich um eine Normalparabel, die an der x-Achse gespiegelt und anschließend um eine LE nach links und eine LE nach oben verschoben wurde, d.h. eine nach unten geöffnete Normalparabel mit Scheitel $(-1 \mid 1)$.

g) $f(x) = (x-1)^3 + 1$
Schnittpunkt mit der y-Achse: $f(0) = (0-1)^3 + 1 = 0 \Rightarrow S(0 \mid 0)$
Schnittpunkt mit der x-Achse: $f(x) = 0$ bzw. $f(x) = (x-1)^3 + 1 = 0$ führt zu $x = 0 \Rightarrow N(0 \mid 0)$.
Es handelt sich um eine kubische Parabel, die um eine LE nach rechts und eine LE nach oben verschoben wurde.

h) $f(x) = -(x+1)^3$
Schnittpunkt mit der y-Achse: $f(0) = -(0+1)^3 = -1 \Rightarrow S(0 \mid -1)$
Schnittpunkt mit der x-Achse: $f(x) = 0$ bzw. $f(x) = -(x+1)^3 = 0$ führt zu $x = -1 \Rightarrow N(-1 \mid 0)$.
Es handelt sich um eine kubische Parabel, die an der x-Achse gespiegelt und anschließend um eine LE nach links verschoben wurde.

i) $f(x) = 2x^3 - 2$
Schnittpunkt mit der y-Achse: $f(0) = 2 \cdot 0^3 - 2 = -2 \Rightarrow S(0 \mid -2)$.
Schnittpunkt mit der x-Achse: $f(x) = 0$ bzw. $f(x) = 2x^3 - 2 = 0$ führt zu $x = 1$ $\Rightarrow N(1 \mid 0)$. Es handelt sich um eine kubische Parabel, die mit Faktor 2 in y-Richtung gestreckt und um zwei LE nach unten verschoben wurde.

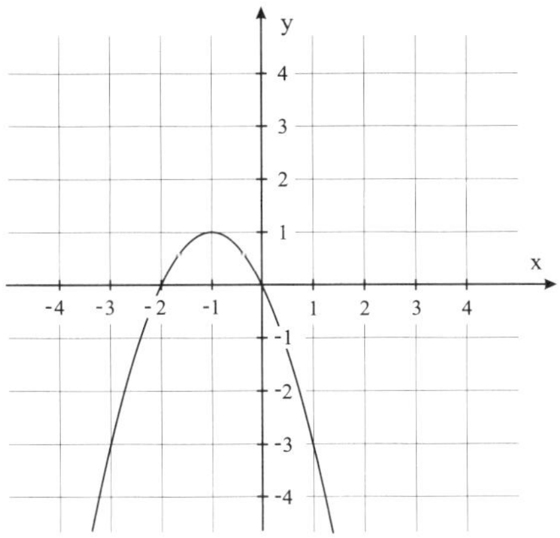

f) $f(x) = -(x+1)^2 + 1$

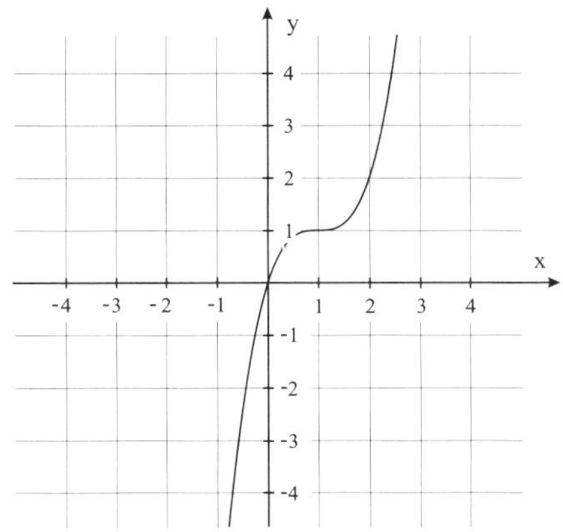

g) $f(x) = (x-1)^3 + 1$

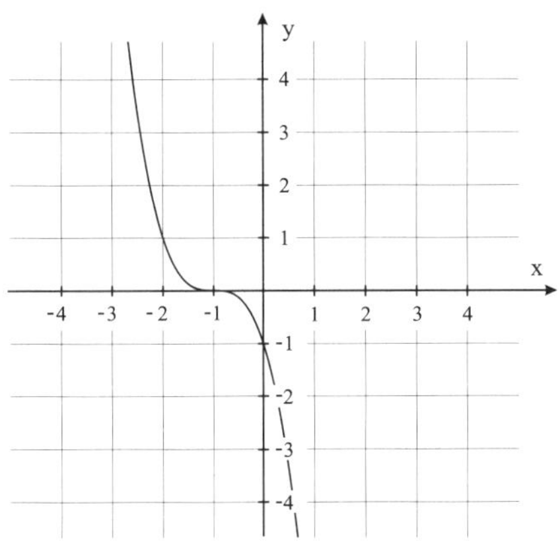

h) $f(x) = -(x+1)^3$

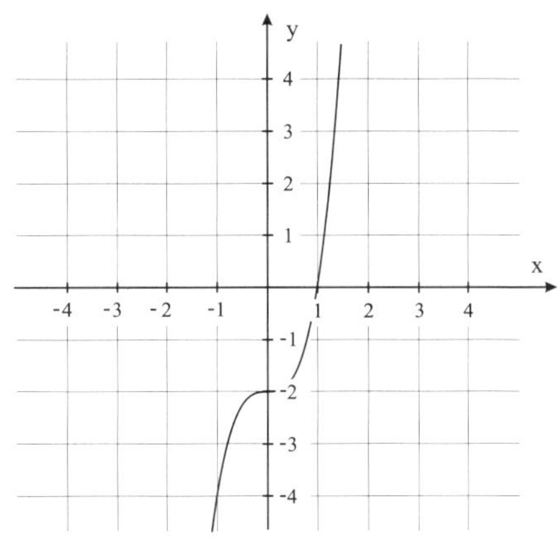

i) $f(x) = 2x^3 - 2$

1.2 Exponentialfunktionen

a) $f(x) = e^{x-1} + 1$

Asymptote: $x \to -\infty$ führt zu $y = 1$ (waagerechte Asymptote).

Das Schaubild der Funktion $g(x) = e^x$ wurde um eine LE nach rechts und eine LE nach oben verschoben.

b) $f(x) = -e^{x-1} + 1$

Asymptote: $x \to -\infty$ führt zu $y = 1$ (waagerechte Asymptote).

Das Schaubild der Funktion $g(x) = e^x$ wurde an der x-Achse gespiegelt und anschließend um eine LE nach rechts und eine LE nach oben verschoben.

c) $f(x) = e^{-(x-1)} + 2$

Asymptote: $x \to \infty$ führt zu $y = 2$ (waagerechte Asymptote).

Das Schaubild der Funktion $g(x) = e^{-x}$ wurde um eine LE nach rechts und zwei LE nach oben verschoben.

d) $f(x) = -e^{-x+1} + 1 = -e^{-(x-1)} + 1$

Asymptote: $x \to \infty$ führt zu $y = 1$ (waagerechte Asymptote).

Das Schaubild der Funktion $g(x) = e^{-x}$ wurde an der x-Achse gespiegelt und anschließend um eine LE nach rechts und eine LE nach oben verschoben.

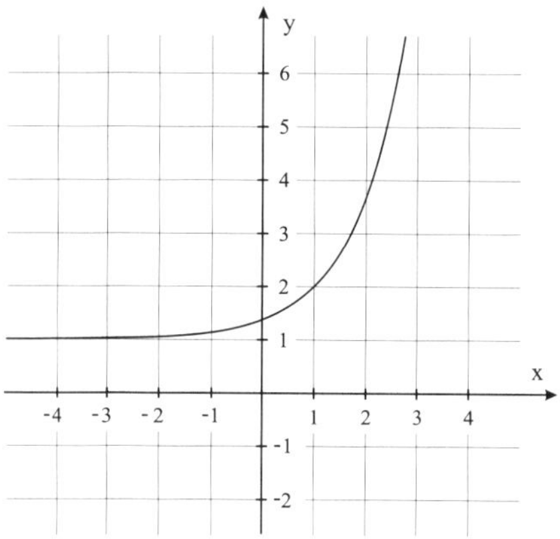

a) $f(x) = e^{x-1} + 1$

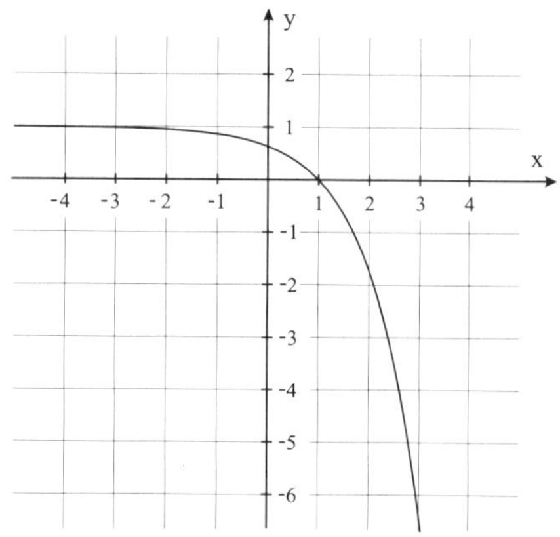

b) $f(x) = -e^{x-1} + 1$

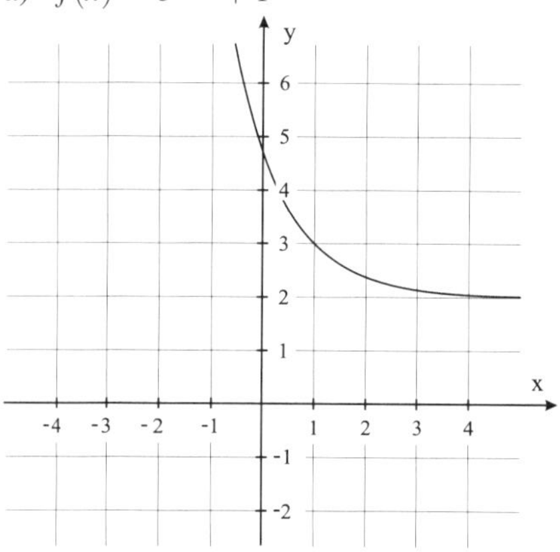

c) $f(x) = e^{-(x-1)} + 2$

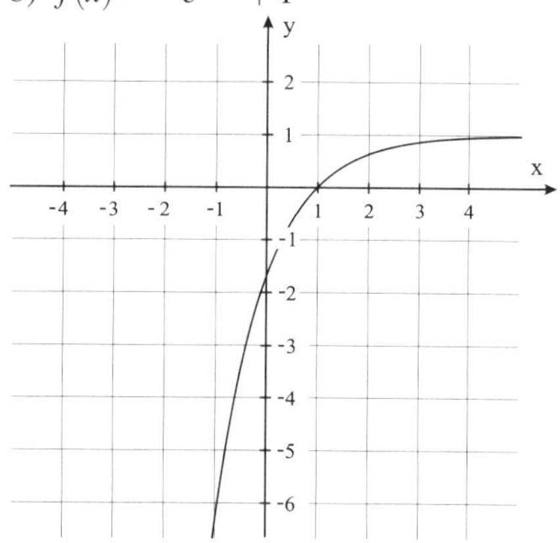

d) $f(x) = -e^{-x+1} + 1$

2 Aufstellen von Funktionen mit Randbedingungen

Beim CAS gibt es zusätzlich die Möglichkeit, die «Steckbriefaufgabe» direkt zu lösen. Dies ist für die ersten beiden Aufgabe dargestellt, die anderen Aufgaben lassen sich analog lösen.

2.1 Ganzrationale Funktionen

Alle angegebenen Gleichungssysteme können mit dem GTR bzw. dem CAS gelöst werden.

a) Ansatz: $f(x) = ax^2 + bx + c$. Die drei Bedingungen ergeben

$$\begin{array}{lclclclcl} f(0)=4 & \Rightarrow & a\cdot 0^2 & + & b\cdot 0 & + & c & = & 4 \\ f(1)=0 & \Rightarrow & a\cdot 1^2 & + & b\cdot 1 & + & c & = & 0 \\ f(2)=18 & \Rightarrow & a\cdot 2^2 & + & b\cdot 2 & + & c & = & 18 \end{array}$$

Daraus ergibt sich das folgende Gleichungssystem:

frv.tv/ao

$$\begin{array}{lrcrcrcr} \text{I} & & & & & c & = & 4 \\ \text{II} & a & + & b & + & c & = & 0 \\ \text{III} & 4a & + & 2b & + & c & = & 18 \end{array}$$

Einsetzen von c und Auflösen von II und III führt auf $a = 11$ und $b = -15$. Damit ergibt sich für die Funktionsgleichung $f(x) = 11x^2 - 15x + 4$.

Bestimmen der Parameter mit dem CAS

TI: $\mathrm{a \cdot x^2 + b \cdot x + c \rightarrow f(x)}$

solve (f(0) = 4 and f(1) = 0 and f(2) = 18, {a, b, c})

Oder es wird das folgende LGS gelöst:

$$\text{solve}\left(\begin{cases} f(0)=4 \\ f(1)=0 \\ f(2)=18 \end{cases} \text{a, b, c}\right)$$

Dies führt zu $a = 1$, $b = -15$ und $c = 4$.

Casio: Define $f(x) = ax^2 + bx + c$

solve ({f(0) = 4, f(1) = 0, f(2) = 18}, {a, b, c})

Alternativ benutzt man das Math1-Menü zum Lösen des Gleichungssystems (mehrmals tippen, um fünf Zeilen zu erhalten):

$$\begin{cases} f(0)=4 \\ f(1)=0 \\ f(2)=18 \end{cases} \Bigg|_{\text{a, b, c}}$$

Dies führt zu $a = 1$, $b = -15$ und $c = 4$.

b) Ansatz: $f(x) = ax^2 + bx + c$ und $f'(x) = 2ax + b$. Die drei Bedingungen ergeben

$$\begin{array}{lcrcrcrcr} f(0)=2 & \Rightarrow & a\cdot 0^2 & + & b\cdot 0 & + & c & = & 2 \\ f(1)=3 & \Rightarrow & a\cdot 1^2 & + & b\cdot 1 & + & c & = & 3 \\ f'(1)=0 & \Rightarrow & 2a\cdot 1 & + & b & & & = & 0 \end{array}$$

frv.tv/ao

Daraus ergibt sich das folgende Gleichungssystem:

$$\begin{array}{lrcrcrcr} \text{I} & & & & & c & = & 2 \\ \text{II} & a & + & b & + & c & = & 3 \\ \text{III} & 2a & + & b & & & = & 0 \end{array}$$

Einsetzen von c und Auflösen von II und III führt auf $a = -1$ und $b = 2$. Damit ergibt sich für die Funktionsgleichung $f(x) = -x^2 + 2x + 2$. Da es sich um eine nach unten geöffnete Parabel handelt, muss $\text{M}(1 \mid 3)$ ein Hochpunkt sein.

c) Ansatz: $f(x) = ax^2 + b$ und $f'(x) = 2ax$. Die zwei Bedingungen ergeben

$$\begin{array}{lcrcrcr} f(1)=6 & \Rightarrow & a\cdot 1^2 & + & b & = & 6 \\ f'(1)=2 & \Rightarrow & 2a\cdot 1 & & & = & 2 \end{array}$$

Daraus ergibt sich das folgende Gleichungssystem:

$$\begin{array}{rcrcr} a & + & b & = & 6 \\ 2a & & & = & 2 \end{array}$$

Auflösen führt auf $a = 1$ und $b = 5$. Damit ergibt sich für die Funktionsgleichung $f(x) = x^2 + 5$.

d) Ansatz: $f(x) = ax^2 + b$. Die zwei Bedingungen ergeben:

$$\begin{array}{lcrcrcr} f(\sqrt{3})=0 & \Rightarrow & a\cdot\left(\sqrt{3}\right)^2 & + & b & = & 0 \\ f(0)=-3 & \Rightarrow & a\cdot 0 & + & b & = & -3 \end{array}$$

Daraus ergibt sich das folgende Gleichungssystem:

$$\begin{array}{rcrcr} 3a & + & b & = & 0 \\ & & b & = & -3 \end{array}$$

Auflösen führt auf $b = -3$ und $a = 1$. Damit ergibt sich für die Funktionsgleichung: $f(x) = x^2 - 3$.

e) Ansatz: $f(x) = ax^3 + bx^2 + cx + d$, $f'(x) = 3ax^2 + 2bx + c$, $f''(x) = 6ax + 2b$. Die vier Bedingungen ergeben

$$\begin{array}{lcrcrcrcrcr} f(0)=0 & \Rightarrow & a\cdot 0^3 & + & b\cdot 0^2 & + & c\cdot 0 & + & d & = & 0 \\ f''(0)=0 & \Rightarrow & 6a\cdot 0 & + & 2b & & & & & = & 0 \\ f(2)=2 & \Rightarrow & a\cdot 2^3 & + & b\cdot 2^2 & + & c\cdot 2 & + & d & = & 2 \\ f'(2)=0 & \Rightarrow & 3a\cdot 2^2 & + & 2b\cdot 2 & + & c & & & = & 0 \end{array}$$

Daraus ergibt sich das folgende Gleichungssystem:

frv.tv/ao

$$\begin{array}{rcrcrcrcl} & & & & & & d & = & 0 \\ & & 2b & & & & & = & 0 \\ 8a & + & 4b & + & 2c & + & d & = & 2 \\ 12a & + & 4b & + & c & & & = & 0 \end{array}$$

Es ergeben sich $d = 0$, $b = 0$. Einsetzen in die beiden unteren Gleichungen und Auflösen nach a und c ergibt $a = -\frac{1}{8}$ und $c = \frac{3}{2} = 1,5$. Damit ergibt sich für die Funktionsgleichung $f(x) = -\frac{1}{8}x^3 + 1,5x$.

f) Ansatz: $f(x) = ax^3 + bx^2 + cx + d$, $f'(x) = 3ax^2 + 2bx + c$, $f''(x) = 6ax + 2b$. Die vier Bedingungen ergeben

$$\begin{array}{lcrcrcrcrcr} f(0) = 1 & \Rightarrow & a \cdot 0^3 & + & b \cdot 0^2 & + & c \cdot 0 & + & d & = & 1 \\ f'(0) = -1 & \Rightarrow & 3a \cdot 0^2 & + & 2b \cdot 0 & + & c & & & = & -1 \\ f(-1) = 4 & \Rightarrow & a \cdot (-1)^3 & + & b \cdot (-1)^2 & + & c \cdot (-1) & + & d & = & 4 \\ f''(-1) = 0 & \Rightarrow & 6a \cdot (-1) & + & 2b & + & & & & = & 0 \end{array}$$

Daraus ergibt sich das folgende Gleichungssystem:

frv.tv/ao

$$\begin{array}{rcrcrcrcr} & & & & & & d & = & 1 \\ & & & & c & & & = & -1 \\ -a & + & b & - & c & + & d & = & 4 \\ -6a & + & 2b & & & & & = & 0 \end{array}$$

Es ergeben sich $a = 1$, $b = 3$, $c = -1$, $d = 1$. Damit ergibt sich für die Funktionsgleichung $f(x) = x^3 + 3x^2 - x + 1$.

g) Ansatz: $f(x) = ax^4 + bx^2$, $f'(x) = 4ax^3 + 2bx$, $f''(x) = 12ax^2 + 2b$. Die zwei Bedingungen ergeben

$$\begin{array}{lcrcrcr} f(1) = -2,5 & \Rightarrow & a \cdot 1^4 & + & b \cdot 1^2 & = & -2,5 \\ f''(1) = 0 & \Rightarrow & 12a \cdot 1^2 & + & 2b & = & 0 \end{array}$$

Daraus ergibt sich das folgende Gleichungssystem:

$$\begin{array}{rcrcr} a & + & b & = & -2,5 \\ 12a & + & 2b & = & 0 \end{array}$$

Auflösen führt auf $a = \frac{1}{2}$ und $b = -3$. Damit ergibt sich für die Funktionsgleichung $f(x) = \frac{1}{2}x^4 - 3x^2$.

2.2 Exponentialfunktionen

Der allgemeine Ansatz der e-Funktionen ist $f(x) = a \cdot e^{kx}$. Ihre Ableitung ist $f'(x) = k \cdot a \cdot e^{kx}$. Auch diese Aufgaben können mit dem CAS direkt gelöst werden.

a) Zuerst wird a bestimmt: $f(0) = 2 \Rightarrow a \cdot e^{k \cdot 0} = 2 \Rightarrow a = 2$. Anschließend setzt man dies in die zweite Gleichung ein und bestimmt k: $f(4) = 2e^{12} \Rightarrow 2 \cdot e^{k \cdot 4} = 2 \cdot e^{12}$. Teilen durch 2 ergibt $e^{k \cdot 4} = e^{12}$. Logarithmieren mit ln führt zu $k \cdot 4 = 12 \Rightarrow k = 3$. Damit ist $f(x) = 2 \cdot e^{3x}$.

b) Zuerst wird a bestimmt: $f(0) = 3 \Rightarrow a \cdot e^{k \cdot 0} = 3 \Rightarrow a = 3$. Anschließend setzt man dies in die zweite Gleichung ein und bestimmt k: $f(2) = 3e^{8} \Rightarrow 3 \cdot e^{k \cdot 2} = 3 \cdot e^{8}$. Teilen durch 3 ergibt $e^{k \cdot 2} = e^{8}$. Logarithmieren mit ln führt zu $k \cdot 2 = 8 \Rightarrow k = 4$. Damit ist $f(x) = 3 \cdot e^{4x}$

c) Zuerst wird wie in den vorangegangenen Aufgaben a bestimmt: $f(0) = 3 \Rightarrow a \cdot e^{k \cdot 0} = 3 \Rightarrow a = 3$. Dies setzt man in die zweite Aussage über die Ableitung ein, um k zu bestimmen: $f'(0) = 6 \Rightarrow k \cdot 3 \cdot e^{k \cdot 0} = 6 \Rightarrow k \cdot 3 = 6 \Rightarrow k = 2$. Damit ist $f(x) = 3 \cdot e^{2x}$.

d) Zuerst wird wie in den vorangegangenen Aufgaben a bestimmt: $f(0) = 2 \Rightarrow a \cdot e^{k \cdot 0} = 2 \Rightarrow a = 2$. Dies setzt man in die zweite Aussage über die Ableitung ein, um k zu bestimmen: $f'(0) = 4 \Rightarrow k \cdot 2 \cdot e^{k \cdot 0} = 4 \Rightarrow k \cdot 2 = 4 \Rightarrow k = 2$. Damit ist $f(x) = 2 \cdot e^{2x}$.

e) Zuerst wird wie in den vorangegangenen Aufgaben a bestimmt: $f(0) = 5 \Rightarrow a \cdot e^{k \cdot 0} = 5 \Rightarrow a = 5$. Dies setzt man in die zweite Aussage ein, um k zu bestimmen: $f'(0) = 10 \Rightarrow k \cdot 5 \cdot e^{k \cdot 0} = 10 \Rightarrow k \cdot 5 = 10 \Rightarrow k = 2$. Damit ist $f(x) = 5 \cdot e^{2x}$.

3 Von der Kurve zur Gleichung

3.1 Ganzrationale Funktionen

Zu jeder Aufgabe gibt es verschiedene Lösungswege, diese sind bei den Tipps zu dieser Aufgabe ausführlich beschrieben. Auch hier kann man die Gleichungssysteme mit dem GTR bzw. CAS lösen. Mit dem CAS können die Parameter direkt bestimmt werden, wie dies im vorangegangenen Kapitel beschrieben ist.

a) 1. Ansatz als allgemeine symmetrische Parabel 2. Grades: $f(x) = ax^2 + b$. Aus der Zeichnung liest man ab: $f(0) = 1$ und $f(1) = 2$. Einsetzen in die allgemeine Funktion ergibt folgende Gleichungen:

$$\begin{array}{rcrcl} & & b & = & 1 \\ a & + & b & = & 2 \end{array}$$

Auflösen der beiden Gleichungen führt zu $a = 1$ und $b = 1 \Rightarrow f(x) = x^2 + 1$.

2. Linearfaktoransatz ist nicht möglich, da keine Nullstellen existieren.

3. Ansatz als verschobene Normalparabel: Es handelt sich um eine Normalparabel, die um 1 LE nach oben verschoben wurde. Daher wird $f(x) = x^2$ zu $f(x) = x^2 + 1$.

b) 1. Ansatz als symmetrische Parabel 3. Grades $f(x) = ax^3 + b$. Aus der Zeichnung liest man ab: $f(0) = -3$, $f(1) = -2$. Einsetzen in die allgemeine Funktion ergibt folgende Gleichungen:

$$\begin{array}{rcrcl} & & b & = & -3 \\ a & + & b & = & -2 \end{array}$$

Auflösen der beiden Gleichungen führt auf $b = -3$ und $a = 1 \Rightarrow f(x) = x^3 - 3$.

2. Ansatz mit Linearfaktoren lässt sich nicht durchführen, da die Nullstelle nicht genau ablesbar ist.

3. Ansatz als verschobene Parabel 3. Grades: Es handelt sich um eine Parabel, die um 3 LE nach unten verschoben wurde. Daher wird $f(x) = x^3$ zu $f(x) = x^3 - 3$.

c) 1. Ansatz als allgemeine Parabel 2. Grades $f(x) = ax^2 + bx + c$. Aus der Zeichnung liest man ab: $f(-2) = 0$, $f(-1) = 1$, $f(0) = 4$. Einsetzen in die allgemeine Funktion ergibt folgende Gleichungen:

$$\begin{array}{rcrcrcl} 4a & - & 2b & + & c & = & 0 \\ a & - & b & + & c & = & 1 \\ & & & & c & = & 4 \end{array}$$

Einsetzen von c und Auflösen der beiden oberen Gleichungen führt auf $a = 1$ und $b = 4$, damit ist $f(x) = x^2 + 4x + 4$.

2. Ansatz mit Linearfaktoren: Das Schaubild hat nur eine Nullstelle für $x = -2 \Rightarrow (x+2) \cdot (x+2) = 0 \Rightarrow x^2 + 4x + 4 = 0$. Die Funktion könnte aber noch einen Faktor besitzen, der sie in y-Richtung stauchen oder strecken würde. Daher setzt man zur

Kontrolle noch einen Wert (nicht die Nullstelle!) ein und liest an der Zeichnung ab, ob die Werte stimmen. Es bieten sich an: $x = -1$ oder $x = 0$. Vergleich mit der Zeichnung ergibt eine Übereinstimmung, damit ist $f(x) = x^2 + 4x + 4$.

3. Ansatz als verschobene Normalparabel: Es handelt sich um eine um 2 LE nach links verschobene Normalparabel, daher wird $f(x) = x^2$ zu $f(x) = (x+2)^2$. Auch hier zur Kontrolle einsetzen: $f(0) = 4$, es herrscht Übereinstimmung. Ausmultiplizieren führt zu $f(x) = x^2 + 4x + 4$.

d) 1. Ansatz als allgemeine Funktion 2. Grades $f(x) = ax^2 + bx + c$. Aus der Zeichnung liest man ab: $f(-1) = -2$, $f(0) = -1$, $f(1) = 2$. Einsetzen in die allgemeine Funktion ergibt folgende Gleichungen:

$$\begin{array}{rcrcrcr} a & - & b & + & c & = & -2 \\ & & & & c & = & -1 \\ a & + & b & + & c & = & 2 \end{array}$$

Einsetzen von c und Auflösen der oberen und unteren Gleichung führt zu $a = 1$ und $b = 2$, damit ist $f(x) = x^2 + 2x - 1$.

2. Ansatz mit Linearfaktoren ist nicht möglich, da sich die Nullstellen nicht genau bestimmen lassen.

3. Ansatz als verschobene Normalparabel: Es handelt sich um eine Normalparabel, die um 1 LE nach links und um 2 LE nach unten verschoben ist:
$f(x) = x^2$ wird zu $f(x) = (x+1)^2 - 2$. Kontrolle für $x = 0$: $f(0) = -1$, d.h. Übereinstimmung. Ausmultiplizieren führt zu $f(x) = x^2 + 2x - 1$.

e) 1. Ansatz als allgemeine Funktion 2. Grades $f(x) = ax^2 + bx + c$. Aus der Zeichnung liest man ab: $f(0) = -3$, $f(1) = 0$, $f(2) = 1$. Einsetzen in die allgemeine Funktion ergibt folgende Gleichungen:

$$\begin{array}{rcrcrcr} a & + & b & + & c & = & 0 \\ 4a & + & 2b & + & c & = & 1 \\ & & & & c & = & -3 \end{array}$$

Einsetzen von c und Auflösen der beiden oberen Gleichungen führt zu $a = -1$ und $b = 4$, damit ist $f(x) = -x^2 + 4x - 3$.

2. Ansatz mit Linearfaktoren: Das Schaubild hat Nullstellen für $x = 1$ und $x = 3$, außerdem ist es eine nach unten geöffnete Parabel, daher muss ein Faktor -1 vor die Gleichung gesetzt werden $\Rightarrow -1 \cdot (x-1) \cdot (x-3) = 0 \Rightarrow -x^2 + 4x - 3 = 0$. Kontrolle für $x = 2$: $f(2) = 1$, damit ist $f(x) = -x^2 + 4x - 3$.

3. Ansatz als verschobene Normalparabel: Es handelt sich um eine nach unten geöffnete Normalparabel, die um 2 LE nach rechts und um 1 LE nach oben verschoben ist: $f(x) = -x^2$ wird zu $f(x) = -(x-2)^2 + 1$. Auch hier Kontrolle für $x = 2$: $f(2) = 1$, es herrscht Übereinstimmung. Ausmultiplizieren führt zu $f(x) = -x^2 + 4x - 3$.

f) Der Ansatz als allgemeine Funktion 3. Grades $f(x) = ax^3 + bx^2 + cx + d$ ist zwar möglich, aber etwas langwierig: Aus der Zeichnung liest man ab: $f(-1) = 0$, $f(0) = 3$, $f(1) = 0$ und $f(3) = 0$. Einsetzen in die allgemeine Funktion ergibt folgende Gleichungen:

$$\begin{array}{rcrcrcrcr} -a & + & b & - & c & + & d & = & 0 \\ & & & & & & d & - & 3 \\ a & + & b & + & c & + & d & = & 0 \\ 27a & + & 9b & + & 3c & + & d & = & 0 \end{array}$$

Einsetzen von d und Auflösen der oberen Gleichungen führt zu $a = 1$, $b = -3$ und $c = -1$, damit ist $f(x) = x^3 - 3x^2 - x + 3$.

4 Differenzieren

Bemerkung: Klammern und das Multiplikationszeichen werden bei den Lösungen dazu verwendet, die Ausdrücke übersichtlich zu machen.

4.1 Ganzrationale Funktionen

a) $f'(x) = 5 \cdot 4x^4 - 3 \cdot 2x^2 = 20x^4 - 6x^2$

b) $f'(x) = 2 \cdot 3x^2 - 6 \cdot 2x = 6x^2 - 12x$

c) $f'(x) = 4x^3 - 3 \cdot 2x + 0 = 4x^3 - 6x$

d) $f'(x) = 3 \cdot (4x+1)^2 \cdot 4 = 12 \cdot (4x+1)^2$

e) $f'(x) = 5 \cdot 4 \cdot \left(2x^2+1\right)^3 \cdot 2 \cdot 2x = 80x \cdot \left(2x^2+1\right)^3$

4.2 Potenzfunktionen mit negativen Exponenten

a) Für die Funktion $f(x) = \frac{2}{x^2} = 2 \cdot x^{-2}$ ergibt sich: $f'(x) = 2 \cdot (-2) \cdot x^{-3} = -4 \cdot x^{-3} = -\frac{4}{x^3}$

b) Für die Funktion $f(x) = 4 - \frac{2}{x} = 4 - 2 \cdot x^{-1}$ ergibt sich:
$f'(x) = 0 - 2 \cdot (-1) \cdot x^{-2} = 2 \cdot x^{-2} = \frac{2}{x^2}$

c) Für die Funktion $f(x) = 2x + \frac{2}{x^3} = 2x + 2 \cdot x^{-3}$ ergibt sich:
$f'(x) = 2 + 2 \cdot (-3) \cdot x^{-4} = 2 - 6 \cdot x^{-4} = 2 - \frac{6}{x^4}$

d) Für die Funktion $f(x) = \frac{2}{3x-4} = 2 \cdot (3x-4)^{-1}$ ergibt sich:
$f'(x) = 2 \cdot (-1) \cdot (3x-4)^{-2} \cdot 3 = -\frac{6}{(3x-4)^2}$

e) Für die Funktion $f(x) = \frac{2}{3x^2-4} = 2 \cdot \left(3x^2-4\right)^{-1}$ ergibt sich:
$f'(x) = 2 \cdot (-1) \cdot \left(3x^2-4\right)^{-2} \cdot 6x = -\frac{12x}{\left(3x^2-4\right)^2}$

f) Für die Funktion $f(x) = \frac{4}{(2x+1)^2} = 4 \cdot (2x+1)^{-2}$ ergibt sich:
$f'(x) = 4 \cdot (-2) \cdot (2x+1)^{-3} \cdot 2 = -\frac{16}{(2x+1)^3}$

g) Für die Funktion $f(x) = 3x^2 - \frac{5}{(3x-1)^3} = 3x^2 - 5 \cdot (3x-1)^{-3}$ ergibt sich:
$f'(x) = 6x - 5 \cdot (-3) \cdot (3x-1)^{-4} \cdot 3 = 6x + \frac{45}{(3x-1)^4}$

4.3 Potenzfunktionen mit gebrochenen Exponenten

a) Mit $f(x) = \sqrt{x^2+4} = \left(x^2+4\right)^{\frac{1}{2}}$ erhält man: $f'(x) = \frac{1}{2} \cdot \left(x^2+4\right)^{-\frac{1}{2}} \cdot 2x = \frac{x}{\sqrt{x^2+4}}$

b) Mit $f(x) = \sqrt{4x^2-2x} = \left(4x^2-2x\right)^{\frac{1}{2}}$ erhält man:
$f'(x) = \frac{1}{2} \cdot \left(4x^2-2x\right)^{-\frac{1}{2}} \cdot (8x-2) = \frac{8x-2}{2\sqrt{4x^2-2x}} = \frac{4x-1}{\sqrt{4x^2-2x}}$

c) Mit $f(x) = 6 \cdot \sqrt[3]{x} = 6 \cdot x^{\frac{1}{3}}$ erhält man: $f'(x) = 6 \cdot \frac{1}{3} \cdot x^{-\frac{2}{3}} = \frac{2}{x^{\frac{2}{3}}} = \frac{2}{\sqrt[3]{x^2}}$

d) Mit $f(x) = 2x \cdot \sqrt{x^2+1} = 2x \cdot \left(x^2+1\right)^{\frac{1}{2}}$ erhält man:
$f'(x) - 2 \cdot \left(x^2+1\right)^{\frac{1}{2}} + 2x \cdot \frac{1}{2} \cdot \left(x^2+1\right)^{-\frac{1}{2}} \cdot 2x = 2 \cdot \sqrt{x^2+1} + \frac{2x^2}{\sqrt{x^2+1}}$

4.4 Exponentialfunktionen

a) $f'(x) = 4 \cdot e^{-2x} \cdot (-2) = -8 \cdot e^{-2x}$

b) $f'(x) = -3 \cdot e^{-x} \cdot (-1) = 3 \cdot e^{-x}$

c) $f'(x) = 6x \cdot e^{-4x} + 3x^2 \cdot e^{-4x} \cdot (-4) = e^{-4x}\left(6x - 12x^2\right) = 6xe^{-4x}(1-2x)$

d) $f'(x) = \frac{3}{2}x^2 \cdot e^{2x} + \frac{1}{2}x^3 \cdot e^{2x} \cdot 2 = e^{2x}\left(\frac{3}{2}x^2 + x^3\right) = x^2e^{2x}\left(\frac{3}{2}+x\right)$

e) $f'(x) = 2e^{-x} + (2x+5) \cdot e^{-x} \cdot (-1) = e^{-x}(-2x-3)$

f) $f'(x) = 6x \cdot e^{-2x} + (3x^2-4) \cdot e^{-2x} \cdot (-2) = e^{-2x}\left(6x - 6x^2 + 8\right)$

4.5 Trigonometrische Funktionen

a) $f'(x) = \frac{1}{6} \cdot \cos\left(3x^2\right) \cdot 6x = x \cdot \cos\left(3x^2\right)$

b) $f'(x) = \frac{1}{2} \cdot \left(-\sin\left(2x^3\right)\right) \cdot 6x^2 = -3x^2 \cdot \sin\left(2x^3\right)$

c) $f'(x) = 2 \cdot \cos\left(\frac{1}{2}x^2+4\right) + 2x \cdot \left(-\sin\left(\frac{1}{2}x^2+4\right)\right) \cdot x = 2 \cdot \cos\left(\frac{1}{2}x^2+4\right) - 2x^2 \cdot \sin\left(\frac{1}{2}x^2+4\right)$

d) $f'(x) = 2x \cdot \sin(4x+3) + x^2 \cdot \cos(4x+3) \cdot 4 = 2x \cdot \sin(4x+3) + 4x^2 \cdot \cos(4x+3)$

e) $f'(x) = 2x \cdot \cos\left(\frac{1}{2}x-1\right) + x^2 \cdot \left(-\sin\left(\frac{1}{2}x-1\right)\right) \cdot \frac{1}{2} = 2x \cdot \cos\left(\frac{1}{2}x-1\right) - \frac{1}{2}x^2 \cdot \sin\left(\frac{1}{2}x-1\right)$

5 Gleichungslehre

5.1 Quadratische und nichtlineare Gleichungen

Die quadratische Gleichung $x^2 + px + q = 0$ lässt sich mit der pq-Formel $x_{1,2} = -\frac{p}{2} \pm \sqrt{\frac{p^2}{4} - q}$, die quadratische Gleichung $ax^2 + bx + c = 0$ lässt sich mit der abc-Formel $x_{1,2} = \frac{-b \pm \sqrt{b^2-4ac}}{2a}$ lösen.

a) Die Gleichung lässt sich mit der pq- bzw. der abc-Formel lösen, z.B. durch

$$x_{1,2} = v - \frac{3}{2} \pm \sqrt{\frac{3^2}{4} - (-4)} = -\frac{3}{2} \pm \sqrt{\frac{9}{4} + \frac{16}{4}} = -\frac{3}{2} \pm \sqrt{\frac{25}{4}} = -\frac{3}{2} \pm \frac{5}{2}$$

Damit sind $x_1 = 1$ und $x_2 = -4$.
Die Gleichung hat damit die Lösungsmenge $\mathrm{L} = \{1; -4\}$.

b) Die Gleichung lässt sich mit der pq- bzw. der abc-Formel lösen: $x_1 = 7$, $x_2 = -8$.
Die Gleichung hat damit die Lösungsmenge $\mathrm{L} = \{7; -8\}$.

c) Die Gleichung lässt sich mit der pq- bzw. der abc-Formel lösen: $x_1 = \frac{3}{5}$, $x_2 = -1$.
Die Gleichung hat damit die Lösungsmenge $\mathrm{L} = \{\frac{3}{5}; -1\}$.

d) $(2x-5) \cdot (2x+5) + 1 = (x-3)^2 + 2x \cdot (x-1)$ führt zu $4x^2 - 25 + 1 = x^2 - 6x + 9 + 2x^2 - 2x$ bzw. $x^2 + 8x - 33 = 0$. Diese Gleichung lässt sich mit der pq- bzw. der abc-Formel lösen: $x_{1,2} = -4 \pm \sqrt{16+33} \Rightarrow$ Lösungen: $x_1 = 3$, $x_2 = -11$. L$= \{-11; 3\}$.

e) $(x-2) \cdot (x+3) - 2 \cdot (x-1)^2 = 2 \cdot (2-x)$ führt zu $x^2 + 3x - 2x - 6 - 2 \cdot (x^2 - 2x + 1) = 4 - 2x$ bzw. $x^2 - 7x + 12 = 0$. Diese Gleichung lässt sich mit der pq- bzw. der abc-Formel lösen: $x_{1,2} = \frac{7}{2} \pm \sqrt{\frac{49}{4} - 12} \Rightarrow$ Lösungen: $x_1 = 3$, $x_2 = 4$. L$= \{3; 4\}$.

f) $(x-1) \cdot (x-a)^2 = 0$ führt zu $x - 1 = 0$ mit der Lösung: $x_1 = 1$ und zu $(x-a)^2 = 0$ bzw. $x - a = 0$ mit der Lösung: $x_2 = a$. L$= \{1; a\}$.

g) $x^2 \cdot (ax - 4a) = 0$ führt zu $x^2 = 0$ mit der Lösung: $x_1 = 0$ und zu $ax - 4a = 0$ bzw. $x - 4 = 0$ mit der Lösung: $x_2 = 4$. L$= \{0; 4\}$.

h) Ausklammern von x^3 führt zu $x^3 \cdot (2x-3) = 0$. Dies führt zu $x^3 = 0$ mit der Lösung $x_1 = 0$ und zu $2x - 3 = 0$ mit der Lösung $x_2 = \frac{3}{2}$. Die Gleichung hat damit die Lösungsmenge $\mathrm{L} = \{0; \frac{3}{2}\}$.

i) Ausklammern von x^2 führt zu $x^2 \cdot (x^2 - 3x + 2) = 0$. Dies führt zu $x^2 = 0$ mit der Lösung $x_1 = 0$ und zu $x^2 - 3x + 2 = 0$. Lösen mit Hilfe der pq- oder abc-Formel führt zu $x_2 = 1$ und $x_3 = 2$. Die Gleichung hat damit die Lösungsmenge $\mathrm{L} = \{0; 1; 2\}$.

j) x ausklammern führt zu $x \cdot (x^2 - 4) = 0$. Dies führt zu $x = 0$ mit der Lösung $x_1 = 0$ und zu $x^2 - 4 = 0$ mit den Lösungen $x_2 = 2$ und $x_3 = -2$. Die Gleichung hat damit die Lösungsmenge $\mathrm{L} = \{-2; 0; 2\}$.

k) x^2 ausklammern führt zu $x^2 \cdot (x^2 - 2) = 0 \Rightarrow x_1 = 0$. Die Gleichung $x^2 - 2 = 0$ führt zu $x_2 = \sqrt{2}$ und $x_3 = -\sqrt{2}$. Die Gleichung hat damit die Lösungsmenge $\mathrm{L} = \left\{-\sqrt{2}; 0; \sqrt{2}\right\}$.

l) x ausklammern führt zu $x \cdot \left(x^2 - 5x + 6\right) = 0$. Die erste Lösung ist damit $x_1 = 0$. Lösen von $x^2 - 5x + 6 = 0$ mit der pq- bzw. abc-Formel führt zu $x_2 = 2$ und $x_3 = 3$. Die Gleichung hat damit die Lösungsmenge $\mathrm{L} = \{0; 2; 3\}$.

5.2 Exponentialgleichungen

a) $(2x - 5) \cdot e^{-x} = 0$ führt zu $2x - 5 = 0$ mit der Lösung: $x = \frac{5}{2}$. Der Term $e^{-x} = 0$ besitzt keine Lösung, also ist $\mathrm{L} = \left\{\frac{5}{2}\right\}$.

b) $\left(x^2 - 4\right) \cdot e^{0,5x} = 0$ führt zu $x^2 - 4 = 0$ mit den Lösungen: $x_1 = -2$, $x_2 = 2$. Der Term $e^{0,5x} = 0$ besitzt keine Lösung, also ist $\mathrm{L} = \{-2; 2\}$.

c) $x \cdot e^x = 0$ führt zu $x = 0$. Der Term $e^x = 0$ besitzt keine Lösung, also ist $\mathrm{L} = \{0\}$.

d) $(x - t) \cdot e^{-x} = 0$ führt zu $x - t = 0$ mit der Lösung: $x = t$. Der Term $e^{-x} = 0$ besitzt keine Lösung, also ist $\mathrm{L} = \{t\}$.

e) $(2x - 4k) \cdot e^{2kx} = 0$ führt zu $2x - 4k = 0$ mit der Lösung: $x = 2k$. Der Term $e^{2kx} = 0$ besitzt keine Lösung, also ist $\mathrm{L} = \{2k\}$.

f) $\left(kx^2 - k\right) \cdot e^{-kx} = 0$ führt zu $kx^2 - k = 0 \Rightarrow k \cdot (x^2 - 1) = 0$ bzw. $x^2 - 1 = 0$ mit den Lösungen: $x_1 = -1$, $x_2 = 1$. Der Term $e^{-kx} = 0$ besitzt keine Lösung, also ist $\mathrm{L} = \{-1; 1\}$.

g) Substitution $e^x = v$: Wegen $e^{2x} = (e^x)^2$ gilt $e^{2x} = v^2$. Die Gleichung $e^{2x} - 6e^x + 5 = 0$ wird damit zu $v^2 - 6v + 5 = 0$. Lösen mit pq- oder abc-Formel ergibt $v_1 = 5$ und $v_2 = 1$. Rücksubstitution: $e^{x_1} = 1$ und $e^{x_2} = 5$. Die Lösungen sind damit: $x_1 = \ln 1 = 0$ und $x_2 = \ln 5$. Die Gleichung hat damit die Lösungsmenge $\mathrm{L} = \{0; \ln 5\}$.

h) Substitution $e^{2x} = v$: Da $e^{4x} = \left(e^{2x}\right)^2$ gilt $e^{4x} = v^2$. Die Gleichung $e^{4x} - 5e^{2x} + 6 = 0$ wird damit zu $v^2 - 5v + 6 = 0$. Lösen mit Hilfe der pq- oder abc-Formel ergibt $v_1 = 2$ und $v_2 = 3$. Rücksubstitution führt auf $e^{2x_1} = 2$ und $e^{2x_2} = 3$. Die Lösungen sind damit $x_1 = \frac{1}{2} \ln 2$ und $x_2 = \frac{1}{2} \ln 3$. Die Gleichung hat damit die Lösungsmenge $\mathrm{L} = \left\{\frac{1}{2} \ln 2; \frac{1}{2} \ln 3\right\}$.

i) $2 \cdot (1 - \ln x) = 1$ führt zu $2 - 2 \ln x = 1$ bzw. $\ln x = \frac{1}{2}$. Nimmt man beide Seiten «e-hoch», so erhält man: $e^{\ln x} = e^{\frac{1}{2}} \Rightarrow x = e^{\frac{1}{2}}$, also ist $\mathrm{L} = \left\{e^{\frac{1}{2}}\right\}$.

j) Die Gleichung $\ln(3 - x) = 0$ kann man lösen, indem man beide Seiten «e-hoch» nimmt; man erhält: $e^{\ln(3-x)} = e^0 \Rightarrow 3 - x = 1 \Rightarrow x = 2$, also ist $\mathrm{L} = \{2\}$.

k) Die Gleichung $\ln(2x-3)=0$ kann man lösen, indem man beide Seiten «e-hoch» nimmt; man erhält: $e^{\ln(2x-3)}=e^0 \Rightarrow 2x-3=1 \Rightarrow x=2$, also ist L$=\{2\}$.

5.3 Lineare Gleichungssysteme

a) Gegeben ist das Gleichungssystem:

$$\begin{array}{lrcrcrcr} \text{I} & x_1 & + & 2x_2 & - & x_3 & = & 8 \\ \text{II} & -x_1 & + & x_2 & + & 2x_3 & = & 0 \\ \text{III} & -x_1 & - & 5x_2 & - & 4x_3 & = & -12 \end{array}$$

Addieren von I zu II und I zu III führt zu:

$$\begin{array}{lrcrcrcr} \text{I} & x_1 & + & 2x_2 & - & x_3 & = & 8 \\ \text{IIa} & & & 3x_2 & + & x_3 & = & 8 \\ \text{IIIa} & & - & 3x_2 & - & 5x_3 & = & -4 \end{array}$$

Addieren von IIa und IIIa führt zu:

$$\begin{array}{lrcrcrcr} \text{I} & x_1 & + & 2x_2 & - & x_3 & = & 8 \\ \text{IIa} & & & 3x_2 & + & x_3 & = & 8 \\ \text{IIIb} & & & & - & 4x_3 & = & 4 \end{array}$$

Aus IIIb folgt: $x_3=-1$. Einsetzen in IIa ergibt: $3x_2+(-1)=8 \Rightarrow x_2=3$.
Einsetzen in I ergibt: $x_1+2\cdot 3-(-1)=8 \Rightarrow x_1=1$.
Die Lösungsmenge ist damit: $\text{L}=\{(1;3;-1)\}$.
Alternativ kann man das Gleichungssystem auch mit dem GTR lösen.

frv.tv/ao

Lösen des Gleichungssystems mit dem CAS

TI: Es wird das folgende LGS gelöst:

$$\text{solve}\left(\left\{\begin{array}{l} x+2y-z=8 \\ -x+y-2z=0 \\ -x-5y-4z=-12 \end{array}\right. \quad x, y, z\right)$$

Dies führt zu x = 3, y = 4 und z = 2.

Casio: Man benutzt das Math1-Menü zum Lösen des Gleichungssystems :

$$\left\{\begin{array}{l} x+2y-z=8 \\ -x+y-2z=0 \\ -x-5y-4z=-12 \end{array}\right| \; x, y, z$$

Es ergibt sich x = 3, y = 4 und z = 2.

b) Gegeben ist das Gleichungssystem:

$$\begin{array}{lrcrcrcr} \text{I} & x_1 & + & 2x_2 & - & 2x_3 & = & 7 \\ \text{II} & x_1 & - & x_2 & - & 4x_3 & = & -9 \\ \text{III} & x_1 & + & 4x_2 & + & 3x_3 & = & 25 \end{array}$$

Multiplikation von I mit (-1) und addieren zu II und III führt zu:

$$\begin{array}{lrcrcrcr} \text{I} & x_1 & + & 2x_2 & - & 2x_3 & = & 7 \\ \text{IIa} & & - & 3x_2 & - & 2x_3 & = & -16 \\ \text{IIIa} & & & 2x_2 & + & 5x_3 & = & 18 \end{array}$$

Multiplikation von IIa mit 2 und IIIa mit 3 und addieren führt zu:

$$\begin{array}{lrcrcrcr} \text{I} & x_1 & + & 2x_2 & - & 2x_3 & = & 7 \\ \text{IIb} & & - & 6x_2 & - & 4x_3 & = & -32 \\ \text{IIIb} & & & & & 11x_3 & = & 22 \end{array}$$

Aus IIIb folgt: $x_3 = 2$. Einsetzen in IIb ergibt: $-6x_2 - 4 \cdot 2 = -32 \Rightarrow x_2 = 4$.
Einsetzen in I ergibt: $x_1 + 2 \cdot 4 - 2 \cdot 2 = 7 \Rightarrow x_1 = 3$.
Die Lösungsmenge ist damit: $L = \{(3;4;2)\}$.
Alternativ kann man das Gleichungssystem auch mit dem GTR lösen.

frv.tv/ao

c) Gegeben ist das Gleichungssystem:

$$\begin{array}{lrcrcrcr} \text{I} & x_1 & + & x_2 & + & 7x_3 & = & 2 \\ \text{II} & 2x_1 & - & x_2 & - & 3x_3 & = & -5 \\ \text{III} & 4x_1 & - & x_2 & + & 4x_3 & = & -7 \end{array}$$

Multiplikation von I mit (-2) und addieren zu II, sowie Multiplikation von I mit (-4) und addieren zu III führt zu:

$$\begin{array}{lrcrcrcr} \text{I} & x_1 & + & x_2 & + & 7x_3 & = & 2 \\ \text{IIa} & & - & 3x_2 & - & 17x_3 & = & -9 \\ \text{IIIa} & & - & 5x_2 & - & 24x_3 & = & -15 \end{array}$$

Multiplikation von IIa mit (-5) und von IIIa mit 3 und addieren führt zu:

$$\begin{array}{lrcrcrcr} \text{I} & x_1 & + & x_2 & + & 7x_3 & = & 2 \\ \text{IIb} & & & 15x_2 & + & 85x_3 & = & 45 \\ \text{IIIb} & & & & & 13x_3 & = & 0 \end{array}$$

Aus IIIb folgt: $x_3 = 0$. Einsetzen in IIb ergibt: $15x_2 + 0 = 45 \Rightarrow x_2 = 3$. Einsetzen in I ergibt: $x_1 + 3 + 7 \cdot 0 = 2 \Rightarrow x_1 = -1$.
Die Lösungsmenge ist damit: $L = \{(-1;3;0)\}$.
Alternativ kann man das Gleichungssystem auch mit dem GTR lösen.

frv.tv/ao

d) Gegeben ist das Gleichungssystem

$$\begin{array}{rcrcrcr} x_1 & + & 2x_2 & - & x_3 & = & 4 \\ -x_1 & + & 2x_2 & - & 3x_3 & = & 6 \\ 2x_1 & + & 4x_2 & - & 2x_3 & = & 8 \end{array}$$

Der Vergleich der verschiedenen Gleichungen ergibt, dass die erste und die dritte Gleichung Vielfache voneinander sind, da die dritte Gleichung das Doppelte der ersten Gleichung ist. Es bleiben daher folgende Gleichungen übrig:

$$\begin{array}{lrcrcrcr} \text{I} & x_1 & + & 2x_2 & - & x_3 & = & 4 \\ \text{II} & -x_1 & + & 2x_2 & - & 3x_3 & = & 6 \end{array}$$

addieren von I zu II führt zu:

$$\begin{array}{lrcrcrcr} \text{I} & x_1 & + & 2x_2 & - & x_3 & = & 4 \\ \text{IIa} & & & 4x_2 & - & 4x_3 & = & 10 \end{array}$$

Man wählt nun z.B. $x_3 = t$ und setzt dies in Gleichung IIa ein:

$$\begin{array}{lrcrcrcr} \text{I} & x_1 & + & 2x_2 & - & x_3 & = & 4 \\ \text{IIb} & & & 4x_2 & - & 4t & = & 10 \end{array}$$

auflösen von IIb nach x_2 führt zu: $x_2 = t + 2,5$.

Nun wird in I eingesetzt und nach x_1 aufgelöst: $x_1 + 2(t + 2,5) - t = 4 \Rightarrow x_1 = -t - 1$.

Damit ist die Lösungsmenge: $\mathrm{L} = \{(-t-1\,;t+2,5\,;t) \mid t \in \mathbb{R}\}$.

Alternativ kann man das Gleichungssystem auch mit dem GTR lösen.

frv.tv/ao

e) Gegeben ist das Gleichungssystem:

$$\begin{array}{lrcrcrcr} \text{I} & x & + & 2y & + & z & = & 4 \\ \text{II} & -x & - & 4y & + & z & = & 7 \\ \text{III} & 2x & + & 8y & - & 2z & = & 18 \end{array}$$

addieren von I zu II, sowie Multiplikation von I mit (-2) und addieren zu III führt zu:

$$\begin{array}{lrcrcrcr} \text{I} & x & + & 2y & + & z & = & 4 \\ \text{IIa} & & - & 2y & + & 2z & = & 11 \\ \text{IIIa} & & & 4y & - & 4z & = & 10 \end{array}$$

Multiplikation von IIa mit 2 und addieren zu IIIa führt zu:

$$\begin{array}{lrcrcrcr} \text{I} & x & + & 2y & + & z & = & 4 \\ \text{IIb} & & - & 4y & + & 4z & = & 22 \\ \text{IIIb} & & & & & 0 & = & 32 \end{array}$$

Gleichung IIIb ist ein Widerspruch. Damit ist das Gleichungssystem nicht lösbar und die Lösungsmenge ist leer: $\mathrm{L} = \{\,\}$.

Alternativ kann man das Gleichungssystem auch mit dem GTR lösen.

frv.tv/ao

f) Gegeben ist das Gleichungssystem

$$\begin{array}{lrcrcrcr} \text{I} & x & - & y & + & 2z & = & 6 \\ \text{II} & -2x & + & 2y & - & 4z & = & -12 \\ \text{III} & 2x & + & y & + & z & = & 3 \end{array}$$

Der Vergleich der verschiedenen Gleichungen ergibt, dass die erste und die zweite Gleichung ein Vielfaches voneinander sind, denn es ist $\mathrm{II} = -2 \cdot \mathrm{I}$. Die zweite Gleichung kann daher gestrichen werden. Es bleiben folgende Gleichungen:

$$\begin{array}{lrcrcrcr} \mathrm{I} & x & - & y & + & 2z & = & 6 \\ \mathrm{III} & 2x & + & y & + & z & = & 3 \end{array}$$

Addieren von I zu III führt zu:

$$\begin{array}{lrcrcrcr} \mathrm{I} & x & - & y & + & 2z & = & 6 \\ \mathrm{IIIa} & 3x & & & + & 3z & = & 9 \end{array}$$

Man wählt nun z.B. $z = t$ und setzt dies in die Gleichung IIIa ein:

$$\begin{array}{lrcrcrcr} \mathrm{I} & x & - & y & + & 2z & = & 6 \\ \mathrm{IIIb} & 3x & & & + & 3t & = & 9 \end{array}$$

Auflösen von IIIb nach x führt zu: $x = 3 - t$.
Nun wird in I eingesetzt und nach y aufgelöst: $(3-t) - y + 2t = 6 \Rightarrow y = t - 3$. Damit ist die Lösungsmenge: $\mathrm{L} = \{(3-t; t-3; t) \mid t \in \mathbb{R}\}$.
Alternativ kann man das Gleichungssystem auch mit dem GTR lösen.

frv.tv/ao

6 Kurvendiskussion

6.1 Elemente der Kurvendiskussion

a) $f(x) = x^2 \cdot e^x$, Ableiten (Produktregel) und Ausklammern ergibt $f'(x) = (x^2 + 2x) \cdot e^x$. Erneutes Ableiten (Produktregel) und Ausklammern ergibt $f''(x) = \left(x^2 + 4x + 2\right) \cdot e^x$. Einsetzen von $x = 0$: $f'(0) = (0^2 + 2 \cdot 0)e^0 = 0 \Rightarrow$ die Funktion hat einen Extremwert für $x = 0$. Überprüfen in $f''(x) : f''(0) = (0^2 + 4 \cdot 0 + 2)e^0 = 2$, es ist $2 > 0 \Rightarrow$ Es handelt sich um ein Minimum.

b) Nein, die Kurve berührt die x-Achse nur, da es sich bei dem Punkt $\mathrm{P}(x_0 \mid 0)$ um einen Hochpunkt handelt.

c) Das Schaubild der Stammfunktion von f hat an der Stelle x_0 einen Extrempunkt oder einen Sattelpunkt. (Ausnahme: $f(x) = 0$.) In diesem Fall wäre $\mathrm{F}(x) = 3$ eine mögliche Stammfunktion. Es ist $f(2) = 0$, $(2 \mid 3)$ ist aber kein Extrempunkt und kein Sattelpunkt.)

d) $f(x) = 3x^3 + 4$, Ableiten ergibt $f'(x) = 9x^2$, $f''(x) = 18x$, $f'''(x) = 18$. Einsetzen von $x = 0$: $f'(0) = 0$. Außerdem hat $f'(x)$ bei $x = 0$ keinen Vorzeichenwechsel $\Rightarrow$ das Schaubild der Funktion besitzt einen Sattelpunkt in $(0 \mid 4)$.

e) $\lim\limits_{x \to \infty} \left(x^2 \cdot e^{-x} + 1\right) = \lim\limits_{x \to \infty} x^2 \cdot e^{-x} + \lim\limits_{x \to \infty} 1.$
Es ist $\lim\limits_{x \to \infty} x^2 \cdot e^{-x} = 0$ und $\lim\limits_{x \to \infty} 1 = 1$.
Damit ist $y = 1$ die Asymptote der Funktion für $x \to \infty$.

f) Es ist $f(x) = \frac{1}{4}x^4 - x^3 + 4x - 2$, $f'(x) = x^3 - 3x^2 + 4$, $f''(x) = 3x^2 - 6x$, $f'''(x) = 6x - 6$
Einsetzen von $x = 2$: $f'(2) = 0$, $f''(2) = 0$, $f'''(2) = 6 \neq 0$. Der Punkt $(2 \mid 2)$ ist daher ein Sattelpunkt und kein Tiefpunkt.

g) Eine Polstelle bei einer gebrochenrationalen Funktion ist eine Nullstelle des Nenners, die (nach Kürzung aller Linearfaktoren) nicht gleichzeitig Nullstelle des Zählers ist. Der Nenner besitzt eine Nullstelle für $x = 1$. An dieser Stelle ist der Zähler ungleich Null. Also handelt es sich um eine Polstelle.

h) Es ist $f'(x) = 2xe^{-x} + x^2 \cdot e^{-x} \cdot (-1) = \left(2x - x^2\right) e^{-x}$.
Bei Punkten mit waagerechter Tangente ist $f'(x) = 0$, also $\left(2x - x^2\right) e^{-x} = 0 \Rightarrow x_1 = 0$ und $x_2 = 2$. Um die y-Werte zu erhalten, setzt man die x-Werte in $f(x)$ ein: $y_1 = 0^2 e^{-0} = 0$ und $y_2 = 2^2 e^{-2} = 4e^{-2} \Rightarrow \mathrm{P}_1 (0 \mid 0)$ und $\mathrm{P}_2\left(2 \mid 4e^{-2}\right)$. Die Steigung zwischen den zwei Punkten ist $m = \frac{y_2 - y_1}{x_2 - x_1} = \frac{4e^{-2} - 0}{2 - 0} = 2 \cdot e^{-2}$. Eingesetzt in die Punkt-Steigungsform $y - y_1 = m \cdot (x - x_1)$ ergibt sich $y - 0 = 2e^{-2} \cdot (x - 0)$, also hat die Gerade die Gleichung $y = 2e^{-2} \cdot x$.

i) Es ist $f'(x) = 1e^{-x} + x \cdot e^{-x} \cdot (-1) = (1 - x)e^{-x}$,
$f''(x) = -1e^{-x} + (1 - x)e^{-x} \cdot (-1) = (x - 2)e^{-x}$,

$f'''(x) = 1e^{-x} + (x-2)e^{-x} \cdot (-1) = (3-x)e^{-x}$.
Setzt man $f''(x) = 0$, so erhält man $(x-2)e^{-x} = 0 \Rightarrow x = 2$.
Setzt man $x = 2$ in $f'''(x)$ ein, so ergibt sich $f'''(2) = (3-2)e^{-2} \neq 0$, also existiert genau ein Wendepunkt $\mathrm{W}\left(2 \mid 2e^{-2}\right)$.

j) Es ist $f'(x) = g'(x)e^{-x} + g(x)e^{-x} \cdot (-1) = (g'(x) - g(x))e^{-x}$.
Bei Punkten mit waagerechter Tangente ist $f'(x) = 0$, also $(g'(x) - g(x))e^{-x} = 0$ bzw. $g'(x) - g(x) = 0$. Dies ist eine quadratische Gleichung, da $g'(x)$ 1. Grades und $g(x)$ 2. Grades ist. (Somit ist $g'(x) - g(x)$ 2. Grades.) Eine quadratische Gleichung hat maximal zwei Lösungen, also hat das Schaubild von f maximal zwei Punkte mit waagerechter Tangente.

k) Es ist $f'(x) = (x-2)^3$.
Da $f'(2) = (2-2)^3 = 0$, ist die notwendige Bedingung für einen lokalen Tiefpunkt erfüllt.
Zur Ermittlung des Vorzeichenwechsels betrachtet man x–Werte, die kleiner bzw. größer als 2 sind:
$x < 2 \Rightarrow f'(x) < 0$, da der Term in der Klammer kleiner als Null ist und «hoch 3» das Vorzeichen beibehält.
$x > 2 \Rightarrow f'(x) > 0$, da der Term in der Klammer größer als Null ist und «hoch 3» das Vorzeichen beibehält.
Somit wechselt f' das Vorzeichen an der Stelle $x = 2$ von $-$ nach $+$.
Also hat das Schaubild von f bei $x = 2$ einen Tiefpunkt.

6.2 Funktionenscharen / Funktionen mit Parameter

a) I) Es handelt sich bei den Graphen von f_t um Parabeln, die symmetrisch zur y-Achse sind. Je nach Wert von t sind die Parabeln «gestreckt» oder «gestaucht». Für positive Werte von t sind die Parabeln nach oben geöffnet, für negative Werte sind sie nach unten geöffnet (siehe Zeichnung).

II) Der Punkt $\mathrm{P}_1(2 \mid 2)$ wird in die Gleichung eingesetzt und liefert $2 = t \cdot 2^2$. Umstellen nach t ergibt $t = \frac{1}{2}$. Die Funktion damit $f_{\frac{1}{2}}(x) = \frac{1}{2}x^2$.
Der Punkt $\mathrm{P}_2(-1 \mid -2)$ wird in die Gleichung eingesetzt und liefert $-2 = t \cdot (-1)^2$. Umstellen nach t ergibt $t = -2$. Die Funktion ist damit $f_{-2}(x) = -2x^2$.

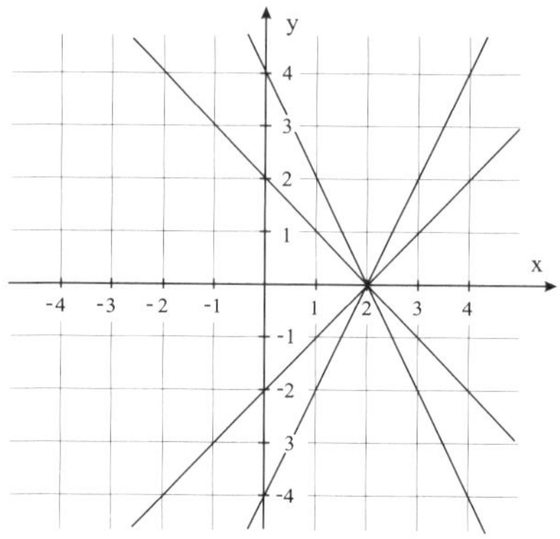

Kurvenschar c)

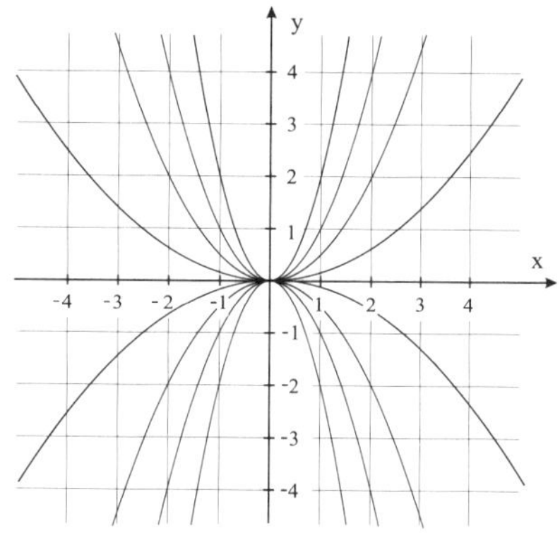

Kurvenschar d)

b) Um die Nullstellen der Funktion $f(x) = x^2 - ax + 1$; $a > 0$ in Abhängigkeit von a zu bestimmen, wird der Funktionsterm gleich Null gesetzt:

$x^2 - ax + 1 = 0$ wird mit de pq-Formel gelöst. Es ergibt sich $x_{1,2} = \frac{a}{2} \pm \sqrt{\frac{a^2}{4} - 1}$.. Für die Anzahl der Lösungen ist der Term unter der Wurzel – die Diskriminante – verantwortlich. Je nachdem, ob sie größer, gleich oder kleiner als Null ist gibt es zwei, eine oder keine Lösung:

- Für $\frac{a^2}{4} - 1 > 0$ d.h. $a > 2$ gibt es zwei Lösungen
- Für $\frac{a^2}{4} - 1 = 0$ d.h. $a = 2$ gibt es eine Lösung
- Für $\frac{a^2}{4} - 1 < 0$ d.h. $a < 2$ gibt es keine Lösung.

c) Die Ableitungen der Funktionen sind

$$f(x) = -x^2 + 2 \Rightarrow f'(x) = -2x$$
$$g_t(x) = tx^2 - 1 \Rightarrow g_t{}'(x) = 2tx$$

Damit die Graphen der Funktionen im Schnittpunkt aufeinander senkrecht stehen, müssen folgende Gleichungen gelten:

$$\begin{array}{lrcl} \text{I} & f(x) & = & g_t(x) \\ \text{II} & f'(x) \cdot g_t'(x) & = & -1 \end{array}$$

Dabei ist Gleichung I die Gleichung für den Schnittpunkt und Gleichung II die Orthogonalitätsbedingung. Setzt man die Funktionen bzw. die Ableitungen ein, führt dies zu

$$\begin{array}{lrclcrclcrcl} \text{Ia} & -x^2 + 2 & = & tx^2 - 1 & \Rightarrow & 3 & = & x^2 \cdot (t+1) & \Rightarrow & x^2 & = & \frac{3}{t+1} \\ \text{IIa} & -2x \cdot 2tx & = & -1 & \Rightarrow & & & & & -4tx^2 & = & -1 \end{array}$$

Nun setzt man Gleichung Ia in Gleichung IIa ein: $-4t \cdot \frac{3}{t+1} = -1$. Auflösen nach t ergibt $t = \frac{1}{11}$. Die beiden Kurven stehen also für $t = \frac{1}{11}$ im Schnittpunkt senkrecht aufeinander. Alternativ können Sie das Gleichungssystem auch mit dem GTR / CAS lösen.

d) Es ist $f_t(x) = (2x+t)\cdot e^{-x}$; $x \in \mathbb{R}$; $t \geqslant 0$. Um den abgebildeten Graphen der Funktionenschar f_t den jeweiligen Parameter t zuzuordnen, kann man die Nullstellen der Graphen betrachten. Die Nullstelle von f_t erhält man rechnerisch, indem man die Funktionsgleichung gleich Null setzt:
$f_t(x) = 0$ führt zu $(2x+t)\cdot e^{-x} = 0$ bzw. $2x+t = 0 \Rightarrow x = -\frac{t}{2}$ ist einzige Nullstelle.
Der Graph G hat als einzige Nullstelle $x = -2$, somit gilt: $-\frac{t}{2} = -2 \Rightarrow t = 4$.
Der Graph G* hat als einzige Nullstelle $x = -1$, somit gilt: $-\frac{t}{2} = -1 \Rightarrow t = 2$.
Der Graph G** hat als einzige Nullstelle $x = 0$, somit gilt: $-\frac{t}{2} = 0 \Rightarrow t = 0$.
Damit gehört zu G der Parameter $t = 4$, zu G* der Parameter $t = 2$ und zu G** der Parameter $t = 0$.

Alternativ kann man auch den Schnittpunkt mit der y-Achse untersuchen. Für $x = 0$ ergibt sich: $f_t(0) = (2\cdot 0+t)\cdot e^{-0} = t\cdot 1 = t$. Anhand der Graphen kommt man zu den gleichen Lösungen wie oben angegeben.

e) Man erhält die Extremstellen von $f_t(x) = x\cdot e^{tx}$; $x \in \mathbb{R}$; $t < 0$, indem man die 1. Ableitung (Produkt- und Kettenregel) gleich Null setzt:
$f_t'(x) = 1\cdot e^{tx} + x\cdot e^{tx}\cdot t = (1+tx)\cdot e^{tx} = 0$ führt zu $1+tx = 0$ bzw. $x = -\frac{1}{t}$.
Setzt man $x = -\frac{1}{t}$ in die 2. Ableitung $f_t''(x) = t\cdot e^{tx} + (1+tx)\cdot e^{tx}\cdot t = \left(2t+t^2x\right)\cdot e^{tx}$ ein, so erhält man:
$f_t''\left(-\frac{1}{t}\right) = \left(2t+t^2\cdot\left(-\frac{1}{t}\right)\right)\cdot e^{t\cdot\left(-\frac{1}{t}\right)} = t\cdot e^{-1} \neq 0 \Rightarrow x = -\frac{1}{t}$ ist die einzige Extremstelle von $f_t(x)$.
Da $x = 2$ Extremstelle sein soll, muss gelten: $2 = -\frac{1}{t} \Rightarrow t = -\frac{1}{2}$.
Für $t = -\frac{1}{2}$ hat der Graph von f_t bei $x = 2$ eine Extremstelle.

6.3 Krümmungsverhalten von Kurven

a) Es ist $f(x) = \frac{1}{3}x^3 - x$. Zur Bestimmung des Krümmungsverhaltens benötigt man die 2. Ableitung: Es ist $f'(x) = x^2 - 1$ und $f''(x) = 2x$.
Der Graph von f ist linksgekrümmt, wenn $f''(x) > 0$ gilt: $2x > 0 \Rightarrow x > 0$. Also ist f für $x > 0$ linksgekrümmt.
Der Graph von f ist rechtsgekrümmt, wenn $f''(x) < 0$ gilt: $2x < 0 \Rightarrow x < 0$. Also ist f für $x < 0$ rechtsgekrümmt.

b) Es ist $f(x) = (x-1)^5$. Zur Bestimmung des Krümmungsverhaltens benötigt man die 2. Ableitung (Kettenregel): Es ist $f'(x) = 5\cdot(x-1)^4$ und $f''(x) = 20\cdot(x-1)^3$.
Der Graph von f ist linksgekrümmt, wenn $f''(x) > 0$ gilt: $20\cdot(x-1)^3 > 0 \Rightarrow x > 1$. Also ist f für $x > 1$ linksgekrümmt.
Der Graph von f ist rechtsgekrümmt, wenn $f''(x) < 0$ gilt: $20\cdot(x-1)^3 < 0 \Rightarrow x < 1$. Also ist f für $x < 1$ rechtsgekrümmt.

c) Es ist $f(x) = (2x-3)\cdot e^{-x}$. Zur Bestimmung des Krümmungsverhaltens benötigt man die 2. Ableitung (Produkt- und Kettenregel): Es ist $f'(x) = 2\cdot e^{-x} + (2x-3)\cdot e^{-x}\cdot(-1)$

$= (-2x+5) \cdot e^{-x}$ und $f''(x) = -2 \cdot e^{-x} + (-2x+5) \cdot e^{-x} \cdot (-1) = (2x-7) \cdot e^{-x}$.
Der Graph von f ist linksgekrümmt, wenn $f''(x) > 0$ gilt: $(2x-7) \cdot e^{-x} > 0 \Rightarrow x > \frac{7}{2}$.
Also ist f für $x > \frac{7}{2}$ linksgekrümmt.
Der Graph von f ist rechtsgekrümmt, wenn $f''(x) < 0$ gilt: $(2x-7) \cdot e^{-x} < 0 \Rightarrow x < \frac{7}{2}$.
Also ist f für $x < \frac{7}{2}$ rechtsgekrümmt.

d) Es ist $f(x) = (x^2 - 8x + 17) \cdot e^x$. Zur Bestimmung des Krümmungsverhaltens der Kurve benötigt man die 2. Ableitung (Produktregel): Es ist $f'(x) = (2x-8) \cdot e^x + (x^2 - 8x + 17) \cdot e^x = (x^2 - 6x + 9) \cdot e^x$ und $f''(x) = (2x-6) \cdot e^x + (x^2 - 6x + 9) \cdot e^x = (x^2 - 4x + 3) \cdot e^x$
Der Graph von f ist linksgekrümmt, wenn $f''(x) > 0$ gilt: $(x^2 - 4x + 3) \cdot e^x > 0$ bzw. $(x^2 - 4x + 3) > 0$. Diese quadratische Ungleichung kann durch folgende Überlegung gelöst werden: Der Graph von $g(x) = x^2 - 4x + 3$ ist eine nach oben geöffnete Parabel, deren Nullstellen bestimmt werden: $x^2 - 4x + 3 = 0 \Rightarrow x_1 = 1$ und $x_2 = 3$. Der Graph von g verläuft also für $x < 1$ oder $x > 3$ oberhalb der x-Achse, also ist $(x^2 - 4x + 3) > 0$ für $x < 1$ oder $x > 3$.
Damit ist der Graph von f linksgekrümmt für $x < 1$ oder $x > 3$.
Es ist rechtsgekrümmt für $1 < x < 3$.

6.4 Monotonie

a) Es ist $f(x) = x^3 + x$. Die 1. Ableitung von f ist $f'(x) = 3x^2 + 1$
Die Ungleichung $3x^2 + 1 > 0$ ist für alle $x \in \mathbb{R}$ erfüllt, daher ist die Funktion (im gesamten Definitionsbereich) streng monoton wachsend.

b) Es ist $f(x) = \frac{1}{3}x^3 - 4x$. Die 1. Ableitung von f ist $f'(x) = \frac{3}{3}x^2 - 4 = x^2 - 4$
Die Ungleichung $x^2 - 4 > 0$ ist erfüllt für $x < -2$ oder $x > -2$ (Skizze!)
Die Ungleichung $x^2 - 4 < 0$ ist erfüllt für $x > -2$ oder $x < -2$.
Also ist die Funktion für $x < -2$ und für $x > 2$ streng monoton wachsend und für $-2 < x < 2$ streng monoton fallend.

6.5 Berührpunkte zweier Kurven

Wenn sich zwei Graphen G_f und G_g in einem Punkt $B\,(x_B \mid y_B)$ berühren, muss gelten:

1. Da B gemeinsamer Punkt ist, gilt $f(x_B) = g(x_B)$.
2. Da in B eine gemeinsame Tangente vorhanden ist, gilt $f'(x_B) = g'(x_B)$.

a) Es genügt zu zeigen, dass im Punkt $B\,(0 \mid 3)$ die beiden Bedingungen $f(x) = g(x)$ und $f'(x) = g'(x)$ erfüllt sind:
Es ist $f(0) = \frac{1}{5} \cdot 0^3 - 2 \cdot 0^2 + 5 \cdot 0 + 3 = 3$ und $g(0) = -0^2 + 5 \cdot 0 + 3 = 3$, also $f(0) = g(0)$, d.h. $B\,(0 \mid 3)$ ist gemeinsamer Punkt.
Ferner gilt $f'(x) = \frac{3}{5}x^2 - 4x + 5$ und $g'(x) = -2x + 5$.
Es ist $f'(0) = \frac{3}{5} \cdot 0^2 - 4 \cdot 0 + 5 = 5$ und $g'(0) = -2 \cdot 0 + 5 = 5$,
also $f'(0) = g'(0)$, d.h. in $B\,(0 \mid 3)$ existiert eine gemeinsame Tangente. Somit berühren sich die beiden Kurven in $B\,(0 \mid 3)$.

b) Um mögliche Berührpunkte zu berechnen, kann man entweder die Funktionsgleichungen oder die Tangentensteigungen gleichsetzen. Anschließend muss die jeweils andere Bedingung überprüft werden.
Es ist $f'(x) = x^2 - 4x + 3$ und $g'(x) = -2x + 3$.
Gleichsetzen der Tangentensteigungen führt auf $x^2 - 4x + 3 = -2x + 3$ bzw. $x^2 - 2x = 0$ mit den Lösungen $x_1 = 2$ und $x_2 = 0$.
Setzt man $x_1 = 2$ in $f(x)$ bzw. $g(x)$ ein, so ergibt sich $f(2) = \frac{1}{3} \cdot 2^3 - 2 \cdot 2^2 + 3 \cdot 2 + 4 = 4\frac{2}{3}$ und $g(2) = -2^2 + 3 \cdot 2 + 4 = 6$, d.h. $f(2) \neq g(2)$, also liegt kein gemeinsamer Punkt vor.
Setzt man $x_2 = 0$ in $f(x)$ bzw. $g(x)$ ein, so ergibt sich $f(0) = \frac{1}{3} \cdot 0^3 - 2 \cdot 0^2 + 3 \cdot 0 + 4 = 4$ und $g(0) = -0^2 + 3 \cdot 0 + 4 = 4$, also ist auch $f(0) = g(0)$, d.h. B $(0 \mid 4)$ ist ein Berührpunkt.

6.6 Symmetrie

a) Da die Funktion f mit $f(x) = \frac{1}{x^2} + 3$ nur gerade Exponenten enthält, erfüllt sie das Kriterium für y-Achsensymmetrie: $f(-x) = \frac{1}{(-x)^2} + 3 = \frac{1}{x^2} + 3 = f(x)$.

b) Da die Funktion f mit $f(x) = 3x^5 - 7{,}2x^3 + x$ nur ungerade Exponenten enthält, erfüllt sie das Kriterium für Punktsymmetrie zum Ursprung: $f(-x) = 3 \cdot (-x)^5 - 7{,}2 \cdot (-x)^3 + (-x)$ $= -3x^5 + 7{,}2x^3 - x = -\left(3x^5 - 7{,}2x^3 + x\right) = -f(x)$.

6.7 Tangenten und Normalen

a) Aus $f(x) = x^2 - 4x + 2$ folgt $f'(x) = 2x - 4$. Für die Steigung m_t der Tangente im Punkt x_0 gilt $m_t = f'(x_0)$. Damit ist die Tangente in P$(1 \mid -1)$: $m_t = f'(1) = 2 \cdot 1 - 4 = -2$. Setzt man P$(1 \mid -1)$ und $m_t = -2$ in die Punkt-Steigungsform $y - y_1 = m \cdot (x - x_1)$ einer Geraden ein, so erhält man $y - (-1) = -2 \cdot (x - 1)$ und damit die Tangentengleichung $t:\ y = -2x + 1$. Für die Normalensteigung m_n gilt $m_n = -\frac{1}{m_t} = -\frac{1}{-2} = \frac{1}{2}$. Setzt man P und m_n in die Punkt-Steigungsform ein, so erhält man $y - (-1) = \frac{1}{2} \cdot (x - 1)$ und damit die Normalengleichung $n:\ y = \frac{1}{2}x - \frac{3}{2}$.

b) Aus $f(x) = x^3 + x + 1$ folgt $f'(x) = 3x^2 + 1$, $f''(x) = 6x$ und $f'''(x) = 6$. Um den Wendepunkt zu bestimmen, wird die 2. Ableitung gleich Null gesetzt: $f''(x) = 6x = 0 \Rightarrow x_W = 0$. Probe in f''' ergibt $f'''(0) = 6 \neq 0$, es handelt sich also um einen Wendepunkt. Der y-Wert wird bestimmt, indem man $x_W = 0$ in $f(x)$ einsetzt, was zu W$(0 \mid 1)$ führt.
Die Tangentensteigung in W ist $m_t = f'(0) = 1$. Setzt man W$(0 \mid 1)$ und $m_t = 1$ in die Punkt-Steigungsform ein, so erhält man $y - 1 = 1 \cdot (x - 0)$ und damit die Tangentengleichung $t:\ y = x + 1$. Für die Normalensteigung m_n gilt $m_n = -\frac{1}{m_t} = -\frac{1}{1} = -1$. Setzt man W$(0 \mid 1)$ und $m_n = -1$ in die Punkt-Steigungsform ein, so erhält man $y - 1 = -1 \cdot (x - 0)$ und damit die Normalengleichung $n:\ y = -x + 1$.

c) I) Da die Steigung der Tangente schon angegeben ist, muss zuerst der Punkt P bestimmt werden, in dem die Tangente die Kurve berührt. In diesem Punkt soll die

Steigung der Kurve gleich -2 sein. Daher setzt man die 1. Ableitung gleich -2. Es ist $f(x) = x^2 + 4x - 3$ und $f'(x) = 2x + 4$. Gleichsetzen der 1. Ableitung: $f'(x) = 2x + 4 = -2 \Rightarrow x_P = -3$. Durch Einsetzen in $f(x)$ wird die y-Koordinate des Punktes bestimmt. Damit ist der gesuchte Punkt $P(-3 \mid -6)$. Setzt man $P(-3 \mid -6)$ und $m_t = -2$ in die Punkt-Steigungsform ein, so erhält man $y - (-6) = -2 \cdot (x - (-3))$ und damit die Tangentengleichung $t:\ y = -2x - 12$.

II) Da die Tangente orthogonal zu der angegebenen Geraden g ist, gilt für ihre Steigung $m_t = -\frac{1}{m_g}$, die Steigung der Tangente ist damit $m_t = -\frac{1}{-\frac{1}{3}} = 3$. Nun muss der Punkt P bestimmt werden, in dem die Tangente die Kurve berührt: Da in diesem Punkt die Steigung der Kurve gleich 3 sein muss, setzt man die 1. Ableitung gleich 3 und löst nach x auf: $f'(x) = 2x + 4 = 3 \Rightarrow x_P = -\frac{1}{2}$. Durch Einsetzen in $f(x)$ wird die y-Koordinate des Punktes bestimmt. Damit ist der gesuchte Punkt $P\left(-\frac{1}{2} \mid -\frac{19}{4}\right)$. Setzt man $P\left(-\frac{1}{2} \mid -\frac{19}{4}\right)$ und $m_t = 3$ in die Punkt-Steigungsform ein, so erhält man $y - \left(-\frac{19}{4}\right) = 3 \cdot \left(x - \left(-\frac{1}{2}\right)\right)$ und damit die Tangentengleichung $t:\ y = 3x - \frac{13}{4}$.

III) Da die Tangente parallel zur angegebenen Geraden ist und die Tangentensteigung damit gleich groß ist wie die Geradensteigung, muss zuerst der Punkt P bestimmt werden, in dem die Tangente die Kurve berührt: In diesem Punkt ist die Steigung gleich 4. Daher setzt man die 1. Ableitung gleich 4: $f'(x) = 2x + 4 = 4 \Rightarrow x_P = 0$. Durch Einsetzen in $f(x)$ wird der y-Wert des Punktes bestimmt. Damit ist der gesuchte Punkt $P(0 \mid -3)$. Setzt man $P(0 \mid -3)$ und $m_t = 4$ in die Punkt-Steigungsform ein, so erhält man $y - (-3) = 4 \cdot (x - 0)$ und damit die Tangentengleichung $t:\ y = 4x - 3$.

d) I) Die Tangente berührt die Kurve in einem noch unbekannten Punkt $B(u \mid f(u))$ bzw. $B\left(u \mid u^2 - 2u + 3\right)$. Die Tangentensteigung in diesem Punkt bestimmt man mit Hilfe der 1. Ableitung und Einsetzen von u: Es ist $f(x) = x^2 - 2x + 3$ und $f'(x) = 2x - 2$. Somit gilt $m_t = f'(u) = 2u - 2$. Setzt man $B(u \mid f(u))$ und $m_t = f'(u)$ in die Punkt-Steigungsform ein, so erhält man als Tangentengleichung in Abhängigkeit von u:
$y - f(u) = f'(u) \cdot (x - u)$ bzw. $t:\ y - \left(u^2 - 2u + 3\right) = (2u - 2) \cdot (x - u)$.
Da $P(0 \mid -6)$ auf der Tangente liegt, kann man diesen in die Tangentengleichung einsetzen: $-6 - \left(u^2 - 2u + 3\right) = (2u - 2) \cdot (0 - u)$ bzw. $u^2 = 9 \Rightarrow u_1 = 3 \quad u_2 = -3$.
Setzt man u_1 bzw. u_2 in $B(u \mid f(u))$ ein, so erhält man $B_1(3 \mid 6)$ und $B_2(-3 \mid 18)$.
Setzt man u_1 bzw. u_2 in die Tangentengleichung ein, so erhält man $y - \left(3^2 - 2 \cdot 3 + 3\right) = (2 \cdot 3 - 2) \cdot (x - 3)$ bzw. $y - \left((-3)^2 - 2 \cdot (-3) + 3\right) = (2 \cdot (-3) - 2) \cdot (x - (-3))$.
Somit ergeben sich als Tangentengleichungen $t_1:\ y = 4x - 6$ und $t_2:\ y = -8x - 6$.

II) Die Tangente berührt die Kurve in einem noch unbekannten Punkt $B(u \mid f(u))$ bzw. $B\left(u \mid u^2 - 2u + 3\right)$. Die Tangentensteigung in diesem Punkt bestimmt man mit Hilfe der 1. Ableitung und Einsetzen von u: Es ist $f(x) = x^2 - 2x + 3$ und $f'(x) = 2x - 2$. Somit gilt $m_t = f'(u) = 2u - 2$. Setzt man $B(u \mid f(u))$ und $m_t = f'(u)$ in die Punkt-Steigungsform ein, so erhält man als Tangentengleichung in Abhängigkeit von u:

$y - f(u) = f'(u) \cdot (x-u)$ bzw. $t: \; y - \left(u^2 - 2u + 3\right) = (2u-2) \cdot (x-u)$.
Da $Q(1 \mid -7)$ auf der Tangente liegt, kann man diesen in die Tangentengleichung einsetzen: $-7 - \left(u^2 - 2u + 3\right) = (2u-2) \cdot (1-u)$ und man erhält $u^2 - 2u - 8 = 0$.
Diese quadratische Gleichung hat die Lösungen $u_1 = 4$ und $u_2 = -2$.
Setzt man u_1 bzw. u_2 in $B(u \mid f(u))$ ein, so erhält man die Koordinaten der Berührpunkte $B_1(4 \mid 11)$ und $B_2(-2 \mid 11)$.

6.8 Abschnittsweise bestimmte Funktionen

a) Damit die Funktion keinen Knick an der Stelle $x = 1$ besitzt, müssen die beiden Teile der zusammengesetzten Funktion nicht nur in den Funktionswerten, sondern auch in der Ableitung übereinstimmen. Es ist $f_l(x) = x^3 - 2x + 1$ und $f_l{}'(x) = 3x^2 - 2$. Entsprechend $f_r(x) = ax^2 + b$ und $f_r'(x) = 2ax$. Es muss gelten:

$$f_l(x) = f_r(x)$$
$$1^3 - 2 \cdot 1 + 1 = a \cdot 1^1 + b$$

und

$$f_l{}'(x) = f_r{}'(x)$$
$$3 \cdot 1^2 - 2 = 2a \cdot 1$$

Löst man die zweite Gleichung nach a auf, ergibt sich $a = \frac{1}{2}$. Eingesetzt in die erste Gleichung folgt daraus $0 = \frac{1}{2} + b$, also $b = -\frac{1}{2}$. Damit ist also $f_r(x) = \frac{1}{2}x^2 - \frac{1}{2}$.

b) Damit der Übergang ohne Krümmungsruck erfolgt, müssen die Kurven an der Stelle $x = 2$ in den Funktionswerten sowie der ersten und zweiten Ableitung übereinstimmen.
Es ist $f(x) = e^{-2x} + 3$, $f'(x) = -2e^{-2x}$ und $f''(x) = 4e^{-2x}$, sowie $g(x) = ax^2 + bx + c$, $g'(x) = 2ax + b$ und $g''(x) = 2a$. Es muss nun gelten:

$$f(2) = g(2)$$
$$f'(2) = g'(2)$$
$$f''(2) = g''(2)$$

Eingesetzt ergibt sich:

$$\begin{array}{lrcl} \text{I} & e^{-4} + 3 & = & a \cdot 2^2 + b \cdot 2 + c \\ \text{II} & -2e^{-4} & = & 2 \cdot a \cdot 2 + b \\ \text{III} & 4e^{-4} & = & 2 \cdot a \end{array}$$

Aus Gleichung III ergibt sich $a = 2e^{-4} \approx 0,0366$. Einsetzen in Gleichung II führt auf

$$b = -2e^{-4} - 2 \cdot \left(2e^{-4}\right) \cdot 2 = -10e^{-4} \approx -0,183$$

Nun kann in Gleichung I eingesetzt werden:

$$c = e^{-4} + 3 - \left(2e^{-4}\right) \cdot 2^2 - \left(-10e^{-4}\right) \cdot 2 = e^{-4} - 8e^{-4} + 20e^{-4} + 3 = 13e^{-4} + 3 \approx 3,238$$

Damit ist $g(x) = 2e^{-4} \cdot x^2 - 10e^{-4} \cdot x + 13e^{-4} + 3$.

6.9 Ortslinien

Um die Gleichung der Ortslinie zu erhalten, wird der x-Wert so umgeformt, dass der Parameter alleine steht. Der Parameter wird dann in den y-Wert eingesetzt und man erhält die Gleichung der Ortslinie durch Ausrechnen.

a) Es ist $E\left(\frac{2}{3}t \mid \frac{2}{9}t^3\right)$; zuerst wird der x-Wert $x = \frac{2}{3}t$ nach t aufgelöst: $t = \frac{3}{2}x$. In den y-Wert $y = \frac{2}{9}t^3$ wird für $t = \frac{3}{2}x$ eingesetzt $y = \frac{2}{9} \cdot \left(\frac{3}{2}x\right)^3$.
Ausrechnen ergibt
$$y = \frac{2}{9} \cdot \frac{3^3}{2^3}x^3 = \frac{3}{4}x^3$$
Die Gleichung der Ortslinie lautet $y = \frac{3}{4}x^3$.

b) Es ist $H\left(\frac{2}{3}t \mid \frac{9}{2t}\right)$; zuerst wird der x-Wert $x = \frac{2}{3}t$ nach t aufgelöst: $t = \frac{3}{2}x$.
In den y-Wert $y = \frac{9}{2t}$ wird für $t = \frac{3}{2}x$ eingesetzt $y = \frac{9}{2\cdot\left(\frac{3}{2}x\right)}$.
Ausrechnen ergibt
$$y = \frac{9}{3x} = \frac{3}{x}$$
Die Gleichung der Ortslinie lautet $y = \frac{3}{x}$.

c) Es ist $H\left(\frac{t}{2} \mid \frac{t^3}{4} - t\right)$; zuerst wird der x-Wert $x = \frac{t}{2}$ nach t aufgelöst: $t = 2x$.
In den y-Wert $y = \frac{t^3}{4} - t$ wird für $t = 2x$ eingesetzt $y = \frac{(2x)^3}{4} - 2x$.
Ausrechnen ergibt
$$y = \frac{2^3 \cdot x^3}{4} - 2x = 2x^3 - 2x$$
Die Gleichung der Ortslinie lautet $y = 2x^3 - 2x$.

d) Es ist $f_t(x) = x^3 - 3tx^2; t > 0$. Ableiten ergibt $f_t{}'(x) = 3x^2 - 6tx$ und $f_t{}''(x) = 6x - 6t$.
Setzt man $f_t{}'(x) = 0$, so erhält man $3x^2 - 6tx = 0$ bzw. $x \cdot (3x - 6t) = 0 \Rightarrow x_1 = 0$ und $x_2 = 2t$.
Für den Parameter t gilt $t > 0$, also ist t eine beliebige positive Zahl.
Setzt man $x_1 = 0$ in $f_t{}''(x)$ ein, so ergibt sich $f_t{}''(0) = 6 \cdot 0 - 6t = -6t < 0 \Rightarrow$ Hochpunkt.
Setzt man $x_2 = 2t$ in $f_t{}''(x)$ ein, so ergibt sich $f_t{}''(2t) = 6 \cdot 2t - 6t = 6t > 0 \Rightarrow$ Tiefpunkt.
Den y-Wert von T erhält man durch Einsetzen von $x = 2t$ in $f_t(x)$:
$f_t(2t) = (2t)^3 - 3t \cdot (2t)^2 = 8t^3 - 12t^3 = -4t^3$.
Somit haben die Tiefpunkte der Kurvenschar die Koordinaten $T_t\left(2t \mid -4t^3\right)$.
Um die Gleichung der Ortslinie aller Tiefpunkte zu erhalten, wird zuerst wird der x-Wert $x = 2t$ nach t aufgelöst: $t = \frac{x}{2}$.
In den y-Wert $y = -4t^3$ wird für $t = \frac{x}{2}$ eingesetzt: $y = -4\left(\frac{x}{2}\right)^3$.
Ausrechnen ergibt
$$y = -4 \cdot \frac{x^3}{8} = -\frac{1}{2}x^3$$
Die Gleichung der Ortslinie lautet $y = -\frac{1}{2}x^3$.

e) Es ist $f_a(x) = (x-a) \cdot e^x$, mit der Produktregel erhält man:

$$f_a{}'(x) = 1 \cdot e^x + (x-a) \cdot e^x = (x+1-a) \cdot e^x$$
$$f_a{}''(x) = 1 \cdot e^x + (x+1-a) \cdot e^x = (x+2-a) \cdot e^x$$
$$f_a{}'''(x) = 1 \cdot e^x + (x+2-a) \cdot e^x = (x+3-a) \cdot e^x$$

Setzt man $f_a{}''(x) = 0$, so erhält man $(x+2-a) \cdot e^x = 0 \Rightarrow x+2-a = 0 \Rightarrow x = a-2$.
Setzt man $x = a-2$ in $f_a{}'''(x)$ ein, so ergibt sich:

$$f_a{}'''(a-2) = (a-2+3-a) \cdot e^{a-2} = e^{a-2} \neq 0 \Rightarrow \text{Wendepunkt}$$

Den y-Wert des Wendepunktes erhält man durch Einsetzen von $x = a-2$ in $f_a(x)$:

$$f_a(a-2) = (a-2-a) \cdot e^{a-2} = -2 \cdot e^{a-2}$$

Somit haben die Wendepunkte der Kurvenschar die Koordinaten $W_a \left(a-2 \mid -2 \cdot e^{a-2}\right)$.
Um die Gleichung der Ortslinie aller Wendepunkte zu erhalten, wird zuerst wird der x-Wert $x = a-2$ nach a aufgelöst: $a = x+2$.
In den y-Wert $y = -2 \cdot e^{a-2}$ wird für $a = x+2$ eingesetzt: $y = -2 \cdot e^{x+2-2}$.
Ausrechnen ergibt

$$y = -2 \cdot e^x$$

Die Gleichung der Ortslinie lautet damit $y = -2 \cdot e^x$.

7 Integralrechnung

7.1 Stammfunktionen

7.1.1 Ganzrationale Funktionen

a) $\mathrm{F}(x) = \frac{2}{4}x^4 - \frac{\frac{4}{3}}{3}x^3 + 2x = \frac{1}{2}x^4 - \frac{4}{9}x^3 + 2x$

b) $\mathrm{F}(x) = \frac{a}{5}x^5 + \frac{2a}{4}x^4 - \frac{1}{2}x^2 = \frac{a}{5}x^5 + \frac{a}{2}x^4 - \frac{1}{2}x^2$

c) $\mathrm{F}(x) = \frac{t^2}{4}x^4 - \frac{t}{3}x^3$

d) $\mathrm{F}(x) = \frac{4}{5}x^5 - \frac{2t}{3}x^3 + \frac{t}{2}x^2$

Für verkettete (verschachtelte) Funktionen mit innerem *linearem* Audruck gilt die Integrationsregel für lineare Substitution:
«Äußere Stammfunktion geteilt durch innere Ableitung»

e) Lineare Substitution: $\mathrm{F}(x) = -12 \cdot \frac{\frac{1}{3}(2x-3)^3}{2} = -2\,(2x-3)^3$

f) Lineare Substitution: $\mathrm{F}(x) = 6 \cdot \frac{\frac{1}{4}(3x-1)^4}{3} = \frac{1}{2}\,(3x-1)^4$

g) Lineare Substitution: $\mathrm{F}(x) = 5 \cdot \frac{\frac{1}{5}(ax-4)^5}{a} = \frac{1}{a}\,(ax-4)^5$

7.1.2 Exponentialfunktionen

a) $\mathrm{F}(x) = 3e^x$

b) Lineare Substitution: $\mathrm{F}(x) = 4 \cdot \frac{e^{-x}}{-1} = -4e^{-x}$

c) Lineare Substitution: $\mathrm{F}(x) = t \cdot \frac{e^{-tx}}{-t} = -e^{-tx}$

d) Lineare Substitution: $\mathrm{F}(x) = a \cdot \frac{e^{3x+2}}{3} = \frac{a}{3}e^{3x+2}$

e) Zuerst wird die Klammer aufgelöst: $f(x) = 2x^2 - 12e^{3x}$, daraus folgt:
$\mathrm{F}(x) = 2 \cdot \frac{1}{3} \cdot x^3 - 12 \cdot \frac{1}{3} \cdot e^{3x} = \frac{2}{3}x^3 - 4e^{3x}$

f) Zuerst wird die Klammer aufgelöst: $f(x) = ax^2 - 4ae^{4x}$, daraus folgt:
$\mathrm{F}(x) = a \cdot \frac{1}{3} \cdot x^3 - 4 \cdot a \cdot \frac{1}{4} \cdot e^{4x} = \frac{a}{3}x^3 - ae^{4x}$

7.1.3 Trigonometrische Funktion

a) Lineare Substitution: $\mathrm{F}(x) = 3 \cdot \frac{\sin(2x+1)}{2} = \frac{3}{2}\sin(2x+1)$

b) Lineare Substitution: $\mathrm{F}(x) = 4 \cdot \frac{-\cos(-3x+2)}{-3} = \frac{4}{3}\cos(-3x+2)$

c) Lineare Substitution: $\mathrm{F}(x) = \frac{2}{3} \cdot \frac{\sin(\pi x)}{\pi} = \frac{2}{3\pi}\sin(\pi x)$

d) Lineare Substitution: $\mathrm{F}(x) = t \cdot \frac{\sin(tx+t)}{t} = \sin(tx+t)$

7.2 Flächeninhalt zwischen zwei Kurven

a) Bestimmen der Schnittstellen durch Gleichsetzen und Lösen der quadratischen Gleichung: $x_1 = -2$, $x_2 = 1$. Obere Kurve durch Abschätzen bestimmen (z.B. Einsetzen von $x = 0$): $f(x)$ ist die obere Kurve. Für den Flächeninhalt ergibt sich damit

$$\mathrm{A} = \int_{-2}^{1} (-x+2-x^2)\,dx = \int_{-2}^{1} (-x^2-x+2)\,dx = \left[-\tfrac{1}{3}x^3 - \tfrac{1}{2}x^2 + 2x\right]_{-2}^{1} = 4{,}5 \text{ FE.}$$

b) Schnittstellen bestimmen durch Gleichsetzen und Ausrechnen: $x_1 = -2$, $x_2 = 2$.
Obere Kurve: $f(x)$ (nach unten geöffnete Parabel).

$$\mathrm{A} = \int_{-2}^{2} \left(4-x^2-(x^2-4)\right) dx = \int_{-2}^{2} (-2x^2+8)\,dx = \left[-\tfrac{2}{3}x^3 + 8x\right]_{-2}^{2}$$
$$= -\tfrac{16}{3} + 16 - \left(+\tfrac{16}{3} - 16\right) = 32 - \tfrac{32}{3} = \tfrac{64}{3} = 21{,}33 \text{ FE.}$$

c) Schnittstellen bestimmen durch Gleichsetzen und Ausklammern: $x_1 = 0$, $x_2 = 1$.
Obere Kurve: $g(x)$ (z.B. durch Einsetzen für $x = \frac{1}{2}$).

$$\mathrm{A} = \int_{0}^{1} \left(x+1-(x^2+1)\right) dx = \int_{0}^{1} (-x^2+x)\,dx = \left[-\tfrac{1}{3}x^3 + \tfrac{1}{2}x^2\right]_{0}^{1} = -\tfrac{1}{3} + \tfrac{1}{2} - 0 = \tfrac{1}{6} \text{ FE.}$$

d) Überlegung am Anfang: Bei der Integralberechnung entfällt der e^x-Term. Schnittstellen bestimmen: $e^x - \frac{1}{2}x^2 = e^x - x \Rightarrow \frac{1}{2}x^2 = x \Rightarrow x^2 - 2x = 0 \Rightarrow x_1 = 0, x_2 = 2$.
Obere Kurve: $f(x)$ (z.B. durch Einsetzen für $x = \frac{1}{2}$).

$$\mathrm{A} = \int_{0}^{2} \left(e^x - \tfrac{1}{2}x^2 - (e^x - x)\right) dx = \int_{0}^{2} \left(-\tfrac{1}{2}x^2 + x\right) dx = \left[-\tfrac{1}{6}x^3 + \tfrac{1}{2}x^2\right]_{0}^{2} = -\tfrac{8}{6} + 2 - 0$$
$$= \tfrac{2}{3} \text{ FE.}$$

e) Gesucht ist die Fläche im Intervall I $[0;\pi]$. Schnittstellen bestimmen durch Gleichsetzen: $2 \cdot \sin x = -\sin x \Rightarrow 3 \cdot \sin x = 0 \Rightarrow x_1 = 0$, $x_2 = \pi$.
Obere Kurve: $f(x)$, (da $2\sin x \geqslant 0$ und $-\sin x \leqslant 0$ im Intervall I gilt)

$$\mathrm{A} = \int_{0}^{\pi} (2 \cdot \sin x - (-\sin x))\,dx = \int_{0}^{\pi} (3 \cdot \sin x)\,dx = \left[-3 \cdot \cos x\right]_{0}^{\pi}$$
$$= -3 \cdot \cos\pi - (-3 \cdot \cos 0) = -3 \cdot (-1) + 3 \cdot 1 = 6 \text{ FE.}$$

7.3 Angewandte Integrale

a) Um die Gesamtkosten für die Herstellung der ersten 50 Werkstücken zu ermitteln, wird die Funktion von 0 bis 50 integriert:

$$\int_{0}^{50} \left(\tfrac{20}{(x+2)^2} + 4\right) dx = \int_{0}^{50} \left(20 \cdot (x+2)^{-2} + 4\right) dx = \left[-1 \cdot 20(x+2)^{-1} + 4x\right]_{0}^{50}$$
$$= \left[4x - \tfrac{20}{x+2}\right]_{0}^{50} = 4 \cdot 50 - \tfrac{20}{50+2} - \left(4 \cdot 0 - \tfrac{20}{0+2}\right) = 209{,}62$$

Die Herstellung von 50 Werkstücken kostet also 209,62 €.

Die durchschnittlichen Kosten pro Werkstück erhält man, indem man die Gesamtkosten durch 50 teilt: $\frac{209{,}62}{50} = 4{,}19$ €.

b) Es ist $r(t) = 23 - 0{,}02 \cdot e^t$ mit $t \geqslant 0$.

I) Um den Zeitpunkt zu bestimmen, an dem der Regen aufhört, wird die Funktion r gleich Null gesetzt: $r(t) = 23 - 0{,}02 \cdot e^t = 0 \Rightarrow 23 = 0{,}02 \cdot e^t \Rightarrow t \approx 7{,}048$.
Nach 7 Tagen hört es also auf zu regnen.

II) Die Wassermenge, die im Laufe dieser Zeit auf jeden Quadratmeter niedergegangen ist, wird ermittelt, indem die Niederschlagsratenfunktion in den Grenzen von 0 bis 7 integriert wird.
$$\int_0^7 r(t)dt = \int_0^7 (23 - 0{,}02 \cdot e^t)\,dt = \left[23t - 0{,}02 \cdot e^t\right]_0^7 = 23 \cdot 7 - 0{,}02 \cdot e^7 - \left(0 - 0{,}02 \cdot e^0\right)$$
$$\approx 139{,}09$$
Auf jeden Quadratmeter sind also rund $139{,}1$ Liter Wasser niedergegangen.

III) Die mittlere Regenmenge erhält man, indem man die Gesamtmenge des Regens durch die Anzahl der Tage teilt: $\frac{139{,}1}{7} = 19{,}87$.
Also sind im Mittel $19{,}87$ Liter Regen pro Tag auf jeden Quadratmeter niedergegangen.

c) Da $f(t) = -0{,}5t + 3$; $t \geqslant 0$ die Zu- und Abflussrate beschreibt, muss man eine Stammfunktion F bestimmen, die die Menge des im Becken vorhandenen Wassers beschreibt:

$\mathrm{F}(t) = -0{,}25t^2 + 3t + c$.

Die Konstante c wird mit Hilfe des Anfangswerts bestimmt. Am Anfang befinden sich 10 Liter Wasser im Becken, daher gilt: $\mathrm{F}(0) = -0{,}25 \cdot 0^2 + 3 \cdot 0 + c = 10 \Rightarrow c = 10$.
Also ist $\mathrm{F}(t) = -0{,}25 \cdot t^2 + 3t + 10$.
Um zu berechnen, wie viel Wasser das Becken nach 9 Stunden enthält, wird $t = 9$ in $\mathrm{F}(t)$ eingesetzt: $\mathrm{F}(9) = -0{,}25 \cdot 9^2 + 3 \cdot 9 + 10 = 16{,}75$.
Das Becken enthält nach 9 Stunden 16,75 Liter Wasser.

7.4 Uneigentliche Integrale

a) I) Gesucht ist die Fläche zwischen der x-Achse, y-Achse und der Kurve mit der unteren Grenze $x = 0$. Für $z > 0$ ist:
$$\mathrm{A}(z) = \int_0^z e^{-x}dx = \left[-e^{-x}\right]_0^z = -e^{-z} - (-1) = 1 - e^{-z}.$$
Geht nun $z \to \infty$, so geht $\mathrm{A}(z) = 1 - e^{-z} \to 1$.

Es ist also $\lim\limits_{z \to \infty} \mathrm{A}(z) = 1$, damit ist der Flächeninhalt 1 FE.

II) Gesucht ist die Fläche zwischen der x-Achse, y-Achse und der Kurve mit der unteren Grenze $x = 0$. Für $z > 0$ ist:
$$\mathrm{A}(z) = \int_0^z e^{-3x+1}dx = \left[-\tfrac{1}{3}e^{-3x+1}\right]_0^z = -\tfrac{1}{3}e^{-3z+1} + \tfrac{1}{3}e.$$
Für $z \to \infty$ geht $\mathrm{A}(z) = -\frac{1}{3}e^{-3z+1} + \frac{1}{3}e \to \frac{1}{3}e$.

Es ist also $\lim\limits_{z \to \infty} \mathrm{A}(z) = \frac{1}{3}e$, damit ist der Flächeninhalt $\frac{1}{3}e$ FE.

III) Gesucht ist die Fläche zwischen der x-Achse, y-Achse und der Kurve mit der unteren Grenze $x = 0$. Für $z > 0$ ist:
$\mathrm{A}(z) = \int_0^z 2e^{-4x-2}dx = \left[-\frac{1}{4} \cdot 2e^{-4x-2}\right]_0^z = -\frac{1}{2}e^{-4z-2} + \frac{1}{2}e^{-2}.$
Für $z \to \infty$ geht $\mathrm{A}(z) = -\frac{1}{2}e^{-4z-2} + \frac{1}{2}e^{-2} \to \frac{1}{2}e^{-2}$.
Es ist also $\lim\limits_{z\to\infty} \mathrm{A}(z) = \frac{1}{2}e^{-2}$, damit ist der Flächeninhalt $\frac{1}{2}e^{-2}$ FE.

b) I) Um die obere Grenze zu bestimmen, wird zuerst die Nullstelle der Funktion bestimmt: $e - e^x = 0 \Rightarrow e = e^x \Rightarrow x = 1$. Der Inhalt des gesuchten Flächenstücks wird also durch eine Integration in den Grenzen von 0 bis 1 berechnet:
$\int_0^1 (e - e^x)\, dx = \left[e \cdot x - e^x\right]_0^1 = e - e - (-1) = 1$ FE.

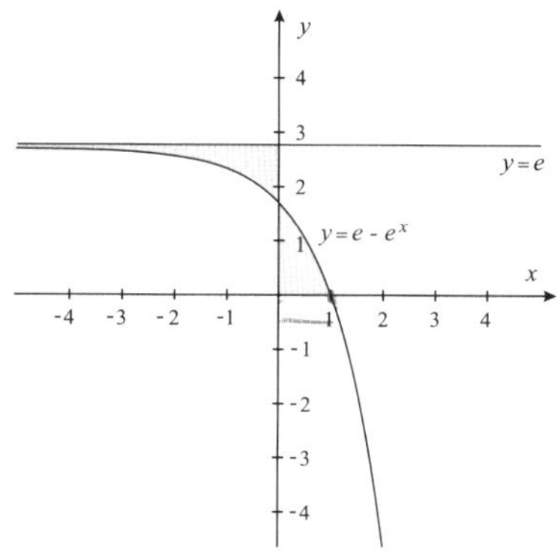

II) Um die Asymptote zu bestimmen, betrachtet man den Grenzwert für $x \to -\infty$. Es ist $\lim\limits_{x\to-\infty} f(x) = e$, da der zweite Term für kleine Werte von x gegen Null geht. Die Asymptote ist daher die Gerade mit der Gleichung $y = e$.

III) Um die ins Unendliche reichende Fläche zwischen der Asymptoten und der Kurve zu berechnen, muss man die Differenz zwischen der Geradengleichung und der Funktion integrieren:
$\mathrm{A}(z) = \int_z^0 (e - (e - e^x))\, dx = \left[e^x\right]_z^0 = 1 - e^z.$
Für den Grenzwert gilt: $\lim\limits_{z\to-\infty} \mathrm{A}(z) = 1$ FE.
Also sind beide Flächenstücke gleich groß.

7.5 Rotationskörper

a) Es ist $f(x) = \frac{1}{4}e^{2x}$ über dem Intervall $[0;1]$. Für das Volumen des Rotationskörpers gilt:

$$\text{V}_{rot} = \pi \cdot \int_0^1 \left(\tfrac{1}{4}e^{2x}\right)^2 dx = \pi \cdot \int_0^1 \tfrac{1}{16}e^{4x} dx = \pi \cdot \left[\tfrac{1}{4 \cdot 16}e^{4x}\right]_0^1 = \pi \cdot \left(\tfrac{1}{64}e^4 - \tfrac{1}{64}e^0\right)$$
$$= \tfrac{\pi}{64} \cdot \left(e^4 - 1\right) \text{ VE}$$

b) Es ist $f(x) = x^2 + 1$ über dem Intervall $[0;2]$. Für das Volumen des Rotationskörpers gilt:

$$\text{V}_{rot} = \pi \cdot \int_0^2 \left(x^2 + 1\right)^2 dx = \pi \cdot \int_0^2 \left(x^4 + 2x^2 + 1\right) dx = \pi \cdot \left[\tfrac{1}{5}x^5 + \tfrac{2}{3}x^3 + x\right]_0^2$$
$$= \pi \cdot \left(\tfrac{1}{5}2^5 + \tfrac{2}{3} \cdot 2^3 + 2^1 - 0\right) = \pi \cdot \left(\tfrac{32}{5} + \tfrac{16}{3} + 2\right) = \pi \cdot \tfrac{206}{15} \text{ VE}$$

c) Es ist $f(x) = \frac{2}{x}$ über dem Intervall $[1;2]$. Für das Volumen des Rotationskörpers gilt:

$$\text{V}_{rot} = \pi \cdot \int_1^2 \left(\tfrac{2}{x}\right)^2 dx = \pi \cdot \int_1^2 \tfrac{4}{x^2} dx = \pi \cdot \int_1^2 4x^{-2} dx = \pi \cdot \left[\tfrac{4}{-1} \cdot x^{-1}\right]_1^2 = \pi \cdot (-2 - (-4))$$
$$= 2\pi \text{ VE}$$

d) Der entstandene Rotationskörper wird in unendlich viele unendlich kleine Teilzylinder zerlegt. Die Grundfläche eines Teilzylinders ist $\text{G} = \pi \cdot r^2$, wobei $r = f(x)$ ist. Die Höhe eines Zylinders ist das Differential $h = dx$ (unendlich kleine Länge). Das Volumen eines Teilzylinders ist $d\text{V} = \text{G} \cdot h = \pi \cdot r^2 \cdot h = \pi \cdot f(x)^2 \cdot dx$. Das gesamte Volumen des Rotationskörpers erhält man durch Summieren (= Integrieren) aller Teilzylinder:

$$\text{V}_{rot} = \int_a^b d\text{V} = \int_a^b \pi \cdot \left(f(x)^2\right) dx = \pi \cdot \int_a^b \left(f(x)^2\right) dx$$

8 Extremwertaufgaben

Die Extremwerte der Zielfunktion können Sie auch mit dem GTR/CAS bestimmen. Je nach Aufgabenstellung im Abitur kann es aber sein, dass sie den Weg dokumentieren müssen, daher sind bei den Lösungen auch die Wege der Extremumsbestimmung mit Hilfe der Ableitung aufgeführt.

a) Die gesuchte Größe ist die Fläche eines Rechtecks mit maximalem Flächeninhalt. Die Seiten des Rechtecks seien x und y. Dann gilt für die Fläche: $\mathrm{A} = x \cdot y$. Die Nebenbedingung ist die festgelegte Gesamtlänge des Drahtes, diese entspricht dem Umfang des Rechtecks: $\mathrm{U} = 2x + 2y = 20$. Auflösen der Nebenbedingung nach y ergibt: $y = 10 - x$. Einsetzen in den Ausdruck für die Fläche ergibt: $\mathrm{A} = x \cdot (10 - x)$. Damit ist die Zielfunktion eine Funktion in Abhängigkeit von x:

$$\mathrm{A}(x) = x \cdot (10 - x) = 10x - x^2 \text{ mit } 0 \leqslant x \leqslant 10$$

frv.tv/ad

Ableiten führt zu $\mathrm{A}'(x) = 10 - 2x$ und $\mathrm{A}''(x) = -2$. Die 1. Ableitung wird nun gleich Null gesetzt, nach x aufgelöst und liefert $x_{\mathrm{E}} = 5$. Einsetzen in A'' ergibt $\mathrm{A}''(5) = -2 < 0$. Alternativ bestimmt man das Maximum mit dem GTR/CAS. Da die Zielfunktion eine quadratische Funktion ist, handelt es sich um ein globales Maximum. Ein Überprüfen der Fläche für die Randstellen des Intervalles ist daher nicht nötig. Zum Schluss wird y mit Hilfe der Nebenbedingung bestimmt: $y = 10 - 5 \Rightarrow y = 5$. Die beiden Rechteckseiten sind also je 5 cm lang: Das Rechteck mit maximalem Flächeninhalt ist daher ein Quadrat.

b) I) Es ist $f(x) = 6 - \frac{1}{4}x^2$. Gesucht ist ein Rechteck mit maximalem Umfang, das der angegebenen Kurve einbeschrieben werden soll. Nebenbedingung: Zwei Eckpunkte des Rechtecks müssen auf der Kurve, die anderen beiden auf der x-Achse liegen. Der Punkt auf der Kurve im 1. Quadranten sei $\mathrm{P}(u \mid v)$ mit $v = f(u)$. Damit gilt für die Höhe $h = f(u)$. Für das Rechteck ist die Grundseite $2u$, mit $0 \leqslant u \leqslant \sqrt{24}$. ($x = \pm\sqrt{24}$ sind die Nullstellen von f.) Durch Einsetzen der Nebenbedingung ergibt sich als Zielfunktion für den Umfang:

$$\mathrm{U}(u) = 4 \cdot u + 2 \cdot f(u) \Rightarrow \mathrm{U}(u) = 4u + 2 \cdot \left(6 - \frac{1}{4}u^2\right) = 4u + 12 - \frac{1}{2}u^2$$

frv.tv/ad

Ableiten führt auf: $\mathrm{U}'(u) = 4 - u$. Die Ableitung wird gleich Null gesetzt, um die Extremstelle zu bestimmen: $u = 4$. Einsetzen in die 2. Ableitung $\mathrm{U}''(u) = -1$ ergibt: $\mathrm{U}''(4) = -1 < 0$, daraus folgt, dass es sich um ein lokales Maximum handelt. Alternativ kann man dieses Maximum auch mit dem GTR/CAS bestimmen. Es muss noch überprüft werden, ob die Randstellen eventuell größere Funktionswerte liefern. Es ist $\mathrm{U}(0) = 12$ und $\mathrm{U}(\sqrt{24}) \approx 19{,}59$. Es ist $\mathrm{U}(4) = 20\,\mathrm{LE}$, damit ist $u = 4$ ein globales Maximum und der gesuchteUmfang beträgt 20 LE.

II) Gesucht ist ein Rechteck mit maximaler Fläche, das der angegebenen Kurve einbeschrieben werden soll. Nebenbedingung: Zwei Eckpunkte des Rechtecks müssen auf der Kurve, die anderen beiden auf der x-Achse liegen. Der Punkt auf der Kurve im 1. Quadranten sei $P(u \mid v)$ mit $v = f(u)$. Damit gilt für die Höhe $h = f(u)$. Für dieses Rechteck ist die Grundseite $2u$, mit $0 \leqslant u \leqslant \sqrt{24}$. (Es sind $x = \pm\sqrt{24}$ Schnittstellen der Kurve mit der x-Achse.) Durch Einsetzen der Nebenbedingung ergibt sich als Zielfunktion für die Fläche:

$$A(u) = 2 \cdot u \cdot f(u) \Rightarrow A(u) = 2u \cdot \left(6 - \frac{1}{4}u^2\right) = 12u - \frac{1}{2}u^3$$

Ableiten führt auf: $A'(u) = 12 - \frac{3}{2}u^2$. Die Ableitung wird gleich Null gesetzt, um die Extremstelle zu bestimmen: $\frac{3}{2}u^2 = 12 \Rightarrow u_{1,2} = \pm\sqrt{8} = \pm 2,83$. Der Wert $-\sqrt{8}$ scheidet aus, da es sich bei u um eine Länge handelt, daher muss u positiv sein. Also ist $u = \sqrt{8}$. Einsetzen in die 2. Ableitung $A''(u) = -3u$ ergibt: $A''(\sqrt{8}) = -3\sqrt{8} < 0$. Daraus folgt, dass es sich um ein lokales Maximum handelt. Alternativ kann man dieses Maximum auch mit dem GTR/CAS bestimmen. Es muss noch überprüft werden, ob die Randstellen eventuell größere Funktionswerte liefern. Es ist $A(0) = 0$ und $A(\sqrt{24}) = 0$, damit existieren keine Randextremwerte und $u = \sqrt{8}$ ist ein globales Maximum. Eingesetzt in die Zielfunktion ergibt sich für die gesuchte Fläche: $A(\sqrt{8}) = 2 \cdot \sqrt{8} \cdot f(\sqrt{8}) = 2 \cdot \sqrt{8} \cdot 4 = 8 \cdot \sqrt{8}$ FE.

frv.tv/ad

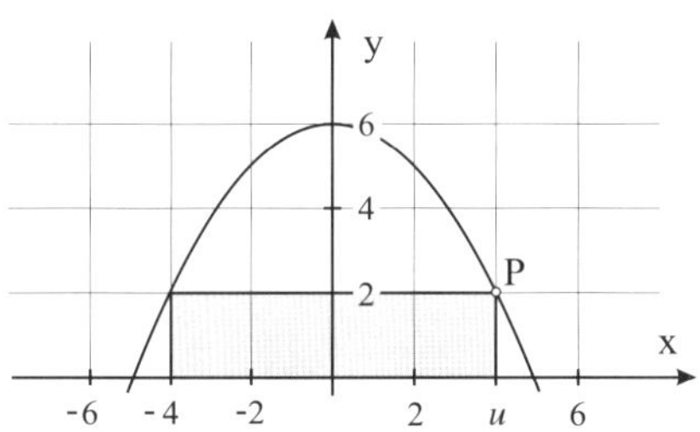

Aufgabe c) I)

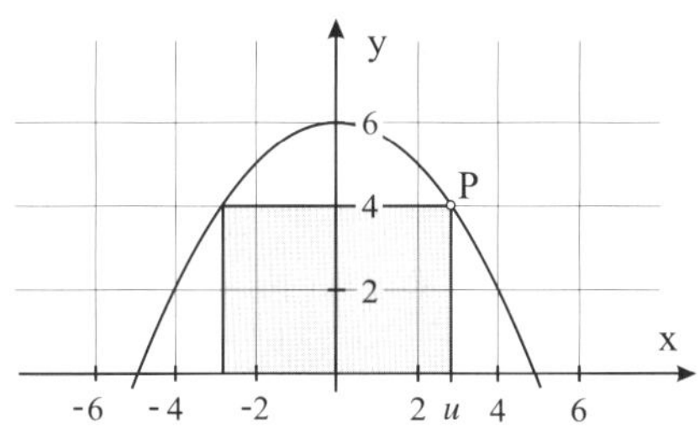

Aufgabe c) II)

9 Wachstums- und Zerfallsprozesse

a) I) Das Zerfallsgesetz ist $B(t) = B_0 \cdot e^{k \cdot t}$, $t = 0$ wird auf den Zeitpunkt vor 2 Jahren gesetzt. Daraus ergibt sich: $B(0) = 90000 \cdot e^{k \cdot 0} \Rightarrow B_0 = 90000$. Nun wird noch k bestimmt: Aus $B(2) = 30000$ folgt $B(2) = 90000 \cdot e^{k \cdot 2} = 30000 \Rightarrow e^{k \cdot 2} = \frac{30000}{90000} = \frac{1}{3}$ $\Rightarrow k = \frac{\ln\left(\frac{1}{3}\right)}{2} \approx -0,5493$. Das Zerfallsgesetz ist damit: $B(t) = 90000 \cdot e^{-0,5493 \cdot t}$

II) In 10 Jahren ab heute bedeutet $t = 12$. Setzt man $t = 12$ in $B(t)$ ein, so erhält man: $B(12) = 90000 \cdot e^{-0,5493 \cdot 12} = 123,47$

In 10 Jahren gibt es etwa noch 123 Individuen.

III) Gesucht ist der Zeitpunkt t_E, an dem vom Anfangsbestand nur noch 10 % übrig sind. Die Population enthält dann noch $\frac{1}{10} \cdot B_0 = 9000$ Individuen. Eingesetzt in die Funktion ergibt sich: $9000 = 90000 \cdot e^{-0,5493 \cdot t} \Rightarrow \frac{1}{10} = e^{-0,5493 \cdot t} \Rightarrow t_E = \frac{\ln\left(\frac{1}{10}\right)}{-0,5493} \approx 4,19$.

Aus $t = 4$ ergibt sich, dass es in etwa zwei Jahren nur noch 10 % der Ausgangspopulation gibt.

b) I) Die Temperatur der Probe wird durch folgende Gleichung bestimmt: $\mathrm{T}(t) = 80 - 60e^{-0,1\cdot t}$. Um die gesuchte Asymptote zu bestimmen, betrachtet man den Grenzwert für $t \to \infty$. Es ist $\lim\limits_{t\to\infty}\mathrm{T}(t) = 80$, da $60e^{-0,1\cdot t}$ für größer werdende Werte von t immer kleiner wird. Die Asymptote ist die Gerade mit der Gleichung $\mathrm{T}_{y=80} = 80$.

Die Asymptote kennzeichnet die Temperatur, die die Probe erreicht, wenn sie lange erwärmt wurde. Dies ist die Temperatur der Umgebung, in der sich die Probe beim Erwärmen befindet. (Im streng mathematischen Sinne erreicht die Kurve nie den Wert der Asymptote, physikalisch wird sie diese Temperatur aber nach einer gewissen Zeit erreicht haben.)

II) Die Geschwindigkeit, mit der sich die Probe erwärmt, ist am größten, wenn die Temperaturänderung am größten ist. Diese Temperaturänderung wird durch die 1. Ableitung der Temperaturfunktion $\mathrm{T}(t)$ beschrieben. Es ist $\mathrm{T}'(t) = 6\cdot e^{-0,1t}$. Diese Funktion ist streng monoton fallend, da für ihre Ableitung $\mathrm{T}''(t)$ gilt: $\mathrm{T}''(t) = (\mathrm{T}'(t))' = -0,6\cdot e^{-0,1t} < 0$. Die größte Temperaturänderung findet daher für $t = 0$, d.h. am Anfang der Erwärmung statt.

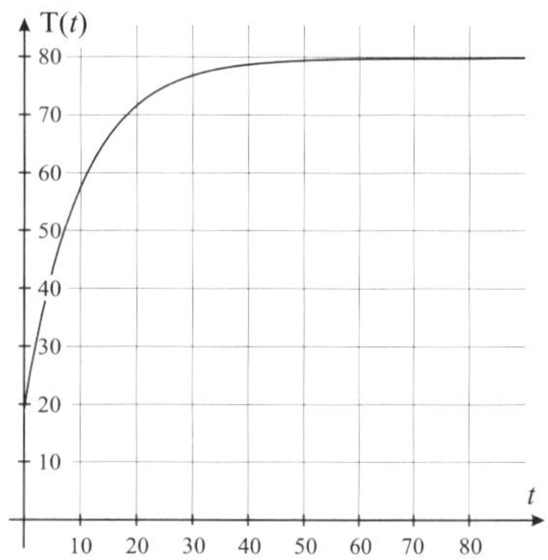

c) I) Da es sich um natürliches exponentielles Wachstum handelt, verwendet man den Ansatz: $\mathrm{G}(t) = a\cdot e^{k\cdot t}$; t in Tagen. Es ist $\mathrm{G}(0) = 1000$ bzw. $ae^{k\cdot 0} = 1000 \Rightarrow a = 1000$. Nach 7 Tagen kennen 1200 Menschen das Gerücht (20 % von 1000 ist 200). Somit ist

$\mathrm{G}(7) = 1200$ bzw. $1000\cdot e^{k\cdot 7} = 1200 \Rightarrow e^{k\cdot 7} = \frac{1200}{1000} \Rightarrow k = \frac{\ln\left(\frac{1200}{1000}\right)}{7} \approx 0,0260.$

Also lautet die Funktionsgleichung: $\mathrm{G}(t) = 1000\cdot e^{0,0260t}$

II) Setzt man $t = 10$ in $\mathrm{G}(t)$ ein, so erhält man: $\mathrm{G}(10) = 1000\cdot e^{0,0260\cdot 10} = 1296,93$

Nach 10 Tagen kennen etwa 1297 Personen das Gerücht.

III) Um zu berechnen, wann alle Freiburger das Gerücht kennen, setzt man $\mathrm{G}(t) = 200\,000$ und man erhält:

$200\,000 = 1000\cdot e^{0,0260t} \Rightarrow \frac{200\,000}{1000} = e^{0,0260t} \Rightarrow t = \frac{\ln(200)}{0,0260} \approx 203,78$

Nach etwa 204 Tagen kennen alle Freiburger das Gerücht.

d) I) Da es sich um natürliches exponentielles Wachstum handelt, verwendet man den Ansatz: $\mathrm{B}(t) = a\cdot e^{k\cdot t}$; ($t$ in Jahren und $t = 0$ im Jahre 1975, $\mathrm{B}(t)$ in Milliarden Menschen.) Es ist $\mathrm{B}(0) = 4,033$ bzw. $ae^{k\cdot 0} = 4,033 \Rightarrow a = 4,033$. Nach einem Jahr gibt es $1,02 \cdot 4,033 = 4,1136$ Milliarden Menschen. Somit ist $\mathrm{B}(1) = 4,1136$. Damit ist:

$4,033e^{k \cdot 1} = 4,1136 \Rightarrow e^k = \frac{4,1136}{4,033} \Rightarrow k = \ln\left(\frac{4,1136}{4,033}\right) \approx 0,0198$

Also lautet die Funktionsgleichung: $\mathrm{B}(t) = 4,033 \cdot e^{0,0198 \cdot t}$.

Im Jahre 2030 ist $t = 55$. Setzt man $t = 55$ in $\mathrm{B}(t)$ ein, so erhält man:

$\mathrm{B}(55) = 4,033 \cdot e^{0,0198 \cdot 55} \approx 11,98$

Im Jahre 2030 gibt es etwa 12 Milliarden Menschen, vorausgesetzt, das jährliche Wachstum bleibt während dieser Zeit konstant.

II) Um den Zeitraum der Verdoppelung zu bestimmen, setzt man $2 \cdot 4,033 = 8,066$ mit $\mathrm{B}(t)$ gleich und löst die Gleichung nach t auf:

$8,066 - 4,033 \cdot e^{0,0198t} \Rightarrow 2 - e^{0,0198t} \Rightarrow t = \frac{\ln 2}{0,0198} \approx 35,01$

Etwa alle 35 Jahre verdoppelt sich die Weltbevölkerung.

Analytische Geometrie/Lineare Algebra

10 Rechnen mit Vektoren

10.1 Addition und Subtraktion von Vektoren

Gegeben sind die Vektoren $\vec{a} = \begin{pmatrix} -1 \\ 2 \\ 4 \end{pmatrix}$ und $\vec{b} = \begin{pmatrix} 3 \\ 1 \\ 2 \end{pmatrix}$.

a) $\vec{a}+\vec{b} = \begin{pmatrix} 2 \\ 3 \\ 6 \end{pmatrix}$ b) $\vec{a}-\vec{b} = \begin{pmatrix} -4 \\ 1 \\ 2 \end{pmatrix}$ c) $2 \cdot \vec{a} = \begin{pmatrix} -2 \\ 4 \\ 8 \end{pmatrix}$

d) $-\vec{a} = \begin{pmatrix} 1 \\ -2 \\ -4 \end{pmatrix}$ e) $2\vec{a}+3\vec{b} = \begin{pmatrix} 7 \\ 7 \\ 14 \end{pmatrix}$

f) $\vec{a} \cdot \vec{b} = (-1) \cdot 3 + 2 \cdot 1 + 4 \cdot 2 = 7$

g) $|\vec{a}| = \sqrt{(-1)^2 + 2^2 + 4^2} = \sqrt{1+4+16} = \sqrt{21}$

h) $|\vec{b}| = \sqrt{3^2 + 1^2 + 2^2} = \sqrt{14}$

i) $|\vec{a}+\vec{b}| = \left| \begin{pmatrix} 2 \\ 3 \\ 6 \end{pmatrix} \right| = \sqrt{2^2+3^2+6^2} = \sqrt{49} = 7$

10.2 Orthogonalität von Vektoren

a) $\vec{a} \cdot \vec{b} = \begin{pmatrix} -1 \\ 0 \\ 1 \end{pmatrix} \cdot \begin{pmatrix} 2 \\ 2 \\ 0 \end{pmatrix} = (-1) \cdot 2 + 0 \cdot 2 + 1 \cdot 0 = -2 \Rightarrow \vec{a}$ steht nicht orthogonal auf $\vec{b}$.

b) $\vec{r} \cdot \vec{n} = \begin{pmatrix} 5 \\ -1 \\ 3 \end{pmatrix} \cdot \begin{pmatrix} 2 \\ 1 \\ -3 \end{pmatrix} = 5 \cdot 2 + (-1) \cdot 1 + 3 \cdot (-3) = 0 \Rightarrow \vec{r}$ steht orthogonal auf $\vec{n}$.

c) $\vec{z} \cdot \vec{w} = \begin{pmatrix} 2 \\ -2 \\ 4 \end{pmatrix} \cdot \begin{pmatrix} 1 \\ 3 \\ 1 \end{pmatrix} = 2 \cdot 1 + (-2) \cdot 3 + 4 \cdot 1 = 0 \Rightarrow \vec{z}$ steht orthogonal auf $\vec{w}$.

10.3 Orts- und Verbindungsvektoren

Gegeben sind die Punkte A (2 | 3 | 2), B (7 | 4 | 3) und C (1 | 5 | −2).

a) $\vec{a} = \begin{pmatrix} 2 \\ 3 \\ 2 \end{pmatrix}, \vec{b} = \begin{pmatrix} 7 \\ 4 \\ 3 \end{pmatrix}, \vec{c} = \begin{pmatrix} 1 \\ 5 \\ -2 \end{pmatrix}$

b) $\overrightarrow{AB} = \vec{b} - \vec{a} = \begin{pmatrix} 7 \\ 4 \\ 3 \end{pmatrix} - \begin{pmatrix} 2 \\ 3 \\ 2 \end{pmatrix} = \begin{pmatrix} 5 \\ 1 \\ 1 \end{pmatrix}$

$\overrightarrow{AC} = \vec{c} - \vec{a} = \begin{pmatrix} 1 \\ 5 \\ -2 \end{pmatrix} - \begin{pmatrix} 2 \\ 3 \\ 2 \end{pmatrix} = \begin{pmatrix} -1 \\ 2 \\ -4 \end{pmatrix}$

$\overrightarrow{BC} = \vec{c} - \vec{b} = \begin{pmatrix} 1 \\ 5 \\ -2 \end{pmatrix} - \begin{pmatrix} 7 \\ 4 \\ 3 \end{pmatrix} = \begin{pmatrix} -6 \\ 1 \\ -5 \end{pmatrix}$

c) Nein, ein Verbindungsvektor verbindet zwei beliebige Punkte. Ein Ortsvektor geht immer vom Ursprung zu einem Punkt.

10.4 Verschiedene Aufgaben

a) I) $\overrightarrow{AB} = \begin{pmatrix} -4 \\ -2 \\ -1 \end{pmatrix}, \overrightarrow{AC} = \begin{pmatrix} -1 \\ -4 \\ -2 \end{pmatrix}, \overrightarrow{BC} = \begin{pmatrix} 3 \\ -2 \\ -1 \end{pmatrix}$, es ist $\overline{AB} = \overline{AC} = \sqrt{21}$,

damit ist das Dreieck gleichschenklig.

II) $\overrightarrow{AB} = \begin{pmatrix} 5 \\ 3 \\ -2 \end{pmatrix}, \overrightarrow{AC} = \begin{pmatrix} 4 \\ 4 \\ -2 \end{pmatrix}, \overrightarrow{BC} = \begin{pmatrix} -1 \\ 1 \\ 0 \end{pmatrix}$, es ist $\overline{AB} = \sqrt{38}, \overline{AC} = 6$

und $\overline{BC} = \sqrt{2}$, damit ist das Dreieck nicht gleichschenklig.

b) $\overrightarrow{AB} = \begin{pmatrix} -4 \\ 4 \\ 2 \end{pmatrix}, \overrightarrow{AC} = \begin{pmatrix} -6 \\ 0 \\ 6 \end{pmatrix}, \overrightarrow{BC} = \begin{pmatrix} -2 \\ -4 \\ 4 \end{pmatrix}$

$\overrightarrow{AB} \cdot \overrightarrow{AC} = \begin{pmatrix} -4 \\ 4 \\ 2 \end{pmatrix} \cdot \begin{pmatrix} -6 \\ 0 \\ 6 \end{pmatrix} = 24 + 0 + 12 = 36$

$$\overrightarrow{AB}\cdot\overrightarrow{BC} = \begin{pmatrix} -4 \\ 4 \\ 2 \end{pmatrix} \cdot \begin{pmatrix} -2 \\ -4 \\ 4 \end{pmatrix} = 8 - 16 + 8 = 0$$

$$\overrightarrow{AC}\cdot\overrightarrow{BC} = \begin{pmatrix} -6 \\ 0 \\ 6 \end{pmatrix} \cdot \begin{pmatrix} -2 \\ -4 \\ 4 \end{pmatrix} = 12 + 0 + 24 = 36$$

Da das Skalarprodukt von $\overrightarrow{AB}$ und $\overrightarrow{BC}$ gleich Null ist, stehen diese beiden Vektoren senkrecht aufeinander, d.h. das Dreieck ABC hat bei B einen rechten Winkel.

c) Die Koordinaten des Schwerpunkts des Dreiecks ABC mit $A\,(5 \mid 1 \mid -4)$, $B\,(1 \mid 5 \mid 5)$, und $C\,(-3 \mid 3 \mid 5)$ erhält man mit Hilfe der Formel $S\left(\frac{a_1+b_1+c_1}{3} \mid \frac{a_2+b_2+c_2}{3} \mid \frac{a_3+b_3+c_3}{3}\right)$. Damit ergibt sich:
$S\left(\frac{5+1+(-3)}{3} \mid \frac{1+5+3}{3} \mid \frac{-4+5+5}{3}\right)$ bzw. $S\,(1 \mid 3 \mid 2)$

d) I)

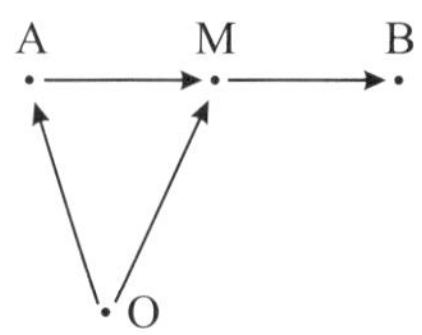

$$\overrightarrow{OM} = \overrightarrow{OA} + \tfrac{1}{2}\overrightarrow{AB} = \begin{pmatrix} 4 \\ 1 \\ 3 \end{pmatrix} + \tfrac{1}{2}\cdot \begin{pmatrix} -6 \\ 4 \\ -8 \end{pmatrix} = \begin{pmatrix} 1 \\ 3 \\ -1 \end{pmatrix}$$

$\Rightarrow M\,(1 \mid 3 \mid -1)$

II)

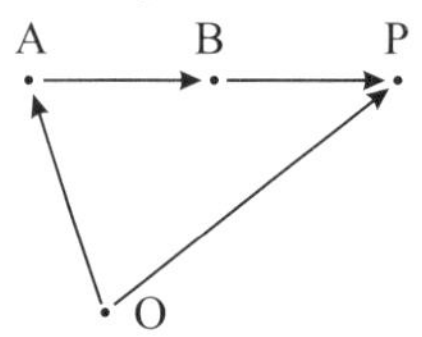

$$\overrightarrow{OP} = \overrightarrow{OA} + 2\cdot\overrightarrow{AB} = \begin{pmatrix} 3 \\ -1 \\ -4 \end{pmatrix} + 2\cdot \begin{pmatrix} 1 \\ 3 \\ 9 \end{pmatrix} = \begin{pmatrix} 5 \\ 5 \\ 14 \end{pmatrix}$$

$\Rightarrow P\,(5 \mid 5 \mid 14)$

e) I)

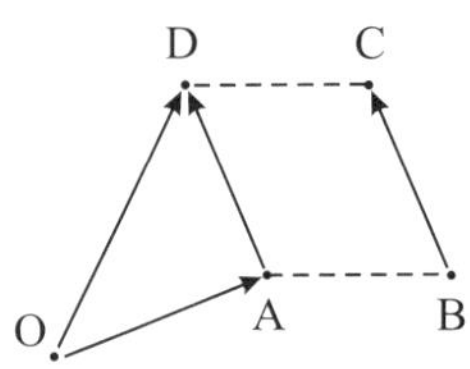

$$\overrightarrow{OD} = \overrightarrow{OA} + \overrightarrow{BC} = \begin{pmatrix} 4 \\ 2 \\ 3 \end{pmatrix} + \begin{pmatrix} -3 \\ -7 \\ -8 \end{pmatrix} = \begin{pmatrix} 1 \\ -5 \\ -5 \end{pmatrix}$$

$\Rightarrow D\,(1 \mid -5 \mid -5)$

II)

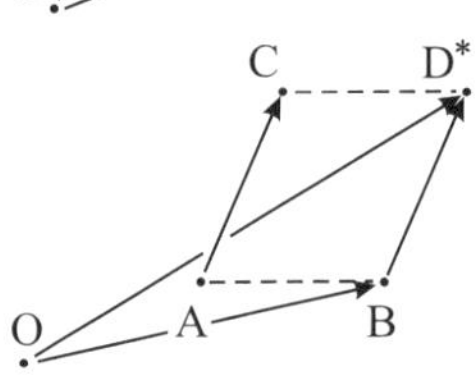

$$\overrightarrow{OD^*} = \overrightarrow{OB} + \overrightarrow{AC} = \begin{pmatrix} 1 \\ 8 \\ 5 \end{pmatrix} + \begin{pmatrix} -6 \\ -1 \\ -6 \end{pmatrix} = \begin{pmatrix} -5 \\ 7 \\ -1 \end{pmatrix}$$

$\Rightarrow D^*\,(-5 \mid 7 \mid -1)$

III)

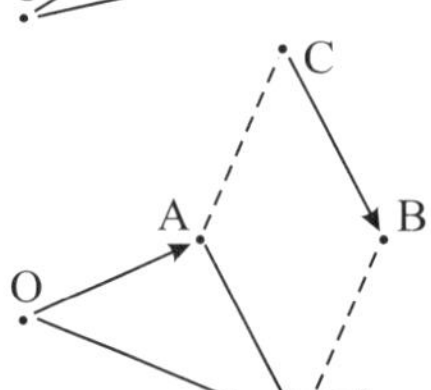

$$\overrightarrow{OD'} = \overrightarrow{OA} + \overrightarrow{CB} = \begin{pmatrix} 4 \\ 2 \\ 3 \end{pmatrix} + \begin{pmatrix} 3 \\ 7 \\ 8 \end{pmatrix} = \begin{pmatrix} 7 \\ 9 \\ 11 \end{pmatrix}$$

$\Rightarrow D'\,(7 \mid 9 \mid 11)$

f) I) Es ergeben sich folgende mögliche Vektorketten:

$$\overrightarrow{OD} = \overrightarrow{OA} + \overrightarrow{BC} = \begin{pmatrix} 3 \\ 1 \\ 4 \end{pmatrix} + \begin{pmatrix} 7 \\ -3 \\ 6 \end{pmatrix} = \begin{pmatrix} 10 \\ -2 \\ 10 \end{pmatrix} \Rightarrow D(10 \mid -2 \mid 10)$$

$$\overrightarrow{OE} = \overrightarrow{OA} + \overrightarrow{BF} = \begin{pmatrix} 3 \\ 1 \\ 4 \end{pmatrix} + \begin{pmatrix} 11 \\ 1 \\ 9 \end{pmatrix} = \begin{pmatrix} 14 \\ 2 \\ 13 \end{pmatrix} \Rightarrow E(14 \mid 2 \mid 13)$$

$$\overrightarrow{OG} = \overrightarrow{OC} + \overrightarrow{BF} = \begin{pmatrix} 5 \\ -2 \\ 3 \end{pmatrix} + \begin{pmatrix} 11 \\ 1 \\ 9 \end{pmatrix} = \begin{pmatrix} 16 \\ -1 \\ 12 \end{pmatrix} \Rightarrow G(16 \mid -1 \mid 12)$$

$$\overrightarrow{OH} = \overrightarrow{OD} + \overrightarrow{BF} = \begin{pmatrix} 10 \\ -2 \\ 10 \end{pmatrix} + \begin{pmatrix} 11 \\ 1 \\ 9 \end{pmatrix} = \begin{pmatrix} 21 \\ -1 \\ 19 \end{pmatrix} \Rightarrow H(21 \mid -1 \mid 19)$$

II) Die Länge der Raumdiagonalen AG ist die Länge des Verbindungsvektors $\overrightarrow{AG}$:

$$AG = |\overrightarrow{AG}| = \left| \begin{pmatrix} 13 \\ -2 \\ 8 \end{pmatrix} \right| = \sqrt{169+4+64} = \sqrt{237}\,\text{LE.}$$

g) Bei einem schiefen Dreiecksprisma sind folgende 3 Kanten parallel: AD, BE und CF $\Rightarrow$

$\overrightarrow{AD} = \overrightarrow{BE} = \overrightarrow{CF}$. Daher gilt: $\overrightarrow{OE} = \overrightarrow{OB} + \overrightarrow{AD} = \begin{pmatrix} 5 \\ -2 \\ -1 \end{pmatrix} + \begin{pmatrix} 3 \\ 3 \\ 5 \end{pmatrix} = \begin{pmatrix} 8 \\ 1 \\ 4 \end{pmatrix}$

$\Rightarrow E(8 \mid 1 \mid 4)$

$$\overrightarrow{OF} = \overrightarrow{OC} + \overrightarrow{AD} = \begin{pmatrix} -1 \\ 3 \\ -2 \end{pmatrix} + \begin{pmatrix} 3 \\ 3 \\ 5 \end{pmatrix} = \begin{pmatrix} 2 \\ 6 \\ 3 \end{pmatrix} \Rightarrow F(2 \mid 6 \mid 3)$$

Die Länge der Kante EF ist $|\overrightarrow{EF}| = \left| \begin{pmatrix} -6 \\ 5 \\ -1 \end{pmatrix} \right| = \sqrt{36+25+1} = \sqrt{62}$ LE.

10.5 Lineare Abhängigkeit

a) I) Der Ansatz $k \cdot \begin{pmatrix} 2 \\ 1 \\ -3 \end{pmatrix} = \begin{pmatrix} -4 \\ -2 \\ 6 \end{pmatrix}$ führt zu $\begin{aligned} 2k &= -4 \\ k &= -2 \\ -3k &= 6 \end{aligned}$ und damit zu $k = -2$,

d.h. $\vec{a}$ und $\vec{b}$ sind linear abhängig.

II) Der Ansatz $k \cdot \begin{pmatrix} 2 \\ 0 \\ 3 \end{pmatrix} = \begin{pmatrix} -2 \\ 1 \\ -3 \end{pmatrix}$ führt zu $\begin{array}{rcr} 2k & = & -2 \\ 0 & = & 1 \\ 3k & = & -3 \end{array}$ und damit zu einem Widerspruch, d.h. $\vec{a}$ und $\vec{b}$ sind linear unabhängig.

III) Der Ansatz $k \cdot \begin{pmatrix} 6 \\ 3 \\ -9 \end{pmatrix} = \begin{pmatrix} 2 \\ 1 \\ -3 \end{pmatrix}$ führt zu $\begin{array}{rcr} 6k & = & 2 \\ 3k & = & 1 \\ -9k & = & -3 \end{array}$ und damit zu $k = \frac{1}{3}$, d.h. $\vec{a}$ und $\vec{b}$ sind linear abhängig.

IV) Der Ansatz $k \cdot \begin{pmatrix} 4 \\ -2 \\ 3 \end{pmatrix} = \begin{pmatrix} 5 \\ 1 \\ 9 \end{pmatrix}$ führt zu $\begin{array}{rcr} 4k & = & 5 \\ -2k & = & 1 \\ 3k & = & 9 \end{array}$ und damit zu verschiedenen Werten für k, also sind $\vec{a}$ und $\vec{b}$ linear unabhängig.

11 Geraden

11.1 Aufstellen von Geradengleichungen

Der Ortsvektor des einen Punktes wird als Stützvektor für die Gerade benutzt. Einen Richtungsvektor erhält man, indem man einen Verbindungsvektor zwischen den beiden Punkten aufstellt. Da es beliebig ist, welcher Punkt als «Stützpunkt» genommen wird, bzw. in welche Richtung man den Richtungsvektor aufstellt, gibt es mehrere Lösungen. Für Aufgabe a) sind alle vier Lösungen dargestellt, für die Aufgaben b) und c) ist eine mögliche Lösung aufgeführt.

a) I) $g:\ \vec{x}=\begin{pmatrix}1\\0\\2\end{pmatrix}+r\cdot\begin{pmatrix}2\\1\\1\end{pmatrix}$ II) $g:\ \vec{x}=\begin{pmatrix}3\\1\\3\end{pmatrix}+r\cdot\begin{pmatrix}2\\1\\1\end{pmatrix}$

III) $g:\ \vec{x}=\begin{pmatrix}1\\0\\2\end{pmatrix}+r\cdot\begin{pmatrix}-2\\-1\\-1\end{pmatrix}$ IV) $g:\ \vec{x}=\begin{pmatrix}3\\1\\3\end{pmatrix}+r\cdot\begin{pmatrix}-2\\-1\\-1\end{pmatrix}$

b) $g:\ \vec{x}=\begin{pmatrix}2\\1\\-4\end{pmatrix}+s\cdot\begin{pmatrix}2\\-1\\5\end{pmatrix}$ c) $g:\ \vec{x}=\begin{pmatrix}1\\1\\0\end{pmatrix}+t\cdot\begin{pmatrix}1\\1\\-1\end{pmatrix}$

11.2 Punktprobe

Die Ortsvektoren der Punkte werden in die Geradengleichung eingesetzt. Dann ermittelt man den Parameter mit Hilfe der Gleichungen des dazugehörigen Gleichungssystems. Es muss sich für alle drei Gleichungen der gleiche Parameter ergeben.

a) Einsetzen ergibt:

$$\begin{array}{lrcrcr} \text{I} & 2 & = & 1 & + & r \\ \text{II} & 7 & = & 3 & + & 4r \\ \text{III} & 0 & = & -2 & + & 2r \end{array}$$

Lösen von Gleichung I, II und III führt zu $r=1$. Also liegt der Punkt A auf der Geraden.

b) Einsetzen ergibt:

$$\begin{array}{lrcrcr} \text{I} & 3 & = & 1 & + & r \\ \text{II} & 11 & = & 3 & + & 4r \\ \text{III} & 3 & = & -2 & + & 2r \end{array}$$

Lösen von Gleichung I und II führt zu $r=2$. Lösen von Gleichung III ergibt $r=2,5$. Dies ist ein Widerspruch. Der Punkt liegt also nicht auf der Geraden.

c) Einsetzen ergibt:

$$\begin{array}{lrcrcr} \text{I} & -2 & = & 1 & + & r \\ \text{II} & -9 & = & 3 & + & 4r \\ \text{III} & -8 & = & -2 & + & 2r \end{array}$$

Lösen von Gleichung I, II und III führt zu $r=-3$. Also liegt der Punkt C auf der Geraden.

11.3 Parallele Geraden

Wenn die Geraden parallel sind, müssen die Richtungsvektoren linear abhängig sein. Außerdem darf kein «Stützpunkt» einer Geraden in einer anderen enthalten sein.

Wegen $2 \cdot \begin{pmatrix} 2 \\ -1 \\ -3 \end{pmatrix} = \begin{pmatrix} 4 \\ -2 \\ -6 \end{pmatrix}$ sind die Richtungsvektoren von g und h linear abhängig.

Einsetzen von $\begin{pmatrix} 2 \\ 1 \\ -3 \end{pmatrix}$ in h ergibt:

$$\begin{array}{lrcrcl} \text{I} & 2 & = & 4 & + & 4s \\ \text{II} & 1 & = & & - & 2s \\ \text{III} & -3 & = & 7 & - & 6s \end{array}$$

Lösen von Gleichung I und II führt zu $s = -\frac{1}{2}$. Lösen von Gleichung III ergibt $s = \frac{5}{3}$. Dies ist ein Widerspruch. Der Stützpunkt von g liegt also nicht auf der Geraden h. Damit sind g und h parallel.

Wegen $-3 \cdot \begin{pmatrix} 2 \\ -1 \\ -3 \end{pmatrix} = \begin{pmatrix} -6 \\ 3 \\ 9 \end{pmatrix}$ sind die Richtungsvektoren von g und i linear abhängig.

Einsetzen von $\begin{pmatrix} 2 \\ 1 \\ -3 \end{pmatrix}$ in i ergibt:

$$\begin{array}{lrcrcl} \text{I} & 2 & = & 3 & - & 6t \\ \text{II} & 1 & = & -2 & + & 3t \\ \text{III} & -3 & = & 9 & + & 9t \end{array}$$

Lösen von Gleichung I führt zu $t = \frac{1}{6}$. Lösen von Gleichung II ergibt $t = 1$. Dies ist ein Widerspruch. Der Stützpunkt von g liegt also nicht auf der Geraden i. Damit sind g und i parallel.

Wegen $-1{,}5 \cdot \begin{pmatrix} 4 \\ -2 \\ -6 \end{pmatrix} = \begin{pmatrix} -6 \\ 3 \\ 9 \end{pmatrix}$ sind die Richtungsvektoren von h und i linear abhängig.

Einsetzen von $\begin{pmatrix} 4 \\ 0 \\ 7 \end{pmatrix}$ in i ergibt:

$$\begin{array}{lrcrcl} \text{I} & 4 & = & 3 & - & 6t \\ \text{II} & 0 & = & -2 & + & 3t \\ \text{III} & 7 & = & 9 & + & 9t \end{array}$$

Lösen von Gleichung I führt zu $t = -\frac{1}{6}$. Lösen von Gleichung II ergibt $t = \frac{2}{3}$. Dies ist ein Widerspruch. Der Stützpunkt von h liegt also nicht auf der Geraden i. Damit sind h und i parallel.

12 Gegenseitige Lage von Geraden

Für die ersten Aufgaben ist die Lösung ausführlich dargestellt, ansonsten sind Zwischenergebnisse und das Endergebnis angegeben. Bei zwei Variablen ist das Lösen des linearen Gleichungssystems in der Regel nicht aufwendig, so dass «mit der Hand» gearbeitet werden kann. Natürlich können auch GTR oder CAS verwendet werden.

a) Die Richtungsvektoren der Geraden sind kein Vielfaches voneinander, da es kein k gibt, so dass gilt: $k \cdot \begin{pmatrix} 1 \\ 1 \\ 2 \end{pmatrix} = \begin{pmatrix} 2 \\ 0 \\ 1 \end{pmatrix}$, also können sich die Geraden schneiden oder windschief sein.
Gleichsetzen der Geraden führt zu:

$$\begin{array}{llcccl} \text{I} & 4 & + & t & = & 2r \\ \text{II} & 2 & + & t & = & 0 \\ \text{III} & 5 & + & 2t & = & r \end{array}$$

Gleichung II ergibt: $t = -2$.
Setzt man $t = -2$ in Gleichung I ein, ergibt sich: $r = 1$.
Setzt man $t = -2$ und $r = 1$ in Gleichung III ein, erhält man: $5 + 2 \cdot (-2) = 1$ bzw. $1 = 1$.
Aufgrund der wahren Aussage setzt man $r = 1$ in g_2 ein, es ergibt sich der Schnittpunkt S mit $S\,(2 \mid 0 \mid 1)$.

b) Die Richtungsvektoren der Geraden sind kein Vielfaches voneinander, da es kein k gibt, so dass gilt: $k \cdot \begin{pmatrix} 1 \\ 1 \\ 1 \end{pmatrix} = \begin{pmatrix} 3 \\ 4 \\ 5 \end{pmatrix}$, also können sich die Geraden schneiden oder windschief sein.
Gleichsetzen der Geraden führt zu:

$$\begin{array}{llccccccc} \text{I} & 2 & + & r & = & 3 & + & 3t \\ \text{II} & & & r & = & 2 & + & 4t \\ \text{III} & & & r & = & 3 & + & 5t \end{array}$$

Subtrahiert man Gleichung II von Gleichung I, ergibt sich: $0 = -1 - t \Rightarrow t = -1$.
Setzt man $t = -1$ in Gleichung II ein, ergibt sich: $r = -2$.
Setzt man $t = -1$ und $r = -2$ in Gleichung III ein, erhält man: $-2 = 3 + 5 \cdot (-1)$ bzw. $-2 = -2$. Aufgrund der wahren Aussage setzt man $r = -2$ in g_1 ein, es ergibt sich der Schnittpunkt S mit $S\,(0 \mid -2 \mid -2)$.

c) Die Richtungsvektoren der Geraden sind kein Vielfaches voneinander, da es kein k gibt, so dass gilt: $k \cdot \begin{pmatrix} 2 \\ 1 \\ -3 \end{pmatrix} = \begin{pmatrix} 4 \\ -5 \\ -1 \end{pmatrix}$.

Gleichsetzen der Geraden führt zu:

$$\begin{array}{lrcrcrcr} \text{I} & 1 & + & 2s & = & 5 & + & 4t \\ \text{II} & -3 & + & s & = & 1 & - & 5t \\ \text{III} & 5 & - & 3s & = & -3 & - & t \end{array}$$

Subtrahiert man das 2-fache von Gleichung II von Gleichung I, ergibt sich: $7 = 3 + 14t \Rightarrow t = \frac{2}{7}$.
Setzt man $t = \frac{2}{7}$ in Gleichung II ein, ergibt sich: $s = \frac{18}{7}$.
Setzt man $t = \frac{2}{7}$ und $s = \frac{18}{7}$ in Gleichung III ein, erhält man: $5 - 3 \cdot \frac{18}{7} = -3 - \frac{2}{7}$ bzw. $-\frac{19}{7} = -\frac{23}{7}$. Dies ist ein Widerspruch, also sind die Geraden windschief.

d) Die Richtungsvektoren der Geraden sind kein Vielfaches voneinander, da es kein k gibt, so dass gilt: $k \cdot \begin{pmatrix} 2 \\ 0 \\ 1 \end{pmatrix} = \begin{pmatrix} 0 \\ 1 \\ -1 \end{pmatrix}$. Gleichsetzen der Geradengleichungen und Berechnen von t und r mit Gleichung I und II ergibt: $t = \frac{1}{2}$ und $r = -1$. Prüfen in Gleichung III führt auf einen Widerspruch, also sind die Geraden windschief.

e) Prüfung der Richtungsvektoren:
$k \cdot \begin{pmatrix} 2 \\ -1 \\ 3 \end{pmatrix} = \begin{pmatrix} -2 \\ 1 \\ -3 \end{pmatrix} \Rightarrow k = -1$, d.h. die Richtungsvektoren sind ein Vielfaches voneinander (linear abhängig), also können die Geraden parallel oder identisch sein.
Man prüft nun, ob $P(4 \mid 0 \mid 1)$ der Geraden g auch auf der Geraden h liegt:

$$\begin{pmatrix} 4 \\ 0 \\ 1 \end{pmatrix} = \begin{pmatrix} 6 \\ -1 \\ 4 \end{pmatrix} + t \cdot \begin{pmatrix} -2 \\ 1 \\ -3 \end{pmatrix}$$

Damit der Punkt auf der Geraden liegt, müssen die Werte für t in allen drei Gleichungen übereinstimmen:

$$\begin{array}{rcrcrcrcr} 4 & = & 6 & - & 2t & \Rightarrow & t & = & 1 \\ 0 & = & -1 & + & t & \Rightarrow & t & = & 1 \\ 1 & = & 4 & - & 3t & \Rightarrow & t & = & 1 \end{array}$$

Die Punktprobe ist positiv, also sind die Geraden identisch.

13 Ebenen

13.1 Parameterform der Ebenengleichung

a) Einer der angegebenen Punkte, z.B. A, wird als «Stützpunkt» genommen; die Verbindungsvektoren $\overrightarrow{AB}$ und $\overrightarrow{AC}$ sind dann die Spannvektoren der Ebene. Konkret ergibt sich damit:

$$E\colon \vec{x} = \begin{pmatrix} 1 \\ 4 \\ 3 \end{pmatrix} + r \cdot \begin{pmatrix} 1 \\ 3 \\ -6 \end{pmatrix} + s \cdot \begin{pmatrix} 2 \\ 1 \\ -2 \end{pmatrix}$$

b) Auch hier wird einer der angegebenen Punkte als Stützpunkt genommen, die Verbindungsvektoren $\overrightarrow{PQ}$ und $\overrightarrow{PR}$ ermittelt und als Spannvektoren genommen. Damit gilt:

$$E\colon \vec{x} = \begin{pmatrix} 3 \\ 1 \\ 2 \end{pmatrix} + r \cdot \begin{pmatrix} 1 \\ 6 \\ 1 \end{pmatrix} + s \cdot \begin{pmatrix} 1 \\ -1 \\ -3 \end{pmatrix}$$

c) Der «Stützpunkt» und der erste Spannvektor können direkt von der Geraden g übernommen werden. Den zweiten Spannvektor erhält man, indem man den Verbindungsvektor zwischen dem Stützpunkt und dem angegebenen Punkt aufstellt. Damit gilt:

$$E\colon \vec{x} = \begin{pmatrix} -1 \\ 2 \\ 4 \end{pmatrix} + r \cdot \begin{pmatrix} 3 \\ 6 \\ -1 \end{pmatrix} + s \cdot \begin{pmatrix} 2 \\ 1 \\ 2 \end{pmatrix}$$

d) Auch hier können der «Stützpunkt» und der erste Spannvektor direkt von der Geraden g übernommen werden. Den zweiten Spannvektor erhält man, indem man den Verbindungsvektor zwischen dem angegebenen Punkt und dem Stützpunkt aufstellt. Damit gilt:

$$E\colon \vec{x} = \begin{pmatrix} 7 \\ 3 \\ 2 \end{pmatrix} + r \cdot \begin{pmatrix} 1 \\ 2 \\ 1 \end{pmatrix} + s \cdot \begin{pmatrix} 7 \\ 2 \\ 0 \end{pmatrix}$$

13.2 Koordinatengleichung einer Ebene

Es gibt verschiedene Wege, die Koordinatenform der Ebenengleichung zu bestimmen. In der Lösung ist der Weg über die Punkt-Normalenform gewählt, weil er der anschaulichste ist. Es ist aber z.B. auch möglich, die Koordinatenform zu bestimmen, indem man ein Gleichungssystem bildet und dieses ausrechnet.

a) Die gegebene Punkt-Normalenform der Ebene E : $\left(\vec{x} - \begin{pmatrix} 3 \\ 1 \\ 2 \end{pmatrix}\right) \cdot \begin{pmatrix} 2 \\ 3 \\ 1 \end{pmatrix} = 0$ wird durch Ausrechnen des Skalarprodukts in die Koordinatengleichung übergeführt:

$$\left(\begin{pmatrix} x_1 \\ x_2 \\ x_3 \end{pmatrix} - \begin{pmatrix} 3 \\ 1 \\ 2 \end{pmatrix}\right) \cdot \begin{pmatrix} 2 \\ 3 \\ 1 \end{pmatrix} = 0$$

$$(x_1 - 3) \cdot 2 + (x_2 - 1) \cdot 3 + (x_3 - 2) \cdot 1 = 0$$

$$2x_1 - 6 + 3x_2 - 3 + x_3 - 2 = 0$$

$$2x_1 + 3x_2 + x_3 = 11$$

b) Die gegebene Punkt-Normalenform der Ebene E : $\left(\vec{x} - \begin{pmatrix} -5 \\ 4 \\ -1 \end{pmatrix}\right) \cdot \begin{pmatrix} 2 \\ -1 \\ 3 \end{pmatrix} = 0$ wird durch Ausrechnen des Skalarprodukts in die Koordinatengleichung übergeführt:

$$\left(\begin{pmatrix} x_1 \\ x_2 \\ x_3 \end{pmatrix} - \begin{pmatrix} -5 \\ 4 \\ -1 \end{pmatrix}\right) \cdot \begin{pmatrix} 2 \\ -1 \\ 3 \end{pmatrix} = 0$$

$$(x_1 + 5) \cdot 2 + (x_2 - 4) \cdot (-1) + (x_3 + 1) \cdot 3 = 0$$

$$2x_1 + 10 - x_2 + 4 + 3x_3 + 3 = 0$$

$$2x_1 - x_2 + 3x_3 = -17$$

c) Zuerst legt man fest, welcher Ortsvektor als Stützvektor benutzt wird, dann bildet man zwei Spannvektoren und errechnet mit diesen den Normalenvektor $\vec{n}$. Dieser wird in die Punkt-Normalenform eingesetzt und ausgerechnet:

Als Stützvektor wird $\vec{a}$ gewählt, damit ergibt sich für die Spannvektoren $\overrightarrow{AB} = \begin{pmatrix} 2 \\ -1 \\ 1 \end{pmatrix}$ und $\overrightarrow{AC} = \begin{pmatrix} 6 \\ 2 \\ 3 \end{pmatrix}$. Das Kreuzprodukt (siehe Seite 34) der Spannvektoren ergibt $\begin{pmatrix} -5 \\ 0 \\ 10 \end{pmatrix}$.

Ausklammern von 5 führt zu $\vec{n} = \begin{pmatrix} -1 \\ 0 \\ 2 \end{pmatrix}$. Einsetzen von $\vec{a}$ und $\vec{n}$ in die Punkt-Normalenform $(\vec{x} - \vec{a}) \cdot \vec{n} = 0$ und Ausrechnen ergibt:

$$\left(\begin{pmatrix} x_1 \\ x_2 \\ x_3 \end{pmatrix} - \begin{pmatrix} 2 \\ 2 \\ 2 \end{pmatrix}\right) \cdot \begin{pmatrix} -1 \\ 0 \\ 2 \end{pmatrix} = 0 \Rightarrow (x_1 - 2) \cdot (-1) + (x_2 - 2) \cdot 0 + (x_3 - 2) \cdot 2 = 0.$$

Ordnen der Gleichung führt zu: $x_1 - 2x_3 = -2$.

d) Stützvektor $= \vec{p}$, Spannvektoren $\overrightarrow{PQ} = \begin{pmatrix} 1 \\ 4 \\ -2 \end{pmatrix}$ und $\overrightarrow{PR} = \begin{pmatrix} 4 \\ -2 \\ -2 \end{pmatrix}$. Das Kreuzprodukt (siehe Seite 34) der Spannvektoren ergibt $\begin{pmatrix} -12 \\ -6 \\ -18 \end{pmatrix}$. Ausklammern von (-6) führt zu $\vec{n} = \begin{pmatrix} 2 \\ 1 \\ 3 \end{pmatrix}$. Einsetzen von $\vec{p}$ und $\vec{n}$ in die Punkt-Normalenform und Ausrechnen führt zu $2x_1 + x_2 + 3x_3 = 20$.

e) Lösungsweg: Der Stützvektor der Geraden wird als Punkt der Ebene in der Punkt-Normalenform benutzt. Der erste Spannvektor ist der Richtungsvektor der Geraden, der zweite Spannvektor ergibt sich als Verbindungsvektor des «Stützpunktes» der Geraden zu dem gegebenen Punkt. Mit den beiden Spannvektoren wird $\vec{n}$ berechnet und über die Punkt-Normalenform die Koordinatengleichung ausgerechnet.
Stützvektor $= \vec{s} = \begin{pmatrix} 3 \\ 5 \\ 7 \end{pmatrix}$, Spannvektoren $\begin{pmatrix} 1 \\ 1 \\ 1 \end{pmatrix}$ und $\begin{pmatrix} 1 \\ -4 \\ -5 \end{pmatrix}$. Das Kreuzprodukt (siehe Seite 34) der Spannvektoren und Ausklammern von (-1) führt zu $\vec{n} = \begin{pmatrix} 1 \\ -6 \\ 5 \end{pmatrix}$. Einsetzen von $\vec{s}$ und $\vec{n}$ in die Punkt-Normalenform und Ausrechnen führt zu $x_1 - 6x_2 + 5x_3 = 8$.

f) Stützvektor $= \vec{s} = \begin{pmatrix} 7 \\ 2 \\ 3 \end{pmatrix}$, Spannvektoren $\begin{pmatrix} 1 \\ -3 \\ -3 \end{pmatrix}$ und $\begin{pmatrix} -3 \\ 1 \\ 1 \end{pmatrix}$. Das Kreuzprodukt (siehe Seite 34) der Spannvektoren und Ausklammern von 8 führt zu $\vec{n} = \begin{pmatrix} 0 \\ 1 \\ -1 \end{pmatrix}$. Einsetzen von $\vec{s}$ und $\vec{n}$ in die Punkt-Normalenform und Ausrechnen führt zu $x_2 - x_3 = -1$.

g) Lösungsweg: Zuerst wird der Schnittpunkt der Geraden ermittelt. Bevor man die Gleichungen gleichsetzt, überprüft man, ob sie den gleichen Stützvektor besitzen. Der eine Richtungsvektor bildet einen Spannvektor, der andere Richtungsvektor den anderen. Mit den beiden Spannvektoren wird $\vec{n}$ berechnet und über die Punkt-Normalenform die Koordinatengleichung ausgerechnet.
Beide Geraden besitzen den gleichen Stützvektor $\vec{s} = \begin{pmatrix} 1 \\ 2 \\ 3 \end{pmatrix}$, die Spannvektoren sind $\begin{pmatrix} 1 \\ 3 \\ 4 \end{pmatrix}$ und $\begin{pmatrix} 2 \\ -1 \\ 3 \end{pmatrix}$. Damit ist $\vec{n} = \begin{pmatrix} 13 \\ 5 \\ -7 \end{pmatrix}$. Einsetzen von $\vec{s}$ und $\vec{n}$ in die Punkt-Normalenform und Ausrechnen führt zu $13x_1 + 5x_2 - 7x_3 = 2$.

h) Die Geraden besitzen nicht den gleichen Stützvektor, daher wird zuerst der Schnittpunkt der Geraden durch Gleichsetzen der dazugehörigen Gleichungen bestimmt:

$$\begin{array}{lrcrcrcrcr} \text{I} & 1 & + & s & = & 3 & + & 2t \\ \text{II} & 2 & + & 3s & = & 3 & + & t \\ \text{III} & 4 & + & 2s & = & 7 & + & 3t \end{array}$$

Die Gleichung II wird mit -2 multipliziert und zu I addiert. Auflösen nach s ergibt: $s = 0$. Einsetzen in I führt auf $t = -1$. Beide Variablen müssen noch in III überprüft werden. Um den Schnittpunkt zu bestimmen, setzt man s oder t in eine der beiden Geradengleichungen ein. Der Schnittpunkt S ist damit S $(1 \mid 2 \mid 4)$. Nun wählt man wieder die beiden Richtungsvektoren als Spannvektoren und bestimmt $\vec{n}$: Damit ist $\vec{n} = \begin{pmatrix} 7 \\ 1 \\ -5 \end{pmatrix}$. Einsetzen von $\vec{s}$ und $\vec{n}$ in die Punkt-Normalenform und Ausrechnen führt zu $7x_1 + x_2 - 5x_3 = -11$.

i) Zuerst wird der Schnittpunkt durch Gleichsetzen der Gleichungen bestimmt: $s = -1$ und $t = 2$. Der Schnittpunkt S ist damit S $(1 \mid 0 \mid 2)$. Nun wählt man wieder die beiden Richtungsvektoren als Spannvektoren und bestimmt $\vec{n}$: $\vec{n} = \begin{pmatrix} -17 \\ 6 \\ 7 \end{pmatrix}$. Einsetzen von $\vec{s}$ und $\vec{n}$ in die Punkt-Normalenform und Ausrechnen führt zu $-17x_1 + 6x_2 + 7x_3 = -3$.

j) Zuerst wird der Schnittpunkt durch Gleichsetzen der dazugehörigen Gleichungen bestimmt:

$$\begin{array}{lrcrcrcrcr} \text{I} & 1 & + & 3s & = & 4 & + & 6t \\ \text{II} & & & s & = & 1 & + & 2t \\ \text{III} & 2 & + & 2s & = & 1 & + & 4t \end{array}$$

Die Gleichung II wird mit -2 multipliziert zu III addiert. Es ergibt sich der Ausdruck $3 = 0$. Dies ist ein Widerspruch. Die Gleichung hat damit keine Lösung, d.h. die Geraden schneiden sich nicht. Da die Richtungsvektoren linear abhängig sind, sind die Geraden parallel. Der «Stützpunkt» der einen Geraden wird als Punkt in der Punkt-Normalenform benutzt.

Der erste Spannvektor der Ebene ist der Richtungsvektor der Geraden, der zweite Spannvektor ergibt sich aus dem Verbindungsvektor zwischen dem «Stützpunkt» der ersten Geraden und dem des «Stützpunktes» der zweiten Geraden. Mit den beiden Spannvektoren wird $\vec{n}$ berechnet und über die Punkt-Normalenform die Koordinatengleichung ausgerechnet. Stützvektor $\vec{s} = \begin{pmatrix} 1 \\ 0 \\ 2 \end{pmatrix}$, die Spannvektoren sind $\begin{pmatrix} 3 \\ 1 \\ 2 \end{pmatrix}$ und $\begin{pmatrix} 3 \\ 1 \\ -1 \end{pmatrix}$. Das Kreuzprodukt (siehe Seite 34) der Spannvektoren und Ausklammern von (-3) führt zu

$\vec{n} = \begin{pmatrix} 1 \\ -3 \\ 0 \end{pmatrix}$. Einsetzen von $\vec{s}$ und $\vec{n}$ in die Punkt-Normalenform und Ausrechnen führt zu $x_1 - 3x_2 = 1$.

k) Zuerst wird der Schnittpunkt durch Gleichsetzen bestimmt. Das Lösen des Gleichungssystems führt zu einem Widerspruch, daher schneiden sich die Geraden nicht. Die Richtungsvektoren sind linear abhängig $\Rightarrow$ die Geraden sind parallel. Die Ebene wird wie in der vorangehenden Aufgabe aufgestellt, die Spannvektoren sind $\begin{pmatrix} 2 \\ 1 \\ 2 \end{pmatrix}$ und $\begin{pmatrix} 2 \\ -1 \\ 2 \end{pmatrix}$.

Das Kreuzprodukt (siehe Seite 34) der Spannvektoren und Ausklammern von 4 führt zu $\vec{n} = \begin{pmatrix} 1 \\ 0 \\ -1 \end{pmatrix}$.

Einsetzen in die Punkt-Normalenform und Ausrechnen führt zu $x_1 - x_3 = 0$.

l) Der Verbindungsvektor $\overrightarrow{AA^*}$ ist orthogonal zur Spiegelebene. Damit kann man ihn als Normalenvektor der Ebene benutzen. Dann wird der Punkt P in der Mitte der beiden Punkte ausgerechnet.

Es ist $\overrightarrow{AA^*} = \begin{pmatrix} 2 \\ -2 \\ -4 \end{pmatrix}$. Ausklammern von 2 ergibt $\vec{n} = \begin{pmatrix} 1 \\ -1 \\ -2 \end{pmatrix}$. Für $\vec{p}$ ergibt sich

$\vec{p} = \overrightarrow{OA} + \frac{1}{2} \cdot \overrightarrow{AA^*} = \begin{pmatrix} 2 \\ 3 \\ 5 \end{pmatrix}$. Einsetzen in die Punkt-Normalenform ergibt die Koordinatengleichung $x_1 - x_2 - 2x_3 = -11$.

m) Da E die Gerade g enthalten soll, muss der Normalenvektor $\vec{n}$ senkrecht auf dem Richtungsvektor der Geraden stehen: $\begin{pmatrix} n_1 \\ n_2 \\ n_3 \end{pmatrix} \cdot \begin{pmatrix} 2 \\ 0 \\ -1 \end{pmatrix} = 0$. Außerdem soll die Ebene auch auf der angegebenen Ebene F mit $\vec{n_F} = \begin{pmatrix} -1 \\ 1 \\ 2 \end{pmatrix}$ senkrecht stehen. Damit gilt

$\begin{pmatrix} n_1 \\ n_2 \\ n_3 \end{pmatrix} \cdot \begin{pmatrix} -1 \\ 1 \\ 2 \end{pmatrix} = 0$. Die beiden Skalarprodukte werden ausgerechnet, es ergibt sich das folgende Gleichungssystem:

$$\begin{array}{lrcrcrcl} \text{I} & 2n_1 & & & - & n_3 & = & 0 \\ \text{II} & -n_1 & + & n_2 & + & 2n_3 & = & 0 \end{array}$$

Aus I ergibt sich $n_3 = 2n_1$. Da es sich um zwei Gleichungen mit drei Unbekannten handelt, wählt man eine Unbekannte und setzt ein: $n_1 = 1$, damit ist $n_3 = 2$ und $n_2 = -3$. Der so bestimmte Normalenvektor und der Stützvektor von g werden in die Punkt-Normalenform eingesetzt und diese ausgerechnet. Damit ist die Koordinatenform: $x_1 - 3x_2 + 2x_3 = 4$.

n) Lösungsweg: Mit drei Punkten wird eine Ebene aufgestellt. Anschließend prüft man, ob der 4. Punkt in der Ebene liegt. Da eine Punktprobe in der Parameterform relativ aufwändig ist, lohnt es sich, die Koordinatenform aufzustellen.
Als Stützvektor wird $\vec{a}$ gewählt, damit ergibt sich für die Spannvektoren $\overrightarrow{AB} = \begin{pmatrix} 2 \\ 2 \\ 2 \end{pmatrix}$ und $\overrightarrow{AC} = \begin{pmatrix} 5 \\ 1 \\ 1 \end{pmatrix}$. Das Kreuzprodukt (siehe Seite 34) der Spannvektoren und Ausklammern von 8 führt zu $\vec{n} = \begin{pmatrix} 0 \\ 1 \\ -1 \end{pmatrix}$. Einsetzen in die Punkt-Normalenform und Ausrechnen ergibt: $x_2 - x_3 = -1$. Einsetzen von D$(8 \mid -1 \mid 0)$ ergibt $-1 = -1$, damit liegen alle vier Punkte in einer Ebene.

13.3 Ebenen im Koordinatensystem

Die Spurpunkte einer Ebene liegen auf den Koordinatenachsen. Für den Spurpunkt auf der x_1-Achse sind die x_2- und die x_3-Komponente des Punktes gleich Null. Also setzt man in der Koordinatengleichung für diese 0 ein und stellt nach x_1 um. Die Spurgeraden sind die Verbindungsgeraden der entsprechenden Spurpunkte.

a) Koordinatengleichung von E: $3x_1 + 4x_2 + 3x_3 = 12$. Spurpunkt auf der x_1-Achse: Für x_2 und x_3 wird 0 eingesetzt, man erhält $3x_1 = 12 \Rightarrow x_1 = 4 \Rightarrow$ Spurpunkt $S_1\,(4 \mid 0 \mid 0)$. Entsprechend verfährt man für die anderen Punkte: $4x_2 = 12 \Rightarrow x_2 = 3 \Rightarrow S_2\,(0 \mid 3 \mid 0)$ und $3x_3 = 12 \Rightarrow x_3 = 4 \Rightarrow S_3\,(0 \mid 0 \mid 4)$.

b) $E: 4x_1 - 8x_2 + 4x_3 = 16$. Spurpunkte: $4x_1 = 16, \Rightarrow S_1\,(4 \mid 0 \mid 0)$, $-8x_2 = 16 \Rightarrow S_2\,(0 \mid -2 \mid 0)$ und $4x_3 = 16 \Rightarrow S_3\,(0 \mid 0 \mid 4)$.

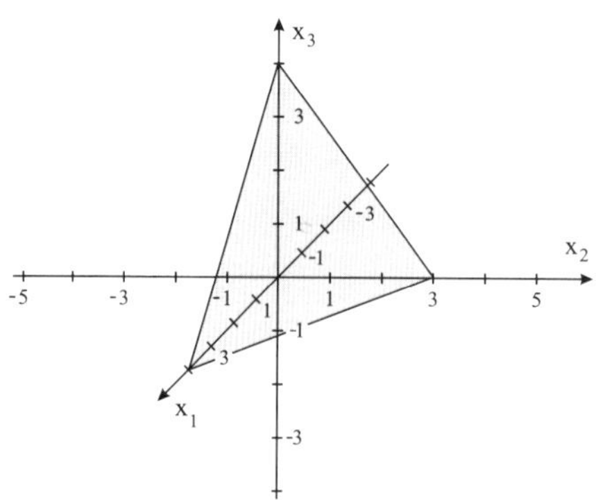

Aufgabe a)

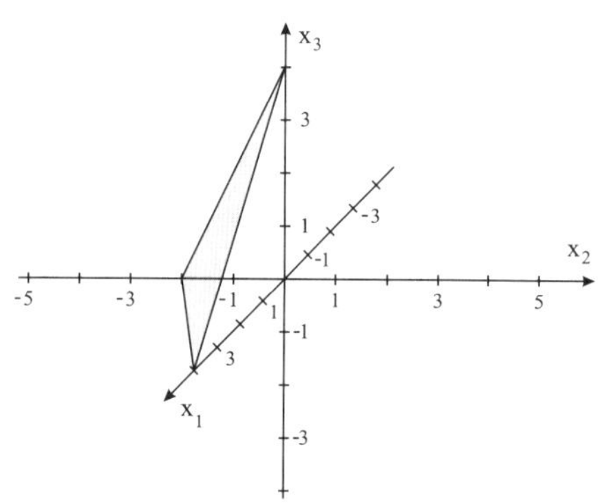

Aufgabe b)

c) $E: 3x_1 - 3x_2 - 3x_3 = 9$. Spurpunkte: $3x_1 = 9 \Rightarrow S_1\,(3 \mid 0 \mid 0)$, $-3x_2 = 9 \Rightarrow S_2\,(0 \mid -3 \mid 0)$ und $-3x_3 = 9 \Rightarrow S_3\,(0 \mid 0 \mid -3)$.

d) $E: 2x_1 + 4x_2 = 8$. Spurpunkte: $2x_1 = 8 \Rightarrow S_1\,(4 \mid 0 \mid 0)$ und $4x_2 = 8 \Rightarrow S_2\,(0 \mid 2 \mid 0)$. Da es keinen Spurpunkt auf der x_3-Achse gibt, bedeutet dies, dass die Ebene parallel zur x_3-Achse ist.

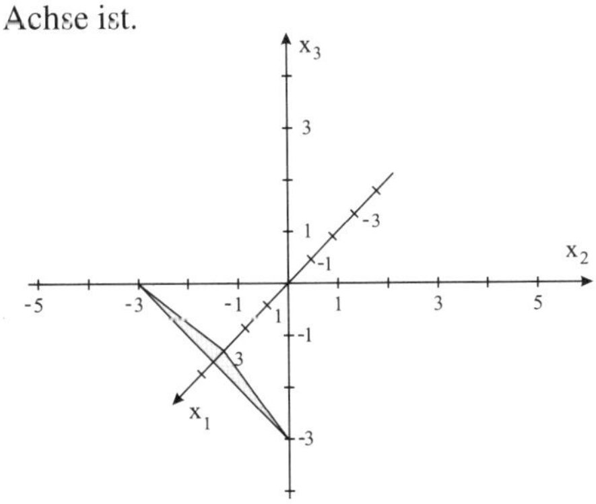

Aufgabe c)

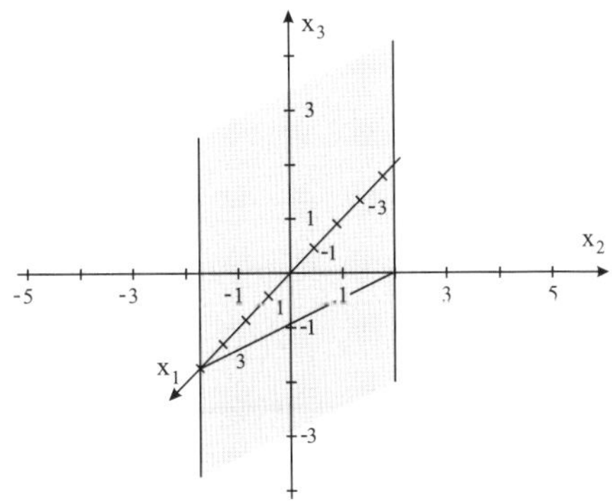

Aufgabe d)

e) $E: x_1 + 2x_3 = 4$. Spurpunkte: $x_1 = 4 \Rightarrow S_1\,(4 \mid 0 \mid 0)$ und $2x_3 = 4 \Rightarrow S_3\,(0 \mid 0 \mid 2)$. Da es keinen Spurpunkt auf der x_2-Achse gibt, bedeutet dies, dass die Ebene parallel zur x_2-Achse ist.

f) $E: 3x_2 + x_3 = 3$. Spurpunkte: $3x_2 = 3 \Rightarrow S_2\,(0 \mid 1 \mid 0)$ und $x_3 = 3 \Rightarrow S_3\,(0 \mid 0 \mid 3)$. Da es keinen Spurpunkt auf der x_1-Achse gibt, bedeutet dies, dass die Ebene parallel zur x_1-Achse ist.

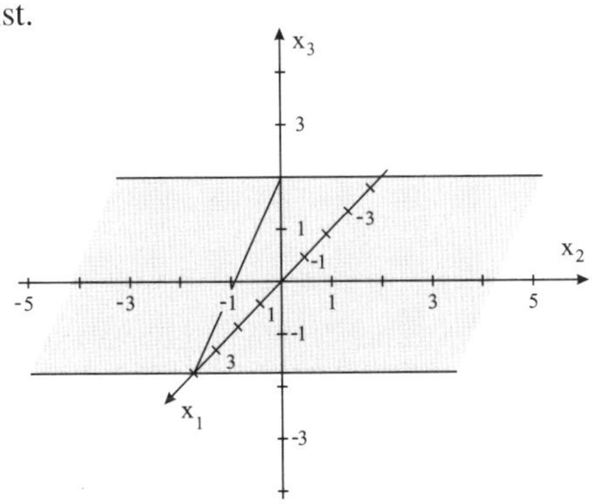

Aufgabe e)

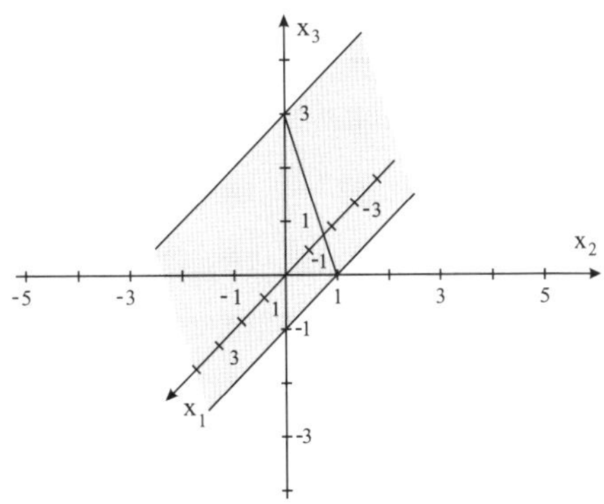

Aufgabe f)

g) $E: x_2 = 3$. Spurpunkt: $x_2 = 3 \Rightarrow S_2\,(0 \mid 3 \mid 0)$. Da es keinen Spurpunkt auf der x_1- und der x_3-Achse gibt, bedeutet dies, dass die Ebene parallel zur x_1x_3-Ebene ist.

h) $E: x_1 - x_2 = 0$. Spurpunkte: $x_1 = 0 \Rightarrow S_1(0 \mid 0 \mid 0)$ und $-x_2 = 0 \Rightarrow S_2(0 \mid 0 \mid 0)$. Die x_3-Achse ist in E enthalten. Wählt man noch einen Punkt von E, z.B. $P(4 \mid 4 \mid 0)$, so kann man die Ebene darstellen.

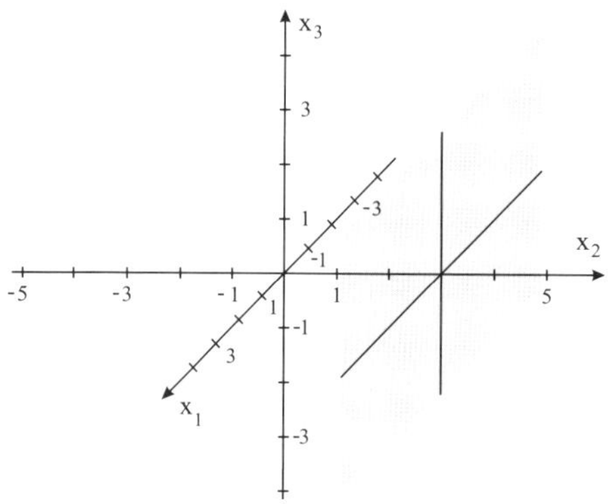

Aufgabe g)

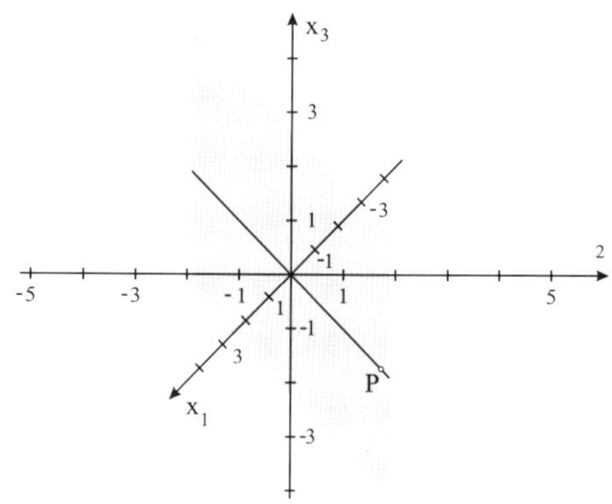

Aufgabe h)

13.4 Bestimmen von Geraden und Ebenen in einem Quader

a) $\overrightarrow{OB} = \overrightarrow{OA} + \overrightarrow{OC} \Rightarrow \overrightarrow{OB} = \begin{pmatrix} 4 \\ 6 \\ 0 \end{pmatrix} \Rightarrow B(4 \mid 6 \mid 0)$

$\overrightarrow{OD} = \overrightarrow{OA} + \overrightarrow{OG} \Rightarrow D(4 \mid 0 \mid 5)$ $\quad \overrightarrow{OE} = \overrightarrow{OB} + \overrightarrow{OG} \Rightarrow E(4 \mid 6 \mid 5)$

$\overrightarrow{OF} = \overrightarrow{OC} + \overrightarrow{OG} \Rightarrow F(0 \mid 6 \mid 5)$ $\quad \overrightarrow{OM} = \overrightarrow{OB} + \frac{1}{2} \cdot \overrightarrow{OG} \Rightarrow M(4 \mid 6 \mid 2{,}5)$

$\overrightarrow{ON} = \overrightarrow{OC} + \frac{1}{2} \cdot \overrightarrow{OG} \Rightarrow N(0 \mid 6 \mid 2{,}5)$

b) Wenn man ein kartesisches Koordinatensystem zugrundelegt, ergibt sich aus der Zeichnung für den Normalenvektor $\vec{n} = \begin{pmatrix} 0 \\ 1 \\ 0 \end{pmatrix}$. Einsetzen von $\vec{b}$ und $\vec{n}$ in die Punkt-Normalenform ergibt für die Koordinatengleichung $x_2 = 6$.

c) Der Ortsvektor von A wird als Stützvektor genommen, der Verbindungsvektor von A zu N ist der Richtungsvektor. Die Gerade ist damit

$$g: \vec{x} = \begin{pmatrix} 4 \\ 0 \\ 0 \end{pmatrix} + r \cdot \begin{pmatrix} -4 \\ 6 \\ 2{,}5 \end{pmatrix}$$

Für die zweite Gerade verfährt man analog:

$$h: \vec{x} = \begin{pmatrix} 0 \\ 0 \\ 5 \end{pmatrix} + r \cdot \begin{pmatrix} 4 \\ 6 \\ -2{,}5 \end{pmatrix}$$

d) Einen Normalenvektor $\vec{n}$ der gesuchten Ebene erhält man mit Hilfe des Kreuzprodukts (siehe Seite 34) der Spannvektoren $\overrightarrow{OE}$ und $\overrightarrow{OF}$:

$$\begin{pmatrix} 4 \\ 6 \\ 5 \end{pmatrix} \times \begin{pmatrix} 0 \\ 6 \\ 5 \end{pmatrix} = \begin{pmatrix} 0 \\ -20 \\ 24 \end{pmatrix} = 4 \cdot \begin{pmatrix} 0 \\ -5 \\ 6 \end{pmatrix} \Rightarrow \vec{n} = \begin{pmatrix} 0 \\ -5 \\ 6 \end{pmatrix}$$

Setzt man den Ortsvektor von O und $\vec{n}$ in die Punkt-Normalenform ein, erhält man als Ebenengleichung: $-5x_2 + 6x_3 = 0$.

14 Gegenseitige Lage von Geraden und Ebenen

14.1 Gegenseitige Lage

a) Für die Gerade gilt:

$$\begin{aligned} x_1 &= 4 + t \\ x_2 &= 6 + 2t \\ x_3 &= 2 + 3t \end{aligned}$$

Die Gerade wird als «allgemeiner Punkt» $P_t\,(4+t \mid 6+2t \mid 2+3t)$ in die Ebenengleichung eingesetzt:
$2 \cdot (4+t) + 4 \cdot (6+2t) + 6 \cdot (2+3t) + 12 = 0$. Auflösen der Klammern führt zu: $28t + 56 = 0$ bzw. zu $t = -2$. Setzt man $t = -2$ in P_t ein, erhält man den Schnittpunkt $S\,(2 \mid 2 \mid -4)$.

b) Die Gerade wird als «allgemeiner Punkt» $P_s\,(3+2s \mid 2+5s \mid 2+7s)$ in die Ebenengleichung eingesetzt: $2 \cdot (3+2s) + 1 \cdot (2+5s) - 3 \cdot (2+7s) = 4 \Rightarrow s = -\frac{1}{6}$. Damit ergibt sich der Schnittpunkt $S\left(\frac{8}{3} \mid \frac{7}{6} \mid \frac{5}{6}\right)$.

c) Die Gerade und die Ebene werden gleichgesetzt:

$$\begin{pmatrix} 1 \\ -2 \\ -2 \end{pmatrix} + r \cdot \begin{pmatrix} 3 \\ 6 \\ -3 \end{pmatrix} + s \cdot \begin{pmatrix} 8 \\ -4 \\ 4 \end{pmatrix} = \begin{pmatrix} 4 \\ 1 \\ 3 \end{pmatrix} + t \cdot \begin{pmatrix} 2 \\ -1 \\ 1 \end{pmatrix}$$

daraus ergibt sich folgendes Gleichungssystem:

$$\begin{aligned} 3r + 8s - 2t &= 3 \\ 6r - 4s + t &= 3 \\ -3r + 4s - t &= 5 \end{aligned}$$

Löst man dieses Gleichungssystem mit dem Gaußschen Lösungsverfahren, ergibt sich ein Widerspruch, d.h. es gibt keine Lösung. Das bedeutet, dass sich Gerade und Ebene nicht schneiden, die Gerade liegt also parallel zur Ebene.
Alternativ könnte man auch die Koordinatengleichung der Ebene bestimmen und den allgemeinen Punkt der Geraden in diese einsetzen; auch hier ergibt sich ein Widerspruch.

d) Die Gerade und die Ebene werden gleichgesetzt:

$$\begin{pmatrix}4\\6\\8\end{pmatrix}+r\cdot\begin{pmatrix}3\\8\\9\end{pmatrix}+s\cdot\begin{pmatrix}10\\5\\4\end{pmatrix}=\begin{pmatrix}3\\4\\7\end{pmatrix}+t\cdot\begin{pmatrix}1\\0\\1\end{pmatrix}$$

daraus ergibt sich folgendes Gleichungssystem:

$$\begin{array}{rcrcrcr} 3r & + & 10s & - & t & = & -1\\ 8r & + & 5s & & & = & -2\\ 9r & + & 4s & - & t & = & -1 \end{array}$$

Löst man dieses Gleichungssystem mit dem Gaußschen Lösungsverfahren, so ergibt sich $r=-\frac{2}{13}$, $s=-\frac{2}{13}$ und $t=-1$. Einsetzen von $t=-1$ in die Geradengleichung führt zum Schnittpunkt S $(2\mid 4\mid 6)$.

Alternativ könnte man auch die Koordinatengleichung der Ebene bestimmen und den allgemeinen Punkt der Geraden in diese einsetzen; man erhält auch $t=-1$ und damit den Schnittpunkt S $(2\mid 4\mid 6)$.

frv.tv/ao

Lösen des Gleichungssystems mit dem CAS

TI: Es wird das folgende LGS gelöst:

$$\text{solve}\left(\left\{\begin{array}{l} 3r+10s-t=-1\\ 8r+5s=-2\\ 9r+4s-t=-1 \end{array}\right. \quad r, s, t\right)$$

Dies führt zu $r=-\frac{2}{13}$, $s=-\frac{2}{13}$ und $t=-1$.

Casio: solve ({3r + 10s − t = -1, 8r + 5s = -2, 9r + 4s − t = -1}, {r, s, t})

Oder man benutzt das Math1-Menü zum Lösen des Gleichungssystems (mehrmals tippen, um drei Zeilen zu erhalten):

$$\left\{\begin{array}{l} 3r+10s-t=-1\\ 8r+5s=-2\\ 9r+4s-t=-1 \end{array}\right|_{r,\,s,\,t}$$

Man erhält: $r=-\frac{2}{13}$, $s=-\frac{2}{13}$ und $t=-1$.

e) Die Gerade wird als «allgemeiner Punkt» $P_s\,(1+2s\mid -2+s\mid 3+2s)$ in die Ebenengleichung eingesetzt: $1\cdot(1+2s)-1\cdot(3+2s)=0 \Rightarrow -2=0$. Dies ist ein Widerspruch, die Gleichung hat keine Lösung, also ist die Gerade parallel zur Ebene.

f) Die Gerade wird als «allgemeiner Punkt» $P_t\,(1+t\mid 2+3t\mid 3+4t)$ in die Ebenengleichung eingesetzt: $13\cdot(1+t)+5\cdot(2+3t)-7\cdot(3+4t)-2=0 \Rightarrow 0=0$. Aufgrund der wahren Aussage liegt die Gerade in der Ebene.

14.2 Vermischte Aufgaben

a) Als Stützvektor der Geraden wählt man $\vec{p} = \begin{pmatrix} 4 \\ 9 \\ 7 \end{pmatrix}$, der Normalenvektor der Ebene ist $\vec{n} = \begin{pmatrix} 2 \\ 1 \\ -2 \end{pmatrix}$. Nun ist ein Richtungsvektor $\overrightarrow{r_g}$ so zu wählen, dass $\overrightarrow{r_g} \cdot \vec{n} = 0$. Beispiel:

$\overrightarrow{r_g} = \begin{pmatrix} 1 \\ -2 \\ 0 \end{pmatrix}$ oder $\overrightarrow{r_g} = \begin{pmatrix} 1 \\ 0 \\ 1 \end{pmatrix}$. Eine mögliche Geradengleichung ist

$$g: \vec{x} = \begin{pmatrix} 4 \\ 9 \\ 7 \end{pmatrix} + t \cdot \begin{pmatrix} 1 \\ -2 \\ 0 \end{pmatrix}; t \in \mathbb{R}$$

b) Als Stützvektor der Geraden wählt man $\vec{q} = \begin{pmatrix} 4 \\ -1 \\ 3 \end{pmatrix}$, der Normalenvektor der Ebene ist $\vec{n} = \begin{pmatrix} 4 \\ -3 \\ 5 \end{pmatrix}$. Da $g \perp$ E ist, kann man $\overrightarrow{r_g} = 1 \cdot \vec{n}$ wählen (oder ein anderes Vielfaches).

Eine mögliche Geradengleichung ist

$$g: \vec{x} = \begin{pmatrix} 4 \\ -1 \\ 3 \end{pmatrix} + t \cdot \begin{pmatrix} 4 \\ -3 \\ 5 \end{pmatrix}; t \in \mathbb{R}$$

c) Die Gerade wird als «allgemeiner Punkt» $P_t\,(4+t \mid 6+2t \mid 8+2t)$ in die Ebenengleichung eingesetzt: $4 \cdot (4+t) - 3 \cdot (6+2t) + 8 + 2t = 7 \Rightarrow 12 = 7$. Aufgrund des Widerspruchs haben g und E keine gemeinsamen Punkte.

d) Die Gerade wird als «allgemeiner Punkt» $P_t\,(4+t \mid 6+2t \mid 8+3t)$ in die Ebenengleichung eingesetzt: $4 \cdot (4+t) - 2 \cdot (6+2t) = 4 \Rightarrow 4 = 4$. Aufgrund der wahren Aussage liegt die Gerade in der Ebene.

15 Gegenseitige Lage zweier Ebenen

15.1 Schnitt von zwei Ebenen

a) Gleichung II wird von Gleichung I subtrahiert, es ergibt sich $-x_2+4x_3=7$. Es wird x_3 als t festgelegt und eingesetzt: $-x_2+4\cdot t=7 \Rightarrow x_2=4t-7$. Einsetzen in I ergibt $x_1+5\cdot t=8$ $\Rightarrow x_1=8-5t$. Umschreiben zu einer Geradengleichung wie in Aufgabe ergibt:

$$g:\ \vec{x}=\begin{pmatrix}8\\-7\\0\end{pmatrix}+t\cdot\begin{pmatrix}-5\\4\\1\end{pmatrix}$$

b) Die beiden Gleichungen werden addiert, es ergibt sich $7x_1+x_3=0 \Rightarrow 7x_1=-x_3$. Nun wird x_1 als t festgelegt und eingesetzt $7\cdot t=-x_3 \Rightarrow x_3=-7t$. Einsetzen in die Gleichung von E_1 ergibt: $t-x_2+2\cdot(-7t)=7 \Rightarrow -x_2-13t=7$ bzw. $x_2=-7-13t$. Nun hat man je eine Gleichung für x_1, x_2 und x_3:

$$\begin{array}{rcrcr} x_1 & = & & & t\\ x_2 & = & -7 & - & 13t\\ x_3 & = & & - & 7t \end{array}$$

Daraus ergibt sich als Geradengleichung

$$g:\ \vec{x}=\begin{pmatrix}0\\-7\\0\end{pmatrix}+t\cdot\begin{pmatrix}1\\-13\\-7\end{pmatrix}$$

c) Aus Gleichung I ergibt sich direkt: $4x_2=5 \Rightarrow x_2=\frac{5}{4}$. In Gleichung II setzt man $x_1=t$, damit ist $6\cdot t=-5x_3 \Rightarrow x_3=-\frac{6}{5}t$. Umschreiben zu einer Geradengleichung ergibt

$$g:\ \vec{x}=\begin{pmatrix}0\\\frac{5}{4}\\0\end{pmatrix}+t\cdot\begin{pmatrix}1\\0\\-\frac{6}{5}\end{pmatrix}\ \text{bzw. } g:\ \vec{x}=\begin{pmatrix}0\\1{,}25\\0\end{pmatrix}+t\cdot\begin{pmatrix}5\\0\\-6\end{pmatrix}$$

d) Die Ebene E_1 wird als drei Gleichungen geschrieben:

$$\begin{array}{rcrcrcr} x_1 & = & 5 & & & + & 2s\\ x_2 & = & 6 & - & 4r & - & 3s\\ x_3 & = & -4 & + & 7r & + & 4s \end{array}$$

Nun werden x_1, x_2 und x_3 in E_2 eingesetzt:

$$2(5+2s)-(6-4r-3s)+(-4+7r+4s)=0$$

Nach dem Auflösen der Klammern ergibt sich $11s+11r=0$. Auflösen der Gleichung nach s führt zu $s=-r$. Dies wird in E_1 eingesetzt:

$$\vec{x}=\begin{pmatrix}5\\6\\-4\end{pmatrix}+r\cdot\begin{pmatrix}0\\-4\\7\end{pmatrix}-r\cdot\begin{pmatrix}2\\-3\\4\end{pmatrix}$$

Zusammenfassen der Vektoren ergibt die Schnittgerade:

$$g\colon\ \vec{x} = \begin{pmatrix} 5 \\ 6 \\ -4 \end{pmatrix} + r \cdot \begin{pmatrix} -2 \\ -1 \\ 3 \end{pmatrix}$$

e) Die Ebene E_1 wird als drei Gleichungen geschrieben:

$$\begin{array}{rcrcrcr} x_1 & = & 2 & - & r & + & s \\ x_2 & = & 2 & + & 2r & - & s \\ x_3 & = & 2 & + & r & + & 2s \end{array}$$

Nun werden x_1, x_2 und x_3 in E_2 eingesetzt:

$$(2-r+s)+(2+2r-s)-2(2+r+2s) = -4$$

Nach dem Auflösen der Klammern ergibt sich $-r-4s=-4$. Auflösen der Gleichung nach r führt zu $r=4-4s$. Dies wird in E_1 eingesetzt:

$$\vec{x} = \begin{pmatrix} 2 \\ 2 \\ 2 \end{pmatrix} + (4-4s) \cdot \begin{pmatrix} -1 \\ 2 \\ 1 \end{pmatrix} + s \cdot \begin{pmatrix} 1 \\ -1 \\ 2 \end{pmatrix}$$

Auflösen der Klammern ergibt:

$$\vec{x} = \begin{pmatrix} 2 \\ 2 \\ 2 \end{pmatrix} + \begin{pmatrix} -4 \\ 8 \\ 4 \end{pmatrix} + s \cdot \begin{pmatrix} 4 \\ -8 \\ -4 \end{pmatrix} + s \cdot \begin{pmatrix} 1 \\ -1 \\ 2 \end{pmatrix}$$

Die Schnittgerade ist damit

$$g\colon\ \vec{x} = \begin{pmatrix} -2 \\ 10 \\ 6 \end{pmatrix} + s \cdot \begin{pmatrix} 5 \\ -9 \\ -2 \end{pmatrix}$$

f) Die Ebenengleichungen werden gleichgesetzt:

$$\begin{pmatrix} -4 \\ 1 \\ 6 \end{pmatrix} + r \cdot \begin{pmatrix} 5 \\ -3 \\ -2 \end{pmatrix} + s \cdot \begin{pmatrix} 2 \\ 2 \\ -1 \end{pmatrix} = \begin{pmatrix} 4 \\ 5 \\ -3 \end{pmatrix} + t \cdot \begin{pmatrix} 0 \\ -2 \\ 1 \end{pmatrix} + u \cdot \begin{pmatrix} -3 \\ 1 \\ 3 \end{pmatrix}$$

daraus ergibt sich folgendes Gleichungssystem:

$$\begin{array}{lrcrcrcrcr} \text{I} & 5r & + & 2s & & & + & 3u & = & 8 \\ \text{II} & -3r & + & 2s & + & 2t & - & u & = & 4 \\ \text{III} & -2r & - & s & - & t & - & 3u & = & -9 \end{array}$$

frv.tv/ao

Vereinfachen mit dem Gauß-Verfahren führt zu:

$$\begin{array}{lrcrcrcrcr} \text{I} & 5r & + & 2s & & & + & 3u & = & 8 \\ \text{II}a & & & 16s & + & 10t & + & 4u & = & 44 \\ \text{III}b & & & & & t & + & 2u & = & 6 \end{array}$$

Es ergibt sich für die unterste Zeile: $t+2u=6$. Nun stellt man nach einem Parameter um, es bietet sich t an, da sonst Brüche auftreten: $t=6-2u$. Anschließend setzt man diesen Ausdruck für t in E_2 ein:

$$\vec{x}=\begin{pmatrix}4\\5\\-3\end{pmatrix}+(6-2u)\cdot\begin{pmatrix}0\\-2\\1\end{pmatrix}+\cdot u\cdot\begin{pmatrix}-3\\1\\3\end{pmatrix}$$

Ausmultiplizieren ergibt:

$$\vec{x}=\begin{pmatrix}4\\5\\-3\end{pmatrix}+\begin{pmatrix}0\\-12\\6\end{pmatrix}+u\cdot\begin{pmatrix}0\\4\\-2\end{pmatrix}+u\cdot\begin{pmatrix}-3\\1\\3\end{pmatrix}$$

Die Schnittgerade ist damit:

$$g:\ \vec{x}=\begin{pmatrix}4\\-7\\3\end{pmatrix}+u\cdot\begin{pmatrix}-3\\5\\1\end{pmatrix}$$

Lösen des Gleichungssystems mit dem CAS

TI: Da es sich um drei Gleichungen mit vier Variablen handelt, gibt es entweder keine oder eine Lösung, die von einem Parameter abhängt (und damit unendlich viele Lösungen). Daher werden in die geschweifte nur drei Variablen eingesetzt:

$$\text{solve}\left(\begin{cases}5r+2s+3u=8\\ -3r+2s+2t-u=4\\ -2r-s-t-3u=-9\end{cases} r,\ s,\ t\right)$$

Dies führt zu $r=-u+2$, $s=u-1$ und $t=-2u+6$

Casio: Da es sich um drei Gleichungen mit vier Variablen handelt, gibt es keine oder eine Lösung, die von einem Parameter abhängt (und damit unendlich viele Lösungen). Daher dürfen nicht vier Variablen angegeben werden, sondern nur drei:

solve $(\{5r+2s+3u=8,\ -3r+2s+2t-u=4,\ -2r-s-t-3u=-9\},\{r,\ s,\ t\})$

Oder man benutzt das Math1-Menü zum Lösen des Gleichungssystems (mehrmals tippen, um drei Zeilen zu erhalten):

$$\begin{cases}5r+2s+3u=8\\ -3r+2s+2t-u=4\\ -2r-s-t-3u=-9\end{cases}\Bigg|_{r,\ s,\ t}$$

Man erhält: $r=-u+2$, $s=u-1$ und $t=-2u+6$.

g) Die Ebenengleichungen werden gleichgesetzt:

$$\begin{pmatrix} 4 \\ 5 \\ 7 \end{pmatrix} + r \cdot \begin{pmatrix} 1 \\ 1 \\ 2 \end{pmatrix} + s \cdot \begin{pmatrix} 2 \\ 3 \\ 6 \end{pmatrix} = \begin{pmatrix} 3 \\ 2 \\ 11 \end{pmatrix} + t \cdot \begin{pmatrix} 1 \\ -1 \\ 2 \end{pmatrix} + u \cdot \begin{pmatrix} 2 \\ -5 \\ 8 \end{pmatrix}$$

Daraus ergibt sich folgendes Gleichungssystem:

$$\begin{array}{lrcrcrcrcr} \text{I} & r & + & 2s & - & t & - & 2u & = & -1 \\ \text{II} & r & + & 3s & + & t & + & 5u & = & -3 \\ \text{III} & 2r & + & 6s & - & 2t & - & 8u & = & 4 \end{array}$$

Vereinfachen mit dem Gauß-Verfahren führt zu:

$$\begin{array}{lrcrcrcrcr} \text{I} & r & + & 2s & - & t & & 2u & = & -1 \\ \text{II}a & & & -s & - & 2t & - & 7u & = & 2 \\ \text{III}b & & & & - & 4t & - & 18u & = & 10 \end{array}$$

Aus der letzten Zeile ergibt sich $t + 4,5u = -2,5$. Dieser Ausdruck wird nach t umgestellt: $t = -2,5 - 4,5u$ und für t in E_2 eingesetzt:

$$\vec{x} = \begin{pmatrix} 3 \\ 2 \\ 11 \end{pmatrix} + (-2,5 - 4,5u) \cdot \begin{pmatrix} 1 \\ -1 \\ 2 \end{pmatrix} + u \cdot \begin{pmatrix} 2 \\ -5 \\ 8 \end{pmatrix}$$

Ausmultiplizieren ergibt:

$$\vec{x} = \begin{pmatrix} 3 \\ 2 \\ 11 \end{pmatrix} + \begin{pmatrix} -2,5 \\ 2,5 \\ -5 \end{pmatrix} + u \cdot \begin{pmatrix} -4,5 \\ 4,5 \\ -9 \end{pmatrix} + u \cdot \begin{pmatrix} 2 \\ -5 \\ 8 \end{pmatrix}$$

Die Schnittgerade ist damit:

$$g:\ \vec{x} = \begin{pmatrix} 0,5 \\ 4,5 \\ 6 \end{pmatrix} + u \cdot \begin{pmatrix} -2,5 \\ -0,5 \\ -1 \end{pmatrix} \text{ bzw. } g:\ \vec{x} = \begin{pmatrix} 0,5 \\ 4,5 \\ 6 \end{pmatrix} + u \cdot \begin{pmatrix} 5 \\ 1 \\ 2 \end{pmatrix}$$

15.2 Parallele Ebenen

a) Damit die beiden Ebenen parallel sind, müssen die Normalenvektoren von E_t und F linear abhängig sein. Es muss also gelten: $\overrightarrow{n_E} = k \cdot \overrightarrow{n_F}$ mit $k \in \mathbb{R}$. Gesucht ist ein k, so dass gilt:

$$\begin{pmatrix} t \\ -2t \\ -4 \end{pmatrix} = k \cdot \begin{pmatrix} -2 \\ 4 \\ -4 \end{pmatrix}$$

Dies führt zu folgendem Gleichungssystem:

$$\begin{array}{lrcr} \text{I} & t & = & -2k \\ \text{II} & -2t & = & 4k \\ \text{III} & -4 & = & -4k \end{array}$$

Die Gleichung III führt auf $k = 1$. Einsetzen in Gl. I führt zu: $t = -2$. Prüfen in II bestätigt diese Lösung. Zur Kontrolle, ob die Ebenen echt parallel sind, subtrahiert man noch die Gleichungen der Ebenen, es ergibt sich $0 = -1$, dies ist ein Widerspruch, die Ebenen sind also echt parallel.

b) Man geht vor wie in der vorangegangenen Aufgabe, es ergibt sich das Gleichungssystem:

$$\begin{array}{lrcl} \text{I} & 2t & = & 8k \\ \text{II} & 1 & = & -2k \\ \text{III} & 3 & = & -6k \end{array}$$

Die Gleichungen II und III führen auf $k = -\frac{1}{2}$. Eingesetzt in I ergibt sich $t = -2$. Zur Kontrolle, ob die Ebenen echt parallel sind, addiert man noch die Gleichungen der Ebenen: $2 \cdot \text{I} + \text{II}$, es ergibt sich $0 = 23$. Dies ist ein Widerspruch; die Ebenen sind also echt parallel.

15.3 Verschiedene Aufgaben

a) Damit die Ebenen identisch sind, muss sich bei der Addition der Ebenengleichungen $0 = 0$ ergeben. Aus den Faktoren vor x_1, x_2 und x_3 liest man ab, dass man Gleichung I mit 2 multiplizieren muss. Es wird also $2 \cdot \text{I}$ zu II addiert, damit ergibt sich $0 = 2d + 9$
$\Rightarrow\ d = -4,5$.

b) Wenn die Ebenen orthogonal zueinander sind, muss das Skalarprodukt der beiden Normalenvektoren gleich Null sein. Es ist

$$\begin{pmatrix} 3 \\ 4 \\ -2 \end{pmatrix} \cdot \begin{pmatrix} 2 \\ 1 \\ 5 \end{pmatrix} = 6 + 4 - 10 = 0.$$

Also sind die beiden Ebenen orthogonal.

c) Damit die Ebenen orthogonal zueinander sind, muss das Skalarprodukt der beiden Normalenvektoren gleich Null sein:

$$\begin{pmatrix} 2 \\ -1 \\ 3 \end{pmatrix} \cdot \begin{pmatrix} t \\ -2t \\ -4 \end{pmatrix} = 2t + 2t - 12 = 0.$$

Daraus ergibt sich $4t = 12 \Rightarrow t = 3$. Für $t = 3$ sind die Ebenen orthogonal zueinander.

16 Abstandsberechnungen

16.1 Abstand Punkt – Ebene

a) Die Koordinaten des Punktes werden in die Abstandsformel eingesetzt:

$$d = \frac{|2 \cdot 2 - 1 \cdot 4 + 2 \cdot (-1) - 1|}{\sqrt{2^2 + (-1)^2 + 2^2}} = \frac{|-3|}{\sqrt{9}} = 1\,\mathrm{LE}$$

b) Die Koordinaten des Punktes werden in die Abstandsformel eingesetzt:

$$d = \frac{|1 \cdot 9 + 2 \cdot 4 + 2 \cdot (-3) + 3|}{\sqrt{1^2 + 2^2 + 2^2}} = \frac{|14|}{\sqrt{9}} = \frac{14}{3}\,\mathrm{LE}$$

c) Die Ebene wird zuerst in die Koordinatenform umgerechnet: $\mathrm{E}:\ 2x_1 + 2x_2 + x_3 = 26$. Anschließend werden die Koordinaten des Punktes in die Abstandsformel eingesetzt:

$$d = \frac{|2 \cdot 6 + 2 \cdot 9 + 4 - 26|}{\sqrt{2^2 + 2^2 + 1^2}} = \frac{|8|}{\sqrt{9}} = \frac{8}{3}\,\mathrm{LE}$$

16.2 Abstand Gerade – Ebene

a) Wenn g parallel zu E ist, müssen der Richtungsvektor der Geraden $\vec{u}$ und der Normalenvektor $\vec{n}$ der Ebene senkrecht aufeinander stehen:

$\vec{u} \cdot \vec{n} = 0$: $\begin{pmatrix} 2 \\ -1 \\ 3 \end{pmatrix} \cdot \begin{pmatrix} 4 \\ -1 \\ -3 \end{pmatrix} = 8 + 1 - 9 = 0 \Rightarrow$ g ist parallel zu E bzw. könnte in E liegen. Der Abstand von g zu E ist der Abstand des «Stützpunktes» $\mathrm{A}(1 \mid 2 \mid 3)$ von g zu E:

$$\mathrm{d}(g;\mathrm{E}) = \mathrm{d}(\mathrm{A};\mathrm{E}) = \frac{|4 \cdot 1 - 1 \cdot 2 - 3 \cdot 3 - 19|}{\sqrt{4^2 + (-1)^2 + (-3)^2}} = \frac{|-26|}{\sqrt{26}} = \frac{26}{\sqrt{26}}\,\mathrm{LE}$$

b) Wenn g parallel zu E ist, müssen der Richtungsvektor der Geraden $\vec{u}$ und der Normalenvektor $\vec{n}$ der Ebene senkrecht aufeinander stehen:

$\vec{u} \cdot \vec{n} = 0$: $\begin{pmatrix} -2 \\ 1 \\ -1 \end{pmatrix} \cdot \begin{pmatrix} 2 \\ 1 \\ -3 \end{pmatrix} = -4 + 1 + 3 = 0 \Rightarrow$ g ist parallel zu E bzw. könnte in E liegen. Der Abstand von g zu E ist der Abstand des «Stützpunktes» $\mathrm{A}(1 \mid 8 \mid 1)$ von g zu E:

$$\mathrm{d}(g;\mathrm{E}) = \mathrm{d}(\mathrm{A};\mathrm{E}) = \frac{|2 \cdot 1 + 8 - 3 \cdot 1 - 14|}{\sqrt{2^2 + 1^2 + (-3)^2}} = \frac{|-7|}{\sqrt{14}} = \frac{7}{\sqrt{14}}\,\mathrm{LE}$$

16.3 Abstand paralleler Ebenen

a) Wenn die Ebenen parallel zueinander liegen, müssen die beiden Normalenvektoren ein Vielfaches voneinander (linear abhängig) sein. Es ist $\vec{n}_1 = (-1)\cdot\vec{n}_2$, damit ist bewiesen, dass die Ebenen parallel liegen (bzw. identisch sein können). Man bestimmt einen Punkt $\mathrm{P}(p_1 \mid p_2 \mid p_3)$ von E_2 und berechnet den Abstand des Punktes zu E_1. Es werden z.B. p_1 und p_2 gleich Null gesetzt: $-2\cdot 0+3\cdot 0-1\cdot p_3=-7 \Rightarrow p_3=7$. Damit ist $\mathrm{P}(0 \mid 0 \mid 7)$ ein Punkt von E_2. Setzt man P und die Ebene E_1 in die Abstandsformel ein, ergibt sich:

$$\mathrm{d}(\mathrm{E}_1;\mathrm{E}_2)=\mathrm{d}(\mathrm{P};\mathrm{E}_1)=\frac{|2\cdot 0-3\cdot 0+7-4|}{\sqrt{2^2+(-3)^2+1^2}}=\frac{3}{\sqrt{14}}\,\mathrm{LE}$$

b) Die Normalenvektoren $\vec{n}_\mathrm{E}=\begin{pmatrix}-1\\1\\2\end{pmatrix}$ und $\vec{n}_\mathrm{F}=\begin{pmatrix}2\\-2\\-4\end{pmatrix}$ sind ein Vielfaches voneinander: $\vec{n}_\mathrm{F}=-2\cdot\vec{n}_\mathrm{E}$, also sind die beiden Ebenen parallel oder identisch. Setzt man den Stützpunkt $\mathrm{A}(5 \mid 2 \mid -1)$ von F und die Ebene E in die Abstandsformel ein, ergibt sich:

$$\mathrm{d}(\mathrm{E};\mathrm{F})=\mathrm{d}(\mathrm{A};\mathrm{E})=\frac{|-1\cdot 5+2+2\cdot(-1)-0|}{\sqrt{(-1)^2+1^2+2^2}}=\frac{|-5|}{\sqrt{6}}=\frac{5}{\sqrt{6}}\,\mathrm{LE}$$

16.4 Abstand Punkt – Gerade

a) Einsetzen des Richtungsvektors von g und des Punktes T in die Punkt-Normalenform liefert die Hilfsebene $\mathrm{E}_\mathrm{H}:\ -2x_1+x_2+x_3=-9$. Schneiden mit g ergibt den Schnittpunkt $\mathrm{L}(8 \mid 3 \mid 4)$. DerVerbindungsvektor ist $\overrightarrow{\mathrm{LT}}=\begin{pmatrix}-2\\-9\\5\end{pmatrix}$. Für den Betrag des Verbindungsvektors ergibt sich $|\overrightarrow{\mathrm{LT}}|=\sqrt{(-2)^2+(-9)^2+5^2}=\sqrt{110}$. Also ist der Punkt T $\sqrt{110}$ LE von der Geraden entfernt.

b) Einsetzen des Richtungsvektors von g und des Punktes P in die Punkt-Normalenform liefert die Hilfsebene $\mathrm{E}_\mathrm{H}:\ 3x_1-2x_3=3$. Schneiden mit g ergibt den Schnittpunkt $\mathrm{L}(1 \mid -4 \mid 0)$. Betrag des Verbindungsvektors: $|\overrightarrow{\mathrm{LP}}|=7$. Der Punkt P ist 7 LE von der Geraden entfernt.

16.5 Abstand paralleler Geraden

Die Fragestellung lässt sich auf den Abstand eines Punktes zu einer Geraden zurückführen: Wenn bewiesen ist, dass die Geraden parallel sind, berechnet man den Abstand des «Stützpunktes» der einen Geraden zur anderen Geraden.

a) Wenn die Geraden parallel oder identisch sind, müssen die Richtungsvektoren linear abhängig sein. Dies lässt sich unmittelbar an den beiden Vektoren ablesen:

$$\begin{pmatrix}3\\0\\3\end{pmatrix}=3\cdot\begin{pmatrix}1\\0\\1\end{pmatrix}$$

Nun wird der Abstand des «Stützpunktes» S (2 | 3 | 4) der Geraden h zu g berechnet: Einsetzen des Richtungsvektors von g und des Punktes S in die Punkt-Normalenform liefert die Hilfsebene $E_H:\ x_1 + x_3 = 6$. Schneiden mit g ergibt den Schnittpunkt L (3 | 1 | 3). Für die Länge bzw. den Betrag des Verbindungsvektors ergibt sich $|\overrightarrow{LS}| = \sqrt{6}$, damit sind die beiden Geraden $\sqrt{6}$ LE voneinander entfernt.

b) Die Richtungsvektoren sind linear abhängig, daher sind die Geraden parallel oder identisch. Nun wird der Abstand des «Stützpunktes» S der Geraden h zu g berechnet: Einsetzen des Richtungsvektors von g und des Punktes S in die Punkt-Normalenform liefert die Hilfsebene $E_H:\ x_1 + 3x_2 + 4x_3 = 14$. Schneiden mit g ergibt $t = 0$ und damit den Schnittpunkt L (5 | −1 | 3). Für die Länge bzw. den Betrag des Verbindungsvektors ergibt sich $|\overrightarrow{LS}| = \sqrt{56}$, damit sind die beiden Geraden $\sqrt{56}$ LE voneinander entfernt.

16.6 Abstand windschiefer Geraden

a) Um den Abstand von zwei windschiefen Geraden $g: \vec{x} = \vec{a} + s \cdot \vec{r}$ und $h: \vec{x} = \vec{b} + t \cdot \vec{v}$ zu berechnen, benötigt man einen Vektor $\vec{n}$, der auf den beiden Richtungsvektoren senkrecht steht. Für den Abstand d gilt dann

$$d(g;h) = \frac{\left|\left(\vec{a} - \vec{b}\right) \cdot \vec{n}\right|}{|\vec{n}|}$$

Den Vektor $\vec{n}$ bestimmt man mit Hilfe des Vektorproduktes $\vec{n} = \vec{r} \times \vec{v}$.

$\vec{n} = \begin{pmatrix} 4 \\ 1 \\ -1 \end{pmatrix} \times \begin{pmatrix} 2 \\ 0 \\ -1 \end{pmatrix} = \begin{pmatrix} -1 \\ 2 \\ -2 \end{pmatrix}$. Der Vektor $\vec{a} - \vec{b}$ ist $\begin{pmatrix} -1 \\ 1 \\ -3 \end{pmatrix}$.

In die Gleichung eingesetzt ergibt sich

$$d(g;h) = \frac{\left|\begin{pmatrix} -1 \\ 1 \\ -3 \end{pmatrix} \cdot \begin{pmatrix} -1 \\ 2 \\ -2 \end{pmatrix}\right|}{\sqrt{1+4+4}} = \frac{|1+2+6|}{3} = \frac{|9|}{3} = 3 \text{ LE}.$$

Der Abstand der beiden Geraden ist 3 LE.

b) $\vec{n} = \begin{pmatrix} 2 \\ 1 \\ -2 \end{pmatrix} \times \begin{pmatrix} 0 \\ 1 \\ 2 \end{pmatrix} = \begin{pmatrix} 4 \\ -4 \\ 2 \end{pmatrix}$. Der Vektor $\vec{a} - \vec{b}$ ist $\begin{pmatrix} 2 \\ -4 \\ 6 \end{pmatrix}$.

In die Gleichung eingesetzt ergibt sich

$$d(g;h) = \frac{\left|\begin{pmatrix} 2 \\ -4 \\ 6 \end{pmatrix} \cdot \begin{pmatrix} 4 \\ -4 \\ 2 \end{pmatrix}\right|}{\sqrt{16+16+4}} = \frac{|8+16+12|}{6} = \frac{36}{6} = 6 \text{ LE}.$$

Der Abstand der beiden Geraden ist 6 LE.

c) Man schreibt die Geraden g bzw. h als «parameterisierte Punkte» G bzw. H mit jeweils einem Parameter $t \in \mathbb{R}$ (z.B. $g: \ \vec{x} = \begin{pmatrix} 2 \\ 1 \\ 3 \end{pmatrix} + t \cdot \begin{pmatrix} 4 \\ 2 \\ 5 \end{pmatrix} \Rightarrow \mathrm{G}(2+4t \mid 1+2t \mid 3+5t)$).

- Der Verbindungsvektor $\overrightarrow{\mathrm{GH}}$ wird ermittelt. (Er hat *zwei* Parameter).
- Der Vektor $\overrightarrow{\mathrm{GH}}$ steht senkrecht auf g bzw. h , also ist jeweils das Skalarprodukt mit den Richtungsvektoren $\vec{r_g}$ bzw. $\vec{r_h}$ Null. Damit ergeben sich folgende zwei Gleichungen:
  I $\overrightarrow{\mathrm{GH}} \cdot \vec{r_g} = 0$, II $\overrightarrow{\mathrm{GH}} \cdot \vec{r_h} = 0$
- Man löst das Gleichungssystem bestehend aus den Gleichungen I und II und ermittelt die Punkte G und H durch Einsetzen der Parameter.
- Der Abstand der windschiefen Geraden ist dann $|\overrightarrow{\mathrm{GH}}|$.

17 Winkelberechnungen

17.1 Winkel zwischen Vektoren bzw. Geraden

Zuerst stellt man die Verbindungsvektoren auf. Anschließend setzt man in die Formel für den Winkel ein.

a)

$$\cos\beta = \overrightarrow{BA}\cdot\overrightarrow{BC} = \frac{\begin{pmatrix}2\\-4\\4\end{pmatrix}\cdot\begin{pmatrix}-4\\2\\4\end{pmatrix}}{\sqrt{2^2+(-4)^2+4^2}\cdot\sqrt{(-4)^2+2^2+4^2}} = 0 \Rightarrow \beta = 90^\circ$$

$$\cos\gamma = \overrightarrow{CA}\cdot\overrightarrow{CB} = \frac{\begin{pmatrix}6\\-6\\0\end{pmatrix}\cdot\begin{pmatrix}4\\-2\\-4\end{pmatrix}}{\sqrt{72}\cdot 6} = \frac{36}{\sqrt{72}\cdot 6} = \frac{6}{\sqrt{72}} = \frac{6}{\sqrt{36}\cdot\sqrt{2}} = \frac{6}{6\cdot\sqrt{2}} = \frac{1}{\sqrt{2}} \Rightarrow \gamma = 45^\circ$$

$$\cos\alpha = \overrightarrow{AB}\cdot\overrightarrow{AC} = \frac{\begin{pmatrix}-2\\4\\-4\end{pmatrix}\cdot\begin{pmatrix}-6\\6\\0\end{pmatrix}}{6\cdot\sqrt{72}} = \frac{36}{6\cdot\sqrt{72}} = \frac{6}{\sqrt{72}} = \frac{1}{\sqrt{2}} \Rightarrow \gamma = 45^\circ$$

b) I) Durch die Aufgabenstellung ist vorausgesetzt, dass sich die beiden Geraden tatsächlich schneiden, dies hätte sonst geprüft werden müssen. Der Winkel zwischen den beiden Geraden wird berechnet, indem man den Winkel zwischen den Richtungsvektoren berechnet:

$$\cos\alpha = \frac{\left|\begin{pmatrix}-1\\3\\5\end{pmatrix}\cdot\begin{pmatrix}7\\-1\\2\end{pmatrix}\right|}{\sqrt{35}\cdot\sqrt{54}} = \frac{|-7-3+10|}{\sqrt{35}\cdot\sqrt{54}} = \frac{|0|}{\sqrt{35}\cdot\sqrt{54}} = 0 \Rightarrow \alpha = 90^\circ$$

II) Auch hier wird der Winkel α zwischen den Richtungsvektoren bestimmt:

$$\cos\alpha = \frac{\left|\begin{pmatrix}2\\-6\\10\end{pmatrix}\cdot\begin{pmatrix}2\\3\\5\end{pmatrix}\right|}{\sqrt{140}\cdot\sqrt{38}} = \frac{|4-18+50|}{\sqrt{140}\cdot\sqrt{38}} = \frac{36}{\sqrt{140}\cdot\sqrt{38}} \Rightarrow \alpha \approx 60{,}42^\circ$$

17.2 Winkel zwischen Ebenen

a) Der Winkel zwischen zwei Ebenen wird berechnet, indem man den Winkel zwischen den Normalenvektoren berechnet:

$$\cos\alpha = \frac{\left|\begin{pmatrix}1\\-1\\2\end{pmatrix}\cdot\begin{pmatrix}6\\1\\-1\end{pmatrix}\right|}{\sqrt{1^2+(-1)^2+2^2}\cdot\sqrt{6^2+1^2+(-1)^2}} = \frac{|6-1-2|}{\sqrt{6}\cdot\sqrt{38}} = \frac{3}{\sqrt{6}\cdot\sqrt{38}} \Rightarrow \alpha \approx 78,54^\circ$$

b) Auch hier wird der Winkel zwischen den Normalenvektoren bestimmt:

$$\cos\alpha = \frac{\left|\begin{pmatrix}0\\4\\0\end{pmatrix}\cdot\begin{pmatrix}6\\0\\5\end{pmatrix}\right|}{4\cdot\sqrt{6^2+5^2}} = \frac{0}{4\cdot\sqrt{61}} = 0 \Rightarrow \alpha = 90^\circ$$

17.3 Winkel zwischen Gerade und Ebene

a) Der Winkel zwischen einer Gerade und einer Ebene wird berechnet, indem man den Winkel zwischen dem Richtungsvektor der Geraden und dem Normalenvektor der Ebene berechnet. Dabei wird im Unterschied zum Winkel zwischen zwei Geraden oder zwischen zwei Ebenen der *Sinus* des Winkels bestimmt:

$$\sin\alpha = \frac{\left|\begin{pmatrix}1\\2\\-1\end{pmatrix}\cdot\begin{pmatrix}3\\5\\-2\end{pmatrix}\right|}{\sqrt{6}\cdot\sqrt{38}} = \frac{|3+10+2|}{\sqrt{6}\cdot\sqrt{38}} = \frac{15}{\sqrt{6}\cdot\sqrt{38}} \Rightarrow \alpha \approx 83,41^\circ$$

b) Es ist:

$$\sin\alpha = \frac{\left|\begin{pmatrix}0\\1\\0\end{pmatrix}\cdot\begin{pmatrix}6\\10\\-4\end{pmatrix}\right|}{\sqrt{1}\cdot\sqrt{152}} = \frac{|0+10+0|}{\sqrt{152}} = \frac{10}{\sqrt{4\cdot 38}} = \frac{10}{\sqrt{4}\cdot\sqrt{38}} = \frac{5}{\sqrt{38}} \Rightarrow \alpha \approx 54,20^\circ$$

c) Es ist:

$$\sin\alpha = \frac{\left|\begin{pmatrix}1\\2\\3\end{pmatrix}\cdot\begin{pmatrix}0\\0\\1\end{pmatrix}\right|}{\sqrt{14}\cdot 1} = \frac{3}{\sqrt{14}} \Rightarrow \alpha \approx 53,30^\circ$$

18 Spiegelungen

Alle Spiegelpunkte sind im Folgenden mit einem Sternchen * versehen.

18.1 Punkt an Punkt

Um den Punkt P an Q zu spiegeln, wird der Vektor $\overrightarrow{PQ}$ an den Ortsvektor von Q einmal angehängt. (Alternativ kann man auch an den Ortsvektor von P den Vektor $\overrightarrow{PQ}$ zweimal anhängen). Damit ist:

a) $\overrightarrow{OP^*} = \overrightarrow{OQ} + \overrightarrow{PQ} = \begin{pmatrix} 2 \\ 1 \\ 2 \end{pmatrix} + \begin{pmatrix} -1 \\ -3 \\ -3 \end{pmatrix} = \begin{pmatrix} 1 \\ -2 \\ -1 \end{pmatrix}$, also ist $P^*(1 \mid -2 \mid -1)$.

b) $\overrightarrow{OP^*} = \overrightarrow{OR} + \overrightarrow{PR} = \begin{pmatrix} 0 \\ 3 \\ -2 \end{pmatrix} + \begin{pmatrix} -3 \\ -1 \\ -7 \end{pmatrix} = \begin{pmatrix} -3 \\ 2 \\ -9 \end{pmatrix}$, also ist $P^*(-3 \mid 2 \mid -9)$.

c) $\overrightarrow{OP^*} = \overrightarrow{OS} + \overrightarrow{PS} = \begin{pmatrix} -3 \\ 1 \\ 4 \end{pmatrix} + \begin{pmatrix} -6 \\ -3 \\ -1 \end{pmatrix} = \begin{pmatrix} -9 \\ -2 \\ 3 \end{pmatrix}$, also ist $P^*(-9 \mid -2 \mid 3)$.

18.2 Punkt an Ebene

Um einen Punkt P an einer Ebene zu spiegeln, braucht man zuerst den sog. Lotfußpunkt L, das ist der Punkt der Ebene, der den kürzesten Abstand zu P besitzt (es wird «das Lot von P auf die Ebene gefällt»). An diesem Punkt wird P gespiegelt. L bestimmt man, indem man eine Lotgerade durch den Punkt P aufstellt und als Richtungsvektor den Normalenvektor $\vec{n}$ der Ebene benutzt.

a) Lotgerade $g_l : \vec{x} = \begin{pmatrix} 1 \\ 4 \\ 7 \end{pmatrix} + t \cdot \begin{pmatrix} 1 \\ -1 \\ -2 \end{pmatrix}$, diese wird geschnitten mit

$E: x_1 - x_2 - 2x_3 + 11 = 0 \Rightarrow 1 + t - (4 - t) - 2(7 - 2t) + 11 = 0 \Rightarrow 6t = 6 \Rightarrow t = 1.$

Es wird t in g_l eingesetzt, damit ergibt sich für den Lotfußpunkt $L(2 \mid 3 \mid 5)$.

Nun wird A an L gespiegelt: $\overrightarrow{OA^*} = \overrightarrow{OL} + \overrightarrow{AL}$, damit ist $A^*(3 \mid 2 \mid 3)$.

b) Lotgerade $g_l : \vec{x} = \begin{pmatrix} -1 \\ -4 \\ -9 \end{pmatrix} + t \cdot \begin{pmatrix} 2 \\ -2 \\ 1 \end{pmatrix}$, Schnitt mit E ergibt $t = 1$, damit ist $L(1 \mid -6 \mid -8)$.

Nun wird S an L gespiegelt, es ist $S^*(3 \mid -8 \mid -7)$.

c) Lotgerade $g_l : \vec{x} = \begin{pmatrix} 2 \\ 3 \\ 4 \end{pmatrix} + t \cdot \begin{pmatrix} 4 \\ 1 \\ -1 \end{pmatrix}$, Schnitt mit E ergibt $t = -\frac{2}{9}$, damit ist

$L\left(\frac{10}{9} \mid \frac{25}{9} \mid \frac{38}{9}\right)$. Nun wird P an L gespiegelt, es ist $P^*\left(\frac{2}{9} \mid \frac{23}{9} \mid \frac{40}{9}\right)$.

18.3 Punkt an Gerade

Ein Punkt wird an einer Geraden gespiegelt, indem man eine Hilfsebene durch den Punkt und senkrecht zur Geraden aufstellt (ähnlich wie bei der Abstandsberechnung eines Punktes von einer Geraden wird der Richtungsvektor $\vec{r}$ der Geraden als Normalenvektor $\vec{n}$ benutzt). Anschließend wird die Hilfsebene mit der Geraden geschnitten und der Punkt am Schnittpunkt S von Gerade und Ebene gespiegelt.

a) Einsetzen von P und $\vec{r}$ in die Punkt-Normalenform:

$$\begin{pmatrix} 1 \\ 0 \\ 1 \end{pmatrix} \cdot \left(\begin{pmatrix} x_1 \\ x_2 \\ x_3 \end{pmatrix} - \begin{pmatrix} 2 \\ 3 \\ 4 \end{pmatrix} \right) = 0$$

ist die Hilfsebene $E_H: \; x_1 + x_3 = 6$. Schneiden mit g führt zu $2 + t + 2 + t = 6$ $\Rightarrow t = 1$. Einsetzen in die Geradengleichung führt auf den Schnittpunkt $S\,(3 \mid 1 \mid 3)$. Spiegeln von P an S ergibt $P^*\,(4 \mid -1 \mid 2)$.

b) Einsetzen von B und $\vec{r}$ in die Punkt-Normalenform ergibt die Hilfsebene $E_H: \; 4x_1 - x_2 - x_3 = 21$. Schneiden mit g führt zu $t = 2$. Einsetzen in die Geradengleichung führt auf den Schnittpunkt $S\,(7 \mid 4 \mid 3)$. Spiegeln von B an S ergibt $B^*\,(9 \mid 10 \mid 5)$.

Stochastik

19 Wahrscheinlichkeitsrechnung

19.1 Baumdiagramme und Pfadregeln

19.1.1 Ziehen mit Zurücklegen

a) I)

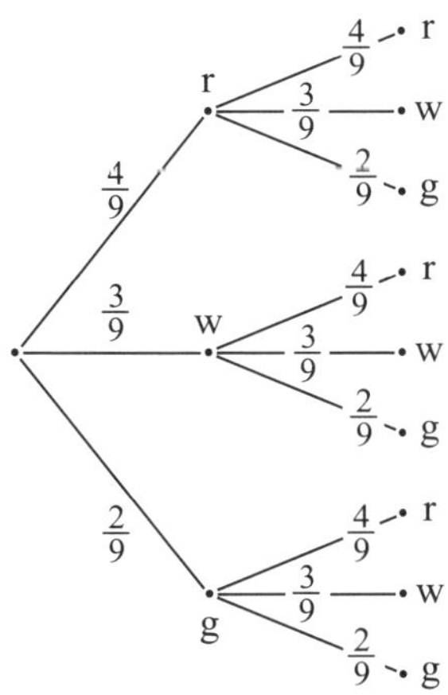

Da 4 rote, 3 weiße und 2 gelbe, also insgesamt 9 Kugeln in der Urne sind, betragen die Wahrscheinlichkeiten bei jedem Ziehen für rot (r), weiß (w) bzw. gelb (g): $\frac{4}{9}, \frac{3}{9}$ bzw. $\frac{2}{9}$.

Die Wahrscheinlichkeit, eine weiße und eine gelbe Kugel zu ziehen, erhält man mit Hilfe der 1. und 2. Pfadregel (Produkt- und Summenregel):

$$P(«\text{eine weiße und eine gelbe Kugel}») = P(wg) + P(gw) = \frac{3}{9} \cdot \frac{2}{9} + \frac{2}{9} \cdot \frac{3}{9} = \frac{4}{27}$$

II)

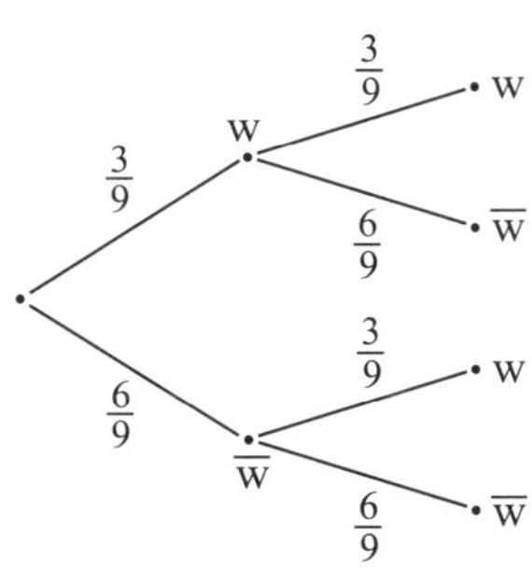

Da 3 weiße und 6 nicht weiße, also insgesamt 9 Kugeln in der Urne sind, beträgt die Wahrscheinlichkeit bei jedem Ziehen für weiß (w): $\frac{3}{9}$ und für nicht weiß ($\bar{w}$): $\frac{6}{9}$.

Die Wahrscheinlichkeit, keine weiße Kugel zu ziehen, erhält man mit Hilfe der 1. Pfadregel (Produktregel):

$$P(«\text{keine weiße Kugel}») = P(\bar{w}\bar{w}) = \frac{6}{9} \cdot \frac{6}{9} = \frac{4}{9}$$

b) I)

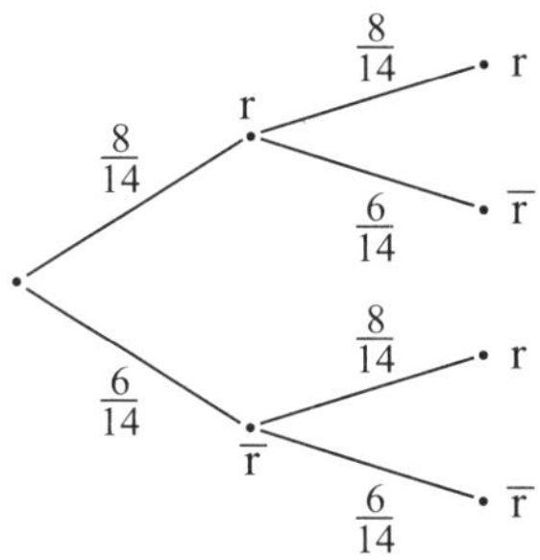

Da 8 rote und 6 nicht rote, also insgesamt 14 Kugeln in der Urne sind, beträgt die Wahrscheinlichkeit bei jedem Ziehen für rot (r): $\frac{8}{14}$ und für nicht rot ($\bar{r}$): $\frac{6}{14}$.
Die Wahrscheinlichkeit, keine rote Kugel zu ziehen, erhält man mit Hilfe der 1. Pfadregel (Produktregel):

$$P(\text{«keine rote Kugel»}) = P(\bar{r}\bar{r}) = \frac{6}{14} \cdot \frac{6}{14} = \frac{3}{7} \cdot \frac{3}{7} = \frac{9}{49}$$

II) Die Wahrscheinlichkeit, höchstens eine rote Kugel zu ziehen, erhält man mit Hilfe der 1. und 2. Pfadregel (Produkt- und Summenregel):

$$\begin{aligned} P(\text{«höchstens eine rote Kugel»}) &= P(\bar{r}\bar{r}) + P(\bar{r}r) + P(r\bar{r}) \\ &= \frac{6}{14} \cdot \frac{6}{14} + \frac{6}{14} \cdot \frac{8}{14} + \frac{8}{14} \cdot \frac{6}{14} \\ &= \frac{3}{7} \cdot \frac{3}{7} + \frac{3}{7} \cdot \frac{4}{7} + \frac{4}{7} \cdot \frac{3}{7} \\ &= \frac{9}{49} + \frac{12}{49} + \frac{12}{49} \\ &= \frac{33}{49} \end{aligned}$$

Alternativ kann man auch mit dem Gegenereignis rechnen:

$$\begin{aligned} P(\text{«höchstens eine rote Kugel»}) &= 1 - P(\text{«zwei rote Kugeln»}) \\ &= 1 - P(rr) \\ &= 1 - \frac{8}{14} \cdot \frac{8}{14} \\ &= 1 - \frac{4}{7} \cdot \frac{4}{7} \\ &= \frac{49}{49} - \frac{16}{49} \\ &= \frac{33}{49} \end{aligned}$$

c) I)

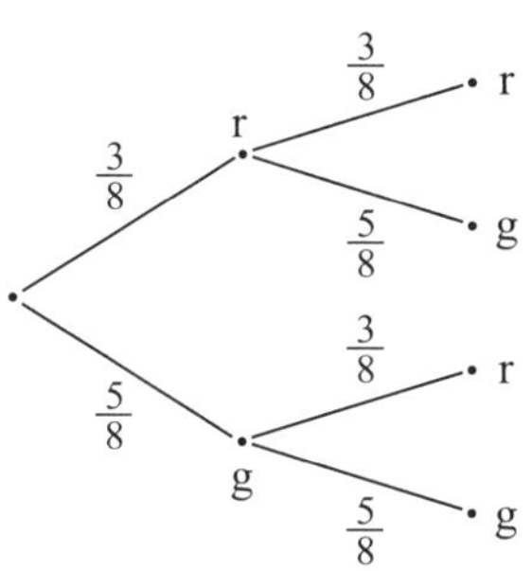

Da 5 gelbe und 3 rote, also insgesamt 8 Kugeln im Behälter sind, beträgt die Wahrscheinlichkeit bei jedem Ziehen für gelb (g): $\frac{5}{8}$ und für rot (r): $\frac{3}{8}$.
Die Wahrscheinlichkeit, mindestens eine gelbe Kugel zu ziehen, erhält man mit Hilfe der 1. und 2. Pfadregel (Produkt- und Summenregel):

$$\begin{aligned}P(\text{«mindestens eine gelbe Kugel»}) &= P(rg) + P(gr) + P(gg)\\ &= \frac{3}{8}\cdot\frac{5}{8} + \frac{5}{8}\cdot\frac{3}{8} + \frac{5}{8}\cdot\frac{5}{8}\\ &= \frac{15}{64} + \frac{15}{64} + \frac{25}{64} = \frac{55}{64}\end{aligned}$$

Alternativ kann man auch mit dem Gegenereignis rechnen:

$$\begin{aligned}P(\text{«mindestens eine gelbe Kugel»}) &= 1 - P(\text{«keine gelbe Kugel»})\\ &= 1 - P(rr)\\ &= 1 - \frac{3}{8}\cdot\frac{3}{8}\\ &= \frac{64}{64} - \frac{9}{64} = \frac{55}{64}\end{aligned}$$

II)

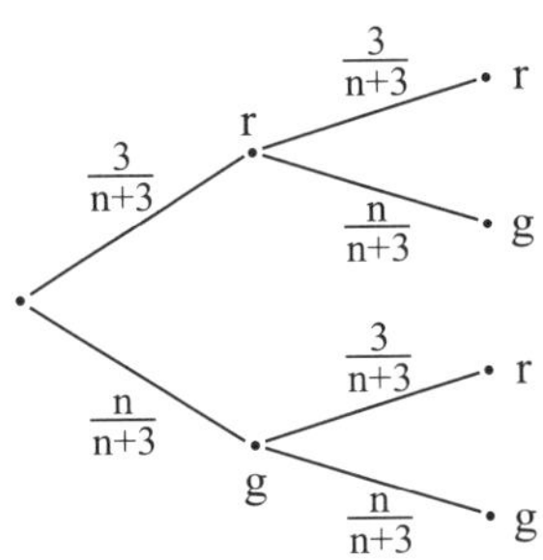

Wenn im Behälter 3 rote und n gelbe Kugeln sind, gibt es insgesamt $n+3$ Kugeln. Damit beträgt die Wahrscheinlichkeit bei jedem Ziehen für gelb (g): $\frac{n}{n+3}$ und für rot (r): $\frac{3}{n+3}$.
Da die Wahrscheinlichkeit, mindestens eine gelbe Kugel zu ziehen, 0,91 betragen soll, erhält man (am geschicktesten) mit Hilfe des Gegenereignisses folgende Gleichung:

$$\begin{aligned}P(\text{«mindestens eine gelbe Kugel»}) &= 1 - P(\text{«keine gelbe Kugel»})\\ 0{,}91 &= 1 - P(rr)\\ 0{,}91 &= 1 - \frac{3}{n+3}\cdot\frac{3}{n+3}\\ \frac{3}{n+3}\cdot\frac{3}{n+3} &= 1 - 0{,}91\\ \frac{9}{(n+3)^2} &= 0{,}09\\ \frac{9}{0{,}09} &= (n+3)^2\\ \frac{9}{\frac{9}{100}} &= (n+3)^2\\ 100 &= (n+3)^2 \mid \pm\sqrt{}\\ \pm 10 &= n+3\end{aligned}$$

Durch Fallunterscheidung ergibt sich:
I) $n+3 = 10 \Rightarrow n_1 = 7$ bzw. II) $n+3 = -10 \Rightarrow n_2 = -13$
Alternativ kann man die Gleichung auch mit Hilfe des GTR lösen.

Man erhält $n_1 = 7$ und $n_2 = -13$.
Wegen $n > 0$ kommt nur $n_1 = 7$ als Lösung in Frage.
Also hätten sich im Behälter 7 gelbe Kugeln befinden müssen.

d) I)

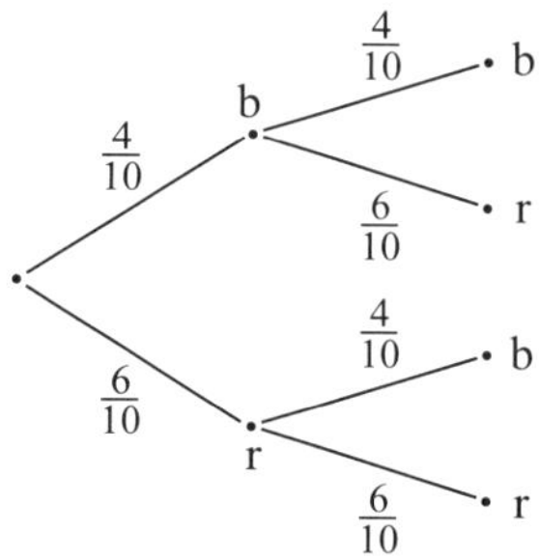

Da 4 blaue und 6 rote, also insgesamt 10 Kugeln in der Urne sind, beträgt die Wahrscheinlichkeit bei jedem Ziehen für blau (b): $\frac{4}{10}$ und für rot (r): $\frac{6}{10}$.
Die Wahrscheinlichkeit, dass höchstens eine Kugel blau ist, erhält man mit Hilfe der 1. und 2. Pfadregel (Produkt- und Summenregel):

$$\begin{aligned} P(\text{«höchstens eine blaue Kugel»}) &= P(rr) + P(br) + P(rb) \\ &= \frac{6}{10} \cdot \frac{6}{10} + \frac{4}{10} \cdot \frac{6}{10} + \frac{6}{10} \cdot \frac{4}{10} \\ &= \frac{36}{100} + \frac{24}{100} + \frac{24}{100} \\ &= \frac{84}{100} = 0{,}84 \end{aligned}$$

Alternativ kann man auch mit dem Gegenereignis rechnen:

$$\begin{aligned} P(\text{«höchstens eine blaue Kugel»}) &= 1 - P(\text{«zwei blaue Kugeln»}) \\ &= 1 - P(bb) \\ &= 1 - \frac{4}{10} \cdot \frac{4}{10} \\ &= \frac{100}{100} - \frac{16}{100} = \frac{84}{100} = 0{,}84 \end{aligned}$$

II)

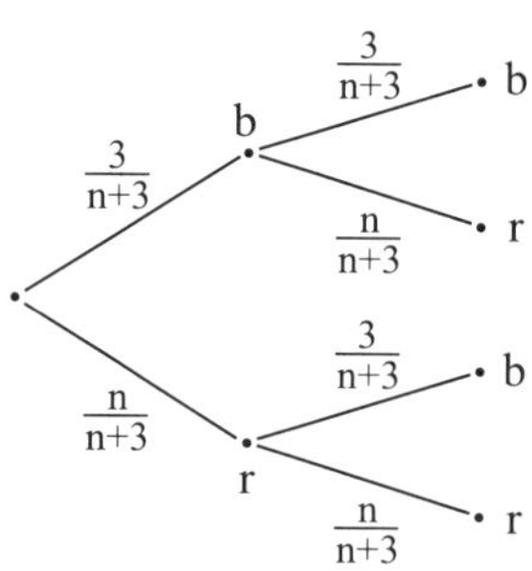

Wenn im Behälter 6 rote und n blaue Kugeln sind, gibt es insgesamt $n + 6$ Kugeln. Damit beträgt die Wahrscheinlichkeit bei jedem Ziehen für blau (b): $\frac{n}{n+6}$ und für rot (r): $\frac{6}{n+6}$.
Die Wahrscheinlichkeit, höchstens eine blaue Kugel zu ziehen, soll 0,64 betragen.

Man erhält am geschicktesten)mit Hilfe des Gegenereignisses folgende Gleichung:

$$\begin{aligned} P(\text{«höchstens eine blaue Kugel»}) &= 1 - P(\text{«zwei blaue Kugeln»}) \\ 0{,}64 &= 1 - P(bb) \\ 0{,}64 &= 1 - \frac{n}{n+6} \cdot \frac{n}{n+6} \\ \frac{n}{n+6} \cdot \frac{n}{n+6} &= 0{,}36 \\ \frac{n^2}{(n+6)^2} &= 0{,}36 \mid \pm\sqrt{} \\ \frac{n}{n+6} &= \pm 0{,}6 \end{aligned}$$

Durch Fallunterscheidung erhält man:

$$\begin{aligned} \tfrac{n}{n+6} &= 0{,}6 & \tfrac{n}{n+6} &= -0{,}6 \\ n &= 0{,}6 \cdot n + 3{,}6 & n &= -0{,}6 \cdot n - 3{,}6 \\ 0{,}4 \cdot n &= 3{,}6 & 1{,}6 \cdot n &= -3{,}6 \\ \Rightarrow n_1 &= 9 & \Rightarrow n_2 &= -\tfrac{9}{4} \end{aligned}$$

Alternativ kann man die Gleichung auch mit Hilfe des GTR lösen.
Man erhält $n_1 = 9$ und $n_2 = -\frac{9}{4}$.
Wegen $n > 0$ kommt nur $n_1 = 9$ als Lösung in Frage.
Also hätten sich im Behälter 9 blaue Kugeln befinden müssen.

e) I)

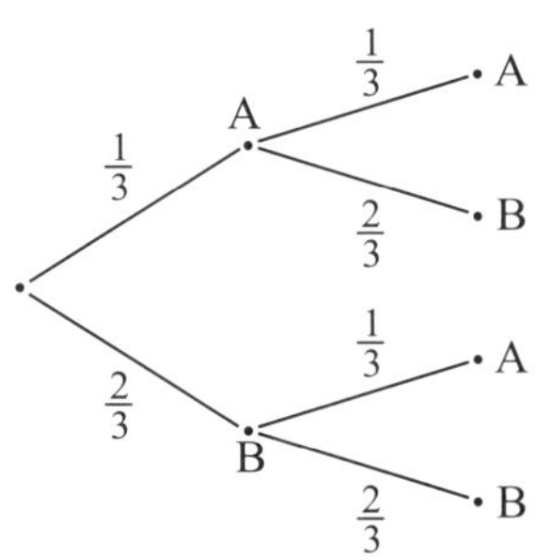

Da 4-mal der Buchstabe A und 8-mal der Buchstabe B, also insgesamt 12 Buchstaben im Hut sind, beträgt die Wahrscheinlichkeit bei jedem Ziehen für A: $\frac{4}{12} = \frac{1}{3}$ und für B: $\frac{8}{12} = \frac{2}{3}$.
Die Wahrscheinlichkeit, mindestens einmal B zu ziehen, erhält man mit Hilfe der 1. und 2. Pfadregel (Produkt- und Summenregel):

$$\begin{aligned} P(\text{«mindestens einmal B»}) &= P(AB) + P(BA) + P(BB) \\ &= \frac{1}{3} \cdot \frac{2}{3} + \frac{2}{3} \cdot \frac{1}{3} + \frac{2}{3} \cdot \frac{2}{3} \\ &= \frac{2}{9} + \frac{2}{9} + \frac{4}{9} = \frac{8}{9} \end{aligned}$$

Alternativ kann man auch mit dem Gegenereignis rechnen:

$$\begin{aligned} P(\text{«mindestens einmal B»}) &= 1 - P(\text{«kein B»}) \\ &= 1 - P(AA) \\ &= 1 - \frac{1}{3} \cdot \frac{1}{3} \\ &= \frac{9}{9} - \frac{1}{9} = \frac{8}{9} \end{aligned}$$

II)

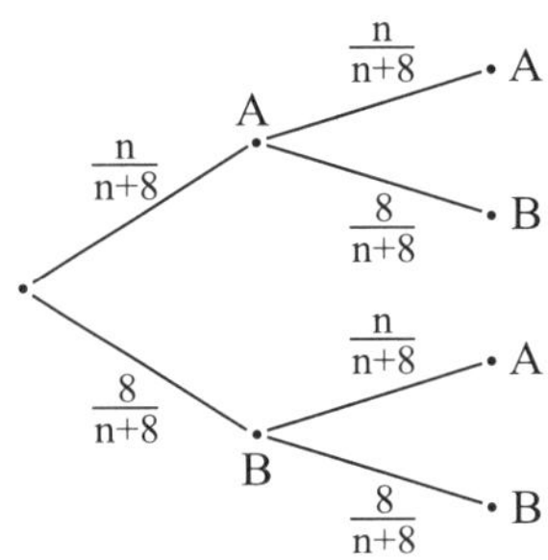

Wenn im Hut n-mal der Buchstabe A und 8-mal der Buchstabe B sind, gibt es insgesamt $n+8$ Buchstaben. Damit beträgt die Wahrscheinlichkeit bei jedem Ziehen für A: $\frac{n}{n+8}$ und für B: $\frac{8}{n+8}$. Da die Wahrscheinlichkeit, höchstens einmal den Buchstaben B zu ziehen, 0,96 betragen soll, erhält man (am geschicktesten) mit Hilfe des Gegenereignisses folgende Gleichung:

$$\begin{aligned} P(\text{«höchstens einmal B»}) &= 1 - P(\text{«zweimal B»}) \\ 0{,}96 &= 1 - P(BB) \\ 0{,}96 &= 1 - \frac{8}{n+8} \cdot \frac{8}{n+8} \\ \frac{8}{n+8} \cdot \frac{8}{n+8} &= 1 - 0{,}96 \\ \frac{64}{(n+8)^2} &= 0{,}04 \\ \frac{64}{0{,}04} &= (n+8)^2 \\ \frac{64}{\frac{4}{100}} &= (n+8)^2 \\ 1600 &= (n+8)^2 \mid \pm\sqrt{\ } \\ \pm 40 &= n+8 \\ \Rightarrow\ n_1 &= 32 \text{ bzw. } n_2 = -48 \end{aligned}$$

Alternativ kann man die Gleichung auch mit Hilfe des GTR lösen.
Man erhält $n_1 = 32$ und $n_2 = -48$.
Wegen $n > 0$ kommt nur $n_1 = 32$ als Lösung in Frage.
Also hätten sich im Hut 32 Buchstaben A befinden müssen.

19.1.2 Ziehen ohne Zurücklegen

a) I)

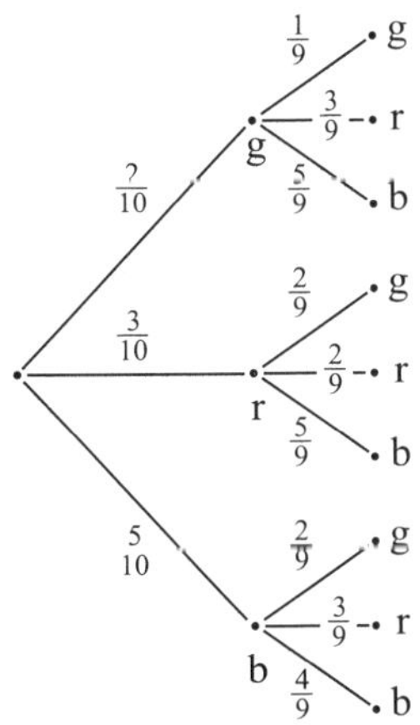

Da 2 grüne, 3 rote und 5 blaue, also insgesamt 10 Kugeln in der Urne sind, betragen die Wahrscheinlichkeiten beim 1. Ziehen für grün (g): $\frac{2}{10}$, für rot (r): $\frac{3}{10}$ und für blau (b): $\frac{5}{10}$.
Danach sind nur noch 9 Kugeln in der Urne und die Wahrscheinlichkeiten bei der 2. Ziehung hängen jeweils davon ab, welche Farbe beim 1. Mal gezogen wurde.

Die Wahrscheinlichkeit, dass eine grüne und eine rote Kugel gezogen wird, erhält man mit Hilfe der 1. und 2. Pfadregel (Produkt- und Summenregel):

$$\begin{aligned} P(\text{«rote und grüne Kugel»}) &= P(gr) + P(rg) \\ &= \frac{2}{10}\cdot\frac{3}{9} + \frac{3}{10}\cdot\frac{2}{9} \\ &= \frac{12}{90} = \frac{2}{15} \end{aligned}$$

II)

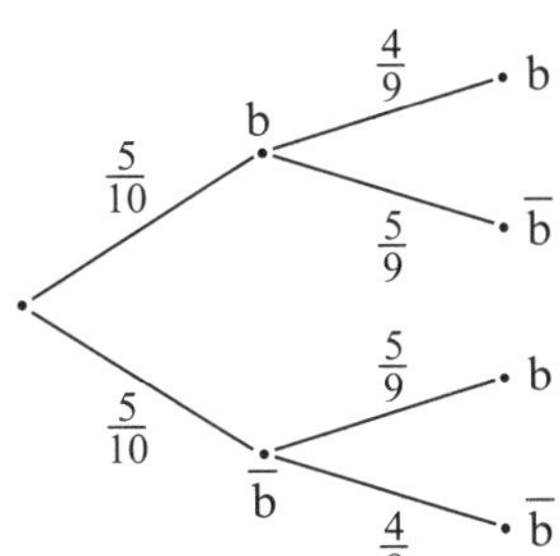

Da 5 blaue und 5 nicht blaue, also insgesamt 10 Kugeln in der Urne sind, betragen die Wahrscheinlichkeiten beim 1. Ziehen für blau (b): $\frac{5}{10}$ und für nicht blau ($\bar{b}$): $\frac{5}{10}$.
Danach sind nur noch 9 Kugeln in der Urne und die Wahrscheinlichkeiten bei der 2. Ziehung hängen jeweils davon ab, welche Farbe beim 1. Mal gezogen wurde.

Die Wahrscheinlichkeit, dass keine blaue Kugel gezogen wird, erhält man mit Hilfe der 1. Pfadregel (Produktregel):

$$P(\text{«keine blaue Kugel»}) = P(\bar{b}\bar{b}) = \frac{5}{10}\cdot\frac{4}{9} = \frac{20}{90} = \frac{2}{9}$$

b) I)

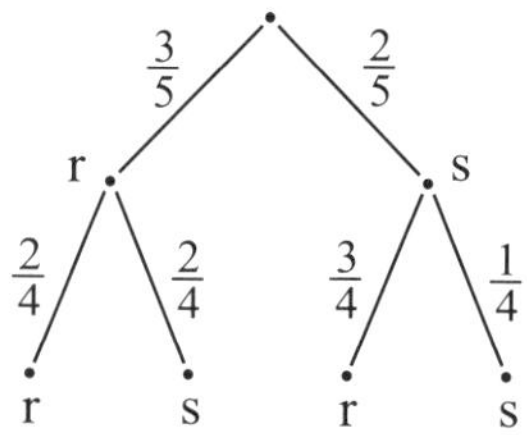

Zum Baumdiagramm passt z.B. folgende Situation:
In einer Urne befinden sich 3 rote und 2 schwarze Kugeln. Es werden zwei Kugeln ohne Zurücklegen gezogen, da die Wahrscheinlichkeiten beim 2. Zug anders sind als beim 1. Zug.

II) Die Wahrscheinlichkeit beträgt beim 1. Ziehen für rot (r): $\frac{3}{5}$ und für schwarz (s): $\frac{2}{5}$. Danach sind nur noch 4 Kugeln in der Urne und die Wahrscheinlichkeiten bei der 2. Ziehung hängen jeweils davon ab, welche Farbe beim 1. Mal gezogen wurde.
Die Wahrscheinlichkeit, dass beide Kugeln gleichfarbig sind, erhält man mit Hilfe der 1. und 2. Pfadregel (Produkt- und Summenregel):

$$\begin{aligned} P(\text{«beide Kugeln gleichfarbig»}) &= P(rr) + P(ss) \\ &= \frac{3}{5} \cdot \frac{2}{4} + \frac{2}{5} \cdot \frac{1}{4} \\ &= \frac{6}{20} + \frac{2}{20} = \frac{8}{20} = \frac{2}{5} \end{aligned}$$

c) I) Das gleichzeitige Ziehen von Kugeln entspricht einem Ziehen ohne Zurücklegen. Da 7 weiße, 5 schwarze und 3 rote, also insgesamt 15 Kugeln in der Urne sind, betragen die Wahrscheinlichkeiten beim 1. Ziehen für weiß (w): $\frac{7}{15}$, für schwarz (s): $\frac{5}{15}$ und für rot (r): $\frac{3}{15}$.
Danach sind nur noch 14 Kugeln in der Urne und die Wahrscheinlichkeiten bei der 2. Ziehung hängen jeweils davon ab, welche Farbe beim 1. Mal gezogen wurde. Schließlich sind nur noch 13 Kugeln in der Urne.

Die Wahrscheinlichkeit, dass eine weiße und zwei schwarze Kugeln gezogen werden, erhält man mit Hilfe der 1. und 2. Pfadregel (Produkt- und Summenregel):

$$\begin{aligned} P(\text{«1 weiße und 2 schwarze Kugeln»}) &= P(wss) + P(sws) + P(ssw) \\ &= \frac{7}{15} \cdot \frac{5}{14} \cdot \frac{4}{13} + \frac{5}{15} \cdot \frac{7}{14} \cdot \frac{4}{13} + \frac{5}{15} \cdot \frac{4}{14} \cdot \frac{7}{13} \\ &= 3 \cdot \frac{7}{15} \cdot \frac{5}{14} \cdot \frac{4}{13} = \frac{2}{13} \end{aligned}$$

II)

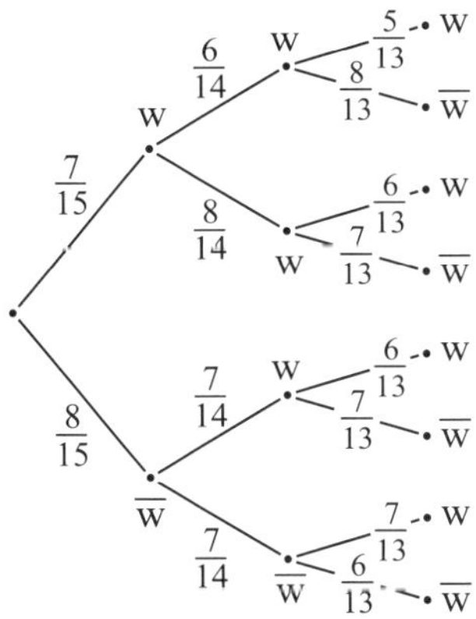

Da 7 weiße und 8 nicht weiße, also insgesamt 15 Kugeln in der Urne sind, betragen die Wahrscheinlichkeiten beim 1. Ziehen für weiß (w): $\frac{7}{15}$ und für nicht weiß $\bar{w}$: $\frac{8}{15}$.

Danach sind nur noch 14 Kugeln in der Urne und die Wahrscheinlichkeiten bei der 2. Ziehung hängen jeweils davon ab, welche Farbe beim 1. Mal gezogen wurde. Schließlich sind nur noch 13 Kugeln in der Urne.

Die Wahrscheinlichkeit, dass mindestens eine weiße Kugel gezogen wird, erhält man am geschicktesten mit Hilfe des Gegenereignisses:

$$
\begin{aligned}
P(\text{«mindestens eine weiße Kugel»}) &= 1 - P(\text{«keine weiße Kugel»}) \\
&= 1 - P(\bar{w}\bar{w}\bar{w}) \\
&= 1 - \frac{8}{15} \cdot \frac{7}{14} \cdot \frac{6}{13} \\
&= 1 - \frac{8}{65} = \frac{57}{65}
\end{aligned}
$$

d) I)

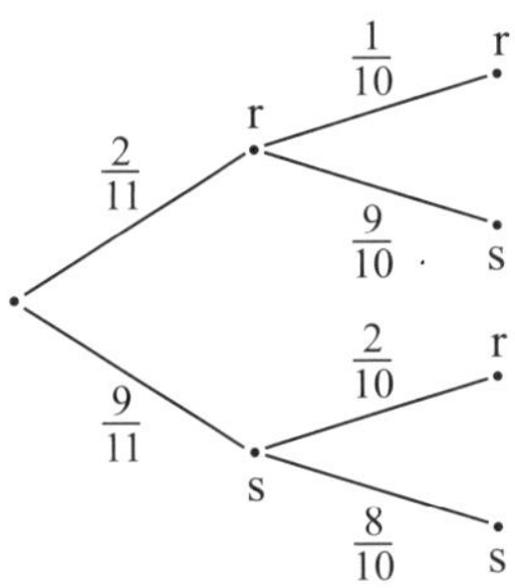

Da 2 rote und 9 schwarze, also insgesamt 11 Kugeln in der Urne sind, beträgt die Wahrscheinlichkeit beim 1. Ziehen für rot (r): $\frac{2}{11}$ und für schwarz (s): $\frac{9}{11}$.

Beim 2. Ziehen sind nur noch 10 Kugeln vorhanden und die Wahrscheinlichkeiten hängen davon ab, welche Farbe schon gezogen wurde.

Die Wahrscheinlichkeit, dass höchstens eine Kugel rot ist, erhält man mit Hilfe der 1. und 2. Pfadregel (Produkt- und Summenregel):

$$
\begin{aligned}
P(\text{«höchstens eine rote Kugel»}) &= P(rs) + P(sr) + P(ss) \\
&= \frac{2}{11} \cdot \frac{9}{10} + \frac{9}{11} \cdot \frac{2}{10} + \frac{9}{11} \cdot \frac{8}{10} \\
&= \frac{9}{55} + \frac{9}{55} + \frac{36}{55} \\
&= \frac{54}{55}
\end{aligned}
$$

Alternativ kann man auch mit dem Gegenereignis rechnen:

$$\begin{aligned} P(\text{«höchstens eine rote Kugel»}) &= 1 - P(\text{«zwei rote Kugeln»}) \\ &= 1 - P(rr) \\ &= 1 - \frac{2}{11} \cdot \frac{1}{10} \\ &= \frac{55}{55} - \frac{1}{55} = \frac{54}{55} \end{aligned}$$

II)

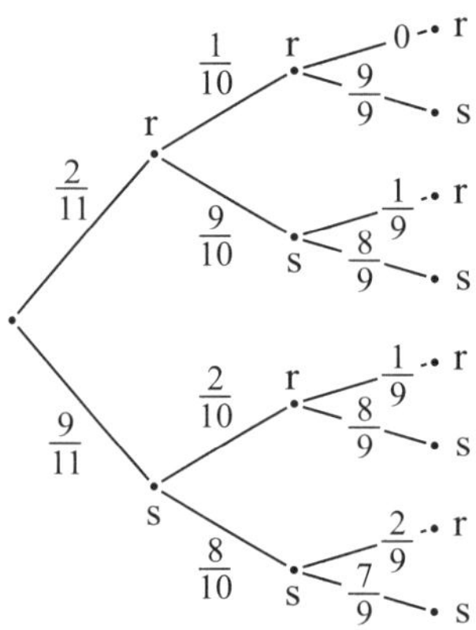

Da 2 rote und 9 schwarze, also insgesamt 11 Kugeln in der Urne sind, beträgt die Wahrscheinlichkeit beim 1. Ziehen für rot (r): $\frac{2}{11}$ und für schwarz (s): $\frac{9}{11}$.

Bei jeder weiteren Ziehung ist eine Kugel weniger vorhanden, so dass die Wahrscheinlichkeiten bei den weiteren Ziehungen davon abhängen, welche Farben schon gezogen wurden.

Die Wahrscheinlichkeit, höchstens zwei schwarze Kugeln zu ziehen, berechnet man am geschicktesten mit Hilfe des Gegenereignisses:

$$\begin{aligned} P(\text{«höchstens zwei schwarze Kugeln»}) &= 1 - P(\text{«drei schwarze Kugeln»}) \\ &= 1 - P(sss) \\ &= 1 - \frac{9}{11} \cdot \frac{8}{10} \cdot \frac{7}{9} \\ &= 1 - \frac{28}{55} = \frac{27}{55} \end{aligned}$$

19.1.3 Verschiedene Aufgaben

a) I)

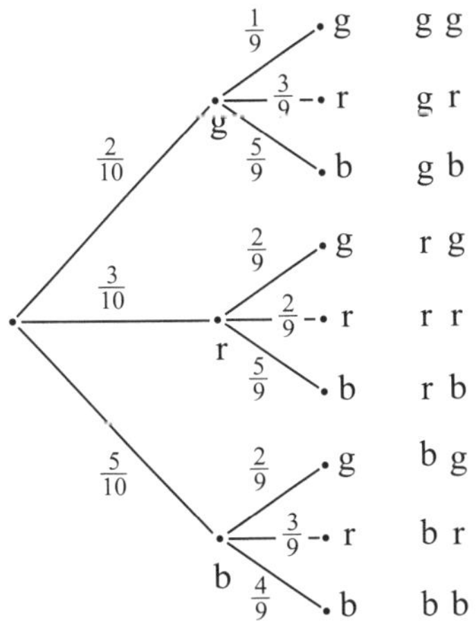

Da insgesamt 10 Kugeln in der Urne sind, betragen die Wahrscheinlichkeiten beim 1. Ziehen für grün, rot bzw. blau: $\frac{2}{10}, \frac{3}{10}$ bzw. $\frac{5}{10}$.

Danach sind nur noch 9 Kugeln in der Urne und die Wahrscheinlichkeiten bzgl. der 2. Ziehung hängen jeweils davon ab, welche Farbe beim 1. Mal gezogen wurde.

II) Die erste Pfadregel (Produktregel) besagt, dass sich die Wahrscheinlichkeit für einen Pfad aus dem Produkt der Wahrscheinlichkeiten längs des Pfades ergibt. Damit gilt:

$P(A) = P(gg) = \frac{2}{10} \cdot \frac{1}{9} = \frac{1}{45}$.

$P(B) = P(rb) = \frac{3}{10} \cdot \frac{5}{9} = \frac{1}{6}$.

Die zweite Pfadregel (Summenregel) besagt, dass sich die Wahrscheinlichkeit eines Ereignisses aus der Summe der Wahrscheinlichkeiten aller Pfade, die zu diesem Ereignis gehören, ergibt. Damit gilt:

$P(C) = P(rg) + P(gr) = \frac{3}{10} \cdot \frac{2}{9} + \frac{2}{10} \cdot \frac{3}{9} = \frac{2}{15}$.

$P(D) = P(gg) + P(rr) + P(bb) = \frac{2}{10} \cdot \frac{1}{9} + \frac{3}{10} \cdot \frac{2}{9} + \frac{5}{10} \cdot \frac{4}{9} = \frac{2+6+20}{90} = \frac{14}{45}$.

$P(E) = P(gg) + P(gr) + P(rg) + P(rr) = \frac{2}{10} \cdot \frac{1}{9} + \frac{2}{10} \cdot \frac{3}{9} + \frac{3}{10} \cdot \frac{2}{9} + \frac{3}{10} \cdot \frac{2}{9} = \frac{2+6+6+6}{90} = \frac{2}{9}$.

b) I)

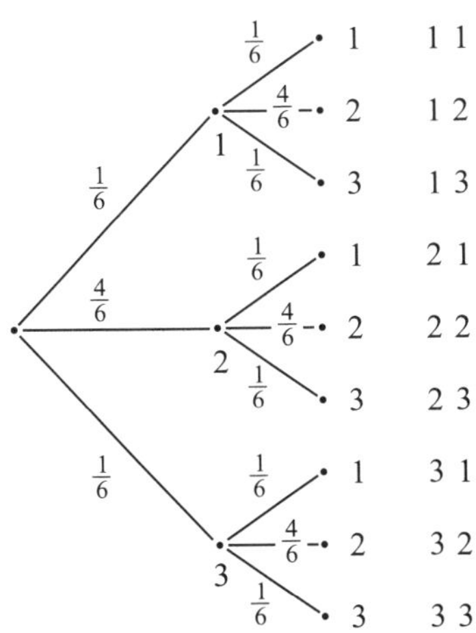

II) $A = \{12\}$; $P(A) = \frac{1}{6} \cdot \frac{4}{6} = \frac{1}{9}$.

$B = \{12, 22, 32\}$; $P(B) = \frac{1}{6} \cdot \frac{4}{6} + \frac{4}{6} \cdot \frac{4}{6} + \frac{1}{6} \cdot \frac{4}{6} = \frac{1}{9} + \frac{4}{9} + \frac{1}{9} = \frac{6}{9} = \frac{2}{3}$.

$C = \{11, 12, 13\}$; $P(C) = \frac{1}{6} \cdot \frac{1}{6} + \frac{1}{6} \cdot \frac{4}{6} + \frac{1}{6} \cdot \frac{1}{6} = \frac{1+4+1}{36} = \frac{6}{36} = \frac{1}{6}$.

$D = \{13, 22, 31\}$; $P(D) = \frac{1}{6} \cdot \frac{1}{6} + \frac{4}{6} \cdot \frac{4}{6} + \frac{1}{6} \cdot \frac{1}{6} = \frac{1+16+1}{36} = \frac{18}{36} = \frac{1}{2}$.

$E = \{11, 13, 23, 31\}$; $P(E) = \frac{1}{6} \cdot \frac{1}{6} + \frac{1}{6} \cdot \frac{1}{6} + \frac{4}{6} \cdot \frac{1}{6} + \frac{1}{6} \cdot \frac{1}{6} = \frac{1+1+4+1}{36} = \frac{7}{36}$.

c) I) e: Fehler erkannt; $P(e) = 0,8$.

$\bar{e}$: Fehler nicht erkannt; $P(\bar{e}) = 0,2$.

Zweimal den Fehler übersehen und beim dritten Mal erkennen entspricht dem Pfad $\bar{e}\bar{e}e$.

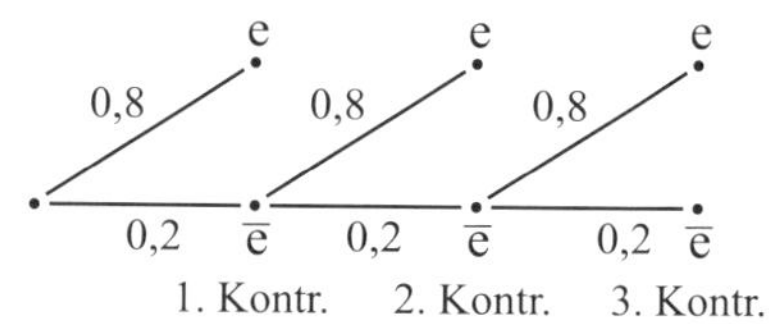

Es ist $P(\bar{e}\bar{e}e) = 0,2 \cdot 0,2 \cdot 0,8 = 0,032 = 3,2\,\%$.

II) Den Fehler spätestens beim 3. Mal erkennen bedeutet $\{e, \bar{e}e, \bar{e}\bar{e}e\}$.

Es ist: $P(e) = 0,8$, $P(\bar{e}e) = 0,2 \cdot 0,8 = 0,16$ und $P(\bar{e}\bar{e}e) = 0,032$.

Nach der 2. Pfadregel gilt:

P(«spätestens beim 3. Mal erkannt») $= 0,8 + 0,16 + 0,032 = 0,992 = 99,2\,\%$.

Schneller lässt sich die Wahrscheinlichkeit mit dem Gegenereignis bestimmen. Es heißt hier: «Der Fehler ist auch beim 3. Mal noch nicht erkannt» und bedeutet $\{\bar{e}\bar{e}\bar{e}\}$.

Für die Wahrscheinlichkeit des Gegenereignisses gilt:

$P(\bar{e}\bar{e}\bar{e}) = 0,2 \cdot 0,2 \cdot 0,2 = 0,008 = 0,8\,\%$.

Damit ist $100\,\% - 0,8\,\% = 99,2\,\%$ die gesuchte Wahrscheinlichkeit.

19.2 Unabhängigkeit und Vierfeldertafeln

a) I)

	A	$\bar{A}$	
B	0,32	0,08	0,4
$\bar{B}$	0,48	0,12	0,6
	0,8	0,2	1

II)

	A	$\bar{A}$	
B	$\frac{3}{5}$	$\frac{1}{15}$	$\frac{2}{3}$
$\bar{B}$	$\frac{3}{10}$	$\frac{1}{30}$	$\frac{1}{3}$
	$\frac{9}{10}$	$\frac{1}{10}$	1

III)

	A	$\bar{A}$	
B	$\frac{1}{20}$	$\frac{1}{5}$	$\frac{1}{4}$
$\bar{B}$	$\frac{3}{20}$	$\frac{3}{5}$	$\frac{3}{4}$
	$\frac{1}{5}$	$\frac{4}{5}$	1

b) Es ist: $P(m) = \frac{90}{200} = 0,45$; $P(R) = \frac{80}{200} = 0,4$; $P(m \cap R) = \frac{36}{200} = 0,18$.

Wegen $P(m) \cdot P(R) = 0,45 \cdot 0,4 = 0,18 = P(m \cap R)$ gilt der spezielle Multiplikationssatz und die Ereignisse sind unabhängig.

Alternativer Lösungsweg:

Man prüft nach, ob der Anteil an Rauchern unter allen Befragten genau so groß ist wie der Anteil an Rauchern unter den Männern.

Anteil der Raucher unter allen Befragten: $\frac{80}{200} = \frac{2}{5} = 0,4$.

Anteil der Raucher unter den Männern: $\frac{36}{90} = \frac{2}{5} = 0,4$.

Die Werte stimmen überein, also sind Geschlecht und Rauchverhalten unabhängig voneinander.

c) Es ergeben sich folgende ergänzte Tafeln:

I)

	A	$\overline{A}$	
B	0,3	0,1	0,4
$\overline{B}$	0,5	0,1	0,6
	0,8	0,2	1

II)

	A	$\overline{A}$	
B	$\frac{1}{8}$	$\frac{1}{2}$	$\frac{5}{8}$
$\overline{B}$	$\frac{1}{4}$	$\frac{1}{8}$	$\frac{3}{8}$
	$\frac{3}{8}$	$\frac{5}{8}$	1

I) Wegen $P(A)\cdot P(B) = 0,8\cdot 0,4 = 0,32 \neq 0,3 = P(A\cap B)$ sind A und B nicht unabhängig.

II) Wegen $P(A)\cdot P(B) = \frac{3}{8}\cdot\frac{5}{8} = \frac{15}{64} \neq \frac{1}{8} = P(A\cap B)$ sind A und B nicht unabhängig.

d)

	F	$\overline{F}$	
S	0,4	0,2	0,6
$\overline{S}$	0,3	0,1	0,4
	0,7	0,3	1

Es sind:
F: mag Fußball
S: mag Schwimmen
$\overline{F}$: mag Fußball nicht
$\overline{S}$: mag Schwimmen nicht

Gegeben sind P(F) = 0,7 und P(S) = 0,6 sowie $P(\overline{F}\cap\overline{S}) = 0,1$, da sich 10% der Schüler für keine der beiden Sportarten begeistern.
Aus der Vierfeldertafel ergibt sich: $P(F\cap S) = 0,4$.
Somit begeistern sich 40% der Schüler für beide Sportarten.

19.3 Bedingte Wahrscheinlichkeit

a) Es ist a: über 40 Jahre, j: bis 40 Jahre und L: Leserin.
Aus den Angaben lassen sich folgende Wahrscheinlichkeiten bestimmen:
$P(a) = \frac{60}{100} = 0,6$, $P(L) = \frac{40}{100} = 0,4$.
$P(a\cap L) = \frac{25}{100} = 0,25$.
$P_L(a) = \frac{25}{40}$ (für die Vierfeldertafel nicht nötig).
Die ersten drei Wahrscheinlichkeiten werden in eine Vierfeldertafel eingesetzt und diese wird vervollständigt.

	L	$\overline{L}$	
a	0,25	0,35	0,6
j	0,15	0,25	0,4
	0,4	0,6	1

I) Den Anteil der Leserinnen unter den über 40-jährigen erhält man mit Hilfe der bedingten Wahrscheinlichkeit:

$$P_a(L) = \frac{P(L\cap a)}{P(a)} = \frac{0,25}{0,6} = \frac{25}{60} = \frac{5}{12}$$

II) Den Anteil der Nicht-Leserinnen unter den jüngeren Befragten (bis 40 Jahre) erhält man mit Hilfe der bedingten Wahrscheinlichkeit:

$$P_j\left(\overline{L}\right) = \frac{P\left(\overline{L}\cap j\right)}{P(j)} = \frac{0,25}{0,4} = \frac{25}{40} = \frac{5}{8}$$

b) Es ist k: krank, g: gesund, «+»: positiv getestet, «−»: negativ getestet.

Aus den Angaben lassen sich folgende Wahrscheinlichkeiten bestimmen:
$P(k) = 0{,}2$; $P_k(+) = 0{,}95$; $P_g(-) = 0{,}9$.
Damit ist:
$P(g) = 1 - P(k) = 0{,}8$.
$P(k \cap +) = P(k) \cdot P_k(+) = 0{,}2 \cdot 0{,}95 = 0{,}19$
$P(g \cap -) = P(g) \cdot P_g(-) = 0{,}8 \cdot 0{,}9 = 0{,}72$
So erhält man nebenstehende Vierfeldertafel.

	k	g	
+	0,19	0,08	0,27
−	0,01	0,72	0,73
	0,2	0,8	1

I) Die Wahrscheinlichkeit, dass man bei einem positiven Testergebnis tatsächlich krank ist, erhält man, indem man mit Hilfe der bedingten Wahrscheinlichkeit folgendes berechnet:

$$P_+(k) = \frac{P(k \cap +)}{P(+)} = \frac{0{,}19}{0{,}27} = \frac{19}{27} \approx 0{,}70 = 70\,\%$$

II) Die Wahrscheinlichkeit, dass man bei einem negativen Testergebnis tatsächlich gesund ist, erhält man mit Hilfe der bedingten Wahrscheinlichkeit folgendermaßen:

$$P_-(g) = \frac{P(g \cap -)}{P(-)} = \frac{0{,}72}{0{,}73} = \frac{72}{73} \approx 0{,}99 = 99\,\%$$

c) Es ist a: älter als 70 Jahre, j ($= \bar{a}$): höchstens 70 Jahre, m: männlich, w($= \bar{m}$): weiblich.
Gegeben sind $P(a) = 0{,}3$; $P_a(m) = 0{,}4$ und $P_j(m) = 0{,}5$.
Wegen $P_a(m) = \frac{P(m \cap a)}{P(a)}$ gilt: $P(m \cap a) = P(a) \cdot P_a(m) = 0{,}3 \cdot 0{,}4 = 0{,}12$.
$P(j) = 1 - P(a) = 0{,}7$.
Wegen $P_j(m) = \frac{P(m \cap j)}{P(j)}$ gilt: $P(m \cap j) = P(j) \cdot P_j(m) = 0{,}7 \cdot 0{,}5 = 0{,}35$.

$P(a)$, $P(j)$, $P(m \cap a)$ und $P(m \cap j)$ werden in die Vierfeldertafel eingetragen und diese wird vervollständigt:

	a	j	
m	0,12	0,35	0,47
w	0,18	0,35	0,53
	0,3	0,7	1

I) Den Anteil der Männer, die höchstens 70 Jahre alt sind, erhält man mit Hilfe der bedingten Wahrscheinlichkeit:

$$P_m(j) = \frac{P(m \cap j)}{P(m)} = \frac{0{,}35}{0{,}47} = \frac{35}{47}$$

II) Den Anteil der Frauen, die über 70 Jahre alt sind, erhält man mit Hilfe der bedingten Wahrscheinlichkeit:

$$P_w(a) = \frac{P(a \cap w)}{P(w)} = \frac{0{,}18}{0{,}53} = \frac{18}{53}$$

20 Binomialverteilung

Bei einem Bernoulli-Experiment wird die Wahrscheinlichkeit P eines Ereignisses mit k Treffern mit der Trefferwahrscheinlichkeit p und der Kettenlänge n (Anzahl der Durchführungen des Experiments) mit folgender Formel berechnet:

$$P(X=k)=\binom{n}{k}\cdot p^k\cdot(1-p)^{n-k}$$

Bernoulliketten

a) I) Da die Zufallsvariable X binomialverteilt ist mit $p=0,4$ und $n=10$, gilt:

$$P(X=1)=\binom{10}{1}\cdot 0,4^1\cdot(1-0,4)^9=\binom{10}{1}\cdot 0,4^1\cdot 0,6^9$$

Mit Hilfe des GTR/CAS erhält man: $P(X=1)\approx 0,04$

frv.tv/ar

II) Anhand der gegebenen Abbildung kann man folgende Wahrscheinlichkeiten näherungsweise ablesen:

$$\begin{aligned} P(X=4) &\approx 0,25 & P(X=8) &\approx 0,01\\ P(X=5) &\approx 0,20 & P(X=9) &\approx 0,00\\ P(X=6) &\approx 0,11 & P(X=10) &\approx 0,00\\ P(X=7) &\approx 0,04 \end{aligned}$$

Damit gilt:

$$P(3<X<6)=P(X=4)+P(X=5)\approx 0,25+0,20=0,45$$

und

$$\begin{aligned} P(X>6) &= P(X=7)+P(X=8)+P(X=9)+P(X=10)\\ &\approx 0,04+0,01+0,00+0,00\\ &= 0,05 \end{aligned}$$

b) I) Da es bei der Stichprobe nur die beiden Ausgänge verdorben oder nicht verdorben gibt, handelt es sich um ein Bernoulliexperiment.
Die Wahrscheinlichkeit, dass eine Apfelsine verdorben ist, beträgt $p=0,2=\frac{1}{5}$, die Kettenlänge ist $n=5$.
Damit gilt für die Wahrscheinlichkeit, dass in der Stichprobe genau eine verdorbene Apfelsine ist:

$$P(X=1)=\binom{5}{1}\cdot\left(\frac{1}{5}\right)^1\cdot\left(\frac{4}{5}\right)^4$$

Mit Hilfe des GTR/CAS erhält man: $P(X=1)\approx 0,41$

frv.tv/ar

II) Um ein Ereignis A anzugeben, formt man die gegebene Wahrscheinlichkeit um:

$$P(A) = \binom{5}{3} \cdot 0,2^3 \cdot 0,8^2 = P(X = 3)$$

Damit lautet das Ereignis A: In der Stichprobe sind genau drei verdorbene Apfelsinen enthalten.

Um ein Ereignis B anzugeben, formt man ebenfalls die gegebene Wahrscheinlichkeit um:

$$\begin{aligned} P(B) &= 1 - 0,2^5 \\ &= 1 - \binom{5}{5} \cdot 0,2^5 \cdot 0,8^0 \\ &= 1 - P(X = 5) \end{aligned}$$

Dies ist die Wahrscheinlichkeit für das Gegenereignis zu: Es sind alle 5 Apfelsinen verdorben.

Damit lautet das Ereignis B: Es ist mindestens eine Apfelsine nicht verdorben.

c) I) Da die Zufallsvariable X binomialverteilt ist mit $p = 0,2$ und $n = 20$, gilt:

$$P(X = 2) = \binom{20}{2} \cdot 0,2^2 \cdot (1 - 0,2)^{18} = \binom{20}{2} \cdot 0,2^2 \cdot 0,8^{18}$$

frv.tv/ar

Mit Hilfe des GTR/CAS erhält man: $P(X = 2) \approx 0,14$

II) Aufgrund der Binomialverteilung mit $p = 0,2$ und $n = 20$ gilt ebenfalls:

$$\begin{aligned} P(X < 2) &= P(X = 0) + P(X = 1) \\ &= \binom{20}{0} \cdot 0,2^0 \cdot 0,8^{20} + \binom{20}{1} \cdot 0,2^1 \cdot 0,8^{19} \end{aligned}$$

frv.tv/as

Mit Hilfe des GTR/CAS erhält man: $P(X < 2) = P(X \leqslant 1) \approx 0,07$

Ferner gilt:

$$\begin{aligned} P(X \neq 1) &= 1 - P(X = 1) \\ &= 1 - \binom{20}{1} \cdot 0,2^1 \cdot 0,8^{19} \end{aligned}$$

Mit Hilfe des GTR/CAS erhält man: $P(X \neq 1) = 1 - P(X = 1) \approx 0,94$

frv.tv/ar

d) I) Da es bei einer Zwiebel nur die beiden Ausgänge keimen oder nicht keimen gibt, handelt es sich um ein Bernoulliexperiment.

Die Wahrscheinlichkeit, dass eine Zwiebel keimt, beträgt $p = 90\% = 0,9$. Die Kettenlänge ist $n = 20$. Damit gilt für die Wahrscheinlichkeit, dass von 20 Zwiebeln alle keimen:

$$P(X = 20) = \binom{20}{20} \cdot 0,9^{20} \cdot 0,1^0 = 1 \cdot 0,9^{20} \cdot 1 = 0,9^{20}$$

Mit Hilfe des GTR/CAS erhält man: $P(X = 20) \approx 0,12$

frv.tv/ar

II) Um ein Ereignis A anzugeben, formt man die gegebene Wahrscheinlichkeit um:

$$\begin{aligned} P(A) &= \binom{20}{18} \cdot 0,9^{18} \cdot 0,1^2 + \binom{20}{19} \cdot 0,9^{19} \cdot 0,1^1 + 0,9^{20} \\ &= P(X=18) + P(X=19) + P(X=20) \\ &= P(X \geqslant 18) \end{aligned}$$

Damit lautet das Ereignis A: Mindestens 18 Zwiebeln keimen.

Um ein Ereignis B anzugeben, formt man ebenfalls die gegebene Wahrscheinlichkeit um:

$$\begin{aligned} P(B) &= 1 - 0,1^{20} \\ &= 1 - \binom{20}{0} \cdot 0,9^0 \cdot 0,1^{20} \\ &= 1 - P(X=0) \end{aligned}$$

Dies ist die Wahrscheinlichkeit für das Gegenereignis zu: Es keimt keine der 20 Zwiebeln.
Damit lautet das Ereignis B: Es keimt mindestens eine der Zwiebeln.

e) Die Zufallsvariable X ist binomialverteilt mit $n = 10$ und $p = 0,6$ und hat folgende Verteilung:

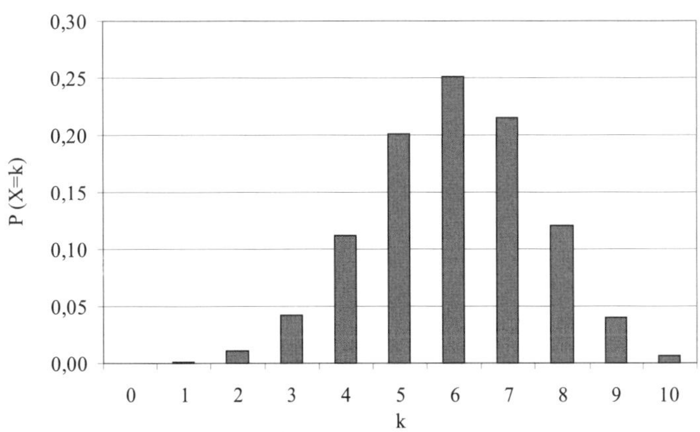

I) Da die Zufallsvariable X binomialverteilt ist mit $p = 0,6$ und $n = 10$, gilt:

$$P(X=10) = \binom{10}{10} \cdot 0,6^{10} \cdot (1-0,6)^0 = 0,6^{10}$$

Mit Hilfe des GTR/CAS erhält man: $P(X=10) \approx 0,01$

frv.tv/ar

II) Anhand der gegebenen Abbildung kann man folgende Wahrscheinlichkeiten näherungsweise ablesen:

$$\begin{aligned} P(X=4) &\approx 0,11 \\ P(X=6) &\approx 0,25 \\ P(X=7) &\approx 0,22 \\ P(X=8) &\approx 0,12 \\ P(X=9) &\approx 0,04 \\ P(X=10) &\approx 0,01 \end{aligned}$$

Damit gilt:

$$\begin{aligned} P(X>5) &= P(X=6)+P(X=7)+P(X=8)+P(X=9)+P(X=10) \\ &\approx 0,25+0,22+0,12+0,04+0,01 \\ &= 0,64 \end{aligned}$$

und

$$P(X \neq 4) = 1 - P(X=4) \approx 1 - 0,11 = 0,89$$

f) Bei Treffer «Zahl» ist $p = \frac{1}{2}$, die Kettenlänge ist $n = 5$.

$$P(A) = P(X=2) = \binom{5}{2} \cdot \left(\frac{1}{2}\right)^2 \cdot \left(\frac{1}{2}\right)^3 = 10 \cdot \left(\frac{1}{2}\right)^5 = \frac{10}{32} = \frac{5}{16}$$

frv.tv/ar

Mit Hilfe des GTR/CAS erhält man: $P(X=2) \approx 0,31$

$$P(B) = P(X=0) = \binom{5}{0} \cdot \left(\frac{1}{2}\right)^0 \cdot \left(\frac{1}{2}\right)^5 = \frac{1}{32}$$

frv.tv/ar

Mit Hilfe des GTR/CAS erhält man: $P(X=0) \approx 0,03$

$$P(C) = P(X \leqslant 1) = P(X=0) + P(X=1) = \frac{1}{32} + \binom{5}{1} \cdot \left(\frac{1}{2}\right)^1 \cdot \left(\frac{1}{2}\right)^4 = \frac{1}{32} + \frac{5}{32} = \frac{3}{16}$$

frv.tv/as

Mit Hilfe des GTR/CAS erhält man: $P(X \leqslant 1) \approx 0,19$

$$P(D) = P(X \geqslant 1) = 1 - P(X=0) = 1 - \frac{1}{32} = \frac{31}{32}$$

frv.tv/ar

Mit Hilfe des GTR/CAS erhält man: $P(X \geqslant 1) = 1 - P(X=0) \approx 0,97$

g) Bei Treffer «verdorben» ist $p = \frac{1}{5}$, die Kettenlänge ist $n = 5$.

$$P(A) = P(X=1) = \binom{5}{1} \cdot \left(\frac{1}{5}\right)^1 \cdot \left(\frac{4}{5}\right)^4 = 5 \cdot \frac{4^4}{5^5} = (\frac{4}{5})^4 = \frac{256}{625}$$

Mit Hilfe des GTR/CAS erhält man: $P(X=1) \approx 0,41$

frv.tv/ar

$$P(B) = P(X=0) = \binom{5}{0} \cdot (\tfrac{1}{5})^0 \cdot \left(\frac{4}{5}\right)^5 = \left(\frac{4}{5}\right)^5 = \frac{1024}{3125}$$

Mit Hilfe des GTR/CAS erhält man: $P(X=0) \approx 0,33$

frv.tv/ar

$$P(C) = P(X \geqslant 2) = 1 - P(X \leqslant 1) = 1 - P(X=1) - P(X=0)$$
$$= 1 - \frac{1024}{3125} - \frac{256}{625} = 1 - \frac{1024}{3125} - \frac{1280}{3125} = \frac{821}{3125}$$

Mit Hilfe des GTR/CAS erhält man: $P(X \geqslant 2) = 1 - P(X \leqslant 1) \approx 0,26$

frv.tv/as

h) Sei X Zufallsvariable für die Anzahl der defekten Glühbirnen.
Mit $n = 150$ und $p = 0,04$ (4 %) erhält man:
Erwartungswert: $E(X) = \mu = n \cdot p = 150 \cdot 0,04 = 6$.
Zugehörige Standardabweichung:

$$\sigma = \sqrt{n \cdot p \cdot (1-p)} = \sqrt{150 \cdot 0,04 \cdot 0,96} = \sqrt{5,76} = 2,4$$

Bei einer Entnahme von 150 Glühbirnen hat man durchschnittlich mit 6 defekten Glühbirnen zu rechnen. Die zugehörige Standardabweichung beträgt 2,4 Glühbirnen.

i) I) Erwartungswert: $E(X) = \mu = n \cdot p = 80 \cdot 0,3 = 24$.
Zugehörige Standardabweichung:

$$\sigma = \sqrt{n \cdot p \cdot (1-p)} = \sqrt{80 \cdot 0,3 \cdot 0,7} = \sqrt{16,8} \approx 4,10$$

II) Erwartungswert: $E(X) = \mu = n \cdot p = 50 \cdot 0,4 = 20$.
Zugehörige Standardabweichung:

$$\sigma = \sqrt{n \cdot p \cdot (1-p)} = \sqrt{50 \cdot 0,4 \cdot 0,6} = \sqrt{12} \approx 3,46$$

III) Erwartungswert: $E(X) = \mu = n \cdot p = 20 \cdot 0,6 = 12$.
Zugehörige Standardabweichung:

$$\sigma = \sqrt{n \cdot p \cdot (1-p)} = \sqrt{20 \cdot 0,6 \cdot 0,4} = \sqrt{4,8} \approx 2,19$$

j) Sei X Zufallsvariable für die Menge verdorbener Tomaten (in kg).
Mit $n = 30$ und $p = 0,2$ (20 %) erhält man:
Erwartungswert: $E(X) = \mu = n \cdot p = 30 \cdot 0,2 = 6$.
Zugehörige Standardabweichung:

$$\sigma = \sqrt{n \cdot p \cdot (1-p)} = \sqrt{30 \cdot 0,2 \cdot 0,8} = \sqrt{4,8} \approx 2,2.$$

Bei einer Entnahme von 30 kg sind durchschnittlich 6 kg verdorbene Tomaten zu erwarten. Die zugehörige Standardabweichung beträgt etwa 2,2 kg.

21 Erwartungswert, Standardabweichung und σ-Regeln

a) Da in der Urne 1 weiße, 1 rote und 8 schwarze Kugeln sind, beträgt die Wahrscheinlichkeit für weiß: $\frac{1}{10}$, für rot: $\frac{1}{10}$ und für schwarz: $\frac{8}{10}$. Damit erhält man für die Auszahlungsbeträge folgende Verteilung:

Ereignis	Auszahlungsbetrag x_i	$P(x_i)$	$x_i \cdot P(x_i)$
weiß	4	$\frac{1}{10}$	0,4
rot	8	$\frac{1}{10}$	0,8
schwarz	0	$\frac{8}{10}$	0
Summe		1	1,2

Sei X Zufallsvariable für die Höhe des Gewinns. Den Erwartungswert E von X erhält man, indem man die möglichen Auszahlungsbeträge mit den zugehörigen Wahrscheinlichkeiten multipliziert und den Einsatz subtrahiert:

$$E(X) = 4 \cdot 0,1 + 8 \cdot 0,1 + 0 \cdot 0,8 - 0,5 = 1,2 - 0,5 = 0,7$$

Der Erwartungswert für den Gewinn beträgt 0,70€.

b) I) Mit $n = 80$ und $p = 0,3$ ergibt sich für den Erwartungswert:

$$E(X) = n \cdot p = 80 \cdot 0,3 = 24$$

Für die Standardabweichung σ gilt:

$$\sigma = \sqrt{n \cdot p \cdot (1-p)} = \sqrt{80 \cdot 0,3 \cdot 0,7} = \sqrt{16,8} \approx 4,1$$

Die 2σ-Umgebung um den Erwartungswert erhält man, indem man vom Erwartungswert $2 \cdot \sigma$ subtrahiert bzw. addiert.
Damit gilt: $24 - 2 \cdot 4,1 \leqslant X \leqslant 24 + 2 \cdot 4,1$ bzw. $15,8 \leqslant X \leqslant 32,2$ und es gilt für die zugehörige Wahrscheinlichkeit entsprechend der σ-Regeln:

$$P(15,8 \leqslant X \leqslant 32,2) \approx 0,955 = 95,5\%$$

II) Mit $E(X) = 20$ und $n = 50$ ergibt sich für die Trefferwahrscheinlichkeit:

$$20 = 50 \cdot p \Rightarrow p = \frac{2}{5} = 0,4$$

Für die Standardabweichung σ gilt:

$$\sigma = \sqrt{n \cdot p \cdot (1-p)} = \sqrt{50 \cdot 0,4 \cdot 0,6} = \sqrt{12} \approx 3,5$$

Die 1σ-Umgebung um den Erwartungswert erhält man, indem man vom Erwartungswert $1 \cdot \sigma$ subtrahiert bzw. addiert.

Damit gilt: $20 - 1 \cdot 3,5 \leqslant X \leqslant 20 + 1 \cdot 3,5$ bzw. $16,5 \leqslant X \leqslant 23,5$ und es gilt für die zugehörige Wahrscheinlichkeit entsprechend der σ-Regeln:

$$P(16,5 \leqslant X \leqslant 23,5) \approx 0,68 = 68\%$$

III) Mit $E(X) = 12$ und $p = 0,6$ ergibt sich für die Kettenlänge:

$$12 = n \cdot 0,6 \Rightarrow n = \frac{12}{0,6} = 20$$

Für die Standardabweichung σ gilt:

$$\sigma = \sqrt{n \cdot p \cdot (1-p)} = \sqrt{20 \cdot 0,6 \cdot 0,4} = \sqrt{4,8} \approx 2,2$$

Die 3σ-Umgebung um den Erwartungswert erhält man, indem man vom Erwartungswert $3 \cdot \sigma$ subtrahiert bzw. addiert.
Damit gilt: $20 - 3 \cdot 2,2 \leqslant X \leqslant 20 + 3 \cdot 2,2$ bzw. $13,4 \leqslant X \leqslant 26,6$ und es gilt für die zugehörige Wahrscheinlichkeit entsprechend der σ-Regeln:

$$P(13,4 \leqslant X \leqslant 26,6) \approx 0,997 = 99,7\%$$

c) Die Wahrscheinlichkeit beträgt für 1 €: $\frac{180}{360}$, für 3 €: $\frac{120}{360}$ und für 4 €: $\frac{60}{360}$. Damit ergibt sich für die Auszahlungsbeträge folgende Verteilung:

Auszahlungsbetrag x_i in €	$P(x_i)$	$x_i \cdot P(x_i)$
1	$\frac{180}{360}$	$\frac{1}{2}$
3	$\frac{120}{360}$	1
4	$\frac{60}{360}$	$\frac{2}{3}$

Sei X Zufallsvariable für die Höhe des Gewinns. Den Erwartungswert von X erhält man, indem man die möglichen Auszahlungsbeträge mit den zugehörigen Wahrscheinlichkeiten multipliziert und den Einsatz von 2 Euro subtrahiert:

$$E(X) = 1 \cdot \frac{180}{360} + 3 \cdot \frac{120}{360} + 4 \cdot \frac{60}{360} - 2 = \frac{1}{2} + 1 + \frac{2}{3} - 2 = \frac{1}{6} \approx 0,17$$

Der Erwartungswert beträgt also etwa 17 Cent.

d) Da in der Urne 4 weiße, 4 rote und 2 schwarze Kugeln sind, beträgt die Wahrscheinlichkeit für weiß (w): $\frac{4}{10} = 0,4$, für rot (r): $\frac{4}{10} = 0,4$ und für schwarz (s): $\frac{2}{10} = 0,2$. Damit ergibt sich für die Auszahlungsbeträge folgende Verteilung:

Ereignis	Auszahlungsbetrag x_i in €	$P(x_i)$	$x_i \cdot P(x_i)$
weiß	1	0,4	0,4
rot	2	0,4	0,8
schwarz	0	0,2	0
Summe		1	1,2

Sei X Zufallsvariable für die Höhe des Gewinns. Den Erwartungswert von X erhält man, indem man die möglichen Auszahlungsbeträge mit den zugehörigen Wahrscheinlichkeiten multipliziert und den Einsatz von 1 Euro subtrahiert:

$$E(X) = 1 \cdot 0,4 + 2 \cdot 0,4 + 0 \cdot 0,2 - 1 = 1,2 - 1 = 0,2$$

Der Erwartungswert beträgt 0,20 €.
Da der Erwartungswert nicht Null ist, ist das Spiel auch nicht fair. Es wird in diesem Fall der Spieler begünstigt, da der Erwartungswert des Spielers positiv ist.

e)

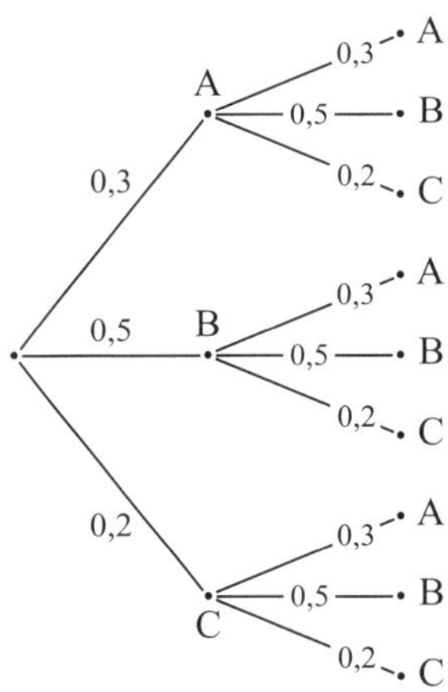

Die Wahrscheinlichkeiten für die Buchstaben A, B und C betragen bei jedem Drehen:
$P(A) = 0,3$
$P(B) = 0,5$
$P(C) = 0,2$

Die Wahrscheinlichkeit, dass zwei gleiche Buchstaben erscheinen, erhält man mit Hilfe der 1. und 2. Pfadregel (Produkt- und Summenregel):

$$\begin{aligned} P(\text{«zwei gleiche Buchstaben»}) &= P(AA) + P(BB) + P(CC) \\ &= 0,3 \cdot 0,3 + 0,5 \cdot 0,5 + 0,2 \cdot 0,2 \\ &= 0,09 + 0,25 + 0,04 \\ &= 0,38 \end{aligned}$$

Sei X Zufallsvariable für die Höhe des Gewinns. Den Erwartungswert von X erhält man, indem man den möglichen Auszahlungsbetrag mit der zugehörigen Wahrscheinlichkeit multipliziert und den Einsatz subtrahiert:

$$E(X) = 10 \cdot 0,38 - 4 = 3,8 - 4 = -0,2$$

Der Erwartungswert beträgt $-0,20$ Euro.
Da der Erwartungswert nicht Null ist, ist das Spiel auch nicht fair. Es wird der Spieler benachteiligt.

f) Den Erwartungswert $E(X)$ der Zufallsvariablen X erhält man, indem man die möglichen Werte von x_i mit den zugehörigen Wahrscheinlichkeiten multipliziert und die Ergebnisse addiert:

$$E(X) = -5 \cdot 0,1 + (-1) \cdot a + 0 \cdot b + 3 \cdot 0,3 = -0,5 - a + 0,9 = 0,4 - a$$

Wegen $E(X) = 0,3$ erhält man folgende Gleichung:

$$0,3 = 0,4 - a \Rightarrow a = 0,1$$

Da die Summe aller Wahrscheinlichkeiten 1 ergeben muss, gilt mit $a = 0,1$:

$$0,1 + 0,1 + b + 0,3 = 1 \Rightarrow b = 0,5$$

g) Um zu zeigen, dass der Erwartungswert von X nicht größer als $2,2$ sein kann, bestimmt man den Erwartungswert von X:

$$E(X) = 0 \cdot p_1 + 1 \cdot \frac{3}{10} + 2 \cdot \frac{1}{5} + 3 \cdot p_2 = \frac{7}{10} + 3 \cdot p_2$$

Da die Summe der Wahrscheinlichkeiten nicht größer als 1 sein darf, gilt:
$p_2 \leqslant 1 - \frac{3}{10} - \frac{1}{5} - p_1 = \frac{1}{2} - p_1$. Der Erwartungswert ist am größten, wenn gilt $p_1 = 0$. Damit ergibt:

$$E(X) \leqslant \frac{7}{10} + 3 \cdot \frac{1}{2} = 2,2$$

Somit kann der Erwartungswert von X nicht größer als $2,2$ sein.

h) Sei X Zufallsvariable für die Anzahl der defekten Glühbirnen.
Mit $n = 200$ und $p = 0,05$ (5 %) erhält man:
Erwartungswert:

$$E(X) = \mu = n \cdot p = 200 \cdot 0,05 = 10$$

Zugehörige Standardabweichung:

$$\sigma = \sqrt{n \cdot p \cdot (1-p)} = \sqrt{200 \cdot 0,05 \cdot 0,95} = \sqrt{9,5} \approx 3$$

Bei einer Entnahme von 200 Glühbirnen hat man durchschnittlich mit 10 defekten Glühbirnen zu rechnen. Die zugehörige Standardabweichung beträgt etwa 3 Glühbirnen.
Die 3σ-Umgebung um den Erwartungswert erhält man, indem man vom Erwartungswert $3 \cdot \sigma$ subtrahiert bzw. addiert.
Damit gilt: $10 - 3 \cdot 3 \leqslant X \leqslant 10 + 3 \cdot 3$ bzw. $1 \leqslant X \leqslant 19$ und es gilt für die zugehörige Wahrscheinlichkeit entsprechend der σ-Regeln: $P(1 \leqslant X \leqslant 19) \approx 0,997 = 99,7\%$. Mit einer Wahrscheinlichkeit von etwa 99,7 % sind 1 bis 19 defekte Glühbirnen zu erwarten.

i) I) Erwartungswert:

$$E(X) = \mu = n \cdot p = 80 \cdot 0,3 = 24.$$

Zugehörige Standardabweichung:

$$\sigma = \sqrt{n \cdot p \cdot (1-p)} = \sqrt{80 \cdot 0,3 \cdot 0,7} = \sqrt{16,8}$$

II) Erwartungswert:

$$E(X) = \mu = n \cdot p = 50 \cdot 0,4 = 20.$$

Zugehörige Standardabweichung:

$$\sigma = \sqrt{n \cdot p \cdot (1-p)} = \sqrt{50 \cdot 0,4 \cdot 0,6} = \sqrt{12}$$

III) Erwartungswert:

$$E(X) = \mu = n \cdot p = 20 \cdot 0,6 = 12.$$

Zugehörige Standardabweichung:

$$\sigma = \sqrt{n \cdot p \cdot (1-p)} = \sqrt{20 \cdot 0,6 \cdot 0,4} = \sqrt{4,8}$$

j) Sei X Zufallsvariable für die Menge verdorbener Tomaten (in kg).
Mit $n = 100$ und $p = 0,2$ (20%) erhält man:
Erwartungswert:

$$E(X) = \mu = n \cdot p = 100 \cdot 0,2 = 20.$$

Zugehörige Standardabweichung:

$$\sigma = \sqrt{n \cdot p \cdot (1-p)} = \sqrt{100 \cdot 0,2 \cdot 0,8} = \sqrt{16} = 4$$

Bei einer Entnahme von 100 kg sind durchschnittlich 20 kg verdorbene Tomaten zu erwarten. Die zugehörige Standardabweichung beträgt 4 kg.
Die 2σ-Umgebung um den Erwartungswert erhält man, indem man vom Erwartungswert $2 \cdot \sigma$ subtrahiert bzw. addiert.
Damit gilt: $20 - 2 \cdot 4 \leqslant X \leqslant 20 + 2 \cdot 4$ bzw. $12 \leqslant X \leqslant 28$ und es gilt für die zugehörige Wahrscheinlichkeit entsprechend der σ-Regeln:

$$P(12 \leqslant X \leqslant 28) \approx 0,955 = 95,5\%$$

Mit einer Wahrscheinlichkeit von etwa 95,5% sind 12 bis 28 verdorbene Tomaten zu erwarten.

22 Vertrauensintervalle

Das 90%-Vertrauensintervall erhält man durch $\left[h-1,64\cdot\sqrt{\frac{h\cdot(1-h)}{n}}\,;\,h+1,64\cdot\sqrt{\frac{h\cdot(1-h)}{n}}\right]$.

Das 95%-Vertrauensintervall erhält man durch $\left[h-1,96\cdot\sqrt{\frac{h\cdot(1-h)}{n}}\,;\,h+1,96\cdot\sqrt{\frac{h\cdot(1-h)}{n}}\right]$.

Das 99%-Vertrauensintervall erhält man durch $\left[h-2,58\cdot\sqrt{\frac{h\cdot(1-h)}{n}}\,;\,h+2,58\cdot\sqrt{\frac{h\cdot(1-h)}{n}}\right]$.

Das 99,9%-Vertrauensintervall erhält man durch $\left[h-3,29\cdot\sqrt{\frac{h\cdot(1-h)}{n}}\,;\,h+3,29\cdot\sqrt{\frac{h\cdot(1-h)}{n}}\right]$.

Dabei ist h die in einer Stichprobe ermittelte relative Häufigkeit.

a) In einem Altersheim mit 220 Bewohnern gibt es 150 Frauen.
Um das 95%-Vertrauensintervall für den unbekannten Anteil der Frauen in Altersheimen zu bestimmen, berechnet man zuerst die relative Häufigkeit h für den Anteil der Frauen dieser Stichprobe:

$$h=\frac{150}{220}=\frac{15}{22}\approx 0,68$$

Damit gilt:

$$h-1,96\cdot\sqrt{\frac{h\cdot(1-h)}{n}}=\frac{15}{22}-1,96\cdot\sqrt{\frac{\frac{15}{22}\cdot(1-\frac{15}{22})}{220}}\approx 0,62$$

$$h+1,96\cdot\sqrt{\frac{h\cdot(1-h)}{n}}=\frac{15}{22}+1,96\cdot\sqrt{\frac{\frac{15}{22}\cdot(1-\frac{15}{22})}{220}}\approx 0,74$$

Die Wahrscheinlichkeit beträgt 95%, dass das Intervall $[0,62\,;\,0,74]$ den wahren Anteil der Frauen in Altersheimen enthält.

b) Bei einer Umfrage des Allensbach-Instituts unter 1200 Personen gaben 680 Personen an, zur nächsten Landtagswahl zu gehen.
Um das 90%-Vertrauensintervall für den unbekannten Anteil der Personen, die zur nächsten Landtagswahl gehen, zu bestimmen, berechnet man zuerst die relative Häufigkeit h für den Anteil der möglichen Wähler dieser Stichprobe:

$$h=\frac{680}{1200}=\frac{17}{30}\approx 0,57$$

Damit gilt:

$$h-1,64\cdot\sqrt{\frac{h\cdot(1-h)}{n}}=\frac{17}{30}-1,64\cdot\sqrt{\frac{\frac{17}{30}\cdot(1-\frac{17}{30})}{1200}}\approx 0,54$$

$$h+1,64\cdot\sqrt{\frac{h\cdot(1-h)}{n}}=\frac{17}{30}+1,64\cdot\sqrt{\frac{\frac{17}{30}\cdot(1-\frac{17}{30})}{1200}}\approx 0,59$$

Die Wahrscheinlichkeit beträgt 90%, dass das Intervall $[0,54\,;\,0,59]$ den wahren Anteil der Personen, die zur nächsten Landtagswahl gehen, enthält.

c) Beim Blutspenden in einer Stadt in Deutschland haben von 450 Blutspendern 50 Personen die Blutgruppe B.
Um das 99%-Vertrauensintervall für den unbekannten Anteil der Personen, die in Deutschland Blutgruppe B haben, zu bestimmen, berechnet man zuerst die relative Häufigkeit h für den Anteil der Personen mit Blutgruppe B dieser Stichprobe:

$$h = \frac{50}{450} = \frac{1}{9} \approx 0,11$$

Damit gilt:

$$h - 2,58 \cdot \sqrt{\frac{h \cdot (1-h)}{n}} = \frac{1}{9} - 2,58 \cdot \sqrt{\frac{\frac{1}{9} \cdot (1 - \frac{1}{9})}{450}} \approx 0,07$$

$$h + 2,58 \cdot \sqrt{\frac{h \cdot (1-h)}{n}} = \frac{1}{9} + 2,58 \cdot \sqrt{\frac{\frac{1}{9} \cdot (1 - \frac{1}{9})}{450}} \approx 0,15$$

Die Wahrscheinlichkeit beträgt 99%, dass das Intervall $[0,07\,;\,0,15]$ den wahren Anteil der Personen, die in Deutschland Blutgruppe B haben, enthält.

d) In einer Studie mit 1200 Personen geben 870 Personen an, dass ein Medikament gegen Kopfschmerzen wirkt.
Um das 99%-Vertrauensintervall für den unbekannten Anteil der Personen, bei denen das Medikament wirkt, zu bestimmen, berechnet man zuerst die relative Häufigkeit h für den Anteil der Personen, bei denen das Medikament in dieser Stichprobe wirkt:

$$h = \frac{870}{1200} = \frac{29}{40} \approx 0,73$$

Damit gilt:

$$h - 2,58 \cdot \sqrt{\frac{h \cdot (1-h)}{n}} = \frac{29}{40} - 2,58 \cdot \sqrt{\frac{\frac{29}{40} \cdot (1 - \frac{29}{40})}{1200}} \approx 0,69$$

$$h + 2,58 \cdot \sqrt{\frac{h \cdot (1-h)}{n}} = \frac{29}{40} + 2,58 \cdot \sqrt{\frac{\frac{29}{40} \cdot (1 - \frac{29}{40})}{1200}} \approx 0,76$$

Die Wahrscheinlichkeit beträgt 99%, dass das Intervall $[0,69\,;\,0,76]$ den wahren Anteil der Personen, bei denen das Medikament wirkt, enthält. Da 80% nicht in diesem Vertrauensintervall enthalten ist, sollte die Pharma-Firma, die das Kopfschmerzmittel entwickelt hat, nicht damit werben, dass das Medikament in mehr als 80% aller Fälle wirkt.

e) Aus einem Teich werden 220 Fische entnommen, 45 davon sind Karpfen.
Um das 90%-Vertrauensintervall für den unbekannten Anteil der Karpfen, die sich im Teich befinden, zu bestimmen, berechnet man zuerst die relative Häufigkeit h für den Anteil der Karpfen dieser Stichprobe:

$$h = \frac{45}{220} = \frac{9}{44} \approx 0,20$$

Damit gilt:

$$h-1,64\cdot\sqrt{\frac{h\cdot(1-h)}{n}}=\frac{9}{44}-1,64\cdot\sqrt{\frac{\frac{9}{44}\cdot(1-\frac{9}{44})}{220}}\approx 0,16$$

$$h+1,64\cdot\sqrt{\frac{h\cdot(1-h)}{n}}=\frac{9}{44}+1,64\cdot\sqrt{\frac{\frac{9}{44}\cdot(1-\frac{9}{44})}{220}}\approx 0,25$$

Die Wahrscheinlichkeit beträgt 90%, dass das Intervall $[0,16;0,25]$ den wahren Anteil der Karpfen, die sich im Teich befinden, enthält.
Da sich insgesamt etwa 10000 Fische im Teich befinden, gibt es mit einer Wahrscheinlichkeit von 90% etwa 1600 bis 2500 Karpfen in diesem Teich.

23 Normalverteilung

23.1 Berechnung von Wahrscheinlichkeiten

frv.tv/aw

a) Der Intelligenzquotient IQ ist normalverteilt mit dem Erwartungswert $\mu = 100$ und der Standardabweichung $\sigma = 15$.

I) Wenn der IQ zwischen 85 und 115 liegt, gilt für die Wahrscheinlichkeit:
$P(85 < X < 115) = \Phi\left(\frac{115-100}{15}\right) - \Phi\left(\frac{85-100}{15}\right) = \Phi(1) - \Phi(-1) = 0,8413 - 0,1587$
$= 0,6826 = 68,26\,\%$.

II) Wenn der IQ kleiner als 90 ist, gilt für die Wahrscheinlichkeit:
$P(X < 90) = \Phi\left(\frac{90-100}{15}\right) = \Phi\left(-\frac{2}{3}\right) = \Phi(-0,67) = 0,2514 = 25,14\,\%$.

III) Wenn der IQ größer als 120 ist, gilt für die Wahrscheinlichkeit:
$P(X > 120) = 1 - P(X \leqslant 120) = 1 - \Phi\left(\frac{120-100}{15}\right) = 1 - \Phi\left(\frac{4}{3}\right) = 1 - \Phi(1,33)$
$= 1 - 0,9082 = 0,0918 = 9,18\,\%$

b) Das Gewicht von Brezeln ist normalverteilt mit dem Erwartungswert $\mu = 58\,\text{g}$ und der Standardabweichung $\sigma = 2\,\text{g}$.

I) Wenn eine Brezel weniger als 54 g wiegt, gilt für die Wahrscheinlichkeit:
$P(X < 54) = \Phi\left(\frac{54-58}{2}\right) = \Phi(-2) = 0,0228 = 2,28\,\%$.

II) Wenn eine Brezel zwischen 55 g und 61 g wiegt, gilt für die Wahrscheinlichkeit:
$P(55 < X < 61) = \Phi\left(\frac{61-58}{2}\right) - \Phi\left(\frac{55-58}{2}\right) = \Phi(1,5) - \Phi(-1,5) = 0,9332 - 0,0668$
$= 0,8664 = 86,64\,\%$.

III) Wenn eine Brezel mehr als 60 g wiegt, gilt für die Wahrscheinlichkeit:
$P(X > 60) = 1 - P(X \leqslant 60) = 1 - \Phi\left(\frac{60-58}{2}\right) = 1 - \Phi(1) = 1 - 0,8413 = 0,1587$
$= 15,87\,\%$.

c) Das Gewicht der Birnensorte ist normalverteilt mit dem Erwartungswert $\mu = 150\,\text{g}$ und der Standardabweichung $\sigma = 5\,\text{g}$. Eine Packung (Leergewicht 50 g) enthält 6 Birnen. Da das Leergewicht der Verpackung immer konstant ist, muss man vom Gesamtgewicht das Leergewicht subtrahieren und erhält das «Nettogewicht». Dieses ist normalverteilt mit dem Erwartungswert $\mu^* = 6 \cdot 150\,\text{g} = 900\,\text{g}$ und der Standardabweichung $\sigma^* = \sqrt{6} \cdot 5\,\text{g} \approx 12,25\,\text{g}$.

I) Wenn das Gesamtgewicht zwischen 930 g und 960 g liegt, liegt das normalverteilte Nettogewicht zwischen 880 g und 910 g. Somit gilt für die Wahrscheinlichkeit:
$P(880 < X < 910) = \Phi\left(\frac{910-900}{12,25}\right) - \Phi\left(\frac{880-900}{12,25}\right) \approx \Phi(0,82) - \Phi(-1,63)$
$= 0,7939 - 0,0516 = 0,7423 = 74,23\,\%$.

II) Wenn das Gesamtgewicht weniger als 925 g beträgt, muss das Nettogewicht kleiner als 875 g sein. Somit gilt für die Wahrscheinlichkeit:
$P(X < 875) = \Phi\left(\frac{875-900}{12{,}25}\right) \approx \Phi(-2{,}04) = 0{,}0207 = 2{,}07\,\%$.

III) Wenn das Gesamtgewicht mehr als 980 g beträgt, muss das Nettogewicht größer als 930 g sein. Somit gilt für die Wahrscheinlichkeit:
$P(X > 930) = 1 - P(X \leqslant 930) = 1 - \Phi\left(\frac{930-900}{12{,}25}\right) \approx 1 - \Phi(2{,}45) = 1 - 0{,}9929$
$= 0{,}0071 = 0{,}71\,\%$.

23.2 Annäherung der Binomialverteilung durch die Normalverteilung

a) I) Sei X Zufallsvariable für die Anzahl der Mikrochips unter den 100 untersuchten, welche makellos sind. Dann ist X binomialverteilt mit $n = 100$ und $p = 0{,}8$. Gesucht ist die folgende Wahrscheinlichkeit:

$$P(75 \leqslant X \leqslant 100) = P(X \leqslant 100) - P(X \leqslant 74) = 1 - F_{100;0,8}(74)$$
$$\approx 1 - 0{,}0875 = 0{,}9125 \approx 91{,}3\,\%$$

Mit einer Wahrscheinlichkeit von ca. $91{,}3\,\%$ sind von 100 Mikrochips mindestens 75 in Ordnung.

II) Die Laplace-Bedingung ist $\sigma > 3$, bzw. im Fall der Binomialverteilung: $n \cdot p \cdot (1-p) > 9$. Für $n = 100$ und $p = 0{,}8$ ergibt sich: $100 \cdot 0{,}8 \cdot 0{,}2 = 16 > 9$. Also ist die Laplace-Bedingung erfüllt.
Es wird die Näherungsformel von de Moivre-Laplace zur Berechnung der gesuchten Wahrscheinlichkeit verwendet:

$$P(k_1 \leqslant X \leqslant k_2) \approx \Phi\left(\frac{k_2 - \mu + 0{,}5}{\sigma}\right) - \Phi\left(\frac{k_1 - \mu - 0{,}5}{\sigma}\right)$$

Für den Erwartungswert μ gilt hier: $\mu = n \cdot p = 100 \cdot 0{,}8 = 80$. Für die Standardabweichung σ gilt: $\sigma = \sqrt{n \cdot p \cdot (1-p)} = \sqrt{100 \cdot 0{,}8 \cdot 0{,}2} = \sqrt{16} = 4$. Einsetzen ergibt:

$$P(75 \leqslant X \leqslant 100) \approx \Phi\left(\frac{100 - 80 + 0{,}5}{4}\right) - \Phi\left(\frac{75 - 80 - 0{,}5}{4}\right)$$
$$= \Phi(5{,}125) - \Phi(-1{,}375) \approx 1 - 0{,}0838 = 0{,}9162 \approx 91{,}6\,\%$$

Die Werte für die Normalverteilung werden mit dem GTR/CAS berechnet. Für $5{,}125$ wurde $\Phi(5{,}125)$ auf 1 gerundet; für $-1{,}375$ wurde $\Phi(-1{,}38)$ abgelesen. Mithilfe der Gaußverteilung erhält man also einen guten Näherungswert für die gesuchte Wahrscheinlichkeit, wie der Vergleich mit dem im ersten Aufgabenteil berechneten Wert zeigt.

b) Sei X Zufallsvariable für die Anzahl der Autos unter den 100 beobachteten, welche die zulässige Höchstgeschwindigkeit nicht überschreiten. Dann ist X binomialverteilt mit $n = 100$

und $p = 0,9$. Gesucht ist die folgende Wahrscheinlichkeit:

$$P(88 \leqslant X \leqslant 100) = P(X \leqslant 100) - P(X \leqslant 87) = 1 - F_{100;0,9}(87)$$
$$\approx 1 - 0,1982 = 0,8018 \approx 80,2\,\%$$

Mit einer Wahrscheinlichkeit von ca. $80,2\,\%$ fahren mindestens 88 der beobachteten Autos im Rahmen der zulässigen Geschwindigkeit.
Um diese Wahrscheinlichkeit näherungsweise mithilfe der Gaußverteilung zu bestimmen, ist zunächst die Laplace-Bedingung zu überprüfen. Sie lautet: $n \cdot p \cdot (1-p) > 9$. Für $n = 100$ und $p = 0,9$ ergibt sich: $100 \cdot 0,9 \cdot 0,1 = 9$. Damit wird die Laplace-Bedingung knapp verfehlt. Es ist also zu erwarten, dass der Näherungswert mehr oder weniger deutlich von dem oben berechneten Wert abweichen wird.
Für den Erwartungswert μ gilt: $\mu = n \cdot p = 100 \cdot 0,9 = 90$; für die Standardabweichung σ gilt: $\sigma = \sqrt{n \cdot p \cdot (1-p)} = \sqrt{100 \cdot 0,9 \cdot 0,1} = \sqrt{9} = 3$. Einsetzen ergibt:

$$P(88 \leqslant X \leqslant 100) \approx \Phi\left(\frac{100 - 90 + 0,5}{3}\right) - \Phi\left(\frac{88 - 90 - 0,5}{3}\right)$$
$$= \Phi(3,5) - \Phi\left(-\frac{5}{6}\right) \approx 1 - 0,2033 = 0,7967 \approx 79,7\,\%$$

Auch hier wurden die Werte für die Normalverteilung werden mit dem GTR/CAS berechnet. $\Phi(3,5)$ wurde auf 1 gerundet, und für $\Phi\left(-\frac{5}{6}\right)$ wurde $\Phi(-0,83)$ abgelesen. Der Näherungswert von $79,7\,\%$ weicht wie erwartet vom mit der Binomialverteilung berechneten Wert von $80,2\,\%$ ab, wobei diese Abweichung mit ca. $0,5$ Prozentpunkten nicht sehr gravierend ist.

Stichwortverzeichnis

Abstand
- Gerade - Ebene, 41
- paralleler Ebenen, 41
- paralleler Geraden, 42
- Punkt - Ebene, 41
- Punkt - Gerade, 42
- windschiefer Geraden, 42

Annäherung der Binomialverteilung durch die Gaußverteilung, 64

Baumdiagramm, 45
Berührpunkte zweier Kurven, 19

Differenzieren, 13

e-Funktionen
- Anwendungsaufgaben, 26
- aufstellen mit Randbedingung, 10

Ebenen
- gegenseitige Lage, 37
- parallele, 40
- Schnitt von, 39

Ereignisse
- unabhängige, 49

Erwartungswert, 57
Exponentialfunktionen
- differenzieren, 14

Extremwertaufgaben, 26

Fläche
- zwischen zwei Kurven, 24

Funktionenschar, 18

Ganzrationale Funktionen
- aufstellen mit Randbedingungen, 9
- bestimmen des Funktionsterms, 11

Geraden
- gegenseitige Lage, 32
- parallele, 31

Glücksrad, 59
Gleichungen
- höherer Ordnung, 15
- lineare Gleichungssysteme, 16

Integration
- allgemeines Verständnis, 25
- bestimmen von Stammfunktionen, 23
- Flächeninhalt zwischen zwei Kurven, 24

Kettenlänge, 59
Koordinatenform der Ebenengleichung, 35
Kreuzprodukt, 33, 34
Kurvendiskussion
- verschiedene Aufgaben, 17

Monotonie, 19
Multiplikationssatz, 49

Normale, 20

Orthogonalität
- von Ebenen, 40
- von Kurven, 18
- von Vektoren, 28

Ortskurve
- allgemein, 22

Parallelität
- zwischen zwei Ebenen, 40
- zwischen zwei Geraden, 31

Parameter
- Funktionen mit Parameter, 18

Parameterform der Ebenengleichung, 35
Pfadregeln, 45
Potenzfunktionen
- differenzieren, 13

Punktprobe

bei Geraden, 31

Rotationskörper, 25

Sinusfunktion
differenzieren, 14
Skalarprodukt, 28
Spiegelebene, 35
Spiegelungen
Punkt an Ebene, 44
Punkt an Gerade, 44
Punkt an Punkt, 44
Spurpunkt, 36
Standardabweichung, 57
Steckbriefaufgabe, 9
Symmetrie, 17

Tangente, 20
Trigonometrische Funktionen
differenzieren, 14

uneigentliche Integrale, 25

Vektoren
Addition und Subtraktion, 28
Vektorprodukt, 33, 34

Wachstumsprozesse, 26
Windschiefe Geraden, 32
Winkel
zwischen Ebenen, 43
zwischen Gerade und Ebene, 43
zwischen Vektoren und Geraden, 43

Zerfallsprozesse, 26
Ziehen mit Zurücklegen, 45
Ziehen ohne Zurücklegen, 46
Zielfunktion, 26